ANTHROPOLOGISCHE PSYCHIATRIE

Band IV

ANTHROPOLOGISCHE PSYCHIATRIE

Herausgegeben von Prof. Dr. Thomas Bock

Die Reihe »Anthropologische Psychiatrie« will sich sowohl den störungsspezifischen als auch den diagnoseübergreifenden psychiatrischen Phänomenen nähern, und zwar mit dem Verständnis von Anthropologie als der Lehre vom zutiefst Menschlichen. Denn: Der psychisch erkrankte Mensch ist ein Mensch wie alle anderen auch. Er steckt aufgrund sozialer, kultureller, psychischer und biologischer Bedingungen in einer tiefen Krise, bleibt aber dennoch ein handelndes Wesen, bleibt Person und Individuum, dessen Verhalten und Ausdruck einen Sinn haben. Der Zugang zu diesem individuellen Sinn zu finden, erleichtert es, mit dem Menschen in einer Krise in Kontakt zu kommen, angemessene Hilfen anzubieten und mit ihm gemeinsam die existenzielle Erschütterung in einen biografischen Kontext zu stellen, um so die Genesung und persönliche Entwicklung zu unterstützen.

Der Autor von Band IV

Dr. Robin Iltzsche, hat Linguistik und Psychologie an der *Goethe-Universität Frankfurt* studiert und anschließend am *Arbeitsbereich für Soziologie und Sozialpsychologie mit dem Schwerpunkt der interpretativen empirischen Sozialforschung* promoviert. Er ist in der Ausbildung zum tiefenpsychologischen und psychoanalytischen Psychotherapeuten und war Mitarbeiter bei FATRA, einer psychosozialen Beratungsstelle für Flüchtlinge und Folteropfer. Derzeit hat er die Vertretungsprofessur für *Gesundheitsförderung und Prävention in den Praxisfeldern der Sozialen Arbeit* an der *Frankfurt University of Applied Sciences* inne.

ROBIN ILTZSCHE

DIE ÜBERZEUGUNG ZUM LEBEN

EINE ETHNOGRAPHIE DER PSYCHIATRISCHEN SUIZIDPRÄVENTION

ROBIN ILTZSCHE
DIE ÜBERZEUGUNG ZUM LEBEN – EINE ETHNOGRAPHIE DER PSYCHIATRISCHEN SUIZIDPRÄVENTION
Anthropologische Psychiatrie 4
1. Auflage 2023
ISBN Print 978-3-96605-218-4
ISBN PDF 978-3-96605-228-3

Bibliografische Informationen der Deutschen Nationalbibliothek
Die Deutsche Nationalbibliothek verzeichnet diese Publikation in der Deutschen Nationalbibliografie; detaillierte bibliografische Daten sind im Internet über http://dnb.d-nb.de abrufbar.

Weitere Bücher zum Umgang mit psychischen Erkrankungen unter: www.psychiatrie-verlag.de.

1. Auflage

Umschlaggestaltung: Michael Schmitz, Arnbruck, www.grafikschmitz.de unter Verwendung eines Bildes von Jolygon / shutterstock.com
Satz: Jan Philipp Weise
Druck: CPI Druckdienstleistungen GmbH, Erfurt
Psychiatrie-Verlag im Internet: www.psychiatrie-verlag.de

INHALT

ABBILDUNGSVERZEICHNIS

1. Einleitung

1.1 Vom Weltraum in die Psychiatrie

> Es gibt Menschen, die sich selber mehr oder weniger schlimm schädigen, wobei in etwa einem von acht Fällen die Schädigung so schwer ist, daß sie sterben. Unabhängig vom Ausgang geben die meisten von ihnen einem oder mehreren ihrer Mitmenschen einen Hinweis oder eine deutliche Warnung, und zwar teilen sie ihnen geraume Zeit vor der Handlung mit, daß sie mit dem Gedanken umgehen, sich das Leben zu nehmen. Diese Warnung wird von den betreffenden Mitmenschen manchmal beachtet, manchmal auch nicht. Sobald aber festgestellt wird, daß jemand eine Handlung der Selbstverletzung begangen hat, entsteht unter den anderen Menschen regelmäßig große Aufregung. Sie zeigen deutlich, daß sie wünschen, die Handlung wäre nie begangen worden. Sie tun alles, um den Betreffenden am Leben zu erhalten und den Schaden zu beheben, den er sich selbst zugefügt hat. Sie gehen sogar noch weiter. Während sie für gewöhnlich nicht viel Teilnahme und Mitgefühl für das Leiden ihrer Mitmenschen an den Tag legen, werden sie durch einen Akt der Selbstschädigung, den einer aus ihren Reihen begeht, offenbar dazu gebracht, zumindest eine Zeitlang lebhaftes und äußerst aktives Interesse an ihm zu nehmen. Sie verhalten sich so, als seien sie verpflichtet, ihm zu helfen und ihn wieder auf die Beine zu stellen.
>
> Erwin Stengel – *Selbstmord und Selbstmordversuch* (1969, 66)

Diese nüchterne Beschreibung des österreichischen Psychiaters und Psychoanalytikers Erwin Stengel, der international zu einem der ersten und einflussreichen Suizidologen gezählt wird, mag auf den ersten Blick etwas verwunderlich erscheinen. Stengel (ebd.) imaginiert sich hier in die Außenperspektive eines Gelehrten »aus dem von Vorurteilen unbelasteten Weltraum«, um sich des Phänomens der Suizidalität und den darauf folgenden sozialen Reaktionen zu nähern. Die Suizidalität ist demnach in der Lage große Gefühle und großen Tatendrang entstehen zu lassen, ein außergewöhnliches Interesse an der betroffenen Person zu mobilisieren und Veränderungen in Gang zu setzen, die vormals unmöglich schienen. Mehr noch: Können viele andere Anzeichen für menschliches Leiden ignoriert werden, muss die suizidale Handlung beachtet werden und es entsteht gar eine moralische Verpflichtung, zu helfen.

Genau an dieser Stelle möchte auch die vorliegende Arbeit ansetzen. Sie will an die Analyse von der Perspektive eines ‚fremden Planeten' anschließen und noch etwas weitertreiben. Nicht die jeweiligen Begründungs- und Motivstrukturen oder die individuellen Reaktionen, die sich nach suizidalen Handlungen beispielsweise in Familien, Freundeskreisen oder im Arbeitsumfeld der

Betroffenen beobachten ließen, sollen hier im Fokus stehen, sondern die ausdifferenzierten Reaktionen eines komplexen, psychiatrischen Apparats, der die Verantwortlichkeit für die Behandlung respektive die Zuständigkeit für die Verarbeitung und Veränderung der Suizidalität beansprucht.[1] Die Psychiatrie behauptet nicht nur selbst eine Zuständigkeit und kriegt sie auch nicht nur, z. B. durch die Psychisch-Kranken- oder Betreuungsgesetze, zugeschrieben, sondern sie ist konstitutiv und wechselseitig mit ihr verbunden. Nicht nur konfiguriert sie durch ihre Wissensproduktion und durch ihre apparative Verarbeitung die Wahrnehmung, Darstellung, das Erleben, Empfinden und Verständnis der suizidalen Subjekte, sondern sie ist selbst durch ihre Ausrichtung auf Suizidprävention und -intervention strukturiert. Der »Tod durch die eigene Hand [ist] der Tod des psychisch Kranken: der Selbstmord ist der Tod in der Psychiatrie schlechthin« (Böhme 1982, 5, Hervorhebung im Original). Anders ausgedrückt: Der Suizid ist der Tod der Psychiatrie (vgl. Rachor 1995, 23; Gerisch 2012, 10). Diese Beziehung lässt auch Rückschlüsse auf das Verhältnis zwischen Psychiatrie und Medizin zu. Die Medizin steht im Allgemeinen in einem negativen Verhältnis zum Tod. Die meisten ihrer Anstrengungen und Bestrebungen dienen letztlich der Verhinderung oder Verzögerung des Todes. Der Tod stellt ein und etwas weiter gefasst, vielleicht sogar das hauptsächliche Movens des medizinischen Handelns dar. Was nun der Tod für die Medizin ist, ist der Suizid für die Psychiatrie. Während die Psychiatrie sich seit jeher um Wahrnehmung und Anerkennung als eine medizinische Disziplin bemüht und dies in immer wiederkehrenden Begeisterungs- und Enttäuschungszyklen über den Weg der Biologie versucht (vgl. Brink 2010; Rüppel 2022), zeigt sich in ihrem Verhältnis zum Tod, in Form des Suizids, gleichzeitig eine Verwandtschaft als auch ihre spezifische Differenz zur Medizin. Analog zur Medizin nimmt sie sich der Behandlung von Entwicklungen und Krankheiten an, die zum Tode führen können. Doch im Unterschied zu ihr kämpft sie z. T. auch gegen den Willen der Betroffen gegen diesen Tod, da dieser im Falle der Suizidalität gerade auch dem Willen der Betroffenen entsprechen kann.

Zur Untersuchung der psychiatrischen Suizidprävention wurde der Weg der Ethnographie gewählt, welcher der Beschreibung der alltäglichen sozialen

[1] Statt des Begriffs der Behandlung verwende ich in der vorliegenden Arbeit z. T. auch den Begriff der Verarbeitung. Dieser wurde Hasenfeld (1972) entlehnt, der den psychiatrischen Apparat als eine *people processing and changing organization* charakterisiert hat. Die Verarbeitung beinhaltet semantisch dabei sowohl eine serienmäßige, technische und produktive Fallverarbeitung durch den psychiatrischen Apparat als auch eine psychologisch-psychotherapeutische Verarbeitung psychischen Leidens.

Praktiken dient. In einer Doppelbewegung aus methodischer Immersion und heuristischer Distanzierung soll so ein ‚außerirdischer' Blick hergestellt werden, um den psychiatrischen Alltag auf Distanz zu kriegen und ihn kritisch zu analysieren (zur Ethnographie s. Kap. 3.).[2] Doch eine Ethnographie der Suizidprävention zu schreiben, ist nicht nur durch diesen Perspektivengewinn, sondern durch den Gegenstand selbst motiviert.

Um den Zweck und das Ziel der vorliegenden Arbeit zu verstehen, muss vorerst noch etwas klarer umrissen werden, was der Gegenstand der Untersuchung sein wird bzw. welche Facetten des Gegenstands im Vordergrund stehen werden. Dies dient der Vorbeugung eines Missverständnisses, das mir im Laufe der letzten Jahre mit großer Regelmäßigkeit begegnet ist. Fast immer, wenn ich anderen von meinem Forschungsthema berichtet habe, gab es eine von zwei Reaktionen: Entweder zeigte sich mein Gegenüber erschrocken und wirkte schon allein von der Erwähnung des Begriffs des Suizids überfordert oder es weckte ein lebhaftes und geradezu enthusiastisches Interesse. Diesen jeweils starken affektiven Reaktionen lag in der Regel eine falsche Vorstellung zugrunde, worum es in meiner Arbeit gehen sollte. Der Grund liegt darin, dass die Erwähnung von Suizidalität und Suizidprävention in anderen die Assoziationen vom Schlimmsten weckt: Die ersten Assoziationen sind oft die gewaltvollen Tode, die bspw. durch Waffen, Stricke, Schienen oder Brücken autodestruktiv vollzogen werden und die oftmals auch zu einer sichtbaren und damit auch symbolträchtigen Zerstörung des Körpers führen. Diese Suizide stehen in Verbindung mit den schweren, individuellen Schicksalen und psychischen Belastungen, welche den Suizid motiviert haben und verweisen gleichzeitig auf die tragischen Verluste und die drastischen Konsequenzen, die für Eltern, Familien, Partner*innen und Freund*innen entstehen. Diese Suizide zeugen nicht nur von den massiven Aggressionen, welche die Betroffenen gegen ihren eigenen Körper, ihr eigenes Selbst und ihr eigenes Leben richten, sondern sie transportieren und kommunizieren diese Aggression immer auch nach außen, an all diejenigen, mit denen sie in Beziehung standen, was sich schon allein an den Schuldgefühlen und Selbstvorwürfen der Hinterbliebenen zeigt. Der

[2] David Lester, der weltweit als einer der bedeutendsten Suizidforscher gilt, provoziert in regelmäßigen Abständen mit der These, dass die Suizidologie an ihr geschichtliches Ende gekommen sei, da seit Jahrzehnten weder wirklich neue empirische Erkenntnisse gefunden, noch grundlegend neue Modelle oder Theorien aufgestellt wurden (vgl. Lester 2000; Roger & Lester 2010). Roger und Lester (2010, 185) formulieren den Aufruf an Forschende »to think outside of the proverbial box that has characterized much of the literature in suicidology by critically evaluating their research methods and the assumptions that underlie them and by applying innovative approaches to understanding suicide.« Die vorliegende ethnographische Untersuchung versteht sich als Versuch, diesem Aufruf nachzukommen.

Suizid steht in der Semantik der Zerstörung, der Aggression und des Todes. Mit Badiou (2005) könnte man sagen, dass er unerwartet in Form eines Ereignisses hereinbricht und temporäre Frakturen in der symbolischen Ordnung produziert. Der Suizid scheint so stark aufgeladen zu sein, dass nur eine Erwähnung des Themas ungewöhnlich starke Reaktionen hervorrufen kann. Es gleicht in diesem Sinne anderen Ereignissen, wie Unfällen, Katastrophen oder Gewalttaten, dessen Schock in den Beobachtenden entweder eine impulsive Flucht- und Abwehrbewegung hervorrufen oder eben ein schaulustiges und vielleicht auch voyeuristisches Interesse bedienen. Gleichzeitig stehen diese privaten, aber doch allgemein scheinenden Assoziationen und Reaktionen in Verbindung mit den persönlichen Bezügen, die die eigene Erfahrung und Erinnerung bereithält; denn fast alle wurden schon einmal entweder im näheren oder erweiterten sozialen Umfeld oder auch ganz persönlich mit dem Thema der Lebensüberdrüssigkeit und Suizidalität konfrontiert. Diese überdeterminierten affektiven Reaktionen sind bedeutsamer Bestandteil des Gegenstands, da sie zeigen, wie aufgeladen und emotional, wie reaktionsfreudig und wirkmächtig die Suizidalität sein kann. Doch sie verdecken auch das Wesentliche der Suizidprävention: Die schockierenden und gewaltvollen Tode stellen, wenn nicht das Scheitern, so zumindest die Negativfolie der Suizidprävention dar. Die erfolgreiche Prävention von Ereignissen zeichnet sich dadurch aus, dass diese Ereignisse gar nicht erst zu existieren beginnen. Es ist geradezu so, dass die Prävention als stetiger Versuch verstanden werden kann, Ereignissen den Ereignischarakter zu nehmen. Sie werden stattdessen in Risiken transformiert, die einen berechenbaren Charakter tragen. Erfolgreiche Prävention lässt Ereignisse zum Verschwinden bringen, bevor sie sich entwickeln können und sie existieren daher nur als gedachte und potentielle Möglichkeit. Die Prävention zeichnet sich damit durch eine gewisse Negativität aus: Der Erfolg der Prävention misst sich an der Nicht-Realisation der Ereignisse. Dadurch kann es auch keine einfache kausale Rückführung geben, weshalb es zu gewissen Ereignissen nicht gekommen ist. Die Prävention verbleibt in gewisser Weise unbestimmbar, sie ist vielleicht dauerhaft präsent, doch nicht immer so deutlich, dass sie sichtbar, spürbar oder erfahrbar wird (vgl. Leanza 2017). Diese wesentliche Unscheinbarkeit und Unauffälligkeit der Prävention ist selbst dem psychiatrischen Personal nicht immer bewusst. Selbst diesen Personen, von denen man sagen könnte, dass sie an den Frontlinien der Suizidprävention kämpfen, musste ich immer wieder erklären, dass ich mich im Rahmen meiner Forschung nicht nur für die akuten Fälle und die entsprechende Behandlung interessiere. Folgende Szene soll dies verdeutlichen:

Eine Praktikant*in fragt, ob es in meiner Forschung um sowas wie den Suizid geht, der sich vor drei Wochen auf der Depressionsstation ereignet hat. Ich versuche das Missverständnis aufzuklären und sage, dass Suizidprävention viel mehr umfasst, beständig am Werk ist und richtiggehend in den Raum der Psychiatrie eingeschrieben ist. Als wir ins Treppenhaus gehen, kann ich sie auf die künstlerisch-wirkende, innenarchitektonische Gestaltung hinweisen, welche den Freiraum des Treppenhauses bestimmt. Denn die metallenen Querstreben dienen dazu, Suizidversuche zu verhindern [s. Abbildung 1]. Diese bauliche Suizidprävention ist ihr nie aufgefallen, aber ihr fällt gleich noch eine Begebenheit ein: Sie habe vorhin im Aufenthaltsraum beim gemeinsamen Basteln eine Schere liegen lassen und wurde direkt von einer Pfleger*in angesprochen, dass sie sowas nicht machen kann.

ABBILDUNG 1: BAULICHE SUIZIDPRÄVENTION IM TREPPENHAUS EINER PSYCHIATRIE[3]

Der Gegenstand der vorliegenden Arbeit ist die psychiatrische Suizidprävention, welche sich zwar negativ auf die tragischen und spektakulären Ereignisse der Suizide und Suizidversuche bezieht, indem sie diese gerade zu verhindern trachtet, doch im Wesentlichen aus vielen Alltäglichkeiten, Unscheinbarkeiten und Kleinigkeiten besteht. Die Suizidprävention in psychiatrischen Kliniken ist dabei ein Sonderfall, da sich hier verschiedene Ebenen der Prävention treffen und überlagern. Viele Betroffene kommen erst aufgrund ihrer Suizidalität in klinische Behandlung. Gleichzeitig stellt die Klinik in vielerlei Bezügen auch

[3] Die Szene spielte sich während meiner psychotherapeutischen Ausbildung und nicht während meiner eigentlichen ethnographischen Feldforschung ab. Das gezeigte Treppenhaus befindet sich in der Klinik für Psychiatrie und Psychotherapie in Friedberg, welche kein Ort meiner systematischen Feldforschung war. Mein Dank gilt dem Chefarzt Herrn Dr. Putzke, der die Abbildung des Treppenhauses für meine Arbeit genehmigt hat.

ein spezifisch anti-suizidales Milieu dar. Die beständige Aufmerksamkeit darauf, dass keine gefährlichen Gegenstände liegen gelassen werden, ist dabei eine der sichtbaren und aktiven Formen der Suizid- und hier sicher auch der Gewaltprävention. Die unscheinbaren Treppengitter repräsentieren hingegen eine materialisierte, stumme und somit stets hintergründig am Werk seiende Facette der Suizidprävention. Beide Maßnahmen sind Vorsichtsmaßnahmen für eine inexistente und virtuelle Zukunft, die damit verhindert werden soll. Da nicht gesagt werden kann, was ohne diese Maßnahme oder ohne diese bauliche Anlage gewesen wäre, lässt sich ihr Effekt nicht genau bestimmen. Eine Ethnographie dient der Versprachlichung, der z. T. auch stummen und sprachlosen sowie der häufig auch implizit gewussten und verkörperten sozialen Praktiken. Gleichzeitig versucht sie Handlungsrationalitäten und Feldlogiken zu beschreiben, welche den Akteur*innen und Netzwerken von Akteur*innen nicht in dieser Weise selber deutlich ist.

Die Überzeugung zum Leben bezeichnet dabei sowohl Mittel als auch Ziel der Suizidprävention. Die psychiatrische Suizidprävention zielt darauf, suizidale Menschen (wieder) vom Leben zu überzeugen.[4] Die Wege und Mittel des Überzeugens sind dabei in der Regel recht komplex und vielschichtig. Folgt man den Worten des Philosophen Wolfgang Kuhlmann (1992, 78, Hervorhebung im Original) ist Überzeugen »eine ziemlich *paradoxe* Art der *Einflußnahme*: (…) Es geht um eine Art von *Einfluß*, die sicherstellen soll, daß [eine Person] A gerade möglichst autonom, d. h. nur selbstbestimmt, so wie er *unbeeinflusst* von anderen handeln würde, handelt.« Diese paradox anmutende Verschränkung von innerlichen und äußerlichen Einflüssen auf eine mehr oder weniger autonome Handlung ist für die Suizidprävention allgemein kennzeichnend. Die vorliegende Ethnographie versucht diese verschiedenen Facetten zu beschreiben und einer kritischen Analyse zu unterziehen.

[4] »Zu überzeugen« bedeutet, jemanden dazu zu bringen, die Richtigkeit von etwas anzuerkennen (jemanden *von* etwas überzeugen). In der vorliegenden Arbeit soll noch eine weitere Verwendung, nämlich die Veranlassung bzw. die Bewegung zum Handeln, ergänzt werden (jemanden *zu* etwas überzeugen). Gewöhnlicher Weise würde nur durch die umständliche Konstruktion funktionieren, dass man »jemanden dazu bringt, etwas zu tun, indem man davon überzeugt, dass es richtig ist, so zu handeln«. Im Englischen sind beide Varianten des Überzeugens in einem Begriff angelegt. Hier ist es sowohl möglich »to convince somebody *of* something« als auch »to convince somebody *to do* something«. Ich verwende den Begriff des Überzeugens bzw. das Verb »überzeugen« in dieser doppelten Form, also nicht nur wenn es sich um die Anerkennung der Richtigkeit von etwas, sondern auch wenn es um eine Veranlassung zum Handeln geht.

1.2 Aufbau der Arbeit

Die Struktur der Arbeit entspricht einer zyklischen Annäherung an den Gegenstand. Beginnt die Arbeit einleitend mit der außerirdischen Perspektive auf den menschlichen Umgang mit Suizidalität, umkreist sie das Feld im Weiteren erst aus der distanzierten Perspektive der Sozialtheorie und mit Hinblick auf die Sozialgeschichte der Psychiatrie. Schließlich fokussiert sie auf eine spezifische Klinik und noch weiter den Alltag auf einer Akutstation. Die psychiatrische Arbeit und die psychiatrische Suizidprävention werden dabei in einem ersten Schritt als Überzeugungsarbeit analysiert. In einem zweiten Schritt werden noch engere Kreise gezogen und die psychiatrische Herstellung und Auflösung der Suizidalität anhand mehrerer Einzelfallanalysen beschrieben. Doch gerade innerhalb dieser Einzelfallanalysen wird das Singuläre immer auch zugunsten des Verallgemeinerbaren verlassen; die radiale Geschwindigkeit wird sozusagen abschließend wieder erhöht. Schließlich endet die Arbeit wieder in einem weiten Orbit mit den Fragen der Autonomie und Heteronomie in der psychiatrischen Suizidprävention. Der Aufbau gestaltet sich also folgendermaßen:

Im folgenden zweiten Kapitel werden die theoretischen Hintergründe expliziert, welche für die Herangehensweise an das Feld maßgebend waren. Die Machtanalytik von Michel Foucault ist einer der zentralen theoretischen Bezugspunkte. Schließlich kann auch die suizidpräventive Überzeugung zum Leben als eine biopolitische Macht über das Leben verstanden werden, die auf das Leben zugreift, die zum Leben überzeugt, die das Leben zu schützen, zu erhalten und zu verbessern trachtet. Doch sind Foucaults Begriffe und Werkzeuge z. T. auch zu unhandlich und zu gesättigt, um damit die auch häufig banale Arbeit und die alltäglichen Szenen auf einer psychiatrischen Akutstation zu beschreiben. Um stattdessen das Bemerkenswerte und Hochkomplexe an dieser scheinbaren Banalität des Alltags in den Blick zu bekommen, benötigte die Arbeit noch einen weiteren theoretischen, eher ethnomethodologisch und praxeologisch geprägten Zugang, welchem das zweite Unterkapitel im Theorieteil der Arbeit gewidmet ist. Schließlich soll die Terminologie des psychiatrischen Apparats und des psychiatrischen Regimes definiert werden.

Im Anschluss an das Theoriekapitel folgt ein Kapitel, das in die Forschungsstrategie der Ethnographie und in die Forschungstradition der ethnographischen Untersuchung der Psychiatrie einführt. Zielsetzung des dritten Kapitels ist es, einen historischen Einblick in die Methodik und das Feld zu liefern.

Es soll durch eine Art Meta-Ethnographie die Geschichte der Psychiatrie und Suizidprävention behandelt werden. Die Ethnographien der Psychiatrie und Suizidprävention dienen dabei in einem doppelten Sinne sowohl zur Diskussion des bisherigen Forschungsstands, als auch als Zeitzeugnisse, welche einen Einblick in die sonst eher verschlossene psychiatrische Welt liefern. Ethnographien liefern dichte Beschreibungen eines Feldes und schreiben damit immer auch ein Stück Gegenwartsgeschichte – also weniger in dem sprichwörtlichen Sinne, wie vielleicht Goffmans (1972) *Asyle* und insbesondere seine Analyse der totalen Institution Geschichte geschrieben hat, als in dem prosaischen Sinne, dass sie einen spezifischen Zugriff auf die Praktiken eines Sozialraums haben und diesen in ihren Beschreibungen konservieren. Diese werden nun im dritten Kapitel genutzt um den historischen Wandel des psychiatrischen Apparats und um eine kurze ethnographische Geschichte der Suizidprävention zu skizzieren.

Nachdem im dritten Kapitel die Methode und der Untersuchungsgegenstand historisch situiert wurden, beginnt mit dem vierten Kapitel die Beschreibung der *Klinik Doppelgipfel für Psychiatrie und Psychotherapie* als dem eigenen, zentralen empirischen Forschungsfeld. Ebenso wird in die anderen Felder eingeführt, welche im Rahmen dieser Arbeit ethnographisch untersucht wurden. Als Akteur in der primären Suizidprävention wurden die internen und öffentlichen Aktivitäten des *Frankfurter Netzwerk für Suizidprävention* ethnographisch begleitet. Als Orte der wissenschaftlichen Diskussion und Wissensvermittlung waren psychiatrische Fachkongresse und Fortbildungsangebote zum Thema der Suizidprävention Gegenstand der Untersuchung. Zu guter Letzt floss in diese Ethnographie auch die eigene klinische und therapeutische Erfahrung ein. Qualitative Forschung im Allgemeinen und das Thema der Suizidalität im Besonderen erfordern dabei besondere forschungsethische Maßnahmen, welche ebenfalls im vierten Kapitel näher beschrieben werden sollen. Neben einer allgemeinen Beschreibung der Geschichte, des Aufbaus und der Basisdaten der Klinik, eröffnet das vierte Kapitel erste Einblicke in die alltäglichen Vorgänge auf der Akutstation 6.1A, auf der ich im Laufe eines Jahres für sechs Monate meine teilnehmende Beobachtung durchgeführt habe.

Das fünfte Kapitel bietet einen Ergebnis- und Analyseteil, in dem die psychiatrische Arbeit als Überzeugungsarbeit charakterisiert wird, die vor Beginn der Aufnahme einsetzt, dann auf die Übernahme psychiatrischer Krankheitsvorstellungen und Behandlungsmaßnahmen zielt und schließlich bis zur Überzeugung zur ambulanten Weiterversorgung reicht. Die primäre Suizidprävention setzt dabei noch vor der stationären Aufnahme an, indem sie im Zweifelsfall genau diese erreichen will. Sie versucht mit Betroffenen in Kontakt zu kommen, versucht sie zu der Einsicht zu bewegen, dass sie in ihren existenziellen Krisen professionelle Hilfe benötigen und dass es ein etabliertes, psychiatrisches Hilfssystem gibt, das sie in Anspruch nehmen können und sollen. Die Suizidprävention setzt dabei an der vorausgesetzten suizidalen Ambivalenz an – welche mit dem Slogan »Niemand bringt sich gerne um« auf den Punkt gebracht werden kann – und versucht über Beziehungs- und Problemarbeit eine Hoffnung auf Verbesserung ihres Zustands zu generieren und schließlich die Betroffenen wieder zum Leben zu überzeugen. Die stationäre psychiatrische Arbeit hat dabei ein ganzes Arsenal an Überzeugungstechniken, die von dem zwangslosen Zwang der besseren Argumente, über den Aufbau affektiv bedeutsamer Beziehungen, über den Handel mit (im-)materiellen Gütern bis hin zu Drohungen und den berühmt-berüchtigten Zwangsmaßnahmen reicht. Das fünfte Kapitel versucht diese Techniken der Überzeugungsarbeit zu systematisieren.

Mit dem sechsten Kapitel werden vier Grenzbereiche der psychiatrischen Suizidprävention ausgewiesen und anhand mehrerer kleinschrittigen Einzelfallanalysen das *Un-/Doing Suicidality* analysiert. Die Suizidalität unter der Perspektive des *Doing* zu betrachten, bedeutet sie als ein Phänomen zu behandeln, das in den aktuellen Situationen immer wieder gemacht werden muss. Aus epistemischen Gründen distanziert man sich damit von der Annahme, dass die Suizidalität eine individuelle Eigenschaft wäre, die jeder Situation schon vorgängig ist und die durch gewisse Fragetechniken freigelegt, erkannt und bestimmt werden könnte. Stattdessen wird Suizidalität als etwas betrachtet, das beständig durch die beteiligten Akteur*innen – und das heißt nicht nur die Betroffenen, sondern auch durch den ganzen psychiatrischen Apparat – auf eine spezifische Weise her- und dargestellt wird. So produzieren unter anderem auch die psychiatrischen Fragetechniken eine bestimmte Form der Suizidalität, z. B. eine akute Suizidalität mit konkreten Plänen und ungemindertem Handlungsdruck auf die mit Sicherheits- und Überwachungsmaßnahmen, wie Anti-Suizid-Verträgen, sedativen Medikamenten, einer Verlegung ins Sichtzimmer oder einer 1-zu-1-Betreuung, reagiert werden muss. Wesentlich häufiger wird durch diese routinierten Fragen im psychiatrischen Alltag hingegen nur eine »glaubwürdige Distanzierung« von Suizidalität produziert, die dann keine weiteren präventiven Maßnahmen erfordert. In den Blick gerät damit die Performativität der Suizidalität, die kollektiv gemacht und ebenso wieder aufgelöst wird. Um dieses *Doing* und *Undoing* der Suizidalität zu analysieren, wurden vier Fälle ausgewählt, welche die Grenzen der psychiatrischen Suizidprävention markieren. Es sind die Fälle der chronischen Suizidalität und Suizidcluster welche eine Art Überschuss und die Fälle der Suiziddrohungen und der Sterbehilfe welche eine Art Mangel an Suizidalität produzieren, welche genutzt werden, um die psychiatrische Produktion und Negation der Suizidalität in den Blick zu bekommen. Das sechste Kapitel ist durch diese vier Grenzfälle strukturiert. Die Einzelfallanalysen werden dabei als Ausgangspunkt genutzt, um bedeutsame und verallgemeinerbare Themen der Suizidprävention zu behandeln. Sie werden genutzt, um psychiatrische Techniken zu analysieren, welche die Fallverarbeitung erleichtern oder erst ermöglichen, wie die Zuweisung von Verantwortung mittels Non-Suizid-Verträge, wie die institutionalisierten Besprechungen und Fallschließungen durch Morbiditäts- und Mortalitätskonferenzen oder den strategischen Einsatz eines Registerwechsels, der zwischen einer Zuschreibung von irrationalen und pathologischen und einer Zuschreibung von rationalen und z. T. auch physiologischen Handlungsmotiven wechseln kann. Die Einzelfälle werden ebenfalls genutzt, um das Modell der suizidalen Ansteckung gegenüber dem Modell der suizidalen Imitation zu diskutieren oder auch um die geschlechtliche Kodierung der Suizidalität am Beispiel der Borderline Diagnose zu behandeln. Ebenso bieten sie weitere Einblicke in die wechselseitige Verstrickung von Zukunft, Vergangenheit und Gegenwart in der Suizidprävention und die diversen – und zum Teil auch recht paradox wirkenden – Rückkopplungseffekte, welche durch präventive und kurative Maßnahmen entstehen können.

Abschließend werden die Themen aufgegriffen, welche schon begrifflich in dem älteren Terminus des Freitodes angelegt sind und welche nicht nur die gesamte vorliegende Arbeit, sondern auch das gesamte Feld der Suizidprävention durchzieht – die Themen der Freiheit und Autonomie. Angefangen bei der wahrscheinlich nicht abschließend zu beantwortenden Frage, inwieweit es eine freie Entscheidung zum Suizid geben kann oder ob die Suizidalität nicht immer schon als Folge einer krankhaften Einschränkung der Entscheidungsfreiheit zu verstehen ist (ob alle Menschen psychisch krank sind, die sich das Leben nehmen, wird immer wieder in der psychiatrischen Fachwelt diskutiert; vgl. Brieger & Menzel 2020; Wolfersdorf 2020), bestimmt das spannungsgeladene Verhältnis von Autonomie und Kontrolle die psychiatrische Praxis der Suizidprävention. Das letzte Kapitel behandelt dieses Verhältnis und die Verhandlung, Infragestellung und Herstellung von Autonomie im Kontext der psychiatrischen Suizidprävention.

2. Theoretische Bezüge und Begrifflichkeiten

Im Folgenden sollen die theoretischen Bezüge und der entwickelte Begriffsapparat expliziert werden. Die Konzepte der Biopolitik, Gouvernementalität und Biolegitimität bieten einen theoretischen Rahmen, in dem die gegenwärtigen Praktiken der psychiatrischen Suizidprävention in eine Politik des Lebens eingeordnet werden können. Der Bezug zu diesen Sozialtheorien ist für die vorliegende Forschungsperspektive und Analyserichtung prägend. Doch Ethnographien können mehr als nur Illustration oder angewandtes Beispiel der Sozialtheorie sein. Im besten Fall stellen sie selbst einen Versuch dar, eigenständige theoretische Beschreibung der untersuchten sozialen Praxis zu generieren. Daher sollen in einem zweiten Schritt die konzeptuellen Bezüge zum weiten Feld der Praxistheorien dargestellt werden, welche den mikrosoziologischen, ethnographischen Zugang zur Psychiatrie motiviert. Abschließend sollen die, ebenfalls eher theoretisch als empirisch motivierten, Begriffe des psychiatrischen Apparats und des psychiatrischen Regimes definiert werden.

2.1 Die biopolitische Macht über das Leben

> Man könnte sagen, das alte Recht sterben zu *machen* oder leben zu *lassen*, wurde abgelöst von einer Macht, leben zu *machen* oder in den Tod zu *stoßen*. (...) Es ist nicht verwunderlich, daß der Selbstmord – der einst ein Verbrechen war, weil er das Recht über Leben und Tod, das allein dem Souverän (dem irdischen oder dem jenseitigen) zustand, an sich riß – eine der ersten Verhaltensweisen war, die im 19. Jahrhundert in das Feld der soziologischen Analyse gerieten. Er ließ am Rande und in den Ritzen der Macht über das Leben das individuelle und private Recht zum Sterben sichtbar werden. Dieses hartnäckige Sterbenwollen, das so fremd war und doch regelmäßig und beständig auftrat und darum nicht durch individuelle Besonderheiten oder Zufälle zu erklären war, war eines der ersten Rätsel einer Gesellschaft, in der die politische Macht eben die Verwaltung des Lebens übernommen hatte.
>
> Michel Foucault – *Der Wille zum Wissen* (1977, 165)

Im folgenden Kapitel soll die geschichtliche Entwicklung umrissen werden, in der das Leben und die Gesundheit der Menschen zum zentralen Bezugspunkt der gegenwärtigen politischen Vernunft geworden sind. Die folgende Darstellung, die sich primär am Werk von Michel Foucault und sekundär an den ergänzenden Überlegungen von Didier Fassin orientiert, versucht kurz in die Biopolitik einzuführen. Diese Darstellug einer Politik des Lebens muss kursorisch bleiben, da sie eine Veränderung der Machtarchitektur behandelt, welche von den Anfängen der Aufklärung bis in die Gegenwart reicht und welche die Entwicklung der modernen Staaten, eine Veränderung des Verhältnisses zwischen Individuum und Bevölkerung und die Herausbildung der diversen Wissensformen und Wissenschaften, welche sich um das Leben ranken, umfassen. Die Regierung der Suizidalität ist ein Bestandteil dieser Biopolitik (für Einführungen in Foucault s. Lemke 1997; 2013; für Versuche einer biopolitischen Analytik der Suizidalität s. Antretter 2004; Eichinger 2010; Marsh 2010).

Mit Biopolitik (griechisch *bíos* »Leben«) bezeichnet Foucault sowohl eine geschichtliche Entwicklung, in der das Leben immer mehr zum Zentrum der herrschenden politischen Vernunft geworden ist, als auch eine Funktionsweise der Politik, dessen Anknüpfungspunkte im Leben und der Gesundheit der Bevölkerung und der einzelnen Individuen liegen. Die Entwicklung und Ausbreitung der Biopolitik ist nach Foucault eine der großen vielschichtigen gesellschaftlichen Veränderungen, die im Zuge der Aufklärung und Industrialisierung als konstitutives Element in der Herausbildung des Kapitalismus zu betrachten ist. Mit der Biopolitik vollzog sich eine »Abstimmung der Menschenakkumulation mit der Kapitalakkumulation, die Anpassung des Bevölkerungswachstums an die Expansion der Produktivkräfte« (ebd. 1977, 168). Mit dem Konzept der Biopolitik verstärkt Foucault auch den Fokus auf die produktiven Seiten der Macht. Die Biopolitik ist nicht nur kontrollierend, sondern auch fördernd und fürsorglich. Das Leben der Einzelnen sowie der Bevölkerung sollte nunmehr erhalten, erweitert, organisiert, gesichert und verbessert werden. Dies vollzieht sich nach Foucault auf zwei miteinander in enger Beziehung stehender Ebenen: Zum einen durch die Disziplinartechnologien, welche darauf ausgelegt sind, die individuellen Körper abzurichten und zu überwachen und zum anderen durch die Sicherheitstechnologien, welche darauf zielen, den biologischen Körper der Bevölkerung zu regulieren und zu kontrollieren (vgl. ebd. 1977, 166). Dabei muss das relationale Verhältnis von Macht und Wissen betont werden. Die Bevölkerung wird zu einem wissenschaftlichen Objekt, über das es vielfältiges Wissen zu akquirieren gilt, um spezifische Interventionen zu formulieren und durchzuführen. Einen zentralen Stellenwert nehmen dabei die sich ab dem 18. Jahrhundert entwickelnden Humanwissenschaften ein (Statistik, Epidemiologie, Demographie, Biologie, Medizin, Soziologie, Psychologie, etc.). Über die Erfindung der Statistik als »Wissenschaft vom Staat« (ebd. 2004, 152), wird die Bevölkerung zum kollektiven Körper, der in seinen Bewegungen und seinen Dynamiken sichtbar wird. Durch dieses Wissen kommt das Leben der Einzelnen und der Bevölkerung in das Raster politischer Technologien, das es in seinen Geburts-, Mortalitäts- und Morbiditätsraten zu regulieren gilt.

Als Foucault (2004, 283) zum Abschluss seiner Vorlesung im Jahr 1976 mit dem Titel *In Verteidigung der Gesellschaft* sein Konzept der Biopolitik einführt, verwendet er auch erstmals die vielzitierte Formel, mit der er den Wechsel der Souveränitätsmacht zur Biomacht beschreibt: Das Recht »sterben zu machen oder leben zu lassen« wird ergänzt, modifiziert und auch abgelöst durch ein Recht oder vielmehr eine genau umgekehrte Macht (…): die Macht, leben zu ,machen' und sterben zu ,lassen'«. Die Souveränitätsmacht operiert in erster Linie über den Modus der Abschöpfung und Unterwerfung, doch im äußersten Falle entspricht das Recht »sterben zu machen und leben zu lassen« auch der Macht des Souveräns, über Leben und Tod der Untertanen zu richten. In der einfachsten und vielleicht prägnantesten Form zeigt sich diese Macht nicht nur im Krieg, sondern in der Todesstrafe und symbolisiert als solche »den Extrempunkt einer Macht, die im Wesentlichen als Zugriffsrecht funktionierte« (Lemke 2007, 49). Wie in dem einleitenden Zitat deutlich wird, greift Foucault (1977) auch in seinem Werk *Der Wille zum Wissen* diese Formel auf, um dann dahin überzugehen, den Wechsel dieser Machtformen am Beispiel der Suizidalität aufzuzeigen.[5] Der aufkommende wissenschaftspolitische Fokus auf und den Wechsel im gesellschaftlichen Umgang mit Suizidalität dient ihm als Beispiel, anhand dessen das Aufkommen der Biopolitik beschreibbar wird. Der Selbstmord, der vormals in einem religiösen Register stand, der verboten und tabuisiert war, kam im 19. Jahrhundert zunehmend in den Fokus eines wissenschaftlichen Interesses, wurde mit den Mitteln der Statistik und Demographie vermessen und als ein soziales Problem zur Sprache gebracht. So wurde beispielsweise die junge Wissenschaft der Soziologie maßgeblich durch das Werk *Der Selbstmord* von Émile Durkheim (1897 / 1983) geprägt. Auf diese Arbeit spielt Foucault (1977, 165) auch an, wenn er schreibt, dass der Selbstmord »eine der ersten Verhaltensweisen war, die im 19. Jahrhundert in das Feld der soziologischen Analyse gerieten«. Der Suizid mit all seinen demographisch zu bestimmenden Besonderheiten und Regelmäßigkeiten wurde problematisiert und so zu einem Objekt über das es Wissen zu bilden und das es gleichermaßen zu beeinflussen, regulieren und lenken galt. Er wurde zum Korrelat und Effekt psychologischer und sozialer Umstände und zu einem Angriffspunkt für politische Technologien, welche versuchen auf diese Umstände und damit auf die Suizi-

[5] Foucault wählt in *Der Wille zum Wissen* die Formulierung des »in den Tod Stoßens« anstelle des »sterben Lassens«. Dazu muss erwähnt werden, dass er eine recht umfassende Definition von Tötung hat und diese Varianten als Synonym zu verstehen sind. Die Tötung umfasst »nicht [nur] den direkten Mord, sondern auch alle Formen des indirekten Mordes: jemanden der Gefahr des Todes auszusetzen, für bestimmte Leute das Todesrisiko oder ganz einfach den politischen Tod, die Vertreibung, Abschiebung usw. zu erhöhen« (ebd. 2004, 298f.).

dalität einzuwirken.

Auch am Umgang mit Suiziden zeigt sich der Wechsel von der Souveränitätsmacht zur Biomacht am prägnantesten und einfachsten in der Todesstrafe. Da sich diejenigen, die sich selbst das Leben genommen haben, der Macht des irdischen Souveräns entzogen haben und stattdessen in die Verfügungsgewalt des jenseitigen Souveräns respektive in die höllische Verdammnis und Bestrafung übergingen, wurden nach einem Suizid bis ins 19. und teilweise auch bis ins 20. Jahrhundert die Hinterbliebenen bestraft. Die Strafen zeigten sich in der Verstümmelung der Leichen, in der Verweigerung des regulären Begräbnisses oder in der Beschlagnahmung des Vermögens der Familien (vgl. Minois 1996; Baumann 2001). Für einen Suizidversuch wurden hingegen in der Regel Geld- oder Gefängnisstrafen vergeben. Doch es gab vereinzelt auch, um auf die Todesstrafe zurückzukommen, die heutzutage paradox anmutende Bestrafung, in denen Personen, die sich versucht haben das Leben zu nehmen, dafür mit dem Tode bestraft wurden (vgl. Szasz 2002, 16; Macho 2017, 35).[6] Da das Leben ihnen nicht gehörte und nicht durch sie zu nehmen war und mit einem Suizidversuch das souveräne Recht über Leben und Tod verletzt wurde, konnte ein Suizidversuch in letzter Konsequenz auch mit dem Tod bestraft werden. In dieser vielgestaltigen Strafpraxis gegenüber Suiziden und Suizidversuchen zeigt sich das souveräne Recht sterben zu machen oder leben zu lassen in all seiner Deutlichkeit. Die Todesstrafe ist mit dem Aufkommen der Biopolitik, die auf eine Erhaltung, eine Sicherung und eine Optimierung des Lebens ausgerichtet ist, zwar deutlich erschwert und delegitimiert wurden, doch auch nicht gänzlich verschwunden.[7] Doch die zugrunde liegende Rationalität hat sich soweit verschoben, dass es heute nur noch irritieren kann, dass Suizidversuche in der Vergangenheit vereinzelt auch mit dem Tode bestraft wurden. Es soll an dieser Stelle der recht unbekannte, aber dafür paradigmatisch wirkende Fall von Robert Allen Brecheen herangezogen werden, um die Verschränkung von Souveränitäts- und Biomacht am Beispiel der Todesstrafe zu diskutieren (Erwähnung findet dieser Fall bei Szasz 2002, 16).

[6] Der letzte mir bekannte Fall, indem für einen Suizidversuch (der als Mord konzeptualisiert wurde) die Todesstrafe verhangen wurde, betraf eine deutsche, jüdische Emigrantin, die im Jahr 1941 in Großbritanien einen Doppelsuizid mit ihrer Mutter überlebt hat. Das Todesurteil wurde nur aufgrund eines königlichen Gnadenspruchs nicht vollstreckt (vgl. Hannusch 2011).

[7] Die Todesstrafe bedroht die »innere Existenzberechtigung der Macht und die Logik ihrer Ausübung (...) wenn ihre Hauptaufgabe darin besteht, das Leben zu sichern, zu verteidigen, zu stärken, zu mehren und zu ordnen« (Foucault 1977, 164f.). Die Legitimität der Todesstrafe erhält sich nunmehr nur noch aus dem damit verbundenen Schutz der Gesellschaft: »Rechtens tötet man diejenigen, die für die anderen eine Art biologische Gefahr darstellen.« (ebd.).

Robert A. Brecheen wurde in Oklahoma zum Tode verurteilt, nachdem er im Jahr 1983 bei einem Raubüberfall einen Mord begangen hatte. Wenige Stunden vor seiner Exekution am 11. August 1995 unternahm er einen Suizidversuch mittels sedativer Medikamente, die er sich auf ungeklärtem Wege verschaffen konnte. In einem semikomatösen Zustand wurde er in ein Krankenhaus gebracht, sein Magen ausgepumpt und insoweit wieder stabilisiert, dass die Ausführung der Exekution mittels einer Injektion dreier Medikamente (dem Sedativum Midazolam, dem Muskelentspannungsmittel Vecuronium und dem Salz Kaliumchlorid, das das Herz stoppt) nur um zwei Stunden nach hinten verschoben werden musste. An diesem Fall zeigt sich die Umkehrung der Macht: Der Todestraktinsasse wird nach dem gescheiterten, medikamentösen Suizidversuch wiederbelebt und am Leben gehalten, um ihm kurz darauf in der formellen Zeremonie der modernen Hinrichtung mit vergleichbarer Medikation das Leben zu nehmen. Er wurde nicht nur temporär wieder am Leben gehalten, weil er sich sein eigenes Leben selbst nicht nehmen darf, sondern weil die Suizidprävention gesetzlich verankert ist. So begründete es auch der Gefängnisdirektor Larry Fields in der New York Times: »Certainly, there's irony (...) But we're bound by the law, the same law that he violated«.[8] Dieser Fall steht, da er eine staatliche Hinrichtung behandelt, in einer souveränen Logik. Dennoch lässt sich hier auch eine biopolitische Macht erkennen, die auf eine Erhaltung des Lebens zielt und in Gestalt der Suizidprävention auftritt. Hier stoßen also zwei Machtsysteme aufeinander, die jeweils in entgegengesetzte Richtungen arbeiten. Eins gebietet über den Tod, das andere reguliert das Leben.

Die Analyse der Geburt der Biopolitik ist bei Foucault eng verknüpft mit einem Begriff der Regierung, den er in seinem analytischen Konzept der Gouvernementalität wieder aufgreift und weiterentwickelt. Die Gouvernementalität ist eine, durch den frühen Tod von Foucault nicht gänzlich ausgearbeitete, Weiterentwicklung der Biopolitik. Ganz allgemein lässt sich sagen, dass dieser Begriff als einer ‚Kunst des Regierens' eine neue Dimension in Foucaults Analytik der Macht umfasst, der »das Zusammenspiel von Wissensformen, Machtstrategien und Subjektivierungsmodi [erfasst]« (Lemke 2001, 276). Er ist ein vielschichtiger Begriff, um eine Genealogie des modernen Staates und eine des

---

[8] Unbekannte Autor*in (12.08.1995). *A doomed inmate drugs himself, is revived and then executed.* New York Times. Vol. 144 Issue 50151, S. 6. Online verfügbar unter: https://murderpedia.org/male.B/b1/brecheen-robert.htm (Zugriff am: 24.04.2021). Es handelt sich in diesem Vorgehen um keinen Einzelfall. Die interessierte Leser*in sei hier auf eine Recherche der Namen David Long (Suizidversuch und Hinrichtung im Jahr 1999), Brandon Joseph Rhode oder Lawrence Reynolds (Suizidversuch und Hinrichtung im Jahr 2010) verwiesen.

modernen Subjekts zusammenzudenken. Das Konzept umfasst die drei sich ergänzenden, überlagernden und voneinander abhängigen Ebenen gleichzeitig ein Machttypus, eine Art der Selbst- und Fremdführung und eine Genealogie des Staates darzustellen. Gouvernementalität definiert Foucault (2004, 162f.) als die »aus den Institutionen, den Vorgängen, Analysen und Reflexionen, den Berechnungen und den Taktiken gebildete Gesamtheit, welche es erlauben, diese recht spezifische Form der Macht auszuüben, die als Hauptzielscheibe die Bevölkerung, als wichtigste Wissensform die politische Ökonomie und als wesentliches technisches Instrument die Sicherheitsdispositive hat«. Das Konzept beinhaltet weiterhin ein sehr allgemeines und weites Verständnis von Regierung. Es meint ein Kontinuum, welches von der Fremd- bis zur Selbstführung reicht und letztendlich auch »das richtige Verfügen über die Dinge bezeichnet« (ebd., 145). Es geht nicht nur um einen direkten Zugriff auf die zu führenden Menschen, sondern auch um eine Anordnung der Dinge, um sie einem gewissen Ziel zuzuführen. In der Anordnung der Dinge liegen selbst Handlungsanweisungen bzw. sie legen gewisse Verhaltensweisen nahe und lassen andere, in einer gewissen Wahrscheinlichkeit, nicht in Erscheinung treten. Führung besteht somit weniger aus Kontroll- und Zwangsmechanismen als in einer Strukturierung eines »mehr oder weniger offenen Feld(es) von Möglichkeiten«(ebd. 1987, 255). Die Gouvernementalität ist somit umso mehr eine produktive Macht, die sich auch durch das scheinbar autonome Begehren und Handeln, der sich selbst steuernden Subjekte ergibt.

Foucaults Konzepte und Theorien wurden von diversen Autor*innen aufgegriffen, kritisiert oder weiterentwickelt (vgl. Lemke 2007). Eine dieser Weiterentwicklung – welche auch für eine Analyse der Suizidprävention eine unmittelbare Relevanz besitzt – liefert Didier Fassin (2017), der auf Basis seiner ethnographischen Forschung des Asylverfahrens ein Konzept der Biolegitimität formuliert hat. Dieses Konzept beinhaltet eine analytische Trennung des Lebens in ein physisch-biologisches sowie ein sozial-politisches Leben: »Die eine stellt die physische Existenz und die mit ihr verbundenen biologischen Aspekte in den Vordergrund; die andere hebt die sozialen Verhältnisse und die mit ihnen einhergehende politische Dimension hervor« (ebd., 109). Fassin argumentiert, dass sich in den letzten Jahrzehnten eine Akzentverschiebung vollzogen hat, nachdem das physisch-biologische dem sozial-politischen Leben gegenüber verstärkt priorisiert wurde. Diese ungleiche Wertschätzung des biologischen Lebens als höchstem Gut steht auch mit einer ethischen Legitimation gewisser

Maßnahmen und Handlungen (z. B. das Asylverfahren vermehrt über humanitäre Gründe wie Krankheit anstelle über politische Verfolgung bewilligt werden) sowie einer entsprechenden Responsibilisierung der beteiligten Akteur*innen in Verbindung. Weiterhin kennzeichnet die Biolegitimität, dass die Materialität des Biologischen nicht nur eine Faktizität, sondern auch eine Selbstverständlichkeit erzeugt, welche dem Sozialen zu fehlen scheint und zu einer Invisibilisierung sozial-politischer Verhältnisse führt. Am Beispiel der Migrations- und Asylpolitik erzeugen bspw. medizinische Atteste eine wertfreie Objektivität, auf die mit einer humanistischen Verantwortung reagiert werden muss, welche den subjektiven Narrativen einer politischen Verfolgung fehlt und welche daraufhin auch eher in Zweifel gezogen werden können und zu einer Verantwortungsdelegation führen (vgl. ebd.).

Versucht man nun diese kursorische Behandlung der Stränge der Biopolitik und Gouvernementalität sowie der Biolegitimität zusammenfassend auf das Gebiet der Suizidprävention zu übertragen, kann eine *Regierung der Suizidalität* skizziert werden. Der Suizid galt lange als Sünde gegenüber Gott und Staat, bei dem allein der Versuch als Kapitalverbrechen (lat. *capitalis* »den Kopf betreffend«) angesehen und entsprechend bestraft wurde und einem in letzter Konsequenz sogar den Kopf kosten konnte. Seit dem 17. Jahrhundert vollzog sich nun eine Transformation, in der der Suizid zunehmend enttabuisiert und entkriminalisiert wurde. Stattdessen setzte sich zunehmend ein Verständnis durch, das die Suizidalität als Ausdruck von psychischen Krankheiten kennzeichnete (vgl. Eichinger 2010, 60ff.; Minois 1996, 207ff.). Suizidalität wurde seither säkularisiert und zunehmend ‚soziologisiert' und ‚psychiatrisiert'. Die Suizidalität wurde in seinen regelmäßigen Auftretungswahrscheinlichkeiten innerhalb gewisser gesellschaftlicher Untergruppen untersucht, er wurde in verschiedene Erscheinungsformen aufgeteilt und nach Motiv- und Begründungszusammenhängen systematisiert. Maßgeblichen Einfluss hatten hier die Auswertung der Moralstatistiken von Durkheim zum Ende des 19. Jahrhunderts sowie die psychodynamische Theoretisierung von Sigmund Freud Anfang des 20. Jahrhunderts. Aus biopolitischer Perspektive kann die aufkommende Psychiatrie als eine medizin-politische Präventions- und Interventionstechnologie begriffen werden, die auf die mentale Gesundheit und das auch suizidgefährdete Leben der Bevölkerung ausgerichtet ist. Die Psychiatrie dient sowohl als institutioneller Raum als auch als spezifische Problematisierung, der Sichtbarmachung und der Bestimmung von Suizidrisiken und damit einer Regulation und Regierung von risikobehafteten, devianten und suizidalen Körpern. In Bezug zum Konzept der Gouvernementalität kann der Modus der Regierung als konkrete Organisation der richtigen Selbst-/Führung sowie als die Verwaltung und Strukturierung eines Feldes von Möglichkeiten begriffen werden, mit denen Suizidrisiken, z. B. anstelle eines sozialen Problems als ein individuelles, pathologisches und verwaltbares Problem bearbeitet werden können (vgl. Marsh 2010). Die Transformation potentieller suizidaler Ereignisse in Suizidrisiken stellt dabei eine medizin-politische Technologie dar, die sowohl kollektive wie auch individuelle Interventionen erlaubt und legitimiert. Schließlich kann mit Rückgriff auf die analytische Trennung der Biolegitimität die eklatante Wirkmacht der Suizidalität erklärt werden, die im Laufe der Arbeit immer wieder aufgegriffen werden soll. Die Gefährdung der physischen Existenz kann schwere juritische Eingriffe in die persönliche Entscheidungsfreiheit und Handlungsverfügung legitimieren (z. B. psychiatrische Zwangseinweisungen, Verlegung in Isolierungs- und Überwachungszimmer, medikamentöse Zwangsbehandlung), sie kann den polizeilich-juristisch-psychiatrischen Apparat mobilisieren und sich unter gewissen Umständen sogar auf größere und schwerfällige Sozialsysteme auswirken. Die akute Eigengefährdung des biologischen Lebens produziert eine Verantwortlichkeit auf diese Gefährdung zu reagieren, was vergleichbar schwerwiegende Gefährdungen der sozialen oder politischen Lebensgrundlage nicht ermöglichen. So können beispielsweise schon lange desaströse sozial-politische Verhältnisse in Familien oder Herkunftsländern bekannt sein, doch erst eine Suiziddrohung der Betroffenen führt dann zum Sorgerechtsentzug durch das Jugendamt oder zur plötzlichen Aussetzung der Abschiebung.

Das Werk von Michel Foucault und insbesondere seine Theorie der biopolitischen Macht stellt den ersten theoretischen Bezugspunkt der vorliegenden Arbeit dar. Der zweite Bezugspunkt, der im Folgenden kurz beschrieben werden soll, liegt im weiten Feld der Praxistheorien.

2.2 Die Theoretisierung der sozialen Praxis

Die vorliegende Arbeit verortet sich im heterogenen Feld der Praxistheorien, welche die soziokulturelle Welt, mit ihren routinierten Abläufen, wiederkehrenden Verhaltensweisen und ihrer dynamischen Strukturiertheit, als ein Beziehungsgefüge von situierten und soziomateriellen Praktiken zu verstehen sucht. Der Oberbegriff der Praxistheorien oder Praxeologien umfasst alle Ansätze, die

Praktiken als zentralen empirischen Ausgangspunkt oder theoretischen Bezugspunkt nehmen. Dies führt dazu, dass eine ganze Reihe an unterschiedlichen Ansätzen und Denktraditionen als Praxistheorien bezeichnet oder dem sogenannten *practice turn* in Philosophie und Soziologie zugerechnet werden. Die Liste an großen Namen reicht von Ludwig Wittgenstein, über Theodore Schatzki, Harold Garfinkel, Anthony Giddens, Karin Knorr-Cetina und Pierre Bourdieu bis im weiteren Sinne auch zu Michel Foucault, Judith Butler und Bruno Latour. Besonders im Bereich der Wissenschafts- und Technikforschung, der Arbeits- und Organisationsforschung, den Gender und Cultural Studies sowie der Medienforschung haben sich praxeologische Ansätze etabliert. Eine umfassende Definition, welche den Differenzen und der Heterogenität der unterschiedlichen Ansätze gerecht wird, ist somit nicht leicht zu finden. Hillebrandt (2014, 22) schlägt folgende Definition vor:

> Praxeologische Ansätze verorten das Soziale fundamental in Praktiken und überwinden konventionelle sozialtheoretische Dichotomien, indem sie praktisches Verstehen, präreflexives Können und inkorporiertes Know-how ins Zentrum ihrer Analysen stellen. Damit ist ihre sozialtheoretische Position sowohl durch ein körperlich-praktisches Verständnis des Handelns gekennzeichnet als auch durch ihren analytischen Standpunkt, Praktiken als Grundelemente des Sozialen zu begreifen.

Reckwitz (2003, 289f.) postuliert, dass als die »beiden wichtigsten Grundpositionen« der Praxeologie »sich die der *Materialität des Sozialen/Kulturellen* und die einer *,impliziten', ,informellen' Logik* des sozialen Lebens nennen [lassen]«. Anstelle der einseitigen Betrachtung von Handlungen als Konsequenz einer geistigen Leistung, gerät mit Praxistheorien das komplexe Zusammenspiel von soziomateriellen Anlagen, Techniken und sozialisierten sowie trainierten Körpern in den Fokus.

Jegliche auch noch so trivial wirkende Handlung, wie das Einkaufen in einem Supermarkt, kann dann nicht nur auf der Ebene affektiver oder rationaler Entscheidungsprozesse, sondern auch auf der Ebene der materiellen Anlage, der situativen, körperlichen Möglichkeiten und Grenzen sowie der impliziten Feldlogiken analysiert werden (vgl. Schmidt 2012). Mit einer Praxistheorie des Einkaufens können viele Dinge zum Vorschein kommen, die in rein rationalistischen, handlungstheoretischen oder normativen Analysen unbemerkt bleiben würden. Der Abstand, der zu anderen vor der Ware eingehalten wird, die Wege, die sich gegenseitig behindernde, mit Blicken, Gesten und Wörtern dirigierende Körper durch den Laden bahnen, die implizite Warteordnung an der Kasse oder die Hektik des Verstauens vor, während und nach dem Bezahlvorgang sind durch die innen-/architektonische Gestaltungen, durch technische Vorrichtungen (elektrische Türen, Kühlschränke, Pfandmaschinen, Barcodescanner und Förderbänder), durch die ökonomische Platzierung der Waren sowie die Möglichkeiten des individuellen Warentransports (durch Arme und Hände, Einkaufswägen oder Einkaufskörbe) strukturiert. Im Supermarkt laufen die gleichen Abläufe, routiniert und methodisiert, in einer stetigen Wiederholung ab. Dabei werden viele Verhaltensweisen durch implizite sowie explizite Normen und Regeln sowie durch in die materielle Anlage eingeschriebene Aufforderungen und Möglichkeiten vorstrukturiert. Dennoch gibt es auch einen Spielraum zur eigenwilligen Gestaltung. In der Praxis des Einkaufens bestehen immer wieder Unsicherheiten, Zufälle und individuelle Freiheitsgrade. Es kann gewisse öffentliche Normenbrüche und Regelübertretungen geben, wie z. B. das Eintreten durch die Ausgangstür, die Berührungen zwischen Fremden an überfüllten Stellen, die ungewollte Zerstörung nicht-bezahlter Waren oder ein Vordrängeln an Regalen oder an der Kasse. Gleichfalls ist auch die explizite Regelübertretung des Diebstahls in den Raum des Supermarktes eingeschrieben. Während sich die Praktiken des Diebstahls, im Versuch eine geheime Praxis im öffentlichen Raum zu bleiben, um Unauffälligkeit und Unsichtbarkeit bemühen, sind auf dessen Aufdeckung Ladendetektive und Überwachungskameras, Spiegel über den Kassen und geübte Blicke des Personals ausgerichtet. In dem trivialen Ereignis des Einkaufens steckt also eine ganze Choreographie an praktischen Vollzügen und Bewegungen innerhalb eines komplexen Kontexts aus soziomateriellen Anlagen und Infrastrukturen, technischen Vorrichtungen und Artefakten, die stets zwischen dem geordneten Verlauf und der spontanen Entwicklung changiert. Ausgehend von dieser Beobachtung selbst trivialer Begebenheiten, lautet die verallgemeinernde These der Praxistheorien: »Die Regelmäßigkeit von Verhaltensweisen, die Geordnetheit sozialen Geschehens und die Strukturiertheit sozialer Beziehungen, alle diese Grundmerkmale des Sozialen werden in und durch soziale Praktiken hervorgebracht« (ebd., 10).

Während Reckwitz die materielle und informell-logische Ordnung des Sozialen als die zwei wichtigsten Merkmale von praxissoziologischen Ansätzen herausstellt, können mit Schmidt (ebd., 13f.) noch zwei weitere Charakteristika ergänzt werden. Praxeologien zeichnen sich demnach durch eine theoretische Empirie aus. Das heißt, dass der Gegensatz von Theorie und Empirie einer empirisch gesättigten, aber dennoch flexiblen Theoriebildung weicht: »Theoretische Konzepte werden empirienah entwickelt, auf empirische Objekte und Gegenstände bezogen und dauerhaft in eine vom Empirischen irritierbaren und änderbaren Zustand gehalten« (ebd.). Praxistheorien tendieren dazu die sprachlich-diskursiven zugunsten der stummen, selbstverständlichen und schweigsamen Seiten von sozialen Praktiken zu vernachlässigen. Auch aus diesem Grund ist ihnen eine ethnographische Haltung, die auf eine Beobachtung und Versprachlichung dieser Praktiken zielt, eigen (zur Schweigsamkeit sozialer Praktiken vgl. Hirschauer 2001).

Obwohl in der vorliegenden Arbeit ein großer Fokus auf den sprachlich-diskursiven Ebenen der Suizidprävention gelegt wird, soll auch die strukturierende Eigenlogik und Wirkungsmacht körperlicher und soziomaterieller Praktiken in die Analyse der psychiatrischen Suizidprävention einbezogen werden. Suizidprävention vollzieht sich nicht nur im Denken, Sprechen und Handeln des Personals oder der Patient*innen und kann daher auch nicht allein aus dem subjektiven Sinn der Akteur*innen rekonstruiert werden. Sie ist auch in den Dingen selbst angelegt und verortet. Suizidprävention ist in die materielle Anlage des psychiatrischen Apparats eingeschrieben. Sie vollzieht sich durch eine ganze Choreographie aus räumlichen Anordnungen und Technologien, zu der die architektonischen Möglichkeiten der Überwachung und Kontrolle genauso gehören wie die Schaffung eines antisuizidalen Milieus durch wohnliche Möblierung, die Begrenzung des Zugangs zu oder die Begrenzung der Herstellungsmöglichkeiten von letalen Mitteln (z. B. durch Sicherheitsglas oder dem Einbau von Sollbruchstellen in Duschstangen; zur baulichen Suizidprävention s. Glasow 2011), die psychopharmakologischen Medikation oder Fixierbetten oder auch die Kommunikations- und Alarmtechnologien, die Notfall- und Sicherheitspläne, die Diagnosemanuale, Fragebögen und Informationsmaterialien.

Die Zielsetzung der Arbeit ist es, eine Praxistheorie der psychiatrischen Suizidprävention zu umreißen. Diese Arbeit an und mit der Suizidalität leitet sich nicht einfach aus der psychiatrischen oder suizidologischen Theorie ab. Sie ergibt sich vielmehr aus einer spontanen Verbindung aus theoretischem sowie oftmals langjährig gebildetem, erfahrungsbezogenem Wissen und Bauchgefühlen der Angestellten, den vielfältigen Handlungsangeboten und -beschränkungen der soziomateriellen Anlagen und der Positionen und Interessen der beteiligten Akteur*innen (Betroffene und ihre Familien, Therapeut*innen und Pflegekräfte, Rettungskräfte und Polizei, Amtsrichter*innen und Verfahrenspfleger*innen, Betreuer*innen, etc.). Diese vielschichtige Praxis soll im Folgenden genauer analysiert werden.

Doch zuvor sollen im nächsten Kapitel die Begriffe des psychiatrischen Apparats und des psychiatrischen Regimes definiert werden. Die jeweiligen etymologischen wie auch sozialtheoretischen Hintergründe werden dargestellt, um die eigenen Begriffsbildungen zu motivieren.

2.3 Psychiatrische Apparate und psychiatrische Regime

Der Begriff des Apparats kann in die drei semantischen Bereiche der technischen, biologischen und politischen Verwendung gegliedert werden.[9] Ausgehend von der lateinischen Etymologie des Nomens *apparatus* »Werkzeuge, Einrichtung, Zubereitung« bezeichnet der Apparat entweder ein kleines, komplexes, funktionales und technisches Gerät (z. B. als Foto- oder Rasierapparat) oder die funktionale Zusammengehörigkeit biologischer Systeme (z. B. als Verdauungs- und Bewegungsapparat). In seiner politischen Verwendung (z. B. als militärischer Apparat oder Staatsapparat) steht er zum anderen die »Gesamtheit der für eine bestimmte Aufgabe, Tätigkeit, Institution benötigten Personen und Hilfsmittel«. Er bezeichnet hier also den gesamten Fundus bzw. das abstrakte Konglomerat von Akteur*innen, Methoden und Dingen, die in einem strategischen oder zumindest zielgerichteten Verhältnis zueinanderstehen, um gewisse Aufgaben und Probleme zu bearbeiten.

In sowohl ideologiekritischer als auch subjekttheoretischer Verwendung erlangte der Begriff des Apparats durch Louis Althusser an Prominenz und wurde in recht diversen Ansätzen und Analysen, beispielsweise von Michel Foucault, Nancy Frazer, Karen Barad und Thomas Scheffer, wieder aufgegriffen. Einzelne sollen hier kurz skizziert werden, um den Begriff des psychiatrischen Apparats zu entwickeln.[10]

Louis Althusser (2010) entwickelt seinen Begriff der »ideologischen Staatsapparate« in seinem 1968 erschienenen Aufsatz *Ideologie und ideologische Staatsapparate*.[11] Er nutzt ihn, um die marxistische Staatstheorie, mit ihrer alleinigen Fokussierung auf die repressive Seite von Macht und Herrschaft, zu kritisieren und zu erweitern. Er weist auf, dass der Staatsapparat sein Bestehen nicht nur mittels negativer Repression und Gewalt durchsetzt, die durch die Instanzen

[9] Bezogen auf die Definition des Dudens unter: https://www.duden.de/rechtschreibung/Apparat (Zugriff: 02.02.2021).

[10] Die Ansätze von Fraser (1994) und Barad (2017) sind hier nicht von Relevanz, da sie auf jeweils eigene Weise keine klare subjekttheoretische Konzeption beinhalten.

[11] Der Begriff des Apparats oder Staatsapparats steht in marxistischer Tradition und ist nicht erst von Althusser eingeführt worden. Er ist schon recht deutlich bei Marx, Engels und Lenin angelegt, wenn sie vom Staat als »Maschine« oder von der »Staatsmaschine« sprechen. Grundsätzlich ist dort der Staat als Maschine erstmal etwas, das sich von der Gesellschaft abgelöst hat, aber durch diverse Apparate, wie Gerichte, Polizei, Gefängnisse und Armee, auf diesen verwiesen bleibt.

der Regierung, Verwaltung, Polizei, Gerichte, Gefängnisse und Armeen ausgeübt werden (dies nennt er den repressiven Staatsapparat). Der Staat und die herrschende Klasse gründen ihr Bestehen auch auf die produktiven und zivilen Staatsapparate (die er ideologische Staatsapparate nennt), die mittels der ausdifferenzierten Systeme von Kirchen, Schulen, Medien, Kultur, Politik und Familie beständig an der Wieder-/Herstellung der Produktionsverhältnisse beteiligt sind. Ideologie ist in seinem Verständnis nicht nur ein herrschaftsverschleierndes System, sondern eine soziomaterielle Praxis, welche subjektivierende Wirkungen zeitigt. Apparate sind mit dem Prozess, den Althusser als *Anrufung* bezeichnet, wesentlich an der Konstitution von Individuen als sich freiwillig unterwerfende Subjekte beteiligt (vgl. ebd., 148).

Im Anschluss an Louis Althusser verwendet auch Michel Foucault (vgl. 1976b; 1977; 2005) in seinen Arbeiten den Begriff des Apparats, im Sinne des Polizei-, Gefängnis-, Justiz-, Produktions-, Staats- oder auch des »therapeutischen Anstaltsapparats« (ebd. 2005, 159). Doch fasst er dessen Bedeutung weitläufiger und verwendet ihn auch noch in anderen Kontexten, die eher an die technische Verwendung des Begriffs erinnern. So spricht er von »Körperapparaten« (Foucault 2005, 158ff.), um die diversen Technologien, die auf eine Manipulation und Regulation des menschlichen Körpers zielen, zu bezeichnen. Er unterscheidet hier zwischen Apparaten der Sicherung und Prüfung (wie dem Keuschheitsgürtel), Apparaten der Folter und Kennzeichnung (wie der Brandmarkung mit glühendem Eisen) und Apparaten der Aufrichtung und Dressur (wie der Zwangsjacke). Letztere, die er auch orthopädische Apparate nennt, wurden in den psychiatrischen Anstalten des 19. Jahrhunderts entwickelt. Gleichzeitig transzendiert der Begriff des Apparats bei ihm sowohl seine politische als auch technische Verwendung, indem er auch in seiner Analyse des Panoptikums von einem »architektonischen Apparat« (Foucault 1976, 258) spricht. Mit dem Panoptikum bezieht er sich auf den Entwurf einer Architektur der perfektionierten Überwachung und Disziplinierung von Jeremy Bentham. Bentham hat eine Architektur für Gefängnisse, Anstalten und Fabriken entwickelt, bei der alle Zellen kreisförmig um einen zentralen Überwachungsturm angeordnet und von dort aus stets einsehbar sind. Während die Aufseher alle jederzeit sehen können, ist der Raum so angelegt, dass die Betroffenen selbst nicht registrieren können, ob sie überwacht werden. Da die Gefangenen, die Anstaltsinsassen oder Fabrikarbeiter somit immer davon ausgehen müssen, dass sie beobachtet werden, führt dies zu einer Internalisierung der Überwachung – sie müssen sich selbst überwachen. Das Motiv der Subjektivierung durch einen Apparat wird hier also wieder aufgegriffen. Für Foucault ist das Panoptikum das allgemeine Modell der disziplinarischen Gesellschaft: »Das Panoptikum ist also (...) ein Apparat der Individualisierung und der Erkenntnis zugleich; es ist ein Apparat des Wissens und ebenso der Macht, der auf der einen Seite individualisiert und der weiß, indem er individualisiert« (Foucault 2005, 119). Der Apparat bezeichnet hier also eine Technologie der Macht, die durch ihren inhärenten Automatismus »nicht länger an einen Souverän gebunden ist und sich zunehmend entindividualisiert sowie entmaterialisiert« (Eigenmann & Rieger-Ladich 2010, 229).

Foucaults Begriff des Apparats hat in der internationalen Rezeption zu einigen Verwirrungen geführt, was nicht nur an der angelegten begrifflichen Unschärfe, sondern auch an einigen Übersetzungsentscheidungen liegt. So wurde der Begriff *dispositif* in vielen englischen Texten mit Apparat oder Apparatur übersetzt (vgl. Bussolini 2010). Dabei führt Foucault das Dispositiv gerade in Abgrenzung zum Apparat ein (ebd.). Während sich der Apparat bei Foucault durch eine instrumentelle Funktion auszeichnet und meist dem Bereich der Souveränität und des Staates zuzuordnen ist, bezeichnet das Dispositiv nicht nur eine strukturelle Ordnung, sondern auch die strategische Dynamik, in der diese Ordnung ständig neu arrangiert wird.[12] Dahingegen bezieht sich der Apparat auf »the *static collection* of instruments, machines, tools, parts, or other equipment of a given order of things rather than to their *strategic composition*« (Lemke 2021, 99). Die Begriffe stehen bei Foucault also in einer engen Verwandtschaft, in dem Sinne, dass der Apparat die soziomateriellen Elemente der Dispositive darstellt (Bussolini 2010, 94).

Thomas Scheffer (2021, 364) schlägt in Bezug auf diese analytische Gemengelage eine begriffliche Differenzierung zwischen Apparaten und Apparaturen vor, um die »die Varianten des (Post-)Materialismus mit Praxis- und Diskursforschungen in Dialog zu bringen und Forschungsstrategien zu entwickeln, die empirische Fälle zur Theorieentwicklung nutzen«. Anstatt in herrschaftskritischer Manier Apparate und Dispositive mit nur einer Arbeits- und Funktionsweise als zeitlich überdauernd, übermächtig und überdeterminiert zu konzipieren, ruft er dazu auf, Apparate als eigenständige lokale Produktionsstätten zu verstehen, »die die verschiedenen (Re-)Produktivkräfte bündeln und regelmäßig an bestimmten Gegenständen je situativ zum Einsatz bringen« (ebd., 369). Apparate dienen seines Erachtens der Erstellung und Stabilisierung einer Problemarbeit: »Ein Apparat bietet relativ verlässliche Antworten auf eine Problemstel-

[12] Das Dispositiv ist eine strategische Verknüpfung diskursiver und nicht-diskursiver Elemente, welche die wechselseitige Konstitution von Wissensfeldern und Machtbeziehungen strukturieren (vgl. Foucault 1978; Agamben 2008).

lung; er ist befestigt nach außen, angeordnet nach innen und je platziert in ein Territorium. Apparate stabilisieren ein Zusammenwirken von Komponenten, das sich ungefähr so an ähnlicher Stelle wiedererrichten lässt« (ebd., 382ff.). In seiner Konzeption können Kriegsschiffe, wissenschaftliche Laboratorien wie auch Urwaldbiotope als spezifische Apparate untersucht werden, die eine gewisse (hier: geopolitische, epistemische oder ökologische) Problemarbeit aufwerfen und stabilisieren. Jeder Apparat ist zwar infrastrukturell mit weiteren Apparaten verbunden und in Apparaturen bzw. Dispositive eingebunden, aber sie gehen in der Regel nicht in diesen auf. Apparate bewahren in dieser Konzeption stets eine Eigenwilligkeit und Eigenmächtigkeit. Apparaturen stellen hingegen die koordinierten Anstrengungen der Mobilisierung dar, diverse Apparate auf eine Problembearbeitung zu konzentrieren. Mit dieser begrifflichen Differenzierung schlägt Scheffer eine ethnographische Apparateforschung vor, um die situierten Praktiken der Problembearbeitung mikroanalytisch aufzuschlüsseln. Die Herstellung und das Scheitern der Herstellung gewisser Apparaturen, die angesichts diverser gesellschaftlicher Krisen unterschiedliche Apparate auf eine Problemarbeit zu bündeln versuchen, können auf makroanalytischer Ebene untersucht werden und der Analyse gegenwärtiger gesellschaftlicher Verhältnisse dienen. Anstelle der Darstellung eines Dispositivs kommt so die Produktion einer kontingenten Apparatur oder anders ausgedrückt die Dispositivierung in den Fokus. Mit der analytischen Trennung der Begriffe des Apparats und der Apparatur bzw. des Dispositivs, die im Grunde auch schon bei Foucault angelegt ist (vgl. Bussolini 2010; Lemke 2021), kann eine ethnographische Untersuchung soziokultureller Apparate motiviert werden, welche die Singularität, Eigenmächtigkeit und Widerständigkeit der Apparate bewahrt. Apparate können so als semi-autonome Systeme untersucht werden, die von Interessens- und Ressourcenkonflikten durchzogen sind, die ihre jeweils eigenen unvorhergesehenen Krisen produzieren und verarbeiten müssen, in denen Kämpfe um konkurrierende Problematisierungen ausgetragen werden und in denen es vielfältige Momente des Widerstands gibt.[13]

In meiner Definition des psychiatrischen Apparats möchte ich der begrifflichen Ambiguität Rechnung tragen und ihn auf zweierlei Ebenen, in einer maximalen und einer minimalen Form, verwenden. Im weitesten Sinne verstehe ich unter dem psychiatrischen Apparat die Gesamtheit von Diskursen, Subjekten, Materialien und Methoden, die sich dem Phänomen der psychischen Störungen wid-

[13] Brady (2014) ruft auch für eine ethnographische Wende in den governmentality studies auf. Zwar favorisiert sie den Begriff der Assemblage, doch wirbt auch sie für eine mikrosoziologische Erforschung neoliberaler Gouvernementalitäten, um einem deterministischen und statischen Verständnis gesellschaftlicher Verhältnisse zu entgehen (vgl. Brady & Lippert 2016).

men und diese hervorbringen.[14] Dieser spezifische Apparat besteht nicht aus einer definierten und bestimmten Anzahl von Elementen, sondern ist eine dynamische Einrichtung von hoher Komplexität. Dabei sind die einzelnen Teile des Apparats funktionell zusammengehörig, auch wenn sie unvereinbar scheinen oder aktiv gegeneinander arbeiten (wie z. B. Antipsychiatrie und Psychiatrie).[15] Die Elemente, Funktionen und Gegenstände des psychiatrischen Apparats können nicht als von vornherein gegeben angesehen werden. Um die Inklusion oder Exklusion der Elemente, die richtige Strategie, die vertretenen Handlungstheorien, die eingesetzten Techniken, die jeweiligen Zielsetzungen streiten und kämpfen alle Beteiligten beständig und durch diese Aushandlungsprozesse wird der psychiatrische Apparat in seiner jeweiligen gegenwärtigen Verfassung reproduziert. In einer etwas enger gefassten Form verstehe ich beispielsweise auch die *Klinik Doppelgipfel*, die empirischer Gegenstand dieser Arbeit ist, als minimalen, eigenständigen psychiatrischen Apparat. In der *Klinik Doppelgipfel* bestehen eigene klinische Haustraditionen, eine bestimmte Zusammensetzung aus Berufsgruppen, bestimmte wissenschaftliche oder ausbildungsbezogene Bezugssysteme und Handlungstheorien, eine spezifische sozialräumliche Einbettung und architektonische und weitere soziomaterielle Ausstattung sowie eine spezifische dynamische Vernetzung mit weiteren psychiatrischen (Werkstätten, Heimen, ambulanten Beratungs- und Versorgungsangeboten, etc.), staatlichen (z. B. dem polizeilichen, juristischen und behördlichen), öffentlichen (z. B. den akademischen und verbandlichen) und wirtschaftlichen (wie pharmazeutischen und versicherungstechnischen) Apparaten.

Der psychiatrische Apparat ist ein lokalisierbares Ensemble von diversen Elementen, Techniken und Methoden, die psychiatrisches Wissen und psychiatrische Subjekte produzieren. Das dynamische Verhältnis der Elemente wird dabei durch eine gewisse Ordnungsstrategie bestimmt, die ich als psychiatrisches

[14] Hervorbringen heißt in diesem Kontext nicht eine ursächliche individuelle Hervorbringung im Sinne der Ätiologie, sondern eine ursächliche soziohistorische, konstruktive und interaktive Hervorbringung der Realität (s. Hacking 2000, 2012). Heruntergebrochen heißt das, dass nicht die Psychiater*in ihre Patient*in depressiv macht, aber durch ihre geschichtlich eingebettete Praxis der Untersuchung und Beobachtung, des Gesprächs, der Diagnose, der Verschreibung von Psychopharmaka etc. an der Hervorbringung einer Person, die sich als depressiv versteht und dementsprechend handelt (Medikamente nimmt, eine Psychotherapie anfängt etc.), beteiligt ist. Psychische Krankheiten sind demnach reale Erfindungen, welche durch die Geschichte und Arbeit des psychiatrischen Apparats und durch den ›Looping-Effekt‹ – in dem Menschen diese Diagnosen annehmen, sie in eigenwilligen und widerständigen Variationen ausleben und damit wieder selbst den Diskurs prägen – Faktizität erlangen.

[15] Antipsychiatrie und Psychiatriekritik sind konstitutiver Bestandteil der Psychiatrie oder wie Brink (2010, 31) schreibt: »Eine Geschichte der Psychiatrie ist ohne Psychiatriekritik nicht zu schreiben. Kritik ist ein integraler Teil ihrer institutionellen, therapeutischen, rechtlichen und professionellen Praxis«.

Regime bezeichnen will.

Der Begriff des Regimes geht auf die lateinische Wurzel *regimen* zurück und bezeichnet Lenkung, Leitung, Verwaltung, Regierung oder Herrschaft. Nach der Definition des Dudens kann ein Regime entweder, in meist abwertender Konnotation, die »einem bestimmten politischen System entsprechende, von ihm geprägte Regierung, Regierungs-, Herrschaftsform« (z. B. das totalitäre Regime) oder in deskriptiver Manier einfach ein »System, Schema [oder eine] Ordnung« (z. B. in Abfluss- oder Betriebsregime) bezeichnen.[16] In der Politologie wird das Regime zum Teil auch in seiner deskriptiven Semantik belassen und beschreibt dann »eine Lebensweise, Ordnungs- oder Regierungsform, also ein institutionalisiertes Set von Prinzipien, Normen und Regeln, das die Umgangsweise der Akteure in einem gegebenen Handlungszusammenhang grundlegend regelt« (Zürn 2010, 902).[17]

Wieder ist es Michel Foucault, der von dem Begriff des Regimes einen regen und vielfältigen Gebrauch macht, ohne ihn selbst aber klar zu definieren. Ein Jahr bevor er in *Überwachen und Strafen* das vielzitierte »Wahrheitsregime« einführt, beschreibt er auch die psychiatrische Macht als ein Regime – als ein Regime das isoliert, das Regelmäßigkeiten und ein »System maßvoller Mangelzustände« herstellt. Die psychiatrische Macht ist »vor allem eine bestimmte Art und Weise des Führens, des Verwaltens (…), bevor sie wie ein Heilverfahren oder ein therapeutischer Eingriff existiert: Sie ist ein Regime.« (Foucault 2005, 250). Gleichfalls betont er, dass es ein Regime ist, das gegen den Willen des Wahnsinns gerichtet ist bzw. geradezu in einem Kampf mit ihm steht: »Selbst in einem Fall von Wahn ist es der Wille, an diesen Wahn zu glauben, der Behauptungswille dieses Wahns, der Wille inmitten der Behauptung des Wahns, der den Angriffspunkt des Kampfes bildet, der das psychiatrische Regime über die gesamte Dauer seines Verlaufs durchzieht und es erfüllt« (ebd., 250f.).

Mit dem kurze Zeit später eingeführten Begriff des Regimes der Wahrheit führt Foucault noch eine weitere Bedeutungsebene ein, welche den Begriff von der Semantik der Herrschaft löst. Nach Foucault kann man von einem Wahrheitsregime sprechen, »um die Gesamtheit der Verfahren und Institutionen zu bezeichnen, durch die die Individuen dazu verpflichtet und gezwungen wer-

[16] https://www.duden.de/rechtschreibung/Regime (Zugriff am: 16.02.2021)

[17] Eine weitere Definition liefern Gostmann und Ivanova (2021, 317ff.): »Als Regime bezeichnen wir *Macht-Arrangements*, die von einer bestimmten Menge von Akteur*innen eines *politischen Gemeinwesens* getragen werden. (…) Ein solches Macht-Arrangement konstituiert die Ordnung des Gemeinwesens. Es materialisiert sich in den *gesellschaftlichen Verkehrsformen*, die besagte Akteur*innen-Konstellationen praktizieren, und in der *Ideologie*, die sie pflegen.«

den, unter bestimmten Bedingungen und mit bestimmten Effekten, genau definierte Wahrheitsakte zu vollziehen« (Foucault 2014, 134). Mit Wahrheitsregime unterstreicht er die zirkuläre und produktive Verbindung zwischen Wissen und Macht und beschreibt damit eine Regierungsweise, »welches die Formierung von Subjektivität an die Produktion von Wahrheit« und »auf die Herstellung einer ›wahren Subjektivität‹ [zielt]« (Lemke 1997, 322). Das Regime trägt nun nicht nur eine politische, sondern auch eine epistemologische und ontologische Dimension. Das Regime der Wahrheit bringt als Regierungsform sowohl Gegenstände wie Subjekte hervor (vgl. Nigro 2020). Mit dem Wahrheitsregime stehen die Subjektivierung, als konstitutive und transformative Beziehung zur spezifischen sozialpolitisch, ökonomisch und institutionellen Wahrheitsproduktion und damit die »Regierung der Lebenden« durch Wahrheit und Wahrheitsmanifestationen im Vordergrund.

Im Anschluss daran verstehe ich das psychiatrische Regime als ein System der Ordnung und Kontrolle, das, angeleitet von einer psychiatrischen Rationalität innerhalb eines psychiatrischen Apparats, eine historisch-spezifische, lokale psychiatrische Praxis begründet. Ein psychiatrisches Regime ist also eine Regierungsform, die in einem psychiatrischen Apparat wirkt, durch ihn verkörpert wird und die alltägliche Praxis des darin arbeitenden Personals und der darin behandelten Patient*innen bestimmt. Das psychiatrische Regime verstehe ich somit als eine koordinierende Strategie, welche das Verhältnis der Akteur*innen, die innere Logik, die Zusammensetzung und die Funktionsweise des Apparats zu einem spezifischen historischen Zeitpunkt bestimmt. Das psychiatrische Regime ist dabei immer auch ein Wahrheitsregime, das an der Subjektivierung der betroffenen und behandelnden Individuen beteiligt ist.[18]

---

[18] Zwischen dem Begriff des Regimes und des Dispositivs bestehen gewisse terminologische Unschärfen (vgl. Stielike 2017, 33ff., welche das Verhältnis von Dispositivanalysen und ethnographischen Grenzregimeanalysen zu bestimmen sucht). Für die folgende Arbeit möchte ich folgendes Verhältnis vorschlagen: Während sich das Regime auf die Ordnungsstruktur eines Apparats bezieht, transzendieren Dispositive diese Apparate. So schreibt auch Foucault (1977, 276): »Die ›Disziplin‹ kann weder mit einer Institution noch mit einem Apparat identifiziert werden«. Die Disziplin ist ein Machttypus, der als Disziplinardispositiv einen ganzen »Komplex von Instrumenten, Techniken, Prozeduren, Einsatzebnen [und] Zielscheiben« (ebd.) umfasst. So scheint das psychiatrische Regime zwar von vielfältigen Dispositiven durchzogen zu sein (z. B. Sicherheits-, Hygiene-, Sexualitäts-, Resilienz- und Präventionsdispositiven). Doch diese Dispositive setzen weitaus mehr Elemente in eine strategische Beziehung zueinander und entfalten sich nicht nur innerhalb des Apparats. Dispositive sind heterogene Netzwerke »consisting of an ensemble of discursive and non-discursive elements, material and semiotic entities without any neat separation between them (...). It is a composite of things that seems to include virtually anything from discourses and institutions to bodies and buildings« (Lemke 2021, 126). Das psychiatrische Regime ist somit eine Sonderform, ein strategisches Mischverhältnis von Dispositiven, das sich als Regierungs- und Subjektivierungsform innerhalb eines psychiatrischen Apparats entfaltet.

Im folgenden Kapitel soll in Grundlagen der ethnographischen Forschungshaltung eingeführt, ein Überblick über den ethnographischen Forschungsstand im Bereich der Psychiatrie- und Suizidforschung erstellt und gleichzeitig der historische Wandel des psychiatrischen Regimes anhand dieser ethnographischen Apparateforschung beschrieben werden.

3. Ethnographie der Psychiatrie[19]

> Ich habe dir ja gesagt: man kann nur das verstehen, was man mitmacht: darum müssen wir selbst ins Irrenhaus gehen!
>
> Robert Musil – *Der Mann ohne Eigenschaften* (1930 / 2002, 835)

Schon Robert Musil lässt in seinem in den 1920er Jahren geschriebenen Roman *Der Mann ohne Eigenschaften* seine Hauptcharaktere eine psychiatrische Anstalt besuchen, da man »nur das verstehen [kann], was man mitmacht«. Die sinnliche und unmittelbare Teilhabe und Beobachtung wird damit als notwendige Bedingung der Erkenntnis konstatiert. Damit nimmt Musil eine erkenntnistheoretische Haltung vorweg, die zwar im Bereich der Anthropologie und Ethnologie schon eine längere Tradition hatte, die aber erst in den 1950er Jahren auf die Erforschung der Psychiatrie angewandt wurde. Der erste Abschnitt des folgenden Kapitels dient der Beschreibung der für diese Untersuchung angewandten Methode. Methode ist dabei nicht ganz der richtige Begriff, da er ein vorab festgelegtes Verfahren impliziert, das wiederholt eingesetzt werden kann, um gewisse Erkenntnisse über einen Sachverhalt zu gewinnen. Es wird sich zeigen, dass die Ethnographie weniger als Methode, sondern eher als ein Forschungsstil, eine Strategie zur Erkenntnisgewinnung oder eine spezifische epistemologische Haltung zu werten ist. Nach einer Skizzierung der Geschichte und Charakteristika der Ethnographie soll in diesem Kapitel auch in die Forschungstradition der Psychiatrie-Ethnographien sowie in die Geschichte der Psychiatrie eingeführt werden. Eine Auswahl an klassischen und aktuelleren Psychiatrie-Ethnographien soll als eine Art Zeitzeugenberichte gelesen werden, um zu einer ersten Beschreibung der psychiatrischen Anstalt und der psychiatrischen Klinik zu kommen.

3.1 Geschichte und Merkmale ethnographischer Forschung

Die Ethnographie ist eine Forschungsstrategie zur systematischen Untersuchung und analytischen Beschreibung alltäglicher kultureller Lebenswelten, sozialer Praktiken und institutioneller Verfahren. Dabei ist sie keine stan-

[19] Die Unterkapitel 3.1 und 3.2. sind eine Überarbeitung meiner unveröffentlichten Masterarbeit (Iltzsche 2015), in der ich anhand der Methode der Meta-Ethnographie von Noblit und Hare (1988) den Alltag in und den Wandel von psychiatrischen Krankenhäusern analysiert habe.

dardisierte und immer wieder gleich anwendbare Methode. Sie ist eine ‚unmethodische Methode' im Sinne einer Haltung oder eines Forschungsstils, die der Komplexität und Heterogenität des Alltags, der Lebenswelten und sozialer Strukturen nicht nur durch ein tiefes, einfühlsames, miterlebendes Explizieren, sondern auch durch eine methodisch-konzeptionelle Flexibilität und Offenheit gerecht zu werden versucht (vgl. Einführungen von Emerson, Fretz & Shaw 2011 und Breidenstein, Hirschauer, Kalthoff & Nieswand 2013). In dem folgenden Abschnitt soll nach einer Beschreibung der Ethnographie als historisch gewachsenem Forschungsstil eine Charakterisierung und Kennzeichnung der grundlegenden Merkmale ethnographischer Forschung vorgenommen werden.

Der Begriff Ethnographie leitet sich von dem altgriechischen *éthnos* »Volk, Nation« und *graphé* »Schreiben, Schrift« ab und lässt sich somit zunächst mit ‚Völkerbeschreibung' übersetzen. Diese Übersetzung verweist an sich auf die Vorgeschichte der Ethnographie, die in enger Beziehung zum europäischen Kolonialismus und den historischen Anfängen der Globalisierung steht. Aus dem kolonialen Interesse, neue Territorien und die ‚unzivilisierte' Welt fremder ‚(Natur-) Völker' zu entdecken, ökonomisch zu erschließen und zu beherrschen, begann sich die ethnographische Feldforschung als Haltung und Methode der ‚Völkerkunde' respektive der Ethnologie oder Sozialanthropologie zu entwickeln (vgl. Kohl 1987). Auch heute »versteht sich [die Ethnologie] als ethnographisch arbeitendes Fach« (Breidenstein et al. 2013, 14) und hat sich in den letzten Jahrzehnten »ein weit komplexeres Verständnis von interkulturellem Dialog erarbeitet« (ebd., 18). Die Writing-Culture-Debatte und die mit ihr verbundene »Krise der Repräsentation« (Clifford & Marcus 1986) stellten im letzten Drittel des 20. Jahrhunderts die ethnographische Autorschaft und Autorität infrage. Die Macht der ethnographischen Repräsentation, die soziale Lebenswelten, Mentalitäten oder Praktiken in der Beschreibung konstruiert, wurde als zu reflektierendes Moment ethnographischer Forschung anerkannt und führte zur Entwicklung einer Vielzahl von selbstreflexiven Ansätzen, wie der Auto-, feministischen oder kritischen Ethnographie (Thomas 2010, 464). Gewisse Aspekte früherer ethnologischer Kulturanalysen, wie die klischeehafte Projektion weißer, männlicher, bürgerlicher Phantasien auf fremde Lebenswelten oder das »Othering«, der Verkennung, Exotisierung und Überzeichnung des Fremden, wurden in diesem Zuge problematisiert. Letztlich ist die ethnologische Kulturanalyse »zuhause angekommen« (Breidenstein et al. 2013, 20), indem sie sich heute nicht mehr nur dem Exotischen und Fremden, sondern auch mit kulturellen Phänomenen und Lebenswelten der eigenen Gesellschaft befasst (vgl. ebd., 18 ff.).

Zwei weitere akademische Traditionslinien, die *Chicago School* und die *Alltagssoziologie*, nutzten die ethnographische Feldforschung, trugen zu ihrer Entwicklung bei und weiteten ihr Anwendungsgebiet aus. Die Chicago School hatte mit Vertretern wie Robert Park, William Thomas und Ernst Burgess in ihrer Hauptwirkungszeit von 1920 bis 1940 ein einflussreiches »Programm der Stadtforschung, das man als Kulturanalyse im eigenen Land [an]sehen kann« (ebd., 21). Das Neue an den Studien der Chicago School war, dass sich ihre Vertreter*innen in dem vielseitigen Großstadtleben gezielt besondere, zum Teil gerade erst emergierende Typen, Berufe, Subkulturen und Szenen suchten, um sie von innen heraus zu beschreiben und zu verstehen. Durch Anselm Strauss und Erving Goffman, Vertreter der zweiten Generation der Chicago School, wurden auch die ersten Ethnographien psychiatrischer Krankenhäuser durchgeführt (Goffman 1972; Strauss et al. 1964). Die Tradition der ethnographischen Alltagssoziologie nutzt die ethnographische Perspektive hingegen, um alltägliche Wissens- und Praxisformen, die gewöhnlich in ihrer vertrauten, unhinterfragten Alltäglichkeit versteckt bleiben, zu verfremden und einer sozialwissenschaftlichen Untersuchung zugänglich zu machen (vgl. Breidenstein et al. 2013, 26ff.).

Die Geschichte der Ethnographie ließe sich zugespitzt so zusammenfassen: Während die ethnologische Kulturanalyse das Fremde und Exotische in fernen Kulturen ethnographisch untersuchte, suchte die Chicago School das Fremde und Besondere in der eigenen Kultur und die Alltagssoziologie das Fremde im Gewöhnlichen und Alltäglichen zu entdecken und zu beschreiben.

Nach Breidenstein, Hirschauer und Kalthoff (2013) zeichnet sich ethnographische Forschung durch vier gemeinsame Merkmale oder Markenzeichen aus. Das erste betrifft den Gegenstand von Ethnographien, der zwar »zwischen den Individuen der *Bio*grafieforschung und den Bevölkerungen der *Demo*grafie« (ebd., 32), aber nicht im Bereich von konstruierten, essentialisierten *Ethnien*, sondern im Bereich von *sozialen Lebenswelten und Praktiken* liegt. Ein zweites Merkmal ist, dass ethnographische Forschung darauf ausgelegt ist, in der sozialen Welt der Untersuchten ausdauernd und unmittelbar sinnlich präsent zu sein. Im Zentrum der Ethnographie steht daher die persönliche, erfahrungsbasierte Forschung durch eine *teilnehmende Beobachtung*, die mehrere Wochen bis Jahre dauern kann (ebd., 33f). Dabei zeichnet die Ethnographie als drittes Merkmal ein *Methodenopportunismus* aus. Als integrierter Forschungsansatz muss sie abhängig vom jeweiligen Fall, Feld und den anleitenden Fragestellungen jeweils neu er- und gefunden werden. Sie beschränkt sich weiterhin auch nicht auf einen bestimmten Datentyp (wie Beobachtungsprotokolle, Interviews oder Gespräche, Dokumente, Videos, Fotos etc.), sondern versucht gerade über eine Triangulation verschiedener Datentypen der Komplexität der sozialen Wirklichkeit gerecht zu werden (ebd., 34f.). Da die Felder ihre eigenen inhärenten Ordnungen, Logiken und Regelhaftigkeiten aufweisen, ist eine methodische Freiheit, die auf die Methodenzwänge der jeweiligen Felder reagiert, der modus vivendi der Ethnographie (vgl. Hirschauer & Amman 1997, 16ff.). Als letztes Merkmal nennen Breidenstein et al. (ebd., 35f.) das Schreiben und die *Versprachlichung des Sozialen*. Da soziale Phänomene tabuisiert und unaussprechlich sein können oder so alltäglich, ritualisiert, routiniert und selbstverständlich ablaufen, dass über sie nicht mehr gesprochen wird oder gewisse Vorgänge und Materialitäten (wie verwandte Gegenstände, die räumliche Anordnung oder technische Artefakte) eine implizite, strukturierende Logik und Infrastruktur für ein Feld bieten, müssen diese unaussprechlichen, stummen, stimm- oder sprachlosen Phänomene erst über eine Beschreibung zur Sprache gebracht werden (vgl. Hirschauer 2001). Andere Autor*innen werden andere Merkmale und Prinzipien für Ethnographien aufstellen, doch allen gemeinsam bleibt, dass ethnographische Forschung über eine teilnehmende Perspektive den normalen Alltag einer Gruppe, Szene oder eines Milieus in seiner Komplexität und Vielschichtigkeit zu erfassen und zu beschreiben versucht.

3.2 Eine ethnographische Geschichte der Psychiatrie

> Closer scrutiny and more thoughtful analysis of the historical records (...) revealed that the asylum was neither just a site for care and cure, nor just a convenient place for locking up inconvenient people (‚custodialism'). It was many things all at once. And far from being a weapon securely under the control of the profession, or the state, it was a contested site, subject to continual negotiation amongst different parties, including families and the patients themselves.
>
> Roy Porter – *Confinement of the Insane* (2003, 5)

Oft werden die Probleme und Verhältnisse der Gegenwart durch einen Vergleich zu einer schlimmeren Vergangenheit legitimiert. Auf ähnliche Weise erscheint im Fortschrittsnarrativ die moderne psychiatrische Klinik im Kontrast zur psychiatrischen Anstalt des 19. und 20. Jahrhunderts in einem recht glanzvollen Licht. Dabei wird selbst ein Mythos der düsteren Anstalt geschaffen, der, obwohl er viele tatsächliche Bezüge vorweisen kann, doch die Realität der Anstalt verkennt und sie an Maßstäben misst, die ihr nicht gerecht werden. Die Anstalt dient so als Projektionsfläche, welche nicht nur den Blick auf die Vergangenheit, sondern auch den Blick auf die Gegenwart verzerrt. Dabei kann die Geschichte natürlich stets verschiedentlich gelesen, interpretiert und erzählt werden. Doch in der Geschichtsschreibung der Psychiatrie dominieren zwei Lesarten, welche auf der einen Seite entweder eine verklärende Helden- oder teleologische Fortschrittsgeschichte oder auf der anderen Seite eine vereinfachte Kritik und Überzeichnung der disziplinierenden und unterdrückenden Funktion beschreibt: »Während die einen in den psychiatrischen Anstalten wissenschaftlich-organisatorische Errungenschaften der modernen Medizin sahen, orteten die anderen hier Verdichtungspunkte therapeutisch getarnter Gewalt und Orte sozialer Disziplinierungs- und Unterwerfungspraktiken« (Tanner 2007, 272).

Im folgenden Kapitel soll anhand einer kurzen Geschichte der Psychiatrie-Ethnographien auch eine kurze Geschichte der Psychiatrie skizziert werden. Diese Historisierung der Psychiatrie muss dabei partiell und kursorisch bleiben, da sie primär durch die Perspektive der Ethnographien erfolgt (für detaillierte Analysen s. bspw. Brink 2010; Dörner 1999; Foucault 1989; Shorter 1999). Es soll hiermit somit gleichzeitig eine historische Situierung des Forschungsfeldes sowie eine Einführung in den Forschungsstand erfolgen. Die Ethnographien werden hier als Zeitzeugenbericht verstanden, die einen Einblick in die sonst verschlossene Welt der Anstalten und Kliniken bieten. Durch die Einordnung als Zeitzeugnisse werden die Ethnographien somit aus dem Blickwinkel zweierlei Lesarten rezipiert, nicht nur als disziplinärer Kanon, sondern auch als historische Form. Die Psychiatrie-Ethnographien können als Teil einer »Diskurskonjunktur des Anormalen« verstanden werden, in der »die Psychiatrie zum Gegenstand öffentlicher Kontroversen [geworden ist]« (Brink 2010, 26). Die Psychiatrie-Ethnographien sind Repräsentanten einer Kultur- und Gesellschaftskritik, die sich ab den 1950er Jahren zu formieren begann und die die Transformation des klassischen, kustodialen Systems der Anstaltspsychiatrie begleitete und mitgestaltete. Sie sollen im Folgenden nicht nacheinander vorgestellt, sondern als empirisches und historisches Material collagiert werden. Durch ihre Brille ermöglichen sie eine eigene geschichtliche Rekonstruktion, die versucht, weder dem kanonischen Fortschrittsnarrativ der psychiatrischen, noch dem dämonisierenden Duktus der antipsychiatrischen Geschichtsschreibung zu folgen. Mithilfe der Ethnographien und einzelner weiterer ergänzender Quellen kann dem einleitenden Zitat des Medizinhistorikers Roy Porter gefolgt und die Psychiatrie als ein umstrittener und umkämpfter Ort verstanden werden, in dem verschiedene Systeme ineinandergreifen und sich diverse Akteur*innen an der Aufrechterhaltung, Gestaltung und Veränderung beteiligen (s. auch Brink 2010, 31ff.).[20]

Obwohl die Geschichte der Psychiatrie in all ihren Bezügen und Ausläufern sicherlich bis in die Antike zurückverfolgt werden könnte, so lässt sich die Psychiatrie in ihrer Erscheinung als institutionalisierter Wissenschaftszweig, als Berufsbild sowie als Anstalt oder Klinik ungefähr auf die Mitte des 19. Jahrhunderts datieren. Die ethnographische Erforschung des psychiatrischen Apparats begann erst gute hundert Jahre später mit der Pionierarbeit des Medizinanthropologen William Caudill (1958) *The Psychiatric Hospital as a Small Society*, der einflussreichen Arbeit von Erving Goffman (1961) *Asylums: Essays on the Social Situation of Mental Patients and Other Inmates* sowie dem Gemeinschaftswerk *Psychiatric Ideologies and Institutions* unter der Leitung von Anselm Strauss (1964). Die erste deutsche Psychiatrie-Ethnographie stammt von Christa und Thomas Fengler (1980), die unter dem Titel *Alltag in der Anstalt* die sozialpsychiatrische Transformation eines psychiatrischen Landeskrankenhauses beschrieben und analysiert haben. Diese Ethnographien psychiatrischer Anstalten unterscheiden sich in ihrem jeweiligen Forschungsstil, ihrer Narrationsweise und ihrem Bezugsproblem. Daher sollen im Folgenden kurz die theoretische Verortung sowie das zentrale Erkenntnisinteresse dieser Arbeiten skizziert werden.[21]

Obwohl Erving Goffman nur schwer einer Denkschule zuzuordnen ist (vgl. Fine & Manning 2007), so verfolgte er zumindest in seiner Psychiatrie-Ethnographie ein eher sozialkonstruktivistisches und sozialtheoretisches Interesse, indem er die Situation psychiatrischer Patient*innen sowie die sozialen Aspekte ihrer Erkrankungen zu verstehen suchte. Sein Hauptinteresse galt der analytischen Beschreibung der Sozialisierungs- und Subjektivierungsprozesse, die mit der Hospitalisierung einhergehen können. Er wollte die Anstalt aus der Sicht der Patient*innen beschreiben und dabei die Fragen beantworten, wie und mit welchen Mitteln totale Institutionen Menschen verändern, formen und dressieren. Obwohl er die sozialen Interaktionen und die Selbstkonzepte der Be-

[20] Die empfehlenswerte Arbeit *Die Grenzen der Anstalt* von Cornelia Brink (2010) versucht ebenso der Dichotomie zwischen *whiggism* und *antipsychiatry* zu entfliehen und eine alternative Psychiatriegeschichte zu schreiben (ebenso auch Maier, Hürlimann & Tanner 2007).

[21] Auch Caudill (1958) untersuchte sowohl ‚inoffiziell' als getarnter Patient als auch offiziell als Anthropologe das *Yale Psychiatric Institute*. Da es sich hierbei aber um die Ethnographie einer kleinen psychiatrischen Klinik handelte, kann sie hier nicht zur Darstellung der Anstaltspsychiatrie genutzt werden.

troffenen maßgeblich durch die totale Institution bestimmt sah, verstand er die Betroffenen nicht nur als Opfer ihrer Situation, sondern auch als gestaltende Akteur*innen, die sich anpassten oder Widerstand leisteten und immer auch eigene Wege fanden, um ihre sozialen Rollen selbst zu definieren und eine Identität zu behaupten. Um den Charakter totaler Institutionen zu bestimmen, stellte er die Analyse der psychiatrischen Anstalt immer wieder in Kontrast zu anderen totalen Institutionen, wie Klöstern, Hochseeschiffen oder Gefängnissen.

Die Arbeitsgruppe um Anselm Strauss gehört zur Strömung des symbolischen Interaktionismus, die im Gegensatz zu Goffman einen mikroanalytischen Fokus auf die Arbeitsgestaltung innerhalb dieser Institutionen bewahren wollte. Ihr Ziel war ein Vergleich eines riesigen *State Mental Hospital* in Chicago (CSH) mit einer psychiatrischen Station einer renommierten psychiatrischen Privatklinik (des *Institute for Psychosomatic and Psychiatric Research and Training*, dem PPI, am *Michael Reese Hospital* in Chicago). Sie versuchten sowohl für die Anstalt als auch für die Klinik die internen Logiken und Aushandlungsprozesse zu beschreiben, die die jeweiligen Berufsgruppen in ihrer Praxis anleiten und mit anderen Akteur*innen auszukämpfen haben. Das CSH befand sich in einer Phase der Umstrukturierung, in der neue psychiatrische Teams mit bemerkenswerter Entscheidungssouveränität mit der Neugestaltung der Verwaltung und Behandlung beauftragt wurden. Strauss et al. versuchen in ihrer Analyse nicht nur eine Beschreibung des Arbeits- und Behandlungsalltags sowie der Handlungsrationalitäten jeder sozialen Gruppe der Institutionen zu leisten, sondern auch die kollektive Koordinierung der Arbeit und Hervorbringung einer permutierenden, psychiatrischen Ordnung durch immer wieder neu ausgehandelte Regeln, durch einen kontinuierlichen Re-Organisationsprozess zu beschreiben.

Das Ehepaar Fengler und Fengler behauptet eine stärker ethnomethodologisch ausgerichtete Analyse eines großen niedersächsischen psychiatrischen Landeskrankenhauses. Ähnlich wie bei Strauss befand sich die psychiatrische Anstalt zum Zeitpunkt ihrer Untersuchung in einem komplexen Transformationsprozess, in dem das Personal um die Implementierung von sozialpsychiatrischen, psychotherapeutischen und biomedizinischen Neuerungen und damit auch um Behandlungstraditionen und die Positionen der jeweiligen Berufsgruppen kämpfte. Ihr Ziel war eine Analyse von Arbeitsherausforderungen und Vollzugsproblemen, die mit diesen Veränderungen einhergingen. Wie Stationsregeln angewandt und ausgehandelt, wie Verantwortlichkeit hergestellt, wie Diagnosen produziert oder psychiatrische Therapie gemacht werden, sind leitende Fragen, die sie zu beantworten suchten.

Alle drei Arbeiten bieten damit, mit einem jeweils eigenen theoretischen Blick und spezifischem Erkenntnisinteresse, einen Einblick in den Alltag der nun historisch gewordenen psychiatrischen Anstalt. Mit der Arbeit von Strauss et al., die für einen direkten Vergleich eine kleinere psychiatrische Klinik untersucht haben, eröffnet sich damit auch ein Einblick in den Teil der psychiatrischen Behandlungslandschaft, der im Begriff war, die »Anstalt als Zentrum des gesamten Irrenwesens« (Brink 2010, 69) abzulösen. Anhand dieser Werke soll nun der psychiatrische Anstaltsapparat skizziert werden.

3.2.1 Ethnographien der psychiatrischen Anstalt

Mitte des 20. Jahrhunderts dominierte der Typ der Anstalt die Psychiatrielandschaft. Sowohl Goffman als auch Strauss et al. untersuchten riesige, öffentlich finanzierte ,State Hospitals' mit mehreren Tausend Patient*innen. Goffman untersuchte das *St. Elizabeths Hospital* in Washington D.C., das zum Zeitpunkt seiner Untersuchung mit ca. 7000 Patient*innen[22] die Größe einer Kleinstadt hatte, und Strauss et al. beforschten u. a. das *Chicago State Hospitals* (CSH), das zum Untersuchungszeitpunkt ca. 4000 Patient*innen beherbergte. Diese Anstalten waren »eine Art vollkommene[r] soziale[r] Mikrokosmos, eine Art kleiner Utopie des allgemeinen sozialen Betriebs« (Foucault 2005, 186).

Eine erste Charakteristik der Anstalt ist die Segregation und *Separation* sowohl auf einer räumlich-geographischen als auch auf einer sozialen Ebene. Der allumfassende Charakter einer ,totalen Institution' wird nach Goffman (1972, 15f.) an erster Stelle »durch [die] Beschränkung des sozialen Verkehrs mit der Außenwelt sowie der Freizügigkeit, die häufig direkt in die dingliche Anlage eingebaut sind, wie verschlossene Tore, hohe Mauern, Stacheldraht« symbolisiert. Der Grad ihrer »Permeabilität oder Durchlässigkeit« (ebd., 118) mag dabei variabel sein, doch besteht durch diese Exklusion der Außenwelt ein grundlegender Widerspruch zwischen einer solchen Institution und der »fundamentalen Arbeit-Lohn-Struktur unserer Gesellschaft« sowie »einem weiteren Kernstück der Gesellschaft, nämlich der Familie« (ebd., 22). Die räumliche Trennung der Anstalten sollte dabei auch die Trennung von dem pathogen wirkenden sozialen Umfeld der Betroffenen ermöglichen.[23] Es ist somit die Einweisung in eine

[22] Die 7000 entsprechen der Angabe von Goffman. Laut einem Regierungsbericht zur Geschichte des St. Elizabeths Hospital (Otto 2013, 270) gab es zum Zeitpunkt der Feldforschung von Goffman den historischen Belegungshöhepunkt von über 7500 Patient*innen (bei einer eigentlichen Kapazität von 5700). Dazu gab es weitere 4000 Angestellte, die zum Teil, wie auch der Klinikleiter selbst, ebenso in der Anstalt lebten.

[23] Auch Brink (2010, 57) sieht die ärztliche Begründung einer räumlichen und sozialen Segregation ineinander verschränkt: Mit der Erklärung »[k]ein Geisteskranker könne in der Umge-

Anstalt und die Separation von der Familie, die selbst die Therapie darstellt. Am deutlichsten wird diese Separation und Eigenständigkeit der Anstalt in dem Konzept der *totalen Institution* von Goffman. Eine psychiatrische Anstalt als totale Institution ist dadurch gekennzeichnet, dass eine Gruppe von Menschen, die eine psychiatrische Diagnose trägt, in einer abgeschlossenen und separaten Einrichtung untergebracht ist und ihr Leben in unmittelbarer Gemeinschaft mit allen anderen Insassen ausführt. Dabei ist diese Gruppe dem Personal als herrschender Autorität unterstellt, welche die exakte Regelung und Planung des Lebens bestimmt und sie zur Ausführung von gewissen Tätigkeiten veranlasst (ebd., 17). Der Leiter einer solchen Anstalt verfügte dabei »über eine nahezu unbeschränkte Autorität; er [übt] eine souveräne Macht über Ärzte, Wärter und Wärterinnen und vor allem über die Patienten aus« und hat das Recht, »Freiheit zu nehmen oder zu geben, alle Rechtsgarantien, die ein Bürger normalerweise genießt, außer Kraft zu setzen, und das auf unbegrenzte Dauer« (Brink 2010, 70).[24] Dass alle Insassen einer solchen Institution an derselben Stelle schlafen, spielen und arbeiten, zeigt sich schon in der räumlich-architektonischen Aufteilung, die in den Anstalten kollektive Schlafsäle und eigene Tagesräume vorsieht, die auch nur zu den entsprechenden Zeiten aufgesucht werden dürfen (ebd., 220ff.; Strauss et al. 1964, 96; Fengler 1980, 52). Die Insassen werden dabei schon bei ihrem Eintritt in die Anstalt durch ihre Uniformierung entindividualisiert. Die Aufnahme in eine psychiatrische Anstalt beschreibt Goffman (1972, 146) als einen »umfangreichen Satz von demütigenden Erfahrungen« zu dem unter anderem »der Verlust der Identitäts-Ausrüstung« (ebd., 31) gehört. Es erfolgt eine obligatorische Abgabe der eigenen Habe und die Einkleidung der Patient*innen in Krankenhauskleidung (ähnliches beschreiben auch Fengler & Fengler 1980, 27). Uniform sind die Patient*innen dabei nicht nur in der Kleidung, sondern auch in ihrer Zuteilung zu dem Stationssystem in den Anstalten. Dieses System ist in den großen Anstalten neben dem Krankheitsbild noch in ‚Race', ‚Gender' (Goffman 1972, 205) und bei Strauss et al. (1964, 102) noch in die

bung geheilt werden, in der er erkrankt sei, war nicht zuletzt die abgelegene Lage der damals modernen Anstalten begründet worden. Wolle man ihn heilen, müsse das familiäre Band zerschnitten werden.« Ähnlich konstatiert auch Foucault (2005, 147): Ein »grundlegend herrschendes Prinzip« der Anstaltspsychiatrie ist, »daß man niemals einen Geisteskranken innerhalb seiner Familie heilen kann. Das familiäre Milieu ist absolut unvereinbar mit der Durchführung jeglichen therapeutischen Handelns.«

[24] Als Symbol für den Paternalismus und die Hierarchie der Anstalt kann die Größe und die Lage der Wohn- und Arbeitsstätte des Klinikleiters Dr. Winfred Overholser und auch sein Spitzname gelten. Winfred Overholser, der bis 1962 für 25 Jahre Klinikdirektor des *St. Elizabeths Hospital* und Präsident der *American Psychiatric Association* war, hatte einen 8000 m^2 großen Lebens- und Arbeitsbereich im Herzen des Gebäudes, das das Zentrum der Anstalt darstellte, was ihm den Spitznamen »Baron von Anacostia« bescherte (Anacostia ist der Name der Region in der sich die Klinik befand; Otto 2013, 293ff.).

'Selbstsorgefähigkeit' der Patient*innen – auf Basis der vier Dimensionen 'Sauberkeit', 'Beweglichkeit', 'Benehmen' und 'Arbeitsfähigkeit' – eingeteilt.

Die Anstalten sind in erster Linie *Aufbewahrungslager* (ebd., 78) für ihre Insassen. In dieses eigenständige, von der Außenwelt getrennte System werden die Patient*innen zum Großteil gegen ihren Willen eingewiesen. Dadurch verwandelt sich der »Status des Bürgers zum Status des Patienten« (ebd., 135), was oftmals einem »bürgerliche[n] Tod« (ebd., 26) gleichkommt. Die Anstalten bildeten eine separierte kleine Gesellschaft. Im St. Elizabeths Hospital gab es neben einem eigenen Theater und Sportanlagen auch eine eigene Polizeistation (ebd., 81). Otto (2013, 268) berichtet auch davon, dass das St. Elisabeths (bis 1955 und in kleinerem Ausmaß bis 1965) eine 'Krankenhausfarm' hatte, auf deren 400 Hektar großem Gelände Obstbäume, Getreidefelder und größere Tierbestände (so z. B. 500 Kühe) versorgt und bewirtschaftet wurden. Auch das 'Chicago State Hospital' (CSH) beweist seinen Charakter als Miniaturgesellschaft mit seiner anstaltseigenen Bibliothek, verschiedensten Werkstätten, einer Gärtnerei, einer Feuerwehr, einer Wäscherei, Häusern für Angestellte, einem eigenen Gleisanschluss und einem eigenen Spital (Strauss et al. 1964, 96ff.).

Das 'Chicago State Hospital' (CSH) befand sich im Untersuchungszeitraum in einer Phase der Veränderung – oder besser gesagt, um die Terminologie des französischen Medizinsoziologen Robert Castel (1983, 13f.) zu verwenden, in einer Metamorphose.[25] Für das CSH muss zwischen den chronischen Stationen und den therapeutischen Stationen unterschieden werden. Von 'chronischen Stationen' wurde man nur sehr selten entlassen, vielmehr herrschte die Ansicht, dass sich die Patient*innen hier nur in ihrem Zustand verschlechtern und schließlich auch auf diesen Stationen sterben würden (ebd., 105ff.). Auf diesen Stationen waren zudem nicht nur Menschen mit 'psychischen Erkrankungen' untergebracht, sondern viele Formen von 'Devianz'.[26] Dabei entstammten die Patient*innen hauptsächlich niederen sozioökonomischen Klassen und litten eher an den sozialen Pathologien der Armut als an klar beschreibbaren psychiatrischen Pathologien. Der entscheidende Punkt, um aus heutiger Sicht die chronischen Stationen dieser Anstalten zu verstehen (die im Falle des CSH über 60 % ausmachten), ist, dass Behandlung oder gar Heilung gar keine Zielset-

[25] Castel (ebd.) unterscheidet zwischen Transformationen, in denen auf Krisen geantwortet wird, und Metamorphosen, in dem sich ein Systemwechsel vollzieht.

[26] Das CSH »houses more than 'mental patients'«, es beherbergte eine »great variety of inhabitants (...): the infirm, the senile, the homeless and abandoned, as well as the deranged« (ebd., 96). Damit schließt das CSH genau an der 'psychiatrischen' Internierungspraxis an, aus der es historisch entstanden ist, aus der Internierung von Menschen mit Behinderungen, Armen, Obdachlosen, Epileptiker*innen, Demenzkranken, Greisen, Libertins, Verschwender*innen, Gottesläster*innen, Waisenkindern etc. (vgl. Foucault, 1973; Jervis, 1978).

zung darstellte.[27] Diese chronischen Stationen wollten vielmehr einen Platz zum Leben und nicht einen der Behandlung bieten.[28] Wenn der Einschätzung des Personals geglaubt werden kann, ermöglichte die Anstalt dabei ein Leben, das besser war, als es für die meisten Patient*innen außerhalb gewesen wäre.[29] Um zu verdeutlichen, dass kein Behandlungsauftrag im heutigen Sinne bestand, sei noch einmal der Prototyp einer solchen Station skizziert: Auf einer Station mit einem »large sitting room and one or two vast barracks-style dormitories« (ebd., 96) ist *eine* unausgebildete und meist weibliche Hilfskraft für die Versorgung von 150 Patient*innen verantwortlich. Sie arbeitet in Eigenregie und ist selbstständig für die Instandhaltung einer Station und für die Versorgung der Patient*innen zuständig, wobei sie eine gewisse ›mütterliche‹ Funktion übernimmt. Ihr Aufgabenbereich liegt in der Supervision und Betreuung der alltäglichen Versorgung, die die Patient*innen zum Großteil selbst organisieren müssen. Eine ausgebildete Krankenschwester übt dabei die Supervision für zehn solcher Stationen aus.[30] Es gibt in diesem Bereich keine weiteren zuständigen Professionsgruppen, außer ein paar Allgemeinärzten, die Strauss et al. als »old guards« bezeichnen.[31] Damit ist das zentrale Prinzip in einem solchen Bereich »containing and caring« (ebd., 101) und nicht, wie auf den Therapiestationen des CSH, »treat and discharge« (ebd., 133). Die ›Therapiestationen‹ des CSH sind gänzlich anders aufgebaut und passen eher in das *heutige* Bild eines ›psychi-

[27] Die chronischen Stationen hatten keine Verpflichtung »to treat patients actively. (...) Their obligation center around merely containing and caring for patients: The general institutional opinion is that aides are doing well if they achieve decent physical care.« (ebd., 101).

[28] Brink (2010, 195) formuliert es etwas anders: »Undifferenziert blieben die therapeutischen Antworten auf die Vielfalt und die Erweiterung des Spektrums psychischer Krankheiten. (...) Eine Anstaltsunterbringung für sämtliche psychische Erkrankungen blieb die Regel; der radikale Ausschluss aus dem bisherigen Lebensumfeld *war* die Therapie.«

[29] Frederick Redlich als Dekan des psychiatrischen Instituts der *Yale University* beantwortet in dem Vorwort von Caudills (1958, VII) *The Psychiatric Hospital as a Small Society*, die selbstgestellte Frage, warum Patient*innen von der psychiatrischen Behandlung profitieren, mit der folgenden Begründung: »One possible answer is that many patients come to mental hospitals from rather horrible conditions, which presumably have something to do with their mental and emotional disorders. In the mental hospital to which they are admitted, they find less horrible conditions. Even those institutions which are far from perfect are protective 'asylums'.«

[30] Das Aufgabenfeld der Hilfskräfte umfasst somit Folgendes: »First, they must maintain patients in reasonable physical health (...). Second, they must administer the routines of daily life. [That patients] (...) go to bed at night and get up in the morning; that they eat; (...) [are] reasonably clean, neat, and adequately clothed (...). Third, (...) controlling patients› behavior so that the latter hurt neither themselves nor others« (ebd., 97f).

[31] Diese Ärzte haben fast alle einen Migrationshintergrund, was daran liegen mag, dass ein ›State Hospital‹ auch für das medizinische Personal nur schlecht bezahlte Ämter und wenig Prestige zu bieten hat. Hejtmanek bezeichnet dies als »racialized form of mental health practice« (2010, 674). Auch Castel, Castel und Lovell (1982, 35f) berichten von diesem Phänomen: »Die Irrenanstalten waren und sind nicht nur Ghettos für die Patienten, sondern auch für das 'medizinische' Personal, das ebenfalls in den meisten Fällen diese Institutionen als letzten Ausweg wählt, wenn alle anderen Türen verschlossen sind«.

atrischen Krankenhauses'. Während der Phase der Feldforschung von Strauss et al. befanden sich diese Therapiestationen in einem Prozess der Umstrukturierung: »modern psychiatry is introduced into these old hospitals« (ebd., 125). Die Klinikleitung stellte Psychiater verschiedener ‚ideologischer' Ausrichtungen ein und gab ihnen die Mittel, sich ein eigenes multiprofessionelles Team[32] und ein eigenes Behandlungssystem aufzubauen. Ein solches Team war für ungefähr 100 Patient*innen zuständig. Strauss et al. beschreiben fünf solcher Teams genauer, wobei besonders eine Station auffällt, die sie als »radical patient-government system« (ebd., 134ff.) beschreiben. Auf dieser Station sind die Patient*innen angehalten, für ihr eigenes Wohlergehen zu sorgen und sich anhand eines »grass-roots democratic approach« (ebd.) selbst zu organisieren und zu führen. Über Abstimmungen können die Patient*innen über die meisten Angelegenheiten bezüglich ihrer Organisation und ihrer Behandlung bestimmen – konkret heißt das: »patients [are] ordering passes and discharges and even prescribing medications, beside organizing and directing most facets of their own ward life« (ebd., 135). Gemessen an heutigen Maßstäben ist die Behandlungsdauer, die sich fast immer über mehrere Jahre erstreckt, auf allen Therapiestationen sehr lang. Dafür ist auch das »radical patient-government system« kein Gegenbeispiel.[33] Besonders ist diese Umstrukturierung der Therapiestationen des CSH anhand der humanitären Werte der ‚Freiheit, Unabhängigkeit und Würde' (ebd., 130) auch deshalb, weil sie hier als ein erstes Zeichen einer sozialpsychiatrischen Wende gedeutet werden könnte, die gesetzlich erst drei Jahre später durch den *Community Mental Health Act* von 1963 in den USA eingeläutet wurde. In Folge dieses Gesetzes verloren die ‚State Hospitals' immer mehr an Bedeutung (ihre Bettenzahl wurde in den nächsten Jahren um 90 % reduziert), während neu gebaute *Community Mental Health Centers* ihren Platz einnehmen sollten (vgl. Murphy & Rigg, 2014).[34]

Es lässt sich festhalten, dass für den Großteil der Patient*innen die ‚State Hospitals' auch Ende der 1950er / Anfang der 1960er Jahre eher eine Art vollstationäres Pflegeheim darstellten. Gleichzeitig werfen gerade die Therapiestationen des CSH ein neues Licht auf diese Form des psychiatrischen Krankenhauses,

---

[32] »[E]ach team would include a physician, a nurse, a psychologist, a social worker, a recreational or occupational therapist, and an aide or two« (ebd., 126).

[33] »Simply because patients are allowed to discharge one another, however, it is not a foregone conclusion that discharge is easily obtained. At any rate, this patient group did not quickly empty out the ward« (ebd., 168).

[34] Das dieser Prozess der Umwandlung nicht so leicht vonstatten ging, wie erhofft, schildern Castel, Castel und Lovell (1982, 148): »Von den bis 1980 vorgesehenen 2000 Community Mental Health Centers gab es 1975 erst 400; die meisten von ihnen wurden allerdings zwischen 1967 und 1972 errichtet«.

die Goffman als ‚totale Institutionen' analysiert hat. Zu einer totalen Institution gehört unter anderem, dass alle Mitglieder einer einzigen Autorität und alle Aspekte ihres Lebens einem rationalen Plan unterstellt sind (vgl. Goffman 1973, 17). Dies lässt sich für das radical patient-government system nur noch insofern behaupten, als dass Patient*innen mit einiger Distanz weiterhin der Klinikleitung als ‚einziger Autorität' und dem rationalen Mandat der ‚Behandlung und Entlassung' unterstellt sind. Doch im Grunde regieren sie sich in der Art einer ‚Basisdemokratie' selbst und können sogar selbst über ihre Medikation und Entlassung bestimmen. Dies erinnert eher an eine experimentelle Psychiatrie-Alternative aus der Antipsychiatrie-Bewegung, als an den repressiven Anstaltsapparat, den Goffman beschreibt. Dass der Plan der Therapiestationen auf Entlassung ausgerichtet ist (treat and discharge), zeugt auch bereits von einer Veränderung, die sie von dem Aufbewahrungslager der psychiatrischen Anstalt zu dem *Übergangsraum* der psychiatrischen Klinik werden lassen sollen.

Um die psychiatrische Anstalt zu verstehen und um zu zeigen, dass sie auch nicht einfach mit heutigen vollstationären Pflegeheimen identisch ist, muss der Stellenwert der *Patientenarbeit* noch einmal hervorgehoben werden. Der Großteil der manuellen Arbeit wurde von den Patient*innen ausgeführt. Als relativ abgeschlossenes und dabei fast autarkes Versorgungssystem waren die Anstalten in vielfacher Hinsicht auf die Mitarbeit der Patient*innen angewiesen:

> Neben dem ganzen Komplex der Essensproduktion und -verteilung gibt es Werkstätten aller Art: Schlosserei, Tischlerei, Malerei, Schuhmacherei, Sattlerei, Korbmacherei, Wäscherei, Nähstube, Gärtnerei. (...) Der ‚Parktrupp' ist für die Pflege des Parks zuständig, der ‚Hoftrupp' für den Transport von Gegenständen zwischen den Häusern und Werkstätten. Eine weitere Tätigkeit, die fast ausschließlich von Patienten ausgeführt wird (...), ist die ‚Stationsreinigung'. Für alle diese Arbeiten erhalten die Patienten ein geringes Entgelt. (ebd., 329)

Es waren also nicht nur die Stationsreinigung und die Verpflegung von den Patient*innen selbst zu leisten, sondern auch der Bereich der ‚Arbeitstherapie' war in die Anstalten eingegliedert. In den meisten Anstalten gab es so auch landwirtschaftliche oder industrielle Bereiche, in denen nicht nur für die eigene Versorgung gearbeitet wurde, sondern Aufträge von außerhalb, beispielsweise aus der Industrie, ausgeführt wurden (Goffman 1972, 92; Strauss et al. 1964, 106). Schlussendlich war das gesamte Krankenhaussystem nur durch die Mitarbeit von Patienten funktionsfähig (Fenger & Fengler 1980, 223).

Gleichfalls ist auch das Verhältnis der Hilfs- und Pflegekräfte zu den Patient*innen durch die Patientenarbeit strukturiert. Die ersten zwei »Pflichtaufgaben« des Pflegepersonals waren das »Instandhalten der Station«, also das »‚Organisieren' der Reinigung, weil alle mit der Reinigung verbundenen Tätigkeiten von Patienten unter Anleitung, Kontrolle und Mithilfe des Pflegepersonals erledigt werden«, und das ‚Organisieren' der Verpflegung, da »alle mit den Mahlzeiten verbundenen Tätigkeiten (...) auch hier weitgehend von Patienten erledigt [werden]« (ebd., 183). Hilfs- und Pflegekräfte sind demnach eher für die Organisation und Koordinierung der Patientenarbeit zuständig und somit eher in der Rolle einer Vorarbeiter*in als Therapeut*in. Die Hilfs- und Pflegekräfte verfügen nicht über die Deutungsmöglichkeiten und Handlungsrationalitäten des psychiatrischen Diskurses (z. B. in Form von differenzierten ätiologischen Modellen oder Behandlungstheorien) und arbeiten daher eher mit einer Art »Common-Sense-Pädagogik« (Fengler & Fengler 1980, 87) bzw. einer »doctrine of common sense« (Strauss et al. 1964, 254) und versuchen, das durchzusetzen, was sie als richtig erachten.[35] Während sie zwar von einigen Psychiatern als ‚indirektes' therapeutisches Personal angesehen werden – da sie auf einer intuitiven Ebene therapeutisch auf die Patient*innen einwirken –, werden sie im Allgemeinen nur als ‚gute Arbeitspferde' und als ‚rechte Hand' des therapeutischen Personals wahrgenommen (ebd., 231ff.). Diese Wahrnehmung ist dabei abhängig von der jeweilig präsenten psychiatrischen Ideologie. Werden die Hilfskräfte in dem psychoanalytischen Setting selten als Teil des therapeutischen Systems und zum Teil sogar als hinderlich für den Therapieprozess verstanden, wobei sie sich selbst ganz im Gegensatz dazu als die »wichtigsten Teammitglieder« wahrnehmen (ebd., 236), wird das Pflegepersonal in dem Setting, das gerade eine sozialpsychiatrische Transformation durchläuft, zwar von den Psychiater*innen als wichtiger Bestandteil der Behandlung angesehen, hier jedoch nehmen sie ihre Arbeit selbst »nicht als ‚therapeutisch'« (Fengler & Fengler 1980, 130) wahr.

Die Hilfskräfte sind dennoch dasjenige Personal, das am nächsten mit den Patient*innen arbeitet, mit ihnen in vielen direkten und informellen Kontakt- und Gesprächssituationen ist und somit die engste Beziehung und die größte Vertrautheit mit den Patient*innen hat. Auch wenn ihnen nicht immer eine therapeutische Rolle zugeschrieben wird, so dienen sie in jedem Falle als eine wichtige Informationsquelle für den Zustand der Patient*innen. Dies zeigt sich gerade in Teamkonflikten, in denen das Hilfs- und Pflegepersonal nicht nur die Kooperation mit dem medizinisch-therapeutischen Personal verweigern

---

[35] Da sie ohne konkrete Absprachen, ihre eigenen ‚Programme' mit Patient*innen durchführen und das obwohl sie zumindest auf den Therapie-Stationen sogar dazu angehalten werden, nicht therapeutisch auf die Patient*innen einzuwirken, beschreiben Strauss et al. (ebd., 372) ihr Arbeitsleben auch als »secret work life«.

kann, indem es Anordnungen nicht ausführt (z. B. über die Maxime »Das tun wir gern, wenn wir Zeit haben«, wie sie Fengler und Fengler 1980, 181ff., beschreiben), sondern auch, indem es sein Wissen über die Patient*innen nicht weitergibt (Strauss et al. 1964, 232). Charakteristisch für ihr Common-Sense-Vorgehen scheint weiterhin zu sein, dass sie sich auf die unmittelbaren, praktischen Probleme der Patient*innen fokussieren und diese durch pragmatische, kurzfristige Lösungen oder Lösungsvorschläge beheben wollen (ebd., 246). Bezugspunkt ihrer Arbeit ist dabei im Vergleich zu dem therapeutischen Personal weniger das Individuum, sondern immer das Kollektiv der Patient*innen (Fengler & Fengler 1980, 155).

Das medizinische Personal war in den US-amerikanischen Anstalten meist psychoanalytisch orientiert. Anders als in Deutschland, wo »während des gesamten 20. Jh. in der Beziehung zwischen Psychiatrie und Psychoanalyse eine mehr oder weniger gespannte Gegensätzlichkeit« (Mentzos 2006, V) bestand, wird die Phase zwischen 1945 und 1965 in den USA als »goldenes Zeitalter« der Psychoanalyse gewertet (Hale 1995, 276ff.). Doch in den Anstalten erhielt nur eine absolute Minderheit der Betroffenen individuelle Psychotherapie. So spricht Goffman (1972, 297) davon, dass gerade mal ein Prozent der Insassen irgendeine Form einer Einzeltherapie erhielt. Doch neben psychoanalytischen Ansätzen gab es immer auch schon konkurrierende Behandlungstheorien. Strauss et al. (1964, 55ff., 133ff. und 180ff.) differenzieren drei ideologische Hauptformen: den somatotherapeutischen, milieutherapeutischen und psychotherapeutischen Ansatz. Die ,somatotherapeutische Ideologie' beschreibt dabei die wenigen und in der therapeutischen Community nicht hoch angesehenen Ärzte, die im CSH und PPI als »shock boys« bezeichnet werden, da sie die Schocktherapien, wie die Insulin-, Pentetrazol- und die Elektroschocktherapie, durchführen.[36] Die ,milieutherapeutische Ideologie' meint einen psychoanalytisch orientierten Therapieprozess, der durch die Lebensgemeinschaft auf einer psychiatrischen Station erreicht werden soll. Die zugrunde liegende Idee ist, dass der Aufbau von Beziehungen mit dem Personal oder anderen Patient*innen eine artifizielle Familiensituation nachbilden und somit therapeutisch wirken soll. Die ,psychotherapeutische Ideologie' ist hingegen am Ideal

[36] Nach Ehrenberg (2008, 83) ermöglichte die Schocktherapie der psychiatrischen Praxis auch »den Weg in die wissenschaftliche Moderne«. Durch die Schocktherapie war die Psychiatrie zum »ersten Mal in ihrer Geschichte (…) in der Lage, eine *stabile* Beziehung zwischen Behandlung und Heilung aufzuzeigen«. Daher ist es nach ihm auch die Schocktherapie, welche die reibungslose Einpassung der Psychopharmaka in die psychiatrische Behandlungspraxis vorbereitet und ermöglicht hat.

einer psychoanalytischen Psychotherapie orientiert.[37] Dabei finden in der Praxis weniger die klassischen, hochfrequenten psychoanalytischen Einzeltherapien als eher psychoanalytisch orientierte »situational contact« und »casual contact therapy« oder »didactic mass therapy« bzw. »classroom therapy« statt, wie es Strauss et al. (1964, 161ff.) bezeichnen.

Die Medikation hatte in den psychiatrischen Anstalten der 1950er und 1960er Jahre noch einen ganz anderen Stellenwert als heute. Goffman (1972, 362) sieht den Einsatz der Medikamente allein darin begründet, dass diese einen sedierenden Effekt haben und ihr Einsatz somit eine arbeitsökonomische Maßnahme des Personals darstellt.[38] Strauss et al. (1964, 114; Übersetzung R. I.) beschreiben, dass vor der »Einführung moderner Beruhigungsmittel, insbesondere Thorazine«[39] der »taktische Transfer zu Sicherheits- und Überwachungsstationen häufiger und unmittelbarer durchgeführt wurde«. Wenngleich der Einsatz von Beruhigungsmitteln und der ersten Neuroleptika während der Feldforschung von Strauss et al. zwar augenscheinlich schon ein etabliertes Mittel im psychiatrischen Alltag war, war der Status dieser Medikamente damals ein anderer als heutzutage. Strauss et al. (1964, 160; Herv. R. I.) schreiben:

> On most wards, drugs were given with extreme reluctance because this kind of control ran counter to ideology. *Occasionally, however, drugs were used for therapeutic purposes.* (...) Personnel in the [somatic wards] claimed that they used drugs to control patients, while those in the [patient-government system] were reluctant to use them and passed the buck to the hospital itself by sending its most disturbed patients to hydro-therapy.[40]

In den Anfangsphasen der Anwendung von Neuroleptika überwog in der psychiatrischen Praxis also die sedierende und kontrollierende gegenüber der therapeutischen Funktion der Psychopharmaka.[41] Fengler und Fengler (1980, 67ff.)

---

[37] Schon allein, dass in den US-amerikanischen Ethnographien semantisch nicht zwischen ‚Psychotherapie' und ‚Psychoanalyse' unterschieden wird (was sich auch bei Rhodes 1991 und Luhrmann 2000 wiederfindet), zeugt von der Prominenz der Psychoanalyse in der USA.

[38] Otto (2013, 278) berichtet davon, dass die Vergabe von Medikamenten in den 1950er Jahren deutlich anstieg und im Jahr 1957 so schon ungefähr ein Viertel aller Patient*innen des St. Elizabeths Hospital Beruhigungsmittel und Psychopharmaka verabreicht bekam.

[39] Die Entwicklung von Chlorpromazin, dem ab 1955 in den USA unter dem Namen Thorazine vermarkteten Neuroleptikum, läutete eine neue Ära der medikamentösen Behandlung ein. In Deutschland wurde es als Megaphen ab 1953 klinisch erprobt und leitete die psychopharmakologische ‚Revolution' der Psychiatrie ein (s. Balz 2010).

[40] Der Einsatz von meist kaltem Wasser als therapeutisches Mittel ist eine weitere Behandlungsmethode, die in den letzten Jahrzehnten aus der ‚Mode' gekommen ist. Sie stand, wie so viele andere Methoden, dabei schon im 19. Jahrhundert im Spannungsfeld zwischen bestrafender Zwangsmaßnahme und therapeutischem Mittel (vgl. Rohnert-Koch 2009, 174ff.).

[41] In der Anfangsphase der klinischen Erprobung galt Chlorpromazin zunächst als Anästhetikum für die Chirurgie. Beim ersten psychiatrischen Einsatz in den 1950er Jahren kam die Metapher der »chemischen Leukotomie« oder »chemischen Zwangsjacke« auf (vgl. Balz 2010, 96ff.).

führen noch eine Unterscheidung in der Bewertung der Medikamente innerhalb des Personals ein. Das Pflegepersonal ist »an der Medikation ›vital‹ nur insofern interessiert (...), als sie *das* Mittel darstellt, eine unhaltbare Lage auf der Station, Unruhe, Ärger und Chaos einzudämmen« (ebd., 70). Gerade die jungen Ärzte sehen sich hingegen eher als Advokaten der Patient*innen und wollen gerade auf die zwangsweise Vergabe von Medikamenten verzichten, um den Aufbau einer therapeutischen Beziehung nicht zu gefährden. Doch auch hier wird der Einsatz von Psychopharmaka nur in Ausnahmen überhaupt als therapeutisches Mittel verstanden. Vorherrschend ist das Verständnis von Psychopharmaka als Beruhigungsmittel und nicht als Therapeutika.

Zu guter Letzt werden sowohl die psychiatrischen Anstalten als auch die psychiatrischen Kliniken immer auch als *Ordnungs- und Kontrollsysteme* dargestellt. Psychiatrische Praktiken unterstehen den Maximen der Überwachung, Sicherheit, Kontrolle und Ordnung. Diese Maxime sind in die Organisation des psychiatrischen Raumes eingeschrieben. Es gibt eine latente Alarmbereitschaft des Personals, die sich durch eine beständige direkte oder indirekte Sicht- und Hörkontrolle des Stationslebens auszeichnet. Der Raum ist dafür strategisch angeordnet, Stationszimmer meist zentral auf den immer offenen Fluren und direkt an den Aufenthaltsraum positioniert. Außerdem bleiben die Räume der Patient*innen immer in dem Sinne öffentlich, als dass sie nicht abgeschlossen werden können und somit jederzeit zugänglich bleiben. Doch die Sicherheit und die Ordnung ist dabei »immer prekär« (Fengler & Fengler 1980, 34), sie wird unter den verschiedenen Akteur*innen sehr unterschiedlich eingeschätzt und bewertet und muss daher in dem »vast ocean of negotiation« (Strauss et al. 1964, 313) ständig neu ausgehandelt werden. Zur Wahrung der Ordnung werden dabei vielfältige Techniken eingesetzt. Zum einen wird sie durch die immer gleichen Routinen aufrechterhalten. Diese Routinen prägen den Arbeits- und Behandlungsalltag und folgen zeitlich einem exakten Muster, sodass sie als »clock work environments« charakterisiert werden können (Klausner 2015, 255). Das Ordnungssystem wird zudem durch die von Fengler und Fengler (1980, 69) so bezeichneten »Entschärfungspraktiken« aufrechterhalten. Sie verstehen darunter alltägliche Praktiken des »aktive[n] Eingreifen[s] bei Verhaltensweisen, die den Stationsfrieden bedrohen« (ebd.). Beispiele reichen von »gutem Zureden« über »Ermahnungen« und »Drohungen« bezüglich einer »Trennung«, »Verteilung« oder »Verlegung« bis hin zur »medikamentösen Sedierung« und »Fixierung« (ebd., 63ff). Diese Maximen der Ordnung und Sicherheit gelten dabei nicht nur für die psychiatrische Anstalt, sondern können als Strukturmerkmal des psychiatrischen Apparats insgesamt angesehen werden.

Zusammenfassend lässt sich aus den Ethnographien also ableiten, dass es sich bei psychischen Anstalten um große, differenzierte und von der Außenwelt separierte Apparate handelte, die nach den Prinzipien der Ordnung und Sicherheit strukturiert waren und in erster Linie nicht als Orte der Behandlung, sondern als Orte der Verwahrung und einer Art vollstationäres Pflegeheim mit Arbeitsauftrag verstanden werden müssen. Das System der Anstalt war hauptsächlich ein Laiensystem, in dem wenige unausgebildete Hilfskräfte die Versorgung der Patient*innen organisierten und eine Behandlung auf Basis ihres gesunden Menschenverstands durchführten. Das gesamte System wurde dabei von der Arbeit der Patient*innen getragen. Der arbeitsfähige Teil der Patient*innen erledigte die Essenszubereitung und -verteilung, die Stationsreinigung und die Grünpflege und arbeitete in Werkstätten, im Industriebereich und oft auch in der Landwirtschaft, um die autarke Versorgung und das Funktionieren der Anstalt zu gewährleisten. Medikamente wurden in den Anstalten nur bei wenigen Patient*innen und in erster Linie zur Beruhigung eingesetzt. Die totale Institution der Anstalt war aber immer auch ein sehr stark ausdifferenziertes System, in dem viele verschiedene Lebensmöglichkeiten für Betroffene nebeneinander existierten, und nicht alle passen zu dem Bild der dunklen und düsteren Verwahranstalt, wie es die Beschreibung des ‚radical patient-government system' bei Strauss et al. bezeugt. Eine ähnliche Einschätzung findet sich bei Castel, Castel und Lovell (1982, 10): »Hier findet man eine Einrichtung, in der noch die repressivsten Normen des 19. Jahrhunderts den Betriebsablauf bestimmen. Daneben, manchmal sogar in ein und derselben Institution, ein Experiment, das erstaunlich liberal ist«.[42]

Im Folgenden soll anhand weiterer Ethnographien der gegenwärtige Typus der psychiatrischen Klinik skizziert werden. Um auch sie als Zeitzeugnisse lesen zu können, soll kurz ihr Entstehungshintergrund kontextualisiert werden.

Die Arbeit der Sozialanthropologin Lorna Rhodes (1991) *Emptying Beds: The Work of an Emergency Psychiatric Unit* ermöglicht einen Einblick in die Arbeit auf einer psychiatrischen Notaufnahme in einem *Community Mental Health Center*. Sie orientiert sich an der Machtanalytik von Foucault und fokussiert in ihrer Beschreibung dieser kleinen Notaufnahmestation die Reflexionen des Personals

[42] Nach Brink (2010, 413) kam es in den 1950er Jahren in Deutschland zu einer gewissen »Reform vor der Reform«, »in denen ‚innovative Inseln' unterschiedlicher Form und Reichweite in einer ansonsten weiterhin verkrusteten Versorgungslandschaft auszumachen sind«.

und deren strategischen Umgang mit den Möglichkeiten und Unmöglichkeiten ihrer Arbeit. Sie leistet damit nicht nur eine Beschreibung des Berufsalltags, sondern auch eine Explikation von neuen Widersprüchen, die durch die Umstrukturierung der psychiatrischen Versorgung entstanden sind.

In ihrem Werk *Of two minds: The growing disorder in American psychiatry* konzentriert die Ethnologin und Sozialanthropologin Tanya Luhrmann (2000) ihre Analyse auf den Konflikt der zwei dominanten psychiatrischen Kulturen der psychoanalytischen und biomedizinischen Prägung. Dabei unternahm sie den recht ambitionierten Versuch, eine Anklage gegen beide Ideologien und zugleich ein Plädoyer für die an Einfluss verlierende psychodynamische Kultur zu schreiben. Sie untersucht die Auswirkungen dieses Paradigmenwechsels auf die Ausbildung und die Arbeitswelt des psychiatrischen Personals. Dafür hat sie nicht nur in mehreren und recht verschiedenen psychiatrischen Kliniken ihre Feldforschung betrieben, sondern auch selbst einen Teil der medizinisch-therapeutischen Ausbildung absolviert und als Therapeutin gearbeitet.[43] Theoretisch kann sie am ehesten dem Sozialkonstruktivismus zugeordnet werden.

Die Ethnologin Martina Klausner (2015) verortet ihre Arbeit *Choreografien psychiatrischer Praxis* auf der Schnittstelle von Wissenschafts- und Technikforschung, Medizinanthropologie und der Anthropologie des Wissens. Ihre Feldforschung betrieb sie auf einer offenen Station eines Berliner Bezirkskrankenhauses. Ihr analytisches Interesse lag besonders in der Beschreibung der alltäglichen Praktiken der flexibel angelegten Stabilisierung von psychiatrischen Patient*innen sowie auch des psychiatrischen Wissens. Sie versuchte herauszuarbeiten, wie Diagnosen hergestellt, wie psychische Auffälligkeiten erfahrbar gemacht werden, wie mit und am Körper der Betroffenen gearbeitet und schließlich eine psychiatrische Behandlung abgeschlossen oder in eine post-stationäre Versorgung umgewandelt wird. All diese Prozesse sammelt sie unter dem analytischen Konzept der ‚sozialpsychiatrischen Choreografie'.

3.2.2 Ethnographien der psychiatrischen Klinik

Der psychiatrische Anstaltsapparat, der ab Mitte des 20. Jahrhunderts als *State Hospital* in den USA und etwas später als psychiatrisches Landeskrankenhaus in Deutschland zum Gegenstand ethnographischer Untersuchungen wurde, existiert heute in seiner monolithischen Form nicht mehr. In der Phase der er-

43 Für ihre Ethnographie hat sie Feldforschung auf einer psychiatrischen Station in einer biomedizinisch orientierten Universitätsklinik, auf einer Station in einem ‹Community Mental Health Center› (ebd., 122ff.) und in einer psychoanalytischen Privatklinik (ebd., 142ff.) betrieben.

sten Ethnographien befand sich das psychiatrische System schon mitten in einer umfassenden Metamorphose, die gerne verkürzt unter dem Begriff der *Enthospitalisierung* zusammengefasst wird. Bevor die Ethnographien genutzt werden, um den gegenwärtigen Typus der psychiatrischen Klinik zu skizzieren, soll daher noch einmal kurz auf diesen Prozess der Umstrukturierung des psychiatrischen Systems eingegangen werden.

Die Enthospitalisierung bezeichnet einen Abbau von Betten für Langzeitpatient*innen im Speziellen und die Metamorphose der psychiatrischen Anstalten zu gemeindenahen Kliniken im Allgemeinen. In den USA wurde Mitte der 1950er Jahre mit 558.000 die Höchstzahl langfristig hospitalisierter Patient*innen erreicht. Es folgte ein Abbau der großen staatlichen Anstalten und ein Aufbau von Gemeindepsychiatrien, so dass 1975 nur noch 193.000 Patient*innen als hospitalisiert galten (Castel, Castel & Lovell 1982, 95). Dies zeigt sich auch an den Bettenzahlen in den State Hospitals. Waren es 1955 noch 3,39 Betten auf 10.000 Einwohner gewesen, so waren es im Jahr 2000 nur noch 0,22 auf 10.000 Einwohner (Lamb & Weinberger 2005). Während die Enthospitalisierung in den USA Mitte der 1950er Jahre begann, erfolgte dieser Prozess in Deutschland erst gute zwanzig Jahre später (Brink 2010, 410ff.). Der Höhepunkt von 117.596 Betten in psychiatrischen Krankenhäusern wurde in der BRD im Jahr 1970 erreicht. Es folgte eine Phase der Verkleinerung oder Schließung von psychiatrischen Anstalten bei einem gleichzeitigen Aufbau von psychiatrischen Stationen in Allgemeinkrankenhäusern und dem Ausbau teilstationärer und ambulanter Versorgungsstrukturen. Daher gab es ab den 1970er Jahren eine stetige Reduktion der Bettenzahlen, bis 2001 eine Bettenzahl von 53.710 erreicht wurde (Niemann 2008, 35). Seither scheint sich die Bettenzahl stabilisiert zu haben, sodass es gegenwärtig in den USA ungefähr 7,5 psychiatrische Betten (WHO 2005, 206) und in der BRD eine ganz ähnliche Quote von 7,7 psychiatrischen Betten auf 10.000 Einwohner (WHO 2005, 492) gibt.

Bei der Erzählung der Enthospitalisierung als Erfolgsgeschichte werden jedoch häufig andere Prozesse verschwiegen, die die Enthospitalisierung begleitet haben und sogar konstitutiv für sie waren. Am Beispiel des *St. Elizabeths Hospital*, also dem ethnographischen Feld von Goffman, lässt sich dies kurz skizzieren. Im Jahr 1967 übernahm das *National Institute for Mental Health* (eines der größten Forschungseinrichtung im Bereich der Psychiatrie) die Leitung dieser Anstalt, um sie als Vorzeigemodell umzustrukturieren. Innerhalb von vier Jahren wurden über 2000 Patient*innen entlassen, indem sie in private Pflegestellen und andere Heime verlegt wurden. Daher konstatieren auch Castel, Castel und Lovell (1982, 111): »Der größte Teil der ‚Entlassungen' ist also in Wirklichkeit eine bloße Überweisung in Institutionen des gleichen Typs«. Dieser Prozess wird auch als *Transinstitutionalisierung* bezeichnet, also eine Verlagerung der psychiatrischen Versorgung von Anstalten und Kliniken in andere Einrichtungen. Die Reduktion der Psychiatriebetten führte zu einem simultanen Anstieg der Betten in Pflegeheimen, in forensischen Psychiatrien und in Gefängnissen (in der BRD zwischen 1991 und 2003 allein um 101 % in Pflegeheimen, 70 % in forensischen Kliniken und 38 % in Gefängnissen; vgl. Priebe et al. 2005, 124; Niemann 2008, 49).[44] Eine weitere Veränderung des psychiatrischen Systems kennzeichnet der Begriff der *Reinstitutionalisierung*, der eine Verkürzung der stationären Aufenthalte bei einer gleichzeitigen Erhöhung der Aufnahmen und Wiederaufnahmen beschreibt. So erhöhte sich die Aufnahmerate in Deutschland zwischen 1991 und 2003 um 71 % (von 49,4 auf 84,7 Aufnahmen pro 10.000 Einwohner), während die Behandlungsdauer um 62 % fiel (von 66,5 auf 25,3 Tage; vgl. Salize, Rössler & Becker 2007). Auch in den USA kam es zwischen 1955 und 1975 zu einer Verdopplung der Aufnahmen (von 178.000 im Jahr 1955 auf 376.000 im Jahr 1975) und der Wiederaufnahmerate (von 27 % im Jahr 1956 auf 65 % im Jahr 1975), bei einer gleichzeitig drastischen Verkürzung der Verweildauer (von durchschnittlich 211 Tagen im Jahr 1955 auf 38 Tage im Jahr 1974; vgl. Castel, Castel & Lovell 1982, 124f.). Für die Betroffenen heißt das, dass sie zwar viel kürzer in stationärer Behandlung sind, dafür jedoch auch wesentlich häufiger wieder zurückkehren.

Diese Veränderung des psychiatrischen Systems zeigt sich deutlich in der unterschiedlichen durchschnittlichen Aufenthalts- bzw. Behandlungsdauer in den ‚State Hospitals' von Goffman und Strauss, den ‚Community Mental Health Center's' von Rhodes und Luhrmann und der sozialpsychiatrischen Station von Klausner. Während für die Therapiestationen des CSH (Strauss et al. 1964, 167) eine einjährige Behandlung als kurz galt und die Patient*innen auf den chronischen Stationen in den meisten Fällen bis zum ihrem Tode blieben, dauerte zum gleichen Zeitpunkt die Behandlung auf der psychiatrischen Station ihres Chicagoer Allgemeinkrankenhauses durchschnittlich 40 Tage für Privatpatient*innen und 90 Tage für Kassenpatient*innen, wobei für sie auch eine Wiederaufnahmerate von 30 % erwähnt wird (ebd., 180). In dem von Luhrmann (2000, 124)

[44] Da eine steigende Anzahl von psychisch kranken Menschen in Gefängnissen interniert ist (in den USA zwischen 16% und 24% aller Insassen; Lamp & Weinberger 2005) spricht Bloom (2010) auch von einer »incarceration revolution« oder Arboleda-Flórez (2009, 188) davon, dass Gefängnisse die »mental health asylums of our times« sind.

untersuchten ‚Community Mental Health Center' gab es hingegen eine durchschnittliche Behandlungsdauer von nur acht Tagen bei einer gleichzeitig hohen (aber nicht exakt genannten) Wiederaufnahmerate. Ähnlich gilt bei Klausner ein vier- bis sechswöchiger Klinikaufenthalt als lang (Klausner 2015, 80), wobei zwei Drittel der Patient*innen zum wiederholten Male in der Klinik sind. In den 1950er Jahren waren also nicht nur die Anstalten starre Systeme, in denen Patient*innen vielleicht intern verlegt wurden, oft aber auch bis zu ihrem Tode verblieben. Auch die kleineren psychiatrischen Krankenhäuser wurden als ein System mit einer »blocked mobility« (Caudill 1958, 318) beschrieben. Strauss et al. (1964, 358) beschreiben eine Art ‚Fahrstuhlsystem', das die verschiedenen Stationen miteinander verbindet und sich hauptsächlich nach ‚unten' bewegt (ebd., 105, 115). Dieses Fahrstuhlsystem basiert auf »institutionellen Karten«, die sich die Mitglieder des Personals imaginieren, dem gegenwärtigen Zustand der Station (z. B. der Einschätzung des Personals, ob schon zu viele ‚Unruhestifter' anwesend sind) und der jeweiligen Einstellung des Personals zu dem Transfersystem (so wurden Patient*innen von den ‚therapeutischen' nur ungern auf die ‚chronischen' Stationen verlegt; ebd., 165). Je jüngeren Datums die Psychiatrie-Ethnographien sind, umso deutlicher zeichnet sich eine Veränderung in der Beschreibung der Bewegung der Patient*innen ab. Fengler und Fengler (1980, 255) sprechen davon, dass die Hauptfunktionsweise des Krankenhauses in der »effizienten Verteilung und Organisation des Patientenstroms« besteht. Insofern beschreiben sie auch »alle regelmäßig wiederkehrenden Tätigkeiten« der psychiatrischen Praxis als »darauf [aus]gerichtet, Bewegung in den Zustand der Patienten zu bringen« (ebd., 322). Von der deutlichsten Ausprägung dieses Bildes berichtet Rhodes (1991, 41), die ihre psychiatrische Notfallaufnahme als einen »space always filled with moving« oder noch pointierter ihre Station als einen »whirlpool« beschreibt. Die hohe Geschwindigkeit, in der Patient*innen aufgenommen und entlassen werden, wie es die Metapher des Whirlpools nahelegt, mag spezifisch für eine Notfallaufnahmestation und dieses spezifische Krankenhaus (ein spärlich ausfinanziertes ‚Community Mental Health Center') sein – wo das Hauptziel war, ‚leere Betten' zu produzieren –, doch ist in dieser Metapher eine Drehbewegung angelegt, die charakteristisch für den Anteil der *wiederkehrenden* Patient*innen ist (deren Anteil bei Rhodes immerhin 80 % ausmacht; ebd., 39). Die Patient*innengruppe mit rezidiven und chronischen Krankheiten, die vormals in den ‚State Hospitals' eine alternative ‚Heimat' fand, findet durch diese »revolving-door hospitalization« (Luhrmanns 2001, 144) jetzt eine unterbrochene, letztlich aber doch chronische Unterbringung. Das ,Community Mental Health Center' mit seinem »mandate to keep people moving« (ebd., 172) wird damit ein Substitut für die psychiatrische Anstalt: »At the state hospital (...) patients were free to roam the grounds, coming back to the wards for meals and bedtime. For [some patients] the city had become the grounds in which they wandered, coming back to the unit regularly for rest and refueling« (ebd., 135).[45] Das psychiatrische Krankenhaus ist hier keine abgeschlossene, eigene, kleine Gesellschaft mehr, sondern es ist Bestandteil eines fluiden und kontingenten »network of relationships to other units, facilities, and agencies« (ebd., 41), in dem es nun einen »Übergangsraum« (Klausner 2015, 19) darstellt. Klausner entwickelt das Konzept der »Choreografie« und der »Pfade«, um diese kontinuierliche und koordinierte Bewegung der Patient*innen zu beschreiben. Unter »Choreografie« versteht sie »das mehr oder weniger unsichtbare alltägliche Gerüst für die Arbeit und das Zusammenleben auf einer psychiatrischen Station« (ebd., 56). Durch die Choreografie »als zeitlich-räumliche Arrangements, die sowohl der Ordnung der Arbeitsabläufe als auch der therapeutischen Aufgaben dienen«, (ebd., 40) werden Patient*innen auf »bestimmte Pfade« (ebd., 308) gebracht, die mit ihnen individuell ausgehandelt werden und die vom Zeitpunkt der Aufnahme an auf die Entlassung und die post-stationäre Versorgung zielen.

Die Metamorphose von der psychiatrischen Anstalt zur psychiatrischen Klinik ging mit einem Wandel einher, der sich als ein Wechsel von uniformer Separation zu einer *polyformen Integration* beschreiben lässt. Die vormals geographisch und sozial separierten Anstalten wurden abgelöst durch räumlich integrierte psychiatrische Kliniken in gemeindenahen Krankenhäusern und eine systematische Einbeziehung des sozialen Umfelds der Patient*innen. Die psychiatrischen Kliniken sind nun in die Gemeinden oder Viertel, die sie versorgen, räumlich eingebunden (wie bei Rhodes 1991, 15; Luhrmann 2000, 122f.). Das »Einbeziehen der Angehörigen in die Behandlung«, das in der Klinik von Klausner (2015, 23ff.) seit der Gründung der Klinik zu einem der Hauptprinzipien der Behandlung erkoren wurde, entspricht genau dem, was auch die für die deutsche Psychiatriereform maßgebende Psychiatrie-Enquête als Rückgriff auf »natürliche Hilfen« (1975, S. 68) bezeichnet hat. Während Goffman (1964, 365)

[45] Dabei ist dies eine Vereinfachung und auch eine Romantisierung der Anstalt. Im St. Elizabeths Hospital waren 1957 beispielsweise nur 25 % aller Patient*innen »free to roam the hospital grounds« (Otto 2013, 279). Weitere »278 patients [4%; R. I.] enjoyed city privileges [and] 428 [6%; R. I.] were on short-term visits with family or friends«. Alle anderen Patient*innen konnten die Stationen nicht einfach nach eigenem Willen verlassen.

noch zynisch bemerkt, dass »Verwandte, Polizisten und Richter (...) in Wahrheit die Klienten der Heilanstalt sind«, und auch Strauss et al. bemerken, dass das Personal die Familien als ihre »wahren Klienten« betrachtet, wird dieses Verhältnis bei Klausner (2015, 26) zum Ziel und zur Wirklichkeit des sozialpsychiatrischen und systemischen Arbeitens. Die Familien und das soziale Umfeld der Patient*innen werden in der psychiatrischen Klinik wirklich »als Aufgabenfeld sozialpsychiatrischen Arbeitens verstanden«.

Die Einheit der psychiatrischen Anstalten ist dabei vielfältigen psychiatrischen Institutionen und Versorgungsangeboten gewichen. So hat sich die stationäre Versorgung in der Anstalt, die zugleich übergreifende Arbeits- und Wohnstätte wie auch Behandlungsraum war, in einen *Übergangsraum* der Klinik entwickelt, der »eingebettet in ein komplexes gemeindepsychiatrisches Versorgungssystem« ist und sein ›psychiatrisches Mandat‹ auf alle extramuralen Lebensbereiche ausgedehnt hat (vgl. Klausner 2015, 317). Während noch in den 1970er Jahren »Entlassungen (...) größtenteils ins ›psychiatrische Niemandsland‹ [führten]« (Brink 2010, 417), existiert nunmehr ein kaum mehr überschaubares System von psychiatrischen Institutionen, ambulanten und teilstationären Therapie- und Beratungsangeboten sowie sozialen und sozialpädagogischen Einrichtungen für psychisch kranke Menschen (von Rehabilitationszentren und Übergangsheimen über betreutes Wohnen zu ambulanter Betreuung; von Institutsambulanzen, Tages- und Nachtkliniken und Tagesstätten ohne ärztliche Versorgung über Kontakt- und Beratungsstellen zu Patientenclubs und sozialpsychiatrischen Diensten sowie Arbeitsangeboten wie z. B. Werkstätten für chronisch kranke Menschen und vielem mehr). Die Uniformität der Anstalt steht also heute einer *Polyformität* des psychiatrischen Apparats gegenüber.

Diese Verschiebung lässt sich auch auf anderen Ebenen nachvollziehen. So wurde auch die Uniformität in der Zuteilung zu dem Stationssystem, die in den Anstalten durch eine Segregation anhand diverser Merkmale wie Race, Gender, psychopathologische Einteilung oder Selbstsorgefähigkeit der Patient*innen erfolgte, in gewissen Punkten durch eine neue, polyforme Integration abgelöst. Zwar gibt es auch in den psychiatrischen Kliniken oft noch eine Einteilung der Stationen anhand pathologischer Kategorien (wie es sich in den Sucht- oder Depressionsstationen zeigt), doch ist selbst dies nicht überall der Fall. Zumindest herrscht in der psychiatrischen Klinik von Klausner (2015, 24) ein Prinzip der »Heterogenität in der Stationsbelegung«. Aus therapeutischen Gründen wird hier eine Integration von »Menschen unterschiedlichen Geschlechts, Alters und

Gesundheitszustands (also von akuter Krise bis zur Entlassung)« sowie unterschiedlicher Diagnosen angestrebt. Auch auf der Ebene der architektonischen Gestaltung sowie der uniformen, rationalen Gestaltung des Alltags lässt sich diese Veränderung nachzeichnen. Gab es in den Anstalten noch große Schlafsäle und Tagesräume, die von allen zu den entsprechenden Zeiten aufgesucht werden mussten, so hat nur der Tagesraum als potenzieller Aufenthaltsraum den Umzug in die psychiatrische Klinik überlebt. Für die Patient*innen gibt es nun Einzel- oder Doppelzimmer, die als integrierte Aufenthalts- und Schlafräume dienen. Da sie nicht abgeschlossen werden können und dem Personal somit immer zugänglich bleiben, bieten sie einen semiprivaten Aufenthaltsraum (Rhodes 1991, 16). Ebenso ist die für die Anstalten so typische Uniformierung des Personals und der Patient*innen mit der entsprechenden Krankenhauskleidung in den psychiatrischen Kliniken einer neuen Individualität gewichen. In den jüngeren Ethnographien ist von keiner Krankenhauskleidung mehr die Rede und selbst das Personal trägt nicht mehr überall Uniformen wie den einst so kennzeichnenden weißen Kittel. So erwähnt beispielsweise Luhrmann (2000, 93) nur noch einen »implicit dress code in which doctors looked like one another and empathetically not like the nurses«. Letztendlich ließe sich auch von einer Integration der psychiatrischen Ideologien sprechen. Zwar gibt es in allen Ethnographien Aushandlungen über diese Arbeitsphilosophien und die die Praxis anleitende Rationalität, doch findet sich bei Klausner (2015, 215) auch die Beschreibung eines integrierten biopsychosozialen Gesamtprojekts.

Diese Integration verschiedenster psychiatrischer Ideologien in dem Ideal einer *biopsychosozialen Klinik*, in der diverse biomedizinische, psychotherapeutische sowie sozialpsychiatrische Grundpositionen an einer holistischen Behandlung mitwirken, ging mit zwei weiteren Veränderungen einher, die als *Normierung* und *Expertifizierung* bezeichnet werden könnten. Die Expertifizierung zeigt sich in einer Erweiterung der am psychiatrischen Alltag beteiligten Berufsgruppen und in einer Erhöhung des Personalschlüssels. Es kommen neue Professionsgruppen in die psychiatrischen Krankenhäuser – psychiatrisch ausgebildetes Pflegepersonal, Psycholog*innen, Sozialarbeiter*innen, Ergo-, Freizeit-, Berufs- und Musiktherapeut*innen. Doch die internen Hierarchien und die entsprechenden professionellen Rollen, Arbeitsfelder und Aufgabenbereiche waren nicht von vornherein klar definiert und voneinander abgegrenzt. So sehen Psychologen und Sozialarbeiter zum Zeitpunkt der Untersuchung von Strauss et al. ihre »wirkliche Arbeit« in der Psychotherapie und streiten um dieses Vorrecht, das vormals nur den Psychiatern vorbehalten war (ebd., 144f.). In den späteren Ethnographien findet sich demgegenüber schon ein normiertes professionelles Rollenbild, das z. B. den Aufgabenbereich der Psycholog*innen in dem Bereich der psychologischen Testung und der Leitung von Gruppengesprächen verortet (Klausner 2015, 151) und den der Sozialarbeiter*innen in der Vermittlung und Verwaltung des Lebens außerhalb der Klinik (Luhrmann 2000, 120). Auch das Selbstverständnis der Pflegekräfte verschiebt sich. Während sich die Pflegekräfte in den Anstalten selbst meist nicht in einer therapeutischen Funktion sahen, werden sie in dem etablierten sozialpsychiatrischen System von Klausner (2015, 106) »explizit als Therapeuten verstanden«. Die Differenz zwischen der Anstalt und der psychiatrischen Klinik zeigt sich dabei besonders im Personalschlüssel. In dem St. Elizabeths Hospital gab es beispielsweise im Jahr 1937 für 4661 Patient*innen 45 Ärzte und 50 ausgebildete Krankenschwestern sowie weitere 1700 unausgebildete Hilfskräfte (Otto 2013, 268). Den größten Kontrast hierzu bildet wohl die psychiatrische Notaufnahme von Rhodes (1991, 19): Für neun Patient*innen gab es hier einen ärztlichen Leiter und eine Assistenzärztin, einen Sozialarbeiter, einen Berater, eine Pflegeleitung, zwei Pflegekräfte, einen forensischen Sozialarbeiter, zwei Mental Health Workers und eine Sekretärin.

Ein zentraler Punkt der Normierung der psychiatrischen Praxis ist nosologischer Art. Seit ihren Anfängen hat die Psychiatrie mit der Benennung und Differenzierung ihrer Gegenstände zu kämpfen. Die unterschiedlichen theoretischen Ausrichtungen, die mit widersprechenden Annahmen zur Ätiologie psychischer Krankheiten und gänzlich divergierenden Subjektkonzeptionen einhergingen, führten zu einem diagnostischen Chaos, aus dem sich die Psychiatrie erst mit der Einführung standardisierter Diagnosemanuale ‚befreien' konnte.[46] Das von der amerikanischen psychiatrischen Gesellschaft (APA) 1980 veröffentlichte *Diagnostische und Statistische Handbuch Psychischer Störungen – III* (DSM-III) ist die erste offizielle Operationalisierung psychiatrischer Störungen, bei der vor der Einführung epidemiologische Studien durchgeführt wurden, um die diagnostischen Kategorien empirisch abzusichern. Es brach mit den Traditionen der bisherigen Klassifikationen, da es zum einen durch seine atheoretische Konzeptualisierung einen deskriptiven Ansatz verfolgte und zum anderen die Störungsbilder auf mehreren Achsen abbildete.[47] Durch die multiaxiale Ein-

[46] Dass das vorherrschende Chaos nur neu kodifiziert wurde, kritisieren auch Psychiater selbst (van Praag 2000, S.148, Übersetzung R.I.). Die DSM-IV Klassifikation ist demnach »genauso verwirrend, wie sie vor 30 Jahren war«, mit dem einzigen Unterschied, dass damalige Psychiater*innen »sich zumindest darüber bewusst waren, dass ein diagnostisches Chaos herrschte und viele sowieso keine hohe Meinung von Diagnosen hatten«.

[47] Diese vermeintlich atheoretische Konzeption ist weder erkenntnistheoretisch noch praktisch haltbar (vgl. Faust & Miner, 1986; Zogg 2007). Reine Deskription beobachtbaren Verhaltens ist

teilung des DSM-III wurde nach Ehrenberg (2008, 139) das »zentrale Dreieck des neuen psychiatrischen *Mainstreams*«, das »Physiologische, das Psychologische und das Soziale«, in der Psychiatrie eingeführt. Das DSM-III gab »der Psychiatrie weltweit eine neue Wendung«, da nun allein anhand beobachtbarer Phänomene und Verhaltensweisen eine Diagnose formuliert werden konnte, ohne einen Bezug zu möglichen Ursachen herstellen zu müssen (ebd. 2008, 198). In den Psychiatrie-Ethnographien wird das DSM-III erstmals von Rhodes (1991, 9) erwähnt und dabei gleich als »sacred text« bezeichnet. Die Diagnosemanuale werden aber nicht nur als ,Heilige Schrift' der Psychiatrie, sondern von Klausner (2015, 81ff.) auch als »disziplinäre Affordanzen« der psychiatrischen Praxis beschrieben. Sie sind intellektuelle Handlungsangebote, welche als eine Art Drehbücher die Praxis strukturieren und die Arzt-Patienten-Interaktion beispielsweise auch in dem Sinne prägen, als dass sie mitbestimmen, welche Fragen gestellt werden und wie Äußerungen interpretiert werden. Die Diagnostik übernimmt in den psychiatrischen Kliniken dabei eine zentrale und stets präsente Funktion. Beginnend mit Fengler und Fengler (1980, 362) findet sich die Beschreibung, dass *alle* Aktivitäten einen Doppelcharakter tragen – sie dienen auf der einen Seite der Unterhaltung oder Therapie der Patient*innen und auf der anderen Seite immer auch der Diagnose. Alle Mitglieder des Personals machen »unentwegt Beobachtungen«, teilen diese Beobachtungen einander mit und werten sie gemeinsam aus. Luhrmann (2000, 154) nennt dies die »psychotherapeutic culture of examined living«, womit auch sie die alltägliche Praxis beschreibt, dass jedes Verhalten und jede Äußerung innerhalb der Klinik unter ständiger Beobachtung und somit immer auch zur Diskussion steht. In gewisser Weise stellt somit die komplette psychiatrische Klinik eine »komplexe Vorrichtung dar, die laufend Informationen vom Zustand und vom Verhalten der Patienten erzeugt« (Fengler & Fengler 1980, 363) oder, wie Klausner (2015, 176) es fasst, »eine Matrix und Sichtbarkeit des Pathologischen« produziert. Es gibt eine allgegenwärtige Praxis des Erkennens und Interpretierens jeglicher Äußerungen und Handlungen der Patient*innen, in die alle professionellen Gruppen eingebunden sind (ebd., 66ff.). Die Diagnose ist dabei kein Ergebnis eines initialen Interviews oder eines diagnostischen Tests, sondern ist immer eine fragile »temporäre Verdichtung verschiedener Trajektorien« (Klausner 2015, 93) und

unmöglich, da der Blick immer schon sozialhistorisch verankert sowie theoretisch vorinformiert und geleitet ist. Jede Kategorisierung psychischer Störungen ist immer auch normativ und trotz vermeintlicher Theorieferne schließlich doch mit theoretischen oder ätiologischen Annahmen durchzogen.

muss daher beständig bestätigt und reifiziert werden. Trotz dieser ‚Totalisierung der Diagnostik' findet sich eine »inhärente Ambiguität psychiatrischer Diagnosen« (Luhrmann 2000, 45). Die Diagnose, die Einzug in die Akten findet, dient nämlich häufig nur ‚administrativen Zwecken' (Klausner 2015, 66), sie wird zum Teil eher aus strategischen als aus medizinischen Gründen gewählt (Rhodes 1991, 93) und wird daher im psychiatrischen Alltag oft »weicher behandelt[,] als sie auf dem Papier [steht]« (Bister & Niewöhner 2014, 124).[48]

Die Papier- und Dokumentationstechnologien nehmen auch unabhängig von der Diagnostik in der psychiatrischen Klinik einen zentralen Stellenwert ein und haben ebenfalls zu einer Standardisierung und Normierung der psychiatrischen Praxis beigetragen. Wenngleich bereits Strauss et al. (1964, 207) von der Dichotomie zwischen therapeutischen und administrativen Aufgaben sprechen, die den Beruf der Pflegekräfte prägen, taucht erst mit der Ethnographie von Rhodes (1991, 109ff.) die Administration und Dokumentation als belastende und zeitaufwendigste Aufgabe des Personals auf. Die *permanente Dokumentation* in Akten, in medizinischen Softwareprogrammen, in Protokollen und Fragebögen ist ein neuer zentraler Bestandteil der klinischen Praxis. Die Dokumentationstechnologien dienen der Koordination, der Standardisierung und der Klassifizierung und ermöglichen dadurch eine Normierung der Individualität der Patient*innen (ebd.).[49] Sie sind immer auch als vertragliches Dokument zu verstehen, sie schaffen die Grundlage für eine Vergleichbarkeit zwischen den Fällen und ermöglichen eine Kommunikation der Fälle innerhalb und außerhalb der Klinik (vgl. Klausner 2015, 83ff.). Für den stationären psychiatrischen Alltag bedeutet dieser erhöhte bürokratische Aufwand durch Administration und Dokumentation eine Transformation der psychiatrischen Arbeit in eine »Schreibtisch- und Telefonarbeit« (Rhodes 1991, 91; Übersetzung R. I.).

Dieser neue Stellenwert der Dokumentation ist Bestandteil einer weiteren Neuerung der psychiatrischen Klinik, die unter dem Begriff des *Managements* oder des »managed care« zusammengefasst werden könnte. Dieses neue Management bezeichnet ein »Bündel von Management-Instrumenten und Orga-

[48] Ein weiteres Element dieser Ambiguität liegt in der »messy, complicated intersection« zwischen »diagnosis and medication«, wie Luhrmann (2000, 49) sich ausdrückt, also die Diagnosestellung auf Basis der Wirksamkeit einer Medikation. Auf diese problematische Praxis der *diagnosis ex juvantibus* verweisen auch Fengler und Fengler (1980, 325) und Rhodes (1991, 94f.).

[49] Unter Dokumentationstechnologien verstehen Bister und Niewöhner (2014, 98f.) »die Gesamtheit aller Technologien zur Datenproduktion und -aufbewahrung«. Diese lassen sich in *low technologies*, »also Dokumente, wie Protokolle, amtliche Verfahren (Kostenübernahme und Hilfsanträge), Patientenakten, Fragebögen, standardisierte Erhebungsinstrumente, Arztbriefe, Protokolle einer Behandlungskonferenz oder Ausgangsregelungen« und *high technologies*, wie Laborwerten, bildgebende Verfahren und Klassifikationssysteme, einteilen.

nisationsformen zur Steigerung der Effizienz in der Gesundheitsversorgung« (Amelung 2007, 7), die im Namen der Kostensenkung und der Qualitätssicherung eingeführt wurden und als Ausdruck einer neoliberalen Umstrukturierung des Versorgungssystems verstanden werden können (vgl. Deppe 2000). In seiner Psychiatrie-Ethnographie bezeichnet Donald (2001) dies als »Wal-Marting of American Psychiatry« und versucht damit die makropolitischen Prozesse der sogenannten ‚Managed-Care-Revolution' zu fassen, die Luhrmann als Wettbewerb zwischen den Krankenhäusern, Privatisierung der nicht-medizinischen Dienstleistungen, Kürzung des Personals und Individualisierung der Kosten beschreibt (Luhrmann 2000, 241ff.). Das neue Management knüpft an die psychiatrische Praxis das Leitideal der Effizienz und erzeugt damit eine »business and consumer culture« (Donald 2001, 430). Durch ein Qualitätsmanagement findet eine Gleichsetzung von Effizienz und Qualität statt, was nicht nur Luhrmann als Grund dafür angibt, dass Psychotherapie aus der psychiatrischen Praxis verschwindet. Auch Kirschner und Lachicotte (2001, 452) behaupten, dass »managed care« ein kompromittierendes Element in der therapeutischen Arbeit sei. Aus dieser Perspektive wird auch klar, warum Luhrmann (2000, 258) behauptet, dass es, in dieser unterfinanzierten, auf Effizienz ausgerichteten psychiatrischen Praxis, die Medikamente sind, die den Platz der zwischenmenschlichen und psychotherapeutischen Beziehungen einnehmen.

Die Übernahme des ‚Experten-Dienstleistungssystems' durch die Medizin und insbesondere durch die Psychiatrie kritisierte schon Goffman (1972, 351): Da dieses System immer von dem »Modell des freien Agenten« (ebd., 327) ausgehen müsse, das bei unfreiwilliger Behandlung eben nicht gegeben ist, werde in »psychiatrischen Kliniken (...) die Parodie auf die Dienstleistungsbeziehung institutionalisiert«. Dazu muss allerdings eine weitere Veränderung des psychiatrischen Systems angemerkt werden, die als *Liberalisierung* bezeichnet werden könnte. Basierte das System der psychiatrischen Anstalten noch darauf, dass sich ein Großteil der Patient*innen unfreiwillig dort aufhielt, so ist dies in den psychiatrischen Kliniken nicht mehr der Fall. Beispielsweise berichtet Otto (2013, 270) für das St. Elizabeths Hospital, dass erst im Jahr 1956 zum ersten Mal in der Geschichte der Anstalt die Anzahl der freiwillig Eingewiesenen größer war als die aller anderen Formen der Einweisungen. Castel, Castel und Lovell (1982, 29) geben hingegen an, dass bis 1960 die Anzahl der ‚voluntary admissions' in den USA nur 20 % aller Einweisungen ausmachte. In der psychiatrischen Klinik hat sich dieses Verhältnis ins Gegenteil verkehrt. Gegenwärtig befinden sich formal gesehen in Deutschland ungefähr 15 % (Salize, Rössler & Becker 2007, 100) und in den USA ungefähr bei 16 % (Lee 1990, 67) der Patient*innen unfreiwillig in Behandlung.[50] Dabei sollte aber einschränkend erwähnt werden, dass die Grenze zwischen Freiwilligkeit und Zwang wesentlich verschwommener ist, als es die formaljuristische Einteilung vermuten lassen würde. Die Freiwilligkeit und Eigenmotiviertheit ist schon allein dadurch fraglich, als dass »fast immer Dritte an dieser Entscheidung zumindest mit beteiligt [sind]« (Klausner 2015, 74). Wie unklar die Grenzen zwischen Freiwilligkeit und Zwang sein können, zeigt sich auch daran, dass ein nicht unbeachtlicher Anteil der stationär versorgten Patient*innen sich selbst als zwangsuntergebracht wahrnimmt, selbst wenn sie offiziell als freiwillig in Behandlung registriert sind (vgl. Sheehan & Burns 2011).

Ausgehend von den Ethnographien der psychiatrischen Klinik lassen sich noch zwei weitere Merkmale der psychiatrischen Praxis benennen, die sich über die Jahre stark verändert haben. Das erste Merkmal umfasst den *Bedeutungsverlust der Psychoanalyse* in der US-amerikanischen Psychiatrie. Das zweite, damit verbundene Merkmal könnte als *Pharmakologisierung* der Psychiatrie bezeichnet werden. Während die Psychoanalyse in Deutschland nie einen vergleichbaren Stellenwert hatte, ist die US-amerikanische Psychiatriegeschichte nicht ohne den Einfluss psychoanalytischer Theorie und Praxis zu denken (vgl. Hale 1995; Burnham 2012). Doch eine »combination of socio-economic forces and ideology is driving psychotherapy out of psychiatry« (Luhrmann 2001, 23) und stattdessen kann gegenwärtig der biomedizinische Ansatz einen hegemonialen Status in der Psychiatrie behaupten. Die Arbeit von Luhrmann (2000, 6) befasst sich hauptsächlich mit diesem »kartesianischen Dualismus« der US-amerikanischen Psychiatriekultur.[51] Das Verschwinden der psychiatrischen Anstalten ging mit dem Ende des Zeitalters des »psychoanalytischen Imperialismus« einher und ist gleichzeitig durch den Beginn eines »psychopharmakologischen Aufstiegs« gekennzeichnet (Luhrmann 2000, 212; Übersetzung R. I.).

Zwar gibt es ein breites Spektrum an Behandlungsformen, doch die psycho-

---

[50] In den USA gibt es aber zwischen den einzelnen Bundesstaaten massive Differenzen. So verzeichnete Connecticut im Jahr 2014 eine Zwangseinweisungsrate von 29 und Florida von 966 auf 100.000 Personen (Lee & Cohen 2021).

[51] Rhodes (1991, 82) meint eine grundsätzlich andere Handlungsmaxime in ihrer psychiatrische Notfallaufnahme auszumachen. Zwar sei sie in eine gemeindepsychiatrische Ideologie eingebettet, doch sieht sie die psychiatrische Praxis dort weder dieser noch einer anderen, wie der biomedizinischen oder psychoanalytischen, Kultur treu folgen. Letztere seien zwar »great traditions that provide the rules, vocabulary, and mythology from which the little tradition draws« (ebd., 9), doch zu ihrer psychiatrischen Notaufnahme stellt sie fest: »what they were doing did not fit into either model. They were practicing something else – getting patients out« (ebd., 171) oder eben dem Titel ihres Buches folgend *Emptying Beds*.

pharmazeutische Behandlung ist in der psychiatrischen Klinik nicht mehr der Ausnahme-, sondern der Normalfall. Schon in der sozialpsychiatrischen Anstalt der Fenglers hat die medikamentöse Behandlung eine zentrale Bedeutung. Sie (1980, 326) veranschaulichen das an den folgenden, alltäglichen Routinen: (1.) Positive oder negative Veränderungen des Zustands »werden meist direkt auf die Medikation bezogen«. (2.) Ein »großer Teil der therapeutischen Bemühungen [gilt] dem Ziel, die Patienten zu überzeugen, daß sie auch nach dem Krankenhausaufenthalt weiterhin ihre Medikamente einnehmen müssen« – etwas, das Klausner (2015, 232) als »education of compliance« bezeichnet. (3.) Bei einer Wiederaufnahme »wird sofort vermutet, daß der Patient seine Medikamente nicht regelmäßig genommen habe und dadurch die Aufnahme notwendig geworden sei«. Trotz einer sozialpsychiatrischen Ausrichtung ist so die psychopharmakologische Behandlung in der psychiatrischen Klinik der Gegenwart das »main treatment« (Rhodes 1991, 38). So ist zwar die »möglichst niedrige Dosierung von Medikamenten ( ) ein selbstverständliches und alltägliches Thema (...). Dennoch: (...) einen Patienten *nicht* mit Psychopharmaka zu behandeln, [ist] schlichtweg keine Option« (Klausner 2015, 221).

Während es in der psychoanalytisch-psychiatrischen Behandlung darum geht, das ›Selbst‹ der Patient*innen zu bearbeiten, mit dem ›hohen‹ Ziel »to come as close as possible to curing him, to restructuring a self-destructive personality« (Luhrmann 2000, 152), sind es in der biomedizinischen Ideologie der Körper und die Symptome, die bearbeitet werden, mit den ›niedrigen‹ Zielen, zu stabilisieren und den Patient*innen Sicherheit vor sich selbst zu gewähren (ebd., 132). Während die psychoanalytische Ideologie dabei psychiatrische Krankheiten eher als eine Vergrößerung der ubiquitären, menschlichen Eigenschaften betrachtet und somit eher die Gemeinsamkeiten zwischen allen Menschen betont, liegt in der biomedizinischen Vorstellung eine Annahme von grundlegenden Unterschieden zwischen psychisch ›gesunden‹ und ›kranken‹ Menschen vor. Gleichzeitig – und das mag einer der wichtigsten Unterschiede sein – vermitteln diese Ideologien eine folgenreiche, jeweils andere Sichtweise auf die ›Verantwortlichkeit‹ der Patient*innen. Für die psychoanalytische Ideologie gilt:

> Therapy may be based on the premise that a patient is not responsible for the circumstances that led to such maladaptive behavior – a cold and abusive parent – but it must be premised on the belief that the maladaptive behavior (...) is under the patient's conscious or unconscious control. (Luhrmann 2000, 115)

Da das eigene Erleben und Verhalten aus psychoanalytischer Perspektive zumindest über Umwege der eigenen Kontrolle unterliegt, ist es prinzipiell veränderbar. Für die biomedizinische Ideologie gilt hingegen, dass die Patient*innen nicht im gleichen Maße für ihr Erleben und Verhalten verantwortlich sind, da jene mehr auf körperliche Ursachen und neurochemische Ungleichgewichte zurückgeführt werden. Die biomedizinische Ideologie mit ihrer Gleichsetzung von psychischen und körperlichen Erkrankungen war dabei nicht nur ein »tremendous asset in the fight against stigma« (ebd., 266), sondern befreite die Menschen von der Schuld. Nunmehr sind weniger die Eltern, die Umwelt oder man selbst, sondern es sind Gene und die biologischen Stoffwechselprozesse der Betroffenen für die psychische Gesundheit verantwortlich. Nach Luhrmann (ebd., 284f.) wird aber gerade diese moralische Position der biomedizinischen Ideologie chronisch erkrankten Menschen zum Verhängnis, da diese – unter der Annahme, dass ihr Denken und Erleben dauerhaft erkrankt und somit grundsätzlich anders ist als das ,normale' Denken und Erleben – nicht mehr gänzlich als Menschen wahrgenommen werden.

Diese neuen Elemente der psychiatrischen Klinik, die über die Choreographie diverser Professionsgruppen auf Behandlung und eine vergleichsweise schnelle Entlassung ausgerichtet sind, führten auch zu einer Rekonfiguration der Patient*innenrolle, die eine *Responsibilisierung* darstellt. Patient*innen werden nun nicht mehr von ihrer Alltagsverantwortung befreit, sondern es gibt ein behandlungstechnisches Grundprinzip »der kontinuierlichen Arbeit an alltagspraktischen Kompetenzen während der stationären Behandlung«, da diese »als Grundlage für die Reintegration in die Gemeinde gesehen wird« (Klausner 2015, 250). Nicht nur in den zahlreichen Gruppentherapien wird an der Alltagskompetenz der Patient*innen gearbeitet (Luhrmann 2000, 127), sondern auch in den Stationsroutinen sollen Patient*innen aktiv eingebunden sein und so beispielsweise selbst ihre Medikation abholen (Bister & Niewöhner 2014, 148) oder Patient*innenämter übernehmen (vgl. Klausner 2015, 257).[52] Das Ideal der Selbstbestimmung und das daraus abgeleitete Behandlungsideal des informierten Einverständnisses geht noch einen Schritt weiter, indem es von einer mündigen, rationalen Patient*in ausgeht, die vernünftige Entscheidungen bezüglich ihrer Behandlung treffen kann. Die ,ideale' Patient*in ist nunmehr »das selbst-

[52] Diese ,Ämter', wie Pflanzen gießen, Tisch decken oder abräumen, Kuchen backen, sind neben der Ergotherapie wahrscheinlich das einzige Residuum, das sich von der in den Anstalten so prominenten Patient*innenarbeit in den jüngeren Ethnographien finden lässt. Stand die Patient*innenarbeit immer in einem Spannungsverhältnis zwischen therapeutischem Zweck und ökonomischem Nutzen, wurde dies für die Ämter und die Ergotherapie zugunsten des Ersteren aufgelöst (vgl. Müller 2015, 51ff). Das Einüben von Alltagskompetenzen bringt diese Tätigkeiten ganz unter das Mandat der Therapie.

sorgende, aktive, kooperierende, solidarische und reflektierende Subjekt, das in seiner Selbstermächtigung vorübergehend unterstützt wird« (ebd., 314). Die Veränderung der Patient*innenrolle verlief also von einer Befreiung von Alltagsverantwortung zu einem »Verständnis des Patienten als *aktiven Manager seiner Erkrankung und seines Alltags*« (ebd., 125; Herv. R. I.). Während Goffman (1972, 66ff. und 185ff.) die Übernahme psychiatrischen Wissens als »Kolonialisierung« und als »sekundäre Anpassung« an das unterdrückende psychiatrische System beschreibt, gilt die »Integration psychiatrischer Expertise« bei Klausner (2015, 245) als Zeichen einer neuen Patient*innenkonzeption, in der sie zu »,aktiven Wissenssubjekten' einer ,reflexiven Medikalisierung'« werden sollen. Das Ziel der Behandlung wird damit ein responsibilisiertes und ,sich-selbst-führendes' Subjekt, das mithilfe psychiatrischer Anleitung wieder das Management seines eigenen Lebens übernimmt.

Als letztes Merkmal der psychiatrischen Klinik soll an dieser Stelle die *Ausweitung der Therapie* genannt werden. Zwar beschrieb schon Goffman (1972, 154), dass durch den psychoanalytischen Behandlungsansatz kein »Sektor seines gegenwärtigen oder früheren Lebens (...) der Zuständigkeit und dem Mandat der psychiatrischen Beurteilung entzogen« sei. Doch da nur ein äußerst geringer Anteil der Patient*innen in den Anstalten psychotherapeutisch behandelt wurde, ist die »Ausweitung des ,psychiatrischen Mandats' auf alle Lebensbereiche psychisch Kranker« (Klausner 2015, 316) erst ein Merkmal der gegenwärtigen psychiatrischen Praxis geworden.[53] Diese erfolgt auf der einen Seite dadurch, dass schon während der stationären Behandlung versucht wird, die extramurale Lebenssituation der Patient*innen zu verändern (durch Einbeziehung der Angehörigen oder Hilfestellung bei der Kommunikation mit den Behörden oder bei der Organisation einer Wohnung und Arbeit etc.) und auf der anderen Seite dadurch, dass die Ausdehnung des psychiatrischen Wirkungsbereiches post-stationär durch einen komplementären Bereich und ambulante Angebote gesichert wird. Eine Ausweitung des Behandlungsmandats hat in gewisser Weise auch durch die »klinischen Körperwidmungen« (Klausner 2015, 222ff.) der medikamentösen Behandlung stattgefunden. Dadurch wird auf den Patient*innenkörper nicht nur durch externe Regelungen und Vorgaben einge-

[53] In Ken Keseys (2010, 177f.) 1962 erschienenen Roman *Einer flog über das Kuckucksnest* lässt sich auch schon ein solch totales Verständnis von Therapie ausmachen: »Ihr Männer seid in dieser Klinik (...) weil ihr nachweislich nicht in der Lage seid, euch an die Gesellschaft anzupassen. Der Doktor ist mit mir einer Meinung, daß jede Minute, die in Gesellschaft anderer zugebracht wird, mit gewissen Ausnahmen, therapeutisch ist, während jede Minute, die der Patient allein ist und mit Grübeleien verbringt, seine Isolierung nur noch vergrößert«.

wirkt, sondern in den Körper selbst eingegriffen. Durch eine beständige »Kontrolle körperlicher Reaktionen« und durch eine Formung der Aufmerksamkeit der Patient*innen im Hinblick auf den eigenen Körper kommt es zu einem sorgfältigen Management der (Neben-)Wirkungen (vgl. ebd., 207f) und somit zu einem umfassenden therapeutischen Zugriff auf den Zustand des Körpers und das Körpererleben der Patient*innen. Die Ausweitung der Therapie meint schließlich auch die therapeutische Subjektivierung, die mit der Veränderung der Patient*innenrolle einherging. Das Ziel der psychiatrischen Behandlung ist die »Selbst-Expertisierung« und ein erfolgreiches »Selbst-Management« der Patient*innen (Klausner 2015, 127). Der Alltag der Patient*innen ist somit dem »therapeutischen Regime der aktiven Arbeit am Selbst« unterstellt, der »in der Klinik von den Professionellen kontinuierlich angeleitet und begleitet« wird (ebd., 273). Dies unterwirft die Patient*innen einem Imperativ der stetigen Reflexion und Selbstsorge, das ihnen zu einem ‚unternehmerisch-therapeutischen Selbst' verhelfen soll. Die Ausweitung der Therapie zeigt sich auch darin, dass »letztendlich jegliche Interaktion mit den Patienten als therapeutisch relevant verstanden wird« (vgl. Klausner 2015, 25). Die psychiatrische Klinik folgt nicht nur in seiner allgemeinen räumlichen und zeitlichen Struktur, sondern auch in jedem Angebot und in jeder Interaktion der Maxime der Therapie.

Die Ethnographien der psychiatrischen Klinik zeichnen einen psychiatrischen Apparat, der wesentlich von dem der psychiatrischen Anstalt abweicht. Zusammenfassend lässt sich festhalten, dass es eine Veränderung auf den Dimensionen des Raumes und der Bewegung gab. Von einem abgeschlossenen und geographisch separierten Aufbewahrungslager, das selbst wie ein kleiner Staat funktionierte und in dem es um das »management of a relatively stable population of chronic patients« ging, entwickelte sich die psychiatrische Klinik zu einem ‚Übergangsraum', in dem das »management of *movement*« (Rhodes 1991, 32) zu einer Hauptaufgabe wurde. Die psychiatrische Klinik ist ein Übergangsraum, der sich durch die Charakteristiken der Wiederaufnahme, des Rückfalls und der Chronizität psychischer Erkrankungen auch als *intermittierender Übergangsraum* kennzeichnen lässt. Die psychiatrische Klinik ist nicht mehr ein Universalraum für das mehr oder weniger betreute und verwaltete Leben, sondern ein Raum der temporären Krisenverarbeitung und Weitervermittlung. Ausgehend von der im geographischen, architektonischen, funktionalen und sozialen Sinne abgeschlossenen Anstalt, von der uniformierten Kleidungsordnung und auch bezüglich der ideologischen Ausrichtung lässt sich ein Prozess der *polyformen Integration* ausmachen. Die psychiatrische Klinik der Gegenwart ist in die Gemeinde eingebettet und arbeitet an einer Integration (oder häufig auch eher an einer fragmentierteren Separation) ihrer Klientel. Hierfür wurde eine Transformation der Laiensysteme der staatlichen Anstalten hin zu dem professionalisierten Expert*innensystem der psychiatrischen Kliniken vollzogen, die mit einer Hierarchisierung, Aufteilung der Arbeitsgebiete und einer Standardisierung und Normierung durch technisch-wissenschaftliche ‚Drehbücher' einherging. Psychiatrische Praxis ist weiterhin gekennzeichnet durch eine Praxis des permanenten Diagnostizierens, Interpretierens und Dokumentierens. Letzteres ist dabei eingebettet in eine neoliberale, betriebswirtschaftliche Steuerung des psychiatrischen Apparats. Ein weiteres zentrales Merkmal der psychiatrischen Klinik ist die universelle Durchsetzung der psychopharmakologischen Behandlung, die zumindest in den USA mit einem Bedeutungsverlust der Psychoanalyse einherging. Dies alles führte zu einer Responsibilisierung der Patient*in, die sich nunmehr zu der neuen Anrufungsform verhalten muss, die in Anlehnung an Bröckling (2007) als unternehmerisch-therapeutisches Selbst bezeichnet werden könnte. Außerdem ist die psychiatrische Klinik durch eine Ausweitung des Therapeutischen gekennzeichnet: Von der totalen, psychiatrischen Anstalt von Goffman, die auf eine Verwaltung und Verwahrung ihrer Patient*innen zielte, hin zu einer psychiatrischen Praxis, die alles unter die Maxime der Diagnostik und der Therapie stellt.

3.3 Ethnographische Geschichten der Suizidprävention

Suizidalität und Suizidprävention sind nur in wenigen Ausnahmefällen zum zentralen Untersuchungsgegenstand ethnographischer Forschung geworden. Die einzigen ethnographischen Studien in diesem Bereich sind *Suicide: Inside and Out* von David Reynolds und Norman Farberow (1976) und *Le suicide comme langage de l'oppression* von Michela Canevascini (2012).[54] Im Gegensatz zum vorherigen Kapitel, in der die Psychiatrie-Ethnographien collagiert wurden, um Kategorien herauszuarbeiten, mit der sich eine Transformation des psych-

[54] Zusätzlich erwähnt werden sollte auch *Depression in Japan: Psychiatric Cures for a Society in Distress* von Junko Kitanaka (2011), welche dem psychiatrischen Umgang mit Suizidalität ein Kapitel in ihrer Arbeit widmet. Außerdem gibt es noch weitere vereinzelte ethnographische Arbeiten, die sich jedoch nicht mit der psychiatrischen Verarbeitung der Suizidalität, sondern eher mit dem Innenleben des suizidalen Subjekts beschäftigen. Aus anthropologischer Perspektive ist es beispielsweise eine Spezialausgabe der Zeitschrift *Culture, Medicine and Psychiatry* zu den »Ethnographies of Suicide« (Staples & Widger 2012) erschienen, die sich dem Phänomen der Suizidalität auf ethnologische Weise nähert. Erwähnenswert ist außerdem noch die Arbeit *Teenage Suicide Notes: An Ethnography of Self-Harm* des Soziologen Terry Williams (2017), der sich mit den Biographien und Begründungsstrukturen auto-destruktiver Jugendlicher aus verschiedensten sozialen Schichten in New York City beschäftigt hat.

iatrischen Regimes der Anstalt zur psychiatrischen Klinik der Gegenwart beschreiben lässt, sollen diese zwei Arbeiten in ihrem Forschungsdesign, ihrer Fragestellung und zentralen Erkenntnissen separat vorgestellt werden, um den Forschungsstand, wie auch eine kurze Geschichte der Suizidprävention zu skizzieren. Außerdem werden diese Arbeiten als Abgrenzungsfolie genutzt, um die eigene Forschungsperspektive zu motivieren.

David Reynolds war wissenschaftlicher Mitarbeiter am *Los Angeles Suicide Prevention Center*, das 1958 unter der Leitung von Norman Farberow und Edwin Shneidman gegründet wurde und als erstes Forschungszentrum in den USA einen Schwerpunkt auf das Thema der Suizidprävention legte. Farberow und Shneidman gelten heutzutage als Gründungsväter der modernen Suizidologie, da sie nicht nur bei zahlreichen Publikationen (z. B. *Clues to Suicide* 1957, *The Cry for Help* 1961, *The Psychology of Suicide* 1970) federführend waren, sondern auch mit der Gründung von Fachgesellschaften (wie der *International Association for Suicide Prevention* 1960 und der *American Association of Suicidology* im Jahr 1968) und Zeitschriften (wie der *Suicide and Life Threatening Behavior*) und der Besetzung der ersten Professur für Thanatologie zur disziplinären Verortung und Selbstrepräsentanz beitrugen. In der Tradition, die Caudill et al. (1952) begründete, aber selbst im Nachhinein als naiv und ethisch bedenklich kritisierte (ebd., 1958 XV), ließ sich Reynolds als geschauspielerter depressiv-suizidaler Patient für zwei Wochen in stationäre psychiatrische Behandlung einweisen. Mit einer Methode, die er Erfahrungsforschung nennt, wollte er sich immersiv in die Rolle eines Patienten hineinbegeben, um zu verstehen, »why patients commit suicide in a psychiatric hospital (…) a place that offers treatment and protection« (ebd., 2). Zentrale Fragen waren, wie die depressive Person und sein Suizidstatus sozial und psychiatrisch konstruiert werden und wie sich psychiatrische Praktiken und institutionelle Verfahren auf es auswirken. Die Studie wurde in einer großen US-amerikanischen Anstalt der *Veterans Health Administration* (VA) durchgeführt. Die Krankenhäuser der VA gehören zu einem eigenen, geschlossenen Gesundheitssystem, das vom Kriegsveteranenministerium der Vereinigten Staaten finanziert wird und das im Vergleich zu den State Hospitals eine qualitativ hochwertigere Versorgung ermöglicht.[55] Reynolds Erlebnisse und Erkenntnisse sollen nun kurz skizziert werden.[56]

[55] Bei Reynolds und Farberow (1976, 85ff.) zeigte sich dies in einem umfangreichen Freizeitbereich, auf dessen Gelände sich neben einem Bowlinggebäude, einem Volleyball- und Basketballplatz auch ein Krankenhaustheater mit 610 Sitzen, in dem auch die Gottesdienste abgehalten wurden, ein Kino, ein Gemeinschaftshaus sowie ein eigener 9-Loch-Golfplatz befand.
[56] Abgedruckt wurden die ungekürzten Feldnotizen von Reynolds, in der Hoffnung »that its usefulness may long outlive our theoretical and generalized statements by providing other researchers with meaningful raw data« (ebd., 82).

Nach der Konstruktion einer recht ausgefeilten falschen Identität, die seinen suizidalen Zustand plausibilisieren sollte (er gab sich als arbeitsloser und sozial isolierter Veteran aus, der nach längerer Ehekrise gerade von seiner Frau verlassen wurde), begab er sich nach einem ‚Suizidversuch' durch Überdosis und der Vermittlung durch das *Suicide Prevention Center* zum Aufnahmebereich des VA-Hospitals. Hier angekommen, erlebte er als Erstes einen Konflikt zweier Handlungs- und Begründungssysteme, die er »Logik des Anliegens« und »Logik der Prozedur« nennt. So hatte er bei der Aufnahme das Bedürfnis, jemandem seine Probleme ausführlich zu schildern, doch das Gespräch war durch einen festgelegten Fragenkatalog bestimmt (ebd., 85). Nachdem ihm sein Hab und Gut abgenommen worden war, erhielt er eine spezielle blaue Krankenhauskleidung, die seinen »Suizid-Status« anzeigen, ihn von den Anderen abheben und für das Personal schnell erkennbar machen sollte. Dieser Status war mit dem Entzug einiger Privilegien verbunden, womit eine Beendigung dieser Suizid-Kategorisierung früh attraktiv gemacht wurde. Er wurde auf eine geschlossene Station verlegt, erhielt anfänglich eine 1-zu-1-Betreuung und musste im Laufe der ersten Tage seine Geschichte mehrfach, mit den stets gleichen Fragen, verschiedenen Personen gegenüber wiederholen. Ihm wurden Antidepressiva und Beruhigungsmittel verabreicht, die er aber bis auf das erste Mal immer verschwinden lassen konnte (ebd., 90). Neben den medizinischen und institutionellen Routinen beschreibt er sonst eine quälende Beschäftigungslosigkeit, die zu einer Verschiebung seines Fühlens und Erlebens beitrug. Das Zeitgefühl verschob sich und es stellte sich ein Zustand der andauernden Trostlosigkeit und Langeweile ein. Kleinigkeiten wie Spaziergänge, Mahlzeiten und Rauchen erhielten dadurch eine ganz neue Bedeutung. Das Leben der Patient*innen beschreibt er als eine Existenz des Sitzens und Wartens: »hospital life was best described as a series of forty-five-minute waits, punctuated by interruptions for half-hour activities« (ebd., 139). Er beschreibt viele verschiedene Momente während seines Aufenthalts, in denen sich ihm trotz relativ engmaschiger Überwachung Gelegenheiten für einen Suizid auftaten. Nach drei Tagen täuschte er einen etwas fragwürdigen Suizidversuch vor, weshalb er in den darauffolgenden Tagen besonders intensiv überwacht wurde.[57] Da er sich von da an sehr

[57] Während des Ausgangs auf dem Anstaltsgelände wähnte er sich unbeachtet und allein (z. B. spielte die Hilfskraft, die auf ihn aufpassen sollte, mit anderen Basketball). Nachdem es niemanden zu interessieren schien, dass er sich mit der Stabilität eines Gartenschlauchs auseinandersetzte, fand er dann ein Seil, das ihm geeignet erschien, um sich zu rächen: »The only way I could punish them and avenge myself and disturb their holy routine (...) was to hang myself« (ebd. 102). Er knüpfte einen Henkersknoten und rieb das Seil über seinen Hals, um Rötungen hervorzurufen. In einer passiv-aggressiven Geste gab er diesen Strick dann seiner Hilfskraft und beschwerte sich, dass hier alle Seile nur von minderer Qualität seien.

kooperativ zeigte und alles daransetzte, bald entlassen zu werden, wurde sein Suizid-Status nach nur vier weiteren Tagen aufgehoben und er auf eine offene Station verlegt.[58] Die therapeutischen Angebote sah er eher kritisch. Die Gruppentherapie war seines Erachtens eher eine Formalität, die sich als »ritualized chance to complain, ask questions and learn by listening« auszeichnete (ebd.), und das Angebot einer Psychodramagruppe war seiner Ansicht nach nur ein »ego-tripping and mutual backslapping« (ebd., 110f.) für die Therapeut*innen, die sich nicht für die Patient*innen, sondern nur für ihre eigenen, tiefgreifenden Interpretationen interessierten. Den wichtigsten Beitrag zur Behandlung leistete seiner Ansicht nach der Kontakt zu anderen Patient*innen, da sie eine eigene Subkultur der Informationsvermittlung bildeten und sich gegenseitig mit eigenen ,Therapien' durch Beziehungsaufbau und Erfahrungsaustausch halfen (ebd., 119 und 129). Die Zeit in der Klinik vergleicht er mit der Zeit in der Armee:

> There was much waiting, the frequent use of person's last name as the term of address for patients and for aides, a lot of ordering around, a dullness in the interaction and stimulation. It was a sense of guys-being-together, much like the camaraderie that enlisted men feel in the service. (ebd., 113)

Nach einer weiteren Woche auf der offenen Station und einem entlassungswürdigen Verhalten, das er als »socializing, insightful and hopeful talk about problems, cooperativeness in ward routine, future planning, active work« (ebd., 30) beschreibt, ließ sich Reynolds dann gegen ärztlichen Rat entlassen.

In ihrem Resümee folgern Reynolds und Farberow, dass der psychiatrische Rahmen nicht nur schützend, sondern im Gegenteil auch schädlich sein kann. In ihren Reflexionen und verallgemeinernden Kommentaren beschreiben sie einen wesentlichen Zusammenhang zwischen der Suizidalität und dem Selbstwert sowie der empfundenen Machtlosigkeit einer Person. Da die Psychiatrie ein Ort ist, an dem Patient*innen systematischer Überwachung, Restriktionen und Abhängigkeiten ausgesetzt sind, kann ihres Erachtens eine stationäre psychiatrische Behandlung suizidales Verhalten verstärken (ebd., 167ff.). Daher sprechen sie sich für eine Humanisierung des psychiatrischen Systems aus.

Die Arbeit von Reynolds und Farberow (1976) liefert zwar einige wertvolle Einsichten in die psychiatrische Verarbeitung und Veränderung von Suizidalität, doch bestehen auch einige grundlegende Unterschiede zu dem vorliegenden Forschungsprojekt. (1.) Ihre Ethnographie wurde vor ungefähr 50 Jahren – zu einer Zeit, in der sich die Suizidologie mit ihrem Wissen und ihren Technologien gerade erst herauszubilden begann – in einer recht speziellen US-ame-

[58] Nur der Klinikleiter wusste von seiner falschen Identität und er war es, der schon nach sieben Tagen seinen Suizid-Status aufhob und die Verlegung auf die offene Station ermöglichte.

rikanischen Psychiatrie durchgeführt. (2.) Es bestehen grundlegende methodische und theoretische Unterschiede. Die Methode der ‚Erfahrungsforschung' (wie Reynolds und Farberow sie bezeichnen) ist, ungeachtet der forschungsethischen und erkenntnistheoretischen Probleme, die eine geschauspielerte und somit nur vermeintliche ‚Innenperspektive' eines Patienten mit sich bringt, stark subjektzentriert und psychologisch ausgerichtet, was mit ihrer theoretischen Verortung zwischen sozialem Konstruktivismus, Phänomenologie und Psychodrama harmoniert (ebd., 35). (3.) Die Studie von Reynolds und Farberow zeichnet sich durch ein technisches Erkenntnisinteresse aus. Die Ausgangsfragestellung ihrer Arbeit war, wie es zu Patientensuiziden kommen kann, obwohl die Psychiatrie ein Ort des Schutzes und der Behandlung sein soll. Ihre Analyse dient daher dazu, die psychiatrische Arbeit zu evaluieren und Veränderungsvorschläge zu formulieren.

Eine aktuellere Arbeit wurde 2012 als sozialanthropologische Dissertation von Michela Canevascini unter dem Titel *Le suicide comme langage de l'oppression* (Der Suizid als Sprache der Unterdrückung) veröffentlicht. In ihrer umfangreichen und nur auf Französisch erschienenen Arbeit, in der sie sowohl auf makroanalytischer Ebene eine Diskursgeschichte der Suizidprävention nachzeichnet als auch auf mikroanalytischer Ebene die Behandlung von suizidalen Patient*innen in einer schweizerischen Psychiatrie untersucht, betont Canevascini immer wieder die soziale und politische Dimension der Suizidalität. Eine ethnographische Erforschung der psychiatrischen Arbeit in der Psychiatrischen Notaufnahme (PNA) wurde ihr trotz diverser Anläufe und Versuche nicht gestattet. Zwar wurde ihre Forschung von der Klinikleitung formal angenommen, doch sie scheiterte am ‚Gatekeeper' des Oberarztes, der die PNA leitete und ihre teilnehmende Beobachtung verweigerte (ebd., 205ff.). Auch ihrem Ersuchen um ein Praktikum oder eine andere Einbeziehung in die Arbeit der PNA wurde nicht entsprochen. Sie durfte zwar die wöchentliche Klinikkonferenz über ein Jahr ethnographisch begleiten, doch ihr hauptsächliches empirisches Material beruht auf einer quantitativen Auswertung von Krankenakten und einer Serie von qualitativen Interviews, die sie mit Betroffenen durchführte.[59]

[59] Kontakt zu den Betroffenen herzustellen, war sehr schwierig und über Monate relativ erfolglos (vgl. ebd., 210ff.). Nach einem weiteren Ethikantrag wurde ihr schließlich Einsicht in 272 Krankenakten gewährt, in denen es 170 Fälle mit suizidalen Problemen gab. Diese Akten nutzte sie, um Patient*innen für ein potenzielles Interview auszuwählen. Nach einer ärztlichen Einschätzung und Selektion, ob dies der psychische Zustand der Patient*in gestatten würde, wurden die genehmigten Patient*innen angeschrieben und um Mithilfe in dem Forschungsprojekt gebeten. Die Interviews mussten dann in den Räumen der Klinik stattfinden. Canevascini (vgl. ebd., 240ff.) vermutet, dass es daher zu einer starken Verzerrung der Stichprobe kam, da sich gerade diejenigen, die den Kontakt mit dem psychiatrischen System meiden oder schlechte Erfahrungen mit der PNA gemacht haben, sich nicht auf ihre Anfrage melden würden.

Ausgehend von der Frage, wie das Problem des Suizids und seine Prävention entstanden sind und wie sie auf den sozialen, politischen und medialen Ebenen in der Schweiz verhandelt werden, skizziert Canevascini in ihrer Arbeit eine kurze Geschichte des Suizids und der Suizidprävention.[60]

Ihrer Analyse zufolge gab es in der Geschichte vier große Referenzrahmen, durch die der Suizid gedeutet und verstanden wurde (vgl. ebd., 118ff.). (1.) Es gab einen *rationalen Referenzrahmen*, dessen Ursprung bei griechischen Stoikern wie Seneca liegt, denen zufolge Menschen über das eigene Leben und somit auch über den eigenen Tod bestimmen können. Diese rationale Referenz findet sich in einigen Denktraditionen von Humanisten und Aufklärern wie Desiderius Erasmus, Michel de Montaigne, Voltaire und Jean-Jacques Rousseau über Existenzialisten wie Albert Camus und den Psychiatriekritiker Thomas Szasz bis hin zu den Advokat*innen der Sterbehilfe, die Suizid als Ausdruck einer genuin menschlichen Freiheit begreifen. Suizidprävention erscheint hier als unnötig, unmöglich oder moralisch zu verurteilende Tat. (2.) Der *Tabu-Referenzrahmen* meint sowohl das explizite Verbot, Suizid zu begehen, als auch das Verbot, über Suizid zu sprechen. Dieses Tabu entstammt einer christlich-religiösen Dimension, in der der Suizid verurteilt und als Sünde angesehen wurde.[61] Innerhalb dieses Referenzrahmens entspricht die Prävention dem Tabu: Suizide werden am besten dadurch verhindert, dass darüber nicht gesprochen wird. Mit der Entwicklung der Humanwissenschaften entsteht dann sowohl (3.) ein *medizinischer Referenzrahmen* als auch (4.) ein *sozialer Referenzrahmen*. Der Suizid ist hier nicht mehr Ausdruck einer Freiheit, sondern Ausdruck eines Freiheitsverlusts. Innerhalb dieser Erklärungs- und Deutungsrahmen werden Suizide und Suizidalität als durch psychische Erkrankungen oder soziale Gründe bedingt verstanden.[62] Durch diese Referenz entsteht dann auch das Mandat, dass Sui-

[60] Unter Suizidprävention versteht sie ein soziales und politisches Anliegen, also eine öffentliche Verwaltung eines sozialen Problems. Daher verortet sie auch nicht die Psychiatrisierung der Suizidalität, sondern erst die Gründung von Verbänden und Organisationen sowie die Verhandlung auf politischen und legislativen Ebenen auf der Dimension der Suizidprävention.

[61] Dabei war es bis ins 17. Jahrhundert sogar schlimmer einen Suizid als einen Mord zu begehen, da man damit nicht nur den Körper, sondern auch die Seele tötete (vgl. Macho 2017, 71).

[62] Innerhalb der soziologischen Erklärungsansätze unterscheidet sie eine makrosoziologische, eine sozialpsychologische und eine mikroanalytische Herangehensweise (vgl. ebd., 63ff.). Durkheim (1897 / 1983), Baudelot und Establet (2008) gehören zum ersten Ansatz, da sie versuchen, die sozialen und kulturellen Dimensionen des Suizids zu bestimmen. Giddens (1971) wäre dem zweiten Ansatz zuzurechnen, der den Suizid als Pathologie der Machtausübung beschreibt, in der das suizidale Subjekt aber kein Opfer ist, sondern sich auf paradoxe Weise gerade durch den Suizid als sozialer Akteur*in behauptet. Einen mikroanalytischen Ansatz vertritt z. B. Douglas (1973), der der Annahme widerspricht, dass einzelne Suizide durch bestimmte soziale Bedeutungen (wie Individualismus, Verlust religiöser Werte) erklärt werden können, und stattdessen für eine situierte, kontextsensitive Analyse der individuellen Bedeutungen plädiert.

zidalität aktiv verhindert werden muss.

Alle diese Referenzrahmen prägen bis heute den Diskurs zum Suizid. Doch geschichtlich betrachtet, lässt sich ein Wandel in der Dominanz einzelner Deutungsansprüche nachvollziehen. So vollzog sich ab dem 17. Jahrhundert ein langsamer und allmählicher Prozess, durch den Suizidalität zunehmend als Ausdruck psychischer Krankheiten wahrgenommen wurde (Minois 1996, 207ff.). Die Deutungshoheit verschob sich also von einem religiösen zu einem medizinisch-psychiatrischen Paradigma. So wurde Suizidalität ab dem 18. Jahrhundert vermehrt in medizinischen Begriffen und Theorien gefasst und es etablierten sich erste medizinische Interventionen (vgl. Canevascini 2012, 23ff.). Frühe psychiatrische Erklärungen verorteten den Suizid als Folge von Wahnsinn und Melancholie und prägten damit ein Verständnis des Suizids als pathologisches und individuelles Verhalten. Innerhalb der aufkommenden Psychiatrie des 19. Jahrhunderts wurden dann erstmals konkurrierende Theorien zur suizidalen Ätiologie aufgestellt und debattiert. Der Suizid wurde hier entweder als Folge einer spezifischen Krankheit, wie der Monomanie, oder als Symptom verschiedenster psychopathologischer Krankheiten gewertet. Nach Canevascini sind im modernen psychiatrischen Diskurs die Debatten über Ursachen verschwunden, was im Zusammenhang zur Einführung des DSM-III als atheoretisches und deskriptives Diagnosemanual stehe (vgl. ebd., 53ff.). Sowohl die Einführung der modernen Psychopharmaka als auch die Etablierung des biopsychosozialen Modells, bei dem das Biologische im Zentrum steht, unterstützten dann medizinische Interpretationen. Das biomedizinische Verständnis führte nach Canevascini (vgl. ebd., 59) zu einer Entmächtigung des suizidalen Subjekts, da es für die Suizidalität nicht selbst genuin verantwortlich ist.

Rekurrierend auf Boltanski (1999) beschreibt Canevascini (vgl. ebd., 181ff.) einen sozialpolitischen Prozess der moralischen Transformation, der der Geschichte der Suizidprävention zugrunde liegt. Die Suizidprävention wurde demnach erst durch eine Veränderung der affektiven Kultur möglich, durch die das Mitgefühl für ferne Leiden zur emblematischen Tugend der Gegenwart wurde. Erst dieser mitfühlende Blick hat die Suizidprävention als politische und moralische Notwendigkeit möglich gemacht und zu ihrer Etablierung beigetragen. Die konstitutive Voraussetzung für eine Suizidprävention unter einer Politik des Mitleids war dabei die Deresponsibilisierung der Betroffenen. Das suizidale Subjekt durfte also, anders als es noch im religiösen Register der Fall war, nicht mehr schuld am eigenen Schicksal sein bzw. die Verantwortung für seine Suizidalität tragen. Genau dies hat die humanwissenschaftliche Problematisierung erreicht, die in der Suizidalität nunmehr das Ergebnis sozialer Probleme (Armut, Arbeitslosigkeit, Anomie etc.) oder psychischer Erkrankungen sieht. Damit war die Möglichkeit und Legitimation für eine Suizidprävention geschaffen, die Mitleid mit den Opfern der Suizidalität empfindet und über dieses Mitleid diverse Akteur*innen mobilisieren kann, um sich dieses Problems anzunehmen.

Die Geburt der Suizidprävention lässt sich nach Canevascini (vgl. ebd., 100ff.) auf die zweite Hälfte des 20. Jahrhunderts datieren. Außer Acht lassend, dass Erwin Ringel mit der Caritas schon 1948 in Wien die *Lebensmüdenfürsorge* als weltweit erstes Zentrum für Suizidprävention gegründet hatte, beschreibt sie, dass ab den 1950er Jahren durch Edwin Shneidman und Norman Faberow in den USA und ab den 1980er Jahren in Europa aus dem vormals stummen, intimen und privaten Thema der Suizidalität zunehmend ein öffentliches und gemeinsam zu verwaltendes Thema wurde (vgl. ebd., 9). Für die Schweiz zeichnet sie eine Entwicklung nach, die verstärkt erst in den 1990er Jahren begann und innerhalb eines Jahrzehnts dazu führte, dass Suizidalität als öffentliches und soziales Problem wahrgenommen wurde. Maßgeblicher Anstoß war die Herausgabe von Richtlinien zur Implementierung nationaler Suizidpräventionsprogramme durch die WHO im Jahr 1996. Dies führte zu einer Mobilisierung von politischen Kräften und zur Bildung verschiedener Allianzen, sodass die Suizidprävention nun in eine öffentliche politische Agenda eingebettet war. Gleichzeitig engagierten sich in den 1990er Jahren auch vermehrt kirchliche und zivilgesellschaftliche Akteure im Bereich der Suizidprävention. In der Schweiz waren es besonders die Caritas (z. B. durch Gründung der *Coordination Action Prévention Suicide*) und ehrenamtliche und gemeinnützige Selbsthilfegruppen und Vereine, die von betroffenen Personen, häufig Eltern, gegründet wurden (seit 2003 gibt es den Dachverband IPSILON, als nationale Koordinationsstelle für Initiativen zur Suizidprävention in der Schweiz; vgl. ebd., 110ff.).[63] Diese wählen dabei nicht nur den medizinischen, sondern insbesondere auch den sozialen Referenzrahmen, indem sie Suizidalität auch durch sozioökonomische Faktoren wie stagnierende Wirtschaft, hohe Arbeitslosigkeit, Armut oder soziale Isolation erklären. War Suizidalität vormals ein privates Thema, das entweder in moralischen Kategorien der Schuld oder in Bezug zur individuellen Freiheit

[63] Für Deutschland lässt sich eine ähnliche Entwicklung verfolgen. Gerade Betroffenenvereine und Selbsthilfegruppen nehmen seit den 1990er Jahren sprunghaft zu. Am Beispiel der Depressions-Selbsthilfegruppen zeigt sich der rapide Anstieg: Während es in Berlin im Jahr 2000 nur 10 Selbsthilfegruppen zum Thema der Depression gab, waren es im Sommer 2010 schon 114 Gruppen (Ingenkamp 2012, S.12).

problematisiert wurde, hat es das Programm der Suizidprävention es in kürzester Zeit geschafft, sich eine öffentliche Präsenz in den Medien aufzubauen, zum Aufgabenfeld mehrerer nationaler sowie regionaler Verbände und zum Thema verschiedener Ausbildungs- und Präventionskampagnen zu werden.

Auf mikroanalytischer Ebene untersuchte Canevascini die Arbeit einer Psychiatrischen Notaufnahme (PNA). Die untersuchte PNA wurde 1991 als psychiatrisches Krisenzentrum gegründet und ist, dem Modell der gemeindenahen psychiatrischen Klinik folgend, Bestandteil eines größeren Allgemeinkrankenhauses (vgl. ebd., 261ff.). Die PNA hat selbst keine Betten und ist demnach nicht für die stationäre Versorgung, sondern für eine erste Einschätzung, Beratung, Verteilung, Verwaltung und ambulante Versorgung der Patient*innen zuständig. Von den Patient*innen kommt ungefähr die Hälfte freiwillig und selbstständig zur Vorstellung, der Rest durch ärztliche Überweisung, auf Drängen von Verwandten oder in Begleitung von Rettungskräften. Die Analyse von 272 Patient*innenakten ergab, dass 27 % der Patient*innen primär wegen Suizidalität die PNA aufsuchten bzw. aufsuchen mussten. In der gesamten Stichprobe ließen sich aber bei insgesamt 63 % der Patient*innen Hinweise auf Suizidalität finden. Dies äußerte sich bei einem Großteil durch Suizidgedanken (62 %) und beim Rest entweder durch explizite Suiziddrohungen (18 %) oder durch vorangegangene Suizidversuche (20 %; vgl. ebd., 319ff.). Nachdem eine Patient*in in der PNA vorstellig geworden ist, werden mit ihr normalerweise zwei bis drei Interviews mit Pflegekräften und dem ärztlichen Personal durchgeführt. Anschließend gibt es drei mögliche Wege: (1.) Wenn die Lage nicht so ernst scheint, werden die Patient*innen wieder nach Hause geschickt. (2.) Die Patient*innen werden freiwillig oder zum Teil auch gegen ihren Willen im stationären Bereich der Psychiatrie aufgenommen. (3.) Die Patient*innen werden ambulant einbestellt und durch das Team der PNA versorgt. Diese ambulante Versorgung durch die PNA erfolgt dabei in verschiedenen Frequenzen (von täglich bis einmal alle zwei Wochen), mit variabler Dauer und je nach Problemlage durch andere Mitglieder des Personals (wer die Versorgung übernimmt, entscheiden die Ärzt*innen: bei ökonomischen oder administrativen Problemen z. B. die Sozialarbeiter*innen, bei familiären und psychologischen Problemen die Psycholog*innen und bei weniger schweren Fällen die Pflegekräfte; vgl. ebd., 276ff.). Fast jede Patient*in, die in Kontakt mit der PNA kommt, wird während der Aufnahmesituation eine vorläufige Diagnose gestellt. Dies ist kein trivialer Akt, sondern laut Canevascini (vgl. ebd., 296ff.) vielmehr die Schlüsselszene der Medikalisierung der Suizidalität, die mehrere zentrale Elemente umfasst.

(I.) Der Diagnosestellung geht oft eine Vermittlung des medizinischen Verständnisses voraus. Die Patient*in muss überzeugt werden, dass hinter der Suizidalität, die oft bagatellisiert wird, ein tiefes Leiden steckt und dass dieses Leiden psychiatrisch zu verstehen und zu behandeln ist. (II.) Auf einer versicherungstechnisch-administrativen Ebene erfolgt durch die Diagnose eine Einfügung in das ökonomische System der Klinik und auf (III.) therapeutischer Ebene wird darüber bestimmt, was für eine Versorgung und Betreuung die Patient*in erhalten wird. Schließlich markiert die Diagnose (IV.) auch einen performativen Akt, der die Transformation einer Identität beschreibt. Sie ist eine Art »Taufe« für das psychiatrische System und kann somit als die liminale Phase der Psychiatrie verstanden werden. Trotz dieser vielschichtigen Bedeutung der Diagnose werden Sinnhaftigkeit, Wirkung und Genauigkeit von Diagnosen vom psychiatrischen Personal oft infrage gestellt.

Die akute Versorgung von psychiatrischen Notfällen ist in der PNA keine angesehene Arbeit, sondern eher die »Drecksarbeit der Psychiatrie« (ebd., 280). Die Notfallarbeit ist von Unberechenbarkeit und Unsicherheit geprägt, sie erfordert schnelle und effektive Entscheidungen und eine Zusammenarbeit mit vielen, nicht immer einfachen und kooperativen Akteur*innen. Das genuin medizinische Wissen, zu neurologischen, physiologischen oder genetischen Ursachen oder der psychopharmakologischen Behandlung, oder auch psychotherapeutisches Spezialwissen wird in der Notfallbehandlung nur selten berührt. Stattdessen werden hier oft die »schmutzigen« Maßnahmen der Überwachung oder der Zwangsbehandlung nötig (vgl. ebd., 281ff.). Die potenzielle Suizidalität wird dabei anhand der Kriterien des *Risikos*, der *Dringlichkeit* und der *Gefahr* eingeschätzt. Das Risiko beinhaltet alle individuellen, familiären und psychosozialen Faktoren, die auf Basis von empirischem Wissen und einer subjektiven Intuition bewertet wurden. Die Dringlichkeit bezeichnet die Wahrscheinlichkeit eines Suizids in den nächsten 48 bis 72 Stunden. Die Gefahr ergibt sich wiederum in erster Linie auf Basis der Zugänglichkeit und der Präsentation bzw. Inszenierung der Patient*in (vgl. ebd., 288ff.).

Canevascini steht in der Tradition von Karl Marx (1864 / 2001), Émile Durkheim (1897 / 1938) und Christian Baudelot und Roger Establet (2008), welche dafür argumentieren, den Suizid als sozial bedingt zu betrachten.[64] Sie versteht Suizidalität als Sprache, mit der eine benachteiligte soziale Position zum Ausdruck

[64] Marx verstand in seiner 1846 erschienenen idiosynkratischen Übersetzung *Peuchet: Vom Selbstmord* den Suizid als gesellschaftlich verursacht und somit auch nur über eine »totale Reform der jetzigen Gesellschaftsordnung« (vgl. ebd., 60) veränderbar.

gebracht wird und eine gewisse symbolische und moralische Anerkennung zu erhalten ist. Doch die Hegemonie des biomedizinischen Referenzrahmens führt zu einer Pathologisierung und Individualisierung der Suizidalität und daher auch nur zu einer einseitigen Anerkennung. Die Medikalisierung der Suizidalität analysiert und kritisiert Canevascini sowohl im allgemeinen medizinpolitischen Projekt der Suizidprävention als auch in der spezifischen lokalen Praxis auf der psychiatrischen Notaufnahme. Im Projekt der Suizidprävention wird zwar dazu aufgerufen, Suizidalität als ein Problem anzuerkennen, das *alle* betrifft und das multidisziplinär angegangen werden muss, doch schlussendlich erfolgen im Grunde nur medizin-psychiatrische Interventionen. Die psychiatrische Deutungshoheit entleert ihres Erachtens den gesellschaftspolitischen Bezug der Suizidalität. Zwar wird Suizidalität zu einem Mittel für benachteiligte Klassen, um Aufmerksamkeit und Anerkennung zu erhalten, doch beinhalten jene keine politische, sondern eine mitfühlende Anerkennung, die nicht auf die sozialen und politischen Ursachen ausgerichtet ist (vgl. ebd., 192f.). Die andere Seite des Problems besteht also in einer Vereinseitigung der Prävention auf nicht-primäre Ansätze, die letztlich behandelnd und kurativ ausgerichtet sind.[65] Während eine wahre Prävention auch an gesellschaftlichen Missständen ansetzen müsste, was im Konzept der Primärprävention enthalten wäre, verschleiert die Suizidprävention, dass sie letztlich nur Sekundär- und Tertiärprävention beinhaltet und in diesem Sinne nur eine therapeutische und fürsorgliche Form der Intervention darstellt (vgl. ebd., 163). Diese behandelnden und kurativen Formen der Suizidprävention untersucht sie mit ihrer Ethnographie der psychiatrischen Notfallaufnahme auf mikroanalytischer Ebene. Gerade durch den Vergleich zwischen der narrativen Darstellung und Begründung der Suizidalität in ihren biographischen Interviews und der Darstellung der Suizidalität in den Krankenakten, kommt sie zu dem Schluss, dass soziale Gründe (wie die Schichtzugehörigkeit, der Migrationshintergrund, die Armut, das Geschlechterverhältnis, die Arbeitsverhältnisse, etc.) in der psychiatrischen Verarbeitung der Suizidalität vergessen oder gar negiert werden (vgl. ebd., 377ff.). Doch auch auf der Ebene der Diagnostik sieht sie eine Psychiatrisierung der Suizidalität. Die Diagnose der Anpassungsstörung, welche in ihrer Stichprobe in 21 % der Fälle gegeben wurde, in denen Suizidalität eine Rolle spielte, versteht sie als Default-

65 Die Primärprävention bezieht sich auf alle Anstrengungen und Maßnahmen, um Suizidalität erst gar nicht auftreten zu lassen. Sekundärprävention bezeichnet die Ebene der Früherkennung in Risikopopulationen. Tertiärprävention erfolgt hingegen nach dem Auftreten und lässt sich nicht von der Behandlung und Therapie abgrenzen. Präventiv bleibt sie in dem Sinne, dass auch sie darauf ausgerichtet ist, zukünftige Suizidalität zu verhindern (vgl. Slesina 2007).

Diagnose, die den Bereich des psychiatrischen Deutungsrahmens ausweitet, indem sie auf jedwede suizidale Krise angewendet werden kann. Obwohl die Bedeutung, die Wirkung und die Genauigkeit der Diagnose vom psychiatrischen Personal oft relativiert wird, so ist sie doch verpflichtender Bestandteil der psychiatrischen Behandlung und somit auch Bestandteil einer performativen Medikalisierung (vgl. ebd., 297ff.).

Die Arbeit von Canevascini ist eine Streitschrift gegen den vorherrschenden psychiatrischen Diskurs und ein Versuch, Suizidalität als Ausdruck von gesellschaftlichen Verhältnissen, von Ausbeutung, Ungleichheit und Unterdrückung zu lesen. Der Suizid soll nicht mehr allein als ein individuelles, medizinisches und pathologisches, sondern auch als ein soziales Problem betrachtet werden.

Neben der Lokalität und Spezifität ihrer Felder (einer schweizerischen psychiatrischen Notaufnahmestation ohne stationäre Behandlungsmöglichkeit) gibt es zwei grundlegende Unterschiede zum vorliegenden Ansatz. (1.) Zum einen bestehen methodische und theoretische Unterschiede. Aufgrund der Restriktionen konnte Canevascini die psychiatrische Arbeit nicht durch eine teilnehmende Beobachtung erforschen. Stattdessen bilden die Interviews mit den Patient*innen ihre zentrale empirische Basis. Auf einer theoretischen Ebene verortet sie sich in der Tradition einer psychiatrie- und sozialkritischen Wissenschaft. Im Anschluss an Paolo Freire und Marilyn Frye verwendet sie ein analytisches Konzept der Unterdrückung, von der niemand ausgenommen ist. Demnach werden auch die Unterdrückenden in ihre Rollen gezwängt; auch sie sind letztlich beherrschte Herrschende oder ‚Instrumente des Systems'. Gleichzeitig soll die politische Konnotation dieses Analyserasters, das einen Begriff der Herrschaft oder Dominanz implementiert, zu einer politischen und ethischen Verpflichtung des Widerstands führen (ebd., 19ff.). (2.) Dies führt zum anderen auf einer erkenntnistheoretischen und wissenschaftspolitischen Ebene dazu, dass sie aus einer militanten Position heraus gegen ein verkürztes, biomedizinisches Verständnis von Suizidalität eintritt. Sie betont stets, dass psychisches Leiden und Suizidalität einen Weg darstellen, diesen Zustand der Unterdrückung zum Ausdruck zu bringen und eine gewisse Form der sozialen und moralischen Anerkennung zu erhalten. Indem sie auf die soziale Ungleichheit und die gesellschaftlichen Ursachen der Suizidalität verweist, versucht sie sich auch für eine Befreiung von dieser Unterdrückung einzusetzen (vgl. ebd., 437). Canevascini positioniert sich damit ‚außerhalb' der Psychiatrie und protestiert gegen die vorherrschenden psychiatrischen Praktiken und Diskurse, als deren Bestandteil man auch ihre Analyse aber verstehen muss. Gleichzeitig geht mit ihrer Perspektive eine Idealisierung der politischen Dimension des Suizids und eine unzulängliche Verallgemeinerung einher, der letztlich die Kultur-Natur-Debatte am Beispiel der Suizidprävention neu exerziert und die Herausforderungen und Widersprüche der psychiatrischen Suizidprävention allein auf die Medikalisierung eines sozialen Phänomens reduziert.

3.4 Zwischenfazit

Wie Tanner (2007, 271) zum Abschluss seiner psychiatriehistorischen Untersuchung schreibt, »ermöglicht die Geschichte der ›psychiatrischen Ordnung‹ Einblicke in gesellschaftliche Strukturen und die diskontinuierliche Dynamik des soziokulturellen Wandels«. Er (ebd., 287f.) benennt weiterhin die Stichworte, welche die Entwicklung der psychiatrischen Ordnung ab den 1960er Jahren bestimmt haben: »Medikalisierung, Dezentralisierung, Flexibilisierung, Individualisierung und – seit den ausgehenden 1970er Jahren – verstärktes Kostenbewusstsein«. Das Ende der kustodialen psychiatrischen Anstalt und die Etablierung des Modells der psychiatrischen Klinik war Resultat mehrerer komplexer struktureller Veränderungen, die sich auch durch die als Zeitzeugnisse verstandenen Ethnographien beschreiben lassen. Die Stichworte von Tanner können so um eigene Kategorien ergänzt werden, wie sie sich aus dem vorliegenden Versuch einer Meta-Ethnographie motivieren lassen. Die Metamorphose des psychiatrischen Regimes und die neue Ausgestaltung der psychiatrischen Apparate sollen hier zusammengefasst werden.

Mit den Begriffen von Castel (1983) gesprochen, vollzieht sich in der Mitte des 20. Jahrhunderts keine Transformation, in der das bestehende Regime auf Krisen reagiert, sondern eine Metamorphose, also ein tatsächlicher Regimewechsel. Eine verkürzte Schematisierung der Metamorphose des psychiatrischen Regimes findet sich in Tabelle 1. Das psychiatrische Regime ist auf Ordnung und Kontrolle ausgerichtet und kann in die Unterformen des Anstalts- und des Klinikregimes unterschieden werden kann. Das jeweilige psychiatrische Regime wird durch unterschiedliche *psychiatrische Rationalitäten* geprägt und begründet innerhalb eines *psychiatrischen Raumes* eine historisch-spezifische, lokale *psychiatrische Praxis*. Die Tabelle 1 ist anhand dieser Kategorien sortiert. Das psychiatrische Regime unterlag einer historischen Veränderung, welche von einem uniformen, aufbewahrenden und totalen Regime der Anstalt hin zu einem polyformen, therapeutischen und expertisierenden Übergangsraum der Klinik wechselte. Die Hauptfunktion des psychiatrischen Anstaltsapparats lag in der Separation, Verwahrung, Stagnierung und Verwaltung, während die Hauptfunktion des psychiatrischen Klinikapparats in dem integrierenden, mobilisierenden und responsibilisierenden (Selbst-)Management der Betroffenen liegt.

	Psychiatrische Anstalt	Psychiatrische Klinik
Psychiatrische Rationalität	Ordnung und Kontrolle Laiensystem Psychoanalytisches Paradigma Verwaltung Totale Institution	Ordnung und Kontrolle Expertensystem Biopsychosoziales Paradigma (Selbst-)Management 'Totalisierung' der Therapie
Psychiatrischer Raum	Aufbewahrungslager Separation Uniformität	Übergangsraum Integration Polyformität
Psychiatrische Praxis	Einschließung Verwahrung Patient*innenarbeit Stagnierung	Pharmakologisierung Dokumentation und Diagnostik Responsibilisierung Mobilisierung

TABELLE 1: HISTORISCHER WANDEL DES PSYCHIATRISCHEN REGIMES

Diese Gegenüberstellung darf aber nicht dazu verleiten, die Veränderung des psychiatrischen Apparats als eine reine Fortschrittsgeschichte zu lesen. Dass die Anstalt beispielsweise zum größten Teil ein Laiensystem war, ist nicht pejorativ, sondern deskriptiv gemeint. Die Langzeitstationen in der psychiatrischen Anstalt folgten einem Modell der stationären Betreuung, das sich heute eher in Heimen und vollstationärer Pflegeeinrichtungen wiederfindet. Vereinzelt findet sich gar in den Ethnographien das Argument, dass das ‚betreute Wohnen' in der Anstalt, sicherere und bessere Lebensbedingungen bereithielt, als es das gegenwärtige Modell der unterfinanzierten Gemeindepsychiatrie den mittel- und beziehungslosen ‚Drehtür-Patient*innen' bietet, deren Lebensraum die Straße oder die überfüllten Obdachlosenheime der Umgebung sind.

In den Begriffen von Michel Foucault könnte der historische Wandel des psychiatrischen Regimes auch als ein Wechsel der Machtformen beschrieben werden. Die totale Institution der Anstalt ist noch durch die unterwerfende Souveränität (durch die räumlichen und technischen Gegebenheiten, die Angestellten und insbesondere die Anstaltsleitung) und einer Nutzung der Patient*innen als Produktivkräfte durch eine kontrollierende und überwachende Disziplin gekennzeichnet. Bei der psychiatrischen Klinik der Gegenwart handelt es sich hingegen um eine gouvernementalisierte Psychiatrie, in dem die richtige (Selbst-)Führung und die Erstellung und Strukturierung von Möglichkeitsfeldern das neue Zentrum ausmachen. Das gegenwärtige psychiatrische Regime ist daher durch eine Kopräsenz von Macht und Freiheit gekennzeichnet, wodurch auch die (Entscheidungs-)Freiheit der Patient*innen zum konstitutiven Bestandteil des psychiatrischen Regimes wurde.[66] Mit dem Konzept der Gouvernementalität kann diese Freiheit nun als Kennzeichen einer neuen Machtbeziehung analysiert werden. In dem Maße, wie sich Souveränität und Disziplin in die psychiatrische Machtdynamik einordnen, aber gewiss auch nicht verschwinden, erfolgt nicht mehr nur eine totalisierende Verhaltens- und Geistesführung, sondern zugleich auch eine individualisierende, in der die Betroffenen selbst Verantwortung für ihre psychische Gesundheit und Gesundung übernehmen müssen. Die Perspektive der Gouvernementalität ermöglicht, »das neoliberale Programm des ‚Rückzugs des Staates' als eine Regierungstechnik zu dechiffrieren« (Lemke 2000, 39), durch das die Verantwortung für psychische Erkrankungen zurück in Betroffenen hineinverlagert wird. In diesem Sinne zieht sich der Staat letztendlich nicht zurück, sondern dehnt sich in seiner Regierung in die Subjekte aus. Die beratenden, therapeutischen und medikamentösen Formen der Behandlung erscheinen in diesem Licht als »hoch differenzierte Technologien des Selbst« und als »effiziente Instrumente hochspezifischer Selbst- und Fremdführung (...), über die Individuen kompetent verfügen können, aber auch sollten, um sich gesellschaftsfähig zu erhalten (gesund, belastbar, arbeits- und beziehungsfähig, ...)« (Maasen 2011, 8).

Die Psychiatrie-Ethnographien können weiterhin als Problematisierungen des jeweils gegenwärtigen psychiatrischen Regimes verstanden werden. Sie sind mal mehr oder weniger einflussreiche Komponenten des anti-/psychiatrischen Diskurses und somit nicht nur Zeugnisse, sondern integrale Akteure der Transformation und schließlich auch der Metamorphose des psychiatrischen Regimes. Die Arbeiten von Goffman (1961), Strauss (1964), Reynolds und Farberow (1976) sowie Fengler und Fengler (1981) können als eine solche immanente Kritik der psychiatrischen Anstalt verstanden werden. Bezogen auf den Umgang mit Suizidalität zeigt sich so beispielsweise bei Reynolds und Farberow (1976) die Kritik, dass der Anstaltsapparat zu viele Freiheitseinschränkungen

[66] Freiheit ist die »ontologische Voraussetzung einer Machtbeziehung, da es zur Ausübung von Macht als Handeln auf mögliche oder wirkliche Handlungen der Freiheit der Subjekte bedarf; sie wird darüber hinaus zum materialen Träger einer Machtbeziehung, da ohne ‚Freiheit' die Machtbeziehung selbst verschwinden und dem einfachen Zwang der Gewalt weichen würde« (Lemke 1997, 301).

vornehme und zu wenig auf den Selbstwert der betroffenen Individuen achte. Ihres Erachtens verstärke der Anstaltsapparat durch unnötige Kontroll- und Überwachungsmaßnahmen nur die empfundene Hilf- und Machtlosigkeit des suizidalen Subjekts und könne daher sogar suizidales Verhalten auslösen oder zumindest verstärken. Die Arbeiten von Rhodes (1991), Luhrmann (2000), Canevascini (2012) und Klausner (2015) können hingegen als Problematisierungen des psychiatrischen Klinikregimes verstanden werden. Wieder bezogen auf den Umgang mit Suizidalität zeigt sich hier bei Canevascini (2012; in Ausschnitten auch bei Kitanaka 2011) eine Kritik an der biomedizinischen Vereinnahmung der Suizidalität, an den einseitigen Krankheits- und Ursachenverständnissen und den damit korrespondierenden Behandlungsansätzen und der damit einhergehenden Vernachlässigung und Verleugnung sozialer Dimensionen psychischen Leidens. Dieser biomedizinische Reduktionismus kann dabei selbst als Voraussetzung dafür verstanden werden, dass sich eine »Politik des Mitleids« etablieren konnte, mittels derer die Suizidalität enttabuisiert und Teil einer öffentlichen, sozialen und medizinpolitischen Agenda wurde.

Die Perspektive der vorliegenden Arbeit kann im Kontrast zu den bestehenden Ethnographien der Suizidprävention motiviert werden. Es soll weder einem technischen Erkenntnisinteresse gefolgt werden, das die psychiatrische Suizidprävention auf den Prüfstand bringt, um sie weiterzuentwickeln und zu verbessern (diese Wirkung kann natürlich nicht ausgeschlossen werden), noch soll der disziplinären Deutungskampf erneut ausgetragen werden, der seit Durkheim die soziologischen und psychiatrischen Debatten bestimmt. In dieser Arbeit soll es nicht darum gehen, Suizidalität als sozial bedingt, als Sprache der Unterdrückung, als Pathologie der Macht oder im Gegenteil als biologisch oder psychologisch bedingt, als Symptom einer psychischen Störung oder Zuspitzung einer krankhaften Entwicklung zu bestimmen. Anstelle nach den Ursachen der Suizidalität zu fragen, sollen eher die konkreten Folgen, die Behandlung, Verarbeitung und Veränderung der Suizidalität analysiert werden. Wie werden suizidale Menschen angesprochen und überzeugt, psychiatrische Hilfsangebote anzunehmen? Wie wird ihre Suizidalität sichtbar gemacht, wie wird sie eingeschätzt und wie verfestigen oder verflüchtigen sich diese Einschätzungen wieder? Wie wird die Suizidalität dabei selbst verhandelt, welche Differenzierungen werden vorgenommen und welche Techniken eingesetzt, um eine Veränderung zu initiieren? Anstatt die psychiatrische Konstruktion von Suizidalität als einseitig zu kritisieren und eine alternative soziologische Konstruktion vorzuschlagen, sollen eher die Prozesse der Konstruktion selbst analysiert werden. Anders ausgedrückt soll die Herstellung von (Nicht-)Suizidalität und somit gerade auch die Momente der Aushandlung, Übersetzung, Vermittlung und des immer auch möglichen Scheiterns nachgezeichnet werden. Die Perspektive der vorliegenden Arbeit ließe sich vielleicht auch daraufhin zusammenfassen, die Herausforderungen der psychiatrischen Suizidprävention zu würdigen, immanente Widersprüche dabei aber nicht aus dem Blick zu verlieren.

Nach dieser Darstellung des methodischen Rahmens, des bisherigen Forschungsstandes sowie einer kurzen Skizzierung der Geschichte der Psychiatrie und Suizidprävention sollen nun die *Klinik Doppelgipfel* und die weiteren untersuchten Felder vorgestellt werden.

4. Die Klinik Doppelgipfel für Psychiatrie und Psychotherapie

4.1 Felder, Feldzugang und Forschungsethik

Als Forschungsfeld stellt die Psychiatrie aus einer ganzen Reihe von Gründen eine besondere forschungsethische Herausforderung dar. Es soll hier auf drei Herausforderungen der (1.) Intimität des Feldes, (2.) der krankheitsbedingten Einschränkung der Entscheidungsfähigkeit der Betroffenen und (3.) auf die asymmetrischen Beziehungen in der Psychiatrie eingegangen werden:

(1) Die stationäre psychiatrische Behandlung ist für die allermeisten Betroffenen in existenziellen persönlichen Krisen die allerletzte Möglichkeit. Erst wenn alle privaten Unterstützungsnetzwerke und ambulanten Hilfesysteme nicht mehr ausreichen und die persönliche Situation nach längerer Belastung und Leiderfahrung nicht mehr zu ertragen ist, wird die stationäre Behandlung gewählt. Die Gründe dafür, dass diese Form der Behandlung aufgesucht wird und die jeweiligen Zustände, in denen sich Menschen an solch persönlichen Tiefpunkten befinden, sind so vielgestaltig und komplex, wie es sich nur denken lässt. Gemein ist den meisten Betroffenen aber, dass oft ein längerer und als leidvoll empfundener Prozess mit Problemen in diversen Lebensbereichen dem Entschluss für eine psychiatrische Behandlung vorausging. Dies macht die Psychiatrie zu einem Feld, in dem eine große Verletzlichkeit und Intimität herrscht und Gefühle der Angst, Scham und Schuld dominieren.

(2) Die meisten Betroffenen sind nicht nur aufgrund einer aktuellen Krise und Belastungssituationen, sondern aufgrund besonderer psychischer oder seelischer Probleme in stationärer Behandlung. Folgt man dem psychiatrischen Verständnis, so wirken sich psychische Erkrankungen auf das Erleben, Denken, Verhalten, Fühlen und Wahrnehmen und somit auch auf die Entscheidungsfähigkeit einer Person aus. Eine Person, die gerade wahnhaft davon überzeugt ist, dass alle sich hinter ihrem Rücken gegen sie verschworen haben, wird auch kein Vertrauen in die Aussagen haben, wenn sie über den Inhalt und die Folgen einer psychiatrischen Behandlung oder einer ethnographischen Forschung aufgeklärt wird. Dazu dominieren psychopharmakologische Medikamente den psychiatrischen Apparat. Sie produzieren oft eine deutliche Veränderung der

Person, die eine Spaltung oder ‚doppelte' Identität begründet. Durch die Behandlung entsteht neben der ‚kranken' eine medikalisierte ‚gesunde' Seite, was Ehrenberg (2008, 264ff.) als die Figur des »kranken Gesunden« bezeichnet. Nun stellt sich hier nicht nur die Frage, welcher Seite mehr Authentizität zugeschrieben wird, sondern auch, ob psychopharmakologische Medikamente sich nicht analog zu psychischen Erkrankungen ebenfalls auf die Entscheidungsfähigkeit auswirken.

(3) Zu guter Letzt sind die Beziehungen im psychiatrischen Setting von einer gewissen Asymmetrie geprägt. Die Dichotomien Patient*in vs. Psychiater*in, Hilfesuchende vs. Helfende, Betreute vs. Betreuende oder Laien vs. Experten zeugen von einer konstitutiven Schieflage. Auch wenn die vorliegende Arbeit zur Genüge zeigen wird, dass die Realität komplexer ist, als es beispielsweise das psychiatriekritische Vorurteil vorgibt, dass es nur das Personal sei, dass die Macht über die unterdrückten Betroffenen besitze (sich die Liste der Dichotomien also um Täter vs. Opfer ergänzen ließe), so bleibt die Aussage bestehen, dass psychiatrische Beziehungen meist asymmetrische Beziehungen sind.[67] Am deutlichsten zeigt sich dies natürlich an den Zwangsmaßnahmen, für die der psychiatrische Apparat berühmt und berüchtigt ist. Zwangseinweisungen, die heutzutage »Unterbringungen« genannt werden, betreffen zwar offiziell nur einen Bruchteil aller psychiatrischen Patient*innen, doch die Grenzen zwischen Freiwilligkeit und Zwang sind nicht so kategorial, wie sie formal repräsentiert werden (was im Kapitel zur Überzeugungsarbeit gezeigt werden soll). Das primäre Ziel derjenigen, die eine freiheitsentziehende Maßnahme erleiden müssen, ist, diese zu beenden. Eine mögliche Umgangsweise mit solchen Maßnahmen ist die Anpassung an die psychiatrischen Erwartungen. Diese strategische Konformität zeigt sich hier im besonderen Maße, ist aber auch bei allen anderen Patient*innen nicht auszuschließen.

Aus diesen Facetten des psychiatrischen Lebens ergeben sich einige forschungsethische Probleme. Es gibt ein medizinethisches Ideal, das besagt, dass medizinische Maßnahmen oder Forschung am Menschen nicht schaden darf und dass Patient*innen ein Recht auf Selbstbestimmung haben, was schließlich in der Forderung eines informierten Einverständnisses mündet. Alle drei vorstehend aufgeführten Ebenen können sich auf die Einwilligungsfähig-

[67] Dass nicht immer das Personal die machtvollerere Position in diesen Beziehung einnimmt, zeigt sich gerade am Beispiel der Suizidalität, welche auch zu einem sehr machtvollen ‚Instrument' in den Händen der Betroffenen werden kann.

keit der Betroffenen auswirken. Dabei ist es gleichgültig, ob sie nun aufgrund ihrer Krise, ihrer Krankheit, ihrer Medikamente oder ihrer abhängigen Position der ethnographischen Forschung zustimmen oder sie ablehnen, in gewisser Weise bleibt die Entscheidung aus diesen Gründen immer problematisch. In der Literatur wird die Besonderheit ethnographischer Forschung bzw. teilnehmender Beobachtung in der Psychiatrie aus forschungsethischen Gesichtspunkten immer wieder diskutiert (vgl. Skultans 2005; Oeye, Bjelland & Skorpen 2007; Allbutt & Masters 2010; Brodwin 2013, 22ff.). Einhelligkeit besteht darin, dass die ethnographische Forschungslogik nicht leicht in medizinethische Vorgaben übersetzbar ist und schlecht an diesen Werten gemessen werden kann. Dennoch erfordert jede ethnographische Forschung eine Reflexion des Feldzugangs, des Umgangs mit den Akteur*innen im Feld und der Repräsentation des Feldes. Im Folgenden sollen daher die Maßnahmen der Anonymisierung dargestellt werden, die dennoch eine Beschreibung singulärer Einzelfälle im Speziellen oder der *Klinik Doppelgipfel* im Allgemeinen ermöglichen.

Um diese Darstellung verständlich zu machen, bedarf es dafür zunächst einer Skizzierung der ethnographisch erforschten Felder. Denn obwohl mein hauptsächlicher Fokus auf der stationären psychiatrischen Praxis lag, gliederte sich die Feldforschung auf verschiedenste Weise auf. Um den empirischen Kern der Klinik gliedern sich weitere Nebenbereiche, denen ich nach dem ethnographischen Motto des »follow the actor, follow the concept« gefolgt bin. Folgende Felder waren Bestandteil der Ethnographie:

- Der empirische Hauptteil meiner Arbeit bestand aus einer sechsmonatigen Feldforschung, die ich auf psychiatrischen Akutstationen in zwei Krankenhäusern der Metropolregion Rhein-Main und der Metropolregion Berlin-Brandenburg durchgeführt habe.[68] In der Rolle eines teilnehmenden und beobachtenden ‚Forschungspraktikanten' begleitete ich den Arbeitsalltag des Personals, besonders der Psychiater*innen und psychologischen Psychotherapeut*innen und den Behandlungs- und Aufenthaltsalltag der Patient*innen.
- Über drei Jahre begleitete ich die Treffen und die fortschreitende Professionalisierung eines vom Frankfurter Gesundheitsamt angeleiteten Netzwerkes für Suizidprävention. Das *Frankfurter Netzwerk für Suizidprävention*

[68] Die Metropolregionen als Ortsbezeichnung dienen auch der Anonymisierung. Beide Regionen umfassen mehrere Städte und Landkreise, mit ca. sechs Millionen Einwohner*innen. Beide Regionen haben mehrere Dutzend Psychiatrien respektive akutpsychiatrische Stationen.

oder kurz *FRANS* beschreibt sich selbst als Pilotprojekt, das erstmals unter kommunaler Leitung versucht, die Aktivitäten der mannigfaltigen Berufsfelder, in denen Suizidprävention geleistet wird, zu bündeln und zu koordinieren. Ich begleitete die öffentlichen Veranstaltungen, z. B. rund um den Welttag der Suizidprävention, die internen Gesamtnetzwerktreffen und die Treffen des Arbeitskreises für Krisenintervention.

- Als Orte der Wissensvermittlung und Wissensproduktion habe ich mehrere Fortbildungsangebote zum Umgang mit Suizidalität, universitäre Seminarangebote zur Suizidalität und Krisenintervention sowie psychiatrische Fachkongresse (wie den *Weltkongress für Psychiatrie* 2017 in Berlin oder die Herbsttagung der *Deutschen Gesellschaft für Suizidprävention* 2018 in Frankfurt) ethnographisch begleitet und schließlich auch selbst Lehraufträge im Bereich der Suizidprävention angeboten.
- Seit 2018 befinde ich mich in der Ausbildung zum psychologischen Psychotherapeuten mit dem Schwerpunkt »psychoanalytisch begründete Psychotherapie«. Im Rahmen dieser Ausbildung wechselte ich von der eher passiv-beobachtenden Rolle des Forschungspraktikanten in die aktive Rolle eines Psychotherapeuten, der in die psychiatrische Praxis der Suizidprävention eingebunden ist. Im Rahmen der Ausbildung habe ich für anderthalb Jahre (über 1800 Stunden) in einer weiteren psychiatrischen Klinik gearbeitet. Die Erfahrungen und Erlebnisse aus dieser Zeit habe ich nicht systematisch protokolliert und ausgewertet, aber sie sind dennoch, da sie eine wesentliche Triangulierung ermöglicht haben, ein wertvoller Bestandteil meiner ethnographischen Analyse.

Den Zugang zum Feld ermöglichten mir Kontakte, die ich über das DFG-geförderte Forschungsprojekt »Die Produktion von Chronizität im Alltag psychiatrischer Versorgung und Forschung in Berlin« hergestellt hatte, das von 2010 bis 2016 an der Humboldt-Universität ansässig war. Darüber erhielt ich die Empfehlung, mich direkt an diverse Chefärzt*innen in der Metropolregion Rhein-Main und der Metropolregion Berlin-Brandenburg zu wenden. Diese persönliche Empfehlung an die lokalen Gatekeeper der entsprechenden Kliniken war von großem Wert. Wertvoll für den Feldzugang war weiterhin auch mein Status als Psychologe, der mir, trotz der soziologischen Verortung meines Forschungsprojekts, einen nativen Status im Feld bescherte. Dennoch wurde ich natürlich nicht nur mit offenen Armen empfangen. Nachvollziehbarerweise kam von Teilen des Kollegiums viel Kritik und es war ein deutliches Unbehagen zu spüren, dass jemand Fremdes den eigenen Arbeitsalltag begleitet, beobachtet und dabei auch noch protokolliert. Es bedurfte viel Überzeugungsarbeit im Kleinen und einer Phase der Eingewöhnung, bis ich als Ethnograph vom Großteil des Personals akzeptiert wurde. Die Patient*innen begegneten meinem Forschungsprojekt zum allergrößten Teil mit wesentlich mehr Vertrauen und Offenheit. Ich habe mich und mein Projekt jeder Patient*in einzeln vorgestellt und sie um Erlaubnis gefragt, mir Notizen zu machen und darauf hingewiesen, dass diese Daten in anonymisierter Form Einzug in künftige Publikationen finden könnten. Dazu muss gesagt werden, dass ich von den Patient*innen nicht im gleichen Maße als Fremdkörper wahrgenommen wurde, sondern im Gegenteil in den unübersichtlichen Körper des psychiatrischen Personals einsortiert wurde. Ebenfalls mit einem Namensschild ausgestattet, war ich als Psychologe und Forschungspraktikant, der oft im Pulk mit den Psychiater*innen, Psycholog*innen und Pfleger*innen auftrat, nur einer von vielen, der ein Interesse an den Patient*innen hatte, die Vorgänge beobachtete und sich auf eine uneinsichtige und vielleicht auch uninteressante Weise Notizen machte.

Daraus ergeben sich noch weitere forschungsethische Probleme. Zum einen wurde ich von der Chefärzt*in geschickt und von der Krankenhausleitung autorisiert und musste daher nicht die Mitglieder des Personals einzeln um Erlaubnis bitten, ob ich anwesend sein und die sozialen Praktiken verschriftlichen darf.[69] Dabei sind die Tätigkeiten des Personals genauso wie die Tätigkeiten der Betroffenen Gegenstand dieser Ethnographie. Zum anderen war ich als ‚psychologischer Forschungspraktikant' in gewisser Weise in einer psychiatrischen Rollenverkleidung, zwar ohne Kittel, aber doch in einer Form klinischer Camouflage getarnt. Zwar versuchte ich, meine besondere Rolle und mein besonderes Anliegen hervorzuheben und fragte bei den meisten Betroffenen auch mehrfach, d. h. in verschiedenen Situationen, nach ihrem Einverständnis zu meiner Forschung, doch es ist nicht auszuschließen, dass mein Anliegen gerade aufgrund meiner nativen Rollenzuschreibung kaum hinterfragt, nicht wirklich verstanden und schließlich einfach zugestimmt wurde.

Aus alle diesen genannten Gründen, ist eine bestmögliche Anonymisierung aller Akteur*innen von großer Bedeutung. Personen, Orte, Zeitangaben und Ereignisse wurden teilweise modifiziert, um eine Rückführung und Identifizierung

[69] Natürlich musste ich mir dieses Einverständnis in gewissen Situationen dennoch einholen und es wurde mir auch nicht immer gewährt. Vereinzelt wurde ich beispielsweise von therapeutischen Einzelgesprächen oder Supervisionen auch mal ausgeschlossen.

für Außenstehende unmöglich und für die Betroffenen zumindest schwierig zu machen. Die zwei untersuchten Kliniken und die zwei hauptsächlich untersuchten Stationen werden in der vorliegenden Arbeit als *eine* Klinik und *eine* Station beschrieben. Die *Klinik Doppelgipfel* ist demnach eine Fiktion, die es als Ganzes nie gegeben hat, deren Bestandteile aber einer empirischen Realität entsprechen. Die hier beschriebene Klinik gleicht einem Mosaik, das durch Zusammensetzung verschiedenster, kleiner Bestandteile ein gerahmtes Bild entstehen lässt und deren empirische Einzelteile aus verschiedenen Kontexten zusammengetragen wurden. Dabei ist nicht nur die Klinik, sondern auch das Personal Ergebnis von Kompositionen.[70] Die Chefärzt*in (CÄ) Dr. Clasen, die Oberärzt*in (OÄ) Dr. Ohms sowie die zwei Assistenzärzt*innen (AÄ) mit den absichtlich ähnlich klingenden Namen Dr. Albers und Dr. Abels sind das Resultat einer Zusammensetzung aus jeweils mehreren Personen.[71] Die beschriebenen Patient*innen sind meist ebenfalls modifiziert worden. Nicht nur haben auch sie alle erfundene Namen erhalten, wobei die Homologie zwischen dem Anfangsbuchstaben und dem Status beibehalten wurde – so beginnen die Patient*innen namentlich alle mit den Buchstaben »P« (wie eben die CÄ mit C, die OÄ mit O und die AÄ mit A) –, sondern auch die persönliche Geschichte oder Beschreibungen wurden oft durch Kompositionen oder auch durch wesentliche Abwandlungen, z. B. durch eine Veränderung des Alters oder des Geschlechts, konstruiert. Es wurde dabei darauf geachtet, dies nur an Stellen zu unternehmen, an denen die Plausibilität durch eine solche Veränderung nicht beeinträchtigt wurde oder die entsprechende Veränderung keine maßgebliche Rolle in der Interpretation und Analyse der Ereignisse gespielt hat.

Der Genderstern hat in dieser Arbeit eine wichtige Doppelfunktion. Er wird nicht nur in dem Bemühen um eine geschlechtersensible Sprache, sondern auch zur Anonymisierung der beschriebenen Personen verwendet. Um die Lesbarkeit des Textes zu gewährleisten, werden hier aber weder Pronomen noch Artikel gegendert, sondern das geschlechtsabstrahierende generische Femininum angewendet. Daher ist von »sie« oder »ihr« die Rede, ohne dass damit eine weibliche Geschlechtsrollenzuweisung erfolgen soll (die Ärzt*in Dr. Albers erfährt in diesem Sinne keine Geschlechtszuschreibung, obwohl von ihr als »sie« gesprochen wird). Beim ärztlichen Personal ersetzt auch der akade-

[70] Dieses Vorgehen ist in der ethnographischen Forschung nicht unüblich. Luhrmann (2001, 145) setzt in ihrer Psychiatrie-Ethnographie ebenso Geschichten einzelner Patient*innen in Form eines Mosaiks zu neuen Personen zusammen.

[71] Ich erzeuge also keine Figuren, die aus einer Idealtypisierung charakteristischer Elemente von bspw. Psychiater*innen zusammengesetzt sind, als dass ich diverse Personen mit dem gleichen Namen bezeichne, um eine Identifikation unkenntlich zu machen.

mische Titel des Doktors die pronominale Anredeform Herr oder Frau Albers. Wenn Personen und ihre Geschichten nicht ausführlich beschrieben werden, wie es beispielsweise die Einzelfallanalysen erfordern, wird oftmals auch nur die Variable »XY« (z. B. »Patient*in XY« oder »wohnhaft in XY«) verwendet. Alle Datumsangaben, die vereinzelt in den Einzelanalysen zu finden sind, wurden ebenfalls modifiziert. Sie dienen nur der zeitlichen Orientierung zwischen den beschriebenen Sequenzen, z. B. um nachvollziehbar zu machen, wie viele Tage zwischen den einzelnen Ereignissen lagen.

Diese Ethnographie trägt, wie jede sprachliche oder auch statistische Darstellung von Menschen, Lebensweisen und Sachverhalten, mit ihren jeweiligen Verkürzungen, Abstraktionen, Teilwahrheiten und axiomatischen oder definitorischen Ein- und Ausschlüssen, den Charakter einer Konstruktion. Die Konstruktion liegt dabei nicht nur in den Maßnahmen der Anonymisierung, sondern sie ist ein Wesenszug der ethnographischen Arbeit. So hat sich seit der Writing-Culture-Debatte sich das erkenntnistheoretische Diktum durchgesetzt, dass jegliche ethnographische Repräsentation auch als Konstruktionsleistung verstanden werden muss (vgl. Clifford & Marcus 1986). Jede ethnographische Forschung liegt in einem Spannungsfeld von Naturalismus und Konstruktivismus und muss sich mit der nicht abschließbaren Frage beschäftigen, ob sie »eher ‚natürlich' existierende soziale Beobachtungsgegenstände darstellt oder aber mit ihren Beobachtungs-, Analyse- und Darstellungstechniken voraussetzungsvolle Wissensobjekte konstruiert« (Breidenstein, Hirschauer & Kalthoff 2013, 10). Die Ethnographie nimmt schließlich die Subjektivität der Ethnograph*in nicht als zu eliminierende Variable, sondern als Mittel der Erkenntnisproduktion. Die Wahrnehmung, Interpretation, Auswahl, Analyse und schließlich Darstellung sind durch diese Subjektivität geprägt und somit ist jede Ethnographie immer auch eine Konstruktion.

Zur Verortung des Feldes, in der die Suizidprävention maßgeblich untersucht wurde, sollen im Folgenden die *Klinik Doppelgipfel für Psychiatrie und Psychotherapie* und die *Akutstation 6.1A* vorgestellt werden.

4.2 Struktur und Basisdaten der Klinik Doppelgipfel

Die psychiatrische *Klinik Doppelgipfel* gibt es seit den 1990er Jahren. Sie ist Teil eines größeren Krankenhauskomplexes in der Metropolregion Rhein-Main und hat ein Versorgungsgebiet, das sich weit um die Klinik erstreckt.[72] Auf dem

[72] Da die gesetzlichen Regelungen zur psychiatrischen Versorgung in Deutschland föderal organisiert sind, gab es verschiedene rechtliche Grundlagen. Zur Vereinfachung wurde die fiktive *Klinik Doppelgipfel* in die Metropolregion Rhein-Main versetzt. Alle erwähnten rechtliche

Krankenhausgelände selbst befindet sich die Klinik mit eigenen Gebäudeteilen eher am Rande und wirkt somit schon räumlich als eigenständige Funktionseinheit. Äußerlich sind die Gebäude aber nicht von den anderen in der Umgebung stehenden zu unterscheiden. Ein kleiner Parkbereich schließt direkt an die Klinik an und hier sind besonders in den wärmeren Monaten öfter Patient*innen anzutreffen. Beim ersten Treffen, das ich mit der Chefärzt*in Dr. Clasen hatte, bezeichnete sie die Klinik selbst als eine »Wald- und Wiesenklinik«, die nicht wirklich besonders und mit vielen anderen vergleichbar sei.

Im stationären Bereich der *Klinik Doppelgipfel* werden jährlich zwischen 2100 und 2500 psychiatrische Fälle behandelt.[73] In der Tagesklinik gibt es weitere 850 Fälle und in der Institutsambulanz weitere 200 Fälle im Monat. Der stationäre Bereich gliedert sich in fünf Stationen auf, die zusammen mit der Tagesklinik insgesamt 125 Betten haben. Davon gibt es 25 Betten nur nominell, denn die Tagesklinik rechnet ihre Plätze formal gesehen ebenso über Betten ab, obwohl sie materiell nicht vorhanden sind.

Die Stationen unterscheiden sich in mehrfacher Hinsicht. Zum einen unterscheiden sie sich in der Durchlässigkeit zur Außenwelt. So gibt es Stationen mit geschlossenen und andere mit offenen Türen. Die offensten Bereiche sind die psychiatrische Institutsambulanz, welche den Verkehr in die Klinik regelt, und die tagesklinische Station, welche als teilstationärer Bereich ein Scharnier zur Außenwelt darstellt. Die geschlossenen Stationen beherbergen die akuten Fälle, also Patient*innen, die gerade in einer akuten psychischen Krise stecken und oftmals eine Gefahr für sich oder andere darstellen. Nur das Personal hat für diese Stationen einen Schlüssel. Alle anderen, die herein- oder herauswollen, müssen klingeln. Zum anderen unterscheiden sich die Stationen in einer gewissen Vorselektion ihrer Klientel. In der *Klinik Doppelgipfel* gibt es neben der Ambulanz und der Tagesklinik zwei allgemeinpsychiatrische Akutstationen, eine gerontopsychiatrische Station, eine Sucht- und eine Depressionsstation. Doch der Name der Station sagt nicht immer eindeutig etwas über die Diagnose der Betroffenen auf den Stationen aus. Der ökonomische Druck, Betten immer gefüllt zu halten, und die logistische Schwierigkeit, immer ein richtiges Bett für die entsprechende Patient*in zum Aufnahmezeitpunkt übrig zu haben, führt zu

---

Bezüge wurden somit an die hessische Gesetzgebung angepasst.

[73] Alle in diesem Kapitel folgenden Daten wurden verändert. Die Modifikation erfolgte (außer bei den Jahreszahlen) durch eine Multiplikation der Daten mit einem gleichbleibenden und willkürlich ausgewählten Faktor zwischen 0,50 und 1,50. Somit ist die absolute Anzahl der Fälle zwar fiktiv, doch die Relationen zwischen den Fällen bleiben erhalten. Dies betrifft besonders die folgende statistische Darstellung der Auszüge aus der Basisdatendokumentation.

einer relativ hohen Heterogenität auf den Stationen.

Die Aufnahmen geschehen entweder über die Institutsambulanz oder die Zentrale Notaufnahme. Gerade Letzteres wird von der Chefärzt*in als Fortschritt gesehen, da somit das Ziel der Gleichstellung von körperlich und psychisch Kranken schon im Aufnahmeprozess angelegt ist.

Die Klinik ist medizinhierarchisch organisiert. Jede Station hat zwei Assistenzärzt*innen, die oft noch relativ jung sind, da sie meist erst vor Kurzem ihr Studium abgeschlossen und ihre Facharztausbildung angefangen haben. Aber es gibt auch hier schon erfahrene Praktiker*innen, die schon andere Facharztausbildung abgeschlossen haben und sich nach längerer Arbeit im ambulanten oder stationären Bereich dazu entschlossen haben, sich zusätzlich im Bereich der Psychiatrie und Psychotherapie zu spezialisieren. Diese zwei Assistenzärzt*innen sind für das normale Tagesgeschäft auf der Station zuständig. Sie organisieren die Aufnahmen und die Visiten, sie schreiben die Verlaufsdokumentation und die Arztbriefe, sie verschreiben die Psychopharmaka, sind die ersten ärztlichen Ansprechpartner*innen für die Patient*innen, sie haben in Krisensituationen die Entscheidungsautorität gegenüber dem pflegerischen Personal und sie sitzen in allen Übergaben und morgendlichen Klinikkonferenzen und wirken an der oftmals kollektiven Entscheidungsfindung mit. Größere Entscheidungen, wie eine Entlassung oder das Umstellen auf ein komplett neues Medikament, werden meist in Absprache mit der für die Station zuständigen Oberärzt*in getroffen. Jene ist auch an regelmäßig auf der Station zu sehen. Doch da sie für mehr als eine Station zuständig ist und zum Teil noch die psychiatrischen Konsile in der gesamten Klinik ableistet, ist sie mehr ab- als anwesend. Sie führt einmal wöchentlich die Oberarztvisite an, sieht und spricht mit allen Patient*innen und hat in allen medizinischen Entscheidungen das letzte Wort. Die Chefärzt*in leitet alle zwei Wochen auf jeder Station die Chefarztvisite an. Doch ansonsten sehen die Patient*innen sie eher selten. Die Ärzt*innen hingegen sehen sie jeden Morgen zur Klinikkonferenz, bei der alle Neuaufnahmen, Entlassungen und besondere Vorkommnisse des Vortages in einem fachsprachlich-stenographischen Stil besprochen werden. An letzter Stelle der Hierarchie steht nur noch die ärztliche Direktor*in der Klinik, die aber höchstens einen indirekten Einfluss auf die alltäglichen Vorgänge in der Psychiatrie ausübt. So mahnt z. B. die Chefärzt*in, auf Druck der Klinikleitung, in unregelmäßigen Abständen, dass die Maßstäbe für die Aufnahmen gesenkt und die vorhandenen Betten gefüllt werden sollen, da sonst Stellenstreichungen drohen.

Neben der medizinischen Hierarchie gibt es noch eine pflegerische Berufsgruppenhierarchie, die zwar in ständiger Vermittlung zur medizinischen steht, doch auch eine gewisse Autonomie beanspruchen kann. Das Pflegepersonal, das auf den Stationen meist mit mindestens zwei Pfleger*innen anwesend ist, organisiert den kompletten Tagesablauf der Patient*innen. Sie überwachen und unterstützen die alltäglichen Routinen, was beim Aufstehen und Frühstücken beginnt und bei der Abendgestaltung und dem Schlafengehen aufhört. Sie haben oft eine enge Beziehung zu den Patient*innen und sehen ihre Hauptarbeit auch in einer therapeutisch wirksamen Beziehungsarbeit. Auf jeder Station gibt es eine Stationsleitung, die in einer besonderen Vermittlungsposition zwischen medizinischem und therapeutischem Personal steht und so meist die Übergaben leitet sowie bei Konflikten die Position der Pflege vertritt. Die Stationsleitung ist wiederum der psychiatrischen Pflegeleitung und letztlich auch der Pflegedirektion der gesamten Klinik unterstellt.

Die weiteren klinisch tätigen Berufsgruppen bestehen horizontal zu diesen zwei beruflichen Hauptvektoren. Die psychologischen Psychotherapeut*innen sind auf jeder Station mit mindestens einer Psychotherapeut*in in Ausbildung vertreten. Des Weiteren gibt es mehrere Ergotherapeut*innen, die entweder auf den jeweiligen Stationen oder in eigenen kleinen Werkräumen die Arbeitstherapie leiten, mehrere Sozialarbeiter*innen, die besonders für die Belange der Wohnung, Arbeit und der Zusammenarbeit mit Behörden zuständig sind, eine Musiktherapeut*in, eine Kunsttherapeut*in und eine Sporttherapeut*in, die wechselnd auf allen Stationen arbeiten.

Sowohl bei den Patient*innen wie auch beim Personal scheint es jeweils zwei unterschiedliche Typen zu geben: Bei den Patient*innen gibt es zum einen die bekannten, oftmals chronisch kranken Patient*innen, die über Jahre hinweg immer wieder für kürzere oder längere Aufenthalte in stationäre Behandlung kommen oder geschickt werden. Zum anderen gibt es die vielen Neulinge, die aufgrund einer vorübergehenden Krise und anderer Karrierezufälle klinisch vorstellig werden (vgl. Goffman 1973, 134). Diese haben oft nur einen Behandlungszeitraum von wenigen Tagen und für viele wird dies auch der einzige Kontakt mit der psychiatrischen Klinik bleiben. Die Metapher des *Drehtürpatienten* passt in gewisser Weise für beide Typen. Die einen benutzen die Drehtür immer wieder, ihre Pfade führen sie von einer Institution zur nächsten und die Drehtür ist hier das Symbol von Wiederholung und steter Wiederkehr. Die anderen benutzen die Drehtür als leicht zu passierende Schnittstelle, die als Individualisierungs- und Isolierungsmaßnahme nicht nur jede Person einzeln verarbeitet, sondern auch die Umwelt erfolgreich ausschließt. Die Drehtür ist hier ein Symbol der individuellen und parallelen Verarbeitung, bei der mit hoher Geschwindigkeit gleichzeitig mehrere Personen hinein- und hinausgeschleust werden. Die Drehtür kann dabei auch als Metapher für einen Apparat verstanden werden, der immer geöffnet und dabei gleichzeitig auch immer geschlossen ist.

Auch beim Personal gibt es diejenigen, die schon über Jahre in der Klinik sind, und die anderen, für das die Klinik nur eine kurze Zwischenstation darstellt. Besonders das Pflegepersonal ist oft schon über Jahre bis hin zu Jahrzehnten angestellt und hat schon viele Veränderungen mitgemacht. Beim ärztlichen Personal steigt die Bindung an die Klinik mit der Stufe auf der Hierarchie. Obwohl es in der *Klinik Doppelgipfel* auch mehrere Wechsel auf der Ebene der Oberärzt*innen gab, weisen besonders die Assistenzärzt*innen eine hohe Fluktuation auf. Ähnlich sind auch die in Ausbildung befindlichen psychologischen Psychotherapeut*innen meist nur für wenige Monate auf den jeweiligen Stationen. Am deutlichsten wird der Zusammenhang zwischen Hierarchie und Verbundenheit an der großen Gruppe an Praktikant*innen aus den Bereichen Medizin, Psychologie und Pflege, die oft nur für wenige Wochen anwesend sind und danach in andere Bereiche wechseln. Analog zur Metapher des Drehtürpatienten fällt hier auch mal der Begriff des *Personalkarussells*, das ständig neu besetzt wird und in dem auch, zum Leidwesen der Angestellten, immer wieder Positionen nicht besetzt werden.[74]

Nach Aussage der Chefärzt*in entspricht die Zusammensetzung der Gruppe der Patient*innen der üblichen psychiatrischen Verteilung der Krankheitsbilder, obwohl sie eine Versorgungslücke für Menschen mit Migrationshintergrund beklagt. Deren Anteil liegt in der *Klinik Doppelgipfel* nur bei 15 % und das obwohl in dem Einzugsgebiet der Anteil von Menschen mit Migrationshintergrund mehr als doppelt so hoch ist.

Genauere Angaben können auf Grundlage der sog. Basisdatendokumentation (BADO) getroffen werden. Jene wurde auf Ansinnen von Dr. Clasen vor wenigen Jahren eingeführt. Im Gespräch dazu erklärte sie mir:

> Es ist abzusehen, dass es bald eine gesetzliche Veränderung geben wird, die eine solche BADO fordern wird. Bei uns muss das bei jeder Entlassung von den Ärzten durchgeklickt werden und da wird auch Suizidalität erhoben. Nur leider wird diese Datei so stiefmütterlich behandelt, dass darauf kein Verlass ist. Da niemand sie nutzt oder auswertet, stellen sie gegenwärtig nur einen Datenfriedhof dar.

[74] Die Existenz dieses Personalkarussells scheint sich seit den Zeiten der Anstalt nicht verändert zu haben. So schreiben schon Strauss et al. (1964, 153f): »Fairly rapid turnover of personnel was a characteristic feature of these treatment services and created major problems of maintaining continuity of ideology and action. The most stable of the team members were the aides (...). For most others, the state hospital was merely a way station«.

Es sollen im Folgenden einige Daten der BADO vorgestellt werden. Dabei gilt die Einschränkung zu beachten, dass der zugrunde liegende Datensatz keine gute Datenqualität hat. Daher sollten die präsentierten Ergebnisse nur als grobe Orientierung verstanden werden, um ein ungefähres Bild von den Verteilungen zu erhalten. Die folgenden Daten beziehen sich auf alle Aufnahmen des Jahres 2016, in dem 1917 Fälle stationär behandelt wurden (die Fälle der Tagesklinik und der Institutsambulanz sind in den Daten der BADO nicht enthalten). Im stationären psychiatrischen Bereich der *Klinik Doppelgipfel* wurden 2016 etwas weniger Frauen (45 %) als Männer (55 %) behandelt. Das Durchschnittsalter lag bei 45 Jahren. Für die Hauptdiagnosen, die in den Kategorien des Diagnosemanuals der Weltgesundheitsorganisation (dem ICD-10) angegeben sind, ergibt sich die in Diagramm 1 einsehbare Verteilung.

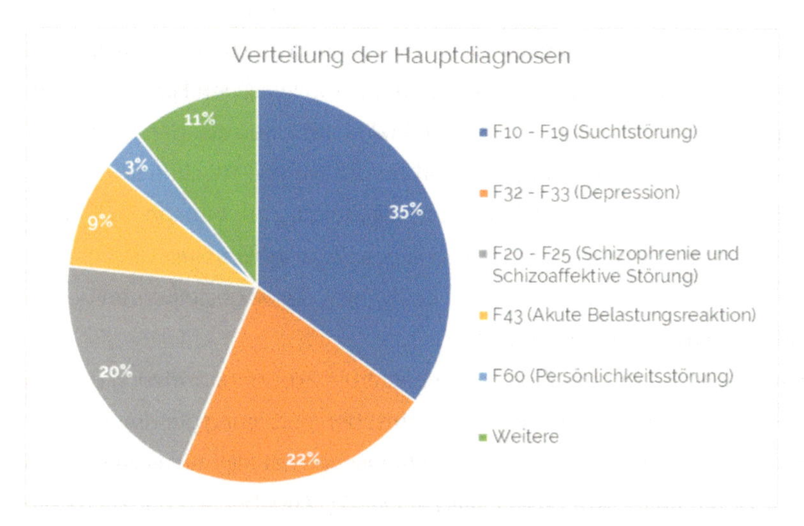

DIAGRAMM 1: VERTEILUNG DER HAUPTDIAGNOSEN IM STATIONÄREN BEREICH[75]

Der größte Teil der Patient*innen im stationären Bereich hat ein Suchtproblem. Es sind allein 22 % aller Patient*innen der *Klinik Doppelgipfel* mit der F10-Diagnose »Psychische und Verhaltensstörungen durch Alkohol« in stationärer Behandlung. Drei Viertel aller Patient*innen tragen entweder eine Diagnose im Bereich der Substanzabhängigkeit, der Depression oder der schizophrenen Diagnosegruppen. Innerhalb des letzteren Bereichs entfallen wiederum 74 % auf die F20-Diagnose »Schizophrenie«, der Rest auf die F23- und F25-Diagnose der »akuten vorübergehenden psychotischen Störung« bzw. der »schizo-

[75] Unter F43 fallen die Diagnosen F43.0 Akute Belastungsreaktion, F43.1 Posttraumatische Belastungsstörung und F43.2 Anpassungsstörung. Von allen F43-Diagnosen wurde die PTBS nur äußerst selten (ca. 6 %) gestellt. Wenn im Folgenden von Belastungsstörung gesprochen wird, bezieht sich das somit hauptsächlich auf die F43.0 und F43.2.

affektiven Störung«. Dabei muss erwähnt werden, dass es sich hierbei jeweils nur um die *Haupt*diagnose handelt. Gut die Hälfte aller Patient*innen trägt aber zwei oder noch mehr Diagnosen (vgl. Roose, Glassman & Seidman 2001; Gouzoulis-Mayfrank 2008). Außerdem werden Patient*innen häufig auch mit einer Diagnose aufgenommen und mit einer anderen entlassen.

Auf den Berufsstatus bezogen, zeigt sich, dass der größte Anteil der Patient*innen zum Zeitpunkt ihrer Behandlung in keinem Arbeitsverhältnis stand. Nur ungefähr ein Viertel aller Betroffenen waren angestellte oder selbstständige Arbeitnehmer*innen. Während die Gruppe der Rentner*innen in einem repräsentativen Verhältnis zu ihrem Anteil in der Bevölkerung (ca. 21 %) vertreten war, sind Arbeitslose um ein Vielfaches überrepräsentiert (die Arbeitslosenquote lag 2016 bei 6 %).

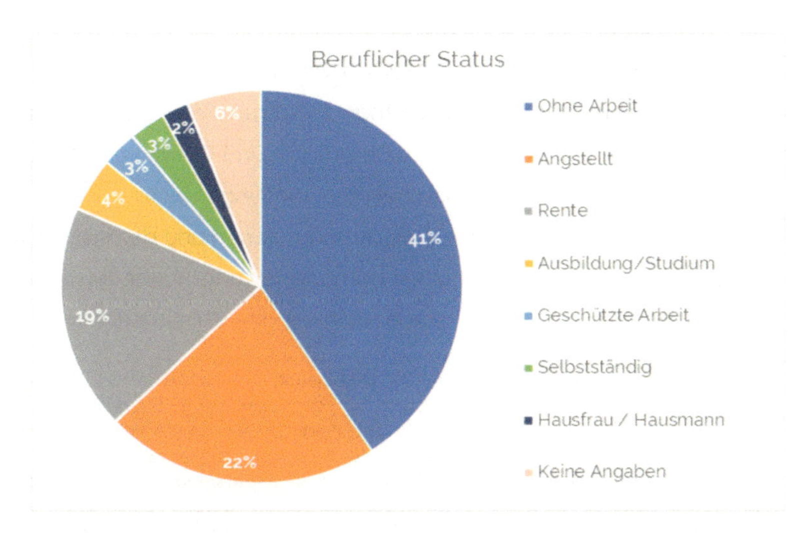

DIAGRAMM 2: DER BERUFSSTATUS DER BETROFFENEN IM STATIONÄREN BEREICH

Auch was den Familienstand anbelangt, weicht die Gruppe der stationär behandelten Personen der *Klinik Doppelgipfel* von der Verteilung in der Bevölkerung ab. Nur 28 % aller Patient*innen waren zum Zeitpunkt ihrer Behandlung in einer festen Partnerschaft oder verheiratet (im Gegensatz zu 59 % in der Allgemeinbevölkerung). Der Rest war entweder ledig (38 %), geschieden (18 %) oder verwitwet (16 %). Im Vergleich dazu sind in der Allgemeinbevölkerung nur 24 % ledig, 8 % geschieden und 6 % verwitwet.[76]

Kommen wir zu den Daten, die im Rahmen der Basisdatendokumentation zur

[76] Die Daten beziehen sich auf Angaben des Statistischen Bundesamtes: DIW Berlin. (2014). Wie ist Ihr Familienstand? In Statista. Zugriff am 19.11.2019: https://de.statista.com/statistik/daten/studie/180040/umfrage/familienstand/.

Suizidalität erhoben wurden. In der BADO wurde Suizidalität auf Basis dreier Zustände differenziert: (1.) Keine Suizidalität, (2.) Vor Aufnahme (inkl. Suizidversuch) oder (3.) Während der Behandlung. Bei dem Großteil (74 %) der Patient*innen spielte Suizidalität weder vor noch während des stationären Aufenthalts eine Rolle. Doch bei immerhin 426 Patient*innen gab es vor der Aufnahme einen Suizidversuch oder zumindest starke Anhaltspunkte für Suizidalität. Das heißt, dass 22 % der stationär in Behandlung befindlichen Patient*innen auch aufgrund ihrer Suizidalität aufgenommen wurden (vergleichbar mit den Daten von Canavescini bei der es 27 % der Patient*innen waren; vgl. Kap. 3.3). Nur bei einem kleinen Bruchteil von 4 % trat Suizidalität hingegen erst während der Behandlung auf. Diese 4 % (N = 77) entsprechen dem Anteil an Patient*innen, die während der Behandlung einen Suizidversuch unternahmen oder als so hoch suizidgefährdet eingeschätzt wurden, dass besondere Sicherheitsmaßnahmen, wie hochfrequente Sichtkontrollen, initiiert wurden.

Aufgrund der Datenstruktur der BADO lassen sich viele mögliche Verhältnisse zwischen den einzelnen Variablen bestimmen. Es soll an dieser Stelle aber nur auf die zwei Zusammenhänge zwischen Suizidalität und Geschlecht und das Verhältnis von Hauptdiagnose und Suizidalität eingegangen werden.

Zwischen der Geschlechtszugehörigkeit der Betroffenen und der Suizidalität scheint es in dieser klinischen Population bemerkenswerter Weise keinen Zusammenhang zu geben.[77] Um die Testgenauigkeit des Chi-Quadrat-Tests zu

---

[77] Auch Freeman et al. (2017) konnten in der internationalen Studie zur Optimierung der Suizidprävention in Europa (OSPI-Europe) in der deutschen Stichprobe keine Geschlechterdifferenz in der suizidalen Absicht finden. Der geschlechtsstereotype Unterschied, dass Männer häufiger ernsthafte Suizidversuche unternehmen und Frauen den Suizidversuch häufiger als parasuizidale oder appellative Geste verwenden, ließ sich zwar in der Gesamtstichprobe wiederfinden, doch die Ergebnisse waren im Detail recht inkonsistent. Eine Geschlechterdifferenz ließ sich nur in Irland und Portugal, nicht jedoch in Deutschland oder Ungarn bestätigen. Für diese Studie wurde in zwei Kliniken in Deutschland durch speziell ausgebildetes Personal die Suizidabsicht von über 1300 Personen auf Basis einer vierstufigen Skala eingeschätzt, die folgende Typen differenzierte: (I.) Vorsätzliche (und nicht habituelle) Selbstschädigung, (II.) Parasuizidale Pause (suizidales Verhalten, um einer unerträglichen Situation zu entkommen), (III.) Parasuizidale Geste (manipulativ oder appellativ eingesetztes suizidales Verhalten) und (IV.) Ernsthafte Suizidabsicht. Das suizidale Verhalten von Männern und Frauen ließ sich auf Basis dieser Einschätzungen nicht differenzieren. Übergreifend wurden die Suizidversuche in den meisten Fällen als ernsthafte Suizidversuche verstanden (in 62 % der Fälle bei Frauen und 67 % der Fälle bei Männern), seltener als eine parasuizidale Geste (22 % zu 20 %), parasuizidale Pause (13 % zu 10 %) oder eine vorsätzliche Selbstschädigung (jeweils in 3 % der Fälle). Auf Basis dieser Daten und der eigenen statistischen Analyse kann also die These vertreten werden, dass es sich bei den Menschen, die in psychiatrischen Kliniken vorstellig werden, um eine besondere Population handelt, in der sich die gängigen Geschlechterdifferenzen in der Suizidversuchshäufigkeit sowie der suizidalen Absicht nicht vorfinden lassen. Im klinischen Setting meinen Frauen es mit ihren Suizidversuchen also genauso ‚ernst' wie Männer und umgekehrt nutzen Männer suizidales Verhalten ebenso wie Frauen als kommunikatives und beziehungsgestaltendes Mittel.

erhöhen, wurden die Variablen »Suizidalität vor Aufnahme (inkl. SV)« und »Suizidalität während der Behandlung« zusammengelegt. Statistisch berechnet wurde somit der Zusammenhang zwischen Suizidalität und Geschlecht und es konnte kein statistisch signifikanter Zusammenhang gefunden werden, Chi^2 (df = 2) = 3,44, p = .178, Cramérs V = 0.05. Verhältnismäßig gab es also ebenso viele Suizidversuche vor der Aufnahme von Frauen (N = 206) wie von Männern (N = 220) und auch während der Behandlung kam es zu gleichvielen Suizidversuchen (sowohl bei Männern als auch bei Frauen N = 30).

Zwischen den Diagnosen und der Suizidalität scheint es hingegen einen deutlichen Zusammenhang zu geben. Im Diagramm 3 ist der Zusammenhang zwischen den fünf häufigsten Diagnosen und der Suizidalität dargestellt, wobei sich ein auffallendes Muster abzeichnet. Obwohl natürlich wieder der Großteil der Patient*innen nicht von Suizidalität betroffen ist, scheinen besonders Depressionen mit einem hohen Suizidversuchsrisiko vor der Aufnahme und im Vergleich zu den anderen Störungsgruppen insbesondere auch während der Behandlung einherzugehen. Nur 64 % der Patient*innen, die eine F32-Diagnose (»Depressive Episode«) oder F33-Diagnose (»Rezidivierende depressive Störung«) hatten, wurden nicht als suizidal eingeschätzt. 30 % der Depressiven waren vor und weitere 6 % während der stationären Behandlung akut suizidal. Von allen Fällen, in denen Suizidalität während der Behandlung auftrat (N = 59), hatten 57 % die Diagnose der Depression. Weiterhin scheint die verhältnismäßig seltene Diagnose der Belastungsstörung (die im Datensatz nur 9 % aller Diagnosen ausmacht) besonders bei Personen gestellt zu werden, die vor der Aufnahme einen Suizidversuch unternommen haben. Von allen, die eine F43-Diagnose erhielten, waren 43 % vor der Aufnahme suizidal. Die »akute Belastungsreaktion« und die »Anpassungsstörung« gelten in der psychiatrischen Praxis als geeignete Default-Diagnosen, die keine genuinen psychischen Erkrankungen darstellen (ihre Ätiologie liegt in äußeren kausalen Ereignissen) und somit auch nur wenige stigmatisierende Zuschreibungen beinhalten. Die akute Belastungsreaktion verweist einfach auf ein schwerwiegendes oder traumatisch erlebtes Ereignis, wie Unfälle, Schicksalsschläge, Gewalterfahrung oder Todesfälle, das als Auslöser für eine gegenwärtige psychische Krise gewertet wird. Die Anpassungsstörung ist hingegen eine Art chronifizierte Belastungsreaktion, die häufig mit einer depressiven Phase einhergeht. Bezogen auf den hohen Zusammenhang, in dem die Suizidalität als eine Belastungsstörung chiffriert wird, zeigt sich auch die psychiatrische Ambivalenz jedwede Suizidalität zu pathologisieren oder sie unter gewissen Umständen nicht doch als normale Reaktion auf außergewöhnliche Umstände zu verstehen.

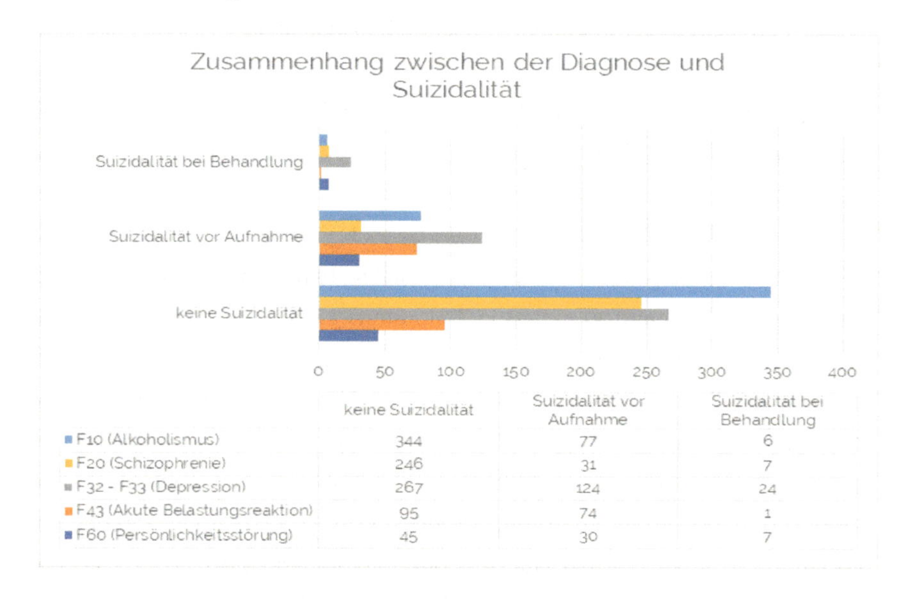

	keine Suizidalität	Suizidalität vor Aufnahme	Suizidalität bei Behandlung
F10 (Alkoholismus)	344	77	6
F20 (Schizophrenie)	246	31	7
F32 - F33 (Depression)	267	124	24
F43 (Akute Belastungsreaktion)	95	74	1
F60 (Persönlichkeitsstörung)	45	30	7

DIAGRAMM 3: ZUSAMMENHANG ZWISCHEN HAUPTDIAGNOSE UND SUIZIDALITÄT

Einen weiteren starken Zusammenhang gibt es auch zwischen der F60-Diagnose der Persönlichkeitsstörung und der Suizidalität. Nicht nur hatten 37 % der Betroffenen vor der Aufnahme einen Suizidversuch unternommen, es trat auch bei 9 % aus dieser Gruppe Suizidalität während der Behandlung auf. Anders als bei allen anderen Störungsgruppen scheint bei Persönlichkeitsstörungen – und das meint im Grunde die Borderline Persönlichkeitsstörung – gerade die stationäre Behandlung einen Risikofaktor darzustellen. Insgesamt erwiesen sich die Personen mit Persönlichkeitsstörungen als diejenige Patient*innengruppe, die zwar zahlenmäßig die kleinste, relativ gesehen jedoch diejenige Gruppe war, die am häufigsten mit Suizidalität in Verbindung gebracht wurde. 45 % der Patient*innen mit der Diagnose der Persönlichkeitsstörung galten so vor oder während der Behandlung als suizidal, dicht gefolgt von 44 % der Personen mit einer Belastungsstörung, und erst dann folgt die (nach absoluten Zahlen größte) Gruppe der Depressiven mit 36 %. Bei der F10-Diagnose der psychischen Störung durch Alkohol und insbesondere bei der F20-Diagnose der Schizophrenie zeigt sich ein weniger stark ausgeprägter Zusammenhang mit der Suizidalität. In 18 % der Fälle, in denen die F10-Diagnose, und in 11 % der Fälle, in denen die F20-Diagnose vergeben wurde, gab es vor der Aufnahme einen Suizidversuch oder eine anderweitig starke suizidale Gefährdung. Gerade die Schizophrenie scheint im Verhältnis zu den anderen Störungsgruppen geradezu ein protektiver Faktor zu sein, da bei 87 % der Betroffenen keine Suizidalität angenommen wurde. Dieser hier beschriebene Zusammenhang zwischen der Hauptdiagnose und der Suizidalität scheint kein stochastisches Zufallsprodukt zu sein. Ein Chi-Quadrat-Test wurde zwischen diesen beiden Variablen durchgeführt. Es zeigte sich ein statistisch hochsignifikanter Zusammenhang zwischen der psychiatrischen Diagnose und der Suizidalität, χ^2 (df = 4) = 64,60, p = .000, Cramérs V = 0.26. Diese Ergebnisse decken sich auch mit den Erkenntnissen der Suizidologie, in denen die Zusammenhänge zwischen den verschiedenen Störungsgruppen und der Suizidalität hinlänglich bekannt sind.

Im Folgenden sollen die räumliche Ordnung sowie die zentralen Konflikte der Akutstation 6.1A behandelt werden. Dieser Schritt auf die Station, auf der die teilnehmende Beobachtung hauptsächlich durchgeführt wurde, soll nicht nur dazu dienen, darin einzuführen, wie die Station räumlich aufgebaut und für die Beteiligten strukturiert ist, sondern auch dazu, zu analysieren, wie zentrale psychiatrische Konflikte in den Raum eingeschrieben sind und durch eine private Gestaltung und Aneignung dieser Räume verhandelt werden.

4.3 Aufbau und Konfliktlinien der Akutstation 6.1A

Die Station 6.1A zählt zu den allgemeinpsychiatrischen, d. h. nicht weiter auf eine bestimmte Störungsgruppe spezialisierte, Akutstationen der *Klinik Doppelgipfel*. Die Station ist meistens durch eine verschlossene Milchglastür von der Außenwelt abgeschnitten. Das Personal ist hier im wahrsten Sinne Gatekeeper, da es hier die Autorität hat und über den Zutritt zu der Station bestimmt. Die Ausgangsreglung (mit den Kategorien: Kein Ausgang; Ausgang im Klinikgelände; Freier Ausgang nach Absprache) ist für alle Patient*innen in ihren Krankenakten sowie an einem großen Whiteboard im Stationszimmer vermerkt. Wenn also eine Patient*in fragt, ob sie rausgelassen werden kann, ist mit einem Blick ersichtlich, ob ihr aufgeschlossen werden darf oder nicht. Jede Patient*in, die die Station verlässt, muss sich noch in einen Hefter eintragen und angeben, wann sie losgegangen ist, wo sie hin und wann sie wieder zurück sein will. Dies wird dann bei der Wiederkehr kontrolliert und gilt als ein Gradmaß, ob der Ausgang funktioniert. Die Stationstür ist nur fakultativ abgeschlossen. Aufgrund vieler schwer kranker und schwer führbarer Patient*innen ist sie zwar die allermeiste Zeit tatsächlich verschlossen, doch auf Druck einzelner Personen des pflegerischen oder ärztlichen Personals gibt es immer wieder auch Phasen, in denen sie offen ist. Doch auch die offene Tür ist nie gänzlich unbewacht. In den Phasen, in denen die Tür nicht abgeschlossen ist, ist immer Personal in der Nähe, um als Türsteher den Zugang zu reglementieren. Aus dem sozialpsychiatrischen Verständnis heraus, aus dem sich einige immer wieder für eine offene Tür einsetzen, ist es aber immer noch vorzuziehen, nicht die materiellen Gegebenheiten, sondern das Personal in Beziehung zu bringen.

Das Leben auf der Station ist für alle Beteiligten zeitlich klar strukturiert und unterliegt einer soziotemporalen Ordnung, die als »clock work environment« charakterisiert werden kann (vgl. Zerubavel 1979). Das Personal kommt und geht nach einem Schichtsystem und der Arbeitsalltag ist durch den festen Tagesablauf, durch Übergaben, Klinikkonferenzen, aber auch durch Therapie-, Aktivitäts- und Essenszeiten strukturiert. Analog dazu ist auch im Alltag der Patient*innen ein Rhythmus angelegt. Jene kriegen schon bei der Aufnahme einen Wochenplan ausgehändigt, der starke Ähnlichkeiten zu einem schulischen Stundenplan aufweist. Doch diese stabile zeitliche Ordnung gleicht eher einem Gerüst, das nach den jeweiligen Bedürfnissen, Anforderungen und spontan einzubauenden Geschehnissen, Ereignissen und Notfällen angepasst wird. Die Einfügung in eine gewisse zeitliche Ordnung, in ‚normale' Schlafenszeiten und einen geregelten Tagesablauf, wird dabei selbst schon eine therapeutische Wirkung zugeschrieben.

Die Station ist architektonisch gesehen symmetrisch angelegt. Neben der Eingangstür befindet sich das Stationszimmer, das besonders von den Pflegekräften und den Assistenzärzt*innen frequentiert wird. Im Eingangsbereich gibt es auf beiden Seiten des Raumes jeweils einen Schreibtischtresen. Hier werden die Anfragen der Patient*innen bearbeitet, hier werden die Medikamente ausgeteilt, Gewicht und Blutdruck gemessen. Der Bereich, der sich hinter dem Tresen anschließt, wird durch eine unsichtbare Grenze vom Rest des Raumes getrennt und ist nur für das Personal bestimmt. Hier stehen viele Aktenordner, Aktenablagen, hier hängen Zettel an der Wand und es gibt zwei ordentlich beschriebene Whiteboards, die zum einen die Stationsbelegung und zum anderen den Wochenplan zeigen. Es gibt mehrere Rechner, an denen meist jemand sitzt und die letzten Visiten, Medikamentenpläne oder Verlaufsberichte dokumentiert. In einem weiter hinten liegenden Bereich, der wie ein zweiter Raum wirkt, steht ein großer Tisch, an dem die Übergaben stattfinden. Hier können bis zu zehn Personen sitzen, was für die meisten, aber nicht für alle Übergaben ausreichend Platz bietet. Die Offenheit des Stationszimmers und die fehlende Möglichkeit, den Besprechungsraum abzuschließen, dienen auch der strategischen Funktion, dass die audiovisuellen Kanäle nicht blockiert werden dürfen.

Gegenüber von dem Stationszimmer befindet sich der Aufenthaltsraum und Gruppenraum für die Patient*innen. Er ist bestückt mit vielen einzelnen Tischen, die wahlweise auch zu größeren Einheiten zusammengestellt werden können. Das ist der Raum, in dem das öffentliche Leben der Patient*innen stattfindet. Nicht nur werden hier die Mahlzeiten eingenommen, sondern auch die meisten Gruppenangebote, von der Morgenrunde über Ergotherapie bis hin zur Gruppenvisite, finden hier statt. Letztlich ist dies auch der Raum für eine gemeinsame Freizeitgestaltung: Hier gibt es den Fernseher und eine Sammlung von Gesellschaftsspielen. Durch eine Tür ist der Gruppenraum auch mit einer kleinen Küche verbunden, welche die Patient*innen selbständig nutzen können. Sie ist rudimentär ausgestattet. Scharfe Messer findet man hier keine.

Links und rechts den Flur entlang gibt es insgesamt elf Patientenzimmer. In diesen befinden sich jeweils zwei Betten und eine Nasszelle, in der sich ein Waschbecken und eine Dusche befinden. Die Toiletten sind auf dem Gang und werden von allen Patient*innen geteilt. Ebenso gibt es noch ein weiteres größeres Badezimmer, in dem sich eine Waschmaschine und eine Badewanne befinden, die nach Rücksprache mit dem Pflegepersonal genutzt werden können. Je nach Gestaltungswillen und Aufenthaltsdauer sind die Zimmer der Patient*innen zum Teil recht persönlich eingerichtet. Die Grundausstattung umfasst neben dem Bett einen Kleiderschrank, einen Rollschrank, einen Tisch und einen Stuhl. Eigene Tischdecken, Blumen, Bilder und Poster gestatten jedoch im Einzelfall eine gewisse private Aneignung.

Es gibt zwei besondere Patient*innenzimmer, die direkt links und rechts an das Stationszimmer anschließen. Auf den ersten Blick sind sie identisch mit allen anderen, doch beide haben ein kleines Sichtfenster, das sie mit dem Stationszimmer verbindet. Diese Fenster, die aus einem besonders gehärteten Glas bestehen und meist mit einer Jalousie verschlossen sind, machen aus diesen Zimmern sogenannte Sichtzimmer, in denen besonders überwachungsbedürftige Patient*innen untergebracht werden. Besonders sehr aggressive und auch akut suizidgefährdete Patient*innen werden in die Sichtzimmer verlegt, um immer ein Auge auf sie haben zu können.

Es gibt einen Raum, der »Bibliothek« genannt wird und in dem sich in zwei Regalen einige Bücher befinden, die von den Patient*innen ausgeliehen werden können, doch dies wird ebenso selten genutzt wie der zentral im Raum stehende Tischfußballtisch. Wenn gerade Raumknappheit herrscht, wird auch die Bibliothek zum Patientenzimmer umfunktioniert. Da es immer mal wieder schwer führbare Patient*innen gibt, die aufgrund ihrer konfrontativen Art, ihrer Umtriebigkeit oder zum Teil auch nur aufgrund ihres Körpergeruchs oder ihrer Schlafapnoe keiner Zimmernachbar*in zuzumuten sind, wird die Bibliothek dann zur letztmöglichen Belegungsoption.

Auf der Station befinden sich noch die zwei Zimmer von Dr. Albers und Dr. Abels, die diese sich, je nach gegenwärtiger Besetzung, teilweise mit einer psychologischen Psychotherapeut*in oder einer Medizinstudent*in im praktischen Jahr teilen. In ihren Räumen gibt es zwei Arbeitsplätze und eine Tischgarnitur in der Mitte des Raumes. Zum Teil finden hier die Visiten statt. Auch Gespräche mit Angehörigen sowie die vereinzelt stattfindenden psychotherapeutischen Einzelgespräche werden hier geführt.[78]

Es gibt einen Raucherraum, der im Grunde nur von Patient*innen frequentiert wird, da das Personal die Station zum Rauchen immer verlässt. Da es der einzige Raum ist, der öffentlich und dabei aber nicht überwacht ist (anders als der Aufenthaltsraum, der schon allein durch seine Lage gegenüber vom Stationszimmer im Sichtfeld des Personals liegt), ist es auch der Raum, an dem die Wände immer wieder beschrieben werden. Die Klinikleitung lässt den Raum zwar in unregelmäßigen Abständen streichen, doch dies vermindert weniger die Ausdruckslust einzelner Patient*innen, als dass es jener eine neue Grundierung verschafft. Neben den obligatorischen Strichlisten, die die verstrichenen Tage zählen, gibt es viele kollektive Symbole, wie Kreuze, Herzen, Gesichter und Zahlenkombinationen wie 666 und 1312, Signatur- und Namenskürzel, was im Graffiti-Jargon als *Taggen* bekannt ist, und schließlich kurze Sprüche und Reime. Die Sprüche und Reime weisen dabei oft eine bemerkenswerte inhaltliche Schwerpunktsetzung auf, welche als eine Aushandlung zentraler psychiatrischer Themen gelesen werden können. Zum einen gibt es eine ganze Reihe an Bezügen zur und Verherrlichung der Drogenkultur (durch Sprüche

[78] Aus zeitökonomischen Gründen wird von Dr. Ohms z. T. nur eine Kurvenvisite durchgeführt. In diesem Zuge werden die Kurven durchgegangen, Vorkommnisse besprochen und die psychopharmakologische Behandlung diskutiert und modifiziert. Die Kurvenvisite kann auch als Beispiel für die Aufspaltung der zu bearbeitenden Körper betrachtet werden: Es gibt sowohl einen leiblichen als auch einen dokumentarischen bzw. repräsentativen Körper der Patient*innen. Die Akte wird mit Eintritt in die Klinik angelegt und von da an wächst dieser Dokumentations- und Datenkorpus an, wird von allen Personalmitgliedern beständig bearbeitet und erweitert und wird mit dem letzten Abheften des Arztbriefes in das Archiv entlassen.

wie: »Sei immer du selbst, außer du hast Drogen, dann sei drauf!«, »Alle kauen, keiner isst«, »Keta noch was?« oder selbst längere Gedichte wie »Leise rieselt das Pep, auf das Silbertablett, Hörst du wie lieblich es klingt, wenn die Rasierklinge blinkt, Bist dann total überrascht, wenn dich die Optik vernascht«).[79] Wie die Analyse der BADO gezeigt hat, ist der Drogenkonsum das häufigste Problem der stationär Behandelten. Gleichzeitig ist die psychiatrische Behandlung immer auch eine Überzeugung zur psychopharmakologischen Behandlung. In gewisser Weise treffen hier zwei Drogenkulturen aufeinander, wobei die eine illegalisiert und lustorientiert und die andere medizinisch kontrolliert und genesungsorientiert ist. Zum anderen stellen die weiteren Schmierereien Bezüge zur stigmatisierten und psychiatrisierten Position der Betroffenen her (durch Sprüche wie: »I am not against the system, the system is against me«, »No one likes us, we don't care!«, aber auch »Leben lieben – Am Leben lassen«, »Die Gedanken sind frei und wild« oder auch nur »FREIHEIT«). Die Themen der Stigmatisierung, des Ausschlusses, des Systemzusammenhangs und schließlich das Thema der Freiheit und Autonomie sind zentrale Topoi des (anti-)psychiatrischen Diskurses. Viele Betroffene fühlen sich ausgeschlossen von einer Gesellschaft, in die sie nicht passen oder die sie nicht aufnimmt, sie fühlen sich ausgeschlossen von den Möglichkeiten, die andere haben. Viele fühlen sich nicht verstanden, zu Unrecht psychiatrisiert und sich in ihrer persönlichen Freiheit beschnitten. Aus psychiatrischer Perspektive wird dabei dieser kurzfristige und temporäre Verantwortungs- und Freiheitsentzug über eine langfristig anvisierte Responsibilisierung und Autonomisierung legitimiert. Vergleichbar mit dem Zusammentreffen der zwei Drogenkulturen, könnte man hier von einem Zusammentreffen von zwei Freiheitsverständnissen sprechen, wobei eine Semantik der Unterdrückung und Befreiung und auf eine Rationalität der Fürsorge und Autonomisierung trifft.

Auch das Personal verhandelt spezifisch psychiatrische Themen in der privaten Gestaltung des Stationszimmers. Die zwei großen Themen, welche durch Postkarten, Poster und Plaketten aufgegriffen und verhandelt werden, fallen entweder in den Bereich der arbeitsbezogenen Motivation, Anerkennung und Selbstversicherung oder in den Bereich der humorvollen Verarbeitung von Aggressionen und Rollenzuschreibungen. Neben vielen kleinen motivierenden

[79] Zur Erklärung der Drogenreferenzen: »Keta« bezieht sich auf die Substanz Ketamin, welche als dissoziative psychoaktive Substanz auch als Rauschdroge Verwendung findet. »Pep« ist die Szenebezeichnung für das Aufputschmittel Amphetamin. Der Spruch »Alle kauen, keiner isst« bezieht sich auf die Nebenwirkung verschiedener Substanzen (besonders MDMA und Ecstasy), die oft zu unwillkürlichen Kaubewegungen führen (vgl. Katzung 1994). Bei der Einnahme von Neuroleptika wird dies als extrapyramidales Syndrom bezeichnet.

Postkartensprüchen, wie »Kleine Fortschritte sind besser als keine Fortschritte« oder »Arbeite hart in der Stille – Lass deinen Erfolg den Lärm sein«, sticht besonders eine große Holztafel hervor, die an Wand hängt und die in bunter und verschnörkelter Kalligraphie das Zitat verlautet:

> Achte auf Deine Gedanken, denn sie werden Worte. Achte auf Deine Worte, denn sie werden Handlungen. Achte auf Deine Handlungen, denn sie werden Gewohnheiten. Achte auf Deine Gewohnheiten, denn sie werden Dein Charakter. Achte auf Deinen Charakter, denn er wird Dein Schicksal. *Aus dem Talmud*[80]

Dienen die Motivationssprüche zur Aufrechterhaltung der eigenen Arbeitsmoral und einer Selbstanerkennung der eigenen Leistung, verweist das lange Zitat auf eine Art Kurzfassung der psychiatrischen Sozialisations- und Behandlungstheorie. Das eigene als unveränderlich wahrgenommene Schicksal hängt letztlich mit den aktuellen Gedanken zusammen, die in mehreren Zwischenschritten schließlich zum Schicksal werden. Dies lässt im Umkehrschluss auch eine Veränderung des Schicksals zu und zwar durch eine persönliche und minutiöse Arbeit am Selbst. Die Veränderungen finden auch hier im Kleinen statt, sie bleiben unbemerkt und müssen sich über einen langen Zeitraum entwickeln.

Doch auch einige humorvolle, selbst- und psychiatrieironische Phrasen zieren das Stationszimmer. Die Sprüche, die oft in Form von Postkarten an den Spinden, Regalen oder Wänden hängen, lauten: »Die ganze Welt ist ein Irrenhaus – aber hier ist die Zentrale«, »Etwas weniger Realität bitte« oder auch »Jemand sagte mir ich hätte Wahnvorstellungen. Da wäre ich fast von meinem Einhorn gefallen«. Während dies alles noch in den Bereich harmloser Ironie fällt, treibt die Beschriftung einer Kaffeetasse – »Lächle! Du kannst sie nicht alle töten« – diesen Witz in den Bereich des Zynismus. Diese Phrase kann als Invertierung der beruflichen Motivationssprüche gelesen werden. Auch sie zielt auf eine Handlungsanweisung (»Lächle«, »Arbeite hart«, etc.), doch offenbart sie die mörderischen Aggressionen, die im beruflichen und vielleicht gerade im psychiatrischen Alltag aufkommen können. Hinter dem stoischen Lächeln, das eine auf Empathie ausgerichtete psychiatrische Dienstleistung erfordert, verbirgt sich Hass und ein Vernichtungspotential, das nicht nur den Patient*innen sondern »allen« gilt.

Die Postkartensprüche, die in ironischer Weise das Thema des Wahnsinns und der Verrücktheiten aufgreifen, die die ganze Welt zum »Irrenhaus« erklären und einen eigenen Realitätsverlust proklamieren, können als Witze verstanden wer-

---

[80] Die Holztafel schreibt das Zitat fälschlicherweise dem Talmud zu. Es stammt hingegen vom Schriftsteller Charles Reade (vgl. Guski 2018). Durch diese religiöse und altertümliche Referenz erhält das Zitat sakrale Tiefe und Bedeutung.

den, welche die Demarkationslinie zwischen Normalität und Wahnsinn, zwischen Rationalität und Irrationalität, zwischen psychischer Stabilität und psychischer Störung behandeln. Die Trennung zwischen diesen Bereichen, die in manchen Fällen so offenkundig und in anderen kaum klar zu ziehen ist, wird im psychiatrischen Alltag immer wieder hergestellt. Es gibt eine ganze Reihe an stetig wiederkehrenden Witzen, welche als *psychiatrische Rollenwitze* bezeichnet werden könnten, welche die Trennung zwischen Normal und Verrückt behandeln. Spielerisch die Identitätsrollen zu wechseln, indem sich das Personal gegenseitig oder selbst zuschreibt, Stimmen zu hören, Psychopharmaka zu brauchen oder gerade keinen Ausgang zu bekommen, ist ein beliebtes Thema von Witzen innerhalb der Psychiatrie.[81] Meines Erachtens erfüllen diese Witze eine wichtige Funktion in der Herstellung und Aufrechterhaltung der psychiatrischen Ordnung. Die Unschärfe und Unsicherheit, die in dem beständigen *doing in-/sanity* besteht, erhält durch den Witz eine Art entlastende Abfuhr und kann damit besser ausgehalten werden (zum Konzept des *Doing* s. Kap. 6.).

In der privaten Gestaltung und Aneignung des Stationszimmers durch das Personal und des Raucherraums durch die Patient*innen werden dominante Themen und Konfliktlinien sichtbar. Auf Seiten der Patient*innen scheint besonders das Thema der Autonomie und Heteronomie sowie das Thema der Drogen und Medikamente zentral zu sein. Auf Seiten des Personals drehen sich die Themen eher um die berufliche Motivation und Anerkennung sowie die Verhandlung der eigenen Neurosen und latenten Aggressionen.

Nach diesem ersten Eintritt in die *Klinik Doppelgipfel für Psychiatrie und Psychotherapie*, welcher einen ersten Überblick über die statistische Verteilung der Patient*innen, den Aufbau der Klinik und der Station 6.1A sowie eine erste Annäherung an die zentralen Konfliktlinien ermöglichte, soll sich nun im Folgenden der psychiatrischen Arbeit im Allgemeinen und der psychiatrischen Arbeit der Suizidprävention im Besonderen genähert werden. Es sind die hier ausgewiesenen Konflikte zwischen Autonomie und Zwang, zwischen persön-

---

[81] Beispiele für solche Witze und Szenen wären: »Am Ende der Übergabe werden Witze über Dr. Abels gemacht, dass man ihm was ‚Stimmungsstabilisierendes' geben sollte, damit er von seiner ‚Manie' runterkommt. Die Oberärzt*in kommentiert das mit: ‚Das nennt sich Drogen'.« ; »Bei der Übergabe wird darüber gespaßt, dass die Sozialarbeiter*in sich über die Geräusche in der Heizung beschwert. Sie höre einfach nicht richtig hin, denn eigentlich will die Heizung ihr was erzählen.«; »Eine Pfleger*in stellt sich den neuen Azubis vor. Die Sozialarbeiter*in spaßt, dass sie nur ein Patient*in sei, die glaubt, dass sie eine Pfleger*in ist. Die Pfleger*in geht auf den Spaß ein und sagt, dass sie nur das Privileg hat, hier im Stationszimmer sitzen zu dürfen.«; »Ich stehe morgens im Stationszimmer, wo eine Pfleger*in einer Patientin gerade ihre Medikamente erklärt (SSRI und Vitamin D) und als die Patientin geht, fragt sie spaßhaft an mich gerichtet: ‚Medikamente? Der Name bitte.' Als ich nur lächle und an ihr vorbeigehe, sagt sie: ‚Ich sehe schon. Sie wollen lieber eine Fixierung'.« (zu psychiatrischen Witzen s. Sayre 2001).

lichen Behandlungswünschen und professionellen Behandlungsvorstellungen (welche oft über die Verschreibung respektive Verweigerung der psychopharmakologischen Medikamente verhandelt werden), zwischen dem Einlassen auf therapeutische Beziehungen und den gleichwohl notwendigen persönlichen Abgrenzungen (auch aufgrund der eigenen neurotischen Verstrickungen und Aggressionspotentiale) sind erste Anhaltspunkte für das Aufeinandertreffen diverser Haltungen, Anliegen, Forderungen, Vorstellungen, Maxime, Wünsche und – wie ich sie im Weiteren in einem Begriff zusammenführen möchte – Überzeugungen. Die psychiatrische Arbeit soll im nächsten Kapitel als eine gekennzeichnet werden, welche an den Überzeugungen der Betroffenen ansetzt und diese zu verändern trachtet. Auf die psychiatrische Suizidprävention bezogen wird ihre Zielsetzung in diesem Sinne als eine Überzeugung zum Leben, als eine Wiederherstellung der Lebensüberzeugungen, ausgewiesen.

5. Psychiatrische Überzeugungsarbeit

> Der Patient muss also nicht nur davon überzeugt werden, daß die Welt, in der er lebt, nicht wirklich existiert; damit sich seine Welterfahrung ändert oder – anders ausgedrückt – damit sein Gesundheitszustand sich bessert, muß er auch davon überzeugt werden, was ‚das Beste' für ihn ist. Er soll die therapeutischen Maßnahmen akzeptieren, die der Arzt für nötig hält. Diese Überzeugungsarbeit nimmt einen breiten Raum in der Tätigkeit des therapeutischen Personals ein.
>
> Christa und Thomas Fengler – *Alltag in der Anstalt* (1980, 348)

Im psychiatrischen Diskurs fällt der Begriff der Überzeugungsarbeit meist nur in Bezug auf Zwangsmaßnahmen. Der *Deutsche Ethikrat* (2018) versteht in seiner ausführlichen Stellungnahme zum Thema »Hilfe durch Zwang« Überzeugungsarbeit als notwendige und ethisch gebotene Vorarbeit vor jeder Zwangsanwendung:

> »Kommt es dennoch zu Situationen, in denen eine Person schweren Schaden zu nehmen droht, etwa weil sie sich einer erforderlichen medizinischen Maßnahme widersetzt, so muss durch *beharrliche Überzeugungsarbeit* versucht werden, die freiwillige Zustimmung oder Mitwirkung des Betroffenen zu erzielen« (Deutsche Ethikrat, Pressemitteilung 05/2018).[82]

Nun kann Überzeugungsarbeit aber wesentlich weiter gefasst werden, als ausschließlich den kurzen, im psychiatrischen Alltag eher selten vorkommenden Moment vor einer Zwangsbehandlung betreffend. Meine These lautet vielmehr, dass Überzeugungsarbeit im Grunde eine der zentralen Tätigkeiten der psychiatrischen Praxis darstellt. Dies gilt sowohl für die psychiatrische Praxis im Allgemeinen als auch für die spezifische psychiatrische Praxis der Suizidprävention.

Überzeugungen verstehe ich dabei nicht nur als eine sprachlich verfasste Ansammlung von Gedanken, Meinungen und persönlichen Glaubenssätzen, sondern als eine in Haltung, Handlungen, Dingen und Lebensweisen eingeschriebene Praxis. Überzeugungen drücken sich nicht nur in Narrationen, sondern in einer gelebten oder auch soziomateriellen Praxis aus.[83] Daher zielt die psychi-

---

[82] Dies war auch Bestandteil der entsprechenden Gesetzestexte, in der ebenfalls die vorab zu leistende Überzeugungsarbeit als obligatorische Maßnahme festgehalten wurde. So hieß es in der überarbeiteten Fassung von §1906 BGB, dass eine ärztliche Maßnahme, die dem »natürlichen Willen« der Patient*in widerspricht, nur durchgeführt werden darf, wenn »zuvor versucht wurde, den Betreuten von der Notwendigkeit der ärztlichen Maßnahme zu überzeugen« (§1906 (3) [2] in der Fassung vom 26. Februar 2013).

[83] Eine dezidiert sozialpsychiatrische Überzeugung drückte sich z. B. in der Psychiatrie in Friedberg (in der ich als Psychotherapeut in Ausbildung gearbeitet habe) auch darin aus, dass die Stationstüren nicht abschließbar waren. Somit war das Konzept einer offenen Psychiatrie schon in die materielle Anlage eingeschrieben.

atrische Tätigkeit der Überzeugungsarbeit nicht nur auf eine Veränderung der persönlichen Narrationen und Begründungsstrukturen, sondern auf eine Veränderung der persönlichen Praxis. Ich möchte mich damit auch von einem Verständnis abgrenzen, das Überzeugungsarbeit als eine ausschließliche Form der Rhetorik oder ein genuin kommunikatives Handeln versteht. Kuhlmann (1992, 76) unterscheidet beispielsweise Überzeugen und die Beeinflussung durch Gewalt, Drohungen oder chemische Mittel folgendermaßen: »Bei der Beeinflussung durch Gewalt wird die *Realität selbst* verändert (...). Bei der Beeinflussung durch Überreden/Überzeugen wird dagegen bei gleichbleibender innerer und äußerer Realität *die Interpretation und/oder das Verhältnis zur Realität* verändert«. Entgegen dieser Unterscheidung vertrete ich die Behauptung, dass Überzeugungsarbeit eine Facette der psychiatrischen Subjektivierung darstellt, welche nicht nur das Verhältnis zur Realität, sondern auch die Realität selbst verändert. Ziel der Überzeugungsarbeit ist immer auch eine Transformation der inneren und äußeren Realität, durch eine Veränderung der persönlichen Praxis. Gleichwohl sind auch chemische Mittel, Drohungen und Gewalt als Überzeugungstechniken zu verstehen, da sie nicht nur die Realität, sondern auch die Interpretation und das Verhältnis zur Realität verändern.

Folgt man nun der Karriere einer Patient*in durch die stationär-psychiatrische Behandlung, lässt sich mit der Perspektive auf Überzeugungsarbeit folgender (an Goffman angelehnter; 1972, 127ff.) idealtypischer Verlauf konstruieren: Schon in der vorklinischen Phase, also vor dem Eintritt in die Psychiatrie, finden (Selbst-)Überzeugungsprozesse statt. Über eine ganze Reihe an möglichen Akteur*innen und Institutionen gestaltet sich die Aufnahme als ein kollektiver Akt, der das soziale Umfeld der Betroffenen (Partner*innen, Freund*innen, Familien oder Arbeitskolleg*innen) und unter Umständen auch soziale Institutionen (gesetzlich bestellte oder in Heimen und Behörden arbeitende Betreuer*innen oder Sozialarbeiter*innen sowie in letzter Instanz immer auch das Ordnungsamt und die Polizei) mobilisiert. Gleichsam finden die Aushandlungsprozesse nicht nur von außen, auf das Individuum einwirkend, sondern meist auch für die Betroffenen selbst statt. Die Frage, ob man Hilfe braucht und ob es dann psychiatrische und gar stationäre Hilfe sein sollte, beschäftigt viele Betroffene, bevor sie sich oder andere für sie entscheiden, dass ein Besuch der Klinik nunmehr unumgänglich scheint. Doch dieser Aufnahmeprozess ist kontingenter als diese erste Skizzierung vermuten lässt. Denn letztlich entscheiden oft »Karriere-Zufälle«, wie die besonders engagierten Angehörigen, leicht zu irritierende

Nachbar*innen oder auch die gegenwärtige Belegung der umliegenden Kliniken, darüber, welche Person in eine klinische Phase kommt und welche nicht (Goffmann 1972, 134ff. beschreibt einige dieser Karrierezufälle ausführlicher).

Die klinische Phase gestaltet sich dann als ein Aushandlungsprozess, in dessen Zuge Betroffene ihre Überzeugungen gegenüber denen des Personals in Stellung bringen. Diese Überzeugungen können prinzipiell jeden Bereich des Lebens betreffen, da es hier nicht nur um die eigenen Vorstellungen bezüglich der klinisch relevanten Symptome (Angst, Verwirrung, Depression etc. pp.), deren Hintergründe und Veränderungsmöglichkeiten geht, sondern prinzipiell jeder Bereich, jede Episode des vergangenen, aktuellen und noch geplanten Lebens aktualisiert und in die psychiatrische Behandlung integriert werden kann. Dabei erfährt diese Aktualisierung zwar in der Regel einen sehr spezifischen Zuschnitt, da faktisch nur ganz spezifische Fragmente in den Aushandlungsprozess kommen – also eine spezifische Perspektive auf die Vergangenheit, die Gegenwart und die Zukunft gelegt wird, was wiederum zur Konsequenz hat, dass viele Betroffene sich nicht gehört, ernst genommen, richtig repräsentiert oder sich und ihre Probleme falsch angegangen fühlen –, doch dies verhindert nicht eine prinzipielle Offenheit des psychiatrischen Prozesses für alle Informationsquellen und entsprechende Interventionsmöglichkeiten.[84] Aus Sicht der Professionellen ist nun die erfolgreiche Karriere geprägt von einer schrittweisen An- und Übernahme psychiatrischer Überzeugungen, die von einer Einfügung in bzw. Treue zur angedachten Therapie – im medizinischen Jargon findet sich dafür der Begriff der *Compliance* oder *Adhärenz*[85] – hin zu einer zunehmend autotherapeutischen Rolle reicht. Der ideale therapeutische Verlauf führt dann zur Übernahme und Einnahme beider Rollen, sowohl jene der Patient*in als auch der Therapeut*in (Hook 2010, 24). Die psychiatrische Überzeugungsarbeit kann somit als erfolgreich abgeschlossen gelten, wenn sie vollständig inkorporiert wurde. Daher konstatiert auch Ehrenberg (2008, 265), dass das »Ideal der therapeutischen Allianz (...) darin [liegt], die medizinische Kompetenz des Arztes

[84] Diese prinzipielle Offenheit für alle Aspekte des Lebens der Betroffenen zeugt von der gleichzeitigen Totalisierung und Individualisierung des psychiatrischen Zugriffs. Es fließen nicht nur potentiell alle verfügbaren Aspekte, Informationen und Pläne in die Urteilsbildung ein, sondern sie tragen wiederum die Potenz in sich, eine Angriffsfläche für eine Intervention zu bilden, also zum Gegenstand der Behandlung selbst zu werden.

[85] Compliance bezeichnet die Therapietreue einer Patient*in, also ihre Bereitschaft, den therapeutischen Empfehlungen Folge zu leisten und aktiv an den entsprechenden Maßnahmen (z. B. der regelmäßigen Einnahme der Medikamente) mitzuwirken. Während Compliance sich einseitig auf das Verhalten der Patient*in konzentriert und die strikte Befolgung der medizinischen Anweisungen als Grundlage für einen Genesungsprozess wertet, so hebt der Begriff der Adhärenz die beidseitige Verantwortung und den gemeinsamen Verhandlungsprozess für den Therapieerfolg hervor (vgl. Schäfer 2017, 13ff.).

auf den Patienten zu übertragen«.

Die nachklinische Phase gestaltet sich nun bei erfolgreichen Karrieren als eine weitergehende Nutzung und Vertiefung der psychiatrisch-psychotherapeutischen (Selbst-)Behandlung, sei es durch poststationäre Angebote des gemeindepsychiatrischen Sektors, durch die Fortführung der psychiatrischen Medikation oder psychiatrisch-psychotherapeutischen Behandlung durch ambulant tätige Psychotherapeut*innen oder Psychiater*innen.

Schon in dieser kurzen Skizzierung einer psychiatrischen Karriere sollte deutlich geworden sein, dass psychiatrische Überzeugungsarbeit nicht nur auf eine Veränderung subjektiver Begründungsweisen, sondern gerade auch auf eine Veränderung der subjektiven Praxis zielt. Da Überzeugungen nicht direkt erzwungen werden können, weder durch physische Gewalt noch durch den zwanglosen Zwang des überzeugenderen Arguments, und immer Gefahr laufen nur teilweise oder temporär zu bestehen, verfügt der psychiatrische Apparat über eine ganze Batterie an subtilen, weichen, indirekten oder auch taktischen, formalen, an Bedingungen geknüpften bis hin zu autoritären, harten und direkten Techniken, um sie zu transportieren, zu verankern und zu stabilisieren. Nach einer ersten Motivierung der These, dass sich psychiatrische Arbeit und psychiatrische Suizidprävention als Überzeugungsarbeit verstehen lassen, soll abschließend dieses Repertoire an psychiatrischen Überzeugungstechniken analytisch differenziert werden.

5.1 Psychiatrische Arbeit ist Überzeugungsarbeit

> Ich bin geheilt! Ich will nicht nur keine Psychoanalyse machen, sondern ich brauche sie auch nicht. Und meine Gesundheit kommt nicht nur daher, daß ich mich inmitten so vieler Geplagter als privilegiert empfinde. Ich fühle mich nicht relativ gesund. Ich bin absolut gesund. Seit langem schon wußte ich, daß meine Gesundheit nichts anderes als meine Überzeugung sein konnte, und daß es folglich eine eines Schlafträumers würdige Dummheit war, sie mit Kuren statt durch Überzeugung behandeln zu wollen.
>
> Italo Svevo – *Zenos Gewissen* (1923 / 2003, 585)

Zur Vorbeugung von Missverständnissen und um zu erklären, worauf sich das Konzept der Überzeugungsarbeit *nicht* bezieht, soll noch ein kleiner literarisch-historischer Umweg eingeschlagen werden. Die einleitenden Worte spricht der wohlhabende, tragikomische und oft etwas bizarr anmutende Antiheld namens Zeno Cosini, die Hauptfigur des 1923 erschienen Romans »Zenos Gewissen«

des italienischen Schriftstellers Italo Svevo. Zeno Cosini ist ein hypochondrischer Neurotiker, der in Tagebuchform seine Biographie erzählt. Er berichtet von all den Konflikten, die er auf beruflicher, sozialer und persönlicher Ebene erlebt und von den vielen Versuchen, sich zu therapieren. Er beginnt unter anderem auch eine stationäre, psychiatrische Behandlung, um sich das Rauchen abzugewöhnen. Selbst das Schreiben des Tagebuchs ist eine therapeutische Maßnahme, zu der ihm sein Analytiker geraten hat. Das Ende dieses Werkes, das mit dem Beginn des 1. Weltkrieges koinzidiert, stellt auch das Ende seiner Konflikte und das Ende seiner Therapien dar, da Zeno Cosini zu der Einsicht kommt, dass er nicht mit psychiatrischen oder psychoanalytischen Kuren, sondern nur durch Überzeugungen geheilt werden kann. Doch Überzeugungsarbeit bezieht sich in meiner Konzeption nicht allein auf die falschen, eingebildeten Krankheitsüberzeugungen der Hypochondrie, sondern auf das allgemeine Krankheits- und Gesundheitsverständnisse sowie die korrespondierende Lebenspraxis psychiatrisch behandelter Menschen.

Vielmehr als auf die Hypochondrie einzugehen, soll der Umweg über Svevos Roman dazu dienen, die historischen Bezüge der Überzeugungskunst im psychiatrisch-therapeutischen Kontext zu explizieren. Svevo spielt in seinem Roman nämlich auf den Ansatz des Psychiaters Paul Dubois an, der in der Einbildung die Ursache psychischer Krankheiten vermutete und sie dementsprechend auch nur durch Überzeugungsarbeit als behandelbar verstand.[86] Paul Dubois wird von Müller (2001) als ein »vergessener Pionier der Psychotherapie« bezeichnet, dessen Ansatz der rationellen Psychotherapie auch als *Persuasionstherapie* bekannt wurde und der neben Sigmund Freud und Pierre Janet zu den größten Psychotherapeuten seiner Zeit zählte. In der Persuasionstherapie sollten die Betroffenen durch eine Art sokratischen Dialog über ihre Krankheit aufgeklärt werden. Im Gegensatz zu den damals gängigen Suggestions- und Hypnosebehandlungen sollten die Patient*innen im wachen Zustand zu ihrer Gesundung überzeugt werden. Obwohl sein Ansatz im 20. Jahrhundert in Vergessenheit geriet, hat sein Konzept des sokratischen Dialogs sowohl in die kognitive Verhaltenstherapie (vgl. Stavemann 2015) als auch in gewisse psychoanalytische Strömungen Einzug gefunden (vgl. Maranhao 1986). Besonders in der Verhaltenstherapie stellt die rationale Aufklärung über die pathologische Natur und die Ursachen der Krankheiten sowie die kognitive Umstrukturierung der Grundannahmen der Patient*innen einen ersten Schritt und festen Bestand-

[86] Die These, dass Svevo hier implizit auf Dubois verweist, wird auch vom italienischen Literaturwissenschaftler Giovanni Palmieri (1994, 45ff.) vertreten.

teil der Behandlung dar. In der Verhaltenstherapie wird versucht, diese Grundannahmen und Überzeugungen »durch eine naiv-zugewandte Fragetechnik zu erfassen, bis dieser [d. h. der Patient; R.I.] selbst auf Widersprüche stößt, die zu einer Verunsicherung innerhalb der bestehenden kogn. Schemata führen und somit eine Veränderung ermöglichen« (Koentges 2016). Weiterhin einflussreich war Dubois Konzept der Edukation, mit der er die erzieherische Vermittlung psychiatrischen Wissens bezeichnete. In der psychiatrischen Behandlung findet diese Praxis der Aufklärungs-, Vermittlungs- und Überzeugungsarbeit unter dem Stichwort Psychoedukation eine breite Anwendung, als deren Vordenker und Wegbereiter Dubois gewertet werden kann (vgl. Müller 2001). Die Psychoedukation, die z. T. auch Patientenschulung genannt wird, umfasst die strukturierte Vermittlung von psychiatrischem Wissen, die darauf zielt das Krankheitsverständnis, die Krankheitseinsicht und damit auch die allgemeine Compliance für die psychiatrische Behandlung sowie das Selbstmanagement der Patient*innen zu erhöhen (vgl. Bäuml et al. 2016; Jensen et al. 2014).

Die Feststellung, dass in der Psychiatrie stets auch mit Überzeugung gearbeitet werden muss, ist vielleicht eine naheliegende und intuitiv nachvollziehbare These. Doch die Behauptung, dass psychiatrische Arbeit im Kontrast zu anderer medizinischer Arbeit primär als Überzeugungsarbeit verstanden werden kann, geht darüber hinaus und bedarf weiterer Begründung. Wie einleitend anhand der typischen Patient*innenkarriere beschrieben wurde, bezieht sich psychiatrische Überzeugungsarbeit in der Regel auf wenige Kernbereiche. Die Patient*in muss davon überzeugt werden, dass eine stationäre und psychiatrische Behandlung notwendig ist. Dafür muss sie auch von der psychiatrischen Konzeptualisierung ihres Erlebens und Verhaltens überzeugt werden, d. h. es muss eine Krankheitseinsicht produziert werden. Einmal stationär aufgenommen, muss die Patient*in die Regeln und Bräuche der spezifischen Station genauso einhalten wie die grundlegenden Regeln der zwischenmenschlichen Interaktion. Die wichtigsten Bereiche der Überzeugung liegen während des psychiatrischen Aufenthalts in den Bereichen der psychopharmakologischen Medikamente, der Teilnahme am Therapieprogramm, des richtigen Maßes an Ausgangszeiten, der sozialen Interaktionen innerhalb und außerhalb der Klinik, des richtigen Entlassungszeitpunkts und schließlich in der poststationären Versorgung. Nun ließe sich Ähnliches auch für alle weiteren medizinischen Bereiche konstatieren. Auch hier muss es eine medizinische Überzeugungsarbeit geben, die sich darauf konzentriert, ein medizinisches Krankheits- und Behandlungsverständnis zu erzeugen, eine adäquate Aufenthalts- und Behandlungsdauer sowie Behandlungsform auszuhandeln und eine Fortführung der Behandlung nach Verlassen der Klinik zu erwirken. Dennoch unterscheiden sich psychiatrische und medizinische Arbeit in mehreren Aspekten wesentlich. Da die Psychiatrie im Gegensatz zur Medizin von der Verwendung der Sprache, der Mitarbeit der Patient*innen und auf die Anwendung von Zwang angewiesen ist, ergibt sich der besondere Stellenwert der Überzeugungsarbeit für den psychiatrischen Kontext:

(1.) Während zwar auch in der Medizin das Medium der Sprache in der Interaktion mit den Patient*innen eine zentrale Funktion übernimmt, so ist die Sprache *das* Werkzeug der Psychiatrie. Die Psychiatrie ist im weitesten Sinne eine sprechende Medizin. Zwar beinhaltet sie immer auch nichtsprachliche, soziomaterielle Praktiken, Infrastrukturen und Artefakte, z. B. in ihrer Konstitution als Klinik oder in Form der Psychopharmaka, doch im Gegensatz zu anderen medizinischen Bereichen, in denen mit Menschen unter Umständen auch ausschließlich als Körpern gearbeitet wird, muss sie ihren Patient*innen stets als sprachlich verfassten Wesen begegnen (vgl. Rüppel & Voigt 2019).[87]

(2.) Im Gegensatz zur medizinischen Arbeit am Körper, der im Fall der notfallmedizinischen oder chirurgischen Versorgung sogar bewusstlos sein kann, ist psychiatrische Arbeit konstitutiv auf die Mitarbeit ihrer Patient*innen angewiesen. Psychiatrie ist nie nur reine Biologie und selbst in den Bereichen, in denen die Biologie so präsent und dominant scheint, bedarf es der Mitarbeit einer Person. So wird die Wirkung einer psychopharmakologischen Medikation nicht nur durch Verhaltensbeobachtungen oder Laborkontrollen geprüft, sondern durch den subjektiven Bericht der Betroffenen. Die Wirksamkeit ist immer auch Produkt eines interaktiven Aushandlungsprozesses (vgl. Balz 2010).

(3.) Die Psychiatrie ist in einem besonderen Maße von einer Konfliktlinie geprägt, die zwischen den Betroffenen und dem Personal verläuft. Diese Konfliktlinie beschreibt das Aufeinandertreffen der Überzeugungen der Betroffenen mit denen des psychiatrischen Personals. In seiner extremen Form findet sich dieser Konflikt im Bereich der Zwangsbehandlung, bei der entgegen dem Willen der Betroffenen persönliche Freiheiten eingeschränkt, Aufenthalte verordnet oder Medikamente verabreicht werden. Der Zwang ist ein konstitutiver Begleiter

[87] Dabei kann an dieser Stelle natürlich nicht unerwähnt bleiben, dass die Psychiatrie seit jeher ihre kommunikative Dependenz zu überwinden trachtet. Akteur*innen einer biologisch-naturwissenschaftlich Psychiatrie versuchen beständig Fakten zu konstruieren, die jenseits der sprachlichen Zeugnisse angesiedelt sind (vgl. Rüppel 2022 für eine Geschichte des permanenten Scheiterns dieses Versuchs in Bezug zur Biomarkerforschung der Depression).

der psychiatrischen Praxis und in seiner Form ein Alleinstellungsmerkmal der Psychiatrie innerhalb der Medizin. Obwohl es zwar auch Zwangsbehandlungen im Bereich der somatischen Medizin gibt, zeugt allein schon die entsprechende Gesetzgebung von dem außergewöhnlichen Zusammenhang zwischen Zwang und Psychiatrie. Zumindest gilt zweifellos, dass die Unterbringungsgesetze und Psychisch-Kranken-Gesetze für die gesetzliche Reglementierung von Zwangsbehandlungen psychisch erkrankter Personen formuliert sind.

Die Psychiatrie ist ein Überzeugungsapparat, der über seine soziomaterielle Konfiguration einen Rahmen schafft, innerhalb dessen durch ausdifferenzierte Techniken an den Überzeugungen der Betroffenen gearbeitet wird. Dadurch können einige Problemfelder der psychiatrischen Behandlung in ein neues Licht gerückt werden. Eine gängige Kritik von Seiten der Betroffenen lautet, dass ihre Interessen/Meinungen/Ansichten nicht zählen, dass sie nicht gehört, wahrgenommen, entmündigt und wie Kinder behandelt werden. Aus dem Blickwinkel der psychiatrischen Arbeit an und mit Überzeugungen finden diese alten Vorwürfe des Paternalismus und der Infantilisierung eine neue Lesart: Sie sind konstitutive Produkte der psychiatrischen Arbeit, welche die Überzeugungen der Patient*innen zu verändern sucht. Diese Arbeit ist notwendigerweise asymmetrisch und wird daher oft auch genauso empfunden.

5.2 Die zehntausend Gründe der Suizidprävention

Das *Frankfurter Netzwerk für Suizidprävention* (FRANS) verkündet in seiner gleichnamigen Kampagne: Es gibt »Zehntausend Gründe – Suizid verhindern«.[88] Die zehntausend Gründe repräsentieren dabei nicht nur die schier unzählbaren Argumente, die für das Leben oder zumindest gegen den Suizid sprechen, sondern auch die zehntausend Menschen, die sich jedes Jahr in Deutschland das Leben nehmen. In einem mehrtägigen Programm, das seit 2016 rund um den *Welttag der Suizidprävention* am 10. September stattfindet, wirbt FRANS wahlweise mit einer Poster- und Plakatkampagne, mit innerstädtischen Infoständen, mit Pressekonferenzen und Gedenkzeremonien, mit öffentlichen Vorträgen, Buchvorstellungen, Filmabenden, Ausstellungen und Kunstaufführungen um eine Öffentlichkeit für ihre Arbeit und für das Thema der Suizidprävention. Die metaphorischen zehntausend Gründe nutzt FRANS, um mit Betroffenen in Kontakt zu kommen, ihnen einen Veränderungshorizont aufzuzeigen und sie von psychiatrischen Hilfsangeboten zu überzeugen.

---

[88] http://frans-hilft.de/zehntausend-gruende/ (Zugriff am 26.02.2021)

Die Suizidalität der Betroffenen ist dabei nicht immer direkter Gegenstand der Überzeugungsarbeit. In der Überzeugung zum Leben geht es in erster Linie darum, eine Einsicht zu produzieren, dass die eigenen Überzeugungen pathologischer Natur sein könnten und die eigene Suizidalität als Symptom einer existenziellen Krise oder psychischen Störung verstanden werden kann. Die Suizidprävention zielt weiterhin darauf, von der Annahme bestimmter Hilfsangebote zu überzeugen und eine Hoffnung auf Veränderung zu generieren. Schließlich soll mit den Betroffenen eine tragfähige Beziehung aufgebaut werden, um direkt an der vorausgesetzten suizidalen Ambivalenz anzusetzen und die lebenswilligen Selbstanteile der Betroffenen zu stärken.

5.2.1 Herstellung von Kontakt, Einsicht und Hoffnung

Um den Einsatz von Überzeugungsarbeit an der Schnittstelle zwischen Primär- und Sekundärprävention zu skizzieren, sollen im Folgenden die Maßnahmen, Techniken und Rhetorik des *Frankfurter Netzwerk für Suizidprävention* (FRANS) analysiert werden, von denen die Kampagne der 10.000 Gründe nur einen Aspekt darstellt. Dabei soll weniger die Arbeit der einzelnen Akteur*innen des Netzwerks als die Arbeit, die Werbematerialien und die Veröffentlichungen des gesamten Zusammenschlusses, wie sie über die Website www.frans-hilft.de einsehbar sind, im Fokus stehen. FRANS dient hier als Beispiel eines Akteurs, der sich auf kommunaler Ebene in der Suizidprävention engagiert. Im Gegensatz zur klinischen oder akutpsychiatrischen Suizidprävention zielt FRANS auch auf eine Primärprävention und kann damit als Beispiel dafür dienen, wie bereits vor der Schwelle der psychiatrischen Klinik Suizidprävention betrieben wird. Die Fragen, die in diesem Kapitel beantwortet werden sollen, lauten: Wer wird von FRANS durch welche Maßnahmen und Techniken adressiert? Wie werden damit sowohl FRANS als auch die Betroffenen konstruiert? Was sind die expliziten oder impliziten Ziele der Maßnahmen oder anders gefragt: Von was soll in der Primärprävention überzeugt werden?

Das *Frankfurter Netzwerk für Suizidprävention* hat das Akronym FRANS gewählt und sich damit bewusst für eine namentliche Personalisierung ihres Verbundes entschieden. FRANS erinnert an den gleichlautenden männlichen Vornamen und gibt dem komplexen Netzwerk, das unter der Leitung des Frankfurter Gesundheitsamtes »ein Zusammenschluss von mehr als 70 Frankfurter und überregionalen Institutionen und Organisationen [ist], in deren beruflichem Alltag suizidales Verhalten und das Thema Suizidprävention eine Rolle spielen«[89], eine private und persönliche Note. Diese Personalisierung wird in vielen Varianten und technischen Formaten strategisch aufgegriffen und gefestigt, von denen im Weiteren drei beschrieben werden sollen.

(1.) Der Marketing-Claim *FRANS HILFT*, der nicht nur die Adresse der Website darstellt, sondern auch auf diversen Flyern, Postkarten und Werbeartikeln (auf Taschentücher-Packungen, Luftballons, bedruckten Beuteln oder Stiften) zu finden ist, unterstreicht diese direkte und persönliche Beziehung, die mit den Betroffenen aufgebaut werden soll. Der Slogan ist ein prägnanter Botschaftsträger, der nicht nur den Namen des Netzwerks in sich trägt, sondern auch sofort die helfende Eigenschaft und Funktion des Netzwerks benennt.

(2.) In einem dramatisch angelegten Werbeclip[90], in dem die innere Stimme eines männlichen Protagonisten zu hören ist, der in düsterer Atmosphäre abwechselnd regungslos und mit betrübter Miene durch ein Fenster blickt oder mit einem großen Messer hantiert und Gemüse schneidet, kommt es nach dem inneren Monolog, in dem der Protagonist seine depressive Krise umreißt, zu einem Telefonanruf einer Person namens FRANS (der Name ist kurz auf dem Smartphone-Display sichtbar). Hier wechselt die Stimmung, sein Gesicht wird wärmer und heller beleuchtet, FRANS erkundigt sich nach dem Befinden und der plötzlich freundlich lächelnde Protagonist erzählt, wie es ihm jeden Tag immer besser geht, und bedankt sich, mit dem ersten direkten Blick in die Kamera und damit das Publikum ansprechend, für die Möglichkeit, jederzeit mit FRANS reden zu können. Die Botschaft ist: FRANS ist immer für mich da, hört mir zu, hilft mir in Person und ganz persönlich, auch schwere Krisen zu überstehen.

(3.) Die Hauptrubriken der Website unterteilen sich in die drei Bereiche »Für Betroffene«, »Für Angehörige und Freunde« und »Für Trauernde«.[91] In dem Bereich, der für Betroffene ausgewiesen ist, findet sich ein sehr persönlich gehaltener Brief, der in handschriftlichem Schrift-, Papier- und Formimitat direkt an die Leser*in adressiert ist. Wenngleich FRANS nicht der namentliche Unterzeichner des Briefes ist, sondern dies eine Leerstelle bleibt, findet sich eine starke und direkte Personalisierung auch in diesem Brief, gerade weil dem imaginierten Schreiber des Briefes eine Geschichte und entsprechende Affektivität

89 http://frans-hilft.de/das-netzwerk/ (Zugriff am 24.02.2021).
90 http://frans-hilft.de/clip/ (Zugriff am 24.02.2021).
91 Auf der in einem hoffnungsvollen Blauton gehaltenen Seite ist dabei stets eine rote, interaktive SOS-Fläche eingeblendet, die, wenn sie angeklickt wird, direkt zu den Telefonnummern der Telefonseelsorge, der Hotline der psychiatrischen Kliniken, des psychosozialen Krisendiensts und des Rettungsdiensts verweist.

angedichtet wird.[92] Da er aufschlussreich für die eingangs formulierten Fragen ist, soll er hier in vollem Umfang wiedergegeben und analysiert werden:

> Hallo,
>
> Du bist am Ende und siehst keinen Ausweg mehr. Du trägst Dich mit dem Gedanken Deinem Leben ein Ende zu setzen. Das kann ich gut verstehen! Wenn man so leidet wie Du es gerade tust, ist es völlig normal so zu empfinden. Wenn nichts mehr geht und ein einziger Gedanke Dich bestimmt
>
> Ich werde das nicht bewerten und Dir sagen, dass dieser Gedanke falsch oder verboten ist. Er ist ein Teil von Dir und scheint Dir im Moment eine Lösung aufzuzeigen. Ich bitte Dich jedoch, für einige Minuten innezuhalten und mir zu folgen. Zweimal in meinem Leben ging es mir ähnlich wie Dir jetzt. Ich weiß, was es bedeutet, nicht mehr leben zu wollen. Das alles ist sehr schwer auszuhalten! Ich war wie Du verzweifelt, verstehe also gut, was gerade in Dir vorgeht. Viele Gründe können dazu führen, dass wir Menschen in seelische Krisen geraten. Und Suizidgedanken sind eine Reaktion auf bedrohliche Krisen. Du bist weder verrückt, noch bist Du schwach oder egoistisch, weil Du daran denkst, Dir das Leben zu nehmen. Die Gedanken an den Tod als Ausweg kommen über uns, wenn wir das Gefühl haben, mit unseren Kräften am Ende zu sein und glauben, das Leid nicht mehr ertragen zu können.
>
> Ich frage mich, was Dir bisher geholfen hat, das alles auszuhalten? Was hat Dir die Kraft gegeben, diese Seite aufzurufen? Offenbar gibt es auch einen Teil in Dir, der noch nicht so ganz überzeugt ist, dass Suizid die einzige, die letzte und die nicht mehr rückgängig zu machende Lösung Deiner Probleme ist. Einen Teil, der Dir geholfen hat, zu (über-)leben. Das freut mich! Ich finde es schön, dass Du noch bei mir bist und Anteil an meinen Gedanken nimmst. Oft wissen Menschen, denen es so geht wie Dir, nicht, ob sie leben oder sterben wollen. Sie sind gefühlsmäßig hin- und hergerissen zwischen widerstrebenden Gefühlen, zwischen leben und sterben wollen. Das ist schwer auszuhalten, aber eine völlig normale Reaktion. Vielleicht möchtest Du ja gar nicht so sehr Deinem Leben ein Ende setzen. Ist es nicht eher Dein Wunsch, eine Lösung für Deine Probleme zu finden? Anders gesagt: Wäre es möglich weiterzuleben, wenn Du einen anderen Ausweg aus Deiner Situation finden würdest? Die Hoffnung auf ein Weiterleben ohne den Schmerz, die Sorgen, den Stress, die Angst oder was auch immer dich quält?
>
> Heute sehe ich, dass ich mir das Leben nehmen wollte, um meinen Problemen ein Ende zu setzen. Ich bin froh, dass ich mir damals die Zeit genommen und mir dadurch die Chance gegeben habe, Alternativen zu finden. Ich habe mir gedacht: Umbringen kannst Du Dich immer noch, da kommt es auf die Stunde/den Tag/die Woche nicht an...
>
> Vielleicht kannst auch Du Dir noch ein wenig Bedenkzeit nehmen, um nach einem anderen Weg aus der Krise zu suchen. Mir hat es damals geholfen, mich anderen mitzuteilen – obwohl mir das nicht leicht gefallen [sic] ist. Mit wem kannst Du sprechen: Mit einem guten Freund, einer guten Freundin, jemandem aus Deiner Familie oder mit einem »Fachmann«/einer »Fachfrau«? Ich bin der Überzeugung, dass Du

[92] Der Text und die graphische Aufmachung können unter http://frans-hilft.de/fuer-betroffene/ gefunden werden (Zugriff am: 24.02.2021).

dadurch Zugang zu Kraftreserven bekommen wirst, die Dir im Moment noch nicht zur Verfügung stehen. Denn wenn man seine Gedanken mit anderen Menschen teilt, verlieren sie an Bedrohlichkeit und werden klarer. Häufig lässt durch ein offenes Gespräch der innere Druck nach und manchmal eröffnet die Sicht des anderen eine ganz neue Perspektive

Vielen Dank, dass Du mir bis hierhin gefolgt bist. Ich wünsche mir, dass Du Dir nun noch die Zeit nimmst, Dich in Ruhe mit den Hilfsangeboten auseinanderzusetzen, die Du auf dieser Seite findest.

Die letzte aller Türen
Doch nie hat man
An alle schon geklopft

Es wird in dem Text vermutlich bewusst die Angabe vermieden, wer genau mit einem spricht. Dies kann allein dadurch motiviert sein, dass es eine Projektion auf und eine Identifizierung mit der Autor*in vereinfachen soll. Vielleicht dient es auch der wechselseitig anonymen Begegnung, für die das Internet so prädestiniert ist und mittlerweile auch strategisch im Kontext der gesundheitlichen Beratung genutzt wird (vgl. Leiberich et al. 2004). Ich behaupte, dass auch hier implizit mit der Personalisierung des Netzwerks gearbeitet wird und es, wie im Werbeclip, wieder FRANS ist, der mit einem spricht. Doch unabhängig davon, wer genau diese anonyme Autor*in ist, wird im Text klar, dass es sich um eine Erfahrungsexpert*in oder zumindest um eine ehemals betroffene Person handelt, die in einer persönlichen Krise ebenfalls suizidale Tendenzen entwickelt hat.[93] Durch diese Erfahrungsverwandtschaft sucht sie schnell und direkt eine kommunikative Nähe mit der Adressat*in herzustellen. Diese Intimität wird sowohl durch die Verwendung der Anrede in der 2. Person Singular als auch durch das eigene suizidale Geständnis hergestellt. Mit der Schaffung eines gemeinsamen Erfahrungsraums, den die Autor*in schon mehrfach durchlebt hat, signalisiert sie bereits am Anfang ein bedingungsloses Verständnis für die angesprochenen Betroffenen, markiert aber auch einen Wissens- und Erfahrungsvorsprung. Die vorausgesetzten suizidalen Gefühle und Gedanken der betroffenen Person werden nicht normativ und moralisch bewertet, sondern normalisiert. Suizidalität wird als eine normale Reaktion auf außergewöhn-

---

[93] Erfahrungsexpert*innen werden auch als Ex-In (von *Experience Involvement*), Genesungsbegleiter*innen oder Peer-Berater*innen bezeichnet und geben seit ein paar Jahren »wichtige Impulse für eine dialog- und genesungsorientierte psychiatrische Kultur« (Utschakowski 2012, 203). Psychiatrie- und krisenerfahrene Menschen können sich mithilfe kürzerer Ausbildungsprogramme zu Erfahrungsexpert*innen ausbilden lassen und werden dann z. B. in psychiatrischen Kliniken als eine Art Scharnier in der Kommunikation zwischen Patient*innen und Personal beschäftigt. Zu Erfahrungsexpert*innen können Patient*innen schneller Vertrauen fassen und mit ihnen in einer gemeinsamen Sprache und auf Augenhöhe über Erfahrungen statt über Symptome reden (vgl. ebd.).

liche Umstände gekennzeichnet. Die Suizidalität wird im ersten Teil des Briefes enttabuisiert, entstigmatisiert und auch entpathologisiert. Sie ist, so die Darstellung, kein Zeichen für Egoismus, Schwäche oder Verrücktheit, sondern sie stellt einen rationalen Lösungsversuch einer ausweglosen Situation dar. Die Normalisierung und Entpsychiatrisierung der Suizidalität – also die Betonung, dass Suizidalität kein Symptom einer psychischen Störung, sondern eine objektiv nachvollziehbare Reaktion auf bedrohliche Umstände und individuelle Krisen ist – erfolgt hierbei mit einem strategischen Ziel. Der individuelle und exzeptionelle Zustand der Betroffenen wird so in einen kollektiven Erfahrungsraum eingebettet und es wird der Angst entgegengearbeitet, dass die eigene Wahrnehmungs- und Erfahrungswelt einer psychiatrischen Kodierung unterworfen werden könnte.

Nach dieser empathischen Kontaktaufnahme und allgemeinen Charakterisierung des Suizids als Ausweg wird der Text wieder persönlich und nimmt einen Perspektivwechsel vor. Statt nach den Gründen der existenziellen Krise zu fragen, werden die Ressourcen und die Kraft der bisherigen Resilienz angesprochen. Diese Betrachtung soll nicht nur auf individuelle Stärken aufmerksam machen, die der depressiven Wahrnehmungsverzerrung anheimgefallen sein könnten, sondern auch dem Argument dienen, dass es doch offenbar trotz suizidaler Gedanken auch noch vorhandene Lebensüberzeugungen gibt. Der Suizidalität, die vorher »als Teil« der Person gefasst wurde, wird damit ein anderer Selbstanteil gegenübergestellt – ein Teil, der am Leben hängt, ein Teil, der zu überleben hilft. Die Explikation des suizidalen Konflikts wird strategisch genutzt, um an dieser Ambivalenz anzusetzen und die lebensbejahenden Anteile anzusprechen und zu stärken. Hinter dem suizidalen Wunsch erscheint so die eigentliche, der zugrunde liegende Wunsch, »eine Lösung für Deine Probleme zu finden«. Die Betroffenen werden dabei immer wieder dialogisch angesprochen (»Ich finde es schön, dass Du noch bei mir bist«) und es wird für eine Suspendierung der Suizidentscheidung argumentiert. Dem drängenden Handlungsdruck der Betroffenen wird eine Relativität und Entschleunigung entgegengesetzt. Sie sollen sich Zeit nehmen, denn der Tod läuft ihnen nicht davon.

In einem letzten Schritt motiviert der Brief zu einer Kontaktaufnahme und einer kommunikativen Öffnung gegenüber anderen. Diese anderen können dabei Vertraute aus dem nahen sozialen Umfeld der Betroffenen oder auch das psychiatrische Fachpersonal sein, auf das FRANS über diverse Wege der Website verweist. Die anonyme Autor*in nutzt am Ende die hergestellte Beziehung mit der betroffenen Leser*in, um sich für die Anteilnahme zu bedanken und den

Wunsch zu äußern, dass sie sich Zeit nimmt, sich mit den psychiatrischen Hilfsangeboten auseinanderzusetzen und sie in Anspruch zu nehmen. Die narrativ hergestellte Beziehung dient also der emotionalen Überzeugungsarbeit (»Ich wünsche mir, dass…«; vgl. Kap. 5.3.1) im Hinblick auf eine Kontaktaufnahme und das Einsehen der Hilfsbedürftigkeit. Der lyrische Ausklang des Briefes verweist auf die Unmöglichkeit der Ausschöpfung aller Hilfs- und Veränderungsmöglichkeiten. Mit der Formulierung, dass der Tod die letzte aller Türen darstelle, man aber *nie* an alle schon geklopft habe, verliert der Suizid seine Legitimation. Da es immer noch andere Möglichkeiten gibt, ist der Suizid letztlich nie absolut gerechtfertigt. Dies stellt einen wichtigen Bruch mit dem Rest des Briefes dar, in dem die Nachvollziehbarkeit und Rationalität des Suizids beständig betont wurden. Durch die Anordnung des Briefes auf der Website von FRANS HILFT, unter dem beispielsweise direkt in großer Schrift die Frage prangert »Wo finde ich Hilfe?«, gefolgt von einer Auflistung der psychiatrischen Kliniken, psychosozialen Kontakt- und Beratungsstellen, des Sozialpsychiatrischen Dienstes des Gesundheitsamts, der Selbsthilfe-Kontaktstellen und niedergelassener Therapeut*innen, wird gleichzeitig aufgezeigt, an welche Tür die betroffene Person möglicherweise noch nicht geklopft hat. Es sind die Türen des psychiatrischen Apparats, die hier in viele Richtungen geöffnet sind und auf die verwiesen wird.

Der Brief kann in drei Abschnitte eingeteilt werden: Es wird zuerst ein kollektiver Erfahrungsraum geöffnet und die Suizidalität der Betroffenen normalisiert und entpsychiatrisiert. Daraufhin wird an die Ressourcen, die Resilienz und die suizidale Ambivalenz der Betroffenen appelliert und abschließend zu einer Kontaktaufnahme und einer Öffnung gegenüber vertrauten oder ausgebildeten Personen aufgerufen. FRANS oder die anonyme Autor*in versucht mit Eingeständnissen von eigenen Leiderfahrungen eine emotionale Berührung zu erzielen und einen sanften und nicht-moralischen Appell zu äußern, der zur Kontaktaufnahme, zur Hoffnung auf Veränderung und zur Öffnung und Kommunikation mit den Akteur*innen des psychiatrischen Versorgungssystems motivieren soll. Dafür changiert das Narrativ immer wieder zwischen einer Wissensebene, die Dinge erklärt, und einer Gefühlsebene, die eine Erfahrungsgemeinschaft eröffnet und eine Verbindung herstellt. Der Brief steht damit als Mittler zwischen der Alltagsvorstellung von Suizidalität als normaler, menschlicher Reaktion auf außergewöhnliche Krisensituationen und Leidensprozesse und den psychiatrischen Hilfsangeboten sowie dem psychiatrischen Konzept der Suizidalität, das diese als Symptom einer zugrunde liegenden psychischen Störung ausweist.

Es soll an dieser Stelle noch auf ein weiteres Projekt eingegangen werden, an dem sich die Zielgruppe der öffentlichen Suizidprävention gut herausstellen lässt. Es handelt sich um eine Plakatkampagne, die im Rahmen eines Gemeinschaftsprojekts zwischen FRANS und dem vom Bundesministerium für Gesundheit geförderten Forschungsprojekt *Frankfurter Projekt zur Prävention von Suiziden mittels Evidenz-basierter Maßnahmen* (FraPPE) entstanden ist. FraPPE hatte sich die ehrgeizige (und schließlich auch nicht erreichte) Aufgabe gesetzt, die Zahl der Suizide in Frankfurt während der dreijährigen Projektlaufzeit um dreißig Prozent zu reduzieren. Als Bestandteil ihrer Awareness- und Antistigma-Maßnahmen haben sie fünf verschiedene Plakate entworfen, auf denen jeweils ein großes, das Publikum direkt anblickendes Gesicht und eine kurze Phrase abgebildet sind.[94] Exemplarisch dafür steht die Abbildung 2, auf der ein starker, muskulöser Mann, in einem schwarzen T-Shirt mit einer technischen Abbildung und einem kritisch-prüfenden und taxierenden Blick, zusammen mit der Phrase »Es ist ein Zeichen von Stärke, sich Hilfe zu holen« zu sehen ist.

Abbildung 2: Poster-Kampagne von FRANS und FRAPPE

Dieses Plakat ist an eine männliche Zielgruppe adressiert, die sozialisationsbedingte Schwierigkeiten damit hat, Schwächen zu zeigen und »über Gefühle und Gedanken zu sprechen«. Die begleitende Phrase versucht, das Verhältnis von

[94] Alle Plakate sind einsehbar unter: http://frans-hilft.de/downloads/ (Zugriff am 02.03.2021).

Schwäche und Stärke aufzugreifen und konstruktiv zu drehen: Es kann auch als Stärke betrachtet werden, Hilfsbedürftigkeit einzugestehen und sich Hilfe zu suchen.[95] Jedes der fünf von FRANS und FraPPE herausgegebenen Plakate spricht eine bestimmte Zielgruppe an. Neben männlichen sind das auch weibliche, jugendliche, ältere und schwangere Personen: So steht eine attraktive, erfolgreich aussehende, *weiße*[96] Frau mit prägnanter Brille in Hemd und Blazer hinter der Phrase »Höhen und Tiefen gibt es nicht nur an der Börse«; eine junge PoC-Frau mit Braids wird mit der Aussage »Lebensmüdigkeit ist keine Frage des Alters« abgebildet; vor einem alten, *weißen* Mann mit weißem Haaren, gekleidet in einem pinken Hemd mit lustiger blauer Fliege prangert der Aufdruck »Lebenslust muss nicht mit dem Alter enden«; eine weitere *weiße* Frau, die ein Baby auf dem Arm trägt, das auch in die Kamera blickt, und die beide im Bildausschnitt keine Kleidung tragen (sichtbar ist von der Mutter das Gesicht, die rechte Schulter, der Oberarm und ein kleiner Bereich des seitlichen Torsos) werden von dem Ausspruch »Hilfe in Anspruch nehmen bedeutet nicht, eine schlechte Mutter zu sein« begleitet. Bis auf das erste, in Abbildung 1 zu sehende Gesicht haben alle Personen einen auffallend neutralen Gesichtsausdruck. Sie lächeln nicht, sie schauen auch nicht betrübt oder traurig oder zeigen eine andere expressive Emotion, sondern sie haben eine ernst wirkende und dadurch auch interpretationsoffene Mimik. Sie werden durch das Arrangement gleichzeitig als Betroffene eingeführt, sind aber auch durch ihre betonte Ausdruckskontrolle und ihren direkten Blick eine Art tiefsinniger, verstehender und anklagender Anderer. Die Plakatkampagne soll ansprechen, soll persönlich betroffen machen und mit nur fünf Bildern eine möglichst breite Identifikation ermöglichen. Dafür bilden die fünf Personen bei einer Gleichzeitigkeit von mehreren (wie geschlechtlichen, ethnischen und klassenspezifischen) Identitätskategorien einen minimalen Querschnitt der Gesellschaft.

Der begleitende Erklärungstext bedient sich, buchstäblich im Kleingedruckten, der Überzeugungskraft der Statistik und betont die eklatanten Verhältnisse: 10.000 Menschen nehmen sich jedes Jahr das Leben in Deutschland – 70 %

[95] Implizit werden damit noch weitere männliche Stereotype angesprochen: Die männliche Autonomie und Selbstständigkeit, die keine Hilfe braucht, sowie die männliche Stabilität und Vernünftigkeit, zu der eine depressive Empfindsamkeit nicht passt. Auch diese impliziten Stereotype erfahren durch die Phrase eine konstruktive Umdeutung: Es ist auch männlich, Hilfe anzunehmen und sich somit als abhängig von anderen zu erweisen oder es ist auch männlich, depressiv zu sein.

[96] Um die vermeintlich biologische Kategorie der ethnischen Zugehörigkeit als eine gesellschaftspolitische zu markieren, wird das Adjektiv weiß kursiv geschrieben und die Selbstbezeichnung der Person of Color (in der Abkürzung PoC) verwendet.

davon sind Männer; jede vierte Frau und jeder achte Mann ist von Depressionen betroffen - 70 - 80 % davon leiden unter Suizidgedanken; Suizid ist eine der häufigsten Todesursachen von jungen Menschen; alle zwei Stunden suizidiert sich ein Mensch über 60 Jahren in Deutschland; jede fünfte Mutter ist von Wochenbettdepressionen betroffen. Im Gegensatz zum Brief an die Betroffenen wird Suizidalität dabei nur in einem Fall im rationalen Register verhandelt (»Vor allem in der Zeit der Pubertät und des frühen Erwachsenenalters gibt es Krisen, in denen eine Selbsttötung für die Betroffenen die einzige Lösung zu sein scheint. Mit Hilfe professioneller Unterstützungsangebote kann es jedoch gelingen, andere Wege aus der Krise zu finden«). In den anderen vier Fällen wird Suizidalität klar in ein pathologisches Register eingeordnet (Depressionen führen zu Suizidgedanken; viele Depressionen sind unentdeckt und unbehandelt; die Wochenbettdepression ist eine Krankheit, die behandelt werden kann).

Abschließend erfolgt ein Kontaktappell an das Publikum, als direkt oder indirekt Betroffene: »Wenn Sie selbst unter Suizidgedanken leiden oder sich Sorgen um einen Angehörigen machen, sprechen sie mit Ihrer Ärztin/Ihrem Arzt. Unter der Hotline-Nummer erreichen Sie rund um die Uhr eine der psychiatrischen Kliniken in Frankfurt«. Neben der großen Hotline-Nummer findet sich auch noch ein großer Verweis auf www.frans-hilft.de. Nicht nur die von Suizidalität betroffenen Menschen, sondern auch das Umfeld soll aktiviert werden, um sich um ihre Angehörigen zu kümmern, wenn diese es nicht selber tun oder nicht selber tun können.

Diese primäre Suizidprävention zielt auf eine noch nicht psychiatrisierte Suizidalität. Es wird eine Adressat*in angesprochen, die aus der Mitte der Gesellschaft stammt, die keine schwere oder gar chronische psychische Störung und im Allgemeinen auch noch keine Berührungspunkte mit dem psychiatrischen Versorgungssystem hat. Es werden Menschen adressiert, die aufgrund von Schmerzen, Sorgen, Stress und Ängsten in eine persönliche Krise geraten sind, keinen Ausweg mehr finden und erschöpft sind. Jugendliche und junge Erwachsene, die sich in den Krisen der Adoleszenz, in den problematischen Phasen des Übergangs befinden, werden genauso angesprochen wie ältere Menschen, die ihre Lust am Leben verlieren. Es werden Männer, denen es schwerfällt, über ihre Gefühle und Gedanken zu sprechen, ebenso wie Frauen adressiert, denen allgemein, aber auch und besonders in der Phase der frühen Mutterschaft eine besondere Empfindsamkeit, also eine geschlechtlich kodierte Nähe zur Depression, zugeschrieben wird. Die Primärprävention zielt auf alle potenziell von Suizidalität betroffenen Menschen und das schließt nicht nur die direkt Betroffenen, sondern auch ihr gesamtes soziales Umfeld mit ein. Sie versucht, einen Kontakt zu diesen Menschen herzustellen, sie in ihrem individuellen Leiden und ihrer Suizidalität anzusprechen, ihr suizidales Leiden zu normalisieren, zu enttabuisieren und zu entstigmatisieren. Die Kontaktaufnahme beinhaltet dabei eine Aktivierung der Betroffenen. Es wird eine Hand ausgestreckt, die die Betroffenen ergreifen sollen, es wird auf Türen hingewiesen, welche die Betroffenen nun nur noch zu öffnen hätten. Die Primärprävention zielt auf die positive Seite der suizidalen Ambivalenz, auf die verbliebenen Lebensüberzeugungen der Betroffenen, und versucht, eine auf das Leben gerichtete Hoffnung, ein Potenzial der Veränderung zu generieren. Sie versucht, zu einer Einsicht auf Hilfsbedürftigkeit zu überzeugen und bietet gleichzeitig eine spezifische, d. h. psychiatrische Form der Hilfe an. Kann im Erstkontakt, wie in dem Brief für die Betroffenen, noch mit einer entpathologisierten und nicht-psychiatrischen Form der Suizidalität argumentiert und in einem gemeinsamen Erfahrungsraum auf Augenhöhe der Angst vor Stigmatisierung und Psychiatrisierung entgegengearbeitet werden, so geht der in suizidalen Krisen schlussendlich erfolgte Kontakt mit dem psychiatrischen Apparat stets mit einer Psychiatrisierung der Suizidalität einher. Im Zuge eines solchen Registerwechsels steht auch schon die Plakatkampagne von FRANS und FraPPE, in der Suizidalität weniger als ir-/rationale Lösungsstrategie denn als depressives und behandelbares Symptom gerahmt wird. Die primäre Suizidprävention zielt in ihrer öffentlichen Überzeugungsarbeit auf die Herstellung eines Kontakts zu den Betroffenen und dem sozialen Umfeld, auf die Herstellung der Einsicht der Hilfsbedürftigkeit und eine erste Produktion von Krankheitseinsicht und Compliance sowie die Herstellung einer Hoffnung auf Veränderung, einer Hoffnung auf Hilfe, und alternativer, nicht-suizidaler Lösungsmöglichkeiten.

In den nächsten Kapiteln soll von der Primär- zur Sekundär- und Tertiärprävention geschritten werden und die Überzeugungsarbeit in der klinischen Praxis im Fokus stehen.

5.2.2 Herstellung von Beziehung und Lebenswillen

Die psychiatrische Suizidprävention ist eine Arbeit, die an den (Lebens-)Überzeugungen der Betroffenen ansetzt, und das Ziel einer erfolgreichen Suizidprävention ist die Überzeugung zum Leben. Während die extramurale Suizidprävention, die auf die allgemeine Bevölkerung ausgerichtet ist, sich noch vorsichtig um die Herstellung eines Kontakts bemüht und behutsam an den Ambivalenzen der Betroffenen oder den Sorgen des sozialen Umfelds ansetzt, um sie zu motivieren, mit dem psychiatrischen Apparat in Berührung zu kommen, so ist der Verhandlungsrahmen innerhalb der psychiatrischen Klinik ein gänzlich anderer. Entweder wenden sich Betroffene in ihrer Verzweiflung an die Psychiatrie als letztes Fallnetz, das sich ihrer annimmt, wenn alle anderen sozialen Netze nicht mehr halten, oder sie werden über ein heterogenes Netzwerk an Akteur*innen mal mehr und mal weniger gegen ihren Willen aufgrund ihrer suizidalen Tendenzen in die psychiatrische Klinik gebracht. Wie eine Krisenintervention bei Suizidalität zu gestalten ist, darüber herrscht in der psychiatrischen Suizidologie weitgehende Einigkeit (vgl. Bronisch 2004; Dross 2001; Eink & Haltenhof 2017; Rotthaus 2017; Sonneck et al. 2016; Teismann & Dorrmann 2014; Wewetzer & Quaschner 2019; Wolfersdorfer & Etzersdorfer 2011). Bevor auf die Batterie an Techniken der Überzeugungsarbeit eingegangen werden kann, mit der zur Behandlung, zur Krankheits- und Behandlungseinsicht, zur Einnahme von Medikamenten und schließlich – zumindest im Bereich der Behandlung von suizidalen Menschen – auch zum Leben überzeugt werden soll, soll in aller Kürze die stationäre psychiatrische Krisenintervention skizziert werden.

Die kürzeste Fassung des »Interventionskonzept[s] für akute Krisensituationen [und] -zustände« findet sich bei Sonneck et al. (2016, 105ff.) als sogenanntes BELLA-System: Beziehung aufbauen; Erfassen der Situation; Linderung von Symptomen; Leute einbeziehen, die unterstützen; Ansatz zur Problembewältigung. An erster Stelle steht also die Herstellung eines Arbeitsbündnisses. Dann kann damit begonnen werden, durch empathisches Zuhören die Situation und Krise der Betroffenen zu verstehen, und nach einem Zugang gesucht werden, um mit den belastenden Affekten umzugehen und durch gesprächstherapeutische oder auch medikamentöse Maßnahmen zu einer Entlastung, Beruhigung und Stabilisierung beizutragen. Daraufhin können gemeinsame Pläne entwickelt und Angehörige und andere wichtige soziale Bezugssysteme in die Entwicklung von alternativen Lösungsstrategien einbezogen werden (vgl. ebd. 212).

Zu Beginn des Kontakts in der psychiatrischen Krisenintervention geht es also »um die Bildung einer tragfähigen und vertrauensvollen Therapeuten-Patienten-Beziehung« (Teismann & Dorrmann 2014, 44). Wewetzer und Quaschner (2019, 88) bemerken aber in ihrem Leitfaden zur Behandlung von Suizidalität in der Kinder- und Jugendpsychotherapie einschränkend, dass es in der Krisenintervention »noch nicht um den Aufbau einer längerfristigen therapeutischen Beziehung« gehe:

> Ziel ist es, mit dem Patienten so in Beziehung zu treten, dass es diesem möglich wird, Auskunft über seine aktuelle seelische Befindlichkeit zu geben. In dieser Situation kommt der Haltung des Arztes oder Therapeuten eine große Bedeutung zu. Diese sollte von einer empathischen Zuwendung dem Patienten gegenüber getragen sein. Die Haltung sollte wertschätzend sein und der Arzt sollte signalisieren, dass er bereit ist zur Anteilnahme, aber auch zu einer situationsadäquaten Grenzsetzung.

Ob die Begegnung mit dem psychiatrischen Apparat nun frei gewählt wurde oder nicht, vom ersten Moment an bleibt die Gestaltung dieser Begegnung entscheidend. Der erste Kontakt mit den Betroffenen schafft die Grundlage des Verhältnisses, mit dem im Weiteren gearbeitet werden kann. Die empathische und wertschätzende Haltung gegenüber dem Leiden der Patient*in soll einen Rapport herstellen, welcher die Möglichkeit dafür schafft, dass sich die Betroffenen gegenüber den Behandler*innen öffnen (vgl. Rotthaus 2017, 148). Auf dieser Basis kann nach Suizidgedanken oder Suizidplänen gefragt und eine Risikoeinschätzung getroffen werden. Die therapeutische Beziehung ist auch Ausgangspunkt, um ein Verständnis für die jeweilige Krisen- und Leidenssituation zu entwickeln und um die individuellen Anliegen, Wünsche und den Behandlungsauftrag zu verstehen. Die therapeutische Beziehung ist der Ausgangspunkt für alle folgenden Strategien und Techniken:

> In Abhängigkeit von der aktuellen Gefährdungslage geht es sodann darum, den Patienten zum Reflektieren anzuregen, bei ihm Neugier zu wecken und ihn dafür zu gewinnen, seinen Entschluss, sich das Leben zu nehmen aufzuschieben. Der [verhaltenstherapeutisch ausgerichtete; R.I.] Therapeut nutzt hierzu insbesondere motivationale Strategien zur Bearbeitung bzw. Förderung von Ambivalenz sowie kognitive Strategien zur Förderung kognitiver Dissonanz bzw. zur Infragestellung dysfunktionaler Annahmen und Überzeugungen. (Teismann & Dorrmann 2014, 44)

Die erste wichtige Funktion, die mit Eintritt in die Klinik gewährleistet wird, ist, dass gegenüber dem akuten suizidalen Handlungsdruck der Betroffenen Zeit gewonnen wird und die suizidale Person aus ihrer momentanen belastenden Lebenssituation herausgenommen wird. Dabei scheint es wichtig, dass der Suizid als Notsignal akzeptiert und nicht vollständig negiert, sondern nur aufgeschoben bzw. suspendiert (von lat. *suspendere* »in der Schwebe lassen«) wird. Die Suizidalität in der Schwebe zu lassen, hat mehrere wichtige Funktionen: Zum einen werden damit die existenziellen Konflikte und suizidalen Wünsche der Betroffenen ernst genommen. Zum anderen wird der Fehler vermieden, vorschnell den Fokus auf positive Veränderungsmöglichkeiten zu legen. Ein solches Manöver kann dazu führen, dass die Suizidalität und das zugrunde liegende Leiden bagatellisiert werden. Dies gehört zu den vermeidbaren Fehlern im Umgang mit suizidalen Patient*innen (vgl. Bronisch 2004, 89). Schließlich wirken die Suizidalität, also die Gedanken an das eigene, selbstbestimmte Ende, und die reine Möglichkeit des Suizids bei vielen Betroffenen auf eine gewisse Weise auch beruhigend und somit lebenserhaltend. Eine Erkenntnis, die schon Friedrich Nietzsche (1886, §151) treffend formulierte: »Der Gedanke an den Selbstmord ist ein starkes Trostmittel: mit ihm kommt man gut über manche böse Nacht hinweg«. Suizidalität kann in diesem Sinne auch als eine Überlebensstrategie verstanden werden, derer man die Betroffenen nicht vorschnell berauben darf, um ihre Verzweiflung nicht noch zu verstärken. Mit dem Aufbau eines guten therapeutischen Kontakts und einer tragfähigen Beziehung kann damit begonnen werden, die subjektive Notwendigkeit und die Bedeutung des suizidalen Hilferufs zu verstehen (vgl. Bronisch 2004, 86). Indem ein Verständnis für die individuelle Krise entwickelt und die gescheiterten und suizidalitätsauslösenden Bewältigungsversuche bearbeitet werden, können auch die Lebensüberzeugungen der Betroffenen adressiert werden. Hier gilt es, an der suizidalen Ambivalenz anzusetzen, die bisherige Resilienz zu würdigen, die vorhandenen Ressourcen und Kräfte der Betroffenen zu stärken – was auch heißt, das soziale Umfeld und die Angehörigen der Patient*innen einzubeziehen, um die Bedeutung der Patient*innen für andere Menschen zu betonen – und nach alternativen Lösungsstrategien für die gegenwärtige Krise zu suchen. Es muss dabei erwähnt werden, dass die Ambivalenz in der Suizidalität vorausgesetzt oder zumindest als eine Phase in der Entwicklung der Suizidalität ausgewiesen wird (vgl. das Verlaufsmodell von Pöldinger 1968 mit den drei Phasen der Erwägung, der Ambivalenz und des Entschlusses; s. Kap. 6.). Diese suizidale Ambivalenz wird wahrscheinlich am prägnantesten in dem Slogan des »Niemand bringt sich gerne um« transportiert.[97] Hier gilt es anzusetzen und dem Kapiteltitel von Teismann und Dorrmann (2014, 48) gemäß, ungünstige Überzeugungen zu bearbeiten und »Entscheidung für das Leben zu befördern«. Die psychiatrische Suizidprävention zielt letztendlich darauf ab, (wieder) vom Leben zu überzeugen.

---

[97] Diese Formulierung findet sich in diversen Texten der Suizidprävention und ist so bspw. titelgebend für das *Handbuch für die Suizidprävention in der TelefonSeelsorge* (Evangelischen und Katholischen Konferenz für TelefonSeelsorge und Offene Tür 2009).

Mit welchen Techniken an den Überzeugungen der Betroffenen gearbeitet wird und sie zur Einsicht von Hilfsbedürftigkeit, zur Behandlungs- und Krankheitseinsicht, zu einem psychiatrischen Verständnis ihres Leidens, zu einer Akzeptanz psychiatrischer und insbesondere psychopharmakologischer Behandlungsmaßnahmen und schlussendlich – in der Behandlung suizidaler Personen – auch zum Leben geführt werden, soll Inhalt des folgenden Kapitels sein. Obwohl sich die Praktiken der Überzeugungsarbeit *in actu* viel komplexer und verschränkter gestalten und oft eher Resultat einer spontanen Szenenentfaltung als sorgfältig geplante Tätigkeiten sind, sollen sie in einem nächsten Schritt als Techniken der Überzeugungsarbeit analytisch differenziert werden.

5.3 Techniken der psychiatrischen Überzeugungsarbeit

> Dauerndes Reden über die Medikamente, das geht schon bei der Aufnahme los. Die meisten Patienten lehnen die Einnahme von Medikamenten zunächst ab. Viele, sehr viele halten sich für gar nicht krank, ein anderer Teil glaubt, die Medikamente seien schädlich oder gar gefährlich. Oft lassen die Patienten sich durch ruhige, vernünftige Argumentation davon überzeugen, daß sie behandlungsbedürftig sind und daß ihnen zunächst nur mit einer medikamentösen Therapie zu helfen ist. Wer Argumenten unzugänglich ist, kann fast immer verwahrt werden; das heißt, es besteht rechtlich zumindest die Möglichkeit, da Fremd- oder Selbstgefährdung fast immer zu bejahen sind. Dennoch versuchen wir hier an unserer Klinik, anders als in vielen Bezirkskrankenhäusern, diesen Schritt zu vermeiden. Einerseits stört er die Entwicklung des für die Therapie unentbehrlichen Vertrauens zwischen Arzt und Patient; und außerdem wird die psychische Erkrankung dadurch aktenkundig, was für den Patienten nach seiner Entlassung beruflich oder privat unangenehme Folgen haben kann. Normalerweise drohen wir deshalb nur mit der Verwahrung und können in der Regel dadurch eine freiwillige Einnahme der Medikamente erreichen. Schmaus, unser Oberarzt, empfiehlt eine Variante dieser Methode: er erweckt von vornherein beim Patienten den Eindruck, dieser sei verwahrt und müsse sich deshalb den ärztlichen Anweisungen fügen. Da nur die wenigsten Patienten die Rechtslage genau kennen, funktioniert diese Methode fast immer. Daß jemand tatsächlich unter Anwendung von körperlichem Zwang die Medikation gespritzt werden muß, kommt äußerst selten vor; ich habe es bisher, glaube ich, erst zweimal erlebt.
>
> Rainald Goetz – *Irre* (1983/2015, 85)

In seinem 1983 erschienenen Roman, einer Art semi-fiktionalen Autoethnographie, beschreibt Goetz durch die Ich-Perspektiven-Erzählung die erste berufliche Sozialisation in einer psychiatrischen Anstalt eines jungen Assistenzarztes namens Raspe. In diesem kurzen Ausschnitt schneidet er einige der psychiatrischen Techniken der Überzeugungsarbeit an, die sich, wie in diesem Beispiel, oft um die psychopharmakologische Medikation drehen. Es gibt dabei oftmals einen situationsangepassten, spielerischen Wechsel und einen fließenden Übergang zwischen den möglichen Techniken. Neben der ruhigen und vernünftigen Argumentation, wird mit vielen kleinen Tricks und Kniffen bis hin zu Drohungen und Zwangsmaßnahmen gearbeitet. Um die Bandbreite der psychiatrischen Überzeugungsarbeit differenzieren zu können, wird hier auf einen weiten Technikbegriff zurückgegriffen. Der Begriff der *Technik* umfasst, gemäß seiner altgriechischen Etymologie (téchne bedeutete »Kunst« oder »Handwerk«), nicht nur eine systematische Vorgehensweise, um spezifische Probleme zu lösen, Ziele zu erreichen oder Aufgaben zu erfüllen, sondern auch den gesamten Bereich der künstlerischen, praktischen Fertigkeiten.

Techniken der Überzeugungsarbeit bezeichnen damit eine Dimension, die von einer spontanen, situationsangepassten und geschickten Kunst des Überzeugens, über eine mehr oder weniger antizipierte und geplante Methodik, bis hin zu einem geregelten, institutionalisierten, sich in seinen Abläufen stets wiederholenden und aus einzelnen Schritten bestehenden Überzeugungsverfahren reicht. Der Begriff der Technik ist dabei außerdem eng mit soziomateriellen Dingen, Arrangements, Geräten und Instrumenten verbunden. Jene stellen die häufig weniger sichtbaren oder zumindest im Hintergrund bleibenden Rahmungen der psychiatrischen Überzeugungsarbeit dar.

Die Techniken der psychiatrischen Überzeugungsarbeit werden im weiteren Verlauf auf Basis ihrer Vorgehensweise differenziert und in einer Abstufung vorgestellt, die von weichen Methoden der rationalen und emotionalen Verständigung, über die vielen Methoden der Verhandlungen, hin zu harten Methoden des direkten körperlichen Zwangs reichen.

5.3.1 Überzeugende Argumente und Beziehungen

Die wahrscheinlichste basalste Form der Überzeugungsarbeit liegt in der logischen Argumentation und Verständigung. Sie ist basal, da sie nicht nur als Ausgangspunkt jeder weichen Überzeugungsmethode gelten kann, sondern weil sie fast alle anderen Formen der Überzeugungsarbeit begleitet. So wird auch bei jeder Zwangsmaßnahme zumindest der Versuch unternommen, sie rational zu erklären (meistens in der Form: »Wir machen das, weil Sie krank sind / um Sie zu schützen / um Ihnen zu helfen«).

Doch verbleiben wir erst einmal bei der rationalen Verständigung. Diese, auch außerhalb der psychiatrischen Praxis überall anzutreffende, alltägliche Kommunikationsstrategie folgt den Prinzipien der kommunikativen Rationalität (Habermas 1981). Dabei wird in der Theorie eine prototypische Sprechaktsituation vorausgesetzt, die jedoch als solche in der Praxis nicht existieren kann. Doch die idealen Voraussetzungen hierfür (gleiche Chancen auf Dialoginitiation und -beteiligung, gleiche Chancen der Deutungs- und Argumentationsqualität, Herrschaftsfreiheit, sowie keine Täuschung der Sprechintentionen) sind im psychiatrischen Setting sicher noch einmal in besonderem Maße eingeschränkt. Dennoch begegnen sich hier Professionelle und Betroffene zunächst einmal als Diskursteilnehmer*innen, wobei der Idealfall so aussieht, dass eine Seite ein Problem bei sich oder im eigenen Leben sieht und die Erwartung hat, dass die andere Seite vielleicht bei diesem Problem helfen kann, und dass die andere Seite eine vorurteilsfreies, offenes Ohr für die Probleme des Gegenübers hat und alles professionell Verfügbare unternehmen wird, um gemeinsam an den identifizierten Problemen zu arbeiten und sie im besten Falle zu lösen. Diese so skizzierte Situation ist wahrscheinlich selten gegeben. Betroffene sehen oft gar keine eigenen Probleme oder schildern ein Problem, doch die Professionellen sehen ein anderes. Betroffene wollen eine spezifische Form der Hilfe, die Professionelle aber für ungeeignet oder nicht umsetzbar halten. Betroffene und Professionelle sind sich zwar einig über das Problem und den Weg, dieses zu verändern, doch die Probleme verschwinden nicht oder tauchen in anderer Gestalt erneut auf. In all diesen Konstellationen treten sich die Beteiligten auch als Diskursteilnehmer*innen gegenüber, die sich gegenseitig von ihren Problemvorstellungen und Lösungsvorschlägen überzeugen wollen.

Betrachten wir ein Beispiel aus der psychiatrischen Praxis. In dieser Szene findet die Oberarztvisite mit einer am Vortag neu aufgenommenen, aber im Haus bekannten, Patientin, Frau Patterson, statt. Wir sitzen im Arztzimmer, anwesend sind Frau Patterson (P), der Oberärzt*in Dr. Ohms (OÄ), die Assistenzärzt*in Dr. Albers (AÄ) und der als Forschungspraktikant vorgestellte Ethnograph:

> Dr. Albers beginnt, indem sie den Aufnahmebericht aus der Zentralen Notfallaufnahme (ZNA) vorliest. Frau Patterson sei demnach vorgestern Nacht, nachdem sie eine Flasche Whiskey getrunken und sich mit einer unklaren Menge an Medikamenten intoxikiert hat, von der Polizei mit einem Zehner[98] eingeliefert worden, nachdem sie gegenüber ihren Eltern mit Suizid gedroht hatte. Da mit ihr kein Gespräch möglich war und sie zwischen Weinen, Kreischen und Lachen schwankte, sie in der ZNA um sich trat und verbal nicht zu erreichen war, erfolgte noch in der ZNA eine Fixierung. Nach dieser Zusammenfassung der Aufnahmesituation fragt die OÄ, war-

[98] Hiermit ist eine Einweisung auf Grundlage von §10 des Hessischen Freiheitsentziehungsgesetzes (HFEG), das bis zur Einführung des Psychisch-Kranken-Hilfe-Gesetzes (PsychKHG) in Hessen im Sommer 2017 die rechtliche Grundlage für die 24-Stunden-Kurzzeitunterbringung lieferte und die gängigste Form der Zwangseinweisung darstellte.

um sie so viel getrunken hat. Frau Patterson antwortet, dass sie damit versucht habe einzuschlafen. Sie habe einige Probleme mit ihren Gedanken gehabt. Dann habe sie aber die ganze Flasche getrunken und am Ende 2,6 ‰. Ihre Mutter habe dann die Polizei gerufen und angezeigt, dass sie Suizidgedanken geäußert habe. Sie ist entrüstet darüber, dass sie am Ende noch gefesselt wurde: »Ich wurde noch nie gefesselt!«. Dr. Ohms antwortet mit einem längeren Monolog, dass der Rausch natürlich zu einem Kontrollverlust führen kann und die Handlungsmöglichkeiten der Polizei dann beschränkt seien. Sie stünden dann vor dem doppelten Problem, dass sie für Sicherheit sorgen, aber sich auch selbst absichern müssen. Abschließend fragt er sie, warum sie ihrer Mutter gesagt hat, dass sie nicht mehr leben will. Frau Patterson erwidert: »Ich will leben!«, woraufhin die OÄ relativiert: »Okay. Das war im Rausch. Aber gab es da einen wahren Kern?«. P: »Ich habe früher Borderline gehabt. Jetzt habe ich keine Probleme mehr und auch keine Suizidgedanken«. Die OÄ aber hingegen meint, dass das schon noch »in Ihnen wirkt« und »viel Arbeit bedarf«. Es bräuchte eine »innere und äußere Sicherheit«, die aber nicht leicht herzustellen und zu halten sei. Sie fragt sie, ob sie noch in ambulanter Behandlung ist, was sie verneint. Sie empfiehlt es ihr. Eine stationäre Behandlung sei gerade nicht nötig. Ihr Rausch sei weg und Suizidalität scheine kein Thema zu sein. Doch für die innere Stabilität und Sicherheit sei eine ambulante Therapie sehr zu empfehlen. Dr. Ohms leitet das Gespräch über zur Medikation. Quetiapin [ein atypisches Neuroleptikum] habe ihr bei den letzten Aufenthalten ja gut geholfen. Das solle sie weiter nehmen und vielleicht noch Atosil [Promethazin, ein Beruhigungsmittel]. Dr. Albers fragt noch nach betreutem Wohnen. Das habe sie leider verpasst. Da habe sie gestern einen Vorstellungstermin gehabt. Dr. Ohms fragt, ob sie in letzter Zeit Drogen genommen hat. Sie verneint es. Sie nehme keine Partydrogen mehr. Cannabis und Alkohol zwar schon, aber früher sei sie »polytox gewesen. Echt viel«. Dr. Ohms schlägt vor, dass sie zwei Nächte hierbleibt, auf die neue Medikation eingestellt wird und dann ohne Suchtdruck entlassen werden kann. Frau Patterson will es aber schneller. Sie will gerne eine Langzeittherapie machen. Dr. Ohms erklärt ihr die Therapiemöglichkeiten. Sie argumentiert dafür, dass das von»unten nach oben« passieren müsse. Erst einmal müsse die »Grundversorgung hergestellt werden: Wohnung, Geld, Beziehung, Ansprechpartner und einen Psychiater«. Daraufhin könne dann eine Langzeittherapie folgen. Sie fragt, ob sie jetzt noch ein Eins-zu-eins-Gespräch bekommen könnte. Die OÄ sagt, dass sie das morgen machen können. Jetzt soll sie erstmal zur Ruhe kommen, vielleicht auch gleich mal Atosil nehmen. Sie will aber lieber Quetiapin, was die OÄ vorerst mit 300 mg ansetzen will, »Sie hatten ja gestern erst den Intox.« Dr. Albers sagt am Ende noch, dass sie beim Mittagessen mitgekriegt habe, dass ihr Freund die ganze Zeit am Fenster im Raucherraum gestanden habe und dass das so ja auch keinen Sinn machte. Es gäbe Handys und Besuchszeiten. Sie solle erstmal zur Ruhe kommen. Ich begleite sie mit auf den Gang und stelle mich und mein Projekt noch einmal genauer vor und frage sie nach ihrem Einverständnis. Sie gibt es mir und beschwert sich anschließend bei mir, dass ihr erst für morgen ein Einzelgespräch angeboten wurde. Ich versuche das damit zu rechtfertigen, dass es schon der späte Nachmittag ist.

Diese Begegnung ist durchzogen von einer kommunikativen Rationalität, die auf eine begründete, intersubjektive Verständigung zielt. Die Oberärzt*in erklärt den Kontrollverlust durch den Rausch, die problematische Situation der Polizei, sie versucht sie davon zu überzeugen, dass ihre Störung noch nicht abgeschlossen sei und dass sie eine ambulante Therapie machen sollte, sie argumentiert für eine spezifische Behandlungschronologie. Die Assistenzärzt*in versucht, sie mit dem Ruhegebot von einem geregelten Besuch ihres Freundes zu überzeugen, und ich versuche sie am Ende davon zu überzeugen, dass sie ihr Einverständnis zu meiner Forschung gibt und dass die Verweisung auf den Folgetag einer strukturellen Notwendigkeit entspringt. Nicht alle diese Überzeugungsversuche funktionieren auf die gleiche Weise, doch allen ist gemeinsam, dass sie rationalen argumentiert sind und dadurch überzeugen sollen. Aber auch Frau Patterson versucht ihr Verhalten zu rationalisieren. Den Alkohol hat sie getrunken, um ihre Gedanken zu beruhigen und um einschlafen zu können. Sie widerspricht nicht der Erklärung, dass ihre suizidalen Äußerungen nur Folge des Alkoholrausches waren und erklärt ihre Erregung damit, dass sie fixiert worden ist. Ihre Bitte um eine baldige Entlassung begründet sie damit, dass sie möglichst schnell mit einer Langzeittherapie beginnen möchte.

Emotionale Überzeugungsarbeit

Das Überzeugen rein anhand vernünftiger Argumente mag zwar ein steter Bestandteil der psychiatrischen Arbeit sein, doch ihre alleinige Wirksamkeit wäre im psychiatrischen Setting wahrscheinlich nicht allzu hoch. Die Psychiatrie steht zwar unter dem ‚Banner der Vernunft', doch kann sie nicht nur mit rationalen Argumenten arbeiten. Selbst in der Ratgeberliteratur, die sich mit Überzeugungsarbeit beschäftigt und diese als kommunikative Schlüsselkompetenz oder als Grundlage des Verkaufsgesprächs bewertet, weiß man um das Manko der rationalen Überzeugungskraft: »Um jemanden von etwas wirklich zu überzeugen, benötigt man in aller Regel mehr als ‚bloße' Argumente – und seien sie noch so stichhaltig und unwiderlegbar« (Händel, Kresimon & Schneider 2007, 41). Denn »Argumente wirken […] besser, wenn sie in Emotionalität ‚verpackt' werden«, das heißt: »Zu einer guten und langfristigen Überzeugungsarbeit gehört immer beides: das Rationale und die Emotionalität!« (Wittke 2014, 61). Die Spuren dieser emotionalen Arbeit lassen sich in fast jeder Interaktion wiederfinden. In der Szene mit Frau Patterson drückt beispielsweise die Aussage der Oberärzt*in: »Okay. Das war im Rausch. Aber gab es da einen wahren Kern?«, nicht nur erst eine positive Wertschätzung der Aussage (der Negierung der Suizidalität) von Frau Patterson, sondern im nächsten Schritt auch eine empathische Sorge aus, ob es nicht doch eine Konkordanz zwischen den Äußerungen im Rausch und einer zugrunde liegenden Lebensüberdrüssigkeit gab.

Doch die schriftliche und auf sprachliche Äußerungen fixierte Darstellung der emotionalen Überzeugungsarbeit ist stets etwas defizitär, da jene stark an die situative, körperliche Inszenierung gebunden sind. Die expressive Ordnung durch Mimik, Gesten und Haltung gestaltet und vermittelt die affektive Anteilnahme in der Interaktion. Betrachten wir folgende initiale Szene einer oberärztlichen Zweitsicht einer neuaufgenommenen Patientin:

> Dr. Ohms betritt das Stationszimmer, in dem die Patientin in einem Rollstuhl wartet. Sie begrüßt sie mit einem Händedruck und namentlicher Ansprache. Da sie mit einem verzerrten Gesicht anzeigt, dass der Händedruck sie geschmerzt hat, entschuldigt Dr. Ohms sich gleich dafür. Leicht vornübergebeugt schaut sie zu ihr runter und sagt: »Das war ja alles sehr dramatisch. Da wurden Sie mit Polizei und Rettungswagen von zu Hause abgeholt, nachdem Sie was auf Facebook geschrieben haben?« – »Ja« – »Was haben Sie denn auf Facebook geschrieben?« – »Dass ich Tabletten geschluckt habe«. Hier kommentiert Dr. Abels, die vorher mit ihr das Aufnahmegespräch geführt hat: »Was sie gestern auch gemacht hat«. Die Patientin erwidert, dass sie sie aber sofort ausgebrochen habe. Dr. Ohms fragt weiter: »Weil Sie gemerkt haben, dass das eine dumme Idee war?« – »Nein. Weil ich nichts gegessen hatte.« – »Haben Sie denn aktuell noch Suizidgedanken?« – »Nein. Aktuell nicht.«

Die Begegnung wird, nach der missglückten körperlich-rituellen Begrüßung und der anschließenden Entschuldigung, mit einem empathischen Verweis auf die Aufnahmesituation eingeleitet (»Das war ja alles sehr dramatisch…«), um dann auf Basis dieses Einverständnisses weitere Fragen zu stellen. Auch die spätere Frage der Oberärzt*in nach den Gründen des Erbrechens, welche versucht, die Antwort der Patientin zu antizipieren, ist (selbst wenn sie fehl geht) nur durch ein empathisches Einfühlungsvermögen in die Situation des Anderen möglich. Die Gefühlsarbeit, die hierbei zum Tragen kommt, wird dabei sowohl körperlich (durch Körperhaltung, Mimik und Gestik) als auch sprachlich (durch Wortwahl und Tonfall) vermittelt.

Besonders sichtbar wird diese körperliche Emotionsarbeit, wenn es zu fürsorglichen oder beruhigenden Berührungen kommt. Im Umgang mit fixierten Patient*innen lässt sich mitunter eine, für Ausstehende vielleicht erst einmal paradox anmutende, körperliche Anteilnahme des Personals beobachten.[99] Zwei Beispiele: In einer ereignis- und übergriffsreichen Nacht wurden vier Patient*innen fixiert. Eine Patient*in wurde in der Fixierung auf eine andere Sta-

[99] Fixierungen stellen eine spezielle Körpertechnologie dar, bei der durch Betten, Gurte und Magnetschlösser eine spezielle Einschränkung und Verfügbarkeit des Körpers hergestellt wird. Diese werden von Patient*innen meist als erniedrigend und traumatisierend wahrgenommen und lösen so unter anderem Gefühle der Ohnmacht, Hoffnungslosigkeit, Wut, Ärger und Verzweiflung aus (Smolka et al. 1997; Frajo-Apor et al. 2011; Armgart et al. 2013). Die Geschichte der Fixierungen und die Frage, ob sie nicht besser abzuschaffen wären, begleitet die Psychiatrie seit ihrer Entstehung (z. B. durch die No-Restraint-Bewegung Mitte des 19. Jahrhunderts).

tion verlegt, eine in ihrem Zimmer belassen und zwei weitere wurden mit ihren Betten (mit einem Sichtschutz getrennt) in den Flur geschoben und dort durch die Sitzwache einer Pfleger*in betreut.

> Ich trete nach der morgendlichen Übergabe auf den Gang und werde von einer fixierten Patient*in angesprochen. Sie sagt, dass sie nichts gemacht habe, Schmerzen habe und dass sie freigelassen werden wolle. Ich bin ziemlich hilflos und sage ihr nur, dass die Ärzte bald zu ihr kommen würden. Eine Pfleger*in stellt sich dazu und redet sehr ruhig mit ihr, reicht ihr dabei ihre Hand, die die Patient*in gerne anzunehmen scheint, und erklärt ihr nochmal, dass sie bald mit den Ärzten reden könne.

Die beunruhigte und leidende Patient*in, die sich zu Unrecht in einer unwürdigen Situation gefangen sieht, wird nicht nur durch die rationalen Argumente, sondern auch durch eine körperlich vermittelte emotionale Anteilnahme zu beruhigen versucht.

Ein paar Tage später kam es zu einer vergleichbaren Szene.[100] Frau Palmer, eine durch einen Suizidversuch im öffentlichen Personenverkehr schwerverletzte Patient*in, deren zertrümmerter Beinknochen mit einem externen Fixateur zusammengehalten wird, wurde eben von einer Pfleger*in versorgt. Ihr Bett wurde hochgefahren, damit sie fast aufrecht sitzen und etwas trinken kann, und ihr Beistelltisch wird aufgeräumt. Die Pfleger*in verlässt dafür immer mal wieder kurz das Zimmer. Die Patient*in unterhält sich kurz mit mir über ihren neuen Katheter, schläft aber danach sofort ein.

> Als die Pfleger*in ein letztes Mal zurückkommt, um das Bettgitter hochzuschieben, sagt sie: »So. Gefangen.« und dann noch einmal direkt an die Patient*in gerichtet: »Aber nicht rumstrampeln – und nicht weglaufen« und als die Patient*in mit »Nein« antwortet, streichelt sie ihr übers Haar und sagt: »Da müssen Sie hier schon einiges durchmachen, mit uns, nicht wahr?«

In beiden Szenen wird eine emotionale Anteilnahme an der Situation sowohl durch einen körperlichen Kontakt, des Händchenhaltens oder Streichelns, als auch sprachlich, durch ruhiges und beruhigendes Sprechen, rhetorische, entlastende Fragen oder auch durch eine ironische Kommentierung und Auflockerung des Geschehens, hergestellt.[101]

---

[100] Das folgende Beispiel kann nur im weiteren Sinne als Überzeugungsarbeit, die auf die therapeutische Beziehung oder die psychiatrische Behandlung im Allgemeinen bezogen ist, verstanden werden.

[101] Obwohl aus psychiatrischer Sicht konstatiert wird, dass Fixierungen »keine therapeutischen Maßnahmen [sind], sondern reine Maßnahmen der Sicherung« (Steinert 2011, 348), sieht man gerade an diesen Momenten der emotionalen Anteilnahme, dass Fixierungen nicht nur eine gewaltförmige, sondern auch eine intimitätsschaffende Beziehungsfunktion einnehmen können (vgl. Hejtmanek 2010).

Seltener wird die Emotionalität der Interaktion selbst zur Sprache gebracht. Die Versprachlichung der sonst nonverbalen affektiven Ordnung findet dann meist in einer funktionalen Weise statt. Wenn in einer Visite beispielsweise einer Patient*in ihr Ausgangswunsch mit der Aussage verwehrt wird: »Wir haben Angst, dass Sie im Ausgang wieder konsumieren«, dann dient die Versprachlichung der Angst als Begründung der Zwangsmaßnahme. Ebenso wird in der Oberarztvisite mit einer Patient*in, die einen, im Vollrausch ausgeführten, Suizidversuch bagatellisiert (den Sprung in den Rhein erklärt sie mit der Absicht, dass sie sich ausnüchtern wollte), mit der expliziten Verbalisierung der Sorge begegnet, dass dies nun schon zum zweiten Male innerhalb kürzester Zeit passiert sei und ihr zwar aktuell in der Negierung der Suizidalität geglaubt werden könne, doch sie das letzte Mal genau das Gleiche erzählt habe. Dr. Ohms merkt an: »Ich mache mir Sorgen um Sie. Das ist mein Job«.[102]

Die verbalisierte, emotionale Überzeugungsarbeit lässt sich dabei prinzipiell in zwei verschiedene Formen aufgliedern. Es gibt sie in Form von positiven Aussagen, die eine Entscheidung oder Handlung durch eine emotionale Anteilnahme unterstützen und dazu überzeugen soll, diese weiterhin auszuführen. Wenn die Ärzt*in in einer Visite sagte: »Ich finde das gut, was Sie gerade machen – mit rausgehen mit der Gruppe« oder »Ich freue mich, dass Sie sich geöffnet haben. Da ist Ihnen sicher auch ein Stein vom Herzen gefallen«, dann wird ein Geschehen oder Ereignis, das der Patient*in schwerfiel, aufgegriffen und durch eine positive, emotionale Rückkopplung verstärkt. In komplementärer, negativer Form gibt es die emotionale Überzeugungsarbeit aber auch in der Verbalisierung von Ängsten und Sorgen, die meist als Widerspruch gegenüber der Perspektive der Patient*innen auf den Zustand oder die Behandlung formuliert werden. So dient die Verbalisierung der professionellen Ängste und Sorgen, z. B. vor einem Rückfall, einem Suizidversuch oder einer Verschlechterung der Symptomatik, der rational-emotionalen Überzeugung, dass eine weitere Behandlung vonnöten ist.

Diese sprachliche Explikation der Sorgearbeit wird dabei taktisch genutzt und findet sich so auch in der klinischen Aus- und Weiterbildung wieder:

> Auf einer klinikinternen Fortbildung zum Umgang mit Suizidalität entbrannte bezüglich einer sogenannten *Hundeweisheit* (»Schlafende Hunde soll man nicht wecken«) eine Diskussion, ob man die Angst vor einem Suizid ansprechen sollte oder nicht

---

[102] Auch Giernalczyk (1995, 141) beschreibt das Vorgehen, »mit dem Ausdruck unmittelbarer Sorge« Klient*innen »zu einem freiwilligen Klinikaufenthalt zu motivieren«, indem er Aussagen verwendet, die diese emotionale Sorge verbalisieren: *»In ihrem* Zustand kann ich Sie nicht gehen lassen, ich habe zu viel Angst, daß Sie sich etwas antun könnten.« Doch auch er gesteht ein, dass »eine Einweisung durch Überzeugungsarbeit nicht in jedem Fall [gelingt]«.

> und wie man diese Sorgen denn am besten versprachlichen könnte. Die Fortbildungsleiter*in empfahl daraufhin, diese Ängste immer direkt anzusprechen und auch als solche zu kommunizieren. Konkret nannte sie folgende Formulierungsvorschläge: »Ich mache mir Sorgen, dass ...« oder wenn es ein besonderes Ereignis, wie einen Todesfall im Bekanntenkreis, gab: »Wie geht es dir jetzt damit?«

Hier lässt sich unschwer ein taktisches Moment in der Kommunikation der eigenen Sorgen erkennen – ein taktisches Manöver, dass die, seien es nun reale oder nur vorgespielten, Gefühle technisch verfügbar macht, um dem Gegenüber damit zu einer Reaktion, in diesem Falle ein Geständnis oder einer Relativierung und Beschwichtigung, zu entlocken.[103] Die emotionale Überzeugungsarbeit weist hier Parallelen zur kommunikativen Technik der Gewaltfreien Kommunikation' auf (Rosenberg 2016).[104] Diese Form der Überzeugung kann dabei auch indirekt oder vermittelt über die Gefühle anderer Beteiligter geschehen.[105]

Bisher wurde emotionale Überzeugungsarbeit in der Form vorgestellt, dass eigene Gefühle ausagiert oder versprachlicht werden, um eine andere Person zu einer gewissen Entscheidung oder Handlung zu überzeugen. Eine andere Seite der emotionalen Überzeugungsarbeit umfasst hingegen die Praxis, die gezielt, an der Gefühlswelt der Betroffenen ansetzt, um sie zu überzeugen. Bei der emotionalen Überzeugungsarbeit, die im affektiven Erleben der Betroffenen ansetzt, steht sicherlich das Gefühl der Angst im Zentrum. Sie wird dabei selten als eine solche verbalisiert. Sie bleibt häufig konturenlos und im Hintergrund. Sie scheint eine latente Universalität zu besitzen, die grundsätzlich alle Lebensbereiche befallen kann. Neben den direkten und manifesten Ängsten der Betroffenen, die depressiv oder paranoid verzerrt und verstärkt sein können, die sich auf sie selbst oder andere (Angst vor Verlust des Selbst oder des eigenen Lebens, Angst vor Verlust und Abwertung durch Andere), die Behandlung

---

[103] Larson und Xin (2005) unterscheiden zwischen »deep« und »surface acting« und empfehlen Ärzt*innen, diese verschiedenen Methoden des emotionalen Schauspielerns einzuüben. Ziel sei dabei nicht nur, ‚empathisch' mit den Patient*innen umgehen zu können, sondern auch selbst eine größere professionelle Befriedigung zu erhalten. Die erfolgreichste medizinische Schauspieler*in sei somit diejenige, die nicht nur ihr Publikum, sondern auch sich selbst von ihrer Rolle und ihren Gefühlen überzeugt.

[104] Dass es zwischen diesen Techniken eine Verwandtschaft gibt, liegt vermutlich an ihrem gemeinsamen Ursprung. Die Techniken der Gewaltfreien Kommunikation wurden auf Basis der personenzentrierten Psychotherapie nach Carl Rogers entwickelt. In der Gewaltfreien Kommunikation werden Handlungen der Anderen nur in Bezug zu eigenen Gefühlen und Bedürfnissen angesprochen und daraufhin Bitten anstelle von Forderungen gestellt. Auch in der psychiatrischen Praxis lässt sich dieses Modell der Kommunikation wiederfinden: Es werden insbesondere Ich-bezogene Äußerungen getätigt und daraufhin Wünsche, Empfehlungen oder Hinweise ausgesprochen.

[105] Eine altbekannte, pädagogische Überzeugungstechnik, die bspw. über die Beziehung und Gefühle der Eltern agiert. Gängige Beispiele wären: »Und noch einen Löffel für den Papa« oder »Da wäre deine Mama aber traurig«.

(Angst vor der Psychiatrie, Angst vor der Medikation, Angst vor den Verrückten, Angst vor der Gewalt), die Vergangenheit, die Gegenwart oder die Zukunft beziehen können, gibt es auch eine grundlegende lebensweltliche Angst, die in sehr vielen Erscheinungsformen auftreten kann. Die Angst, zu scheitern, persönlich zu versagen oder gar nutzlos zu sein (Haubl 2008), die Angst, nicht (wieder) gesund, normal, arbeits- und beziehungsfähig zu sein (oder zu werden), die Angst vor einem Rückfall, die Angst vor einer Stigmatisierung oder die Angst vor dem sozialen oder körperlichen Tod (Goffmann 1972; Juckel und Mavrogiorgou 2018). Mit diesen Ängsten wird in der Psychiatrie gearbeitet. Nicht nur in dem Sinne, dass Patient*innen davon überzeugt werden, dass ihre Ängste wahnhaft und irrational sind, sondern auch in dem Sinne, dass die Ängste eine große Angriffsfläche bieten, um die Patient*innen zu gewissen Einstellungen oder Verhaltensweisen zu überzeugen. Ein Visitengespräch, in dem diese Technik explizit als solche markiert wurde, soll hier als Verdeutlichung dienen:

> In der Visite mit Frau Patzig, die wegen eines schweren Alkoholentzugs für zwei Wochen untergebracht wurde, geht es um die Entlassung, die in drei Tagen stattfinden soll. Sie erkundigt sich über Medikamente, die sie dann noch nehmen solle. Die Ärzt*in erklärt ihr, dass es keine Medikamente gegen einen Rückfall gebe. Sie solle Vitamin B1 und B6 nehmen und sich ansonsten an die Anonymen Alkoholiker oder das Blaue Kreuz wenden. Auch weitere Möglichkeiten der Suchttherapie und -beratung werden besprochen. Die Ärzt*in setzt dann alles ab: Haldol, Abführmittel, Diazepam. Sie erklärt noch einmal, dass Rückfälle normal sind und sie, wenn sie einen hat, möglichst schnell wieder herkommen sollte. Sie empfiehlt sehr eindringlich und einfühlsam eine Langzeittherapie; sie begründet das auch mit der Leberentzündung und den tödlichen Folgen, wenn sie weiter trinkt. Der normale Gamma GT-Wert läge bei 50, bei Alkoholikern bei 500 und ihrer war bei 3000. Frau Patzig betont aber ihren Entschluss, am Freitag entlassen zu werden. Die Ärzt*in erinnert noch einmal an den epileptischen Anfall, den sie bei der Aufnahme hatte. An den kann Frau Patzig sich nicht mehr erinnern. Abschließend sagt die Ärzt*in: »Ich will hier zwei Sachen machen. Ich will für eine Langzeittherapie werben und Ihnen Angst machen. Aber ich übertreibe damit nicht.«

Zum Hintergrund dieser Szene muss noch Folgendes ergänzt werden: Die Ärzt*in nimmt Frau Patzig als verleugnend und vermeidend war, da sie ihren Alkoholismus negiert oder zumindest bagatellisiert (sie hat angegeben, täglich nur ein Glas Sekt zu trinken) und auch im Laufe der Behandlung nicht krankheitseinsichtig geworden ist. In der angeführten Szene versucht die Ärzt*in sie mit aller Macht zu einer poststationären Einbindung oder Therapie zu überreden. Vor der logischen Argumentation (wie der Unmöglichkeit einer medikamentösen Behandlung und der hohen Wahrscheinlichkeit eines Rückfalls) und des einfühlenden, empathischen Verständnisses, liegt die vermutlich stärkste

Überzeugungskraft, in den letalen Folgen einer weiteren Leberschädigung. Gestützt durch die drastischen Zahlen der medizinischen Laborergebnisse, soll der Patientin Angst gemacht werden. Die Angst vor dem Tod bietet in diesem Fall also einen Anknüpfungspunkt, der technisch eingesetzt wird, um die Patientin zu einer weitergehenden Behandlung zu überzeugen. Der sogenannte Furchtappell findet auch in anderen Bereichen, besonders in der Suchtprävention (z. B. der Verbraucher*innenschutzkampagne »Rauchen ist tödlich!«), Anwendung. Gemeinsames Ziel dieser Methoden ist *Prävention durch Angst* (Barth & Bengel 1998). In den wenigsten Fällen geschieht das bewusst und wahrscheinlich wohl noch seltener wird es als klares Ziel formuliert, wie es die Ärzt*in in diesem Beispiel tut. Dennoch wird gerade in der psychiatrischen Praxis nicht nur entgegen den z. T. auch pathologischen und irrationalen Ängsten, sondern gerade auch mit den Ängsten der Betroffenen gearbeitet. In vielen logisch-rational wirkenden Argumenten findet sich diese zweite Seite, die eine implizite Drohung enthält (»Sie sollten die Medikamente nehmen, da Sie krank sind« impliziert so die Drohung »Sie werden nicht gesund, wenn Sie keine Medikamente nehmen«) und sich somit technisch der Angst der Betroffenen (»Ich werde nie wieder gesund«) bedient.

Eine besondere Form der affektiv-sozialen Überzeugungsarbeit findet sich in der Theorie der *Motivierenden Gesprächsführung* von Miller und Rollnick (2002). Fand sie ihren Ursprung in der Behandlung von Suchtkranken, findet man mittlerweile kaum einen psychiatrischen, psychotherapeutischen oder auch sozialarbeiterischen Bereich, in dem sie keine Anwendung finden kann (Arkowitz 2010; Widulle 2011). Hier wird die Verhandlung in gewisser Weise in das betroffene Subjekt selbst verlagert, indem die Betroffenen durch eine empathische und aktive Gesprächsführung in die Lage versetzt werden sollen, selbst Gegenargumente und Widersprüche in ihrem Verhalten oder ihren Bedürfnissen zu entdecken. Mit der so im Subjekt konkretisierten – kognitiven wie affektiven Dissonanz –, soll es im nächsten Schritt dazu angeleitet werden, selbst Lösungen zu finden und Veränderungen einzuleiten. Zur Überzeugung der Patient*in wird also nicht an den Emotionen der Behandelnden, sondern an den ambivalenten Gefühlen der Betroffenen angesetzt und versucht, durch eine subtile, fast sokratische Art jene emotionalen Ambivalenzen zu verstärken und nutzbar zu machen. Die motivierende Gesprächsführung ist insofern ein Sonderfall, als dass hier emotionale, aber explizit keine rationale Überzeugungsarbeit stattfinden soll. Die Konfrontation mit rationalen Argumenten wird hier als kontraproduktiv angesehen, da sie nur Widerstände weckt und der erfolgreichen

Motivierung bzw. (Selbst-)Überzeugung somit zuwiderläuft. In der psychiatrischen Praxis treten die Techniken der logisch-argumentativen und der affektiv-sozialen Überzeugungsarbeit hingegen in den meisten Fällen gemeinsam auf.

Abschließend lässt sich zusammenfassen, dass logisch-argumentative und emotionale Arbeit ein grundlegender Bestandteil der medizinischen und umso mehr noch der psychiatrischen Arbeit ist. Gerade die emotionale Arbeit wird dabei traditionell besonders durch das, immer noch großteils, weibliche Pflegepersonal durchgeführt. Doch auch in der Unterscheidung von zwischen Medizinität, als technisch-rationale Versorgung eines Durchschnittskörpers, und Ärztlichkeit, als emotional involvierter Fürsorge in einer persönlichen Arzt-Patient-Beziehung, ist emotionale Arbeit als Bestandteil ärztlicher Praxis repräsentiert (Wettreck 1998). Andere Arbeiten heben besonders die Aspekte der Kommodifikation oder der Unsichtbarkeit emotionaler Sorgearbeit hervor (Hochschild 1986/2006; Illouz 2007; Grandey, Diefendorff & Rupp 2013; für den medizinisch-ärztlichen Bereich: Larson & Xin 2005; für den psychiatrischen Pflegebereich: Edward, Hercelinskyj & Giandinoto 2017). In diesem Kapitel lag der Fokus aber auf affektiv-sozialer Arbeit, die als Überzeugungstechnik eingesetzt wird. Emotionale Sorgearbeit und emotionale Überzeugungsarbeit lassen sich dabei nicht kategorial voneinander trennen. So könnte auch eine allgemeine, fürsorgliche und emotional involvierte Pflege oder Ärztlichkeit nicht nur als emotionale Arbeit, sondern in einem weiteren Sinne auch als eine Überzeugung zur psychiatrischen Behandlung verstanden werden. Sowohl die allgemeine Sensibilität für emotionale Zustände und Empfindlichkeiten, wie sie sich in den vielen, auch institutionalisierten, Zustands- und emotionalen Feedbackrunden (in Morgenrunden oder Einzel- oder Gruppenvisiten und -therapien) widerspiegelt, als auch die therapeutischen Grundhaltungen der Empathie, der bedingungslosen positiven Wertschätzung und der Authentizität (die von Rogers 1981 formulierten Prinzipien wurden von den meisten Therapieschulen übernommen) sind Teil einer emotionalen, psychiatrischen Beziehungs- und Behandlungstechnologie. Die emotionale Arbeit schafft die Voraussetzung für eine Beziehung, der, neben anderen Mitteln, selbst eine therapeutische Funktion zugeschrieben wird. Das empathische Gespräch mit Patient*innen, denen in ihrem eigenen Umfeld unter Umständen kein Gehör und Interesse mehr geschenkt wird (sei es beispielsweise aufgrund abschreckender Wahninhalte oder Hilflosigkeit auslösender depressiver Schleifen), trägt dabei eine ebenso fundamentale wie universale Funktion. Fundamental, da es die Voraussetzung für eine therapeutische Beziehung ist bzw. im besten Fall dazu beiträgt, zu einer Beziehung zu überzeugen, der vertraut werden kann. Die therapeutische Beziehung ist dabei, sobald sie mehr oder weniger erfolgreich hergestellt ist, selbst wiederum ausschlaggebend dafür, ob auch zu anderen Therapiemitteln überzeugt werden kann (wie zu Medikamenten oder zu dem stationären und poststationären Therapieangebot). Universal ist seine Funktion insofern, als das empathische Gespräch nicht nur für den Beziehungsaufbau, sondern gleichsam für die psychiatrische Anamnese und Diagnostik wichtig und darüber hinaus auch selbst immer schon als Behandlung gewertet wird.

5.3.2 Überzeugender Handel

Eine besondere Spielart der psychiatrischen Überzeugungsarbeit liegt im Handel. Dabei begeben sich mindestens zwei Partner*innen bezüglich eines materiellen Gegenstands oder immaterieller Güter in einen reziproken Austausch. Im psychiatrischen Alltag lassen sich viele Beispiele des Handelns, des Feilschens und des Tauschens wiederfinden. Daher kann es nicht verwundern, dass diese Vorgänge schon länger Gegenstand der soziologischen oder anthropologischen Analyse der Psychiatrie sind.

Im soziologischen Diskurs war es sicherlich Goffman (1972, 54f.), der als erster die Privilegiensysteme totaler Institutionen analysiert hat. Privilegien- und Strafsysteme versteht er als die beiden Seiten der gleichen Medaille, mit denen in totalen Institutionen gehorsames Verhalten belohnt und ungehorsames Verhalten sanktioniert wird.[106] Gerade in den älteren Psychiatrieethnographien werden recht klare Privilegiensysteme beschrieben, in denen ein gewisses Verhalten mit sonst unüblichen oder schwer erhältlichen Genussmitteln oder Sonderrechten belohnt wird (ebd.; Strauss et al. 1964, 265; Reynolds & Farberow 1976, 141). Diese Güter dienten der handelsförmigen Überzeugungsarbeit: Zu einem entsprechenden Verhalten wurde mithilfe eines Privilegs überzeugt. Ähnliches beschreiben es auch Fengler und Fengler (1980, 357) für das von ihnen untersuchte deutsche Landeskrankenhaus, dass wo die Patient*innen früher »für ihre Beteiligung an der Hausreinigung direkt mit Dingen belohnt [wurden], die sonst keinem Patienten zustanden: Fernsehen, Tabak, Kaffee, Ausgang«. Doch dieses »komplexe ›Privilegiensystem‹« sei kurz vor ihrer Untersuchung durch junge, reformorientierte Sozialpsychiater*innen abgeschafft worden. Zurück blieb

[106] Er rechnet zu diesem System I.) die Hausordnung, die die »wesentlichen Anforderungen an die Insassen festlegt«, II.) »eine kleine Anzahl klar definierter Belohnungen oder Privilegien als Gegenleistung für den Gehorsam« und III.) die Strafen, die »als Folge von Regel-Übertretungen vorgesehen« sind (Verlegungen und Entlassungen sieht er an Letzteres gekoppelt).

ein weniger direktes Überzeugungssystem aus einer »Wenn-Dann-Struktur« – als Grundstruktur der Überzeugungsversuche – und ein damit verbundenes »Stufenleitermodell« als eine Methode der Überzeugungsarbeit (ebd., 352ff.; die andere Methode wäre ‚Erpressung', s. Kapitel 5.3.4). Ein gutes Beispiel für die Wenn-Dann-Struktur bildet die Aussage: »Wenn Sie Medikamente nehmen, dann können Sie bald wieder nach Hause«. Gemäß dem Stufenleitermodell bauen gewisse psychiatrische Maßnahmen aufeinander auf. Erst wenn ein Schritt geschafft ist (wie z. B. Medikamente einzunehmen), ist die Voraussetzung dafür geschaffen, um einen weiteren Schritt zu machen (wie Soziales Belastungstraining). Paradigmatisch steht dafür die Erhöhung der Ausgangsprivilegien. Gab es nach der Aufnahme für viele Patient*innen zunächst keinen Ausgang, so wurde dieser schrittweise erhöht: Erst mit Begleitung, dann allein für einen begrenzten Zeitraum auf dem Klinikgelände, danach auch in der Stadt, bis es probeweise über Nacht nach Hause ging und es dann irgendwann zur Entlassung kam (ebd.; ein ähnliches auf den Ausgang beschränktes Privilegiensystem findet sich auch in den jüngeren Psychiatrieethnographien von Luhrmann 2000, 131, oder auch bei Bister & Niewöhner 2014, 127, aber z. T. auch selbst noch ‚komplexere' Privilegiensysteme, wie bei Hjetmanek 2015, 56ff.).[107]

Im psychiatrischen Alltag der untersuchten Kliniken kommt es zu vielfältigen Formen des Handelns und Tauschens. Zum Teil entspringen sie der spontanen Interaktion der Beteiligten, zum Teil sind sie geplant oder folgen zumindest einer institutionalisierten Logik oder auch einer vorgegebenen Chronologie. Es gibt Formen des Handelns, die einvernehmlich ablaufen, andere finden nur praktisch und nicht tatsächlich statt, viele bedienen sich anderer Methoden der Überzeugungsarbeit, manche haben eine relativ einfache, andere eine ziemlich komplexe Struktur, einige Handelsvorgänge scheitern, andere scheitern und finden dennoch statt. Für alle gilt jedoch, dass sie Teil eines asymmetrischen Machtspiels sind. Im weiteren Verlauf sollen diese komplexen Handelsvorgänge genauer beschrieben werden. Dabei werden besonders die Handelsvorgänge betrachtet, die vorrangig zwischen dem ärztlichen Personal und den Patient*innen stattfinden und die sich in den meisten Fällen auf den Medikamentenhandel beziehen. Neben der Medikation betreffen die üblichsten Handelsvorgänge das Therapieprogramm, den Ausgang, die Unterbringung und die Entlassung. Prinzipiell können aber alle möglichen materiellen und imma-

[107] In der Arbeit von Hejtmanek zu Jugendlichen in psychiatrischem Gewahrsam findet sich ein komplexes, quantifiziertes und täglich überarbeitetes Stufensystem, das neben monetären Belohnungen oder Bestrafungen für gutes oder schlechtes Benehmen auch Ausgangs- und Sportrechte sowie Fernseh-, Radio- und Videospielprivilegien umfasst.

teriellen Güter gehandelt und getauscht werden und es ist jeweils personengebunden und situationsabhängig, welche Güter für einen Handel mobilisiert und in den Vorgang einbezogen werden.

Handel mit Medikamenten und anderen (im)materiellen Gütern

Die psychiatrischen Handelsvorgänge können eine sehr direkte Form annehmen. Eine mittellose, untergebrachte Patient*in, die gerne Limonade trank und sich in der Regel als non-compliant erwiesen hat, wurde so mehrfach mit Limonade zur Mitwirkung überzeugt:

> In der Visite fragt die Assistenzärzt*in, ob die Patient*in etwas wolle und ob sie zufrieden mit der Medikation sei. Sie versucht, sie zum Depot zu überreden.[108] Sie würde auch Haldol reduzieren und wenn sie die Spritze nehme, dann kriege sie auch eine 2-Liter-Flasche Limo. Zum Abschluss schütteln sie darauf die Hand.
>
> Die Assistenzärzt*in steht im Stationszimmer und äußert ihre Freude darüber, dass die Patient*in sich Blut abnehmen lässt. Die Pfleger*in kommentiert das: »Aber nur weil sie glaubt, dass sie dann in den Ausgang kann.« – »Nein, weil ich ihr eine Limo versprochen habe.« – »Aber dann muss sie vorher auch noch duschen. Wenn Erpressen, dann richtig.«

Hier zeigt sich ein direkter Warentausch: Medikamente oder Blut gegen Limonade. Der erste Handel wird mit dem traditionellen Zeremoniell eines Vertragsabschlusses, d. h. mit dem symbolischen Handschlag besiegelt. Die zweite Szene zeigt, wie selbstverständlich diese Formen des Handelns sind, da die Pfleger*in schon von selbst antizipiert, dass eine Handlung der Patient*in (Blut abnehmen lassen) nur dazu diente, um etwas anderes (eine Ausgangserlaubnis) zu erreichen. Die Ärzt*in muss sie dann aufklären, dass ein anderer Handel stattgefunden hat, woraufhin die Pfleger*in vorschlägt, dass eigentlich noch mehr aus diesem Handel herausgeholt werden müsste. Obwohl sie selbst diesen Vorgang etwas ironisch als »Erpressung« bezeichnet, würde ich diese In-

[108] Depot-Neuroleptika sind häufig die präferierte Vergabeform. Ein Medikament wird in den Muskel injiziert und wird dort über Wochen bis Monate abgebaut. Dadurch müssen Patient*innen zum einen nicht mehr täglich an die Einnahme der Medikamente denken und zum anderen können sie sich auch nicht spontan gegen die Einnahme entscheiden. Damit wird eine »lang anhaltende Wirkung, die Sicherung des therapeutischen Wirkspiegels und die bessere Therapieadhärenz« (Kasper et al. 2014, 3) sichergestellt. Neben der besseren Compliance bzw. Medikamentenadhärenz, werden aber noch viele weitere Vor- und Nachteile diskutiert – darunter auch, dass Argument, dass die Depotmedikation nicht zum Suizid missbraucht werden kann, was mit oral verabreichten Medikamenten häufig geschieht (vgl. ebd.).

teraktion eher als psychiatrischen Handel verstehen (erst der Einsatz von Drohungen führt zu Nötigungen oder Erpressungen; vgl. Kap. 5.3.4 zu Drohungen bzw. Kap. 6.3 zur Form der suizidalen Erpressung).[109] Solche Formen des Handels passieren spontan und können nur gelingen, wenn die Präferenzen oder Bedürfnisse der Handelspartner*innen bekannt sind. Beispielsweise wurde einem neuaufgenommen, fixierten Patienten, der jegliche Medikation verweigerte und das Bedürfnis geäußert hatte, rauchen zu wollen, die Entfixierung und Zigaretten angeboten, wenn er dafür im Gegenzug Medikamente einnehme. Da es dem Patienten wichtiger war, keine Medikamente einzunehmen, als entfixiert zu werden, lehnte er diesen Handel ab. Ein anderes Beispiel findet sich in der folgenden Szene:

> Eine Patientin, die nur Frau Unbekannt hieß, da sich ihr Name nicht herausfinden ließ und sie ihn selbst nicht geben wollte oder konnte, forderte im Stationszimmer mehrfach, Tavor [Lorazepam: ein Beruhigungsmittel der Gruppe der Benzodiazepine] zu bekommen. Die Assistenzärzt*in schlägt einen Handel vor: Die Patientin verrät ihren Namen, damit sie sich ihre alten Arztbriefe besorgen kann und dann erhält sie Tavor. Frau Unbekannt lässt sich nicht darauf ein. Sie ist erbost und versucht zu erklären, dass ihr heute früh kein Tavor gegeben worden sei, dass sie ihre Bedarfsmedikation Atosil [Promethazin, ein Beruhigungsmittel] nicht vertrage und Citalopram [Antidepressivum] ihr viel zu hart sei. Die Ärzt*in beendet die Diskussion, indem sie einfach aus dem Zimmer geht.

Die Ärzt*in versucht die Gunst der Stunde zu nutzen, um an für sie wichtige Informationen zu gelangen. Dafür hätte sie der Patient*in vermutlich sogar Lorazepam gegeben, obwohl sie – in der Haltung des generalisierenden Zweifels (Fengler & Fengler 1980, 109) – wahrscheinlich davon ausgegangen ist, dass die Patient*in es, wie verschrieben, morgens schon bekommen hatte. Da Lorazepam ein erhebliches Suchtpotenzial hat, hat die Ärzt*in den Medikamentenhandel beendet, als keine Gegenleistung erfolgte. Diese Beispiele zeigen auch, wie divers die materiellen und immateriellen Güter sind, die für den Handel mobilisiert werden können. Sie können nicht nur die üblichen Güter und Privilegien, wie Ausgangsrechte oder Nahrungs-, Genuss- und Beruhigungsmittel umfassen, sondern auch immaterielle Güter, wie den Namen einer Person oder den Zeitpunkt eines Handels. Letzteres zeigte sich bei demselben Patienten, dem ein paar Tage zuvor Zigaretten und die Entfixierung im Gegenzug zur für die Medikation angeboten worden waren. Er verweigerte weiterhin die Einnah-

[109] Zwischen Nötigung und Erpressung wird in juristischen Bereichen unterschieden. Während bei der Nötigung eine Person durch direkte oder angedrohte Gewalt zu einer Handlung veranlasst wird, kommt in der Erpressung noch die Bereicherungsabsicht hinzu (Kiefl & Lamnek 1986, 117 und 335). Ich nutze die Begriffe in synonymer Verwendung.

me von Medikamenten, doch ließ er sich aber auf den Medikamentenhandel ein, als er meinte, dass er gerne zwei Wochen warten würde, und anbot, dass er sie dann nehmen würde, wenn das Personal bis dahin noch keine Besserung festgestellt hätte.

Eine andere Konstellation, die neben dem Medikamentenhandel häufig auftritt, ist der Ausgangs-, der Entlassungs- und Unterbringungshandel. Patient*innen wird hier gesagt, dass sie nur, wenn sie mitarbeiten, sich benehmen und sich als kooperativ erweisen, auf eine baldige Entlassung bzw. Aufhebung der Unterbringung hoffen können. Dies kann sich ganz unterschiedlich entfalten. Eine Patient*in, die Alkohol auf die Station geschmuggelt hat, wird darauf ermahnt, dass das nicht wieder vorkommen darf und sie sich aktiv einbringen soll, d. h. aufstehen, mitmachen und ihr Zimmer sauber halten soll, da sie ansonsten disziplinarisch entlassen werden würde. Eine andere Patient*in, die sich weigert, Urin und Blut abzugeben, weil sie sauer ist, dass sie einmal positiv auf Cannabis getestet wurde und seitdem die Diagnose der Cannabisabhängigkeit hat, wird gesagt, dass es »schwierig wird, die Unterbringung aufzuheben, wenn Sie nicht kooperativ sind«. Einer anderen Patient*in wird gesagt, dass sie mehr Ausgang kriegen wird, sobald sie an den Therapien teilnimmt. Einer wieder anderen Patient*in wird bei der Chefarztvisite gesagt, dass sie erst entlassen werde kann, wenn sie keine Suizidpläne mehr hat.

Doch diese Handelsvorgänge finden nie nur isoliert zwischen zwei Parteien statt. Nicht nur sind häufig andere Personen und somit Interessensgruppen beteiligt, was direkt[110] oder vermittelt[111] der Fall sein kann, doch auch die räumlichen Möglichkeiten gestalten den Handelsvorgang. Dies geschieht in seltenen Fällen auch sehr direkt, wenn, wie im folgenden Beispiel, das »Verlegungspuzzle«, zu Situationen führt, in denen akut eine Veränderung herbeigeführt werden muss.

> Ein Patient, der Diabetes hat, bisher im Isolierzimmer lag und alles – also nicht nur die Blutzuckermessung oder Medikamente, sondern auch Essen und Trinken – verweigert hat, zeigt sich im Gespräch mit der Oberärzt*in glaubhaft von Eigen- und Fremdgefährdung distanziert. Da das Isolierzimmer unbedingt für eine akut suizidale Person freigemacht werden muss, soll seine Unterbringung aufgehoben und er entlassen werden, wenn er sich vorher Blutzucker stechen lässt. Die Ärzt*in ist sich sicher, dass er sich dazu überreden lassen wird.

---

110 Wie im Beispiel des Entfixierungs-Zigaretten-Medikamentenhandels, bei dem die Pflege darauf beharrte, dass der Patient erst entfixiert wird, wenn er eine sedierende Medikation bekommen habe: »Er nimmt die und dann wird er entfixiert. Das haben wir immer so gemacht.«

111 Die Interessen, Einschätzungen und zum Teil auch handfesten Beschlüsse der Verwandten, Betreuer*innen, Amtsgerichte, Polizei und Ordnungsämter können so vermittelnd wirken. Zum Teil zeigen selbst jahrzehntealte psychiatrische Einschätzungen (in Form alter Arztbriefe) noch Wirkung auf die Verhandlungen.

Dieser direkte Handel von (im-)materiellen Gütern kann mitunter recht komplexe Formen annehmen, indem sich beispielsweise der Medikamenten-, mit dem Ausgangs- sowie dem Therapiehandel überschneidet. Im folgenden Beispiel wird dies deutlich:

> In der oberärztlichen Visite mit Patient*in XY fragt die Assistenzärzt*in, warum sie in letzter Zeit weniger Tavor genommen hat. Sie meint, dass sie es vergessen habe. Im weiteren Gespräch über die Medikation wird deutlich, dass sie eigentlich keine Medikamente mehr nehmen will. Kein Tavor und auch kein anderes Medikament. Sie meint mehrmals, dass es ihr gut gehe und alles stabil sei. Die Oberärzt*in fragt noch einmal nach Olanzapin [hochpotentes Neuroleptikum]. Das nehme sie auch nicht mehr. Sie wolle alleine Ausgang bekommen. Sie sagt, dass sie eine Woche habe warten sollen und da sie jetzt um ist, will sie alleine raus. Die Oberärzt*in will es aber jetzt noch nicht genehmigen. Sie solle erst einmal an den Therapien teilnehmen und wenn sie das mache, dann glaube die Oberärzt*in auch, dass sie die Medikamente reduzieren und sie Ausgang bekommen könne. Die Patient*in meint, dass sie es sich überlegen werde, ist sonst aber sehr uneinsichtig. Sie wolle nur raus, um ihre Mutter zu besuchen. Sie sei mit der Situation sehr unzufrieden. Die Oberärzt*in begründet es mit ihrer Freiheit: Die Richter*in rufe hier viel an, die dächten nämlich über eine geschlossene Langzeitunterbringung nach. Es stehe da viel auf dem Spiel, sie dürfe auf keinen Fall einen Rückfall haben. Sie verneint Suchtdruck und verneint auch den Kontakt zu Person XY [eine Freund*in, die als schlechter Einfluss gewertet wird]. Die Patient*in verlässt den Raum.
>
> Im Nachgespräch meint die psychologische Psychotherapeut*in, dass es einem das Herz breche, dass sie keinen Ausgang kriegt. Die Oberärzt*in begründet ihre Entscheidung damit, dass es halt knallhart gelogen sei – sie würde rausgehen und dann eine Woche wegbleiben. Die Assistenzärzt*in berichtet von Person XY, wie sie und ihre Mutter die Patient*in zu bearbeiten versuchten, dass sie keine Medikamente nehmen solle, dass sie hier Experimente mit ihr machen würden und sie doch lieber kiffen solle.

Hier findet eine Überlagerung des Handels statt, indem nicht nur mehrere Handelsvorgänge in Beziehung zueinander gebracht werden, sondern auch die verschiedenen Gegenstände des Handels alle aufeinander verweisen und voneinander abhängen. Wurde der Ausgang der Patient*in letzte Woche noch auf einen zukünftigen Zeitpunkt herausgehandelt, so muss er ihr nun dennoch verwehrt werden, da sie sich sowohl in der Medikation als auch in der Mitwirkung am Therapieangebot non-compliant zeigt. Der Handel bezieht sowohl die Medikation, als auch die Mitwirkung an den Therapien und das Ausgangsprivileg mit ein. Weiterhin gibt es eine direkte Einflussnahme auf diese Handelsvorgänge: Zum einen durch den als schädlich wahrgenommenen, anti-psychiatrischen Einfluss der Freund*in und der Mutter und zum anderen durch die als Drohung angebrachte und auf die Amtsrichter*in verlagerte Langzeitunterbringung. Vermittelt kommt hier noch die Erfahrung des Personals mit der, von Voraufenthalten bekannten, Patient*in hinzu, aufgrund derer die Aussagen der Patient*in (keinen Suchtdruck zu haben oder Ausgang nur zu wollen, nur um die Mutter zu besuchen) bezweifelt werden. All dies führt mitunter zu sehr komplexen Verhandlungen, bei denen, wie die Oberärzt*in richtig bemerkt, sehr »viel auf dem Spiel steht«.

Tatsächliche, Praktische oder Pathologische Compliance

Ein typischer Handelsvorgang setzt voraus, dass mindestens zwei Parteien mit einem eigenen Interesse aufeinandertreffen. Beide Parteien haben der anderen Seite etwas anzubieten und wollen dabei jeweils ihre eigenen Interessen wahren. Somit wird grundsätzlich nicht gehandelt, wenn nicht von vornherein ein gewisses Einverständnis über die zu verhandelnden Güter besteht. In vielen Fällen besteht zwischen Personal und Patient*innen bereits Einigkeit über die Einnahme oder auch die nötigen Veränderungen der Medikation. Dieses Gefüge wird in der Medizin mit dem Begriff der *Compliance* bezeichnet. Die Patient*in zeigt dann eine gute und tatsächliche Compliance, wenn sie sich als kooperativ erweist, den ärztlichen Vorschlägen und Empfehlungen Folge leistet. Außerdem sollte sie das medizinische Krankheits- und Behandlungsverständnis übernehmen und die Bereitschaft zeigen, sich diesem entsprechend für ihre Gesundung zu engagieren. Hier steht also ein Arbeitsbündnis in Ausblick, das zumeist nicht ohne vorherige Überzeugungsarbeit zustande kommt.

Ich möchte hier in Anlehnung an Fengler und Fengler (1980, 345ff.) zwischen *praktischer* und *tatsächlicher* Compliance unterscheiden. Praktische Compliance liegt dann vor, wenn eine Patient*in auf ein Angebot (wie die Einnahme von Medikamenten) eingeht, ohne selbst davon überzeugt zu sein, dass es richtig ist und ihr helfen wird. Die praktische Compliance ist aus Sicht des Personals aber häufig ausreichend, da es »hofft, daß der Patient dadurch schließlich in einen Zustand kommen wird, in dem er rückblickend *tatsächlich* von der Notwendigkeit der schon geschehenen Behandlung überzeugt ist und – falls notwendig – weiter Maßnahmen akzeptiert« (ebd., 352). Diese Überzeugungsarbeit zielt nicht darauf ab, die wirklichen Überzeugungen der Patient*in zu ändern, sondern bleibt jenen äußerlich, zumindest solange die Patient*in sich trotzdem compliant verhält.

> In einer assistenzärztlichen Visite mit Patient*in XY versucht die Ärzt*in, die Patient*in zu überreden, einer Depotmedikation zuzustimmen. Sie listet die Vorteile auf, dass

sie z. B. nicht mehr ständig darauf achten muss, die Tabletten zu nehmen. Patient*in XY lehnt es ab. Im weiteren Gespräch lehnt sie auch eine ambulante Betreuung ab. Sie meint, sie brauche das alles nicht, sie komme alleine klar. Sie hat keine psychische Krankheit, braucht keine Tabletten und auch keinen Pflegedienst. Die Ärzt*in verabredet mit ihr am Ende, dass sie die Betreuer*in einladen wird, damit sie zu dritt noch einmal reden können. Die Ärzt*in fragt sie noch, ob sie einverstanden ist, dass sie in nächster Zeit etwas mit dem Risperdal hochgehen würde. Die Patient*in, die mit ihrem Beutel in der Hand währenddessen schon dabei ist aufzustehen, sagt nur »Okay« und geht raus. Später klopfe ich bei ihrem Zimmer an, um ein Einverständnis für meine Forschung zu holen. Sie stimmt recht schnell zu und erzählt mir daraufhin gleich etwas von ihrem katholischen Glauben. Diese für mich irritierende Überleitung lässt mich an der Gültigkeit ihrer Zustimmung zweifeln.

Die Ärzt*in belässt es bei dieser praktischen Überzeugung, vielleicht auch in der Meinung, dass eine tatsächliche Compliance an dieser Stelle gerade nicht zu erreichen wäre. Dieses vermeintliche Einverständnis wiederholt sich in der Zustimmung gegenüber meinem Forschungsvorhaben (in solchen Fällen habe ich daher an mehreren Zeitpunkten versucht, ein Einverständnis einzuholen).

Der Widerspruch der psychiatrischen Praxis, mit Menschen Geschäfte zu machen, denen man die Geschäftsfähigkeit abspricht, wird auch durch das Personal immer wieder problematisiert. Das psychiatrische Dilemma zeichnet sich dadurch aus, dass die Compliance als eine freie Willensentscheidung verstanden und auf einer praktischen Ebene genutzt wird, wohingegen die Non-Compliance als pathologisch und behandlungsbedürftig betrachtet wird. Dies führt dazu, dass einer psychotischen Patient*in Medikamente gegeben werden, wenn sie der Einnahme zustimmt (statt ihre Zustimmung, die sie in einem nichtgeschäftsfähigen Zustand abgibt, als Teil ihres Wahns zu betrachten), und sie aber in letzter Konsequenz mit einer Zwangsmedikation rechnen muss, wenn sie die Einnahme ablehnt (da die Ablehnung als pathologisch betrachtet wird und daher dagegen vorgegangen werden kann).

Während im ersten Falle ungeklärt bleibt, inwieweit die Patient*in überhaupt aufklärungsfähig war, gibt es andere Fälle, in denen eine nähere Aufklärung aus praktischen Gründen unterlassen wird:

> Frau XY berichtet in einer assistenzärztlichen Visite, dass sie seit Tagen nicht mehr richtig geschlafen hat. Als ihr die Ärzt*in Diazepam [ein Beruhigungsmittel, Benzodiazipin] oder auch Haldol [ein hochpotentes Neuroleptikum] im Bedarf[112] empfiehlt, fragt die Patientin, wie viel Milligramm das dann wären. Die Ärzt*in sagt, dass es bei Haldol 5 mg und bei Diazepam 10 mg wären, woraufhin die Patientin zustimmt: »Okay. Dann nehme ich Haldol.«

[112] Die Bedarfsmedikation meint verordnete optionale Psychopharmaka. Manchmal entspricht die Einnahme der Bedarfsmedikation aber mehr dem Bedürfnis des Personals als dem Bedürfnis der Patient*innen (z. B. wenn anstrengende Patient*innen zur Einnahme ihrer Bedarfsmedikation überredet werden).

Der Medikamentenhandel, auf den sich die Patientin einlässt, bezieht sich auf das Gewicht bzw. die Menge der Medikamente, die sie nehmen muss. Nur fallen beide Medikamente in eine völlig andere Medikamentengruppe und selbst innerhalb einer Klasse lässt sich das Wirkspektrum nicht allein durch die Menge bestimmen (daher gibt es u. a. im Bereich der Antipsychotika den Vergleichsmaßstab der neuroleptischen Potenz, der an dem Goldstandard von Chlorpromazin gemessen wird; zur historischen Konstruktion dieses Wirksamkeitsbegriffes vgl. Balz 2010). Obwohl dies der Ärzt*in bewusst war, verzichtete sie hier auf eine weitere Aufklärung dieser Hintergründe, vermutlich weil die Einnahme eines Neuroleptikums in diesem Falle als vielversprechender und therapieförderlicher angesehen wurde, als die Einnahme eines reinen Beruhigungsmittels. Das Ausnutzen dieser praktischen Compliance wird wahrscheinlich in den meisten Fällen als die Bedingung der Möglichkeit einer tatsächlichen Compliance verstanden. Auf das letzte Beispiel angewandt: Erst wenn die antipsychotischen Medikamente wirken, werden die Bedingungen dafür geschaffen, dass die Patient*in geschäftsfähig wird und sich bewusst für die Medikation entscheiden kann.

Ein weiterer Sonderfall soll hier noch erwähnt werden: das Umschlagen der tatsächlichen in eine Art pathologische Compliance. Die beinahe ideale Situation für die ärztliche Behandlung, in der eine Patient*in tatsächlich und umfassend *compliant* zu sein scheint, kann in ihrer Radikalisierung auch selbst zum Problem werden. Folgende Szene soll das verdeutlichen:

> In der oberärztlichen Visite kommt Herr XY zur Visite. Die Oberärzt*in fragt ihn: »Wie geht es Ihnen?« und er erwidert lächelnd: »Ich schlafe viel, bin sediert – das ist aber gut« (...) »Wir würden das Tavor absetzen und ihnen dafür etwas Neues dazugeben. Das hat folgende Vorteile, dass sie...« / »[Lacht auf und unterbricht sie] Sie brauchen sich nicht zu rechtfertigen. Ich freue mich über alles, was Sie mir geben.«

Im weiteren Gespräch mit dem Patienten wurde deutlich, dass er am liebsten auf der geschlossenen Station leben würde, da er hier in Ruhe arbeiten und sich ausruhen kann. Seine gute Compliance in Form einer vorauseilenden Zustimmung zu jeglicher Medikation wird damit selbst zum Symptom seiner Krankheit. In diesem und vergleichbaren Fällen werden die Therapietreue und die Annahme des psychiatrischen Behandlungsangebots somit selbst zum pathologischen Zeichen. Eine gängige Konstellation besteht darin, dass Patient*innen den sicheren Hafen und die relativ gute Versorgung, die ein stationärer Aufenthalt – trotz aller Unannehmlichkeiten – bietet, nicht aufgeben wollen.[113] Diese Patient*innen müssen dann oft zwar nicht mehr zur Behandlung oder zur Einnahme von psychopharmakologischen Medikamenten, dafür aber zu einer selbstständigen Lebensführung überzeugt werden. Hier schließt auch ein weites Feld an Metaphern an, indem die Klinik als »Jugendherberge«, »Hotel« oder »besseres Zuhause« bezeichnet wird und Patient*innen bezichtigt werden, die psychiatrische Versorgung auszunutzen

5.3.3 Überzeugende Inszenierungen

Die logisch-argumentativen, affektiv-sozialen oder marktförmigen Techniken der Überzeugungsarbeit lassen sich als ein direkter Austausch zwischen mindestens zwei Beteiligten verstehen. Im Fokus stand in der bisherigen Darstellung das direkte interaktive Geschehen zwischen dem psychiatrischen Personal und den Betroffenen, wobei die logisch-argumentativen und affektiv-sozialen Techniken eher unidirektional und die handelsförmigen Techniken reziprok verlaufen. Doch diese Techniken vollziehen sich in einem gewissen Rahmen, der durch die jeweilige Situation bestimmt ist. Durch diesen Rahmen ist festgelegt, wer mit wem, zu welchem Zeitpunkt, über welche Dinge, zu welchem Zweck verhandelt. Der erste Rahmen stellt die *Klinik Doppelgipfel für Psychiatrie und Psychotherapie* und die Station 6.1A selbst da. Dieser Rahmen führt mit seinem materiellen Aufbau und seiner inneren Struktur selbst zu einer Veränderung des Lebens der Betroffenen. Er schafft eine zeitliche Ordnung, mit geregelten Aktivitäts-, Ruhe- und Essenszeiten. Er stellt einen unweigerlichen Austausch mit anderen Personen her, sei es nun mit dem Personal oder anderen Patient*innen. Er extrahiert die Betroffenen aus ihrem beruflichen, familiären oder sozialen Umfeld und schafft damit oft selbst schon eine gewisse Spannungsreduktion oder Entdramatisierung der individuellen Krisen und Problemlagen. Es ist diese Veränderung der persönlichen Lebensumstände und Handlungsmöglichkeiten (z. B. durch eine Normalisierung der Schlaf- und Wachrhythmen, durch die Herstellung von Beziehungen oder auch durch eine erste medikamentöse Beruhigung und Entschärfung von Angst- und Erregungszuständen), welche selbst

[113] Schon Goffman (1973, 66f.) beschreibt diese »Standardform der Anpassung (…) als ›Kolonialisierung‹« und die Pathologisierung dieses Verhaltens: Patient*innen eines solchen Typs werden bezichtigt, an »Hospitalitis« zu leiden.

als wesentlicher Teil der klinischen Überzeugungstechnik verstanden werden kann. Diese Veränderungen der persönlichen Praxis stehen chronologisch gesehen in der Regel vor der Veränderung der sprachlichen Überzeugungen.[114]

Um diesen Rahmen zu beschreiben, eignet sich die Metapher des Theaters. Die Rollen für das Geschehen auf diesen abgegrenzten und abgesteckten Bühnen sind bereits im Vorfeld verteilt, es gibt Routinen und Skripte, die eine Situation bestimmen (z. B. eine Visite) und gewisse Requisiten, die jeweils zum Einsatz kommen. Die Bestandteile des Verhandlungsrahmens (die Bühne, die Rollen, die Skripte oder die Requisiten) können dabei selbst modifiziert werden, um der Überzeugungsarbeit zu dienen. Die Modifikation des Verhandlungsrahmens kann der direkten Überzeugungsarbeit dienen:

> Es gehen fünf Pfleger*innen ins Isolierzimmer, in dem ein junger, aggressiver, mit Schizophrenie diagnostizierter Patient untergebracht ist, um ihm seine Medikamente zu geben. Eine jüngere, zierliche und hübsche Pflegerin wurde ausgewählt, um ihn zur Einnahme zu überzeugen. Von ihr nimmt er die Medikamente schließlich bereitwillig entgegen.

In diesem Beispiel wird der Verhandlungsrahmen insofern modifiziert, dass eine entsprechende Darstellerin im Vorfeld ausgewählt wird, um den Medikamentenhandel anzuleiten. Es ist hier nicht nur die Bühne des Isolierzimmers und die Überzahl der Darsteller*innen, sondern gerade auch die Attraktivität und die Weiblichkeit der Verhandlungsführerin, die zur Überzeugungsarbeit eingesetzt wird. Auch in anderen Situationen wird eine solche Vorauswahl genutzt, um männliche Patienten zur Einnahme der Medikation zu überzeugen (»Nur bei Frauen nimmt er lammfromm alle Medikamente«). Die übliche Rollenverteilung oder Skripte können für eine Verhandlung jedoch auch verändert werden. Die Aufteilung nach dem Verhandlungsprinzip des good cop / bad cop (in diesem Setting also des ›good doc / bad doc‹) kann eine solche spontan entfaltete szenische Rollenverteilung sein, die der Überzeugungsarbeit dient. Die Skripte der üblichen psychiatrischen und psychotherapeutischen Gesprächsführung können, wenn es die Situation erfordert, auch geändert werden. In folgender Szene wird das deutlich:

> Als der Patient, Herr Pawlik, nicht aufhört, sich über seinen Aufenthalt zu beschweren, erwidert Dr. Abels »Labern Sie mich nicht voll« und liest dann den Unterbringungsbeschluss vor. Danach fragt sie ihn, ob er den Rahmen verstanden habe. Sie

[114] Auch Žižek (2002) erklärt die Übernahme von Ideologien durch eine vorgängige, rituelle und gelebte Praxis verankert, welche erst in einem zweiten Schritt durch sprachliche Überzeugung und Rationalisierung ausgebaut und verfestigt wird.

sagt ihm, dass er eine paranoide Schizophrenie habe, und zitiert das vor zwei Monaten ausgestellte Gutachten. Danach geht es um seine Beziehungen zu seinen Verwandten, um die Medikation und den Ausgang. Letzteren erhält er erst, wenn er zustimmt, freiwillig zu bleiben. Sie fragt ihn dann: »Was wollen Sie hier erreichen? Gibt es was, was wir für Sie tun können?«. Der Patient antwortet: »Es ist alles in Ordnung«. Daraufhin zählt die Ärzt*in die Problemfelder auf: Er ist obdachlos, seine Verwandten wollen ihn nicht sehen, er hat keine Arbeit, saß vor kurzem im Gefängnis und wurde von der Polizei hierhergebracht, da sie sich anders nicht mehr zu helfen wissen. Herr Pawlik geht darauf nicht ein. Abschließend sagt Dr. Abels: »Sie schätzen die Lage auch nicht richtig ein. Das ist meine Meinung.« Nachdem der Patient gegangen ist, erklärt mir Dr. Abels, dass sie eine andere Gesprächsführung habe als es in den Therapielehrbüchern steht, »aber sonst käme auch nichts an«.

Die Ärzt*in bedient sich eines Soziolekts, um auf Augenhöhe mit dem Patienten zu sprechen. Sie verlässt damit zwar nicht ihre ärztliche Rolle, doch bedient sie sich nicht mehr des Skripts der Therapielehrbücher. Auch die direkte Konfrontation mit dem bürgerlichen und sozialen Scheitern des Patienten fällt aus dem Rahmen der psychotherapeutischen Gesprächsführung. Die Voraussetzungen und Grundprinzipien der verhaltenstherapeutischen Gesprächsführung lassen sich mit den Schlagworten des Aktiven Zuhörens, der Empathie und der Akzeptanz beschreiben, wobei ein geleitetes Entdecken mit sozialer Verstärkung und Lob im Vordergrund steht (vgl. Hoyer & Wittchen 2011, 436ff.). Die Ärzt*in verfolgt hier eher eine Strategie der Konfrontation. Sie nutzt die formalen medizinjuristischen Requisiten der Unterbringungsbeschlüsse und Gutachten, um Kraft dieser Autoritätsargumente die diagnostizierte Störung zu belegen und sie nutzt die sozialen Problemfelder des Patienten, um ihn von der problematischen Situation und zu einem Veränderungswillen zu überzeugen. Für das vorliegende Argument ist es unerheblich, ob dieser aggressive Stil der Gesprächsführung wirklich beim Patienten »ankommt«. Wichtig ist vielmehr, dass die Ärzt*in sich hier dem zugeschriebenen Habitus, einschließlich des Sprachstils, des Patienten anpasst und sich flexibel eines nicht genuin psychotherapeutischen Gesprächsstils bedient, um den Patienten zur Krankheits- und Behandlungseinsicht zu überzeugen.[115] Eine vergleichbare Taktik findet sich im genau umgekehrten Fall, wenn sich weiterhin des therapeutischen Skripts bedient, die therapeutische Rolle aber temporär ausgesetzt wird. Dies geschieht im folgenden Fall:

Eine Patient*in, die aufgrund einer Suizidankündigung für zwei Wochen untergebracht wurde, verhielt sich den gesamten Aufenthalt sehr ablehnend. In ihrer Akte steht, dass sie wenig im Kontakt und überhaupt nicht einschätzbar sei. Vermerkt in

[115] In einer ein paar Tage später stattfindenden Situation, sagt Dr. Abels, dass sie »wieder Freund mit ihm werden« müsse, um ihn zum Depotmedikament zu überreden. Die Beziehungs- und Bündnisarbeit wird somit instrumentell zur Überzeugung eingesetzt.

der Akte ist weiterhin: »Aktuell Beziehungsaufbau über soziale Belange (Wohnungssuche bei Obdachlosigkeit). Glaubhaft von akuter Suizidalität distanziert.«

Hier wird der Versuch geschildert, taktisch einen Beziehungsaufbau über soziale Belange herzustellen, da der therapeutische Kontakt von der Patient*in verweigert wird. Die subtile Überzeugungsarbeit zu einer therapeutischen Beziehung geschieht hier über den Umweg der Wohnungssuche, da die Annahme besteht, dass sich die Patient*in im Verlaufe dieser Auseinandersetzung und vielleicht auch über die Erfahrung, dass ihr in sozialen Bereichen geholfen wurde, auch für eine weitere psychiatrisch-psychotherapeutische Behandlung öffnen würde. Die Ärzt*in muss hierfür zwar nicht die Haltung der psychotherapeutischen Gesprächsführung, doch aber auf unbestimmte Zeit die Rolle der Psychotherapeut*in zugunsten der einer Sozialarbeiter*in aufgeben.

In der *Klinik Doppelgipfel* wurde der weiße Kittel nur in spezifischen Situationen getragen. Während kaum eine Ärzt*in einen Kittel trug, wenn sie ihre normale Arbeit auf Station verrichtete, zogen sie immer dann einen Kittel an, wenn sie einen Dienst zu übernehmen und die Neuaufnahmen von der Zentralen Notaufnahme zu betreuen hatten. Nur die Ärzt*in der Institutsambulanz, die dauerhaft für die Aufnahmen zuständig war, trug im Gegensatz zu allen anderen immer einen Kittel. Es scheint gerade gegenüber Menschen, die unter Umständen noch keinen vorherigen psychiatrischen Kontakt hatten, wichtig zu sein, in der Aufnahmesituation medizinisch ‚uniformiert' zu sein. So gewinnt der Kittel in der Psychiatrie, in der die Schutzfunktion ebenso wie die hygienisch-weiße Ausstrahlung zu vernachlässigen ist, eine primäre symbolische Funktion. Die Ausstrahlung eines medizinisch-professionellen Habitus ist dabei gerade für den häufig durch starke Unsicherheit geprägten Erstkontakt wichtig (Jahn & Nolten 2018, 34ff.). Ein Beispiel für diese Taktik ist die in einer Kurvenvisite von der Chefärzt*in ausgesprochene Empfehlung an Dr. Abels, bei einem osteuropäischen Patienten extra einen Arztkittel anzuziehen, um ihm zu sagen, dass er keinen Ausgang kriegt. Das anleitende kulturelle Klischee war hier, dass der Patient ein solch autoritäres Auftreten brauche, da Männer aus dem osteuropäischen Kulturkreis sich über psychotherapeutische Gespräche ‚nur lustig machen' würden. Dieser geplante und taktische Einsatz von Requisiten macht die Ärzt*in zur Repräsentant*in der medizinischen Disziplin. Ihre Einschätzungen und Empfehlung werden damit durch die Autorität der Wissenschaft und der Disziplin legitimiert und können so eher zu einer Aufnahme oder anderem überzeugen. Ein anderes Beispiel für die Veränderung der Requisiten findet sich in der Vergabeform der Notfallmedikamente. Das alte psychiatrische Werkzeug dafür ist die Injektion. Die intranasale Vergabe von Benzodiazepinen (z. B. Midazolam) gilt dabei in der Praxis als gute Alternative. Die Annahme ist, dass ein handelsüblich-wirkendes Nasenspray die betroffene Person in einem Erregungszustand weniger beunruhigen und verängstigen wird als eine Spritze. Auch hier wird eine spezifische Requisite ausgewählt, um den Verhandlungsrahmen zugunsten der psychiatrischen Behandlung zu beeinflussen.

Es wird zum Teil auch die Bühne selbst verändert, um das gleiche Stück in neuem Gewand aufzuführen. Die Verlegung ist ein beliebtes Mittel, um den Verhandlungsrahmen zu verändern. Von Goffman (1972, 54ff.) wurde sie als Teil eines Straf- und Privilegiensystems analysiert. Obwohl Verlegungen auch in der aktuellen psychiatrischen Praxis weiterhin sowohl als sanktionierende und disziplinierende Maßnahme als auch zur Deeskalation unruhiger Stationen eingesetzt werden, kann der Einsatz der Verlegung (hier in einer sehr lokalen Manier) auch als indirekte Überzeugungsarbeit genutzt werden:

> Das Bett eines jungen Langzeitpatienten, der sich morgens häufig weigert aufzustehen und auch tagsüber viel Zeit im Bett verbringt, wurde in den Flur geschoben. Er hat sich nach dem Frühstück dennoch wieder ins Bett gelegt. Gegen 12 Uhr wurde er geweckt und angewiesen, sein Bett wieder ins Zimmer zu fahren.

Sicherlich gibt es auch hier einen strafenden Aspekt, der diese Verlegung auf den Flur motiviert. Dennoch geschieht dies auch in einem pädagogischen Auftrag. Die gestörte Privatsphäre auf dem Flur soll den Patienten davon überzeugen, sich nicht den ganzen Tag im Bett aufzuhalten. Es ist hier die Manipulation der Bühne, die Verlegung von einem halb-privaten Bereich in einen halb-öffentlichen, die zur Überzeugungsarbeit eingesetzt wird.

Eine weitere Variante einer Veränderung des Verhandlungsrahmens findet sich in der Anwendung physischer Zwangsmaßnahmen. Hier wird eine neue Grundlage geschaffen, auf denen die primären Techniken der Überzeugungsarbeit wieder ansetzen können. Doch die direkte Gewaltanwendung ist nur die letzte Form psychiatrischen Zwangs. Bevor es zu Fixierungen oder Zwangsmedikationen kommt, gibt es eine ganze Palette an subtilen Formen des psychiatrischen Zwangs. Oft bestehen dabei keine klaren Grenzen »zwischen gemeinsamen Aushandeln, hartnäckiger Motivation und Zwangsmaßnahme« (Klausner 2015, 242).

Überzeugende Drohungen

Wenn die logische oder empathische Überzeugung scheitert und auch kein weiterer Handel möglich scheint, wird häufig Druck aufgebaut, um doch noch ein gewünschtes Verhalten zu erreichen bzw. ein unerwünschtes zu unterbinden. Eine kurze Szene aus der morgendlichen Medikamentenausgabe im Stationszimmer soll dies verdeutlichen:

> Die Patient*innen kommen einzeln vorbei und die meisten nehmen routiniert ihre Medikamente und den Becher Wasser entgegen: Herr XY weigert sich aber heute. Die große, stämmige Pfleger*in sagt daraufhin in einem auffordernden Tonfall: »Nehmen Sie Ihre Medikamente, Herr XY!« und als er antwortet: »Das sind die falschen Medikamente« und »Das ist zu teuer«, erwidert sie: »Das sind die Medikamente vom Doktor«. Sie redet weiter auf ihn ein und versucht ihn mit dem Argument zu überzeugen: »Damit Sie wieder nach Hause können«, bis er sie schließlich auch nimmt.

Die routinierten Abläufe der dreimal täglich erfolgenden Medikamentenausgabe sind zwar prädestiniert dafür, dass Fragen, Zweifel oder Widerstand aufkommen, doch gleichzeitig wird genau in dieser Situation versucht, keinen Raum dafür zu lassen und die Verhandlungen auf die entsprechenden Visiten zu vertagen. Die Pfleger*in, die den Patienten und seine Verweigerungshaltung gegenüber der Medikation schon kennt, beginnt daher gleich mit einer imperativen Aufforderung und nicht erst mit den sanften Techniken der Überzeugungsarbeit. Als der Befehl wirkungslos bleibt und der Patient rationalisiert, warum er die Medikamente nicht nehmen will, nutzt die Pfleger*in das medizinische Autoritätsargument (»Die sind vom Doktor«) und schließlich das Lockmittel der ‚Heimkarte' – also die Perspektive einer baldigen Entlassung.[116] Auf der impliziten Kehrseite der Heimkarte liegt dabei immer auch die Drohung, dass die Entlassung verhindert wird, wenn sich die Patient*in der Aufforderung nicht fügt. Das Privileg offenbart sich, wie Goffman (1960, 56f.) es schon treffend analysiert hat, im Kontext von totalen Institutionen weniger als wirkliche Vergütung oder Belohnung, »sondern lediglich [als] die Abwesenheit von Entbehrungen, die man normalerweise nicht ertragen zu müssen erwartet«.

Mit diesem Bereich der Angebote, die man kaum ablehnen kann, ist auch die Thematik der sogenannten Unterbringungen angeschnitten, also der erzwungenen Einweisungen und der erzwungenen Aufenthalte. Nach der psychiatri-

---

[116] In gewisser Weise handelt es sich hier um die Inversion der ‚Suizidkarte', bei der Patient*innen suizidale Äußerungen oder Handlungen einsetzen, um eine Aufnahme zu erreichen oder einer Entlassung entgegenzuwirken (s. Kapitel 6.3.).

schen Literatur befinden sich in Deutschland 15 % der stationär behandelten Menschen gegen ihren Willen in der Klinik (Salize, Rössler & Becker 2007, 100). Wie schon erwähnt, vermitteln solche Zahlen, die sich einfach an der juridisch-dokumentarischen Wirklichkeit der Fallakten orientieren, eine irreführende Simplizität des Sachverhalts. Das Verhältnis zwischen Freiheit und Zwang lässt sich in der Praxis nicht so einfach in die eine oder andere Kategorie einteilen, wie es rechtlich möglich ist. In der Praxis finden sich viele Formen der Verlockungen, der Befehle, der Drohungen und gar der Nötigungen und Erpressungen, welche in der juridisch-dokumentarischen Übersetzung entweder gar nicht auftauchen oder unter der eingetragenen ‚Freiwilligkeit' verschwinden. Während Zwangsmaßnahmen, »wie Isolierungen, Fixierungen und sedierende Medikationen (…) dokumentationspflichtig und beschwerdefähig [sind]« (Ernst 1998, 50), sind es diese mannigfaltigen Techniken der Verlockungen und Drohungen nicht. Die Bedeutung der Zwangsmaßnahmen entfaltet sich dabei nicht nur in der tatsächlichen Anwendung von körperlicher Gewalt, sondern gerade in ihrer reinen Möglichkeit und Potentialität, welche in der Androhung ihre erste Form der Umsetzung erfährt.[117] Zwang kann also bereits in Form der Drohung, als eine spezifische Form der (Noch-)Nicht-Ausübung, zum Tragen kommen. Eng damit verwandt ist der Aspekt des symbolischen Gehalts von Zwangsmaßnahmen, wenn sie tatsächlich umgesetzt werden. Die symbolische Wirkung umfasst die Möglichkeit der Wiederholung und das nicht nur bei den direkt Betroffenen. Auch Goffman (2011, 220) weist darauf hin, wenn er schreibt, dass »die objektivste Form nackter Gewalt, nämlich physischer Zwang (…) häufig eher als eine Schaustellung zur Einschüchterung des Publikums [fungiert]; sie ist oft ein Mittel der Kommunikation, nicht der Aktion«. Die Effektivität psychiatrischer Gewalt und psychiatrischen Zwangs liegt nicht darin, dass er oft eingesetzt wird, sondern in seiner Latenz und Virtualität. Um diesen nicht-aktualisierten Aspekt des Zwangs jedoch seinerseits effektiv werden zu lassen, muss er gelegentlich direkt (durch Drohungen) oder indirekt (durch Angebote, die man nicht ablehnen kann) evoziert werden. Wenn er dann tatsächlich angewandt werden muss, hat er nicht nur das Ziel, eine einzelne Maßnahme durchzusetzen, sondern auch eine symbolische Wirkung zu erzeugen, die auch als Grundlage für zukünftige Verhandlungsprozesse dient.

[117] Vergleichbar mit der Funktion des Gefängnisses, welche auch nicht mit der Einschließung und mit der ‚gerechten' Vergeltung der Betroffenen erschöpft ist, sondern gerade auch in der präventiven und disziplinierenden Abschreckungswirkung auf alle anderen liegt (Foucault 2014; so ist auch in der relativen Strafzwecktheorie angelegt; vgl. Campagna 2007, 80ff.).

Auch in der psychiatrischen Literatur findet sich die Beobachtung, dass »die Überzeugungsarbeit, die hier offensichtlich vom Personal der Aufnahmestationen geleistet wird, nicht immer frei von Nötigung [ist]. Die Patientinnen und Patienten wissen genau, was ihnen droht, wenn sie nicht 'freiwillig' bleiben wollen« (Borst 2008, 166). Die Patient*innen wissen es genau, weil mit diesen Techniken der Drohungen und Nötigungen in der Praxis gearbeitet wird. Die Drohung ist eine essenzielle Technik der psychiatrischen Überzeugungsarbeit. Die Androhung einer Unterbringung ist vielleicht sogar bedeutender als die Unterbringung selbst. Eines der vielen Beispiele aus der Feldforschung soll hier der Verdeutlichung dienen:

> Die Unterbringung einer Patient*in endet heute. In der Visite sagt sie aber selbst, dass sie noch eine Weile freiwillig bleiben will. Die Oberärzt*in belehrt sie: Sie solle jetzt aber nicht einfach sagen, dass sie bleibe und dann ein paar Tage später schnell verschwinden. Weil dann würde sie die Betreuer*in anrufen und eine weitere Unterbringung durchsetzen. Sie begründet es damit, dass »wir uns Sorgen machen«. Zum Abschluss der Visite unterschreibt die Patient*in die Freiwilligkeitserklärung.

Der Vertrag, der am Ende abgeschlossen wird und der die Freiwilligkeit der Patient*in dokumentiert, läuft auf die paradoxe juristische Praxiskonstruktion der »Freiwilligkeit auf Widerruf« hinaus. Die Patient*in ist solange frei, solange sie Compliance zeigt und daher kann im Umkehrschluss der Wunsch nach einem Behandlungsabbruch pathologisiert und als initiierender Moment für eine Unterbringung genutzt werden. Die Konsequenz einer solchen Praxis ist, dass ein nicht unbeachtlicher Anteil der stationär versorgten Patient*innen sich selbst als ‚zwangsuntergebracht' versteht, selbst wenn sie rechtlich als ‚Freiwillig in Behandlung' registriert sind (vgl. Sheehan & Burns 2011; O'Donoghue et al. 2014).[118]

Die Androhung einer Unterbringung muss dabei nicht nur auf den Behandlungswillen im Allgemeinen bezogen sein, wie es im vorherigen Beispiel der Fall ist, sondern kann auch als Druckmittel für andere, spezifische Zwecke eingesetzt werden. Wie bei eingangs zitierter Szene, in der eine baldige Entlassung in Aussicht gestellt wird, wenn die Medikamente genommen werden, kann die Androhung einer Unterbringung auch explizit genutzt werden, um ein gewisses Verhalten zu erreichen. Die nächste Episode zeigt, wie die Androhung einer Langzeitunterbringung eingesetzt wird, um von der Beibehaltung einer spezifischen Medikation zu überzeugen:

---

[118] Dass es sogar spezifische Interviewverfahren, wie das »MacArthur Admission Experience Interview«, gibt, welche den wahrgenommenen Zwang bei der Krankenhausaufnahme untersuchen sollen (Gardner et al. 1993), unterstreicht die Diskrepanz zwischen juridisch-dokumentarischer und subjektiv-empfundener Freiwilligkeit.

> Wir sind im Stationszimmer und die Patient*in XY kommt hinzu. Sie ist eine chronisch erkrankte Patient*in mit diagnostizierter schizoaffektiver Störung, die keinen festen Wohnsitz hat und immer wieder bei aggravierter Symptomatik für längere Aufenthalte in der Klinik untergebracht wird. Dr. Abels fragt wie es ihr mit dem Lithium [ein Salz, das als Psychopharmakon eingesetzt wird] geht. Sie meint, dass dieses Medikament schwarze Beine mache. Dr. Abels erklärt, dass das nicht stimme und wie der normale Verlauf mit dieser Medikation ist. Sie will es dennoch nicht nehmen. Dr. Abels meint, dass sie sie nicht zwingen könne, es zu nehmen, aber wenn sie es absetze, dann werde sie die 1-Jahr-Unterbringung unterschreiben. Die Patient*in wird daraufhin laut und sagt, dass sie ihr Lithium doch behalten solle. Sie geht daraufhin in den Tagesraum, kommt aber wenige Minuten später zurück und meint, dass es doch nicht sein könne, dass sie mit der 1-Jahr-Unterbringung ankomme, wo sie doch wisse, dass sie das auf keinen Fall will. Dr. Abels meint aber, dass sie an diesem Punkt nicht mit sich reden ließe: Entweder nehme sie das Lithium oder sie werde für ein Jahr untergebracht. Eine Pfleger*in schaltet sich hier mit in das Gespräch ein und fragt mit sanfter, verständnissignalisierender Stimme, was denn da besser sei, und sagt, dass halt Kompromisse gemacht werden müssten. Die Patient*in stimmt zu, dass dann Lithium natürlich besser sei.
>
> Als die Patient*in später noch einmal ins Stationszimmer kommt, erklärt ihr die Pfleger*in, dass sie sich keine Sorgen machen müsse. Es gebe Patienten, die Lithium schon seit 20 Jahren nehmen und die keine Probleme und keine schwarzen Knochen haben würden. Die Patient*in meint, es gehe ihr halt um den Verlauf und das ihr garantiert wird, dass da nichts passiert. Die Pfleger*in erwidert, natürlich passiere da nichts und der Verlauf sei erst wirklich viel schlechter, wenn es ihr immer wieder so schlecht gehe, dass sie ins Krankenhaus kommen und mit vielen Medikamenten wiederhergestellt werden müsse.

Die Unterbringungsandrohung wird hier für den Medikamentenhandel genutzt. Die Ärzt*in kann sie zwar »nicht zwingen« das Lithium zu nehmen, sie kann aber dazu beitragen, dass die Patient*in eine (in der klinischen Praxis eher seltene) Langzeitunterbringung erhält. Eine vermittelnde Position übernimmt die Pfleger*in, die mehr mit Argumenten anstatt mit Autorität für den besseren Kompromiss zu überzeugen versucht. Dies ist gleichzeitig ein Beispiel für die spontane Anwendung einer »good cop, bad cop« (bzw. »good nurse, bad doctor«) Verhandlungstaktik.

Die Drohung kann je nach Situation auch anders gestaltet sein. Auch andere Zwangsmaßnahmen, wie die Fixierung oder Isolierung (»Keine Diskussion. Wenn Sie uns angreifen, kommen Sie ins Bett, mit Gurten«) oder der Entzug von Privilegien, können als Drohung oder im umgedrehten Fall als Lockmittel (z. B. wenn eine Entfixierung angeboten wird, wenn die Patient*in doch ‚freiwillig' Medikamente nimmt) genutzt werden, um auf die Patient*in einzuwirken.

Dabei kann auch das Personal erleichtert sein, wenn eine Zwangsmaßnahme nicht wirklich ausgeführt werden musste, weil es gereicht hat, ein Drohszenario aufzubauen. Zum Teil reicht es aus, dass mehrere, teils extra dafür ausgebildete, Pfleger*innen auf eine Patient*in einreden und die Patient*in somit mit der zusätzlichen Technik der Personalpräsenz zur Medikamenteneinnahme überzeugt werden kann. Wie schon erwähnt, kommen z. T. zu dem klinischen Ensemble noch spezifische räumliche Veränderungen (Bühnenarbeiten) und Technologien (als Requisiten) zum Einsatz. Dann wird die ganze Station in Bewegung gebracht und das Bühnenbild verändert, indem alle Patient*innen auf ihre Zimmer geschickt werden, die Türen zum Stationszimmer und zum Tagesraum geschlossen werden, eine Patient*in isoliert, die Requisiten des Fixierbetts und des Spritzbestecks in Sichtweite bereitgestellt und der Patient*in, die sich plötzlich allein mit einer Übermacht von acht oder zehn Personen aus dem Personal wiederfindet, von der Oberärzt*in in ruhigem Ton erklärt, dass sie jetzt die Medikation noch freiwillig nehmen kann oder sie sie gleich, mit der eben genehmigten richterlichen Befugnis, dazu zwingen (vgl. Iltzsche 2019).

Zu diesen direkten, körperlichen Zwangsmaßnahmen der Fixierung und Zwangsmedikation kommt es im psychiatrischen Alltag verhältnismäßig selten, obwohl es dabei große regionale Unterschiede gibt und jede Klinik und Station ihre eigenen Traditionen und Kulturen der Zwangsausübung haben.

Zwangsmaßnahmen als sekundäre Überzeugungsarbeit

Der Versuch, jemanden zu überzeugen, kann natürlich immer auch scheitern. Die zwanglosen Zwänge der besseren Argumente können aufgrund diverser Missverhältnisse nicht wirken und auch alle weiteren Handels- und Aushandlungsvorgänge können scheitern, sobald eine Handelspartner*in das Angebot nicht akzeptiert. Wenn sich weder die Betroffenen noch die Behandelnden auf die Forderungen, Angebote oder Wünsche einlassen und keinen Kompromiss finden können, fordert die Situation dennoch ein weiteres Handeln und Vorgehen. Denn der psychiatrische ‚Markt' ist ein Markt mit asymmetrischen Teilnehmer*innen, auf dem auch nach einem un-/erfolgreichen Handels- oder Vertragsabschluss alle Beteiligten für den Zeitraum der stationären Behandlung aufeinander bezogen bleiben. Häufig kann das Vorgehen einem Ausharren gleichkommen: Beide Seiten sind unzufrieden mit der Situation und werden alles Erdenkliche tun, um die Gegenseite von ihrem Standpunkt zu überzeugen. Diese Aushandlungsprozesse können über große Stücke weite Strecken schweigsam ablaufen, sie können aber auch an verschiedenen Enden gleichzeitig ablaufen und regelrecht orchestriert werden: Eine gemeinsame Haltung des Personals wird in Klinikkonferenzen und Teambesprechungen ausgehandelt, abgesprochen und eingeprobt und dann von allen Professionen (Pflegekräften, Ärzt*innen, Psycholog*innen, Sozialarbeiter*innen, Ergo-, Kunst-, Musik- und Sporttherapeut*innen) und zum Teil sogar über die Instrumente des sozialen Umfeldes (eingeweihte und druckausübende Partner*innen, Freund*innen und Verwandte) oder anderer Institutionen (gesetzliche Betreuer*innen, Wohnheime, Amtsrichter*innen) zur Aufführung gebracht. Doch wenn das Orchester der primären, kollektiven Überzeugungsarbeit auf taube Ohren stößt, so finden sich im psychiatrischen Repertoire noch andere Mittel und Wege, für die es seit jeher berühmt und berüchtigt ist, nämlich die psychiatrischen Zwangsmaßnahmen. Die erste, die freiheitsentziehende Maßnahme ergibt sich meist schon aus der Aufnahme auf eine psychiatrische Akutstation und dies unabhängig davon, ob die Patient*innen untergebracht sind oder nicht, da die Betroffenen nun nicht mehr selbst entscheiden können, ob und wann sie diese Station wieder verlassen können.[119] Die anderen drei prominenten Zwangsmaßnahmen, die im Verhältnis zur praktischen Unterbringung wesentlich seltener vorkommen, sind die Isolierung, die körperliche Fixierung und die Zwangsmedikation.

Dieses Scheitern der primären, d. h. der direkten und unvermittelten Überzeugungsarbeit soll an folgendem ausführlicherem Beispiel einer Aufnahmesituation eines suizidalen Patienten, bei dem von Seiten der Ärzt*in alle Register gezogen werden, um den Patienten zum Reden und zur Einnahme einer sedierenden Medikation zu bewegen, veranschaulicht werden:

> Es findet das Aufnahmegespräch bzw. die oberärztliche Zweitsicht mit einem neuen Patienten, Herrn Passer, statt. Er sei wegen Suizidalität in der Notaufnahme aufgenommen worden und saß seitdem nur schweigend und in sich eingesunken auf dem Sofa im Gang und hat auf den Boden geschaut. Die Oberärzt*in Dr. Ohms leitet das Gespräch und fragt zuerst nach dem Aufnahmegrund. Herr Passer schweigt erst eine Weile und sagt dann leise: »Ich überlege, mir das Leben zu nehmen.« OÄ: »Warum wollen Sie sich das Leben nehmen?« und »Was ist passiert?«. Er antwortet aber nicht. Sie lässt ihm viel Zeit, bevor sie ihn weiter dazu auffordert, zu erzählen, was ihn belastet. Er solle bitte antworten, das sei ja eine wichtige Angelegenheit. Wir sind hier im Krankenhaus und wollen ihm helfen. Sie versucht, ihn immer weiter auszufragen und zum Sprechen aufzufordern. Sie fragt, ob er müde ist und deswegen nicht antworten kann. Fordert ihn auf sie anzublicken, was er dann auch kurz macht. Die OÄ meint, dass sie vom Pfleger wisse, dass er THC konsumiert habe, fragt ihn, ob er noch anderes, z. B. Tabletten, konsumiert habe. Hier kriege ich mit, dass Herr

[119] Eine Unterbringung erfolgt in vielen Fällen nicht tatsächlich, d. h. durch einen richterlichen Beschluss. Doch praktisch unterliegen alle Patient*innen auf geschlossenen Stationen einer gewissen Einschränkung ihrer Freiheit, da sie selbst bei uneingeschränktem, ›freiem‹ Ausgang zumindest immer auf Andere angewiesen sind, um die Station zu verlassen und zurückzukehren. Der völlig freie und uneingeschränkte Ausgang ist dabei natürlich auch fiktiv und wird nur in den angemessenen Grenzen einer stationären Behandlung gewährt. Ebenfalls gilt für jede Entlassung und das auch bei einer freiwilligen Behandlung, dass diese immer auch mit dem Vermerk, dass es »gegen ärztlichen Rat« geschieht, sanktioniert werden kann.

Passer stille große Tränen weint, die auf seiner grünen Jacke schon Wasserflecken hinterlassen. Die OÄ fragt weiter, ob er eine Tavor nehmen würde. Hier schüttelt er das erste Mal seinen Kopf. Die OÄ fragt, ob er Stimmen höre, ob er es nicht erzählen dürfe, ob ihm jemand verbietet, etwas zu erzählen. Er sitzt weiter eingesunken in sich da, regungslos und Blick nach unten. Die OÄ fragt nach Voraufenthalten, er sei ja in der Tagesklinik XY gewesen. Doch Herr Passer schweigt.

Die OÄ schickt dann eine Psychologiepraktikantin raus, eine Tavor und etwas zu trinken zu holen. Da seine Nase sichtbar läuft, geht sie selber schnell raus und holt Taschentücher. Sie hält ihm die Taschentücher hin und er nimmt sie sich sehr langsam. Wie in Zeitlupe breitet er es dann aus und selbst das Schnäuzen ist ungewöhnlich langsam und langgezogen. Die OÄ spricht ihn darauf an, ob er mitkriege, wie langsam er gerade in seinen Bewegungen ist. Er nickt. Sie fragt, ob es einen Widerstand gibt und ob sich das gerade schlecht oder gut anfühlt. Sie fragt ihn wieder, ob er Tavor nehmen würde. Er schüttelt den Kopf. Es folgen viele Aufforderungsversuche, sie macht die Verpackung auf und hält ihm die Tablette hin. Fordert ihn weiter auf, das gebe wirklich »einen angenehmen Effekt«, »nimmt die Last von den Schultern«. Er lehnt ab und zieht seine Hände weg. Zwischendurch fallen wieder große Tränen auf seine Jacke. Die ÖA legt die Tablette schließlich vor ihn auf den Tisch. Am Ende schlägt die OÄ vor, dass eine Person sich draußen mit ihm hinsetzt.

Als er raus ist, erfolgt ein kurzes Nachgespräch: Dr. Abels liest den Aufnahmebefund vor. Die ÖA meint, er sei suizidal, daher »Freiwilligkeit auf Widerruf«. Dr. Abels setzt ihm Tavor 1-1-1-1 an.[120] Die stationsleitende Pflegerin kommt rein und die OÄ skizziert kurz das Gespräch mit Herrn Passer. Er habe nur gesagt, dass er sterben wolle und danach nur noch geweint: »Also: Machen wir die Tür zu?!«.

Dieser Gesprächsverlauf deutet die Schwierigkeiten an, die auf die Behandelnden zukommen, wenn eine Patient*in ihre Mitwirkung verweigert. Deutlich wird, wie die Oberärzt*in alles ihr zur Verfügung Stehende probiert, um den Patienten zu einer Aussage zu bewegen. Es braucht diverse Versuche, um ihm auch nur kleinste Reaktion abzugewinnen.[121] Es werden Fragen gestellt und Hypothesen formuliert, es werden körperbezogene Angebote gemacht und die Beobachtungen der Szene selbst verbalisiert. Das Beruhigungsmittel wird gelobt und angepriesen, es wird ausgepackt, hingehalten und schließlich vor ihm hingelegt. Da kein Rapport herstellbar ist, er aber als akut suizidgefährdet gilt, werden diverse Zwangsmaßnahmen installiert. Diese Zwangsmaßnahmen, d. h. die Anordnungen der Freiheitsentziehung durch das Schließen der Tür sowie den ‚grauen' juristischen Status der »Freiwilligkeit auf Widerruf«, können als sekundäre Überzeugungsarbeit verstanden werden. Sie ist die Bedingung der

[120] Diese Medikamentenverordnung des »1-1-1-1« bezieht sich auf die Vergabe von 1 mg Tavor zu den Vergabezeitpunkten morgens-mittags-abends-nachts.

[121] Eine Überzeugungstechnik, die in sozialpsychologischer Forschung auch als »foot in door technique« bekannt ist. Es wird erst nach einem kleinen Gefallen gefragt, um mit der darüber entstandenen Beziehung, nach dem eigentlichen Gefallen zu bitten. Diskursanalytisch stellt es nach Sacks (1996, 21ff.) auch eine »Correction-Invitation-Device« dar.

Möglichkeit für eine weitere, direkte Bearbeitung des Patienten. Die initial gescheiterte Überzeugungsarbeit wird somit nicht als endgültig gescheitert hingenommen, sondern ist nur die Vorstufe eines ganzen Orchesters an weiteren Überzeugungsversuchen, für welche der erzwungene Rahmen, d. h. die geschlossene stationäre Behandlung, eine Grundlage schafft.

Schon in der kurzen Visiteninteraktion wird ersichtlich, mit welcher Persistenz Betroffene zur Compliance angeregt werden. Die Beharrlichkeit, die in diesem kleinen Ausschnitt einer oberärztlichen Visite angedeutet ist, entfaltet sich dabei erst wirklich in dem längeren Verlauf eines psychiatrischen Aufenthalts. Die Reaktionen, die die Oberärzt*in im Verlauf des Gesprächs schon erzielen konnte – die Herstellung eines Blickkontakts, die Zustimmung zu einer wahrgenommenen Langsamkeit und letztlich sogar die Verweigerung der Medikation –, sind Bestandteil dieser orchestrierten Überzeugungsversuche und können auch schon als erste Erfolge jener bewertet werden, da sie es immerhin geschafft hat, seine abwehrende, isolierende Haltung und sein persistentes Schweigen in kleinen Punkten zu durchbrechen. Dies sind die ersten kleinen Anzeichen für einen Beziehungsaufbau, für die Herstellung eines Rapports und insofern die ersten Vorboten einer potenziell erfolgreichen Überzeugungsarbeit.

Die Unterbringung ist dabei nur eine der Maßnahmen, die die Voraussetzung für weitere Überzeugungsarbeit schaffen. Auch die Fixierung und die Zwangsmedikation können so verstanden werden. Dabei weisen sie jeweils ihre eigenen Charakteristika auf.

Fixierungen finden meist in Situationen statt, die zu eskalieren drohen oder schon eskaliert sind, in denen eine körperliche Gefahr für das Personal, andere Patient*innen oder die betroffene Person wahrgenommen wird und alle anderen Beruhigungs- und Eingrenzungsmaßnahmen nicht mehr greifen. Fixierungen sind dabei in der Regel eher kurzfristige Maßnahmen, die auf Grund einer spezifischen Situation angewandt werden. Körperliche Fixierungen sind nicht nur außerhalb der Psychiatrie umstrittene Maßnahmen. Sie führen auch innerhalb der Psychiatrie zu angeregten Diskussionen und konträren Standpunkten. Sind sie für die einen der legitime Schutz der eigenen körperlichen Unversehrtheit – meist in dem stereotypen, aber natürlich realen Szenario der weiblichen Pflegerin, die sich vor den unkontrollierten, männlichen Aggressionen und Angriffen schützen muss –, sind sie für die anderen ein traumatischer Eingriff, der die Beziehung zu den Patient*innen (zer)stört und somit der Behandlung und vielleicht sogar dem medizinischen Ethos, keinen Schaden zu-

zufügen, widerspricht. Dieser direkte Eingriff in die körperliche Bewegungsfreiheit wird wesentlich moralischer diskutiert, als die vergleichbare Einschränkung der Bewegungsfreiheit durch eine geschlossene, stationäre Behandlung. Beide nehmen aber, in Hinblick auf die psychiatrische Arbeit an den Überzeugungen der Betroffenen, eine gleiche Funktion ein. Sie verändern die Ausgangslage und schaffen dabei eine neue Möglichkeit für eine weitere Bearbeitung. Dass gerade die körperliche Fixierung dabei moralische Konflikte hervorruft, liegt nicht zuletzt an der zwiespältigen professionellen Einschätzung, ob sie als sekundäre Überzeugungstechnologie geeignet ist oder nicht gerade jegliche weitere therapeutische Überzeugungs- und Beziehungsarbeit unterläuft.

Die Zwangsmedikation lässt sich in zwei Formen aufteilen. Zum einen gibt es die Zwangsmedikation aus einem ‚rechtfertigenden Notstand' heraus. Ähnlich wie bei der Fixierung und zum Teil auch in Kombination mit ihr wird hier auf eine akut bedrohliche und gefährliche Situation reagiert und den Patient*innen gegen ihren Willen eine sedierende und seltener auch gleich eine antipsychotische Medikation verabreicht. Zum anderen gibt es die beantragten und richterlich genehmigten Zwangsmedikationen. Vergleichbar hier mit den längeren Unterbringungen ist die beantragte Zwangsmedikation mit mehr Aufwand verbunden und durchläuft mehrere Instanzen (oft eine externe Gutachter*in, eine Amtsrichter*in, z. T. auch gesetzliche Betreuer*innen), bevor sie umgesetzt werden kann. Das Spezifische der Zwangsmedikation liegt dabei darin, dass hier die Hoffnung besteht, dass eine ‚wirklich' neue und transformierte Ausgangsbasis geschaffen wird. Während die Unterbringung und die Fixierung als Oberflächentechnologien einen Rahmen schaffen oder erhalten, innerhalb dessen die orchestrierte primäre Überzeugungsarbeit mit der Zeit eine innere Veränderung produzieren soll, soll die Medikation als Inkorporationstechnologie von sich aus eine innere Veränderung bewirken. Dabei gilt es sicherlich, zwischen den spezifischen Medikamenten zu unterscheiden. Während Beruhigungsmittel das medikamentöse Analogon zur mechanischen Fixierung sind, zielen neuroleptische Mittel auf eine Veränderung der psychotischen Wahrnehmung und des wahnhaften Erlebens.[122] Die medikamentöse Zwangsbehandlung mit antipsychotischen Psychopharmaka ist eine Sonderform der sekundären Über-

[122] Neuroleptika wirken dabei aber meist ebenso sedierend. Das sieht man sowohl an dem weitverbreiteten Narrativ von Neuroleptika als ‚chemischer Zwangsjacke' als auch in Berichten aus der Praxis. Steinert (2015, 5) berichten z. B. davon, dass sich sowohl die Fixierungen als auch die aggressiven Übergriffe in ihrer Klinik in der Phase verdoppelt haben, in der sie aufgrund einer temporär fehlenden gesetzlichen Regelung keine medikamentösen Zwangsbehandlungen durchführen konnten.

zeugungsarbeit. Auch sie stellt eine Bedingung der Möglichkeit für weitere Überzeugungsarbeit dar. Doch geht sie im Vergleich mit den anderen Zwangsmaßnahmen über die Produktion eines neuen Verhandlungsrahmens hinaus, da hier die Aussicht besteht, nicht nur die äußeren, sondern auch die inneren Umstände zu transformieren.

5.4 Zwischenfazit

In pädagogischen, politischen, religiösen, merkantilen, medialen und diversen anderen gesellschaftlichen Bereichen ist die Herstellung, die Konsolidierung und die Veränderung von Überzeugungen von zentraler Bedeutung. Es war weder Ziel dieser Analyse, noch ist hier der Raum dafür gegeben, die Verwandtschaft und Differenzen zu anderen Formen der Überzeugungsarbeit, der Meinungs- und Glaubensbildung oder der Ideologieproduktion herauszuarbeiten. Es soll an dieser Stelle genügen auf den diesbezüglichen Unterschied zwischen Medizin und Psychiatrie hinzuweisen. Sowohl in der Medizin als auch in der Psychiatrie wird an und mit Überzeugungen gearbeitet, nämlich allein in der Herstellung einer Einwilligungs- und Mitarbeitsfähigkeit im Sinne von Adhärenz oder Compliance. Doch die Psychiatrie ist im Unterschied zur somatischen Medizin in einem anderen und besonderen Maße darauf angewiesen. Dieser gesonderte Stellenwert ergibt sich daraus, dass im psychiatrischen Kontext oft auch gegen den geäußerten und vertretenen Willen der Betroffenen gearbeitet werden muss. Darüber hinaus ist die psychiatrische Arbeit, in ihrer therapeutischen Funktion, auf die Herstellung einer immer auch sprachlich vermittelten Beziehung und in diesem Sinne immer auch auf die Mitarbeit der Betroffenen angewiesen. Der psychiatrische Apparat setzt nicht nur an den Überzeugungen der Betroffenen an und versucht diese zu bearbeiten und zu verändern, sondern er ist auch ultimativ auf die *Zeugenschaft* der Betroffenen angewiesen. Sie müssen ihren Leidensdruck, ihre Probleme, ihren Zustand, ihre Geschichte, ihre Symptome und ihre Ansprüche, Wünsche und Ziele formulieren – sei es nun in Worten oder Taten. Der psychiatrische Apparat ist darauf ausgerichtet, diese z. T. fest und unerschütterlich wirkenden Überzeugungen, die eine Person über sich und die Welt hat und in einer gelebten Praxis zum Ausdruck bringt, zu destabilisieren und im besten Falle in andere zu überführen. Überzeugungen drücken sich nicht nur in Narrationen, sondern in Haltungen, Handlungen und Lebensweisen aus. Daher zielt die psychiatrische Tätigkeit der Überzeugungsarbeit nicht nur auf eine Veränderung der persönlichen Narrationen und Begründungsstrukturen, sondern auf eine Veränderung der persönlichen Praxis.

Überzeugungsarbeit ist ein zentraler Bestandteil psychiatrischer Arbeit. Der psychiatrische Klinikapparat verfügt dabei über eine ganze Batterie an Techniken, welche gerade die stationäre Behandlung auszeichnet. Da Überzeugungen nicht einfach durch reine Gewalt oder den zwanglosen Zwang des besseren Arguments erzwungen werden können, gibt es eine ganze Palette an verschiedenen Techniken, die dazu eingesetzt werden, alte Überzeugungen zu hinterfragen und zu reflektieren, neue zu transportieren und zu verankern. Das psychiatrische Repertoire an Überzeugungstechniken lässt sich nicht in seiner Vollständigkeit typisieren und katalogisieren. Viele Techniken entspringen spontanen Szenenangeboten und -möglichkeiten, die im jeweiligen Fall sehr spezifisch sein können. Der psychiatrische Apparat zeichnet sich geradezu durch eine hohe Plastizität aus, mit der er sich auf die Verarbeitung eines Einzelfalls einstellen kann. Obwohl die verfügbaren Techniken sich nicht in jedem Falle trennscharf voneinander abgrenzen lassen, lässt sich dennoch ein relativ klarer Katalog von Überzeugungstechniken, die mit einer großen Regelmäßigkeit zur Anwendung kommen, analytisch differenzieren (s. Tabelle 2). Die psychiatrische Suizidprävention bedient sich im stationären Setting ebenfalls dieser Techniken, um eine Überzeugung zum Leben (wieder) herzustellen. Doch die primäre Suizidprävention setzt noch früher an, indem sie eine nicht-psychiatrische bzw. noch nicht psychiatrisierte Zielgruppe anvisiert und das Aufkommen von Lebensmüdigkeit selbst zu verhindern oder zu verzögern trachtet oder zumindest suizidale Risiken, Krisen und Entwicklungen möglichst frühzeitig erkennen und intervenieren will. Die primäre psychiatrische Suizidprävention arbeitet dafür zum Teil auch mit einem nicht-psychiatrischen Verständnis von Suizidalität. Bevor also dazu überzeugt wird, dass die Suizidalität als Symptom einer psychischen Störung verstanden und dementsprechend behandelt werden muss, wird sie hier als eine rationale und normale Reaktion auf außergewöhnliche Umstände charakterisiert. Dies stimmt auch mit der Beobachtung von Canevascini (2012, 110ff.) überein, dass die zivilgesellschaftlichen und kirchlichen Akteure in der primären Suizidprävention sich ebenfalls eher eines sozialen als eines psychiatrischen Deutungsrahmens bedienen.[123]

---

[123] Beispielsweise lässt sich hier die kirchlich getragene TelefonSeelsorge benennen, die in den 1950er Jahren zur »Lebensmüdenberatung« gegründet wurde. In ihrem *Handbuch Suizidprävention* grenzt sie Suizidalität klar von psychischen Krankheiten ab und weist sie stattdessen als Resultat einer persönlichen Krise aus, welche durch Unfälle, Trennung, Tod, Einsamkeit, berufliche Probleme oder zwischenmenschliche Konflikte ausgelöst werden (s. Evangelische und Katholische Konferenz für TelefonSeelsorge und Offene Tür 2009, 23).

Argumentativ-rhetorische Techniken	Logik und Argumente Überzeugungskraft der Zahlen und Statistik Angeleitete Selbstüberzeugung (Sokratischer Dialog) Autorität einsetzen - Ärztliche Autorität - Autorität des Geschriebenen / Amtlichen Wiederholung, Variieren und Insistieren Förderung der Ambivalenz
Affektiv-soziale Techniken	Haltung des Verständnisses, der Anteilnahme, Wertschätzung, Anerkennung und Empathie zur Herstellung einer Beziehung Motivierung und Produktion von Hoffnung Sorge- und Beziehungsarbeit Mobilisierung von Affekten (z. B. Furchtappell)
Marktförmige Techniken	Belohnungs- und Bestrafungssysteme Tausch von materiellen Gütern Handel mit immateriellen Gütern
Techniken der Inszenierung	Szenen und Bühnenbild verändern Requisiten einsetzen Darsteller*innen, Rollen oder Skripte anpassen
der Drohung	Druck aufbauen, verbale und physische Drohung - Personalpräsenz - Fixierungsdrohung - Unterbringungsdrohung - Heimkarte
des Zwangs	Unterbringung Isolierung Fixierung Zwangsmedikation

TABELLE 2: PSYCHIATRISCHE ÜBERZEUGUNGSTECHNIKEN

Über diesen strategischen Weg, der die Normalität und Rationalität der Suizidalität betont und damit der Angst entgegenwirkt, als verrückt oder anormal angesehen zu werden, wird ein erster Kontakt mit den Betroffenen und ihrem Umfeld hergestellt. In diesem Erstkontakt soll dabei gleichzeitig eine Hoffnung auf Veränderung generiert und eine Einsicht produziert werden, dass professionelle Hilfsangebote aufgesucht und angenommen werden sollten. Schon hier sollen die Betroffenen aber auch direkt angesprochen werden, ihnen vermittelt werden, dass sie in ihrem Leid gesehen und damit nicht allein sind. Es soll eine erste, wenn auch eine vorerst über sprachliches und bildhaftes Material vermittelte, Beziehung hergestellt werden. Es ist eine Beziehung der ausgestreckten Hand, welche Hilfe und Unterstützung anbietet und dabei aber auch schon eine erste Lenkung und Ausrichtung vorgibt (»Doch nie hat man an alle [Türen] schon geklopft«). An dieser Schwelle zur sekundären Suizidprävention vollzieht sich dann erst der klare Wechsel in den psychiatrischen Deutungsrahmen. Zentral bleibt dann die Herstellung eines ersten Arbeitsbündnisses. Erst wenn eine basale Form der therapeutischen Beziehung aufgebaut wurde, kann die Suizidalität langsam als psychopathologisches Symptom rekodiert werden. Der zentrale Interventionsnexus der Suizidprävention ist dann die positive oder lebensbejahende Seite der suizidalen Ambivalenz. An dieser Stelle wird angesetzt, um nach vorhandenen persönlichen Ressourcen und alternativen Lösungswegen zu suchen und schließlich das Ziel verfolgt, den Lebenswillen der Betroffenen zu stärken. Die psychiatrische Suizidprävention zielt schlussendlich auf eine Überzeugung zum Leben, auch wenn sie sich dafür im Falle der akuten Selbstgefährdung ihres komplexen Registers von Zwangsmaßnahmen bedienen muss.

Die vielfältigen Bearbeitungen der Überzeugungen können als eine Art und Weise der psychiatrischen Subjektivierung verstanden werden.[124] Nach Reckwitz (2017, 125) kann unter Subjektivierung der beständige und fortwährende Prozess verstanden werden, »in dem Gesellschaften und Kulturen die Individuen in Subjekte umformen, sie damit zu gesellschaftlich zurechenbaren, auf ihre Weise kompetenten, mit bestimmten Wünschen und Wissensformen ausgestatteten Wesen machen: das *doing subjects*«. Eine Facette dieser Subjektivierung im psychiatrischen Kontext liegt in der immer auch eigenwilligen und idiosynkratischen Übernahme psychiatrischen Wissens und psychiatrischer Selbsttechnologien. Die psychiatrische Überzeugungsarbeit ist somit Bestandteil eines Prozesses, durch den sich Individuen als von psychischen Erkrankungen oder Störungen betroffen verstehen, erleben und demgemäß handeln. Es geht im weitesten Sinne darum »wie sich Individuen diese [psychiatrischen; R. I.] Zuschreibungen und Fixierungen symbolisch-praktisch aneignen, sie (wie erfüllend oder widerständig) darstellen, ihr Selbst sich und anderen gegenüber anzeigen und sich somit als Subjekte selbst herstellen« (Bührmann & Schnei-

[124] Zumindest nach der foucaultschen Subjektkonzeption, die das Subjekt im doppelten Sinn versteht: »vermittels Kontrolle und Abhängigkeit jemanden unterworfen (...) und durch Bewußtsein und Selbsterkenntnis seiner eigenen Identität verhaftet zu sein« (Foucault 1987, 246).

der 2010, 276).

Im folgenden Kapitel wird die Perspektive etwas verändert, damit Prozesse in den Fokus kommen können, welche der psychiatrischen Überzeugungsarbeit in gewisser Weise vorläufig sind oder sie zumindest begleiten. Zum einen wird im folgenden Kapitel die Perspektive von der allgemeinen psychiatrischen und suizidpräventiven Praxis anhand eines analytischen Konzepts hin zu einer Analyse von besonderen Einzelfällen bzw. von Grenzfällen der klinischen Suizidprävention gelenkt. Zum anderen sollen im Folgenden weniger die Momente der Konflikte und der Divergenz, also der aufeinanderprallenden Überzeugungen und des psychiatrischen ‚Kampfes' gegen den suizidalen, depressiven oder wahnhaften ‚Willen' im Fokus stehen, als vielmehr die Momente eines stärker interaktiven und kollektiven Geschehens, also die gemeinsame performative Herstellung und Differenzierung spezifischer Formen der (Nicht-)Suizidalität in den Blick kommen.

Reckwitz bezeichnet die Subjektiverung als ein *doing subjects* und verweist damit auf eine ethnomethodologische Tradition selbstverständliche und natürlich wirkende Tatsachen so zu betrachten, als würden sie gerade erst gemacht werden. Im nächsten Kapitel soll sich dieser Perspektive des *Doings* bedient werden und anhand von vier Grenzfällen betrachtet werden, wie Suizidalität in der psychiatrischen Klinik gemacht und auch wieder aufgelöst wird. Die Einzelfälle werden dabei gleichzeitig auch immer wieder zum Ausgangspunkt genommen, um die Folgen, Widersprüche und Konsequenzen dieser Suizidalisierung und Entsuizidalisierung zu analysieren.

6. Grenzfallanalysen des Un/Doing Suicidality

Seit den 1980er Jahren gibt es in den Sozialwissenschaften und besonders den Gender Studies einen Trend, die Untersuchungsgegenstände aus der Perspektive des *Doings* zu betrachten. Ausgangspunkt dafür waren die Aufsätze *On doing ‚being ordinary'* von Harvey Sacks (1985/2003) und *Doing Gender* von Candace West und Don Zimmerman (1987). Letzterer Beitrag hat den routiniert-methodischen, wiederkehrenden und performativen Akt der Herstellung von Geschlecht in den Blick genommen und damit einen Meilenstein für eine ganze Reihe an Untersuchungen gelegt, die sich mit dem Zuschreibungsprozess und dem Enactment von Geschlechtlichkeit befassen. Heutzutage gibt es neben der Forschungsperspektive, die sich unter dem Sammelbegriff des Doing Gender etabliert hat, ähnliche Arbeiten, die sich mit der praktischen Erzeugung anderer vermeintlich stabiler und rigider sozialer Tatsachen beschäftigen: Arbeiten zum Doing Class (West & Fenstermaker 2002), zum Doing Culture (Hörning & Reuter 2004), zum Doing Pregnancy (Neiterman 2012), zum Doing Dementia (Müller 2018) und zu vielem mehr. Gemeinsam ist all diesen Zugängen, dass sie nicht die natürlichen Differenzkategorien von Klasse, Kultur, Schwangerschaft oder Demenz übernehmen, wie sie in den entsprechenden Wissenschaften in Theorien und Modellen konzeptualisiert werden, sondern gerade die Herstellung dieser Natürlichkeit durch die praktische Inszenierung der Akteur*innen in den Blick nehmen.[125] Die sonst unhinterfragten sozialen, psychologischen oder biologischen ‚Tatsachen' werden so in ihrer interaktionellen und mikropolitischen Produktion analysiert. Die *Doing*-Perspektive stellt dabei eine Traditionslinie innerhalb der Praxistheorien dar und steht in besonderer Nähe zur Ethnomethodologie. Es ist geradezu so, dass das *Doing* »die methodologische Maxime der Ethnomethodologie [ist]; die Maxime lautet: Betrachte jedes Phänomen so, als würde es *gerade* erst gemacht« (Breidenstein et al. 2013, 30). Die Wahl, alles aus der Perspektive des Doings zu betrachten, ist eine »begriffsstrategische Verfremdungsmaßnahme (…), um die soziologische Aufmerksamkeit beharrlich auf die Prozesshaftigkeit und praktische Vollzugsbedürftigkeit aller sozialen Tatsachen zu lenken« (ebd.).

Was soll nun *doing suicidality* heißen? Analog zu West und Zimmerman (1987) könnte man sagen: Suizidalität ist nicht nur ein Aspekt von dem, was man ist,

[125] Dabei müssen natürlich die Unterschiede zwischen diesen Kategorien betont werden. Während *Gender*, *Race* und *Class* omnirelevante Differenzkategorien sind, sind die Kategorien der Schwangerschaft, Demenz oder Suizidalität wesentlich spezifischer, die nur in gewissen und z. T. hochspezialisierten Kontexten an Relevanz gewinnen.

sondern vielmehr von dem, was man tut. In den psychiatrisch-psychologischen Konzeptionen erscheint Suizidalität oft nur als Eigenschaft einer Person, als mögliches Symptom einer Psychopathologie oder als eine Variable in einem Risikomodell. Suizidalität wird in diesen Konzeptionen einem Individuum zugeschrieben, also in einem leidenden und erkrankten Subjekt verortet. *Doing suicidality* hingegen hebt die aktive und interaktionelle Herstellung von Suizidalität durch ein Zusammenspiel gewisser Praktiken hervor. Suizidalität ist in diesem Sinne weniger eine Eigenschaft eines Individuums (wörtlich: eines unteilbaren Einzeldings), sondern wird durch mannigfaltige Akteur*innen in gewissen Arenen in Szene gesetzt und konstituiert sich im Zusammenspiel dieser Interaktionen. Suizidale Äußerungen oder Handlungen geschehen demnach nicht im luftleeren Raum, sondern sie sind Ausdruck innerhalb eines sozialen Umfelds. Suizidale Handlungen stehen immer in Relation zu den physisch oder symbolisch anwesenden Akteur*innen. Diese Relationen, beispielsweise der Umstand ob diese Äußerungen oder Handlungen gehört und gesehen werden und welche Reaktion auf sie erfolgt, koproduzieren die Suizidalität. Suizidalität ist in dieser Perspektive weniger als personelle Eigenschaft zu verstehen denn als interaktiver, kollektiver und performativer Praxiseffekt.

Die praxeologische bzw. methodologische Betrachtung, die hier mittels des *Doing*-Konzepts angelegt wird, steht zwar im Kontrast, aber nicht in Konkurrenz zur psychiatrischen oder substantialistischen Perspektive auf Suizidalität. Es soll nicht darum gehen, eine falsche, individualistische, durch eine bessere, interaktionistische Perspektive zu ersetzen. Suizidalität als interaktive Herstellungsleistung und nicht nur als im Individuum verortete Eigenschaft oder Neigung zu betrachten, soll sichtbar machen, welche Arbeit geleistet wird, um Suizidalität im psychiatrischen Sinne herzustellen und welche Probleme diese Herstellung auch produziert. Menschen, die aufgrund ihrer spezifischen biographischen Situation, ihrer Hoffnungslosigkeit und Verzweiflung Suizidgedanken entwickeln, Suizidversuche unternehmen oder sich tatsächlich suizidieren, sind evidenterweise auch als Individuum als suizidal zu betrachten. Mit der ethnographischen Perspektive, mit der hier die psychiatrischen Praktiken der Suizidprävention und Krisenintervention analysiert werden, kommt die interaktive Verschränkung des individuellen suizidalen Handelns mit dem darauf ausgerichteten, organisierten und methodischen Tun der psychiatrischen Akteur*innen in den Blick. Suizidalität kann so als Produkt einer interaktiven Reaktivität betrachtet werden: Ob eine suizidale Äußerung in der Psychiatrie beispielsweise als Notsignal aufgefasst wird, das den psychiatrischen Apparat in Bewegung setzt oder als manipulatives Kommunikationsmittel, das eher Abwertung und Abwehrstrategien mobilisiert, liegt nicht direkt am sprachlichen Inhalt der Äußerung (die prinzipiell identisch sein könnte, z. B. »Ich werde mich umbringen«), sondern an einer ganzen Choreographie von der Situation vorausgegangenen und in der Situation gleichzeitig ablaufenden Prozessen: Hat sich die betroffene Person bereits in der Vergangenheit suizidal geäußert; in welcher Situation, zu welchem Zeitpunkt und in welchem Kontext kam es zu der Äußerung; wie wurde sie szenisch vorgetragen? Wie wird die Äußerung begründet und ist diese Begründung für das Personal plausibel oder werden der sich äußernden Person andere Handlungsmotive unterstellt? Ist sich das Personal über die Interpretation der Äußerung einig oder löst diese Äußerung unterschiedliche Gefühle, Vorstellungen oder Ängste aus? Welche psychiatrische Diagnose steht gegenwärtig im Raum? Durch die Überlagerung diverser sprachlicher, körperlicher und soziomaterieller Praktiken wird eine spezifische Form der Suizidalität hergestellt, die somit psychiatrisch bearbeitbar wird und eine gewisse Spezifität produziert. Bezogen auf das Beispiel entsteht somit entweder ein akutsuizidales Risiko oder ein demonstrativer Appell.

Suizidalität ist als Differenzkategorie ein kontingentes Produkt, das hergestellt, stabilisiert oder auch wieder negiert werden kann. Wie bei anderen Differenzkategorien ist »ein erster zentraler Umstand (...) dabei, dass Differenzierungen gesellschaftlich durch die ontologische Leitunterscheidung von *Natur* und *Kultur beobachtet werden«* (Hirschauer & Boll 2017, 14). Suizidalität kann demnach entweder als biologisch verankerte, genetisch vererbbare und psychopharmakologisch behandelbare Störung oder als sozial bedingtes Handeln, als Ausdruck einer Unterdrückung und Zeichen sozialer Konflikte verstanden werden. Der zweite zentrale Aspekt ist, dass solche Differenzierungen »in einer ganzen Reihe von Aggregatzuständen des Kulturellen auftreten« (ebd., 15). Suizidalität wird demnach nicht nur sprachlich und diskursiv durch Fragen und Antworten in Visiten oder informellen Gesprächen oder durch psychiatrische Dokumentationen und Übergaben repräsentiert, sondern ist auch soziomateriell in den psychiatrischen Apparat eingeschrieben. Die Suizidprävention ist im materiellen Arrangement der Psychiatrie angelegt. Dies zeigt sich nicht nur durch die räumliche Anordnung und die architektonischen Mittel der Begrenzung, Überwachung und Kontrolle (durch offene audiovisuelle Kanäle oder die Lage der Stations-, Patienten- oder Isolierungszimmer), sondern auch in der materiellen

Reduktion potenziell letaler Mittel und Gegenstände (etwa durch geschlossene Türen und Fenster, durch Sicherheitsglas, durch Sollbruchstellen in Duschstangen, durch verschlossene Treppenhäuser, durch die Ausstattung der Küchen und Bäder; vgl. Glasow 2011).

Wie Hirschauer und Boll (2017, 11) feststellen, impliziert die Vorstellung »eines praktischen Vollzugs von Unterscheidungen und Zugehörigkeiten (*doing X*) (...) nun aber auch, dass sie auch *nicht* getan werden oder *zurückgenommen werden können*«. Die Entsuizidalisierung bzw. das *Undoing Suicidality* ist das letztendliche Ziel der psychiatrischen Suizidprävention, welches seinerseits das Doing der Suizidalität voraussetzt. Die hergestellte Zugehörigkeit, ist jemand suizidal oder nicht, und die hergestellten Differenzierungen, z. B. ist jemand akut und handlungsleitend suizidal oder nutzt die Person suizidale Äußerungen und Handlungen nur zur manipulativen Beziehungsgestaltung, stellen die Grundlage für die weitere psychiatrische Verarbeitung und Veränderung dar. Anhand dieser Unterscheidungen können entsprechende psychiatrische Maßnahmen eingeleitet und umgesetzt werden. Wie in den folgenden Kapiteln noch gezeigt werden soll, umfasst das Undoing der Suizidalität dabei noch wesentlich mehr Aspekte als nur das Ziel der psychiatrischen Verarbeitung der Suizidalität zu sein. Schon in der Herstellung der Unterscheidung zwischen einer akuten und einer manipulativen Suizidalität, fällt letztere eher in den Bereich, in dem eine wahre Suizidalität abgesprochen und somit eine Zugehörigkeit zum Bereich »Suizidal« zurückgenommen oder gar nicht erst hergestellt wird. Das Undoing der Suizidalität gehört somit konstitutiv zum Doing der Suizidalität dazu und macht eine spezifische psychiatrische Fallverarbeitung überhaupt erst möglich.

Im Folgenden werden mehrere Einzelfälle analysiert, um diesen gemeinsamen Herstellungsprozess der Suizidalität zu beleuchten. Die Fallauswahl erfolgte aus epistemologischen Gründen genau an den Stellen, an denen die normalen Routinen, in denen Suizidalität psychiatrisch verarbeitet und gemacht wird, irritiert, gestört oder unterbrochen wurden. Die Annahme ist, dass gerade Störungen und Unterbrechungen das Tun der Suizidalität am deutlichsten zeigen, da sich die Verarbeitung auf den spezifischen Fall anpassen, einstellen und neu konfigurieren muss. Solange der psychiatrische Apparat läuft, bleiben viele der grundlegenden Tätigkeiten und systematischen Routinen opak und unsichtbar.[126] Mit dem Fokus auf Grenzfälle der stationären Suizidprävention,

[126] Die Annahme, dass gerade Irritationen, Frakturen und Krisen eines normalen Ablaufs einen außerordentlichen erkenntnistheoretischen Wert haben, findet sich beispielsweise auch in den Krisenexperimenten von Harold Garfinkel wieder. In diesen sollten im normalen Alltag künstlich

sowie der begriffsstrategischen Wahl, die Praktiken aus der Perspektive des *Doings* zu betrachten, erfolgt somit eine doppelte Verfremdung. Sowohl die empirische Wahl, sich auf die Krisen der Suizidprävention zu konzentrieren, als auch die methodologische Entscheidung, sich auf die interaktive Vollzugsrealität der psychiatrischen Verarbeitung und Herstellung der Suizidalität zu beziehen, sind ethnographische Verfremdungstechniken (vgl. Breidenstein et al. 2013, 29f.). Die analysierten Grenzfälle stellen dabei die Eckpfeiler der psychiatrischen Suizidprävention dar, die die Grenzen der psychiatrischen Suizidprävention markieren und die selbst eine strukturierende Wirkung für den psychiatrischen Apparat haben. Zum einen generiert die Verarbeitung dieser Grenzfälle Strategien, welche auch in anderen Fällen Anwendung findet. Zum anderen stellen sie eine negative Referenz dar, die es auch in anderen Fällen zu verhindern gilt. Dabei muss an dieser Stelle betont werden, dass es eine normale, immer funktionierende und regelhaft-identische Suizidprävention nur in der Theorie, aber nicht in der Praxis geben kann. In der Praxis ist jeder Fall überdeterminiert und auf seine Weise einzigartig. Der psychiatrische Apparat der Verarbeitung, Überzeugung und Veränderung muss sich auf jeden Einzelfall einstellen und feinjustieren. Dennoch werden in der Praxis bestimmte Fallgruppen als besondere Grenzfälle markiert. Genau an dieser Produktion von Grenzfällen setzt die folgende Analyse an.

Um das *doing and undoing of suicidality* zu analysieren, sollen noch gewisse psychiatrische Begrifflichkeiten und Modelle der psychiatrischen Rationalität der Suizidprävention vorausgeschickt werden. Es soll im Folgenden zunächst terminologisch und konzeptuell skizziert werden, was im psychiatrischen Sinne unter Suizidalität und was als normaler Verlauf der Suizidalität verstanden wird. Diese Begriffe und Modelle werden den Fallanalysen vorangestellt, da sie die psychiatrische Verarbeitung der Suizidalität anleiten.

Suizidalität ist ein recht moderner Begriff, der erst in den letzten Jahrzehnten andere euphemistische, wie den Freitod, oder negativ konnotierte, wie den Selbstmord im Fachdiskurs abgelöst haben (vgl. Albrecht 2012, 980ff.). Die genaue Bestimmung und Abgrenzung dieses Begriffs ist im psychiatrischen Diskurs nicht eindeutig und zuweilen recht widersprüchlich. Es gibt sehr weit gefasste Definitionen, welche unter Suizidalität jegliche Kräfte, Handlungen und Funktionen verstehen, die zu Selbstvernichtung tendieren (Haenel & Pöldin-

erzeugte Krisen die zugrunde liegenden Praktiken der Herstellung der Alltagsstruktur sichtbar machen. In einer verwandten Form zeugt auch seine klassische Studie Agnes davon, wie die Außenseiterposition einer transsexuellen Person einen besonderen epistemischen Nutzen hat, um die ‚Normalität' der geschlechtlichen Inszenierung zu verstehen (Garfinkel 1967, 116ff.).

ger 1986). In solch umfassenden Definitionen von Suizidalität fallen auch alle selbstschädigenden Verhaltensweisen, wie Rauchen, Alkohol- und Drogenkonsum oder auch nur riskante Verhaltensweisen, beispielsweise im Extremsportbereich, unter den Verdacht eines zugrunde liegenden, unbewussten Wunsches der Selbstzerstörung. Diese weiten Definitionen werden auch aktuell von führenden Psychiater*innen und Suizidolog*innen vertreten. Wenn Suizidalität gegenwärtig als »die Summe aller Denk-, Erlebens- und Verhaltensweisen von Menschen, die in Gedanken, durch aktives Handeln oder passives Unterlassen oder durch Handelnlassen den eigenen Tod anstreben bzw. als mögliches Ergebnis einer Handlung in Kauf nehmen« (Wolfersdorfer, Schneider & Schmidtke 2015, 1120) definiert wird, dann besteht zumindest nicht die Gefahr, dass damit Aspekte des Phänomens außer Acht gelassen werden. Nimmt man eine solche Definition wörtlich, so könnte schon der bloße Gedanke, bei Rot über die Straße zu gehen oder sich beim Autofahren nicht anzuschnallen, als Suizidalität einer Person verstanden werden. Andere verweisen hingegen auf die Notwendigkeit, nicht-genuin suizidales Verhalten aus der Definition von Suizidalität herauszuhalten. Um längerfristige selbstschädigende Verhaltensweisen auszuschließen, soll der Begriff der Suizidalität hier nur auf ein Verhalten begrenzt werden, das in einem kurzen Zeitraum eine auf den Tod zielende Selbstschädigung herbeiführen soll. Sie als bewusste und aktive Intention zu sterben zu verstehen, soll sie darüber hinaus von anderen Phänomenen riskanten oder selbstverletzenden Verhaltens abgrenzen (vgl. Bronisch 2014, 13f.).

Die erste Konzeptualisierung eines suizidalen bzw. des sogenannten »präsuizidalen Syndroms« legte der österreichische Psychiater Erwin Ringel in seiner Dissertation aus dem Jahr 1949 vor. Auf Basis einer Analyse von 745 »geretteten Selbstmördern« formulierte er drei Elemente, die sich vor beinahe jedem Suizid und Suizidversuch finden ließen. Diese Elemente umfassen die (1.) situative, dynamisch-affektive, interaktive und moralische Einengung, (2.) die Aggressionshemmung und gegen die eigene Person gerichtete Aggression und (3.) die Flucht in die Irrealität und in Suizidphantasien (Ringel 1953, 105ff.). Die Einengung beschreibt einen Zustand, in dem situativ der Suizid als einzige Handlungsmöglichkeit übrig zu bleiben scheint, in dem es eine affektive Vereinseitigung hin zu negativen Gefühlen der Angst, Verzweiflung, Anhedonie, Abwertung und Schuld gibt, in dem es auf einer zwischenmenschlichen Ebene zu einer Isolierung, Vereinsamung und Entwertung vorhandener Beziehungen und moralisch zu einer Einengung der Wertewelt kommt, der zu Interesselosigkeit und Gleichgültigkeit führt sowie das Selbstwertgefühl zerstört. Die Aggressionshemmung und Aggressionsumkehr greift ein Diktum von Sigmund Freud auf, der der Ansicht war, dass Suizidimpulsen immer eine Wendung von unbewussten Mordimpulsen gegen andere auf die eigene Person zugrunde liegt. Ähnlich argumentiert auch Ringel dafür, dass jede Suizidalität mit enormer Aggression einhergeht, deren eigentliche Ziele oft andere Menschen oder sogar die gesamte Gesellschaft darstellen und die dann, da diese Formen nicht ausgelebt werden können, sich gegen das Selbst richtet. Die Flucht in die Phantasie ist das verbindende letzte Element des Syndroms, das nicht nur die ersten Elemente unterstützt, sondern sich selbst in einer Entwicklungsfigur beschreiben lässt: beginnend mit passiven Ruhe- und Todeswünschen, über konkrete Vorstellungen und Pläne, hin zu einer Fixierung auf eine bestimmte Suizidmethode (vgl. ebd.). Diese Konzeptualisierung eines präsuizidalen Syndroms hat sich im Laufe der zweiten Hälfte des 20. Jahrhunderts durchgesetzt und wird bis heute in Standardwerken zitiert (bspw. bei Finzen 1997, 42ff.; Wolfersdorf & Etzersdorfer 2011, 69ff.).

Ein anderes einflussreiches psychiatrisches Modell zur Suizidalität arbeitete Walter Pöldinger (1968) aus, der ein Verlaufsmodell entwarf, das sich bei suizidalen Menschen typischerweise finden lässt. Suizidalität vollzieht sich demnach in den drei Phasen der Erwägung, der Ambivalenz und des Entschlusses. In der Erwägungsphase können suggestive Momente aus dem sozialen oder medialen Umfeld eine Rolle spielen, in der ambivalenten Phase finden sich oft direkte Suizidankündigungen, die in einer Kontakt- und Appellfunktion stehen; in der Entschlussphase kommt es dann eher zu indirekten Ankündigungen und Vorbereitungshandlungen, die dann schließlich in der Suizidhandlung kulminieren können. Auch in den aktuellen psychiatrischen Modellen der Suizidalität findet man die meisten dieser Elemente und Phasen wieder. Nach diesem Modell nehmen suizidale Krisen also folgenden Verlauf: Ein Mensch sieht im Leben keine Handlungsmöglichkeiten mehr und es kommt zu einer gedanklichen Einengung, in der sich der Suizid als Option immer weiter aufdrängt. Obwohl diesem Weg anfänglich recht ambivalent begegnet wurde, wird der Todeswunsch im Laufe der Zeit deutlicher und es kommt zu immer mehr Suizidphantasien, welche mal mehr oder weniger direkt an andere kommuniziert werden. Die Suizidgedanken wandeln sich allmählich in konkrete Suizidabsichten und können in einer suizidalen Handlung münden. Der psychiatrische Interventions- und Präventionsapparat kann an jedem Punkt einer solchen suizidalen Krise ein- und hinzugeschaltet werden, mit dem Ziel, auf diesen Prozess einzuwirken und ihn zu stoppen.

Die psychiatrische Verarbeitung der Suizidalität ist genau auf diese Form der Suizidalität ausgerichtet. Diese Konzeptualisierung einer normalen Suizidalität ist ein Skript für die psychiatrische Verarbeitung der Suizidalität. Doch abstrakte Definitionen und Modelle menschlichen Verhaltens müssen immer in Hinblick auf den konkreten Einzelfall übersetzt werden. Der Einzelfall ist eine Herausforderung, für den immer wieder aufs Neue abgewogen und entschieden werden muss, ob er unter die gewählte Kategorie fällt oder nicht. Im Laufe der nächsten Kapitel soll gezeigt werden, dass genau diese Arbeit des Abwägens und Entscheidens, welche Kombination aus Handlungen und Äußerungen als suizidal zu gelten hat, einen wesentlichen Bestandteil des Tuns der Suizidalität darstellt. Diese Prozesse der Einschätzung und Entscheidungsfindung konstruieren das Phänomen und geben der Suizidalität eine Gestalt. Die einfache Aussage »Ich bin des Lebens müde« oder die einfache Schnittverletzung am Arm ist nicht selbstevident und an sich noch keine hinreichende Bedingung dafür, dass im psychiatrischen Sinne von Suizidalität gesprochen werden kann. Im konkreten Einzelfall gilt es solche Aussagen und Ereignisse in ihrer Struktur, ihrer persönlichen Geschichte und ihrem aktuellen Kontext zu lesen. Es gilt das Präsentationsinteresse, die Art der Darstellung und das Timing zu beurteilen und nach den versteckten Aussagen zu suchen, die hinter der Oberfläche des Ereignisses oder hinter dem Symptom schlummern.

Im Folgenden werden vier Bereiche im Vordergrund stehen, um das *doing* und *undoing* der Suizidalität zu skizzieren: Die chronische Suizidalität, die Suizidcluster, die Suiziddrohungen und die Sterbehilfe. Alle vier Beispiele stellen Störungen und Krisen für die normale psychiatrische Konzeptualisierung und Verarbeitung der Suizidalität dar und mobilisieren infolgedessen eigene psychiatrische Techniken und Verarbeitungsstrategien. Weshalb es sich bei diesen Bereichen um Grenzfälle handelt, kann in aller Kürze mit dem *Überschuss* und dem *Mangel* an Suizidalität begründet werden, der in den jeweiligen Fällen hergestellt wird. Die ersten beiden Fälle produzieren relational betrachtet einen Überschuss an Suizidalität. Der Überschuss liegt bei der chronischen Suizidalität auf einer qualitativen und zeitlichen Ebene im betroffenen Individuum. Die suizidale Krise als Kulminationspunkt einer »krankhaften psychischen Entwicklung«, wie es Ringel (1953) formuliert, wird hier zu einem Dauerphänomen. Beim Suizidcluster liegt der Überschuss auf der quantitativen Ebene, in der Verbreitung der Suizidalität auf ein Kollektiv. Es sind hier Ereignisketten und

Serien von suizidalen Ereignissen, die das individuelle Problem in ein Problem des Kollektivs transformiert. Die Bereiche der Suiziddrohungen und der Sterbehilfe stellen vor dem Hintergrund des Kontinuums der Suizidalität hingegen einen Mangel dar. Die Suiziddrohung ist stets mit der Frage der Ernsthaftigkeit und Authentizität verknüpft. Die Suiziddrohung ist eine Kommunikationsform, die im Gegenüber Zweifel produziert, ob sie nur als Mittel zum Erreichen eines anderen Zieles eingesetzt wird. Während bei der Suiziddrohung eine Ambivalenz produziert wird, in der die Ernsthaftigkeit und wahre Suizidabsicht infrage steht, kann die (klinisch relevante) Suizidalität im Bereich der Sterbehilfe auch gänzlich verschwinden. Bezeichnenderweise spricht man im Deutschen in der Regel auch nicht von Suizidhilfe, sondern von Sterbehilfe – hier verschwindet also selbst terminologisch die Assoziation zum Suizid.

Der psychiatrische Apparat ist mit vielen Erscheinungsformen der Suizidalität konfrontiert und bearbeitet nicht alle mit den gleichen Mitteln. Genau an den Punkten, an denen es zu Variationen und Modifikationen kommt, zeigt sich die interaktive und gemeinsame Herstellung bzw. auch die Negation von Suizidalität. Die chronifizierte Suizidalität soll nun den ersten Grenzfall bilden, um die psychiatrische Zuschreibung und das Enactment der Suizidalität zu analysieren.

6.1 Chronische Suizidalität

In älteren psychiatrischen Schriften (Menninger 1938 / 1974; Hankoff & Einsidler 1979) wird chronische Suizidalität als anhaltendes, selbstschädigendes Verhalten verstanden, das zum Tode führt. Damit stand auch der langjährige und exzessive Konsum von Alkohol, Tabak oder anderen Drogen unter Verdacht, eine Form chronischer Suizidalität zu sein. Auch in neueren Publikationen lässt sich immer wieder die Formulierung finden, dass es sich bei Alkohol- und Drogenabhängigkeit um einen »Suizid auf Raten« handelt (Poehlke et al. 2000, 142; Sonneck, Kapusta, Tomandl & Voracek 2016, 232).[127] Andere vertreten einen engeren Begriff von chronischer Suizidalität und definieren es als

> »das gehäufte Auftreten von Krisen mit suizidalem Denken und Handeln, als Neigung von Menschen, bei Belastungen immer wieder mit Suizidalität zu reagieren. Oft wird auch eine anhaltende lebensverneinende, hoffnungslos-dysphorische und melancholische Gestimmtheit als ‚chronische' Suizidalität benannt« (Wolfersdorf & Franke 2006, 404).

[127] Starker autodestruktiver Alkoholkonsum lässt sich auch klinisch nicht immer kategorial von suizidalem Verhalten unterscheiden (z. B. die kurze Fallvignette zu Frau Patzig; s. Kapitel 5.3.1).

Suizidale Krisen sind für viele Betroffene singuläre Ereignisse in ihrem Leben. Doch ungefähr »30 % von ihnen leiden dagegen unter chronischer Suizidalität. Sie erleben über Jahre immer wieder suizidale Krisen und verüben oft mehrere Suizidversuche« (Giernalczyk & Kind 1999, 172). In diesem Sinne kann Suizidalität »quasi zum ‚Lebensstil' werden« (Sonneck, Kapusta, Tomandl & Voracek 2016, 231; vgl. Paris 2006).

Das auf psychische Krankheiten angewandte Konzept der Chronizität beinhaltet einige inhärente Probleme, da hier die Frage aufkommt, ob die Symptome in Periodizität oder Kontinuität bestehen müssen, um als chronisch zu gelten (vgl. Bachach 1988; Schinnar et al. 1990). Wenn Chronizität als die periodische Wiederkehr von gewissen Ereignissen und Zuständen definiert wird, dann muss weiterhin geklärt werden, ob hierbei das subjektive Erleben der Betroffenen, die Behandlungen oder die feststellbaren Einschränkungen gemeint sind. Gleichfalls muss die Frage beantwortet werden, ab welcher Dauer, ab welcher Anzahl von Episoden oder von Behandlungen und Hospitalisierungen von einer chronischen psychischen Erkrankung gesprochen werden kann. Bezogen auf Suizidalität wird auch von einigen Suizidolog*innen die Brauchbarkeit dieses Konzepts infrage gestellt (vgl. Wolfersdorf 2008, 1322; Ekeberg & Hem 2017). Dennoch zeigt sich, dass dieses Konzept in der klinischen Praxis genutzt wird, wie die zwei anschließenden Fallanalysen zeigen werden. Hier wird es genutzt, um Personen zu beschreiben, die über einen langjährigen Zeitraum wiederholt Suizidgedanken angeben und Suizidversuche unternommen haben und die sich während ihrer stationären Behandlung nicht immer von Suizidalität distanzieren können. Nach einer Einschätzung von Bronisch (2014, 39) werden fast alle akuten Suizidabsichten, er schätzt 90-99 %, in psychiatrischen Kliniken »in weniger als zehn Tagen korrigiert«. Darauf ist die psychiatrische Behandlung ausgerichtet. Ins Stocken kommt der psychiatrische Apparat aber in den Fällen, in denen das nicht gelingt und es zu einer suizidalen Dauerkrise kommt. Im Folgenden soll die Herstellung chronischer Suizidalität in zwei Fällen beschrieben und die psychiatrische Verarbeitung dieser Fälle analysiert werden. Da in beiden Fällen, neben der Erhöhung der Sicherheitsvorkehrungen und einer intensivierten Beziehungsgestaltung, der Einsatz von Non-Suizid-Verträgen eine besondere Rolle spielt, soll abschließend die Praxislogik dieser suizidpräventiven Technik herausgearbeitet werden.

6.1.1 Die chronische Suizidalität von Frau Pauli

Frau Pauli ist eine Patientin, die in ihrer Kindheit über viele Jahre missbraucht und traumatisiert wurde und seit ihrer Jugend immer wieder in stationärer psychiatrischer Behandlung war. Im Alter von 17 Jahren unternahm sie ihren ersten Suizidversuch. Als ich sie kennenlerne, ist sie schon fast seit einem Jahr in stationärer Behandlung und sie gilt hier als »chronisch suizidal«. Zu meiner ersten Begegnung mit ihr begleite ich sie und Dr. Albers ins Büro der Oberärzt*in Dr. Ohms:

> Frau Pauli, die mit gesenktem Kopf den zwei Ärzt*innen gegenübersitzt, wird von Dr. Ohms nach ihrem Zustand gefragt, worauf sie antwortet, dass es ihr sehr schlecht gehe, wieder viel schlechter als noch vor wenigen Tagen. Sie sagt: »Ich habe mich jetzt entschlossen, sterben zu wollen«. Dr. Ohms sagt ruhig »Okay« und fragt dann nach ihren Stimmen, ob sie zugenommen hätten. Jene befehlen ihr anscheinend, sich umzubringen. Frau Pauli berichtet davon, dass sie immer da wären und auch die Gegenfrage, ob sie auch im gegenwärtigen Augenblick anwesend seien, wird von der Patientin bejaht. Sie wirkt überrascht, als sei das selbstverständlich gewesen. (...) Sie blickt plötzlich auf und sagt: »Und wissen Sie, was mir aufgefallen ist: Ich vergesse alles!«. Dr. Ohms informiert sich bei Dr. Albers über die gegenwärtige Medikation und lässt etwas daran ändern. Danach reden sie weiter über ihren Suizidwunsch und Dr. Ohms lässt sich von ihr absichern, dass sie immer Bescheid gibt, wenn sie es nicht mehr aushält und sie stellen eine Vereinbarung auf, dass sie sich nichts antun wird, sondern vorher nach Hilfe fragt. Danach geht es um die Ausgangsregelung – Frau Pauli hätte gerne alleine Ausgang, der ihr aber nicht gewährt wird – und dann um die Blackouts, die bei ihr in letzter Zeit aufgetreten sind.

Die Patientin berichtet hier von ihrem Entschluss »sterben zu wollen« und den imperativen Stimmen, die sie beständig hört und die sie zum Suizid auffordern. Schon während des kurzen Gesprächs scheint die Patientin ihren Entschluss geändert zu haben. Sie distanziert sich für den Rahmen der stationären Behandlung wieder von ihrem Suizidentschluss und sichert zu, Kontakt zu suchen, wenn der Suizidwunsch wieder drängender werden sollte. Mit dieser Absprache und Zusicherung wurde gemeinsam eine temporäre Aufhebung der Suizidalität performativ hergestellt – es erfolgte auch ein *undoing suicidality*. Ihre akute Suizidalität ist damit entaktualisiert, aber auch nicht völlig aufgehoben.

Immer wenn ich Frau Pauli in den nächsten Tagen begegne – sei es in der Morgenrunde oder in den Visiten – berichtet sie davon, dass es ihr weiterhin sehr schlecht geht und dass sie Suizidgedanken hat. Sie würde gerne entlassen werden, doch dies wird ihr mit Verweis auf ihre Suizidalität nicht gestattet. Sie leidet darunter, dass sie mehr in der Klinik als Zuhause lebt und verbalisiert oft ihre Hoffnungslosigkeit, dass sich ihr Zustand und ihr Leben nie verbessern werden. Eine Woche später wiederholt sie ihren Entschluss, sterben zu wollen. Dieses Mal ist es aber anders:

> Dr. Albers berichtet mir, dass sie sich jetzt noch »um die Entscheidung« kümmern muss. Frau Pauli habe sich gestern entschlossen, sterben zu wollen und sei gerade sehr erleichtert darüber, diese Entscheidung getroffen zu haben. Sie versteht auch nicht, warum ihre Entscheidung nicht respektiert wird. Ich begleite sie zur Übergabe ins Stationszimmer. Anwesend sind außerdem noch fünf Pfleger*innen und ein Azubi. Nach der Einleitung von Dr. Albers, dass sie etwas Ernstes zu berichten hat, wird es sehr still im Raum. Sie erzählt dann in leiser Stimme vom Entschluss von Frau Pauli. Sie wird über das Wochenende [es ist Freitag] einen Notdienstservice an ihre Seite und die Auflage bekommen, sich immer im Sichtbereich aufzuhalten. Mitarbeiter dieser Sicherheitsfirma werden somit 24 Stunden am Tag bei ihr sein und überwachen, dass sich Frau Pauli nichts antut.

Dieses Mal lässt sich die Patientin nicht von ihrem Entschluss abbringen und versteht auch nicht, warum ihr Entschluss nicht respektiert wird. Aus der Sicht des psychiatrischen Teams ist dies auch keine ernstzunehmende Frage, sondern vielmehr ein Anzeichen für die Schwere ihre Symptomatik.[128] Die Bekanntgabe der Überwachungsmaßnahmen wird mit leiser Stimme vorgetragen und es herrscht Totenstille. Mit dieser gemeinsam produzierten Pietät wird nicht nur die Ernsthaftigkeit des Themas unterstrichen, sondern auch in einer kollektiven Performativität das Thema Tod erst hergestellt.

Am Mittwoch nach dem Wochenende, an dem diese 1-zu-1-Betreuung installiert wurde, kommt die Oberärzt*in Dr. Ohms ins Stationszimmer und sagt, dass sie Frau Pauli besuchen will. Wir gehen dafür in das Zimmer von Dr. Albers. Das Gespräch verläuft ungefähr wie folgt:

> Dr. Ohms fragt: »Wie geht es ihnen?« – »Schlecht« – »Wie ist es mit den Stimmen?« – »Sie sind leiser geworden. Ich will aber dennoch sterben.« – »Woran denken sie dabei?« – »An Scherben schlucken, Tabletten sammeln, eine Brücke runterspringen

[128] In anderen Ländern, wie in Niederlanden, Belgien, Schweiz und Kanada, würde diese Frage hingegen eine Berechtigung erhalten, da hier mittlerweile auch dem Suizidwunsch von Menschen mit psychischen Störungen stattgegeben wird, wenn mehrere psychiatrische Gutachter*innen feststellen, dass der Suizidentschluss auf Basis einer wohlüberlegten, freiwilligen und rationalen Entscheidung erfolgt ist (zur Situation in den Niederlanden vgl. Kim, Vries & Peteet 2016; vgl. Kap. 6.4). Sicherlich müssen dafür auch noch weitere Kriterien erfüllt sein, allen voran das unerträgliche und aussichtslose, da therapieresistente, Leiden. Unabhängig davon, wie die spezifische Situation von Frau Pauli in anderen Ländern bewertet werden würde, zeigt dieser Umgang, dass es nicht selbstverständlich ist, ihren Suizidentschluss von vornherein als einen pathologischen zu betrachten. Es gibt immer wieder vergleichbare Fälle, die aufgrund ihrer ethischen Brisanz in die Schlagzeilen kommen, in denen auch jungen Menschen wegen einer ‚unheilbaren' psychischen Störung Sterbehilfe gewährt wird (vgl. https://www.bbc.com/news/stories-45117163, https://www.newyorker.com/magazine/2015/06/22/the-death-treatment oder auch www.news.com.au/lifestyle/real-life/sex-abuse-victim-in-her-20s-allowed-by-doctors-to-choose-euthanasia-due-to-incurable-ptsd/news-story/33d67a4ee6e5980d0c8f6c38147f1576; Zugriff am: 04.04.2019).

> oder vor einen Zug laufen (...) Ich glaube ich werde mein ganzes Leben in der Psychiatrie verbringen, also mehr drinnen als draußen sein.« – »Sie sind also hoffnungslos [hier kommt Dr. Ohms etwas ins Stocken] ... Es gab aber auch Zeiten, wo es ihnen gu.../wo es besser ging und ich glaub es ist gut sich daran zu erinnern« [Währenddessen schaut sie immer wieder auf die aufgeschlagene Akte herunter] – (...) »Können wir den Sicherheitsdienst abbestellen?« – »Solange Sie mir nicht versprechen können, sich nichts anzutun, kann ich das leider nicht machen.« Danach reden sie noch über den Ausgang und beenden die Visite.

Die Hoffnungs- und Hilflosigkeit scheint sich auf die Ärzt*in zu übertragen, die um Antworten ringen muss. In der psychiatrischen und psychoanalytischen Literatur wird dies als typische Reaktion auf chronisch suizidale Personen beschrieben: Therapeut*innen fühlen sich oft ohnmächtig und inkompetent und stellen sowohl sich als auch die Wirksamkeit ihrer Ansätze infrage (Kind 1992, 120ff.; Giernalczyk & Kind 2002). In der letzten Interaktion zeigt sich auch eine Form der handelsförmigen Überzeugungsarbeit: Wenn die Patientin sich glaubhaft von ihrer Suizidalität distanzieren kann, dann kann auch die 1-zu-1-Betreuung wieder abgeschafft werden. Die Technik der 1-zu-1-Betreuung entpuppt sich somit nicht nur als neutrale Sicherungsmaßnahme und positives Beziehungsangebot, sondern auch als belastender Eingriff in die ohnehin schon eingeschränkte Privatsphäre der Patientin. Die 1-zu-1-Betreuung ist somit in ihren positiven, neutralen und negativen Funktionen auch eine Überzeugungstechnik, welche die Patientin von ihren suizidalen Absichten abbringen soll.

Im Umgang mit suizidalen Menschen zeigt sich oft eine gewisse Ambivalenz. Zum einen wird ein großer Sicherheitsapparat um eine Person installiert, der nicht mehr vertraut bzw. der nicht mehr ihr eigenes Leben anvertraut wird. Zum anderen ist diese Person gleichzeitig die einzige Referenz und Quelle, von der aus der Grad der Suizidalität bestimmt werden kann. Ihren Aussagen und Handlungen muss also in einem gewissen Maße auch vertraut werden. In anderen Worten könnte man auch sagen, dass der psychiatrische Apparat nicht nur an den Lebensüberzeugungen der Betroffenen ansetzt und diese zu bearbeiten versucht, sondern auch ultimativ auf die Zeugenschaft der Betroffenen angewiesen ist. Nur sie können ihre wahre Absicht zu Leben oder zu Sterben bezeugen und sind damit die irreduzible Instanz, die ein Garant für ihren Zustand sein kann. Diese Seite ihrer Person muss daher immer wieder angesprochen und um vertragsgleiche Abkommen und Sicherheiten (durch verbale oder gar verschriftlichte Antisuizidversprechungen und -pakte) ersucht werden. Dabei geht diese Ambivalenz nicht nur von der Institution Psychiatrie aus, die gleichzeitig einer Patient*in juristisch die rationale Handlungsfähigkeit und Vertragsmündigkeit im Allgemeinen (durch Unterbringungsbeschlüsse oder gesetzliche Betreuung) absprechen und im Spezifischen (bei der Zustimmung zur Medikation oder bei Antisuizidverträgen) wieder zusprechen kann, sondern wird auch von vielen Patient*innen vollzogen. Dies zeigt sich bei Frau Pauli darin, dass sie, um den Sicherheitsdienst loszuwerden, nicht einfach ein falsches Versprechen abgibt. Noch deutlicher wird es bei einem Vorfall, der sich am darauffolgenden Wochenende ereignet:

> In der Teambesprechung wird von einem Vorfall mit Frau Pauli berichtet. Sie wollte am Wochenende baden gehen. Als sie davor nochmal gefragt wurde, ob sie versichern könnte, sich nichts anzutun, konnte sie es nicht versprechen und wurde daraufhin nicht baden gelassen. In der heutigen Visite mit Dr. Ohms hat sie offenbart, dass sie einen konkreten Plan hatte. Sie hatte eine Socke eingesteckt, mit der sie sich unter Wasser ersticken wollte. Nur die Nachfrage soll ihren Plan vereitelt haben.

Auch hier stellt sich von einer naiven Außenperspektive die Frage, weshalb Frau Pauli nicht einfach verspricht, sich nichts anzutun, um in das Badezimmer und vom Sicherheitsdienst allein gelassen zu werden. Ihren Angaben zufolge hatte sie einen Suizidplan, der nur durch diese Einforderung des Versprechens »vereitelt« wurde. An dieser Stelle kann nur spekuliert und beispielsweise eine suizidale Ambivalenz oder eine ,hysterische' oder ,interaktive Suizidalität (die um die Aufmerksamkeit von Dr. Ohms kämpft, die es später in der Visite als erste erfahren durfte) postuliert werden. Der entscheidende Punkt ist hier aber, dass es eine psychiatrische Praxis der verbalen Absicherung gibt, die beständig aufs Neue und auf einen überschaubaren Zeitpunkt bezogen eingefordert wird. Dies ist dabei nicht nur eine juristisch-dokumentarische Tätigkeit, zur Bestätigung einer glaubwürdigen Distanzierung von suizidalen Handlungen, sondern zeitigt auch präventive und protektive Effekte, zumindest wenn sie von den Betroffenen angenommen wird. Die Patientin, die einen geheimen Suizidplan hat, aber auf die direkte Nachfrage hin nicht in der Lage ist, das psychiatrische Personal anzulügen, agiert damit ihre widersprüchliche Position aus, der im Allgemeinen die Mündigkeit abgesprochen wird (immerhin beweist sie ihre akute Suizidalität durch ihren geheimen und vereitelten Suizidplan und legitimiert damit auch ihre strenge Überwachung), aber in der spezifischen Situation doch vertraut werden muss (da sie sich – aus welchen Gründen auch immer – mit ihrer Verweigerung auf das ,Spiel' der Versprechungen einlässt).

Da die Grenze der chronischen Suizidalität immer auch eine Ressourcengrenze bedeutet, soll hier noch kurz auf den bestellten Notdienstservice eingegangen werden. In der *Klinik Doppelgipfel* wurde bei Personalmangel oder anderweitigem Bedarf ein privater Sicherheitsdienst engagiert, der dann Aufgaben übernahm, die vormals den Pflegekräften vorbehalten waren. Diese Zusammenarbeit entspricht dem neoliberalen Modell der Public-Private-Partnerships. Private Sicherheitsunternehmen übernehmen mit unausgebildeten, schlecht bezahlten und unsicher angestellten Mitarbeitern infrastrukturelle Aufgaben und gewährleisten damit den weiteren Betrieb der kostensparenden Krankenhäuser und anderen Institutionen (vgl. Butterwegge 2017, 150). Für die 1-zu-1-Betreuung hochsuizidaler Patienten ergibt sich dabei eine neue Form des *Personenschutzes*. Gilt dieser im herkömmlichen Sinne einer Abwehr von äußeren Angriffen, transformiert sich hier die Bedrohung durch Dritte in eine Bedrohung, die von der zu schützenden Person selbst ausgeht (sozusagen eine Bedrohung erster Person). Dass dieses Verhältnis nicht so eindeutig ist, zeigt Frau Pauli in einem persönlichen Gespräch:

> Nach einer Teamsitzung gehe ich mit Frau Pauli eine halbe Stunde spazieren. Wir gehen ein Stück durch ein nahes Parkgelände und unterhalten uns ein wenig. Sie beschwert sich in dem Gespräch sehr über den Sicherheitsdienst und das Verhalten der Mitarbeiter*innen. Ihr geht es dabei nicht nur darum, dass es nervt, dass die ganze Zeit eine Person anwesend ist und auf sie aufpasst, sondern beschwert sich auch über das Gegenteil: »Und dann gehe ich aus dem Zimmer und der bleibt einfach sitzen und dann muss ich ihm sagen: ‚Eh! Du musst mitkommen!'. Nicht, dass es danach heißt, ich wollte abhauen.«

Hier wird die panoptische Idee zur Satire: Nicht nur muss die Patientin ihre eigene Überwachung internalisiert haben und befürchten, unter einen Fluchtverdacht gestellt zu werden, wenn sie ohne ihre Überwacher gesehen wird, sie muss sogar auf ihre Überwacher aufpassen und sie zur Überwachung motivieren. Die für sich selbst eine Bedrohung darstellende Schutzperson übernimmt dann Überwachungs- und Sicherheitsfunktionen ihrer Personenschützer und ist damit kurzzeitig die zu schützende Person, die bedrohende Person und die überwachende Person in einem.

Die dauernde 1-zu-1-Überwachung produziert schnell Probleme bezüglich der verfügbaren personellen und ökonomischen Ressourcen:

> Beim Mittagessen sitzt die Pflegedienstleiter*in neben mir und regt sich über 1098 Stunden [insgesamt 45,75 Tage] und 15.500,- € für den Sicherheitsdienst auf, die sie allein für die Station 6.1A aufbringen muss. Sie will das auch noch Dr. Ohms weitergeben. Sie regt sich sehr drüber auf, da sie dieses Geld anscheinend vom Pflegebudget abziehen muss.

Die Station 6.1A ist als oftmals geschlossene Akutstation, in der auch die schwersten Fälle unterkommen, besonders häufig auf die Unterstützung des Sicherheitsdienstes angewiesen. Chronisch suizidale Patient*innen erfordern zum Teil eine direkte Betreuung die sich über mehrere Tage bis Wochen erstrecken kann. Doch irgendwann müssen die Überwachungsmaßnahmen gelockert werden, da sie sonst monetäre und personelle Ressourcengrenzen überschreiten. Daraus ergibt sich die Notwendigkeit, dass pragmatische Unterscheidungen getroffen werden müssen, bis wann welche Techniken und Maßnahmen gerechtfertigt sind. Das *doing suicidality* ist eine Differenzproduktion, die Suizidalität markiert und sichtbar macht. Die Unterscheidung ist in erster Linie eine zwischen suizidal und nicht-suizidal, auf ihrer Grundlage kann eine jeweils spezifische psychiatrische Verarbeitung erfolgen. Die Produktion von Chronizität hingegen erzwingt nicht nur die wiederholte Revision dieses kategorialen Urteils, sondern macht auch eine weitere Differenzierung nötig, die weniger einer kategorialen Unterscheidung als der Positionierung auf einem Kontinuum entspricht. Die chronisch suizidale Person muss ab einem gewissen Punkt, obwohl sie nach dieser Zuschreibung als dauerhaft suizidal gilt, zumindest temporär als nicht-suizidal behandelt werden. Dies kann beispielsweise geschehen, wenn, wie es bei Frau Pauli der Fall war, die Betroffenen für einen kurzen Zeitraum zusichern können, dass sie sich nichts antun werden. Diese mündlichen Non-Suizid-Verträge oder andere Techniken des *undoing suicidality* produzieren nicht nur eine Phase der Entschärfung, mit gelockerten Sicherheits- und Überwachungstechniken, sondern in gewisser Weise überhaupt erst die Möglichkeit für eine therapeutische Behandlung und Bearbeitung der suizidalen Person. Indem sich das Subjekt von seiner Suizidalität distanziert und sich somit als rational handelnde und mündige Vertragspartner*in erweist, kann es als Person erhalten bleiben. Es ist diese Produktion einer (temporären) nicht-suizidalen (chronischen) Suizidalität, durch die eine weitere psychiatrische Verarbeitung möglich bleibt. Würde die Suizidalität hingegen als *echte* wahrgenommen und gäbe es keine Möglichkeit, sie auf Distanz zu bringen, dann verschwände auch die Person, mit der gearbeitet werden kann. Mit der zutiefst überzeugten und alle anderen überzeugenden suizidalen Person kann nur noch eine Art Moratorium eingelegt werden. Die Installation eines rigiden Sicherheits- und Kontrollsystems kommt einem Prozess des Einfrierens gleich, der auf Anzeichen der Besserung wartet, um dann mit diesen arbeiten zu können. Erst wenn das zum Suizid entschiedene Subjekt Anzeichen dafür gibt, dass der Suizidwunsch verblasst oder zumindest ambivalent wird (oder es beispielsweise nur sagt, dass es heute schon ein bisschen besser geht und der Besuch im Garten gut getan hat), kann mithilfe dieser Anzeichen ein Prozess der Kuration begleitet werden. Dem temporären *undoing suicidality* kommt also eine entlastende Funktion zu, da man nicht mehr mit dem Schrecken des wahrhaftig suizidalen Subjekts konfrontiert ist, dem bis auf weiteres nur noch mit Überwachungsmaßnahmen begegnet werden kann.

Im nächsten Fall soll die Produktion von Chronizität noch weiter analysiert werden. Im Unterschied zu Frau Pauli erweist sich Frau Palmer dabei weder als absprachefähig noch als konsistent in ihren Aussagen und Handlungen. Sie stellt damit die psychiatrische Verarbeitung vor ganz eigene Herausforderungen.

6.1.2 Der Suizidversuch von Frau Palmer

Frau Palmer war schon Patientin auf der Station, als ich meine erste Feldforschungsphase begonnen habe. An meinem allerersten Tag werde ich erstmals über sie unterrichtet:

> Über Frau Palmer berichtet mir Dr. Albers, dass sie »sich vor einen Zug werfen wollte, aber von zwei Passanten davon abgehalten wurde«. Nach Dr. Abels sei sie aber »ein besonderer Fall«, da sie schon »ihr Leben lang chronisch suizidal« sei, mit vielen Suizidversuchen und Androhungen. Sie soll morgen auf eigenen Wunsch entlassen werden. Sie lebt in einer betreuten Wohneinrichtung und da »kann sie ebenso gut chronisch suizidal sein wie hier.« (…) In der Nachmittagsübergabe wird über Frau Palmer gesagt: Sie sei wechselhaft, liege rum, ist sehr fordernd und »richtig doof manchmal« und halt »chronisch suizidal«.

Frau Palmer ist »ein besonderer Fall«: Sie hat ihren ersten Suizidversuch im Alter von 19 Jahren mit einer Medikamentenüberdosis unternommen, woraufhin sie das erste Mal in eine Klinik eingewiesen wurde. Allein im vorausgegangenen halben Jahr gab es drei Suizidversuche. Die Einschätzung von Dr. Albers, dass sie, anstatt in der Klinik zu sein, ebenso gut in ihrem Wohnheim chronisch suizidal sein kann, verweist auf die Sonderstellung dieser Form der Suizidalität. Wenn die Suizidalität zwar chronisch eine Gefahr darstellt, aber es gerade keine akute Phase und somit gerade keinen besonderen Handlungsdruck gibt, dann scheint die Psychiatrie auch nicht der richtige Ort für die Betroffenen. Während die Psychiatrie zwar der prädestinierte und ausgewiesene Raum für Suizidalität und Suizidprävention ist, scheint dies nicht für chronische Suizidalität zu gelten.

Frau Palmer ist beim Personal keine beliebte Patientin, da sie sich oft den Anweisungen des Personals widersetzt und als launisch, impulsiv, fordernd und manchmal »richtig doof« erlebt wird. Im Laufe der nächsten sechs Tage, in der ihre Entlassung immer wieder verschoben wird (da es ihr schlechter geht und sie sehr verwirrt ist) werde ich immer wieder Zeuge, wie sie in Konflikt mit dem Pflegepersonal kommt, begegne ihr aber ansonsten eher selten. Am achten Tag meiner Feldforschung komme ich morgens auf die Station und erfahre, dass Frau Palmer im Ausgang einen Suizidversuch unternommen hat:

> Im Stationszimmer werde ich von Dr. Abels angesprochen, die heute Nachtdienst hatte. Sie sagt mir, dass Frau Palmer für mich interessant ist, was »akute Suizidalität« betrifft. Dr. Abels versucht anschließend die Betreuer*in von Frau Palmer telefonisch zu erreichen.
>
> Die Oberärzt*in Dr. Ohm (die länger krank war und vertreten wurde) kommt herein und wird von einer Pfleger*in gefragt: »Weißt du es schon?« – »Ich weiß noch nichts. Aber ich weiß ja, wie es ist.« – »Frau Palmer hat sich gestern vor den Zug geworfen«. – Dr. Ohm ist sichtlich bestürzt: »Oh nein. Das ist ja schrecklich«. – »Sie hat es nur leider nicht geschafft«. Während es die Pfleger*in sarkastisch meinte, versteht Dr. Ohm es anscheinend als ‚Sie hat es leider nicht überlebt', weshalb sich Dr. Ohm und die Pfleger*in für ein paar Sätze nicht verstehen, bis die Pfleger*in ihr klarmacht, dass Frau Palmer noch am Leben und sogar wieder auf unserer Station ist. Daraufhin verlässt Dr. Ohm den Raum.
>
> Später werde ich, während ich im hinteren Teil des Stationszimmers sitze und schreibe, von der Pfleger*in angesprochen: »Endlich mal jemand suizidal für dich?«, woraufhin ich mit Beklemmung erwidere: »Naja. ‚Endlich' …«, woraufhin die Pfleger*in sagt: »Naja. Für die Forschung!« und Dr. Abels zustimmt: »Die Feuerwehr sagt auch: ‚Endlich brennt's wieder!'«.

Der Suizidversuch von Frau Palmer ist ein besonderes Ereignis, der einige Routinen stört und viele Prozesse gleichzeitig in Gang setzt und dabei gleichzeitig noch so normal bleibt, dass er andere Routinen nicht stört. Am Anfang steht die Weitergabe der Information an die gesetzliche Betreuer*in und das Personal, das mit Frau Palmer in einem therapeutischen Verhältnis steht. Doch auch darüber hinaus wird diese Geschichte schnell zum Gossip und in kürzester Zeit durch die gesamte Klinik getragen werden. Bemerkenswert ist auch, dass die Informationspolitik erst einmal nur dem Personal und der Betreuer*in gilt und weder die Familie noch ihr Lebenspartner an dieser Stelle einbezogen werden. Es scheint, als müsste der Suizidversuch erst einmal im psychiatrischen Apparat verarbeitet werden, bevor die Information an die entsprechenden Bezugspersonen weitergereicht werden kann.

Das Sprechen über den Suizidversuch ist von Schwierigkeiten und Brüchen gekennzeichnet. Wenn das Team unter sich ist, dürfen Witze gemacht werden und diese können bisweilen auch makabre und boshafte Formen annehmen. Dies scheint oft eine entlastende Funktion für das Team zu haben.[129] Doch das Ereignis des vermeintlichen Suizids erschüttert diese normale Kommunikation und erzwingt eine neue Abstimmung und Justierung, damit sich die Gesprächspartner*innen wieder verstehen können. Schließlich zeigt auch die Interaktion mit dem Ethnographen, dass das Sprechen über Suizidalität Schwierigkeiten bereitet. Dabei kam dem Ethnographen und seinem auf Suizidalität ausgerichteten Forschungsinteresse vielleicht auch eine Entlastungsfunktion zu. Durch ihn wird es möglich, anders über diesen Schrecken zu sprechen. Durch die Abspaltung von Forschungsinteresse und Forschungssubjekt wird sogar eine Freude über den Suizidversuch möglich: Die Aussage »Endlich brennt's wieder!« soll den Widerspruch klären, der zwischen einem zerstörerischen, Schaden und Leid produzierenden Ereignis und dem intervenierenden Hilfe-, Schutz- und Untersuchungssystem besteht, das auf solche Katastrophen angewiesen ist. In dieser Metapher ist es nicht nur die wissenschaftliche Forschung, die auf ihr Untersuchungsobjekt, sondern letztlich auch der psychiatrische Apparat, der auf Suizidalität und Suizidversuche angewiesen ist. Noch ein weiteres Merkmal ist in der Analogie zwischen Feuer und Suizidalität sowie Feuerwehr und Psychiatrie enthalten: Das Feuer bricht so unvermittelt und unvorhergesehen aus, wie es zu einem Suizidversuch kommen kann. Hier zeigt sich der psychiatrische Praxisbegriff der Suizidalität: Sie existiert nur in einem schnellen, spontanen, dringlichen und meist heftigen Ereignis. Suizidalität existiert so gesehen nur in Akuität und nicht in Chronizität. Dieser Begriff von Suizidalität wird auch während der nächsten Interaktionen mit Frau Palmer deutlich werden. Im Laufe des Tages begleite ich erst die Assistenzärzt*in, dann die Oberärzt*in und später noch die Chefärzt*in zur Visite mit Frau Palmer. In jedem dieser Gespräche wird ein gemeinsames, aber hoch spezifisches Verständnis von Suizidalität produziert:

> Dr. Albers bereitet sich im Stationszimmer darauf vor, Frau Palmer intravenös Antibiotika zu verabreichen. Ich begleite sie zu Frau Palmer. Die Patientin liegt im Bett, sie hat große blaue Flecken an den Armen und hat ansonsten eine Decke über ihrem Körper. Dr. Albers steht daneben und arbeitet an dem Infusionsständer. Ihre Interaktion mit ihr ist zuerst rein technisch: »Ich muss hier, glaub ich, mal den Verband abmachen (...) Oh das hat jemand aber fest zugedreht«. Als sie damit fertig ist, fragt sie danach, wie es ihr geht. Frau Palmer: »Naja gemischt«. Dieses Ereignis von gestern sei »heftig, richtig heftig« gewesen, wie sie da mit dem »Kopf auf den Schienen

[129] Joan Sayre (2001, 681) kategorisiert diese Form von Witzen, in denen Feindseligkeit gegenüber Patient*innen ins Extrem gesteigert ist und in denen oft makabre Bemerkungen vorzufinden sind, als psychiatrischen Galgenhumor. Diese Witze dienen nicht nur der Abfuhr von Aggressionen, sondern auch der Bewältigung komplexer und belastender Situationen.

gelegen hat«. Daraufhin sagt sie »Es ist nicht der erste Suizid [sic], den ich gemacht habe (...) Die Frage bleibt: Warum? Warum? Warum?« – Dr. Albers: »Das können sie sich selbst nicht erklären.« – »Nein. Ich müsste eigentlich daraus gelernt haben«. Frau Palmer kommt auf ihre Tochter zu sprechen. Sie sei so erfolgreich und dabei habe sie es aber so schwer mit ihr gehabt. Nach einer Weile fragt Dr. Albers, ob sie denn froh sei, dass »nichts passiert sei. Äh. Also Sie sind ja schwer verletzt, aber dass nichts...« – [Frau Palmer unterbricht] »Dass ich noch am Leben bin?« – [Dr. Albers spricht parallel weiter] »dass nichts Lebensgefährliches passiert ist?«. Frau Palmer sagt »Nein«. Es sei nicht so, dass sie sich freue. Auf den Steinen sei es eher so gewesen, dass sie sich geärgert hätte, dass sie es nicht geschafft hat, sich umzubringen. Dr. Albers fragt weiter: »Haben sie denn jetzt gerade Suizidgedanken?« – »Ja, das werde ich immer wieder gefragt. Von Medizinern, Psychologen und so weiter, was ich denke. Sowas darf ich ja gar nicht sagen.« Dr. Albers meint, dass sie diese Gedanken hier doch äußern kann und soll. Frau Palmer sagt, dass sie diese Gedanken immer habe, halt das Gefühl habe, dass alle besser dran wären ohne sie; nur, dass sie halt Schuldgefühle ihrer Tochter gegenüber hat. Danach spricht sie über ihren Freund, der es auch nicht verdient hätte. Abschließend sagt Dr. Albers: »Wir gucken im Moment ganz genau nach Ihnen. Das ist uns auch wichtig« – »Mir ist das auch wichtig«. Dr. Albers lässt sich versichern, dass Frau Palmer damit einverstanden ist, dass jetzt häufiger nach ihr geschaut wird, was Frau Palmer recht ist.

Diese Interaktion ist von einer schrittweisen Annäherung gekennzeichnet. Verläuft sie erst auf einer technischen Ebene, in der die Vorbereitung und Einstellung der medizinisch-medikamentösen Vergabetechnologien und damit der Körper im Fokus steht, wird sie zunehmend auf eine psychiatrisch-psychotherapeutische Ebene gehoben, welche die Person fokussiert. Frau Palmer stellt dabei selbst die Frage, warum sie es getan hat. Die Ärzt*in verfolgt erst die kommunikative Strategie der Paraphrasierung (»Das können Sie sich selbst nicht erklären«). Diese Methode wird nicht nur benutzt, um sich darüber abzusichern, dass man verstanden hat, worum es geht, sondern auch um Aufmerksamkeit zu signalisieren und das Gegenüber zum Weitersprechen zu ermuntern. Die Aussage des Gegenübers wird damit validiert und ein Bündnis zwischen Sprecher*in und Zuhörer*in hergestellt. Danach kommt sie zur Schlüsselfrage, ob die Patientin froh sei, überlebt zu haben. In der Schwierigkeit der Ärzt*in, die richtigen Worte zu finden, zeigt sich vielleicht nicht nur eine fehlende Routine, sondern auch die besondere Schwierigkeit, Tod und Suizid zu thematisieren. Trotz der Schwierigkeiten ist die Bewertung des Überlebens die Gretchenfrage nach einem gescheiterten Suizidversuch. Sie bewerkstelligt nicht nur eine Bewertung vergangener Ereignisse, sondern erlaubt auch eine Einschätzung des gegenwärtigen Zustands, beinhaltet eine Vorhersagekraft für zukünftiges Handeln und bietet schließlich eine Entscheidungsgrundlage für die weitere psychiatrische Verarbeitung. Da sie sich weiterhin suizidal zeigt, werden weitere Überwachungsmaßnahmen nötig, die später auf eine 15-minütige Sichtkontrolle festgelegt werden.

Etwas später am Tage folge ich dann der Oberärzt*in Dr. Ohm zur Visite mit Frau Palmer. Die gekürzte Interaktion verlief wie folgt:

> Dr. Ohm fragt: »Frau Palmer, was war denn gestern los?« – »Ich bin gestern vor den Zug gesprungen. Makaber war das (...) Sowas macht man doch nicht. Ich habe völlig den Kopf verloren. Muttergefühle verletzt.« – »Waren es denn spontane Gedanken?« – »Nein. Immer wiederkommende Gedanken. Hab Angst keinen Kontakt mehr zu Laura [ihrer Tochter] zu haben. Ich habe gestern einfach aufgelegt, als wir telefoniert haben. Sowas tut man doch nicht.« Dr. Ohm fragt, ob sie es richtig versteht, ob das das auslösende Gespräch für sie war, sich das Leben nehmen zu wollen, was sie (für mich etwas wirr wirkend) bejaht. Dann fragt Dr. Ohm nach vorherigen Suizidversuchen, ob das »schon mal so schwer mit den Verletzungen« war. Sie meint es gab vor vier Jahren schon mal einen Versuch, am gleichen Bahnhof, wo sie mit den Gedanken gesprungen ist: »I am free«. Das sei auch »sehr heftig« gewesen. (...) Dr. Ohm: »Sind Sie denn jetzt froh, noch am Leben zu sein?« – »Also spontan würde ich ‚Ja' sagen. Das ist jetzt aber sehr spontan. Früher habe ich den Überlebenden [sic] immer gesagt: [mit verzweifelter Stimme] ‚Ich habe es nicht geschafft' – ‚Ich habe es nicht geschafft'« – »Also sind Sie früher traurig gewesen?« – »Jaja. Ich bin auch etwas traurig. Wissen Sie. Ich glaube ja an Gott und an Jesus auch. Auch ans Paradies und ich frage mich halt, ob Gott mir verzeiht. (...) Jetzt bin ich schon wieder verwirrt.« – »Ja den Eindruck habe ich auch. Auch die Pfleger meinten, dass das die letzten Tage schon so wäre. Aber das kennen wir doch schon von Ihnen. Das war das letzte Mal auch so und dann hat es sich wieder verbessert, so dass Sie auch wieder ins Wohnheim zurückkonnten.« (...) »Jetzt haben Sie ja morgen noch eine Operation vor sich« – »Ja. Stimmt« – »Wollen Sie sie denn?« – »Naja ‚wollen' [lacht]. Sie meinen, ob ich damit einverstanden bin?« – »Ja genau.« – »Natürlich bin ich damit einverstanden. Das ist doch nur vernünftig.« – »Wir werden da Ihren Betreuer natürlich informieren« – »Der ist auch dagegen, was ich gemacht habe. Dem hatte ich das nämlich versprochen nicht zu tun.« – »Wie ist es denn jetzt mit Versprechungen von Ihnen? Kann man Ihnen vertrauen?« – »Nein. Nein kann man nicht.« – »Okay. Das ist ehrlich. Dann würde ich auch mal eine Unterbringung beantragen, wenn sie schon so ehrlich sind.«

Entgegen ihrer vorherigen Antwort, entschließt sie sich hier »spontan« der Gretchenfrage, ob sie »jetzt froh ist, noch am Leben zu sein«, zuzustimmen. Es scheint fast, als würde sie aus der Nachwelt sprechen, wenn die anderen die »Überlebenden« werden und sie sich fragt, ob »Gott [ihr] verzeiht«. Bemerkenswerterweise wiederholt sie die Formulierung des makabren Witzes der Pfleger*in: »Leider hat sie es nicht geschafft«. Eine irritierende Wiederholung eines zumindest teilweise geteilten Bedauerns über die Unvollendung des Suizids (psychodynamisch könnte man fragen, ob sie mit ihren Suizidversuchen vielleicht auch die unbewussten Aggressionen und Mordphantasien des genervten und überforderten Personals ausagiert). Bei der Einholung ihres Einverständnisses für die anstehende Operation kommt die Patientin auf den Antisuizidpakt zu sprechen, den sie mit ihrem Betreuer abgeschlossen hatte. Analog zum Lügner-Paradox verneint sie die Frage, ob ihr vertraut werden kann (ihrer Antwort kann somit nicht vertraut werden, doch wenn sie lügt, dann müsste man ihr vertrauen, usw.). Pragmatisch gesehen besteht aber kein Paradox, sondern eher ein Vertrauensbeweis, da die Patientin ehrlich ist und ihre Verhandlungsunfähigkeit eingesteht.

Wenige Minuten später kommt die Chefärzt*in Dr. Clasen auf Station, um Frau Palmer zu sehen. Die gekürzte Interaktion verlief wie folgt:

> Dr. Clasen fragt sie, ob sie schon mit dem Vorwand gegangen sei, sich etwas anzutun oder ob es eine spontane Eingebung war. Frau Palmer antwortet, dass sie die Absicht immer wieder gehabt hat. Es sei ja so, dass die »ganze Mannschaft« ihr schon seit Tagen sagt, dass sie »verworren« ist. Sie hat auch selbst das Gefühl, verwirrt zu sein. (...) Dr. Clasen fragt dann nach aktuellen Suizidgedanken, woraufhin sie anfängt, von ihrer Tochter zu sprechen, dass sie ihr es nicht antun könne und sie sich da schuldig fühlt. Es sei auch nicht das erste Mal. (...) Dr. Clasen: »Ich habe aber schon den Eindruck, dass ihre Stimmung ein bisschen besser ist, als vor dem äh vor dem Suizidversuch«. Das sei nicht so klar, meint Frau Palmer.

Die Patientin hat in diesen Visiten ein perfektes psychiatrisches Selbst. Sie geht in den Kontakt, sie antwortet ausführlich und gibt auch auf schwierige Fragen eine ehrliche Antwort. Sie ist offen, reflektiert und ehrlich mit ihren Gefühlen und Gedanken. Dennoch unterläuft sie dieses perfekte psychiatrische Selbst zugleich. Sie ist inkohärent und verwirrt, sie widerspricht sich und scheint gespalten. Die psychiatrischen Fragetechnologien, die darauf zielen, die Absichten und Ursachen freizulegen, scheitern an den Antworten der Patientin. Auf den ersten Blick scheint es nichts zu geben, das freigelegt werden kann. Zumindest stellt die Patientin selbst die Frage nach dem »Warum? Warum? Warum?« und ist nicht diejenige, die darauf eine Antwort liefern kann. Nach dem zweiten Blick und der zweiten Visite bleiben die freigelegten Absichten und gefundenen Ursachen uneindeutig und widersprüchlich. Es bleiben viele Fragen offen: Hatte sie einen längerfristigen Plan und ist mit dem Vorwand gegangen, sich zu suizidieren? Gab es doch kurzfristige Auslöser (wie das Telefonat mit der Tochter) oder war es letztlich eine Impulshandlung? Außerdem bleibt unklar, wie sie nun das Überleben bewertet, nachdem sie mal traurig und verärgert und im nächsten Moment doch wieder froh darüber zu sein scheint. Die Patientin ist zu »vernünftigen« Entscheidungen fähig (Einwilligung in die Operation), doch gleichzeitig verwirrt und meint von sich selbst, dass man ihr nicht vertrauen kann. Indem dem Scheitern des psychiatrischen Fragesystems, wird die psychiatrische Konzeption von Suizidalität offenbar: Suizidalität wird entweder als geplante oder als impulsive Handlung verstanden, zu denen es Ursachen und Auslöser gibt. Suizidale Handlungen können zwar ambivalent und diese Ambivalenz mehr oder weniger bewusst sein, doch jede suizidale Handlung ist begründet. Bei Frau Palmer bleibt sowohl die Begründung des Suizidversuchs als auch ihre aktuelle Suizidalität enigmatisch.

In der Klinikkonferenz am nächsten Tag erfahre ich, dass Frau Palmer in der Nacht »posttraumatische und flashbackartige Alpträume« hatte und dabei geschrien hat: »Ich will sterben! Ich will sterben!«. Sie war sehr agitiert und hat sich die Infusion herausgerissen. Daraufhin wurde ihr von der Dienstärzt*in Diazepam (ein Benzodiazepin) gegeben. Da an diesem Tag die wöchentliche, oberärztliche Visite stattfindet, begleite ich das Team (die Oberärzt*in, die zwei Assistenzärzt*innen, die psychologische Psychotherapeut*in, die Ergotherapeut*in und eine Pfleger*in) in das Zimmer von Frau Palmer:

> Dr. Ohm fragt: »Wie geht es Ihnen?«. Frau Palmer, die gerade dabei war, einen Joghurt zu essen, muss erst runterschlucken. Da ihr Bein nur halb unter der Decke liegt, sieht man den externen Fixateur (ein Metallgerüst, das als Haltesystem das Bein äußerlich umschließt und durch die Haut im Knochen verankert ist). Bevor sie antworten kann, sagt Dr. Abels: »Sie sehen ja aus wie ein Robocop. Wie ist es denn mit den Schmerzen?«. Frau Palmer erzählt von der Nacht, die sehr schrecklich für sie war. Sie hat den Suizidversuch in ihren Träumen wiedererlebt und daher auch geschrien. Dr. Abels: »Jetzt mal eine dumme Frage: Haben Sie sich heute Nacht die Anschlüsse rausgerissen, weil Sie sich das Leben nehmen wollten oder weil Sie verwirrt sind?« – »Zweiteres«. Dann erklärt Dr. Abels, was bei ihr am Fuß eigentlich kaputt gegangen ist (mehrfacher Bruch in beiden Beinknochen und Sehnen, Muskeln und Haut abgerissen). Sie wird noch gefragt, ob sie schon mit der Absicht gegangen ist, sich das Leben zu nehmen oder nicht, was sie bejaht. Am Ende fragt sie Dr. Abels noch, ob sie denn jetzt auch gleich mit dem Rauchen aufhören will. Sie meint »Nein«, sie hätte sich schon Zigaretten geholt und dann reden sie darüber, wie man es ihr ermöglichen könnte zu rauchen. Da man ihr Bett nicht in das Raucherzimmer schieben kann, könnte man es z. B. in ein leeres Zimmer schieben und es ausnahmsweise mal dort gestatten. Als wir rausgehen sagt die Pfleger*in zu Dr. Abels, dass man sowas doch nicht versprechen darf. Dr. Abels reagiert gar nicht darauf, sondern ruft Dr. Ohms hinterher, um zu erklären, dass es bei der Frage darum ging, herauszufinden, ob Frau Palmer zukunftsorientiert ist und Pläne schmiedet. Dies führt zu einem kurzen ironischen Disput, dass es ja eher dem »Todestrieb« entspricht und »ob Dr. Abels denn die neuen Bildchen auf den Schachteln noch nicht gesehen hat?«.

Wieder zielen einige Fragen auf eine direkte Ermittlung der Suizidalität der Patientin. Diese gilt es beständig aufs Neue festzustellen. Die Assistenzärzt*in versucht auch über den indirekten Weg des Rauchens das Suizidrisiko zu ermitteln. Dies ist als Gesprächsthema für die Patientin vermutlich völlig unverdächtig, da selbst das Personal nicht den doppelten Sinn dieses Gesprächs erahnt. Strategisch soll so die Zukunftsorientierung der Patientin ermittelt werden. Inwiefern dies an dieser Stelle geglückt ist, soll hier nicht weiter diskutiert werden. Wichtig ist hervorzuheben, dass es sich hierbei um eine wesentliche psychiatrisch-psychotherapeutische Technik handelt. Das psychiatrische Spiel wird immer auf mehr als einer Ebene geführt. In Handlungen und Äußerungen der Patient*innen werden stets Anzeichen und Hinweise gesucht, um Schlüsse über den zugrunde liegenden Willen, die geheimen Wünsche und das wahre Begehren zu suchen. In diesen Interaktionsverläufen werden damit mehr als nur die psychiatrischen Techniken der Ermittlung der Suizidalität offenbar. Das psychiatrische Verhältnis zwischen Behandelnden und Behandelten als solches ist von dieser Doppelbödigkeit gekennzeichnet. Es gibt zum einen ein direktes Verhältnis, wie sich in den direkten Fragen nach einer suizidalen Intention zeigt. Hierbei wird immer auch der Gegenstand des Verhältnisses, wie ein spezifisch psychiatrisches Verständnis von Suizidalität, selbst erst verhandelt und produziert. Zum anderen gibt es immer auch ein indirektes und strategisches Verhältnis, indem das (auch sprachliche) Handeln der Behandelten als eine eigene Ausdrucksform, als eine chiffrierte Sprache verstanden wird, die es zu entschlüsseln und in die psychiatrische Sprache zu übersetzen gilt. Es gilt zwischen den Zeilen zu lesen und Muster und Beziehungen aufzudecken, die den Betroffenen selbst nicht bekannt oder bewusst sind. Doch bei Frau Palmer kommt die psychiatrische Dechiffrierung und Übersetzungsarbeit an eine Grenze. Zwar hat sie durch ihr Handeln und ihre Aussagen ihre akute Suizidalität klar ausgedrückt, doch die dahinterstehenden Auslöser und Ursachen konnten nicht klar erkannt werden. Damit ist zwar einerseits der unmittelbare psychiatrische Verarbeitungsauftrag der engmaschigen Überwachung und verstärkten Beziehungsarbeit evident, doch andererseits wird die Frage der ‚richtigen' Behandlung nun erst besonders virulent.

Genau eine Woche nach dem Suizidversuch fand die sogenannte »Morbiditäts- und Mortalitätskonferenz« statt. Dabei handelt es sich um ein professionelles und klinikinternes Gremium, um den Suizidversuch von Frau Palmer und die psychiatrischen Handlungsmöglichkeiten zu evaluieren.

> Die Morbiditäts- und Mortalitätskonferenz findet in der Psychiatrie-Aula statt. Anwesend sind knapp 20 Menschen aller Berufsgruppen, in einem Stuhlkreis versammelt. Die Chefärzt*in Dr. Clasen leitet sie und beginnt zu erklären, dass es sich hierbei um eine Neuerung durch die Krankenhausleitung handelt und die »M & MK« im Rahmen der Qualitätssicherung eigentlich für den somatischen Bereich eingeführt wurde, da dies »in der Psychiatrie ja eine gute Tradition hat«. Dr. Clasen würde am liebs-

ten alle Berufsgruppen dabeihaben, doch die Pflegekräfte sind nur wenig vertreten.

Als behandelnde Ärzt*in beginnt Dr. Albers von Frau Palmer zu erzählen. Sie erzählt etwas über den Aufnahmevorgang und den vorherigen, verhinderten Suizidversuch. Sie meint »da ging es erstmal darum, sie zu stabilisieren und wieder zurück ins Wohnheim zu kriegen«. Dr. Albers meint, dass die jetzige Situation nun »ernster zu nehmen« sei, da es »sozusagen mit Anlauf« passiert sei. »Sie hatte das schon länger geplant«. Dann kommt sie zum »Unfallhergang«, die Aufnahme in der ZNA, die OP und wie sie dann auf die 6.1A kam. Sie begründet ihre Entscheidung, sie nach der notfallchirurgischen Behandlung wieder direkt auf unsere Station übernommen zu haben, damit, dass Frau Palmer im Gespräch mit ihr »weiterhin akut handlungsleitend suizidal« war. Sie erklärt auch, was die Patientin für eine Medikation bekommt. Die Oberärzt*in Dr. Ohms ergänzt die Beschreibung, indem sie erwähnt, dass es aber das erste Mal ein Suizidversuch mit einer solchen Verletzung ist. Außerdem wird ihre chronisch obstruktive Lungenerkrankung (COPD) immer schlimmer: »Sie will daher auch nicht mehr leben«. Dr. Clasen sagt, dass es der dritte Suizidversuch dieses Jahr ist. Im weiteren Verlauf ergreifen immer mehr Personen das Wort und ergänzen sich in ihrer Beschreibung. Es ist eine Mischung aus diagnostischer Evaluation (Kategorien, die erwähnt oder diskutiert werden, sind: schizoaffektive Störung, bipolare Störung, Manie, depressive Kognition, Mischform), weiterer Schilderung des sozialbiographischen Hintergrunds (hat eine Tochter, einen Partner, ...) und früherer Begegnungen und Ereignisse. Irgendwann fragt Dr. Clasen in die Runde: »Ist es denn verständlich? Nachvollziehbar? Hätten wir etwas Anderes machen können?«. Es wird dann darüber spekuliert, ob es Anzeichen für die Absicht von Frau Palmer gegeben habe. Dr. Clasen meint, sie verstehe es nicht, da der »affektive Zustand der Verzweiflung« zur suizidalen Handlung fehlt. Andere Suizidversuche seien eher nachvollziehbar, bei schwer Depressiven z. B., aber bei Frau Palmer verstehe sie es nicht. Eine Pfleger*in widerspricht, indem sie sagt, dass Frau Palmer bei anderen Aufenthalten auch verzweifelt war, was Andere bestätigen. Anscheinend war sie in den letzten Jahrzehnten schon auf fast allen Stationen in Behandlung. Daher sagt Dr. Clasen »wir haben sie chronisch hospitalisiert (...) von uns abhängig gemacht« und wiederholt nochmal ihre, als provokativ bezeichnete Frage: »Was hätten wir anders machen können?« und gibt selbst die Antwort vor: »Wäre eine dauerhafte Unterbringung eine Alternative gewesen?«. Widerspruch kommt aus der Runde und es wird die Gegenfrage gestellt: »Wie lange denn?« – Dr. Clasen: »Naja. Ein Leben lang. Darf man denn jemand chronisch Suizidalen seinem Schicksal überlassen?«. Eine Antwort aus der Runde ist, dass das doch irrelevant sei: »Dann macht sie es auf Station. Es lässt sich ja nicht verhindern«. Das Gespräch geht weiter über ihre Wohnsituation und dann zu den körperlichen Folgeschäden ihres Suizidversuchs. Hier sagt Dr. Abels: »Um den Körper mache ich mir am wenigsten Sorgen. Der geht seinen Gang.« Ob sie irgendwann wieder laufen kann, wird dennoch diskutiert. Eine Idee für einen alternativen Umgang ist, dass man von vornherein im Behandlungsvertrag eine vertragliche Vereinbarung darüber treffen könnte, dass sie sich nichts antun wird. Eine weitere Frage bezieht sich darauf, wie es ihr gerade geht und wie es weitergehen wird. Jemand meint, sie wäre vielleicht »zukünftig für basale Psychotherapie zu haben«. Danach kommt die Frage auf, ob es bilanzierende Gründe gibt (ihre Lebenslage, die COPD, Konflikte mit dem Partner) oder nicht (sie weiß ja selbst nicht, warum sie es immer wieder tut). Dr. Clasen lehnt das Konzept des Bilanzsuizids völlig ab und bezeichnet es als »schizophrene Ambivalenz«, die einem immer das Gefühl gibt, dass es nicht nachvollziehbar ist. Da die M & MK mittlerweile fast eine Stunde dauert, versucht sie hier eine Art Schlusswort zu finden. Ihrer Meinung nach können wir sie und ähnliche Fälle natürlich nicht einsperren. Es muss immer darum gehen, den Menschen ihre Autonomie zurückzugeben und dafür müssen auch Ri-

> siken eingegangen werden: »Das gehört zum Geschäft dazu«. Sie meint aber auch, dass bei ihr »eine Ratlosigkeit zurückbleibt«. Doch damit ist die Runde noch nicht abgeschlossen. Es folgen weitere Hypothesen über »paralogische« und reale Hintergründe, Ursachen und Zusammenhänge. Es wird erwähnt, dass es sich immer um denselben Bahnhof handelt und das ist nicht mal der ist, der am nächsten dran ist und da sie mit ihrem COPD nicht gut laufen kann, muss es doch auch Gründe dafür geben, dass sie da soweit für hinläuft. Wenig später wurde die Sitzung aufgelöst. Als ich dann mit Dr. Abels die Psychiatrie-Aula durch einen Hinterausgang verlasse, meint sie zu mir: »Jetzt konntest du live sehen, wie kollektive Ratlosigkeit in einem Expertengremium aussieht.«

Die Bundesärztekammer (2016, 7) definiert die Morbiditäts- und Mortalitätskonferenzen als »ein Instrument des Risiko- und Qualitätsmanagements von Gesundheitseinrichtungen, mit dem besondere Behandlungsverläufe, unerwünschte Ereignisse, Todesfälle u. ä. systematisch aufgearbeitet werden können«. Sie haben dabei das Ziel, Mängel und Schwachstellen aufzuspüren und eine produktive, medizinische Fehlerkultur zu etablieren.

Die behandelnde Ärzt*in sagt, dass der Suizidversuch »mit Anlauf« passiert sei und daher diesmal »ernster zu nehmen« sei. Diese Schilderung produziert eine paradox anmutende Form der *nachträglichen Vorhersehbarkeit.*[130] Der Anlauf, den die Patientin genommen hat, wurde erst nach dem Suizidversuch als solcher sichtbar (sonst hätte sie keinen Ausgang bekommen). Doch Dr. Albers gibt dabei nur eine erste Version der Einschätzung der Suizidalität der Patientin an, die nicht von allen geteilt wird. In der weiteren Konferenz wird das auf die spezifische Patientin zutreffende Verständnis von Suizidalität verhandelt. Mit der nachträglichen Sinnsuche und dem Versuch, die Bedingungszusammenhänge aufzuschlüsseln, kommen so verschiedene Suizidalitäten ins Spiel. Bis zum Ende kann aber nicht geklärt werden, ob es sich um einen von langer Hand geplanten, einen rational-bilanzierenden Entschluss oder eine impulsive Kurzschlusshandlung gehandelt hat. Selbst nach dem versuchten Schlusswort der Chefärzt*in werden weitere Gründe gesucht und neue Zusammenhänge sichtbar gemacht. Es ist eine kollektive Geschichtenproduktion, in die alle Begegnungen und Erfahrungen mit der Patientin einfließen können. Gemeinsames Ziel ist nach etwas zu suchen, das der Aufklärung der Auslöser und Ursachen dienen könnte. Die psychiatrische Suche ist dabei oft auf die unmittelbaren Auslöser fokussiert. Ursächliche Bedingungen werden verschiedenste genannt (körperliche Erkrankung, Bilanzierung ihrer Lebenslage, zugrunde liegende

[130] Vergleichbar zum psychologischen Konzept des *Rückschaufehlers* (hindsight bias), bei dem die Vorhersehbarkeit eines Ereignisses nachträglich anders beurteilt wird als vor dem Ereignis (vgl. Kohnert 1996).

Verzweiflung), doch dieses Ursachengeflecht reicht in seinem Erklärungswert nicht aus. Was fehlt, ist ein klarer und direkter Auslöser, der auch in seinem Schweregrad in der Lage ist, die suizidale Handlung erklärbar zu machen.

Neben der Suche nach den Ursachen werden in der M & MK auch die psychiatrischen Techniken evaluiert. Selbstkritisch wird bemerkt, dass die Patientin »chronisch hospitalisiert« und »abhängig gemacht« wurde. Gleichzeitig ist genau diese lebenslängliche Hospitalisierung eine der Techniken, die als Möglichkeit in den Raum gestellt wird. Andere angesprochene ‚Alternativen' beschränken sich auf die schriftliche Verfassung eines Antisuizidpakts, den es zumindest verbal schon gab, und die Möglichkeit einer weiteren »basalen Psychotherapie«. Damit scheint auch das psychiatrische Repertoire an seine Grenzen zu kommen. Man könnte die Patientin ein Leben lang einsperren, doch da dies nicht mit dem sozialpsychiatrischen Selbstverständnis zu vereinbaren ist und ihren Suizid auch nicht zwangsläufig verhindern kann, bleiben daher nur die altbekannten Techniken und das Ziel der Stabilisierung und Autonomisierung. Suizidalität wird dabei auch anhand der Begriffe des *Schicksals* und der *Autonomie* verhandelt. Der Patientin wird ein chronisch suizidales Schicksal zugeschrieben. Ihr wird damit nicht nur ein gewisser Grad an Entscheidungs- und Willensfreiheit abgesprochen, sondern ihr suizidales Ende scheint vorherbestimmt und nicht wirklich beeinflussbar – schließlich könnte nicht einmal die lebenslängliche Einsperrung den Suizid verhindern. Ihrem suizidalen Schicksal wird das Handlungsziel der Autonomie gegenübergestellt, das immer auch Risiken bereithält. Diese Autonomie ist der Patientin nicht nur durch ihre psychische Erkrankung, sondern auch durch den psychiatrischen Apparat genommen. Daher kann sie auch (durch eine Entlassung) zurückgegeben werden. Das Risiko, dass dann dennoch ein Suizid stattfindet, »gehört zum Geschäft dazu« und ist somit das Schicksal des psychiatrischen Apparats.

Ein Topos, der in den Begegnungen mit der Patientin immer wieder auftaucht, ist die Verwirrung. Ihr wird unterstellt, verwirrt zu sein und nicht einmal zu wissen, warum sie suizidal ist. In den Visiten schreibt sie sich diese Verwirrung auch immer wieder selbst zu. Vor dieser Verwirrung scheinen auch die Expert*innen nicht gefeit zu sein, die sich auch mit vereinten Kräften nicht von der »kollektiven Ratlosigkeit« befreien können. Die chronische Suizidalität der Patientin bringt den psychiatrischen Apparat nicht nur an seine Ressourcengrenzen, z. B. in Form einer lebenslangen Unterbringung und engmaschigen Überwachung, sondern in der »verwirrten Form« oder »schizophrenen Ambivalenz« an seine

Verstehens-, Veränderungs- und Verarbeitungsgrenzen. Diese Grenzen stellen dabei nicht den äußersten Rand der psychiatrischen Behandlung dar, der zu einem Stillstand führt, sondern sie werden produziert, da sie selbst produktiv sind. Sie werden markiert, um sie für den Moment temporär artikulierbar und bearbeitbar zu machen. Die personellen und ökonomischen Grenzen erfordern beispielsweise eine stetige Infragestellung und Reevaluation der aktuellen Suizidalität, sie mobilisiert entsuizidalisierende Techniken, wie den Non-Suizid-Vertrag, die eine weitere, temporäre Bearbeitung ermöglichen. Auch die Produktion der Verständnisgrenzen stellt eine Möglichkeit dar, ein suizidales Schicksal zu postulieren (als Imagination einer höheren Ordnung, welche sich der psychiatrischen Einflussnahme entzieht), welches eine risikobereitere Verarbeitung ermöglicht (z. B. Entlassung trotz vorhandener Suizidalität). Da dem Non-Suizid-Vertrag in der suizidologischen Literatur mit starker Skepsis begegnet wird, er aber im klinischen Alltag weit verbreitet ist, soll im nächsten Kapitel die Praxislogik dieser suizidpräventiven Technologie analysiert werden.

6.1.3 Gute Gründe für schlechte Non-Suizid-Verträge

> Ein Versprechen zu erpressen ist sinnlos. Ich muß versprechen, daß ich mir nichts antue. Andernfalls bekomme ich keinen Ausgang. (...) Man würde alles versprechen, glaube ich, in meiner Lage.
>
> Rainald Goetz – *Irre* (1983 / 2015, 100)

Da Non-Suizid-Verträge (NSV) in den beiden vorherigen Fallanalysen eine Rolle gespielt haben, indem die chronisch suizidalen Patientinnen immer wieder um Abmachungen und Versprechen ersucht wurden, durch die sie versichern, sich in nächster Zeit nichts anzutun, soll in diesem Kapitel das außergewöhnliche Konstrukt der NSV behandelt werden. Obwohl solche Verträge in vielerlei Hinsicht eigentümlich sind, besteht ihre Außergewöhnlichkeit besonders in der Funktion, die schon im einleitenden Zitat von Rainald Goetz sichtbar wird. Innerhalb eines suizidpräventiven Apparats, der unter anderem durch Einschränkungen und Überwachungen die Verantwortung für das Leben seiner suizidgefährdeten Klientel übernimmt, wird mittels eines vertraglichen Konstrukts die Verantwortung und Souveränität zurück an die Betroffenen übergeben. Wenn sich das suizidale Subjekt aber in einer Situation befindet, in der seine Souveränität und Handlungsverantwortung beschnitten ist, kann dieser Vertragsabschluss schnell unter den Verdacht geraten, nur Mittel zum Zweck sein – und so z. B. zu einem leeren Versprechen werden, um in den Ausgang zu kommen.

Das Instrument des Non-Suizid-Vertrags soll zunächst kurz anhand des psychiatrischen Fachdiskurses skizziert werden, um anschließend die Praxislogik dieser Abmachungen und Verträge zu analysieren.

Der Begriff des Non-Suizid-Vertrags kam Ende der 1960er Jahre auf und wurde erstmals von Drye, Goulding und Goulding (1973) als formales Hilfsmittel im Umgang mit Suizidgefährdeten empfohlen. In einem solchen Vertrag verpflichtet sich eine suizidale Patient*in, sich innerhalb eines gewissen Zeitraums nicht selbstschädigend zu verhalten oder zu suizidieren. Diese Verträge werden in der Praxis meist mündlich abgeschlossen. Doch es gibt auch einige Empfehlungen sie schriftlich zu fixieren und sowohl von den Therapeut*innen als auch den Betroffenen unterschreiben zu lassen (vgl. Dorrmann 2005; Kutter-Vogt 2006). Dafür werden in der Regel Vordrucke verwendet oder mit dem Betroffenen spontan ein Text ausgehandelt und niedergeschrieben.[131] In einigen Kliniken scheint der schriftliche NSV eine Grundvoraussetzung dafür zu sein, überhaupt mit einer psychiatrischen Behandlung anfangen zu können (vgl. Gaschke 2005). Besonders oft scheint der schriftliche NSV auf Stationen verwendet zu werden, die einen dialektisch-behavioralen Therapieansatz (DBT) bei der Behandlung von Borderline Persönlichkeitsstörungen verfolgen. Jene kombinieren oft schon den Behandlungsvertrag mit einer Non-Suizid-Klausel.[132] In der psychiatrischen Literatur finden sich vereinzelt auch Empfehlungen, jedes ärztlich-therapeutische Gespräch mit einer suizidalen Patient*in mit einem Non-Suizid-Vertrag abzuschließen (Schweickhardt & Fritzsche 2007, 200). Die wenigen empirischen Studien, die es zum praktischen Einsatz dieser Verträge gibt, legen einen sehr hohen Verbreitungsgrad nahe. In einer kanadischen Studie nutzten 83 % der befragten Therapeut*innen (Page & King 2008), in einer australischen Studie 85 % des psychiatrischen Personals (Edwards & Sachmann 2010) und in einer schweizerischen Studie 93 % der psychiatrischen Stationen (Narr, Kozel & Abderhalden 2009) Non-Suizid-Verträge. Im Großteil der Fälle handelt

[131] Beispieltext für einen Non-Suizid-Vertrag: »Ich, ... werde bis zum nächsten Termin (am...) am Leben bleiben und mein Leben auch nicht unabsichtlich in Gefahr bringen, egal, was passiert und egal, wie ich mich fühle. Ich werde bis dahin alle Möglichkeiten nutzen, die mir dabei helfen, dieses Versprechen zu halten. Im Falle einer akuten Verschlechterung werde ich mich sofort an ... wenden. Sollte ... kurzfristig nicht verfügbar sein, so werde ich mich an das diensthabende Pflegepersonal wenden, mit der Bitte um Unterstützung.« (https://www.dksb-mv.de/images/web/download/LFS/Non-Suizid-Vertrag.docx; Zugriff am: 07.05.2019).

[132] Im Behandlungsvertrag der Uniklinik Aachen lautet eine der drei allgemeinen Zielsetzungen beispielsweise: »1. Die Reduzierung von suizidalem Verhalten« und die Betroffenen müssen folgende Festlegung unterschreiben: »Ich werde mich außerdem an die folgenden Behandlungsregeln halten: (...) Selbstverletzungen, die chirurgisch versorgt werden müssen, führen zu einem Verweis« (vgl. https://www.ukaachen.de/fileadmin/files/klinik-psychiatrie/Download_Krankenversorgung/Behandlungsvertrag_DBT_2016.pdf; Zugriff am: 07.05.2019).

es sich um verbal abgeschlossene und teilweise mit Handschlag besiegelte Verträge. Es kann also festgehalten werden, dass sich diese Verträge und Vereinbarungen seit ihrer Einführung einer großen Beliebtheit und Verbreitung in der ambulanten und stationären psychiatrischen Praxis erfreuen.

Trotz dieses universalen Verbreitungsgrades wird die Sinnhaftigkeit und Wirksamkeit der Non-Suizid-Verträge im psychiatrischen Fachdiskurs zum Teil grundlegend infrage gestellt. Viele Artikel tragen diese Ambivalenz schon im Titel und verhandeln das das »Pro und Contra«, die »Möglichkeiten und Fallstricke«, den Status von »Talisman oder Tabu« oder die »Effektivität und potentiellen Schäden« der Non-Suizid-Verträge (Dorrmann 2005; Weiss 2001; Miller, Jacobs & Gutheil 1998; Edwards & Sachmann 2010). Andere, wie die ehemalige Präsidentin der *American Psychiatric Association* Marcia Goin (2003; Übersetzung R.I.), positionieren sich noch deutlicher und bezeichnen Non-Suizid-Verträge als einen »gefährlichen Mythos«, zu dem es nicht nur keine »reliablen oder validen Daten gibt, welche ihre Wirksamkeit nachweisen«, sondern welche »gar die Gefahr [für solche Tragödien] erhöhen, indem sie Psychiater*innen ein falsches Gefühl der Sicherheit vermitteln und somit ihre klinische Wachsamkeit beeinträchtigen«. Die Kritik an diesen Verträgen zielt üblicherweise auf drei verschiedene Bereiche: (1.) den therapeutischen, (2.) den diagnostischen und (3.) den juristischen Nutzen (vgl. Simon 1999; Edwards & Sachmann 2010).

(1.) Der therapeutische und suizidpräventive Nutzen von Non-Suizid-Verträgen ist nach gegenwärtigem Stand der suizidologischen Forschung nicht nachgewiesen. Es gibt keine empirischen Belege, die den medizinischen Forschungsstandards entsprechen und zeigen, dass NSV suizidpräventiv wirken (vgl. Bryan et al. 2017). Es konnte im Gegenteil gezeigt werden, dass ungefähr die Hälfte der Personen, die einen Kliniksuizid verübt haben, im Vorfeld versichert haben, sich nichts anzutun (Kroll 2000; Dorrmann 2005). Doch es gibt auch Stimmen, welche eher ein strategisches Ziel in der Anwendung der NSV sehen: »Nicht die Zusicherung des suizidalen Patienten, keinen Suizid zu begehen, ist das eigentliche Ziel, sondern (…), daß der Therapeut zur entscheidenden Bezugsperson für den suizidalen Patienten wird« (Bron 1986, 238). Mit dem NSV kann also vielleicht kein Suizid verhindert oder die Suizidalität direkt kontrolliert, dafür aber eine gute therapeutische Beziehung aufgebaut oder gefördert werden. Doch auch diese Einschätzung wird im Fachdiskurs bezweifelt. Ein NSV könnte demnach von Patient*innen gar als inadäquates und unehrliches Mittel der therapeutischen Beziehung wahrgenommen werden. Das kritische Argument ist hier, dass der NSV nicht für die Patient*innen, sondern für die Psychiater*innen abgeschlossen wird und nur ihnen Sicherheit vermittelt oder ihre Angst nimmt. Statt eine vertrauensvolle Beziehung aufzubauen, können sich Betroffene darüber in ein regressives Abhängigkeitsverhältnis begeben, sich nicht verstanden oder gar manipuliert fühlen (vgl. Dorrmann 2005). Damit könnte der NSV eher zu einer Barriere in der Arzt-Patient-Kommunikation und zu einem Hindernis in der therapeutischen Bündnisarbeit werden (Miller, Jacobs & Gutheil 1998).

(2.) Entgegen der Behauptungen, dass man mithilfe eines NSV den Schweregrad und das Risiko der Suizidalität bestimmen kann (Stanford, Goetz & Bloom 1994), wird von anderer Seite konstatiert, dass die Vereinbarung oder die Ablehnung eines Non-Suizid-Vertrags keinen diagnostischen oder suizidprädiktiven Wert hat (vgl. Rudd, Mandrusiak & Joiner 2006). Erstens lässt sich von einem Abschluss eines NSV nicht auf das tatsächliche Suizidrisiko schließen. Ein NSV bietet keine Garantie dafür, dass das Suizidrisiko gebannt oder auch nur reduziert wurde. Zweitens lässt sich auch nicht allein durch die Verweigerung eines NSV darauf schließen, dass die Person besonders suizidgefährdet ist. Es wird hier im Gegenteil problematisiert, dass man sich in der Praxis nicht auf einen NSV verlassen und dazu verleiten lassen darf, jenen anstelle einer ordentlichen Evaluation und Diagnostik zu setzen (vgl. Edwards & Sachmann 2010).

(3.) Rechtsphilosophisch ließe sich argumentieren, dass diese Verträge einen tautologischen Charakter tragen, da der Vertrag selbst im Falle eines Suizids gültig bleibt. Sobald er nämlich durch einen Suizid gebrochen wird, hört der Vertrag ebenso wie das zentrale Vertragssubjekt auf zu existieren und damit schwindet auch jede Möglichkeit der Sanktionsfähigkeit. Abgesehen von dieser eher theoretischen Einschätzung wird auch in Bezug auf die Praxis der Rechtsprechung in der psychiatrischen Literatur immer wieder betont, dass Non-Suizid-Verträge keine Rechtssicherheit für die Behandelnden schaffen und sie nicht vor juristischen Konsequenzen schützen (vgl. Simon 1999; Dorrmann 2005). Wie sich in vereinzelten Fällen zeigt, bildet der Non-Suizid-Vertrag aber nicht nur keine Rechtssicherheit für die Behandelnden, sondern auch nicht für die Betroffenen und ihre Angehörigen.[133]

[133] In einem Fall in Niedersachsen verklagten Angehörige den behandelten Psychiater auf Schmerzensgeld, nachdem dieser sich einen Tag nach Abschluss eines Non-Suizid-Vertrags erhängt hat. Ihre Klage wurde abgewiesen, da, nach der Entscheidung des Oberlandesgerichts Braunschweig, der Abschluss eines Non-Suizid-Vertrags noch nicht darauf schließen lässt, dass der Patient akut suizidal war. Der behandelnde Arzt konnte somit nicht für den Suizid des Patienten haftbar gemacht werden (vgl. https://www.aerztezeitung.de/Wirtschaft/Keine-Haftung-bei-Selbsttoetung-trotz-Suizidpakts-222551.html; Zugriff am: 08.05.2019).

Zusammenfassend kann festgehalten werden, dass Non-Suizid-Verträge in der psychiatrisch-suizidologischen Forschung sehr umstritten sind und von einem Großteil der *scientific community* abgelehnt werden. Wenn nicht ihre vollständige Abschaffung empfohlen wird, so zumindest ein sehr vorsichtiger und reflektierter Einsatz oder der Einsatz und die Etablierung von Alternativen[134] (vgl. McMyler & Pryjmachuk, 2008; Lee & Bartlett 2005). Bemerkenswert bleibt die große Lücke, die zwischen dem universalen Einsatz auf der einen Seite und der theoretischen und wissenschaftlichen Kritik auf der anderen Seite besteht. Im Folgenden soll nun der praxeologische Versuch unternommen werden, diese Kluft zwischen Theorie und Praxis zu klären. Es soll also im Sinne Garfinkels (1967) ergründet werden, was die guten organisatorischen Gründe für die schlechten Non-Suizid-Verträge sind. Es wird dafür im Folgenden eine relativ weite und praxisnahe Definition von Non-Suizid-Verträgen zugrunde gelegt. Klassischerweise würde man ein explizites Non-Suizid-Versprechen erwarten, wie es durch eine Formulierung wie: »Können Sie versprechen, sich im Laufe der stationären Behandlung nichts anzutun?« elizitiert wird. Aber auch Fragen wie: »Melden Sie sich, wenn es schlimmer wird?«, werden (eine Zustimmung zu dieser Aussage vorausgesetzt) als NSV verstanden, da diese Absprache dem Versprechen gleichkommt, sich nicht selbstschädigend zu verhalten.[135] Letztlich stellen solche Absprache- und Hilfeaufforderungen eine andere Formulierungsvariante des NSVs dar, da sie ebenfalls eine ‚Non-Suizid-Klausel' implizieren. Um die Einbettung solcher Non-Suizid-Verträge in die psychiatrische Ordnung verstehen zu können, soll zunächst ihr Einsatz bei Frau Pauli und Frau Palmer rekapituliert und anschließend der weitere klinische Gebrauch und Nutzen analysiert werden.

Frau Pauli hat sich im Laufe ihrer Behandlung dazu entschlossen, sterben zu wollen. Im ersten Gespräch mit der Oberärzt*in lässt sie sich von dieser Entscheidung abbringen. Sie verspricht, sich nichts anzutun, sondern vorher um Hilfe zu fragen und sich zu melden, wenn es schlimmer und nicht mehr aushaltbar wird. Damit ist auch der erste verbale NSV abgeschlossen. Dieser Abmachung folgend erklärt sie in den darauffolgenden Tagen immer wieder, dass es ihr sehr schlecht gehe, sie hoffnungslos sei und Suizidgedanken habe. Nach-

[134] Als Alternativen zum NSV werden Sicherheits-, Notfall- und Krisenpläne diskutiert, »in denen der Fokus auf der Steigerung der Souveränität liegt, indem Faktoren zur Selbsthilfe und Pläne zur Durchführung in Krisensituationen erarbeitet werden« (Gerstl 2019, 91).

[135] Nach Sacks (1996, 21ff.) könnte diese Formulierung auch als »Correction-Invitation-Device« analysiert werden, die eine Zustimmung präsupponiert bzw. zur Korrektur und zum Widerspruch auffordert.

dem sich ihr Zustand anscheinend nicht verbessert, verkündet sie eine Woche nach Abschluss des NSVs, dass sie wieder entschlossen ist, sterben zu wollen. Diesmal lässt sie sich auch nicht von ihrem Entschluss abbringen. Die Konsequenz ist, dass der psychiatrische Apparat Betreuungs- und Sicherheitsmaßnahmen installiert, um sie rund um die Uhr im Auge zu behalten. Eine entscheidende Szene geschieht dann am Wochenende, als die Patientin nicht alleine ins Badezimmer gelassen wird, da sie nicht versprechen kann, sich dort nichts anzutun. Ihr Suizidplan wird damit vereitelt. Dieses Verhalten irritiert: Warum kann sie an dieser Stelle nicht strategisch dissimulieren und ihre wahren Absichten verbergen? Weshalb verspricht sie es nicht einfach, wenn sie doch das Ziel hat, zu sterben? Es gibt meiner Ansicht nach mindestens zwei Antworten auf diese Fragen: Zum einen könnte eine andere wahre oder doch zumindest zweite Absicht in ihren Handlungen vermutet werden. Da sie dem Suizid vermutlich ambivalent gegenübersteht und somit nicht das ausschließliche Ziel hat, zu sterben, kann hinter oder neben diesen Absichten immer auch eine kommunikative Absicht vermutet werden, die einen Veränderungswunsch artikuliert. Zum anderen bleibt sie trotz ihres Suizidentschlusses weiterhin ein in die gesellschaftliche Ordnung einsozialisiertes und eingeschriebenes Subjekt. Die Maxime, Verträge und Versprechen einzuhalten, ist tief in die eigenen Moral- und Wertvorstellungen eingeprägt und kann auch in Extremsituationen als handlungswirksame Maxime bestehen bleiben.[136] Weshalb sich die Patientin auf das Spiel der Versprechungen einlässt, kann nicht abschließend beantwortet werden. Entscheidend ist jedoch, dass die kontraktuelle Intervention in diesem Falle ihre präventive Funktion erfüllt hat: Der Suizidversuch wurde durch die Einforderung des Non-Suizid-Versprechens verhindert. Daran lässt sich bereits eine praktische Relevanz für den NSV ablesen: Vorausgesetzt die Betroffenen sind ambivalent in ihrem Suizidentschluss, so stellt das Einfordern des NSVs eine Interventionsmöglichkeit dar, mithilfe derer diese Ambivalenz adressiert und sichtbar gemacht werden kann. Tautologisch bleibt die Feststellung, dass der NSV auch dann seine praktische Relevanz beweist, wenn Betroffene sogar in Extremsituationen dem moralischen Diktum des *pacta sunt servanda* (Verträge sind einzuhalten) folgen. Solang man beim Einfordern von Non-Suizid-Versprechens nicht von negativen Auswirkungen ausgeht, bleibt

[136] Auch Kutter-Vogt (2006, 22) meint anhand des Beispiels eines ,ordentlichen' Suizids (der Suizident kündigt alle Telefon- und Stromverträge, kauft sich ein Bahnticket, fährt zum Strand und legt dort seine Sachen zusammen, bevor er ins Wasser geht, um sich umzubringen), »dass ethische Verantwortung und Ordnungsliebe auch beim suizidalen Patienten nicht zwangsläufig untergehen, sondern in der Regel erhalten bleiben«.

der Versuch in der Praxis aber dennoch lohnenswert. Er funktioniert, wo er funktioniert und scheitert, wo er nicht funktionieren kann. In dem Fall, in dem er eine suizidpräventive Funktion hat, hat er sich, entsprechend der psychiatrischen Praxislogik, dann aber dennoch gelohnt.

Bei Frau Palmer hat der NSV diese Funktion nicht erfüllt. Nach eigener Aussage hat sie zumindest ihrem Betreuer versprochen, sich nichts anzutun und trotzdem einen schweren Suizidversuch unternommen. Dennoch wird sie auch im weiteren Verlauf immer wieder aufgefordert Non-Suizid-Vereinbarungen einzugehen und auch gefragt, ob man ihren Versprechungen überhaupt vertrauen kann. Da sie sich selbst nicht als absprachefähig einschätzt, werden auch hier weitere Sicherheitsmaßnahmen, wie die Sichtkontrollen und die Unterbringung, installiert. Doch es ist nicht nur ihre eigene erste Selbstzuschreibung der Vertragsunfähigkeit, welche einen besonders vorsichtigen Umgang mit ihr anzeigt. Wie es in einer oberärztlichen Visite ungefähr drei Monate nach dem Suizidversuch deutlich wird, wird der psychiatrische Sicherungsapparat auch dann nicht gelockert, wenn die Patientin sich selbst wieder als vertragsfähig einschätzt:

> Ich begleite Dr. Ohms zu einer Visite mit Frau Palmer. Nach einem Gespräch über ihren letzten »Ausraster« und der Frage, wie es ihr geht, fragt Dr. Ohms: »Wie ist es denn mit dem Gedanken sich etwas anzutun?« – »Das ist Null.« – »Wann war das denn das letzte Mal?« – »Naja wie das da passiert ist.« – »Gibt es denn lebensüberdrüssige Gedanken?« – »Nein. Gar nicht.« (...) Am Ende sprechen sie über den Entlassplan. Sie würde gerne bald entlassen werden, doch Dr. Ohms mahnt zur Langsamkeit. Sie meint, dass sie sie länger beobachten wollen, »mehr Sicherheit brauchen, wegen des Unfalls«. Frau Palmer versteht nicht, was das mit ihrem Suizidversuch zu tun hat. Dr. Ohms meint, da das so spontan kommt (und schnippt dazu mit dem Finger), machen sie sich schon Sorgen. Frau Palmer widerspricht und sagt, dass das gerade überhaupt keine Rolle spielt.

Der Suizidversuch von Frau Palmer ist vergleichbar mit einer Lüge, die, wenn sie enttarnt wird, zu einem dauerhaften Entzug der Glaubwürdigkeit führt. Ihren Beteuerungen zum Trotz, dass sie seit ihrem Suizidversuch keine Suizidgedanken mehr hatte und ihre Suizidalität »überhaupt keine Rolle« mehr spielt, ist ihre Suizidalität dennoch der Grund, weshalb sie nicht entlassen werden kann. Man könnte hier zwar ein reziprokes strategisches Handeln vermuten: Die Patientin dissimuliert, um entlassen zu werden und die Psychiaterin entlässt sie nicht, da sie der Negierung der Suizidalität nicht glaubt. Doch dies unterstellt m. E. an dieser Stelle zu viel. Der Patientin wird in ihren Aussagen und Versprechungen geglaubt und vertraut. Doch es wird eine Spaltung oder Inkonsistenz in ihr angenommen, die jederzeit wieder impulsiv zu Tage treten und ihr Leben gefährden kann. Es wird davon ausgegangen, dass die Patientin ein Risiko in sich trägt, von dem sie selbst nichts weiß. Daher erfolgt eine entschleunigte psychiatrische Verarbeitung, die auf Beobachtung und Stabilisierung setzt. Die Patientin ist nur quasi-vertragsfähig: Zwar kann man ihr in einem gegenwärtigen Moment trauen, da aber die Angst besteht, dass jederzeit wieder impulsive suizidale Handlungen hervorbrechen können, ist die Vertragsfähigkeit stets gefährdet. Das erklärt vielleicht auch, weshalb die Idee eines schriftlichen Non-Suizid-Vertrags, wie er in der Morbiditäts- und Mortalitätskonferenz besprochen wurde (dass »man von vornherein im Behandlungsvertrag eine vertragliche Vereinbarung darüber treffen könnte, dass sie sich nichts antun wird«), bei ihr letztlich nicht umgesetzt wurde.

Es liegen also zwei konträre Fälle vor: Erweist sich die eine Patientin trotz ihrer schweren und akuten Suizidalität weiterhin als ehrliche und mündige Vertragspartnerin, die sich an ihre Non-Suizid-Abmachungen hält bzw. sie nicht eingeht, wenn sie sie nicht einhalten will oder kann, so erscheint die zweite Patientin als nicht oder nur quasi-vertragsfähig. Die anleitende Vertrags- und Versprechenslogik führt in ihrem Fall dazu, dass ihren Beteuerungen und Versprechungen nicht geglaubt werden kann. Daraus ergibt sich der rigorose und schließlich auch erfolgreiche Einsatz des Non-Suizid-Vertrags im ersten und ein flexibler und inkonsequenter Einsatz im zweiten Fall.

Um zu verstehen, weshalb der NSV eine so starke klinische Verbreitung gefunden hat, sollen nun weitere Beispiele aus der Feldforschung herangezogen werden. Wie schon bei Frau Pauli und Frau Palmer zu bemerken war, werden Non-Suizid-Verträge in der psychiatrischen Praxis nur sehr selten explizit als solche benannt. Meist werden Betroffene schlicht gefragt, ob sie versprechen können, sich in nächster Zeit nichts anzutun, und wenn es keine kontraindizierenden Anzeichen gibt, wird dieser Aussage meist geglaubt. Diese Zuschreibung von Glaubwürdigkeit ist dabei alles andere als trivial oder selbstverständlich. Wie Fengler und Fengler (1980, 102ff.) in ihrem Kapitel »Der methodische Entzug von Glaubwürdigkeit« darlegen, ist der *modus operandi* des psychiatrischen Personals, gegenüber einer bestimmten Klasse von Aussagen der Patient*innen eine »Haltung des generalisierten Zweifels« einzunehmen. In diese Klasse werden Aussagen eingeordnet, wenn den Patient*innen eine gewisse »Interessiertheit« unterstellt wird. Wenn eine Patient*in einer Pflegekraft sagt, dass ihr von der Ärzt*in gestattet wurde, in den Ausgang gelassen zu werden oder dass sie eine Erhöhung ihrer Schlafmittel will, da sie nachts nicht schlafen kann, dann wird vermutet, dass hinter diesen Aussagen eine gewisse Interessiertheit besteht. Diesen Aussagen wird daher nicht einfach geglaubt, wie das in anderen Gesprächssituationen der Fall wäre, und sie werden auch nicht einfach als Lüge abgetan, was selbst im psychiatrischen Setting einen Affront darstellen würde, sondern sie werden als Behauptungen behandelt, die »erst dann den Charakter einer Tatsache erhalten, wenn sie von ‹uninteressierter› Seite bestätigt werden« (ebd., 114). Es braucht also einen uninteressierten Anderen (das Personal, die Akten und Dokumente oder je nach Situation auch Behörden, Firmen, Betreuer*innen, Angehörige, etc.), der die Behauptung der Patient*innen in eine wahre Aussage verwandelt. Betrachten wir folgendes Aufnahmegespräch:

> Dr. Abels: »Was führt Sie zu uns?« – Patientin XY: »Depressionen« – »Ich mache es kurz: Haben Sie Suizidgedanken?« – »Es rückt näher.« – »Wann hatten Sie das letzte Mal Suizidgedanken?« – »Gestern« – »Haben Sie da auch schon Pläne gemacht?« – »Nein. Habe ich nicht.« – »Wenn sich irgendwas verschlechtern sollte, melden Sie sich dann bitte?« – »Ja« (...) »Kann man sich denn auf Sie verlassen?« – »Ja. Ich bin sehr zuverlässig«.

Nach dem Postulat des generalisierten Zweifels könnte erwartet werden, dass die Aussagen der Patient*in als Behauptungen verstanden werden, solange eine suizidale Interessiertheit angenommen wird und sie noch nicht von anderer Seite bestätigt oder widerlegt wurden. Doch bemerkenswerterweise wird an dieser Stelle von keiner verborgenen, suizidalen Interessiertheit ausgegangen. Denn sonst könnte der Patient*in in ihrer Zusicherung, sie werde sich melden und sie sei zuverlässig, nicht vertraut werden, oder anders ausgedrückt: sonst könnte kein NSV mit der Patient*in abgeschlossen werden. Ganz im Gegenteil erfolgt an dieser Stelle, und das entspricht der Routine der psychiatrischen Suizidrisikoermittlung, oft eine *methodische Zuweisung von Glaubwürdigkeit*. Dies hat verschiedene Gründe: 1.) Die Patient*in ist oft die einzige Zeugin bzw. Referenz ihrer Suizidalität. Dokumentarische oder externe Referenzen, wie vorherige Suizidversuche, die sich in alten Arztbriefen oder Unterbringungsbeschlüssen finden lassen, oder entsprechende Aussagen und Einschätzungen von Angehörigen, Betreuer*innen oder dergleichen, gibt es nicht immer. Selbst wenn es sie gibt, bleibt die aussagekräftigste und auch zuverlässigste Quelle weiterhin die Patient*in. Als Quelle dienen dabei nicht ausschließlich ihre verbalen Zeugnisse, sondern auch die Gesamteinschätzung der (nicht-)suizidalen Performance. Da die Patient*in mittelbare und unmittelbare Quelle ihrer Suizidalität bleibt, gibt es keine wirkliche externe Referenz für die Suizidalität der

Patient*in.[137] 2.) Würde an dieser Stelle ein methodischer Entzug von Glaubwürdigkeit erfolgen und es gleichzeitig keine wirkliche externe Referenz für die Suizidalität der Betroffenen geben, dann würde die Haltung eines generalisierten Zweifels den entgrenzenden Charakter einer Endlosrekursion tragen. Wenn alle Aussagen nur noch Behauptungen sind und hinter allen Zusicherungen der Betroffenen immer eine zugrunde liegende suizidale Absicht vermutet wird, dann wären auch die psychiatrischen Interventions- und Sicherheitsmaßnahmen in einer Endlosschleife gefangen. Daher *muss* der Patient*in an dieser Stelle in der Negation geglaubt werden, zumindest solange es keine kontraindizierenden Anzeichen in externen Referenzen oder der suizidalen Performance gibt.

Um die Frage zu beantworten, was nun die guten Gründe für die schlechten Non-Suizid-Verträge sind, sollen im Folgenden weitere empirische Beispiele herangezogen und analysiert werden. Betrachten wir erst einmal eine ganze Reihe an Absprache- und Non-Suizid-Aufforderungen:

> Dr. Ohms erklärt den §10 [die 24h-Unterbringung nach HFEG] und sagt, dass sie weiteres morgen entscheiden werden und fragt nach, ob sie sich hier auf sie verlassen können. Pat.:»Ja. Ich komme und gebe Bescheid, wenn es schlimmer wird.« – »Sie sind also absprachefähig auf Station?« – »Ja.«

> Dr. Ohms: »Sie haben gesagt, Sie würden sich melden, wenn es mit den Suizidgedanken schlimmer wird. Können wir uns darauf verlassen?«. Die Patient*in nickt.

> Dr. Albers: »Und wie ist es mit Suizidgedanken?« – »Es gibt gerade keine. Die hatte ich nur letzte Woche. Da wollte ich mir zwei Packungen Diazepam holen. Hatte echt Angst mir etwas anzutun.« – (...) »Aber jetzt ist das nicht mehr akut?« – »Nein«. Dr. Albers fragt, wie lange das anhielt und ob es denn gut sei, dass sie jetzt hier sei. Im Anschluss sagt sie, dass sie sich jederzeit melden soll, wenn sie wieder Suizidgedanken hat, auch wenn sie nachts kommen. Die Patient*in sichert es zu.

> Dr. Ohms: »Waren Selbstmordgedanken da in letzter Zeit?« – Pat.: »Nö. Nö. Gar nicht.« – »Sie sagen uns aber Bescheid, wenn es schlimmer wird?«

> Dr. Ohms: »Waren nochmal Suizidgedanken da?« – »Nein. Jetzt nicht mehr.« (...) »Wenn sich irgendwas verschlechtern sollte, melden Sie sich dann bitte?«

[137] Selbst in dem Maße, wie der Versuch unternommen wird, eine externe Referenz zu generieren, beispielsweise durch die Entwicklung von Bluttests, die das Suizidrisiko anzeigen sollen (vgl. Guintivano et al. 2014) oder anhand standardisierter Testverfahren (wie der Scale for Suicide Ideation oder dem Tool for Assessment of Suicide Risk), die Schritt-für-Schritt-Anleitungen zur Prüfung von Suizidrisiken bereitstellen wollen (vgl. Jobes 2006; Chehil & Kutcher 2012), bildet das suizidale Subjekt die mittelbare oder unmittelbare Quelle für diese externe Referenz. Da das Auffinden von biologischen Markern insofern zum Scheitern verurteilt ist, als sie selbst im optimistischsten Szenario nur als Risikofaktor, aber nie als Prädiktor für einen spezifischen Suizid dienen können (vgl. Large 2018; Franklin et al. 2017), bleibt auch nach aller Standardisierung der Testverfahren doch nur das narrative und performative Zeugnis der Betroffenen.

> Dr. Albers fragt erst nach Suizidgedanken. Als diese bejaht werden, dann nach Suizidplänen. Die Pat. schüttelt hier den Kopf. Abschließend lässt sie sich versichern, dass sie sich nichts antut und sich melden wird, wenn es schlimmer wird.

> Nach einem längeren Gespräch über einen vorherigen Suizidversuch fragt Dr. Abels, ob es auf Station aktuell auch Suizidgedanken gäbe und fordert den Patienten auf, sich zu melden, wenn es schlimmer wird.

> Dr. Albers klärt einen neuen Patienten über seine Unterbringung auf und dass bald ein Richter vorbeikommen wird. (...) »Falls Suizidgedanken aufkommen sollten [Pat.: »Nein«], dann sagen Sie uns bitte Bescheid.«

Was all diese Interaktionen eint, ist die abschließende eingeforderte Absicherung, dass sich die Patient*innen melden sollen, wenn sich ihr Zustand, genauer gesagt ihre Suizidalität, verschlimmern sollte. Zum Teil wird direkt das psychiatrische Vokabular verwendet und nach der »Absprachefähigkeit« gefragt. Gerade die erste Patient*in scheint an diese Routine schon gewöhnt, indem sie ihre Absprachefähigkeit schon zusichert, bevor die Frage überhaupt gestellt wurde. Mitunter werden Patient*innen noch einmal gesondert gefragt, ob man sich auf sie verlassen könne. Zum Teil scheint die Frage einen rhetorischen Charakter zu besitzen, zumindest scheint es nicht immer auf eine tatsächliche Antwort und Zusicherung der Patient*innen anzukommen. Gerade im letzten Beispiel wird weniger mit dem Patienten als über ihn hinweg gesprochen. Doch allen gemeinsam ist der hiermit vollzogene verbale Abschluss eines NSVs. Meine These ist, dass diese Form des NSVs nicht nur für die Patient*innen und den Aufbau oder die Verstärkung einer therapeutischen Beziehung, sondern auch und besonders für die psychiatrische Dokumentation abgeschlossen wird. Um diese These zu untermauern, möchte ich kurz zeigen, dass das Führen der psychiatrischen Akte nicht nur eine lästige Nebentätigkeit, sondern konstitutiv für die psychiatrische Praxis ist.

Wie schon erwähnt, ist die Dokumentation ein bestimmender und gestaltender Faktor der klinischen Praxis (vgl. Kapitel 3.2.2; Bister & Niewöhner 2014, 98ff.; Klausner 2015, 96ff.). In Form von Relais, Vorlagen und Drehbücher wirkt sie darauf ein, welches Verhalten und welche biographischen Bereiche in den Fokus kommen, was überhaupt als Problem oder Thema behandelt wird, wie die diesbezüglichen Fragen artikuliert, Gespräche geführt und schließlich auch wie Abmachungen und Verträge geschlossen werden. Medizinische Dokumentations- und Aufschreibesysteme können als »technoscientific scripts« (Timmermans & Berg 1997, 275) verstanden werden, welche die Vorgeschichten und Verläufe diverser Akteur*innen und Dinge in einer spezifischen Situation zusammenbringen. In ihnen werden biographisch-narrative Zeugnisse zur Familiengeschichte, den Arbeits- und sozialen Verhältnissen, Laborberichte, vorherige Behandlungsverläufe, diagnostische Einschätzungen und psychopharmakologische Verordnungen gegenübergestellt, zusammengeführt und transformiert. Die psychiatrische Dokumentation kann als Kristallisationsinstanz verstanden werden, welche diverses Wissen über eine Person auf eine vorstrukturierte und kontingente Art und Weise koordiniert (vgl. Klausner 2015, 83ff.). Die Papier- und Dokumentationstechnologien »(ko-)produzieren damit professionelles Wissen, wobei sie einerseits Praxis formen, gleichzeitig dieses Wissen auch für vielfältige Transfers transportabel machen. (...) Der Aufnahmebefund und klinische Dokumentationen insgesamt sind damit immer auch *Repräsentationen für* andere Kontexte« (ebd., 86). In ihnen verdichten sich die verschiedenen therapeutischen, diagnostischen, administrativen, ökonomischen und rechtlichen Anforderungen, denen die psychiatrische Arbeit gerecht werden muss. Für all jene Kontexte muss die psychiatrische Dokumentation eine quasi-standardisierte Form einnehmen, um übersetzbar und nutzbar zu sein. Im Hinblick auf die Suizidalität ergibt sich die Anforderung, diese nicht nur einzuschätzen, sondern auch eine Eindeutigkeit in der Einschätzung zu produzieren.[138] Häufig finden sich Formulierungen in den Akten, wie:

> »Frau Palmer distanziert sich glaubhaft von akuten Suizidideen oder Handlungen.«

> »Pat. berichtet von einem Konflikt mit dem Ehemann, deshalb habe sie viel Alkohol getrunken und dann viele Tabletten in suizidaler Absicht genommen. Jetzt sei sie noch froh, dass sie noch lebe. (...) Sie distanziert sich klar von akuter Suizidalität, ist absprachefähig.«

> »Affektiv stark deprimiert, weint viel, wirkt verzweifelt. Psychomotorisch unruhig. Gibt lebensüberdrüssige Gedanken an, distanziert sich jedoch glaubhaft von Suizidalität.«

> »Pat. habe bereits lange Selbstmordgedanken. Er bleibt freiwillig auf Station. Er verspricht, sich auf Station nichts anzutun.«

> »Depressiver Affekt, affektlabil, weint mehrfach im Gespräch, wirkt hoffnungslos, überfordert, perspektivlos. Suizidale Gedanken werden angegeben, kann sich für den stat. Aufenthalt von akuter Suizidalität distanzieren.«

> »Die Pat. berichtet vom Aufkommen von Suizidgedanken und Suizidplänen, mehrere Suizidversuche in der Vergangenheit. Aktuell absprachefähig und im stat. Um

[138] Eindeutig sind die Einschätzungen selbst dann wenn Suizidalität »nicht ausgeschlossen« werden kann oder »keine glaubwürdige Distanzierungsfähigkeit« vorhanden ist. Auch solche ambigen Urteile schaffen Klarheit: Jede suizidale Unsicherheit wird als mittleres bis hohes Suizidrisiko bewertet und muss dementsprechend besonders intensiv beobachtet werden.

> feld glaubhaft von Suizidalität distanziert. Kein Anhalt auf akute Eigen- oder Fremdgefährdung.«

> »Suizidgedanken, keine Suizidpläne, jedoch nicht prospektiv, hoffnungslos, (...), akute Suizidalität kann nicht ausgeschlossen werden. Antisuizidpakt für den stat. Aufenthalt geschlossen. Pat. gab an keine Suizidabsicht auf der Station zu haben.«

> »Aktuell glaubhaft von Suizidgedanken distanziert, keine akute Suizidalität, mündl. Antisuizidpakt erneuert.«

> »Pat. hat immer noch Suizidgedanken, jedoch nicht so häufig wie vorher. Er verspricht sich aktuell nichts anzutun und beim Auftreten von Suizidgedanken ein Gespräch zu suchen.«

> »Oberflächl. Pulsaderschnitte und wiederholter Tabletteneinnahme in parasuizidaler Absicht mit kurz darauffolgendem selbstinduziertem Erbrechen (...) Durch stat. Aufnahme zunächst entlastet, absprache- und paktfähig und von akuter Suizidalität glaubhaft distanziert«

Dies sind Auszüge aus den Akten, die, meist als letzten Satz unter der Rubrik *Psychopathologischer Befund*, immer auch eine Bemerkung zur Suizidalität der Patient*innen beinhalten. Eine fast universelle Kernformulierung, die nicht nur in den meisten Akten, sondern auch in vielen Gesprächen des Personals (in Übergaben, Besprechungen, Klinikkonferenzen, etc.) auftauchte, stellt die formelhafte Phrase der *glaubwürdigen Distanzierung von Suizidalität* dar. Diese Formel wird zum Teil noch um das Attribut der Absprachefähigkeit und die Suizidalität noch um die Eigenschaft der Akuität (d. h. der akuten Suizidalität) ergänzt. Bestehen bleibt jedoch eine Beurteilung und Zuschreibung der Glaubwürdigkeit und der Distanz zur Suizidalität. Dieser Formel gelingt es semantisch, sowohl eine authentische und plausible Nicht-Suizidalität zu generieren, als auch die Suizidalität dabei nicht vollständig zu negieren oder verschwinden zu lassen. Mit der *Distanzierung* wird die Suizidalität nicht nur auf Abstand, sondern auch als potentielle Möglichkeit ins Spiel gebracht. Auch andere Formulierungen, wie »kein Hinweis auf Suizidalität«oder »keine Anhaltspunkte für Eigen- oder Fremdgefährdung« schaffen durch ihre sprachliche Konstruktion einen suizidalen Ereignishorizont. Es mag für sie gerade keine Hinweise oder Anhaltspunkte geben, doch sie kann als Möglichkeit nicht gänzlich ausgeschlossen werden.

Die Dokumentation der eingeschätzten Suizidalität der Patient*innen ist für die psychiatrische Praxis von nicht zu unterschätzender Bedeutung. Einerseits ist es wichtig, das mögliche Risiko einer Selbstgefährdung zu dokumentieren, wenn es als hoch und akut eingeschätzt wird, da dementsprechende Interventions- und Sicherheitsmaßnahmen eingeleitet (und wiederum dokumentiert) werden müssen. Andererseits ist eine Dokumentation der aktuellen Absprachefähigkeit und glaubwürdigen Distanzierung ebenso wichtig, da dies bei möglichen Suizidversuchen oder Suiziden die Grundlage für eine juristische und berufspraktische Legitimation der eingeleiteten oder ausgelassenen psychiatrischen Handlungen und Maßnahmen darstellt. Die psychiatrische Literatur überbetont oft die juristischen vor den berufspraktischen Konsequenzen. Doch die eigenen Handlungen oder Unterlassungen vor dem eigenen Team oder den Vorgesetzten nicht rechtfertigen zu können, kann wesentlich unmittelbarere, negative Folgen für die Berufsidentität, die psychiatrische Karriere oder auch nur das kollegiale Arbeitsumfeld haben. Der Non-Suizid-Vertrag ist genau ein solches Mittel, um eine glaubwürdige Aussage der Distanzierung von akuter Suizidalität zu produzieren und schafft damit die Möglichkeit einer eindeutigen dokumentarischen Fixierung. Wenn Patient*innen um das Versprechen gebeten werden, sich zu melden, wenn die Suizidgedanken schlimmer werden oder ein suizidaler Handlungsdruck aufkommt und sie dieses Versprechen geben, wird hiermit eine glaubwürdige Aussage der Patient*in produziert. Hier zeigt sich der dokumentarische Nutzen der allgemeinen Absicherungspraxis durch Non-Suizid-Verträge.

Garfinkel (1967/2000) hat beobachtet, dass Krankenakten oft widersprüchlich und fehlerhaft erscheinen, wenn man sie als Datenquelle für eine empirische und statistische Untersuchung nutzen will. Diese Klage, dass die Krankenakten voller Inkonsistenzen und Lücken sind, wurde auch in den untersuchten Kliniken immer wieder vom leitenden Personal und der Verwaltung bemängelt und das Team zu mehr dokumentarischer Sorgfalt ermahnt. Garfinkel analysiert auf zwei Ebenen die guten Gründe für die schlechten Krankenakten. Einerseits sind es (arbeits-)ökonomische Gründe, weshalb nicht alle Informationen gleichermaßen für jede Patient*in erhoben und dokumentiert werden. Andererseits betont er aber den vertraglichen Charakter, den diese Akten immer auch tragen. Die Akte kann als »*Bericht eines therapeutischen Kontrakts* zwischen der Klinik als einem medizinisch-juristischen Unternehmen und dem Patienten gelesen werden«, mit der die Klinik nachweisen kann, »dass sie den Forderungen nach einer angemessenen medizinischen Versorgung nachkomm[t]« (ebd. 2000, 118).[139] Dieser Vertragscharakter der Akte hat Garfinkel zufolge die oberste

[139] Mit Kontrakt ist kein ausformuliertes Dokument gemeint, in dem klar die Willenserklärung, die Rechten und Pflichten beider Parteien usw. beschrieben sind, sondern ein erweitertes Verständnis des Vertrages, wie es schon Durkheim (1992, 267) dargelegt hat. Er stellt fest: »nicht alles ist vertraglich beim Vertrag«, sondern es gibt außervertragliche Vertragsbestimmungen, welche durch das Vertragsrecht und durch soziale und moralische Normen bestimmt sind.

strukturelle Priorität gegenüber allen anderen möglichen Verwendungszwecken (zumindest wenn die Nachweis- und Abrechnungsfunktion als Teil des Vertrags gewertet wird). Die Dokumentation der (fehlenden) glaubwürdigen Distanzierung von Suizidalität wird ebenso »aus Respekt vor der Möglichkeit gesammelt, dass die Beziehung vielleicht einmal beschrieben werden muss als eine Beziehung, die den Erwartungen sanktionierbarer Leistungen durch Klinikmitarbeiter und Patienten entsprochen hat« (ebd.). Die guten organisationalen Gründe für die schlechten Non-Suizid-Verträge liegen also weder in einem therapeutischen, diagnostischen, noch unmittelbaren juristischen, sondern in einem *dokumentarischen* Nutzen. Die Non-Suizid-Verträge sind eine Methode, um eine glaubwürdige Distanzierung von Suizidalität zu dokumentieren. Diese Dokumentation der Einschätzung der Suizidalität hat wiederum die mittelbare medizin-juristische Funktion, die psychiatrische Verarbeitung im Zweifelsfall legitimieren zu können (eine ähnliche Argumentation unternimmt auch Farrow 2002). In einem Gespräch beim Mittagessen wurde die damit einhergehende Problematik von der Assistenzärzt*in auf den Punkt gebracht:

> Dr. Abels erklärt mir die Probleme mit der Dokumentation: Auf der einen Seite kann es sein, dass du einen Patienten gerade mal für zwei Minuten siehst und dokumentierst, dass er »nicht handlungsleitend suizidal« war. Wenn er sich daraufhin umbringt, kriegst du keine Probleme. Auf der anderen Seite kann es sein, dass du stundenlang mit einem Patienten redest, aber danach nichts bezüglich seiner Suizidalität dokumentiert hast. Bringt er sich um, hast du richtige Probleme. Es kommt zur Beweislastumkehr, die Staatsanwaltschaft leitet ein Ermittlungsverfahren ein und die Verwandten werden wissen wollen, wie du das Suizidrisiko übersehen konntest.

Die Dokumentation der Suizidalität muss erfolgen, da die Akte die haftungs- und beweissicherungsrechtliche Bewertungsgrundlage der psychiatrischen Arbeit darstellt. Fehlt die Dokumentation oder ist sie bezüglich der Suizidalität lückenhaft, ist die Voraussetzung für eine Beweislastumkehr gegeben. Dann muss nicht mehr die Kläger*in beweisen, dass es zu einem Behandlungsfehler kam, sondern die Ärzt*in muss ihre Unschuld beweisen. Die Ärzt*in muss folglich nachweisen, dass nicht ihr Handeln ursächlich dafür verantwortlich gemacht werden kann, dass die Patient*in einen Schaden davon getragen hat. Dabei gelten nicht-dokumentierte Maßnahmen als nicht getroffen, solange durch die Klinik oder das Personal nicht das Gegenteil bewiesen werden kann (vgl. Schirmer & Hübner 2009). Kann die Unschuld nicht nachgewiesen werden (und nach Kleemann 2004, 82, ist ein solcher Unschuldsnachweis eine »Unmöglichkeit«), drohen der behandelnden Psychiater*in berufs-, zivil- oder strafrechtliche Konsequenzen (vgl. Kleemann 2004).[140] Auf dem *Weltkongress für Psychiatrie*, in Berlin 2017, sagte der Psychiater und Suizidologe Prof. Dr. Manfred Wolfersdorf, der schon über 70 sachverständige Gutachten zu (post-)stationären Suizidfällen verfasst hat, dass es zum Teil kleine Einträge in der Dokumentation waren, wie: »Der Patient redet über die Zukunft«, welche einigen Psychiater*innen »schon den Hals gerettet haben«. Bemerkenswerterweise referiert auch Kleemann (2004, 88, Hervorhebung R.I.) auf das Überleben, wenn er schreibt, dass »eine lückenlose und gewissenhafte Dokumentation vor Gericht notwendig und *überlebenswichtig* [ist], um nicht (...) verurteilt zu werden«. Auch Ulsenheimer (2015, 758, Hervorhebung R.I.) spricht von der »existenzgefährdenden, manchmal auch *existenzvernichtenden* Folge eines staatsanwaltschaftlichen Ermittlungsverfahrens mit Hausdurchsuchungen, Beschlagnahme der Krankenblattunterlagen und vor allem der negativen Publizitätswirkung einer öffentlichen Hauptverhandlung und Berichterstattung«. Am Patientensuizid scheint also auch das Leben beziehungsweise die Existenz des behandelnden Personals zu hängen.[141] In der Terminologie der Biolegitimität (Fassin 2017) könnte man sagen, dass hier mit dem suizidgefährdeten physisch-biologischen Leben der Patient*innen das sozial-politische Leben der Psychiater*innen verhandelt wird und letztlich beide auf dem Spiel stehen. Beide Formen des Lebens scheinen miteinander verknüpft. Wenn das physisch-biologische Leben der Patient*innen durch einen Suizidversuch geschädigt oder durch einen Suizid genommen wurde, ist das sozial-politische Leben der Psychiater*innen gefährdet.[142] Zu dieser medizin-juristischen Verknüpfung müssen aber noch zwei Entwicklungen hervorgehoben werden. Zum einen ist zwar die Anzahl der ju-

[140] In seiner Dissertation beschäftigt sich Kleemann (2004) ausschließlich mit der haftungsrechtlichen Problematik des Kliniksuizids und schildert verschiedene Fälle, in denen es zu Strafzahlungen (Schmerzensgeld oder Schadensersatzforderungen) kam. Da er keine straf- oder berufsrechtlichen Konsequenzen (wie Freiheitsstrafe oder Entzug der Approbation) schildert, scheinen diese eher dem Bereich der potentiell möglichen, als dem Bereich der tatsächlichen juristischen Gefahren anzugehören. Eine Ausnahme stellt die Verurteilung eines Arztes wegen fahrlässiger Tötung dar, weil er keine andauernde Überwachung für eine suizidale Patientin anordnete und sie sich anschließend suizidierte. Doch auch diese Verurteilung wurde in der nächsten Instanz aufgehoben und er freigesprochen (ebd., 52f.).

[141] Dieses Verhältnis erfährt von der Aussage einer Psychotherapeut*in Unterstützung, die von der Behandlung einer Patient*in während der Ausbildung berichtete: Nach dem ersten Einzelgespräch sei ihre Patient*in, mit dem Gedanken, sich umbringen zu wollen, zum Bahnhof gelaufen. Sie habe es sich dann aber wieder anders überlegt und kam zurück in die Klinik. Die Therapeut*in erfährt es am nächsten Folgetag bei der Übergabe und beschreibt ihre spontane Reaktion mit: »Ich dachte, ich sterbe!«

[142] Dieses Verhältnis kann im Sinne des *Iudex damnatur, cum nocens absolvitur* (lat. »Der Richter wird verurteilt, wenn der Schuldige freigesprochen wird.«) auch als ein traditionell juristisches beschrieben werden: Durch ein falsches Urteil macht sich die Psychiater*in schuldig, wenn sie einem akut suizidalen Menschen die Möglichkeit zum Suizid lässt.

ristischen Klagen »bei Suizidversuch oder erfolgtem Suizid unter stationären Bedingungen oder während ärztlicher Behandlung (…) seit Beginn der achtziger Jahre deutlich im Ansteigen begriffen« (Kleemann 2004, 27), wobei sich dieser Anstieg in eine zunehmende Verrechtlichung und Haftungsverschärfung in der Medizin allgemein einreiht (vgl. Ulsenheimer 2015). Zum anderen gibt es in der Rechtsprechung aber ebenfalls seit Anfang der 1980er Jahre einen »zunehmend erkennbaren Trend, in dem Spannungsfeld zwischen absolutem Lebensschutz durch Freiheitsentzug einerseits und Erhaltung von Lebensqualität durch Inkaufnahme von Suizidgefahr andererseits, letzterem Gesichtspunkt verstärkt Gewicht beizumessen« (Kleemann 2004, 48f.). Daher resümiert Kleemann (ebd., 88), dass »der behandelnde Arzt beim Patientensuizid zum gegenwärtigen Zeitpunkt mit wohlwollender juristischer Würdigung der Umstände rechnen [kann], sofern nicht eklatantes Fehlverhalten nachweisbar ist«. Auch Wolfersdorf gab während seines eben zitierten Vortrags bekannt, dass er »zur Beruhigung« der anwesenden Ärzt*innen sagen kann, dass in seinen begutachteten Fällen »kein einziger Arzt oder Pfleger verurteilt wurde«. Zwar scheint die reale juristische Gefahr gering zu sein, doch die berufspraktische Bedrohung (die von einer Suspendierung oder außerordentlichen Kündigung bis hin zum beruflichen *Rufmord* und Karriereende reichen kann) ist damit nicht gebannt. Das sozial-politische Leben der Psychiater*innen scheint also zunehmend durch Klagen bedroht zu werden, was mitunter auch zu einem defensivmedizinischen Stil im Umgang mit Suizidgefährdeten führen kann, und die beste Absicherung liegt in der lückenlosen und sorgfältigen Dokumentation der psychiatrischen Einschätzungen und Maßnahmen. Ganz im Gegensatz zu Schirmer und Hübner (2009), die konstatieren, dass die Dokumentation »die Grundlage für die Sicherheit der Patienten [ist]«, erscheint die Dokumentation hier vielmehr als Grundlage für die Sicherheit der Behandelnden.

Der Non-Suizid-Vertrag wurde in seinem therapeutischen, diagnostischen, juristischen und schließlich in seinem maßgeblich dokumentarisch-organisationalen Nutzen analysiert. Abschließend sollen noch zwei weitere Funktionen des Non-Suizid-Vertrags expliziert werden, die schon in den Einzelfallanalysen erwähnt wurden. Diese Verträge sowie vertragsgleichen Abmachungen und Zusicherungen können unter gewissen Umständen noch einen (1.) responsibilisierenden und subjektivierenden sowie einen (2.) restituierenden Nutzen haben.

(1.) Eine Folge der vertraglichen Absicherungspraxis durch Non-Suizid-Verträge kann mit dem analytischen Konzept der *governmentality studies* als Responsibilisierung bezeichnet werden. In seinem Werk *Das unternehmerische Selbst* beschreibt Ulrich Bröckling (2007) die kontraktuelle Vernunft der neoliberalen Gouvernementalität. Mit Blick auf »Kauf-, Miet-, Arbeits-, Versicherungs-, Heim-, Ausbildungs-, Ehe-, Bündnis- und Friedensverträge« (ebd., 127) behauptet er, dass Verträge beinahe alle Bereiche des privaten und öffentlichen Alltags strukturieren und »sich [das Prinzip der vertraglichen Einigung] als das Modell sozialer Beziehungen etabliert hat« (ebd., 129). Auch für den klinisch-psychiatrischen Bereich vollzog sich über die Einführung von Behandlungsverträgen, Betreuungs- und Patientenverfügungen und schließlich auch Non-Suizid-Verträgen eine zunehmende Kontraktualisierung der Arzt-Patienten-Beziehung. Der Vertrag gilt dabei als herrschafts- und gewaltfreies Instrument, da sich im Vertrag alle Parteien nach bestem Wissen und Gewissen gemeinsam auf Rechte und Pflichten einigen können. Weil nur mündige Subjekte sich vertraglich binden können, sind aber alle dazu aufgerufen, sich fortwährend als mündig zu erweisen. Daher konstatiert Bröckling, dass »das Regieren per Vertrag (...) Subjekte voraus[setzt] (...), die in der Lage sind, sich selbst zu regieren« (ebd., 145). Der Einzelne soll sich dabei gleichermaßen als Vertragspartei wie als Vertragsgegenstand begreifen und ist dazu genötigt, Selbstdisziplinierung und Selbstmobilisierung miteinander zu verschmelzen. Die Freiheit, Verträge schließen zu können, verwandelt sich in den Zwang, sie schließen zu müssen (vgl. ebd., 146f.). Es ist gerade die Freiheit, die dabei als wesentliches Mittel der Macht fungiert und den Machtasymmetrien die Legitimation des Konsensus verschafft.

Diese Analyse bringt das einleitende Zitat aus dem Roman *Irre* wieder ins Spiel. Sicher fühlen sich nicht alle Betroffenen so bewusst genötigt, zu versprechen, dass sie sich nichts antun, wie es dieses Zitat nahelegt. Im Gegenteil zeigen psychiatrische Studien, dass auch viele Betroffene von Non-Suizid-Verträgen eine positive Meinung haben. Sie schätzen diese Verträge nur dann als weniger hilfreich ein, wenn sie in der Vergangenheit selbst schon mehrere Suizidversuche unternommen haben (vgl. Davis, Williams & Hays 2002). Doch unabhängig von der subjektiven Bewertung dieser Verträge schafft der Non-Suizid-Vertrag im stationären Setting eine spezifische und mittelbare Responsibilisierung in einer Situation des allgemeinen und unmittelbaren Verantwortungsentzugs. Die eigene Entscheidungs- und Handlungsverantwortung, die durch den psychiatrischen Apparat bei suizidalen Patient*innen beschnitten und übernommen wird, wird durch den NSV wieder in die Patient*in zurückverlagert.

(2.) Non-Suizid-Verträge können zudem noch in der Funktion stehen, das suizidale Subjekt als bearbeitbare Person zu restituieren. Wie in der Einzelfallanalyse mit Frau Pauli gezeigt werden konnte, kann eine persistierende chronische Suizidalität zu einer Art Moratorium führen, in der eine Bearbeitung der Person und in gewisser Weise der Personenstatus selbst suspendiert wird. Der psychiatrische Apparat friert dann durch Sicherheits- und Kontrolltechnologien die Bewegungs- und Entscheidungsfreiheit, sowie zumindest in gewissen Grenzen durch psychopharmakologische Maßnahmen das Empfinden und Erleben der Betroffenen ein und es entsteht eine Art Karenzzeit, in der auf eine Veränderung, also eine Entaktualisierung der Suizidalität gewartet wird. Der NSV kann hier als eine psychiatrische Technik verstanden werden, die der performativen Herstellung einer Phase der Nicht-Suizidalität dient. Dieses *undoing suicidality* restituiert das suizidale Subjekt als Person, mit der gearbeitet, die behandelt und therapiert werden kann. Der Vertrag stellt eine Person her, die rational handelt und vertragsmündig ist. Damit wird auch die Möglichkeit für eine weitere psychiatrische Verarbeitung produziert.

Im Fall der chronischen Suizidalität wird performativ ein Überschuss an Suizidalität hergestellt, der im Individuum liegt. Das *doing chronic suicidality* stellt eine Markierung her, die eine Differenz zum gängigen Konzept der Suizidalität produziert. Die Suizidalität erscheint hier nicht mehr als akute Zuspitzung oder Abschluss einer krankhaften psychischen Entwicklung (Ringel 1953), sondern als persistierender Dauerzustand oder gar als suizidaler Lebensstil. Die psychiatrische Verarbeitung erfordert nun aber, dass diese Zugehörigkeit oder Unterscheidung auch zurückgenommen werden kann. Mittels der Technik des Non-Suizid-Vertrags kann ein solches *undoing suicidality* erfolgen. Im nächsten Kapitel soll ein weiterer Überschuss an Suizidalität analysiert werden, der nicht auf der qualitativen Ebene des Individuums, sondern auf der quantitativen Ebene der Verbreitung auf ein Kollektiv liegt. Die Suizidcluster oder Suizidserien stellen für die psychiatrische Praxis der Suizidprävention eine besondere Schwierigkeit dar, da sie immer auch die Angst vor weiteren Imitationen und Ansteckungen wecken.

6.2 Suizidcluster

Suizidcluster bezeichnen die ungewöhnliche Häufung von Suiziden und Suizidversuchen innerhalb eines begrenzten Zeitraums oder Ortes. Lake und Gould (2014, 52ff.) unterscheiden zwischen geographischen, temporalen und raumzeitlichen Suizidclustern. Geographische oder räumliche Cluster beziehen sich auf sogenannte Suizid-Hotspots, an denen eine ungewöhnliche Häufung zu beobachten ist. Zeitliche Cluster definieren sie, in Anlehnung an den Werther-Effekt, als Folge eines zur Nachahmung ansteckenden medialen Diskurses. Raum-zeitliche Cluster oder Punktcluster sind hingegen Häufungen, die innerhalb eines kürzeren Zeitraums in einer begrenzten Gemeinde oder Institution (wie Schulen, Gefängnissen oder Psychiatrien) stattfinden. Suizidversuche und auch Suizide sind letztlich sehr seltene (so liegt die Prävalenz für einen Suizid in Deutschland bei ca. 0,013 %), aber dennoch sehr wirkkräftige Ereignisse. Die signifikante Häufung von Suiziden oder Suizidversuchen zu Suizidclustern ist umso seltener, aber in ihrer Wirkkraft umso stärker.

Das Besondere an der Verarbeitung der Suizidcluster, im Gegensatz zu den anderen Grenzfällen, liegt in ihrer zeitlichen Struktur. Prävention zeichnet sich im Allgemeinen durch eine invertierte Kausalität aus: »Nicht das geschehene Ereignis in der Vergangenheit, sondern der mögliche Schadensfall in der Zukunft fungiert als Ursache eines gegenwärtigen Handelns« (Leanza 2017, 12). Beim Suizidcluster liegt hingegen eine einfache Kausalität vor, denn hier sind vergangene Suizide die Ursache für ein Handeln in der Gegenwart. Doch ganz so einfach ist die Ursache-Wirkungsrichtung auch hier nicht, da nicht selbstevident ist, dass der Suizid von A den Suizid von B herbeigeführt hat *und* dass ausgehend von diesen Fällen weitere zu erwarten sind.

Das Ereignis und die Folgen eines Punktclusters, in Form einer Serie an Suizidversuchen, soll im folgenden Kapitel analysiert werden. Anschließend werden das handlungsleitende, aber doch nicht unstrittige Modell der suizidalen Ansteckung sowie die These des klinischen Suizid-Hotspots besprochen. Abschließend wird in Form eines Exkurses diese dunkle Seite der Prävention, die paradox wirkende, suizidpräventive Produktion von Suizidalität in der klinischen Praxis und öffentlichen Suizidpräventionskampagnen behandelt.

6.2.1 Eine Serie an Kliniksuizidversuchen

Im Laufe der über sechsmonatigen Feldforschung in der *Klinik Doppelgipfel* verging kein Tag, an dem Suizidalität nicht auf die eine oder andere Art und Weise zum Thema wurde. Meist wurde es schon in der alltäglichen, morgendlichen Klinikkonferenz angesprochen, da es bei den Neuaufnahmen oder Entlassungen des Vortags eine Rolle gespielt hatte. Über den Tag verteilt wurde es dann in den Übergaben oder den Visiten thematisiert, oft kodifiziert in einer vorsichtigen Kommunikation (»Sind in letzter Zeit lebensmüde Gedanken gekommen?«) und spätestens in meiner Aktenlektüre fand ich es immer irgendwo in den alten Arztbriefen, den Unterbringungsanträgen, den Pflegeverlaufskurven oder in der ärztlichen Verlaufsdokumentation repräsentiert. Dennoch wurde ich immer wieder vom Personal darauf angesprochen, ob es für mich und meine Forschung in letzter Zeit nicht uninteressant gewesen sein muss, da es keine Fälle von Suizidalität auf der Station gab.

> Am ersten Tag einer der letzten Feldforschungsphasen sitze ich im Stationszimmer, als eine Pfleger*in fragt, ob ich mit meinen Beobachtungen hier überhaupt etwas anfangen kann. Es gibt ja so wenige Suizidfälle. Als ich erkläre, dass es mir nicht nur um akute Fälle geht, sondern auch um alles ringsherum, fragt sie eine Kollegin, ob da nicht Frau Pankow für mich interessant gewesen wäre. Sie hat auch niemand für suizidal gehalten und dann sprang sie aus dem 6. Stock. Auf meine Nachfrage wird mir erklärt, dass es sich um eine 27-jährige Patientin mit paranoiden Verfolgungs- und Vergiftungsängsten handelt, die auf unserer Station war und letzte Woche Donnerstag ein soziales Belastungstraining bei ihrer Mutter gemacht hat und dann irgendwo aus dem Fenster gesprungen ist. Sie sei nun in einem künstlichen Koma in einem anderen Krankenhaus.

Während ich mich in meiner Forschung von einem sehr weiten und nicht klar spezifizierten Begriff von Suizidalität leiten ließ, wurde mein Forschungsinteresse oft missverstanden und nur auf akute Fälle reduziert. Dies entspricht auch dem Begriff von Suizidalität des psychiatrischen Personals. Suizidalität umfasst hier meist nur die Form, die handlungsrelevant von Bedeutung ist. Es ist die heftige und temporäre Suizidalität und, wie am Beispiel von Frau Pankow deutlich wird, die überraschenden und unvorhergesehenen Fälle, die als interessant betrachtet werden. Ein wichtiger Bestandteil der psychiatrischen Arbeit ist immer auch die beständige narrative Reproduktion von Ereignissen. Gegenstand ist der schwere Suizidversuch einer jungen Patientin, die im sozialen Belastungstraining (SBT) für ein verlängertes Wochenende das poststationäre Leben erproben sollte. Das SBT wird oft am Ende der stationären Behandlung versucht, um einen seichten Übergang in die alten Lebenszusammenhänge zu gewährleisten. Dieser Schritt hat dabei selbst auch immer einen prognostischen Wert, da an dem Gelingen oder Scheitern des SBT der Erfolg einer baldigen Entlassung abgeschätzt werden kann. Der Suizidversuch markiert das radikale Scheitern dieses Versuchs. Die gewählte Sprunghöhe lässt darauf schließen, dass eine tödliche Absicht bestand. Damit reiht sich dieser Suizidversuch in die Statistiken ein, nach denen die meisten Kliniksuizide und Kliniksuizidversuche im Ausgang geschehen (vgl. Sakinofsky 2014; Large 2018) und Menschen mit einer Schizophrenie besonders in jungen Jahren bzw. in den ersten Jahren nach der Erstdiagnose betroffen sind (Hor & Taylor 2010; Ventriglio et al. 2016).

Der Zufall will, dass die Einschätzung der Pfleger*in, dass es nur wenige Suizidfälle gibt, nur ein paar Stunden später widerlegt wird. Bei der Übergabe erfahre ich, dass eine weitere Patientin einen Suizidversuch unternommen hat.

> Die Station wurde telefonisch darüber informiert, dass Frau Parker aus dem 1. Stock ihres Wohnheims gesprungen ist. Sie hat Schädel- und Hüftfrakturen. Dr. Abels begründet es mit »Gedankeneinschießen (...) Da gab es keine Anzeichen für. Ihr ging es gerade gut und wir hatten den Ausgang genau geplant«. Eine Pfleger*in stimmt zu: »Das ist spontan gewesen. Das hatte sie nicht geplant«. Sie haben vorhin gerade noch mit ihr gesprochen und sich für später verabredet. Dr. Abels will dann gleich die Betreuer*in anrufen. Sie schlägt außerdem vor, dass die Stationstür wieder abgeschlossen wird. Doch da wegen der unerträglichen Hitze gerade sogar im Gruppenraum die Fenster aufgelassen werden, wird dieser Vorschlag wieder fallengelassen. Danach folgt eine längere Diskussion darüber, ob sie es den anderen Patient*innen sagen sollten. Dr. Abels sagt, dass der Vorschlag von der Oberärzt*in Dr. Ohms kam und sie ihn gut findet: »Nicht, dass Patienten mit Psychose, die eh schon misstrauisch sind, das in ihren Wahn einbauen. Außerdem fordern wir Transparenz und Offenheit und sollten diese dann auch selbst ausüben.« Die Pflegekräfte argumentieren einheitlich dagegen: »Das würde erst einmal die Schweigepflicht betreffen. Wer weiß, ob die Familie Parker nicht was dagegen hat. Sie haben das sonst auch nur gemacht, wenn etwas auf Station passiert ist. Von außerhalb sollte man es nicht hineintragen. Gerade auf unserer Station sind so viele Psychotiker. Die extra aufregen, sei nur kontraproduktiv.« Dr. Abels schließt die Diskussion, indem sie sagt, dass es halt Für und Wider gibt und sie in der nächsten Teamsitzung erst einmal eine gemeinsame Position entwickeln sollten. Als Dr. Abels anschließend gerade eine »besondere Vorfallmeldung« schreiben will, erhält sie einen Anruf von Dr. Ohms und regt sich danach darüber auf, dass sie jetzt von oben aufgehalten wird, diese Vorfallmeldung zu schreiben, bevor klar ist, was da genau passiert ist.

In dieser Besprechung sind drei Punkte bemerkenswert: 1.) Der Suizidversuch wird in der Übergabe sofort als spontan und unvorhersehbar kategorisiert. Begründet wird das darüber, dass es nicht nur keine Anzeichen und Hinweise dafür gab, sondern es der Patientin aktuell gut ging und sie zukunftsorientierte Pläne formuliert hat. Weiterhin ausschlaggebend für diese schnelle Konstruktion der Spontanität und Unberechenbarkeit ist vermutlich außerdem die langjährige Erfahrung mit der Patientin. Auf Basis ihrer Akte sei ihre Geschichte hier kurz skizziert: Frau Parker ist eine 54-Jährige Patientin mit einer diagnostizierten paranoiden Schizophrenie, die sich dieses Jahr zum zweiten Mal freiwillig in Behandlung befindet. Es ist bei ihr seit langem bekannt, dass sie imperative Stimmen hört, die sie auffordern, sich zu töten. Es gab schon viele Voraufenthalte, die durch akut auftretene psychotische Ängste motiviert waren, die in der stationären Behandlung aber immer wieder abgeklungen sind. Im Laufe der aktuellen Behandlung hatte die Patientin keine Hinweise für Suizidalität geäußert – sie wurde zumindest nicht in ihrer Akte dokumentiert. Unter der Überschrift »Psychopathologischer Befund« steht unter anderem die Formulierung: »Keine

Suizidalität«, während in alten Arztbriefen die Suizidalität und die imperativen Stimmen zentraler Aufnahme- und Behandlungsgrund waren. 2.) Es würde der psychiatrischen Sicherheitspolitik entsprechen, nach einem solchen Ereignis die Sicherheits- und Überwachungsmaßnahmen zu erhöhen und so z. B. die fakultativ offene Stationstür für die kommende Zeit abzuschließen. Doch die ungewöhnlich hohe, sommerliche Hitze lässt diese Idee der Erhöhung der Sicherheitsmaßnahmen im wahrsten Sinne dahinschmelzen und zeigt damit, wie flexibel die starr wirkenden Sicherheitssysteme sein können. 3.) Der zentrale Konfliktpunkt nach diesem Suizidversuch liegt in der Informationspolitik. Es bilden sich schnell zwei Lager, die auch in der darauffolgenden Zeit diese Frage, zum Teil emotional stark aufgeladen, diskutieren. Die eine Seite ist für Offenheit und Transparenz, nicht nur um mit gutem Beispiel voranzugehen, sondern auch um Gerüchten und paranoiden Ängsten vorzubeugen und – und das ist der entscheidende Punkt – um mit den Reaktionen der Patient*innen arbeiten zu können. Auf der anderen Seite wurde für eine Verschwiegenheit argumentiert, da es dabei nicht nur rechtliche Schweigepflichtsprobleme gäbe, sondern auch eine unnötige Beunruhigung der Patient*innen zu vermeiden sei, besonders bei denen, die die Betroffenen nicht kennen. Beide Seiten argumentieren somit mit dem *Argument des Patientenwohls*, nur auf jeweils umgekehrte Art und Weise.[143] Fürchtet das eine Lager misstrauische und paranoide Tendenzen durch ein Verschweigen zu verstärken, so fürchtet das andere Lager Patient*innen unnötig aufzuregen und zu verstören. Man könnte auch sagen, dass hier zwei verschiedene Präventionsansätze aufeinandertreffen. Zielt der erste Ansatz präventiv darauf, einen Wahn zu verhindern, zielt der zweite darauf, eine Beunruhigung zu verhindern. Beide können dabei argumentativ auch in den Dienst der Suizidprävention gestellt werden: Während der erste darauf zielt, strategisch mit den Ereignissen zu arbeiten und potentiell darüber ausgelöste suizidale Krisen abzufangen, zielt der zweite darauf, eine Beunruhigung und potentiell ausgelöste suizidale Krisen gar nicht erst aufkommen zu lassen, indem die Patient*innen gar nicht erst mit potentiellen Auslösern konfrontiert werden. Der Unterschied

[143] Die meisten Argumente für oder gegen eine gewisse Praxis müssen sich in der Psychiatrie und wahrscheinlich in der Medizin insgesamt am Goldstandard des Patientenwohls messen. Da das Wohl der Patient*innen dabei nicht so leicht auf einen gemeinsamen Nenner gebracht werden kann, findet häufig ein Kampf um das gültige oder höhere Patientenwohl statt. Dieses Argument, das der klinikinterne Moraldiskurs auch einfordert, dient dabei häufig auch der Verschleierung und Durchsetzung anderer Interessen und Intentionen. Für den besprochenen Konflikt ließe sich beispielsweise annehmen, dass die Assistenzärzt*in ein karriereorientiertes Interesse hat (und daher für den Vorschlag der Oberärzt*in ist) und die Pflegekräfte ein arbeitsökonomisches Interesse haben (da sie am meisten mit den Patient*innen arbeiten, liegt es auch in ihrem Interesse, die Patient*innen nicht ‚unnötig' zu beunruhigen).

in diesen Ansätzen der Suizidprävention liegt somit eher in einem offensiven oder defensiven Präventionsstil. Die richtige Wahl der Informationspolitik betrifft dabei aber nicht nur die restlichen Patient*innen, sondern auch die klinikinternen Vorgänge der Vorfallmeldung. Hier zeigt sich eine Methode der Eindämmung und Begrenzung. Erst einmal gilt es, selbst eine einheitliche Position zu gewinnen oder zu verstehen, was vorgefallen ist, bevor andere darüber informiert werden. Dieser Suizidversuch muss erst einmal im Stationsteam verarbeitet werden, bevor er in weitere Kreise getragen werden kann.

> Dr. Albers, die behandelnde Ärzt*in von Frau Parker, kommt später von ihrem Besuch auf der Intensivstation zurück. Die Pflegeleiter*in spricht sie an und sagt, dass der Suizidversuch nichts mit ihr zu tun hatte: »Dass du da eine Tablette nicht gegeben hast oder sowas. Ich habe vorhin noch mit Frau Parker gescherzt und sie wollte nur kurz raus und zum Mittag wieder da sein«. Dr. Albers nickt und beschreibt dann, dass in ihrem Wohnheimzimmer noch ein angefangenes Essen und Getränk stand und sie anscheinend einfach aufgestanden und gesprungen ist. Die Pfleger*in meint, dass sie wahrscheinlich Stimmen gehört hat.

Die Pflegeleiter*in versucht die behandelnde Ärzt*in zu beruhigen und zu entlasten. Dafür werden die Gründe für den Suizidversuch individualisiert, in ihre pathologische Symptomatik eingeordnet und dabei als unvorhersehbar bzw. der psychiatrischen Kontrolle äußerlich markiert. Diese emotionale Zuwendung und das Absprechen einer Verantwortung und Schuld an dem Suizidversuch wird in der Suizidologie als *Postvention* verstanden, die auch darauf zielt, die psychische Belastung der behandelnden Personen zu reduzieren. Therapeut*innen sind nach einem Suizidversuch oft mit Scham- und Schuldgefühlen, Trauer, Ängsten, Selbstwertproblemen und Wut belastet. Die Psychiatrisierung der Behandelnden geschieht dabei in der Terminologie der *sekundären Traumatisierung* oder *stellvertretenden Traumatisierung*, die in der Symptomatik einer Posttraumatischen Belastungsstörung ähneln kann (vgl. Becker et al. 2017).

Am Morgen des nächsten Tages erfahre ich kurz nach dem Betreten der Station, dass es einen weiteren Suizidversuch gegeben hat. Diesmal betrifft es einen Patienten von einer anderen Station (6.1B). Auf der morgendlichen Klinikkonferenz wird dieser dritte Suizidversuch ausführlich besprochen:

> Herr Paulus ist gestern von einem Haus in der Nähe der Klinik gesprungen. Seine Familie hatte am Vorabend die Klinik alarmiert, dass er sich von seinem Opa verabschiedet habe. Die Dienstärzt*in hat dann versucht, das Handy des Patienten anzurufen, doch im gleichen Moment kam schon der Anruf von der Polizei. Der Patient ist mit vielen Frakturen (keine am Kopf) dann auf die Intensivstation gekommen. Er wurde vor dem Ausgang noch von zwei Pfleger*innen gesehen. Da war er noch op-

> timistisch und 30 Minuten später kam schon der Anruf von der Polizei. Er ist aus 15 Metern Höhe gesprungen. Dr. Ohms meint: »Es ist besonders dramatisch, da es der dritte Fenstersprung in sechs Tagen ist.« Sie ermahnt, »dass das in den Stationsteams besprochen werden soll. Es macht ja sehr betroffen und unsicher, besonders, wenn sich das so häuft.« Sie ist ja für Offenheit, um es nicht zu tabuisieren. Eine andere Ärzt*in meint, es wäre ja besonders wichtig, da es zu Nachahmern kommen kann, daher sollte man es den Patienten sagen, dass es besonders jetzt gehäuft zu Suizidgedanken kommen kann – »das kann halt triggern«. Dr. Ohms meint, dass sich auch alle vom Personal melden sollen, wenn sie sich nicht gut fühlen, Schuldgefühle haben oder Ähnliches. Das ist keine normale Situation und da kann man sich auch schlecht fühlen. Abschließend wird von Dr. Abels noch auf die Morbiditäts- und Mortalitätskonferenz hingewiesen, die dafür am Freitag abgehalten werden soll.

Im Gegensatz zum normalen Rhythmus der Klinikkonferenzen, in denen es eher in einem effizienten, stenographischen Stil darum geht, in möglichst prägnanten, fachsprachlichen Formulierungen Aufnahmen, Entlassungen und besondere Ereignisse des Vortags bzw. Wochenendes zu rekapitulieren, wird diesem Ereignis viel Besprechungszeit eingeräumt. Die »besondere Dramatik« dieses Ereignisses liegt nicht nur an dem Suizidversuch an sich, sondern an der kurzfristigen Wiederholung mehrerer, ähnlicher Suizidversuche. Es ist die Häufung der Suizidversuche zu einer Suizidversuchsserie sowie die jeweils gleiche Wahl der Suizidmethode, welche die normale psychiatrische Routine unterbricht. Betroffen von dieser Suizidserie ist auch das Personal: In dem therapeutischen Angebot an das Personal zeigt sich, wie weit die Angst der Ansteckung reicht. Es sind nicht nur die Patient*innen, die Gefahr laufen sich anzustecken und selbst vermehrt Suizidgedanken zu bekommen oder gar zu Nachahmer*innen zu werden, es ist auch das Personal, das potentiell betroffen sein kann und auf das sich die Präventions- bzw. Postventionsbemühung richten muss. Für den Fall von Suizidserien konkludiert auch Finzen (1997, 155): »Jenseits des konkreten Handelns muß dabei die suizidprophylaktische Psychohygiene von Mitarbeitern und Patienten im Mittelpunkt stehen«.

In der kurz auf die Klinikkonferenz folgenden morgendlichen Übergabe wurde der Konflikt zur richtigen Informationspolitik gegenüber den anderen Patient*innen im Stationsteam weitergeführt:

> Dr. Ohms berichtet in aller Kürze von den drei Suizidversuchen. Danach sagt sie, dass sie dafür wäre, dass alle Patienten darüber informiert werden. So eine Häufung hat sie noch nie erlebt und sowas spricht sich ja rum wie ein Lauffeuer. Die Patienten fragen sich dann: »Warum ist man in der Klinik, wenn das hier dauernd passiert?«. Eine Pfleger*in meint, dass sie das kennen und dass es vor einigen Jahren schon mal so war – auch drei Suizidversuche genau hintereinander. Sie seien das schon so gewohnt, dass sie sich gestern schon gefragt haben: »Wann kommt jetzt Nummer Drei?«. Die Psycholog*in argumentiert gegen eine Bekanntmachung, da die meisten Patient*innen eigentlich nur Frau Parker kannten. Dr. Ohms meint aber, dass man

lieber selbst damit rausrücken sollte, um herauszufinden, was die Patienten wissen und um damit arbeiten zu können. Die Psycholog*in findet, dass nicht alle informiert werden sollten, dass es aber das Personal im Hinterkopf behalten soll, gerade bei Wackelkandidaten. Auch die Schweigepflichtsprobleme und die unnötige Beunruhigung der Patienten werden wieder angesprochen. Dr. Ohms beendet hier die Diskussion und sagt, dass sie das jetzt bestimmen wird und sie es den Patienten in einer Extrarunde 10:30 Uhr sagen wird. Danach fragt sie noch einmal in die Runde, wie es denn allen geht, dass das ja keine alltäglichen Ereignisse sind und dass das ja schon was in einem auslöst. Dr. Abels meint, dass es natürlich was in einem auslöst und der erste Gedanke dann ist, ob man etwas falsch gemacht hat oder ob man irgendwie Schuld daran hat. Aber hier wären ja alle gut aufgehoben, hier hat man ja ein gutes Team, um über sowas zu reden.

Der Konflikt zur Informationspolitik kommt hier in seine nächste Runde und wird schließlich durch eine Entscheidung der Oberärzt*in gelöst. Die Oberärzt*in entscheidet sich dabei für den Weg, der auch in der suizidologischen Literatur empfohlen wird (vgl. Eink & Haltenhof 2017, 128ff.). Neben dem Argument der Enttabuisierung und der vorbildlichen Offenheit und Transparenz scheint das entscheidende Argument, in dem strategischen und proaktiven Moment der Aufklärung zu liegen. Es gilt dem »Lauffeuer« der Geschichten und Gerüchte vorzubeugen, das bei einer solch außergewöhnlichen Folge von Ereignissen ausbrechen und tatsächlich große Teile der Klinik erfassen wird.[144] Indem man aber selbst die Ereignisse kommuniziert, kann man nicht nur herausfinden, inwieweit das Lauffeuer schon ausgebrochen ist (»herausfinden, was die Patienten wissen«), sondern man kann es auch regulieren. Vergleichbar mit dem *Backburning*, einer Methode bei der mit kleineren, selbstgelegten und kontrollierten Feuern Busch- oder Waldbrände bekämpft werden, dient die Aufklärung der Patient*innen auch dem Kontrollversuch der weiteren Ausbreitung und Vervielfachung des Schadens.[145] Hier wird ein Brand sichtbar und öffentlich gemacht, der sonst im Unsichtbaren und Privaten zu schwelen droht. Dadurch kann mit den Reaktionen der Patient*innen »gearbeitet werden«. Doch wie auch in der paradoxen Bekämpfung von Feuer mit Feuer birgt diese Methode ihre eigenen Risiken und Gefahren. Während bei Bränden diese Vor- oder Ge-

[144] Diese Suizidversuchsserie ist auch in weiteren Teilen der Klinik zum Gesprächsthema avanciert. Von der sprichwörtlichen Gerüchteküche wurde ich beim Mittagessen in der allgemeinen Personalkantine Zeuge, als sich neben mir eine Gruppe von jungen, kitteltragenden, d. h. in somatischen Bereichen arbeitenden, Student*innen und Assistenzärzt*innen über die Suizidserie unterhalten haben: »Einer ist aus 15 Metern, die andere aus nur 1 Meter Höhe gesprungen« – »Warum hat man die überhaupt entlassen?«. Schon hier zeigt sich die Verselbstständigung der Narrative, z. B. bei den Stille-Post-Effekten, der aus dem ‚1.Stock', ‚1 Meter' oder aus dem ‚Ausgang' bzw. dem ‚sozialen Belastungstraining' eine »Entlassung« gemacht hat.

[145] Mit diesem Vergleich meine ich natürlich nicht, dass mit Suiziden gegen Suizide gekämpft wird, sondern mit einer offenen Informationspolitik gegen ein unkontrolliertes ‚Lauffeuer' der Geschichten und Gerüchte.

genfeuer im schlimmsten Falle selbst zu neuen und unkontrollierbaren Brandherden werden können, können durch die strategische Offenbarung der Suizidserie im schlimmsten Fall selbst (suizidale) Krisen ausgelöst werden. Daher muss ständig aufs Neue erhoben werden, was das Sprechen über Suizidalität auslöst. Auch hier wird der Fokus abschließend aufs Personal gerichtet, das ebenfalls im Blick behalten werden muss. So sehr die behandelnde Ärzt*in am Ende die Wirkungen des Suizidversuchs durch die Einbindung des Teams und die kommunikative Bearbeitung relativiert, so wird doch auch deutlich, dass die erste und unmittelbare Reaktion darauf eine Infragestellung der eigenen Handlungen und somit immer auch eine belastende Schuldfrage ist.

Ein weiterer aufschlussreicher Aspekt in der Begründung der Oberärzt*in ist die von ihr aufgestellte Frage, die sich Patient*innen stellen: »Warum ist man in der Klinik, wenn das hier dauernd passiert?«. Diese Frage legt nahe, dass die Psychiatrie in ihrer schützenden und suizidpräventiven Funktion durch die Suizidserie grundlegend infrage gestellt wird. Wenn es zu vielen Suiziden oder Suizidversuchen kommt, stellt das die Sinnhaftigkeit der Behandlung und die Psychiatrie als solche in Zweifel. Die Suizidserie produziert damit nicht nur die Angst vor weiteren Nachahmungstaten sowie weiteren psychosozialen Folgen, sondern sie bedroht auch die Legitimation der Psychiatrie. Gleiches konstatiert auch Finzen (1997, 155): Suizide und Suizidserien sind »Ereignisse mit Katastrophencharakter, die die gewohnte Ordnung der Institution bedrohen und infrage stellen«. Umso wichtiger ist es daher, auch gegen den Willen eines Teils des Personals, den Patient*innen mit einer zuvorkommenden, strategischen Offenheit zu begegnen und mit ihren Reaktionen auf diese Suizidserie zu arbeiten. Dies geschah dann auch etwas später in der eigens einberufenen Sitzung:

> Zur Bekanntgabe werden alle Patient*innen in den Tagesraum gebeten. Anwesend sind am Ende 20 Personen (davon acht vom Personal). Das Personal bildet eine größtenteils stehende Front auf der einen Seite des Raums und die Patient*innen sitzen lose verteilt im Raum an den diversen Tischen. Dr. Ohms leitet die Runde ein, indem sie sagt, dass sie sich »wegen einer Reihe trauriger Ereignisse jetzt hier treffen«. Sie will, dass sie es von ihr erfahren. »Drei Patienten dieser Klinik haben innerhalb von nur einer Woche versucht, sich das Leben zu nehmen. Es handelt sich um Frau Parker, Frau Pankow und Herrn Paulus. Es ist aber nichts passiert, sie leben alle noch.« Dr. Ohms fragt dann in die Runde, wie es ist, das zu hören. Es kommt zu zwei Wortmeldungen, bei denen es mir schwerfällt, einen Zusammenhang zu den Suizidversuchen zu verstehen (eine Patientin spricht über verbrannte Haut und eine andere fängt an über ihren Hausarzt zu sprechen). Eine andere Patientin sagt, dass es traurig macht. Dr. Ohms übernimmt hier wieder das Wort und fordert dazu auf, dass doch vielleicht alle noch einmal einen Satz dazu sagen und wendet sich

damit an Herrn XY. Dieser will nichts sagen. Dr. Abels übernimmt und sagt, dass es für sie völlig unerwartet ist und ein Rätsel bleibt und sehr betroffen macht. Danach geht es reihum und es gibt von einigen Patient*innen die Rückmeldung, dass es traurig ist und sie wünschen, dass es ihnen bald besser geht. Doch es gibt auch andere Kommentare: : »Ich kannte die doch gar nicht«, »Die haben halt diesen Weg gewählt« und auf die Frage einer Patientin »Ich verstehe nicht, was einen zwingt, sowas zu tun?« antwortet eine andere: »Die sind halt schwach, können nichts, weder lesen noch schreiben (...) leben unter Brücken (...) Es haben sich noch nicht genug umgebracht«. Immer wieder müssen einzelne Patient*innen ermahnt werden, dass es jetzt doch gar nicht um dies oder jenes geht, sondern darum, dass Mitpatienten versucht haben, sich umzubringen und darum herauszufinden, was das mit einem macht. Am Ende der Runde soll nochmal das Personal erzählen, wie es ihnen geht und alle bekunden ihre Betroffenheit (»Das macht mich natürlich sehr traurig«), um im Anschluss zu sagen, dass sie für Gespräche da sind und sie jederzeit ansprechbar sind, wenn die Patient*innen sich nicht gut fühlen oder auch nur Kleinigkeiten haben. Als Dr. Albers als Fünfte in Folge dieses Angebot macht, unterbricht Dr. Ohms und sagt, dass Dr. Abels und Dr. Albers jetzt nach der Runde noch einmal mit jedem persönlich das Gespräch suchen werden, um herauszufinden, wie es allen geht. Damit wird die Runde beendet. Die Psycholog*in schaut mich an und verdreht ihre Augen.

Die Bekanntgabe der Suizidserie erfolgt in einem asymmetrischen Aufbau. Sind die Patient*innen vereinzelt im Raum verstreut, tritt das Personal als Kollektiv auf, das stehend den Raum dominiert. Das sonders dafür einberufene Treffen und die ungewöhnliche Inszenierung verstärken die Dramatik der Ankündigung. Es gibt geradezu einen Zusammenhang zwischen Inhalt und Form. Der Inhalt der Suizidversuchsserie ist ebenso überfallend, wie es die Konstellation der dominierenden Personalfront. Die Bekanntgabe ist von einem Changieren zwischen Dramatisierung und Entdramatisierung, zwischen Ehrlichkeit und Verharmlosung geprägt. Die Aussage »Es ist aber nichts passiert, sie leben alle noch« macht auf die medizinische Bewertungslogik des Lebens aufmerksam. Es ist daher vielleicht kein Zufall, dass auch Dr. Albers im Gespräch mit Frau Palmer (vgl. Kap. 6.1.2.) die gleiche saloppe Formulierung ‚herausgerutscht' ist.[146] Mit dem Konzept der Biolegitimität von Didier Fassin (2017) gesprochen, zeigt sich eine Priorisierung des biologisch-physischen gegenüber des sozial-politischen Lebens der Patient*innen. Die Erhaltung des biologischen Lebens, das sogar schwer verletzt sein kann, stellt das höchste Gut dar. Die persönlichen und sozialen Folgen werden an dieser Stelle hingegen ausgespart.

Die Übergabe der Wortführung an die Patient*innen gestaltet sich danach als schwierig. Selbst nachdem die Assistenzärzt*in einen narrativen Rahmen vorgibt, wird nicht nur Betroffenheit und Traurigkeit geäußert. Die Suizidversuche

[146] In der Visite nach dem Suizidversuch fragt Dr. Albers: »Sind Sie froh, dass nichts passiert ist. Äh. Also Sie sind ja schwer verletzt, aber dass nichts Lebensgefährliches passiert ist?«

werden durch Unbekanntheit mit den Betroffenen relativiert oder es wird dem paternalistischen, psychiatrischen Moralsystem ein libertäres entgegengestellt (»Die haben halt diesen Weg gewählt«), mit der der Suizid zur freien, entproblematisierten Entscheidung wird. Schließlich wird mit der misanthropischen (und psychotischen) Aussage: »Die sind halt schwach (...) Es haben sich noch nicht genug umgebracht« die Anrufung der Betroffenheit mit einer Verkehrung beantwortet: Suizidprävention wird zur Suizidpromotion und Anlass der Betroffenheit sind nicht mehr die Suizidversuche, sondern die Wut der Patient*in.

Wie der Konflikt über die richtige Informationspolitik auch im Vorfeld nicht lösbar war, so wurde er auch durch die Bekanntgabe nicht befriedet, was sich im genervten Blick der Psycholog*in offenbart.

> In einem Gespräch mit mir kritisiert sie im Nachhinein die »Inszenierung einer Betroffenheitskultur«. Ihrer Ansicht nach wurde kaum Platz für andere Gefühle gelassen, z. B. das man auch sagen konnte: »Ich war da nicht so nah dran« oder auch für das Personal »Ich habe das in meinem beruflichen Leben leider schon oft erlebt«. Das habe so eine unnatürliche Betroffenheit gefordert und auch denjenigen, die vielleicht wirklich davon betroffen sind, nicht den Raum dafür gelassen.

Es stehen sich verschiedene Anforderungen gegenüber, die nur schwer miteinander vereinbar sind. Auf der einen Seite erfordert eine solche Suizidserie ein psychiatrisches Handeln, das nicht nur in die Vergangenheit gerichtet ist, indem es nachträglich die Ereignisse rationalisiert, sondern auch einen präventiven Gegenwarts- und Zukunftsbezug hat, indem die psychische Belastung durch diese Ereignisse ermittelt und dadurch ausgelöste (suizidale) Krisen abgefangen und verhindert werden. Auf der anderen Seite ist präventives Handeln immer auch ein unsicheres Handeln, da es auf eine abwesende Zukunft gerichtet ist und dasjenige verhindern will, auf das es zielt. Gelungene Prävention kann somit nie mit abschließender Sicherheit auf ihre Maßnahmen zurückgeführt werden (es lässt sich schwer sagen, warum sich jemand nicht suizidiert hat).[147] Darüber hinaus erfordert eine solche Suizidserie einen informationspolitischen Umgang, der selbst immer wieder in der Logik der Prävention problematisiert werden kann. Entweder lässt man das diskursive Lauffeuer unkontrolliert schwelen oder man bekämpft es mit einem eigenen, kontrollierten Diskurs. Doch beide Varianten der Informationspolitik können selbst wiederum Krisen

[147] Dies gilt eher für die psychiatrische Praxis als für die psychiatrische Forschung. Durch Kontrollstudien können auch Effekte von Präventionsmaßnahmen gemessen werden. Doch gerade im Bereich der Suizidprävention gelangen solche Studien schnell an ihre ethischen Machbarkeitsgrenzen (Eynan et al. 2014).

produzieren. Wie es eine Pfleger*in zu der Bekanntgabe sagte: »Da kann man ja nur falsch machen, was man falsch machen kann«. Das zeigt sich schließlich auch in der Bekanntgabe, in der, zumindest nach Einschätzung der Psycholog*in, eine Betroffenheitskultur inszeniert wurde, die eine wirkliche Trauer über die Suizidversuche eher erschwert als ermöglicht hat.

Wenige Tage später findet dann die Morbiditäts- und Mortalitätskonferenz statt, auf der diese Serie noch einmal besprochen wird:

> Dr. Clasen erklärt einführend noch einmal den Rahmen und meint auch, dass wir hoffentlich keine Muster finden werden, die etwas auf unsere Arbeitsabläufe schließen lassen. Solche Ereignisse machen einen häufig sprachlos. Gerade daher sei es wichtig, hier noch einmal darüber zu sprechen.
>
> Dr. Abels beginnt, indem sie den Fall mit Frau Pankow vorstellt. Nach der kurzen Fallvorstellung (paranoide Schizophrenie seit ungefähr fünf Jahren; Aufnahme mit Unterbringungsantrag für vier Wochen bei fehlender Krankheitseinsicht; nach Medikation mit Risperidon [einem Neuroleptikum] wurde sie zunehmend offener und weicher; längeres Planungsgespräch über die Zukunft am Tag vor dem Suizidversuch – Patientin stellte hier Fragen und äußerte eigene Ziele; dann Suizidversuch im SBT bei der Mutter ohne Ankündigung und Vorzeichen) fragt Dr. Clasen als erstes, ob es vorherige Suizidversuche gab (gab es nicht). Eine andere Ärzt*in fragt nach dem Inhalt des letzten Gesprächs mit der Patientin. Dr. Abels beschreibt es als gutes und zukunftsorientiertes Gespräch. Dr. Clasen fragt dann nach dem aktuellen Kontakt mit den Eltern. Anscheinend will die Mutter keinen Kontakt zur Klinik mehr haben. Dr. Clasen zieht ein Zwischenresümee: »Nach allem was man jetzt gehört hat, macht es die Sprachlosigkeit eher größer als kleiner« und berichtet dann anschließend von ihrer letzten Visite. Hier war sie schwingungsfähiger, ihre Unterbringung war ausgelaufen, das Gespräch mit der Mutter war gut und es ging um das soziale Belastungstraining. Dr. Clasen fragt noch einmal in die Runde, ob irgendwem noch etwas dazu einfällt. Es folgt daraufhin eine kurze Diskussion über Realisationsmomente, also die Momente, in denen gerade junge, schizophrene Patienten gesund genug sind, um zu verstehen, dass ihre Zukunft eine psychiatrische bleiben wird. Das sei ein großer Risikofaktor – auch durch Studien sei gut belegt, dass hier poststationär die höchste Rate ist. Hier wird diskutiert, was bei ihr eigentlich anstand und dass sie viel auf die Entlassung fokussiert war. Nach einer kurzen Stille meint Dr. Abels, dass sie eine Weile darüber nachgedacht hat, ob sie etwas hätte spüren können. Sie hat es für sich aber mit »Nein« beantwortet, da das abstrakte Wissen über Risikogruppen der Erfahrung gegenübersteht. Einschränkend meint sie nur, dass die Angehörigen vielleicht besser über dieses Risiko informiert hätten werden müssen. Dr. Clasen denkt, dass es vielleicht auch interaktionell mit der Mutter bedingt war. Damit will sie nicht die Verantwortung abschieben und eine einfache Erklärung bieten. Es sollte daher aber auf jeden Fall versucht werden, den Kontakt wieder aufzunehmen.
>
> Danach wechseln wir zu Dr. Albers Patientin: Frau Parker. Sie war eine Woche zuvor aufgenommen worden. Es gab für sie keine Anhaltspunkte, dass sie sich etwas antun würde. Nach einer Fallvorstellung (bekannte langjährige paranoide Schizophrenie; Aufnahme zur Krisenintervention mit imperativen Stimmen, die zum Suizid auffordern; Patientin gibt eine rasche Besserung an) fragt Dr. Clasen wieder in die Runde,

ob es irgendwelche Ideen dazu gebe. Dr. Abels zuckt mit den Schultern und sagt »raptusartig«. Dr. Clasen fragt wieder nach vorherigen Suizidversuchen. Dazu sei nichts bekannt. Sie sei aber in ihrem Wohnheim auf eigenen Wunsch vom 5. in den 1. Stock gezogen, aus Angst irgendwann zu springen. Die Oberärzt*in fragt sich, ob man nicht doch zu schnell mit dem Tavor runtergegangen ist. Eine Pfleger*in erzählt dann von ihrem Partner, auch ein »Chroniker«, der auch irgendwann gesprungen sei und dann lange hier war. Eine andere Pfleger*in berichtet von der letzten Interaktion, die sie und die Patientin an dem Tag hatten. Sie haben gespaßt und sich für den Nachmittag wieder verabredet. Sie empfand das als eine ehrliche und authentische Interaktion. Die Musiktherapeut*in stimmt zu, dass es schon überraschend bei ihr ist, da sie es bis jetzt immer geschafft hat, sich Hilfe zu suchen. Dr. Clasen sagt abschließend, dass wir da in Kontakt gehen und Gespräche anbieten sollten.

Danach geht es um den dritten Patienten, Herrn Paulus. Eine Assistenzärzt*in von einer anderen Station stellt ihn vor (Polytoxikomanie und paranoide Schizophrenie; war sehr gequält gewesen aufgrund von Stimmenhören und dem Gefühl, dass andere seine Gedanken lesen konnten; Ambivalent in der Bewertung der Behandlung; hatte schon drei Suizidversuche unternommen). Er wollte sehr viele Medikamentenänderungen. So kam es z. B. auch am Tag des Sprungs zu einer Umstellung seines Depotmedikaments von Fluanxol auf Chlozapin [beides Neuroleptika]. Er meinte selbst dazu, dass er das letzte Mal mit Chlozapin »zu gesund« geworden sei. Er wollte es aber dennoch. Er hatte am nächsten Tag auch einen Termin im Wohnheim, um sich ein Zimmer anzuschauen. Danach beschreibt eine Pfleger*in den Kontakt mit ihm am Tag des Sprungs. Er war sehr zugänglich, hat bis 16 Uhr noch mit gebastelt und es gab mehrere Gespräche über und Gesprächsvereinbarungen für den nächsten Tag, was Herr Paulus auch wollte und gut fand. Danach wird in der Runde noch über den genauen zeitlichen Ablauf und vorherige Behandlungserfahrungen diskutiert. Eine Pfleger*in berichtet noch von ihrer letzten Interaktion mit ihm und sagt, dass Herr Paulus im Vergleich zu Voraufenthalten schon sehr gebessert war. Dr. Clasen meint, bei allen bleibt es ein Rätsel, ob das nicht eher ein Risikofaktor sei. Es gab bei allen dreien kein klassisches präsuizidales Syndrom. Bei allen hatte man ein gutes Gefühl und sie deswegen auch in den Ausgang gelassen. Sie fragt daher in die Runde, was man da machen könnte: »Muss man mehr einsperren?«.

Dr. Clasen fragt, ob die drei denn voneinander gewusst haben können. Die einheitliche Antwort ist, dass das nicht geht. Selbst das Personal hat es erst erfahren, als die Suizidversuche schon passiert waren. Dr. Ohms erwähnt noch das außergewöhnlich heiße Wetter der Tage.

Eine solche Suizidserie produziert nicht nur eine Angst vor Nachahmungstaten und löst Maßnahmen zur Eindämmung weiterer Ansteckung aus, sondern erzwingt auch die Frage nach den Auslösern, Bedingungen und Ursachen. Abgesehen von den individuellen, spontanen, raputusartigen und störungsbedingten Gründen, wirft eine Suizidserie die Frage der Nosokomialität auf (Infektionen, die durch die Krankenhausbehandlung entstehen, werden nosokomiale Infektionen genannt, s. Kap. 6.2.4). Damit birgt sie die Gefahr, nicht nur eine Legitimationsbedrohung aus Sicht der Patient*innen (»Warum ist man in der Klinik, wenn das hier dauernd passiert?«), sondern auch aus Sicht des Personals zu werden (im Sinne: Was machen wir falsch, dass das dauernd passiert?). Wenn Muster gefunden werden könnten, die darauf schließen lassen können, dass die psychiatrischen Abläufe bedingend für die Suizidserie waren, dann würde das den Apparat in eine fundamentale Krise bringen. In der Angst »Muster zu finden, die etwas über unsere Arbeitsabläufe schließen lassen« steckt aber auch eine spezifische Konstruktion von Verantwortlichkeit: Nur negative und sichtbar gemachte Probleme in den Arbeitsabläufen produzieren eine psychiatrische Verantwortlichkeit. Solange diese nicht gefunden werden, bleibt allein die Patient*in (oder ihre Krankheit, ihre Lebensumstände oder aktuelle Konflikte) verantwortlich.

Ein prominenter Topos in dieser Verhandlung ist die Sprachlosigkeit. Jene wird ebenso allgemein vorausgesetzt (»solche Ereignisse machen häufig sprachlos«), wie die allgemeine Betroffenheit, die damit unterstellt wird. Gegen sie muss man daher vorgehen, Räume (wie die M & MK) öffnen und eine gemeinsame Sprache finden. Diese Sprachlosigkeit schafft dabei durchaus etwas Gemeinschaftliches. Auch nach der ersten Fallbesprechung und der Suche nach den Gründen für den Suizidversuch wird die »Sprachlosigkeit eher größer als kleiner«. Das psychiatrische Risikoverständnis kommt ebenso an seine Grenzen wie die psychiatrische Einschätzungsfähigkeit. Es können keine klaren Faktoren identifiziert werden, die den Suizidversuch in dem Moment erklären können, an dem er unternommen wurde. Es können zwar nachträglich erklärende Hypothesen aufgestellt werden (Realisationssuizid in Anbetracht eines psychiatrischen Lebens; Konflikt mit der Mutter), doch es fehlen nicht nur Ankündigungen und Zeichen der Suizidalität, sondern alle Zeichen, die gelesen werden konnten, deuteten auf das Gegenteil (die Patientin zeigte einen Verbesserungsverlauf und hat zukunftsorientierte Entscheidungen und Absprachen getroffen). Die psychiatrische Einschätzungsfähigkeit, was als positiver Verlauf bewertet werden kann, scheint damit bedroht. Die Sprachlosigkeit ist somit auch eine Folge dessen, dass man es nicht erklären kann und dass man sich getäuscht hat. Die psychiatrische Einschätzungs- und Vorhersagefähigkeit scheitert, besonders da sich die zwei Wahrheitssysteme des Risiko- und des Erfahrungswissens in diesem Falle nicht ergänzen, sondern eher widersprechen. Indem die behandelende Ärztin die Möglichkeit negiert, im Vorfeld etwas »spüren zu können« spricht sie letztlich nicht mehr nur für sich, sondern auch für die Institution. Mit dem Eingeständnis der Unvorhersehbarkeit enthebt sie sich und auch den psychiatrischen Apparat von der Last der Verantwortung. Die

Verantwortlichkeit besteht höchstens in einer mangelnden Aufklärung der Angehörigen über das Risikowissen. Damit und auch mit der Phantasie der Chefärzt*in, dass der Suizidversuch »interaktionell mit der Mutter bedingt war«, findet eine Verlagerung nach außen statt. Da die psychiatrische Versorgung keine Verantwortung hat und die Patientin sich nur abstrakt ins Risikomodell einfügt, kann die Leerstelle der konkreten Suizidversuchsbegründung nur durch einen Verweis in den unzugänglichen Bereich des Privaten gefüllt werden. Ohne »die Verantwortung abschieben und eine einfache Erklärung anbieten zu wollen« (was vielleicht trotz dieser Absicht genau damit passiert), muss diese Leerstelle dennoch gefüllt, eine Sprache und damit eine Rationalisierung der Suizidversuche gefunden werden. Ohne es darauf festzuschreiben, findet sich im Fall von Frau Pankow eine potentielle Verantwortung in der privaten Realisation eines beschädigten und psychiatrisierten Lebens oder in der Möglichkeit vorausgegangener familiärer Konflikte. Eine letzte Folge, die sich aus der eigenen Sprachlosigkeit ergibt und die sich in allen drei Fällen identisch wiederfinden lässt, ist die jeweils abschließende Aufforderung mit den Betroffenen und den Familien Kontakt aufzunehmen und Gespräche anzubieten. Damit zeigt sich nicht nur ein therapeutisches Nutzbarmachen negativer Ereignisse, sondern auch eine Wendung der eigenen Sprachlosigkeit zu einem äußeren Sprachgebot. Im besten Falle können die Betroffenen oder ihre Angehörigen die Leerstelle der Begründung dann selber füllen. Die Kontaktaufnahme ermöglicht aber mindestens eine weiterführende psychiatrische Verarbeitung dieser Fälle.

Alle drei Suizidversuche werden als überraschend und unvorhersehbar klassifiziert. Besonders der Suizidversuch von Frau Pankow verbleibt dabei unverständlich. Bei Frau Parker ist er insofern eher verständlich, als dass eine langjährige Suizidalität mit imperativen Stimmen, die zum Suizid auffordern, bekannt ist und die Patientin selbst schon suizidpräventive Maßnahmen ergriffen hat (wie vom 5. in den 1. Stock zu ziehen), da sie sich selbst nicht zu vertrauen scheint. Der Suizidversuch von Herrn Paulus ist gleichfalls eher verständlich, da er schon drei Suizidversuche unternommen hat und somit eine suizidale Gefahr bekannt war. Dennoch führen auch diese Suizidversuche die psychiatrische Handlungs- und Interventionsmöglichkeiten in eine Krise, da auch für sie trotz abstraktem Wissen über das erhöhte Suizidrisiko, keine konkreten Anzeichen sichtbar oder fühlbar waren. Bei allen fehlte das »klassische präsuizidale Syndrom« und bei allen hatte man ein gutes, erfahrungsbasiertes Gefühl. Es bleibt somit nur die retrospektive Plausibilisierung und Risikofaktorgenerierung.

Die Risikofaktoren, die nachträglich zusammengetragen werden, können prinzipiell alles mit einbeziehen. Das außergewöhnliche heiße Wetter kann genauso als hypothetische Bedingung in den Raum gestellt werden, wie der verbesserte psychische Zustand der Patient*innen oder der nachlässige, liberale institutionelle Umgang (»Muss man mehr einsperren?«). Das Risikomodell wird aufgrund seiner universellen Anwendbarkeit immer dann zur Default-Erklärung, wenn die Suizidversuche durch eine psychiatrische Erfahrungslogik bzw. psychiatrischen Modellen nicht mehr erklärbar sind. Da es eine gute Beziehung, verbesserte Zustände und keine Anzeichen gab, waren die Suizidversuche aus der Erfahrungslogik nicht vorhersehbar. Durch die Risikofaktorgenerierung werden sie zumindest nachträglich in Ansätzen erklärbar.

Die Suizidversuche liegen in einem semantischen Feld der Katastrophe. Sie sind schockierende Wendungen tragischer Fallverläufe, die sich durch Unvorhersehbarkeit, Überraschung und besonderes Unglück auszeichnen. Im Gegensatz zur Risikokalkulation liegt eine strukturelle Komponente der Katastrophenprävention darin, dass sie ein Nicht-Wissen in ihre Reflexionen miteinschließen und einen alarmierten Zustand des Vorbereitetseins herstellen muss (vgl. Folkers 2018). Die Verarbeitung der Suizidversuchsserie kann als ein Versuch verstanden werden, sich auf weitere oder ähnliche Fälle vorzubereiten. Damit mobilisiert sie die suizidpräventive Aufmerksamkeit auch auf Fälle, welche nicht der psychiatrischen Modell- oder Erfahrungslogik entsprechen.

Die M & MK verfolgt mehrere Ziele gleichzeitig. Ein erstes Ziel liegt in dem Versuch, die Vergangenheit aufzuklären. Dafür werden die Einzelfälle von den behandelnden Ärzt*innen dargestellt und anschließend gemeinsam diskutiert. Es findet eine retrospektive Plausibilisierung statt, die Begründungen liefern oder die Bedingungen der suizidalen Handlung freilegen soll. Die Begründungen folgen einem Modell der psychiatrischen Erfahrungslogik, das beispielsweise ein präsuizidales Syndrom oder einen präsuizidalen Affekt der Verzweiflung und Niedergeschlagenheit voraussetzt. Die Bedingungen folgen einem psychiatrischen Risikomodell, nach dem es eine Vielzahl an Faktoren gibt, die verstärkend auf die Suizidalität einwirken können. Diese Suche nach Gründen und Zusammenhängen kann dabei selbst fast manische Formen annehmen. Um dies anhand der eigenen Erfahrung zu verdeutlichen: Während des Durcharbeitens meiner zahlreichen Unterlagen für das Verfassen des vorliegenden Kapitels fielen mir Zusammenhänge zwischen den Suizidversuchen auf, die meiner Kenntnis nach in der psychiatrischen Verarbeitung der Serie nicht aufgefallen waren. Meine Erkenntnisse und Gedankengänge will ich hier kurz wiedergeben:

> Sowohl Frau Pankow als auch Herr Paulus litten anscheinend unter einem gleichen Wahninhalt: Während Frau Pankow annahm, dass die Mafia die Fachklinik in XY (wo sie zuletzt in Behandlung war) gekauft hat, fühlte sich Herr Paulus von der Mafia verfolgt und sich und seine Familie von ihnen tödlich bedroht. Hier bildete sich für mich sofort die Phantasie, dass zwischen Frau Pankow und Herrn Paulus ein freundschaftlicher oder gar partnerschaftlicher Kontakt bestand und sie sich daher paranoide Inhalte teilten. Doch was noch viel überraschender war: Auch zwischen Herrn Paulus und Frau Parker gab es eine Verbindung. Beide sind anscheinend von Häusern in derselben Straße gesprungen und das wahrscheinlich nur fünf Stunden voneinander getrennt. Es könnte also sein, dass Herr Paulus vielleicht zufälliger und ungewollter Zeuge des Suizidversuchs von Frau Parker wurde. Vielleicht wusste Herr Paulus zu dem Zeitpunkt auch schon von dem (sechs Tage zurückliegenden) Suizidversuch von Frau Pankow und vielleicht kumulierte diese unglückliche Folge von Ereignissen dann zu seinem Suizidentschluss.

Doch es könnte ebenso gut sein, dass es sich nur um einen Zufall handelt. Wenn dem Personal eine auch nur freundschaftliche Beziehung zwischen Frau Pankow und Herr Paulus (die wohlgemerkt auf zwei unterschiedlichen Stationen untergebracht waren) bekannt gewesen wäre, wäre diese Beziehung mit Sicherheit Bestandteil der mannigfaltigen Besprechungen geworden. Der gleiche Wahninhalt ist bei näherer Betrachtung auch nicht gleich, sondern höchstens ähnlich. Die einzige Gleichheit besteht in der Benennung der Mafia, was aufgrund der Popularität dieser kriminellen Organisation auch nur ein Zufall sein kann. Dass wiederum Herr Paulus und Frau Parker ihren Suizidversuch in derselben Straße durchgeführt haben, kann einfach daran liegen, dass diese Straße eine der großen Hauptstraßen darstellt, die direkt am Klinikgelände vorbeiführen. Somit war die Nähe und vielleicht auch die Zugänglichkeit zu einem Hochhaus für Herrn Paulus ausschlaggebend und ein Zufall, dass das Wohnheim von Frau Parker in derselben Straße lag. Möglich ist auch, dass mir in meiner Dokumentation einfach ein Fehler unterlaufen ist und der Straßenname des Wohnheims von Frau Parker einmal fälschlicherweise bei Herrn Paulus auftauchte. Wichtiger als eine Aufklärung der Wahrheit, scheint mir an dieser Stelle die Sogwirkung der nicht-rationalisierten Leerstelle, des Fehlens an rationalen und adäquaten Erklärungen für diese Suizidserie zu sein, die alle Akteur*innen – und das heißt auch den Ethnographen und auch lange nach Abschluss der teilnehmenden Beobachtung – dazu veranlasst, auf die etwas hilflose, rekonstruktive Sinnsuche zu gehen. Wenn einzelne Suizide und Suizidversuche schon unverständlich bleiben, so trifft das umso mehr auf einen Suizidcluster oder eine Suizidversuchsserie zu. Die nachträgliche, rekonstruktive Plausibilisierung kann dabei selbst schnell manische Züge annehmen, wenn sie Zusammenhänge konstruiert, die es nicht gibt. Auch in der professionellen Nachbesprechung der M & MK wird immer ein Überschuss an Begründungen geliefert und Bedingungen aufgedeckt, von denen wahrscheinlich nur ein Bruchteil wirklich eine Bedeutung für die Betroffenen hatte.

Ziel der M & MK ist immer auch die Produktion von Verantwortlichkeit. Dabei scheint es von vornherein eine doppelte Festlegung zu geben, welche die psychische Erkrankung positiv und die Psychiatrie negativ verantwortlich macht. Die Psychiatrie wird erst dann verantwortlich, wenn Fehler in den Arbeitsabläufen sichtbar gemacht werden können. In jedem anderen Fall verbleibt die Verantwortung bei den Patient*innen bzw. genau genommen bei ihrer psychischen Erkrankung. In gewisser Weise wird hier kollektiv an einer *Deresponsibilisierung* aller Akteur*innen gearbeitet. Da es keine Anzeichen für die Suizidversuche gab, sie mit dem Erfahrungswissen nicht vorhersehbar oder spürbar waren, es kein präsuizidales Syndrom gab und nur retrospektiv Hypothesen zu Risikofaktoren generiert werden können, wird in der Besprechung die psychiatrische Verantwortlichkeit für diese Ereignisse immer weiter abgeschrieben. Schließlich tragen auch die Betroffenen selbst keine Verantwortung, sondern sie sind Opfer ihrer Psychopathologie. Verhandelt wird dabei immer auch die Zukunft. Nicht nur die Zukunft der psychiatrischen Versorgung und Verarbeitung der entsprechenden Fälle, sondern auch die Zukunft der Institution, mit ihren eingespielten Abläufen und Verfahren. Für den Fall, dass Fehler aufgedeckt werden würden, müssten grundlegende, interne Änderungen und externe (auch juristische) Evaluations- und Prüfsysteme hinzugeschaltet werden.

Ein weiteres Ziel ist immer auch die Psychohygiene und die Supervision des Personals. Immerhin sind es die behandelnden Ärzt*innen, die hier vor einem großen Teil des Kollegiums von dem Suizidversuch einer ihrer Patient*innen berichten müssen. Der Inhalt und die Performance ihres Vortrags, der auch den Charakter eines Geständnisses tragen kann, kann dabei auch als Zeichen ihrer persönlichen Verarbeitung gelesen werden. Dabei wird von einer souveränen und professionellen Verarbeitung ausgegangen. Wenn jedoch diese in der Performance vor der Gruppe nicht vermittelt werden kann, kann das zum Anlass weiterer Maßnahmen werden. Um dies anhand eines kontrastiven Vergleichs deutlich zu machen:

> Als eine Dienstärzt*in in der morgendlichen Klinikkonferenz von einem schweren, gewalttätigen Übergriff am Vorabend berichtet, bei dem einer Patient*in ein Auge ausgestochen wurde, wird sie ganz rot und fängt fast an zu weinen. In der Klinikkonferenz reagiert niemand auf ihren emotionalen Zusammenbruch, den sie aber auch noch kontrolliert kriegt. Aber es ist deutlich eine gedrückte Stimmung im Raum zu

spüren. Als es dann anschließend zur Vorstellung einer Studie kommt, verlässt die betroffene Ärzt*in den Raum.

Die Darlegung traumatischer Ereignisse vor dem ärztlichen und psychologischen Kollegium fordert professionelle Ruhe und Distanz. Diese Performance der Professionalität kann (und soll unter Umständen) auch eine emotionale Betroffenheit transportieren, soll aber beispielsweise nicht in einem hysterischen Weinkrampf enden. Auf den grenzwertigen Zusammenbruch wurde während der ritualisierten Klinikkonferenz von den Anwesenden nicht reagiert, außer dass eine allgemeine, stille Betroffenheit ausgelöst wurde. Es ist aber davon auszugehen, dass dieses Ereignis noch in vielfältigen inoffiziellen Gesprächen (in den vielen kleinen Gesprächen im Team und vermutlich auch in den privaten Netzwerken außerhalb der Klinik) und offiziellen Runden (wie Teambesprechungen und Supervisionen) bearbeitet wurde. Dabei steht zwar oft der Fall im Vordergrund, doch es findet gleichzeitig immer auch eine restitutive psychische Hygienemaßnahme für das auch emotional betroffene Personal statt.

Das letzte Ziel einer Morbiditäts- und Mortalitätskonferenz könnte auch eine Fallschließung sein. Obwohl die Verarbeitung der Fälle im Einzelnen noch weiter vorangetrieben wird und so zumindest die Kontaktaufnahme zu den Betroffenen und den Angehörigen ein aufgestelltes Handlungsziel ist, so hat die orchestrierte, multiprofessionelle und stationsübergreifende Besprechung den Charakter einer Abschlusszeremonie. Hier können noch einmal alle Phantasien und Hypothesen in den Raum gestellt und gemeinsam spekuliert werden. Hier können rituell Geständnisse abgelegt, Fehler eingestanden oder das eigene Handeln legitimiert werden. Doch nachdem dieser Raum geöffnet wurde und die Ereignisse verarbeitet wurden, können diese Fälle auch – zumindest für die stationsinternen Abläufe – als abgeschlossen gelten. Materialisiert zeigt sich das auch im Umgang mit den Krankenakten. Nachdem die Dokumentation der M & M-Konferenz noch handschriftlich und parallel zur Sitzung erfolgte, wurde sie dann in die jeweilige Krankenakte geheftet und ins Büro der chefärztlichen Sekretärin gebracht. Die Akten werden von hier an die Abteilung für Qualitätsmanagement weitergeleitet und können dort nun weiterverarbeitet und schließlich irgendwann im Keller der Klinik archiviert und für einen potentiellen zukünftigen Gebrauch gesichert werden. Die kollektive, psychiatrische Verarbeitung dieses Suizidclusters ist mit der Zeremonie der Morbiditäts- und Mortalitätskonferenz aber abgeschlossen.

Die Verarbeitung des Suizidclusters zeigt die spezifisch psychiatrische Herstellung der Suizidalität, also die kollektive, psychiatrische Rekonstruktion der suizidalen Ereignisse, wie sie auch für psychologische Autopsien typisch ist.[148] Während Suizide und Suizidversuche stets die Fragen nach den zugrunde liegenden Motiven und Handlungsgründen produzieren, drängt die rapide Abfolge von Suizidversuchen oder Suiziden dem psychiatrischen Apparat noch die zusätzliche Frage nach dem Zusammenhang auf. Die Frage nach dem Warum wird bei suizidalen Ereignissen unwillkürlich und beinahe automatisch gestellt. Es herrscht geradezu ein hermeneutischer Zwang, der selbst innerhalb des psychiatrischen Apparats eine fast manische Sinn- und Begründungssuche annehmen kann (lag es an zu viel oder zu wenig Medikamenten; lag es am heißen Wetter; lag es an zu gutem oder zu schlechtem Befinden; lag es an der Beziehung oder Konflikten zur Klinik oder zu anderen; lag es an zu viel oder zu wenig Kontrollmechanismen; lag es an der Krankheit oder an der Realisation der Krankheit; etc.). Es gleicht einer semiotischen Manie, indem ein Überschuss an Zeichen wahrgenommen, hinzugezogen und produziert wird, die alle auf irgendeine Art und Weise auf das suizidale Ereignis verweisen. Doch es dominiert eine spezifische Rekonstruktion, welche trotz einem sprachlos-machenden, unerklärbaren Rest und praktischen wie theoretischen Inkonsistenzen, z. B. dem Bruch mit dem psychiatrischen Erfahrungswissen oder auch mit dem Modell des präsuizidalen Syndroms, die suizidalen Ereignisse psychiatrisch kodiert. Der hermeneutische Zwang zur Rekonstruktion der Motiv- und Handlungsgründe trägt noch auf einer anderen Ebene den Charakter einer Manie. Der Überschuss an Zeichen verweist nämlich nicht nur auf das suizidale Ereignis, sondern gleich einem Beziehungswahn (indem alle äußeren Umstände und Vorgänge auf die eigene Person rückbezogen werden, so dass man selbst als

---

[148] Bei einer psychologischen Autopsie wird post mortem versucht, eine Diagnose für eine psychische Störung zu stellen. Dies geschieht durch eine ausführliche Beurteilung aller zur Verfügung stehender Informationen, einschließlich strukturierter Interviews mit Angehörigen und Bekannten, die zum Teil erst Jahre nach dem entsprechenden Suizid durchgeführt werden. Obwohl einige Vertreter*innen dieser Methode von der Reliabilität überzeugt sind (vgl. Isometsä 2001; Cavanagh, Carson, Sharpe & Lawrie 2003), ist dieser Diagnostik die Problematik der Nachträglichkeit inhärent. Aufgrund der allgemeinen und hegemonialen Verbreitung psychiatrisch-psychotherapeutischen Wissens liegt eine nachträgliche psychiatrische Rekonstruktion der Ereignisse durch die Begutachter*innen und die Angehörigen nahe. Der Suizid, der über die Angehörigen oft als schockierendes und überraschendes Ereignis hereinbricht, mobilisiert eine Ursachen- und Sinnsuche, die in jedem Falle, auf Basis der allgegenwärtigen psychologischen Grammatik, durch psychologisch-psychiatrische Zuschreibungen beantwortet werden kann. Würden dieselben Interviews mit den Angehörigen vor einem Suizid durchgeführt werden, würden aller Voraussicht nach deutlich weniger psychische Störungen diagnostiziert werden. Eine solche nachträgliche, verzerrte Beurteilung nennt sich in der Psychologie *hindsight bias* oder *Rückschaufehler*. Es ist davon auszugehen, dass psychologische Autopsiestudien nicht ohne einen psychiatrisierenden Rückschaufehler durchgeführt werden können (vgl. Hjelmeland et al. 2012).

Auslöser, Grund oder Motiv erscheint) auch zurück auf die Behandler, die Station und die Klinik. Mit der Rekonstruktion des suizidalen Ereignisses werden nicht nur Ursachen, Auslöser und Motive für das betroffene Subjekt, sondern auch die Verantwortung respektive Schuld des Umfelds verhandelt. In der performativen Herstellungsleistung einer individuellen, psychologisch begründbaren suizidalen Handlung, in dem psychiatrischen *doing suicidality*, liegt somit immer auch eine entlastende Funktion der Deresponsibilisierung. Doch gerade die schnelle Abfolge von Suiziden oder Suizidversuchen gefährdet diese Möglichkeit und macht das Thema der Verantwortung umso virulenter.

Die psychiatrische Verarbeitung des Suizidclusters verweist, auch mit seiner auf das Kollektiv ausgerichteten Konstruktion subjektiver Betroffenheit, auf eine neue Dimension des *doing suicidality*: die Gefahr der performativen, interaktiven Herstellung der Suizidalität in Anderen. Die suizidale Virulenz betrifft dabei gleichermaßen die anderen Patient*innen wie auch die Behandelnden. Suizide und Suizidversuche können eine Betroffenheit auslösen, die selbst wiederum suizidpräventiv eingeholt werden muss. Gelingen beispielsweise die Deresponsibilisierung und Schuldabwehr der Behandelnden nicht, kann dies in massive berufliche und persönliche Krisen führen. Suizide und Suizidversuche können aber nicht nur sekundär traumatisierend wirken, sondern auch in Verbindung mit allen nachfolgenden Ereignissen, mit der ganzen Aufmerksamkeit und Betroffenheit, die sie auslösen, für Menschen in psychischen Krisen als Vorbild dienen und zu eigenen suizidalen Handlungen motivieren. Daher steht jeder Versuch des Umgangs, sei es nun ein offensiver Stil, der die Anstrengung unternimmt, eine potentielle Ansteckung sichtbar und verarbeitbar zu machen oder ein defensiver Stil, der eine weitere Ansteckung Unbeteiligter vermeiden will, unter Verdacht selbst gefährlich zu sein und nun potentiell ein *doing suicidality* zu sein, das heißt im schlimmsten Fall selbst Suizidalität zu begünstigen oder herzustellen.

Der Suizidversuchscluster hat von Anfang an zu der Angst geführt, dass zwischen den Suizidversuchen ein Zusammenhang bestehen und sich die Suizidalität auf weitere Personen ausweiten könnte. Im nächsten Schritt soll das Thema der infektionsgleichen Verbreitung der Suizidalität vertieft werden. Es wird sich zeigen, dass dieses Thema nicht nur für Suizidcluster, sondern auch für das gesamte Projekt der Suizidprävention charakteristisch ist.

6.2.2 Die Ansteckung der Suizidalität

> Jeder Selbstmord ist ansteckend, und das auf überaus subtile Weise, weil er die Umsetzbarkeit eines Gedankens zeigt, der in vielen Köpfen steckt.
>
> Roberta Tatafiore – *Einen Tod entwerfen* (2010, 30; zitiert nach Macho 2017, 80)

Suizidcluster können nicht ohne die Thematisierung der Ansteckung der Suizidalität und der Suizid-Hotspots behandelt werden. So zeigte sich auch in der Analyse der Suizidserie, dass die Angst bestand, dass sich weitere Personen von den Ereignissen oder auch von der mangelnden oder falschen Kommunikation dieser Suizidversuche affizieren und im schlimmsten Falle ‚infizieren' lassen. Diese Angst erstreckte sich dabei nicht nur auf die Patient*innen, sondern auch auf das Personal. Schließlich war das Ziel der gemeinsamen Anstrengungen, wenn auch über die richtige Verarbeitung dieser Suizidversuchsserie nicht immer Einigkeit bestand, zu verhindern, dass die Klinik sich zu einer Art Suizid-Hotspot entwickelt. Eine die Praxis anleitende Vorstellung ist die der *Ansteckung der Suizidalität*, die im vorliegenden Kapitel analysiert werden soll. Nach einer Darstellung der Geschichte sowie der Theorie der ansteckenden Suizidalität sollen die Auswirkungen dieses Paradigmas auf die psychiatrische Praxis analysiert werden. Hierfür soll die Bedeutung dieser Theorie während der Suizidversuchsserie rekapituliert und anschließend mittels weiterer Szenen aus der Feldforschung analysiert werden. Abschließend soll das Konzept der Suizid-Hotspots skizziert und die These diskutiert werden, dass es sich bei der Psychiatrie um einen ‚paradoxen' suizidpräventiven Suizid-Hotspot handelt.

Wie Leanza (2017, 97) in seiner *Genealogie der Prävention* darlegt, verbreitete sich das ätiologische Modell der Ansteckung erst Mitte des 19. Jahrhunderts und führte dazu, dass die »weitestgehend unabhängig voneinander entstandenen Stränge der Individual- und Bevölkerungsprävention (...) schließlich in den Jahren zwischen 1848 und 1945 zusammen[liefen]«. Nach seiner Analyse ist es die bakteriologische Kategorie der »Infektionskrankheiten«, welche durch die hygienische und medizinpolitische Kategorie der »sozialen Pathologien« und die sozialdarwinistisch verstandene Kategorie der »Vererbung« Übertragungsvorgänge zwischen dem Einzelnen und der Bevölkerung beschreibbar macht und das Individuum mit dem Kollektiv vermittelt. Individuelle Verhaltensweisen und Gesundheitszustände wurden über das Modell der Ansteckung in eine Beziehung zu gesellschaftlichen Phänomenen und besonders der Kollektivgesundheit gesetzt. Das Modell der Ansteckung schaffte somit eine neue Form der biopolitischen Regierungsweise, indem medizinpolitische Interventions- und Präventionsmaßnahmen nunmehr gleichzeitig auf eine individuelle und kollektive Ebene ausgerichtet wurden.

Das Modell der Ansteckung der Suizidalität kann bis ins 17. Jahrhundert zurückverfolgt werden. Es haben vor »allem die periodisch wiederkehrenden Seuchen den Aufstieg eines Ansteckungs-Dispositivs gefördert, das noch unsere aktuellen Debatten über Suizide nachhaltig prägt« (Macho 2017, 87). Ob es sich bei der suizidalen Ansteckung dabei ebenfalls um eine Übertragung vom Einzelnen auf die Bevölkerung oder nur vom Einzelnen auf Einzelne handelt, wird seit dem 1897 erschienenen Werk *Der Selbstmord* von Émile Durkheim kontrovers diskutiert. Durkheim war vermutlich der Erste, der versucht hat, das Phänomen der suizidalen Imitation empirisch in seinen Auswirkungen auf die Suizidrate der Bevölkerung zu bestimmen. Da sein soziologischer Kontrahent Gabriel Tarde in seinem 1890 erschienen Werk *Die Gesetze der Nachahmung* versucht hat, die Konstitution der Gesellschaft über Imitations- und Nachahmungsketten zu erklären, widmete auch Durkheim der Nachahmung ein eigenes Kapitel, in dem er die Theorie von Tarde zu widerlegen oder zumindest in ihrem Geltungsbereich deutlich zu beschneiden versuchte.[149] Sein Argument am Beispiel der Nachahmung bzw. der Ansteckung des Suizids zu exerzieren, scheint ihm dafür besonders geeignet, da es für ihn »nicht zweifelhaft ist, daß die Idee des Selbstmords sich durch Ansteckung überträgt« (1983, 134) und es seines Erachtens sogar »kaum Dinge [gibt], die durch Ansteckung leichter übertragbar sind, als der Selbstmord« (1983, 148). Gestützt von vielen Suizidstatistiken argumentiert Durkheim jedoch dafür, dass die suizidale Nachahmung keine sozialen Auswirkungen hat und daher auch keine sozialen Phänomene, wie die Höhe der Suizidrate, erklären kann. Die Nachahmung hat seines Erachtens nur einen stark begrenzten Einfluss auf einzelne und lokale Suizide. Ihm zufolge geschieht ein »Selbstmord aus Ansteckung nur bei sehr stark prädisponierten Menschen« (ebd. 147) und dies nur, wenn sie direkt von einem Suizid und seinen Folgen betroffen sind. Er behauptet auch, dass die Nachahmung nur den Suizidzeitpunkt, aber nicht den eigentlichen Entschluss bzw. das »suizidale Schicksal« beeinflusst. Das Suizidvorbild stiftet das suizidale Subjekt in diesem Sinne nur zur sofortigen Umsetzung einer ohnehin prädisponierten Tat an.

Genau 200 Jahre nach dem Erscheinen der *Leiden des jungen Werther* führ-

[149] Durkheim unterscheidet nicht zwischen Nachahmung und Ansteckung des Suizids. Zwar übernimmt er mit der These des ansteckenden Suizids eine Grundannahme von Tardes Theorie, doch widerlegt er statistisch die soziale Dimension dieser Ansteckung.

te der Soziologe David Phillips (1974) das heutzutage weitverbreitete Konzept des *Werther-Effekts* ein. Im Gegensatz zu Durkheim versuchte er nachzuweisen, dass sich individuelle Suizide doch auf die Suizidrate der Bevölkerung auswirken können. Mit Rückgriff auf eine Suizidserie, die im direkten Bezug Goethes Roman erfolgte und dazu führte, dass der Verkauf des Werks im 18. Jahrhundert in mehreren Regionen wegen seines ansteckenden Potentials verboten wurde, definierte Phillips den Werther-Effekt als die Nachahmung von medial vermittelten Suiziden. In seiner statistischen Analyse der Zeitungsberichterstattung über Suizidopfer in den USA widerlegte er die Argumente von Durkheim und zeigte, dass einzelne Suizide durchaus einen Effekt auf die allgemeine Suizidrate haben. Es ist der Suizid von prominenten Persönlichkeiten der einen starken Effekt zeigen kann. So war die allgemeine Suizidrate in der Folgezeit des Suizids von Marilyn Monroe etwa bis zu 12 % erhöht.[150] Der Werther-Effekt sagt dabei nicht nur eine Erhöhung der Suizide voraus, sondern auch, dass die Nachahmungssuizide in der gleichen oder ähnlichen Art und Weise durchgeführt werden. Dies konnte seither an vielen Beispielen nachgewiesen werden. Nach der Ausstrahlung der ZDF-Serie *Tod eines Schülers* von 1980 kam es in Deutschland zu einem Anstieg der Schienensuizide bei Jugendlichen um 175 % (vgl. Ziegler & Hegerl 2002), der Suizid des Fußballers Robert Enke führte zu einer Erhöhung der Schienensuizide um 81 % (Helmreich & Tadic 2012) und der Suizid des Schauspielers Robin Williams führte in den USA zu einer Erhöhung der Suizide durch Erhängen um 31 % (obwohl das weniger klingt, beläuft sich die Abweichung, da Erhängen die prominenteste Suizidmethode ist, in den fünf Monaten nach seinem Suizid auf immerhin 1353 mehr Suizidfälle als statistisch erwartet worden wären; vgl. Fink, Santaella-Tenorio & Keyes 2018). Mit diesen Zahlen im Kopf lässt sich die Intention hinter Durkheims (ebd., 136) provokanter Feststellung, dass es »vielleicht kein zweites Phänomen [gibt], das so ansteckend ist« wie der Suizid, doch erahnen (auch wenn sich diese Zahlen beispielsweise mit jeder bakteriellen oder viralen Epidemie oder mit Hinweis auf das Phänomen des ansteckenden Gähnens leicht relativieren ließen).

---

150 Phillips baut an dieser Stelle ein Scheinargument gegen Durkheim auf, der diesen potentiellen gesellschaftlichen Einfluss prominenter Suizide ebenfalls ausdrücklich erwähnt. In Durkheims Argumentation ging es um den Einfluss des Suizids eines »einzelne[n] Mensch[en], der nichts weiter ist als das«. Bei berühmten und einflussreichen Menschen (er nennt hier ‚Diener des Staates' und ‚Volkshelden') sei es hingegen »natürlich klar, daß [sie] (...), in sich soziale Kräfte verkörpern können, die sie derselben kollektiven Begeisterung verdanken, deren Objekt sie selbst sind, und die es wohl zuläßt, daß sie auf die Entwicklung der Gesellschaft Einfluß gewinnen. Aber diesen Einfluß haben sie nur insoweit, als sie eben mehr sind als Einzelmenschen« (ebd., 149). Daher kann es nicht verwundern, dass der Suizid berühmter Menschen, wie der Suizid der hochidealisierten Filmikone Marilyn Monroe, einen Einfluss auf die allgemeine Suizidrate haben kann.

So wie es einleitend auch hier geschehen ist, werden im Bezug zum Suizid die Begriffe der *Ansteckung* und der *Nachahmung* in der psychologischen, psychiatrischen und soziologischen Literatur oft in einem Zuge und wechselseitig austauschbar verwandt. So sprechen beispielsweise auch Ziegler und Hegerl (2002, 43) davon, dass die »Begriffe Suggestion und Enthemmung auf der einen Seite und Imitation und Ansteckung auf der anderen Seite nur verschiedene Perspektiven ein und des selben [sic] Sachverhaltes darstellen«. Dies ist insofern verwunderlich, als beide durchaus ihren eigenen Bedeutungshof generieren. Mit dem Begriff der *Ansteckung* ist ein passiver und unkontrollierter Vorgang bezeichnet, der ohne den Willen oder über den Willen des Subjekts hinweg geschieht. Es werden Assoziationen zu nicht wahrnehmbaren Mikroorganismen und Molekülen, wie Bakterien, Pilzsporen, Parasiten und Viren, wachgerufen, von denen eine unsichtbare Gefahr ausgeht und vor denen es keinen praktischen, vollständigen Schutz geben kann. Der Begriff der *Nachahmung* hingegen bezeichnet hingegen eine eher aktive und kontrollierte Wiederholung einer Handlung, die durch ein Subjekt mehr oder weniger bewusst und willentlich vollzogen wird. Hier werden die wesentlich harmloseren Assoziationen zu Lern- und Sozialisationsprozessen, zur Identifikation und Imitation von Vorbildern und Rollenmodellen wach. Vermutlich liegt gerade hier der Grund dafür, warum sich bezüglich des Suizids der Begriff der Ansteckung parallel zu dem der Nachahmung etabliert hat. Der Suizid wird in seinen Auswirkungen damit in ein Paradigma der Krankheit und Krankheitserreger eingeschrieben und das tödliche Gefahrenpotential unterstrichen, das damit einhergeht. Obwohl die Ansteckung der Suizidalität kategorial von einer Ansteckung durch pathogene Lebewesen oder Viren zu trennen ist, ermöglicht das Modell der Ansteckung auch hier eine Verzahnung von Individual- und Bevölkerungsprävention. Dies zeigt sich zum einen in den medizinpolitischen Maßnahmen, die auf eine diskursive Regulation der medialen Berichterstattung zielen und zum anderen in den Anstrengungen zur materiellen Modifikation von Suizid-Hotspots. Individuelle Suizide werden hier zum Ausgangspunkt für präventive Maßnahmen, die auf ein Kollektiv ausgerichtet sind.

Mit Bezug auf das tödliche Ansteckungspotential des Suizids wurde schon im 19. Jahrhundert diskutiert, ob eine Berichterstattung über Suizide generell verboten werden sollte. Durkheim (1897 / 1983, 148) argumentiert gegen ein solches Verbot, da er die Ansicht vertrat: »Was der Entwicklung des Selbstmordes oder des Mordes Vorschub leistet, ist nicht, daß man davon spricht, sondern wie man davon spricht«. Über hundert Jahre später hat sich an dieser

Einschätzung wenig geändert. So diskutieren auch Ziegler und Hegerl (2002, 45f.) in ihrem Überblicksartikel zum Werther-Effekt diese Frage und resümieren, dass ein »restriktives Total-Verbot (...) aufgrund der Pressefreiheit und des Informationsrechtes der Öffentlichkeit weder durchsetzbar noch wünschenswert [ist]«. Doch was sich seither geändert hat, ist, dass spätestens seit der zweiten Hälfte des 20. Jahrhunderts und vermutlich noch einmal verstärkt seit den 1980er Jahren (u. A. durch die Identifikation des Werther-Effekts) eine Regulation der medialen Verarbeitung und Darstellung der Suizidalität stattgefunden hat. Mit dem zugrunde liegenden Modell der gefährlichen Ansteckung der Suizidalität wurde zunehmend eine medizinische Diskurspolitik vorangetrieben, die zwar nicht darauf einwirkt, ob berichtet wird, die aber beeinflusst, in welcher Form dies geschieht. Auf Seiten der Akteur*innen der öffentlichen Suizidprävention gibt es einige Bemühungen, durch Schulungen für Journalist*innen, journalistische Leitlinien und Empfehlungen, auf die Berichterstattung korrektiv einzuwirken.[151] Das *Frankfurter Netzwerk für Suizidprävention* (FRANS) ist eine von vielen Organisationen, die Empfehlungen für die journalistische Verarbeitung von Suiziden und Suizidversuchen herausgeben (unter: http://frans-hilft.de/presse/; Zugriff: 08.01.2019).[152] In ihrer ersten Überschrift betonen auch sie: »Die Berichterstattung über Suizid birgt Gefahren« und unter der Überschrift »Ansteckender Suizid?« führen sie weiterhin aus:

> [E]ine Berichterstattung, die einen Suizid als spektakulär, nachvollziehbar oder romantisierend darstellt, [kann] zur Identifikation mit den Suizidenten führen (...). Das könnte für Menschen, die sich in einer suizidalen Krise befinden, durchaus ein letzter Anstoß dafür sein, die suizidale Tat durchzuführen. Auch wenn die Dimensionen dieses so genannten Werther-Effekts wissenschaftlich durchaus kontrovers diskutiert werden, bleibt die grundlegende Aussage bestehen: Suizide können anstecken.

Gerade die Leitmedien scheinen sich zunehmend an diese journalistischen Empfehlungen zu halten und so wird fast jeder Nachrichtenbeitrag, der einen Suizid behandelt, zumindest mit einem Hinweis auf Hilfsmöglichkeiten in suizi-

---

[151] Dies hat dazu geführt, dass diese Empfehlungen in einige journalistische Leitlinien aufgenommen wurden (so gibt es im deutschen Pressekodex unter Punkt 8.4 einen Absatz zum Thema »Selbsttötung«). Aus psychiatrischer Sicht ist das Fehlen von oder die Verbesserungswürdigkeit der offiziellen Leitlinien in den meisten europäischen Ländern dennoch beklagenswert (Ziegler & Hegerl 2002, 47).

[152] In den meisten diesbezüglichen wissenschaftlichen Publikationen finden sich Hinweise zur richtigen Berichterstattung. Ebenso geben fast alle einschlägigen nationalen und internationalen Gesellschaften und Organisationen (wie die *Deutsche Gesellschaft für Suizidprävention*, die *Stiftung Deutsche Depressionshilfe*, das *Nationale Suizidpräventionsprogramm*, aber auch die *International Association for Suicide Prevention* und die *WHO*) Richtlinien und Hinweisen für die Suizidberichterstattung heraus (vgl. Herberth 2008; Scherr 2016; WHO 2008).

dalen Krisen begleitet.[153] Dabei werden hier nicht alle Suizide in gleicher Weise behandelt. Wenn über das Thema Sterbehilfe berichtet wird oder es sich um Selbstmordanschläge oder schwer imitierbare politische oder erweiterte Suizide handelt, werden die Presseleitlinien zum Thema Suizid meist nicht befolgt.[154] Wie am Beispiel der politischen Suizide durch Selbstverbrennung gezeigt werden kann, kann es dann aber auch hier zu Nachahmungstaten kommen. Die berühmtesten Selbstverbrennungen, wie die des vietnamesischen Mönchs Thích Qung Đc während der Buddhistenkrise 1963, des tschechoslowakischen Studenten Jan Palach im Zuge der Niederschlagung des Prager Frühlings 1969 oder des tunesischen Gemüsehändlers Mohamed Bouazizi, dessen Suizid als ein Auslöser der Revolution in Tunesien 2010/2011 und somit auch des Arabischen Frühlings gewertet wird, zogen jeweils zahlreiche Nachahmungstaten nach sich (vgl. Macho 2017, 257ff.; Zarghami 2012). Dennoch kann festgehalten werden, dass es zunehmend psychiatrische, sprachpolitische Bemühungen gibt, mithilfe der Theorie der suizidalen Ansteckung auf die Berichterstattung einzuwirken, um genau solche Nachahmungstaten zu verhindern.

Die Ansteckungs- oder Nachahmungswirkung produziert dabei nicht nur ein schwieriges Verhältnis zwischen den Medien und dem Publikum, sondern auch zwischen Suizidpräventionskampagnen und der adressierten Öffentlichkeit. Ein eindrückliches Beispiel dafür bildet eine Kampagne rund um die *Mapo Bridge* in Südkorea. Da diese Brücke schon länger als Suizid-Hotspot in Seoul bekannt war, wurde im Jahr 2012 in Zusammenarbeit der *Korea Suicide Prevention Union*, lokalpolitischen Behörden und einer mit *Samsung* verbundenen Werbefirma das Geländer der Brücke verändert, damit sich dort weniger Menschen das Leben nehmen. Im Gegensatz zu den sonst häufig verwendeten restriktiven Mitteln wie Gittern oder Netzen, wurde hier der Versuch unternommen, durch positive Mittel Suizidprävention zu leisten. Eine Balustrade mit motivierenden und unterstützenden Texten sowie Fotos von lachenden Personen und leckerem Essen, die im Dunkeln durch Bewegungssensoren nacheinander aufleuchten, wenn man vorbeigeht, sollte suizidalen Menschen eine Begleitung bieten und ihnen somit helfen, die Brücke zu überqueren. Die inoffiziell genannte

---

153 Auch in Suchmaschinen wie Google oder der Online-Enzyklopädie Wikipedia werden mittlerweile an erster Stelle Hinweise für Hilfsangebote angezeigt, wenn man das Wort »Suizid« oder assoziierte Begrifflichkeiten sucht.

154 Beispielsweise können hier der politische Suizid des kroatischen Kriegsverbrechers Slobodan Praljak, der sich während der Gerichtsverhandlung in Den Haag mit Zyankali umgebracht hat, oder der erweiterte Suizid des Germanwings-Piloten Andreas Lubitz genannt werden, über deren Suizide in allen Medien ohne Zensur und Hinweise auf Hilfsmöglichkeiten berichtet wurde.

Suizidbrücke oder Brücke des Todes sollte durch die baulichen Veränderungen sowie die begleitende Werbekampagne zu einer Brücke des Lebens werden. Die gleichlautende Kampagne *Bridge of Life* wurde mit einem großen und sogar internationalen Medienecho begleitet und mehrfach mit Werbepreisen ausgezeichnet. In ihrem eigenen Werbevideo[155] und auch in den diesbezüglichen internationalen Nachrichten wird angegeben, dass die Suizidrate nach dem Beginn des Projekts um 85 % gefallen sei (vgl. Starr 2013). Doch es stellte sich schnell heraus, dass das genaue Gegenteil erreicht wurde. Durch die große mediale Aufmerksamkeit wurde die Mapo Bridge erst recht zu einem Suizid-Hotspot, der nunmehr Menschen aus der gesamten Region anzuziehen scheint. Gab es 2012 nur 15 Suizidversuche, so waren es 2013 schon 93 und 2014 dann 184 Suizidversuche (Han et al. 2018, 774). Diese Vervielfachung der Suizidrate (auf mehr als 1220 %) ist dabei nicht auf die baulichen Interventionsmaßnahmen, sondern auf die begleitende Berichterstattung zurückzuführen. Öffentlichkeitsarbeit und Medienpräsenz ist aber ein integraler Bestandteil jeder Präventionskampagne.[156]

Ein anderes Beispiel betrifft das Modellprojekt der *Nürnberger Allianz gegen Depression*, welches 2001 initiiert wurde und aus vier verschiedenen Interventionsmaßnahmen bestand: Fortbildung für Allgemeinärzt*innen, eine PR-Informationskampagne über Depressionen, Fortbildung und Kooperation mit Akteur*innen aus der Gemeinde (Lehrpersonal, Priester, lokale Medien, etc.) und Unterstützung von Hochrisiko- sowie Selbsthilfegruppen. Durch den Vergleich mit Würzburg als einer Kontrollregion konnte die Effektivität dieser Kampagne nachgewiesen werden, da sich die Anzahl der Suizidversuche nach der Implementierung des Programms in Nürnberg um 20 % reduziert hat, während es in der Kontrollregion keine signifikante Veränderung gab (vgl. Hegerl, Althaus, Schmidtke & Niklewski 2006). Dieses Studienergebnis führte dazu, dass sich in kürzester Zeit an vielen Orten in Deutschland und später auch in ganz Europa, nunmehr unter dem Banner der *European Alliance Against Depression*, viele lokale Bündnisse bildeten, die die Interventionsmaßnahmen aus Nürnberg

[155] Das Video ist beispielsweise auf der Seite der Clio Awards von 2013 zu finden: https://clios.com/awards/winner/engagement/bridge-of-life-5529 (Zugriff: 09.01.2019).

[156] Einen vergleichbaren Fall präsentierte Gil Zalsman am 14.09.2018 auf der Herbsttagung der Deutschen Gesellschaft für Suizidprävention (DGS) in Frankfurt: Eine Suizidpräventionskampagne in England hatte einen kurzen, dramatischen Werbeclip veröffentlicht, bei dem am Ende ein junger Mann von einem Parkhausdach springt. Da der Suizid hier (entgegen den Maßstäben zur Berichterstattung von Suiziden in der Presse) ziemlich direkt und drastisch gezeigt wurde, wurde kurz nach der Kampagne beobachtet, dass es zu einer Häufung von Suiziden durch Sprünge von Parkhausdächern kam.

kopierten. Das anfängliche Studienergebnis konnte in anderen Regionen aber nicht einheitlich repliziert werden. In Regensburg gab es keinen signifikanten Rückgang, zumindest, wenn man den Rückgang in Regensburg mit dem Rückgang der allgemeinen Suizidrate kontrolliert, und in der ersten internationalen Studie (OSPI-Europe), welche die Entwicklung aus jeweils einer Region in Irland, Ungarn, Portugal und Deutschland evaluiert, kam es numerisch zumindest in Irland sogar zu umgekehrten Effekten. Nach dem Beginn der Suizidpräventionskampagne wurden dort mehr Suizide registriert. Ob dies nun daran lag, dass die Suizide einfach häufiger als solche erkannt wurden (und z. B. nicht als Unfälle) oder ob die Präventionskampagne wirklich zu einer Erhöhung der Suizidrate geführt hat, lässt sich post-hoc nicht sicher beantworten (Hegerl et al. 2019). Es bleibt aber auch hier der Verdacht bestehen, dass Präventionskampagnen auch nicht-intendierte Effekte haben können. Dieser Verdacht ist auch in das Konzept der »Allianzen gegen Depression« eingeschrieben, da Suizidprävention hier bewusst über den Umweg der Depression betrieben wird.[157] Es waren strategische Gründe, die Ulrich Hegerl in Nürnberg dazu gebracht haben, Depression und Suizidalität zusammen anzugehen: Nicht nur um eine größere Zielgruppe zu erreichen, sondern gerade auch um die Gefahr zu umgehen, Suizidalität offen und explizit in Medienkampagnen thematisieren zu müssen. Indem man Depression vordergründig und Suizidalität dabei indirekt mitbearbeitet, hält man zwar die Tabuisierung des Suizids aufrecht, aber gleichzeitig kann die Funktion des Tabus genutzt werden, das seines Erachtens auch protektiv wirken kann.[158] Somit liegt die Gefahr in Suizidpräventionskampagnen, nicht zu wissen, ob sie neben positive, auch negative Effekte zeitigen werden.

Der Diskurs über Suizidalität scheint Gefahren zu bergen. Besonders die sensationsheischende Berichterstattung kann zu Nachahmungstaten führen. Doch auch der medizinpolitische Diskurs im Rahmen von Suizidpräventionskampagnen steht in einem schwierigen Verhältnis zur Öffentlichkeit, denn auch hier

[157] Der Stellenwert der Suizidprävention in den Allianzen gegen Depression ergibt sich schon daraus, dass die Effektivität der Depressionskampagnen an der Veränderung der Suizidrate gemessen wird.

[158] Eine These, die Hegerl in einem Vortrag auf dem Weltkongress für Psychiatrie in Berlin am 12.10.2017 vertreten hat, ist, dass die Erhöhung der Suizidrate in den Niederlanden auch daran liegt, dass über die Einführung des assistierten Suizids der Suizid allgemein enttabuisiert wurde. Seines Erachtens hält das Tabu einzelne davon ab, sich umzubringen, da sie keine Schande über sich und ihre Familie bringen wollen. Mit der Einführung der aktiven Sterbehilfe tritt der Suizid aber in ein Feld des Sag- und Machbaren und die Handlungsgrenze, welche das Tabu aufrechterhält, wird poröser. Gleichfalls gibt es sicher auch die andere Seite, dass sich Einzelne gerade erst über eine Enttabuisierung trauen, über ihre Gefühle und suizidalen Tendenzen zu sprechen. Welche Seite überwiegt, bleibt letztlich unklar.

muss die richtige Diskurspolitik betrieben werden, um keine weitere Suizidalität zu produzieren. In gewisser Weise stehen sich hier zwei Anforderungen der Suizidprävention gegenüber: Zum einen soll der Suizid enttabuisiert werden – die Menschen sollen sich trauen, über ihre Gefühle und Probleme zu reden, um sie nicht still und heimlich selbst zu erledigen. Zum anderen muss diese Enttabuisierung sehr vorsichtig und angeleitet geschehen, da die Gefahr der Ansteckung der Suizidalität immer bestehen bleibt. Es scheint ein Wechselverhältnis zu bestehen: Solang der Suizid tabuisiert bleibt, ist die Gefahr der Ansteckung gering, sobald über den Suizid gesprochen wird, eröffnet sich das Feld der kommunikativen Ansteckung und es muss die Angst bestehen, dass der Diskurs zu Nachahmungstaten verführt, selbst wenn er in der Intention angestoßen wurde, gerade diese Taten zu verhindern.

Die Balance genau dieses Wechselverhältnisses zwischen Thematisierung und Ansteckung ist nicht nur im öffentlichen, sondern auch im klinischen und stationären Bereich relevant, wie anhand der Analyse der Kliniksuizidversuchsserie gezeigt werden konnte. Der zentrale Konfliktpunkt, der im Team während der Verarbeitung der Suizidversuchsserie aufkam, drehte sich um die richtige Informationspolitik gegenüber den anderen Patient*innen. So groß der Konflikt zwischen dem defensiven und offensiven Präventionsstil auch war, so eint beide Herangehensweisen dennoch die zugrunde liegende Theorie der sozialen Ansteckung, denn in beiden Fällen trägt die Suizidserie ein sozial ansteckendes Potential in sich. Im ersten Fall wird die Nachricht nur offensiv und kontrolliert an die Patient*innen herangetragen; im anderen Fall besteht die Gefahr, dass sie sich unter der Hand unkontrolliert ausbreitet. Die befürchteten Konsequenzen sind die gleichen: Die Patient*innen könnten dadurch beunruhigt werden, diese Ereignisse in ihr Wahnerleben einbauen oder getriggert werden und im schlimmsten Falle dadurch selbst in eine suizidale Krise kommen. Nachdem sich die Oberärzt*in für einen offensiven Umgang entschieden hat, zeigte aber auch sie sich während der Bekanntgabe sichtlich bemüht, die Patient*innen nicht nur zu informieren, sondern auch gleichzeitig wieder zu beruhigen (»Es ist aber nichts passiert, sie leben alle noch«). Dies zeigt, dass sich der Konflikt nicht so leicht in zwei Seiten – die des medizinischen und die des pflegerischen Personals – einteilen lässt, sondern es für die jeweiligen Akteur*innen konfligierende Handlungsmaximen zur richtigen Informationspolitik gab. Für die psychiatrische Leitung schien die Enttabuisierung aus strategischen Gründen wichtiger zu sein, da so mit den Reaktionen gearbeitet und weiterer suizidaler Ansteckung proaktiv vorgebeugt werden konnte. Doch auch mit dieser Methode des präventiven Gegenfeuers sind nicht alle Gefahren gebannt. In der Anordnung an die Assistenzärzt*innen, nach der Bekanntgabe noch mit allen Patient*innen persönlich zu sprechen, zeigt sich die Bemühung der individuellen Einschätzung und Eindämmung möglicher virulenter Folgen.

Das Modell der Ansteckung verzahnt das Individuum mit einem Kollektiv. Im Bereich der klinischen, psychiatrischen Praxis umfasst das Kollektiv, wie die Analyse der Kliniksuizidversuchsserie zeigt, nicht nur die in Behandlung befindlichen Patient*innen. Es sind nämlich nicht nur die Mitpatient*innen in Gefahr, sondern auch das Personal, das von der Suizidalität seiner Schutzbefohlenen potentiell betroffen sein kann.[159] Daher wird der präventive Blick in einer reflexiven Manier auf das Personal gewendet, um psychischen Belastungen und potentiellen Krisen des behandelnden und therapeutisch verantwortlichen Personals entgegenzuwirken oder vorzubeugen. In vielen kleineren inoffiziellen, kollegialen Gesprächen und offiziellen, institutionalisierten Runden (in Übergaben, Supervisionen und schließlich auch der Morbiditäts- und Mortalitätskonferenz) wird daher über die Suizidversuche gesprochen, die eigenen Gefühle und das eigene Handeln reflektiert und kollektiv an einer Deresponsibilisierung und einer Fallschließung gearbeitet. Die Unmöglichkeit der Vorhersage und die Unmöglichkeit einer besseren psychiatrischen Intervention ist vermutlich die wirksamste Entlastung für das Personal. Wenn sich gegenseitig versichert wird, dass kein besserer präventiver Handlungsspielraum bestand und die Verantwortung letztlich im suizidalen Subjekt (und seinen raptusartigen, suizidalen Durchbrüchen, seinen imperativen Stimmen oder privaten Konflikten) lag, dann ist die Gefahr einer schädlichen Affizierung und im schlimmsten Falle einer suizidalen Infizierung durch die Suizidversuche möglichst gering.

Das Modell der suizidalen Ansteckung ist im klinischen Setting kein durchgehend aktives und stets handlungsleitendes Paradigma. Nicht jede suizidale Äußerung oder Handlung einer Patient*in führt dazu, dass aus Angst vor Ansteckung intervenierende oder präventive Maßnahmen initiiert werden, die auf mehr als das suizidale Individuum zielen. Auch die beständigen Neuaufnahmen, die aufgrund von Suizidversuchen oder Suiziddrohungen geschehen, produzieren beim Personal per se keine Angst vor Nachahmungstaten. Isolierungen in sogenannten Sicht- oder Isolierungszimmern, geschehen auf psy-

[159] Ein weit verbreiteter Stereotyp, der auch innerhalb der Psychiatrie immer wieder zu hören ist, lautet: Psychiater*innen machten die am stärksten suizidgefährdete Berufsgruppe aus. Eine tatsächlich erhöhte Suizidrate dieser Berufsgruppe wird zwar von einigen Studien nahegelegt (vgl. Dutheil et al. 2019), aber von anderen wiederum nicht. Aufgrund der meist sehr kleinen Stichprobe sind gesicherte Erkenntnisse in dieser Frage schwierig (vgl. Naumovska 2015: 58f.). Dennoch unterstützt dieses Narrativ die Präventionsbemühungen, die auf das Personal zielen.

chiatrischen Stationen zwar ebenfalls, aber in erster Linie zum Schutz und zur besseren Überwachung der suizidalen Person und nicht um andere vor einer infektiösen oder kontagiösen Suizidalität zu schützen.[160] Das Modell der suizidalen Ansteckung wird im klinischen Setting erst handlungswirksam, wenn es zu Kliniksuiziden oder zu einer ungewöhnlichen Häufung von Kliniksuizidversuchen kommt oder wenn eine persönliche und bedeutsame Beziehung zwischen einer suizidalen Person und Anderen besteht. Um dies zu illustrieren, sollen im Folgenden einige Situationen beschrieben werden, in denen die Theorie der suizidalen Ansteckung während der Feldforschung zum Tragen kam. Vergleichbar mit der psychiatrischen Verarbeitung der Suizidversuchsserie wurden auch nach einem anderen Kliniksuizid, bei der sich eine Patient*in im Ausgang suizidierte, postventive und infektionsprotektive Maßnahmen eingeleitet. Die restlichen Patient*innen wurden über den Suizid informiert und in der folgenden Woche in den Visitengesprächen immer wieder gefragt, ob sie der Suizid belastet:

> Dr. Albers macht eine Visite mit der Patient*in XY. Dr. Albers kommentiert zuerst ihre geschnittenen Haare. Die Patient*in bestätigt, dass sie »Lust auf Veränderung« hatte. Danach folgt ein recht ausführliches Gespräch über verschiedene Themen: Verhältnis zum Alkohol, ihr Grübeln, ihre Tätigkeiten beim Freigang, ihre Jobsuche, ihre Suche nach Unterstützung und ihre Angst vor dem Alleinsein und dann noch das »Ereignis von letzter Woche«. Dr. Albers fragt sie, ob sie das noch irgendwie beschäftigt und wie es mit ihren »lebensmüden Gedanken« aussieht. Während sie diese zwar eingesteht, sagt sie aber, dass das »Ereignis mich dazu gebracht hat, es nicht mehr als Ausweg zu sehen«. Dr. Albers ist am Ende optimistisch und unterstützend, indem sie abschließend sagt: »Ich glaube daran, dass Sie das schaffen können. Sie sind jung, haben Energie und da ist es egal, was in der Vergangenheit war«.

Der Kliniksuizid wird analog zur Suizidversuchsserie psychiatrisch verarbeitet: Aufgrund der Angst vor einer Belastung durch das »Ereignis von letzter Woche« wird die Patient*in zwar kodifiziert (und somit in gewisser Weise weiterhin tabuisiert) aber dennoch gezielt auf den Suizid und dessen Auswirkungen angesprochen. In diesem Falle könnte man in der Metaphorik der Ansteckung sagen, dass der Suizid zu einer Immunisierung geführt hat. Der Suizid wirkt abschreckend und lässt ihn als phantasierten Ausweg verschwinden.[161]

---

[160] Die psychiatrische Isolierung hat dabei wahrscheinlich den gleichen Effekt wie die medizinische Containment-Politik der Isolierungen. Sie verringert hier indirekt ebenfalls das soziale Ansteckungspotential fremdaggressiver oder autoaggressiver Verhaltensweisen, wie es in somatischen Fällen die Übertragung von Krankheitserregern unterbindet. In gewisser Weise fungiert die Klinik schon als Apparat der Isolierung. Insofern findet dann bei psychiatrischen Isolierungen auch ein Einschluss der Eingeschlossenen statt.

[161] Die Patient*in ist nicht immun (lat. *immūnitās* für ‚frei von'), da sie weiterhin lebensmüde Gedanken angibt. Doch zumindest kann ihrer Selbsteinschätzung über dieses Geständnis Glaubwürdigkeit zugewiesen werden. Somit ist sie zumindest gegenwärtig frei von dem suizidalen Ausweg, wenn auch nicht frei von jeglicher Suizidalität.

Spuren dieses Infektionsmodells der Suizidalität finden sich auch in anderen klinischen Zusammenhängen. Auf Stationen, die mit dem Ansatz der dialektisch-behavioralen Therapie (DBT) arbeiten, findet sich so teilweise auch das direkte Verbot, dass Patient*innen untereinander über ihre Suizidalität reden, da sie sich sonst gegenseitig zu suizidalen Handlungsweisen motivieren könnten.[162] Auch in der klinischen Praxis finden sich Beispiele, in denen Borderline-Patient*innen die ansteckende Funktion zugeschrieben wird, auch andere Menschen in ihrer Umgebung zu suizidalen Handlungen verleiten zu können:

> In der Klinikkonferenz werden zwei Neuaufnahmen vorgestellt, die gestern »im Paket abgegeben wurden« und in der Klinik bekannt sind. Sie haben beide »ordentlich gesoffen und sich hochgeschaukelt, wer sich mehr schneiden kann. (...) Sie haben sich auch ordentlich geschnitten.« Patientin XY sei eine »Femme fatale«, die als Borderlinerin erst einmal aktiv und vital ist, bis zu dem Moment in dem es dann kippt (»Schneid mich!«) und die Herrn XY dazu gebracht hat, sich selbst auch zu schneiden (zu dem dieses Verhalten eigentlich nicht passe).

Hier ist es die manipulative Fähigkeit der als *Femme fatale* charakterisierten Patientin, die andere zu selbstverletzenden Verhaltensweisen verführen kann. Ganz dem Stereotyp entsprechend, wird sie als Frau dargestellt, die erst verführend ist, um dann den Mann in sein Unglück zu stürzen. Gerade im Zusammenhang mit Personen, bei denen eine Borderline-Störung diagnostiziert wird, finden sich Vorstellungen ansteckender Suizidalität (s. Kap. 6.3.3). Daraus folgt die psychiatrische Reaktion, bei dem auf Borderline-Behandlung spezialisierten DBT-Ansatz, sprachpolitisch die interpersonelle Kommunikation zu regulieren und zu unterbinden, dass Patient*innen untereinander über ihre Suizidalität sprechen.

Es lässt sich also festhalten, dass die implizite und nicht ausformulierte Theorie der kommunikativen Ansteckung der Suizidalität zum einen genutzt wird, um medizinpolitisch auf die öffentliche, mediale Verarbeitung der Suizidalität einzuwirken und zum anderen in gewissen Fällen für die psychiatrische Praxis handlungsleitend ist. Die Theorie der suizidalen Ansteckung bewirkt dabei eine Verzahnung des suizidalen Individuums mit einem nunmehr mit Suizidalität bedrohten Kollektiv. Um eine weitere Verbreitung der Suizidalität zu

---

[162] Ein beispielsweiser Behandlungsvertrag: »Keine suizidale Kommunikation: In Krisensituationen und bei Suizidalität (...) ist das therapeutische Team der erste Ansprechpartner. Mitpatienten sollen damit nicht belastet werden. Wenn Sie dennoch einer Mitpatientin (...) mitteilen, dass Sie suizidal (...) sind, müssen die Mitpatienten dies unverzüglich dem Behandlungsteam mitteilen. Wenn umgekehrt eine Mitpatientin (...) Ihnen Suizidabsichten mitteilt, müssen Sie dies ebenfalls unverzüglich dem Behandlungsteam mitteilen.« (vgl. https://www.ukaachen.de/fileadmin/files/klinik-psychiatrie/Download_Krankenversorgung/Behandlungsvertrag_DBT_2016.pdf; Zugriff am: 04.06.2019).

unterbinden, ist daher die Regulation der Informations- und Diskurspolitik entscheidend. Es ist dabei nicht nur das Ereignis selbst, das traumatisieren und im schlimmsten Fall selbst suizidale Gedanken und Handlungen auslösen kann. Es ist gerade auch die entsprechende Kommunikation über suizidale Ereignisse, welche die Gefahr einer Ansteckung in sich birgt. Makropolitisch zeigt sich dies in den medizinpolitischen Anstrengungen, den Werther-Effekt zu unterbinden. Film und Fernsehen sollen in fiktionalen Geschichten und Nachrichtenmedien in der Berichterstattung eine Romantisierung von Suiziden, eine Heroisierung der Betroffenen, eine einseitige Kausalerklärung sowie eine Darstellung der Umstände und Mittel des Suizids unterlassen. Doch auch hier gibt es keine einheitlichen Positionen und immer wieder wird darüber gestritten, welche Form der Darstellung falsch und gefährlich oder richtig und eventuell sogar protektiv wirksam ist. Dem Werther-Effekt wurde so vor wenigen Jahren durch Niederkrotenthaler et al. (2010) ein diametraler Effekt gegenübergestellt, den sie Papageno-Effekt getauft haben.[163]Jedes Mal, wenn Suizidalität aufs Neue prominent medial verarbeitet wird, kommt wieder die Frage nach den protektiven oder gefährlichen Wirkungen dieser Art der Verarbeitung auf (zuletzt besonders bzgl. der Netflix-Serie *Tote Mädchen lügen nicht*; vgl. Arendt & Romer 2019). Mikropolitisch zeigt sich ebenfalls, dass die Ansteckbarkeit durch die klinische Praxis der Informierung, der Trauer- und Betroffenheitsinszenierung und der weiteren Verarbeitung der Ereignisse in Einzel- oder Gruppengesprächen mit hervorgebracht wird. Zumindest stehen sie je nach der zugrunde liegenden Perspektive ebenfalls unter Verdacht, nicht nur einen schützend-präventiven, sondern auch einen ansteckend-gefährlichen Effekt zeitigen zu können.

Suizidalität kann der psychiatrischen Logik entsprechend ansteckend sein oder zumindest Nachahmung hervorrufen.[164] Nun können aber auch die Praktiken der Suizidprävention selbst eine Ansteckbarkeit und damit Suizidalität produzieren. Die psychiatrische Klinik als Institutionalisierung der sekundären und tertiären Suizidprävention ist selbst ein eigentümlicher Raum der suizidalen Ansteckung, ein Raum indem Suizidalität nicht nur auf eine psychiatrische

---

[163] Papageno ist der Protagonist von Mozarts Zauberflöte, der seine eigene Suizidalität durch die Hilfe von anderen überwinden lernt.

[164] Teuber (2011, 10) hebt hervor, dass die Depression »im gesellschaftlichen Diskurs als *die* Krankheit der Moderne wie eine Pandemie verhandelt [wird]«. Suizidalität wird, betrachtet man die Präventionskampagnen der WHO (2014), ganz ähnlich und in enger Verwandtschaft zur Depression als global einzudämmende Infektionskrankheit behandelt. In Bezug zu den Folgen der Covid19-Pandemie sprechen Banerjee et al. (2021) beispielsweise auch von einer *dualen Pandemie* – also einer Viruspandemie, die durch all ihre sozialpolitischen Auswirkungen auch die Pandemie der Suizidalität befördert.

Art und Weise rückgängig gemacht, sondern auch hergestellt wird – der psychiatrische Apparat ist sowohl am *Undoing* als auch am *Doing* der Suizidalität beteiligt. In der Klinik produziert der suizidpräventive Anspruch einen suizidogenen Raum, indem die gesellschaftliche Randerscheinung der Suizidalität in einer hochkonzentrierten Form auftritt. Dabei ist die psychiatrische Klinik nicht nur ein Raum, in dem viele von Suizidalität direkt Betroffene aufeinandertreffen, sondern in dem auch eine für Suizidalität prädisponierte Gruppe gebildet wird, zumindest in dem Sinne, dass psychiatrische Patient*innen die Population darstellen, welche die vorhandenen Risikofaktoren für Suizidalität am ehesten bündeln. Inwieweit die psychiatrische Klinik damit selbst als ein paradoxer suizidpräventiver Suizid-Hotspot bezeichnet werden kann, soll im folgenden Kapitel diskutiert werden.

6.2.3 Die Psychiatrie als suizidpräventiver Suizid-Hotspot

Ein Suizid-Hotspot bezeichnet »einen Ort, an dem im Vergleich zu anderen Plätzen oder in einem bestimmten Zeitintervall überzufällig häufig Suizide oder Suizidversuche stattfinden« (Schmidtke & Maloney 2015, 54). In der Suizidologie sind damit öffentlich zugängliche Orte wie Brücken, Parkhäuser, Wälder, Klippen oder Bahnstrecken gemeint.[165] Die These, die hier diskutiert werden soll, lautet, dass die Psychiatrie sich als institutioneller Raum selbst durch den paradoxen Charakter eines *suizidpräventiven Hotspots* auszeichnet.

Es ist leicht nachzuweisen, dass Psychiatrien Orte sind, die im Vergleich zu anderen Plätzen eine überzufällige Häufung von Suizidfällen aufweisen. Die genaue Suizidrate in psychiatrischen Kliniken ist zumindest für Deutschland unklar, da es keine gesammelte, klinikübergreifende Dokumentation dieser Fälle gibt. Die einzigen zuverlässigen Daten, aus der sogenannten Kliniksuizidverbundstudie, bilden die Suizidrate von 15 süddeutschen Kliniken ab und zeigen gegenwärtig eine Suizidrate von ungefähr 100 auf 100.000 Aufnahmen (mit einem Höhepunkt von 280 auf 100.000 Aufnahmen in den 1980er Jahren; vgl. Wolfersdorf et al. 2014). Studien aus anderen Ländern legen zum Teil eine deutlich höhere Kliniksuizidrate nahe. In einer israelischen Studie lag sie zwischen 180 und 391 pro 100.000 Patient*innen (Levi et al. 2016), in einer dänischen Un-

[165] Prominente Beispiele sind der Aokigahara Wald in Japan oder die Golden Gate Bridge in den USA. Das Frankfurter Netzwerk für Suizidprävention (FRANS) weist den Goetheturm und eine öffentlich zugängliche Terrasse auf einem innerstädtischen Einkaufszentrum als mögliche Hotspots aus und engagierte sich für entsprechende bauliche Präventionsmaßnahmen.

tersuchung lag sie bei 221 auf 100.000 Patient*innen (Madsen, Agerbo, Mortensen & Nordentoft 2012) und in einer englischen Studie wies man sogar eine Suizidrate zwischen 536 und 650 pro 100.000 belegten Betten nach (Kapur et al. 2006). Die Suizidrate in der deutschen Allgemeinbevölkerung liegt dabei gegenwärtig bei ungefähr 12,5 je 100.000 Einwohner (in Israel, England und Dänemark liegt sie unwesentlich niedriger). Die Suizidrate ist innerhalb psychiatrischer Kliniken somit vermutlich mindestens achtfach (und in der englischen Studie über das fünfzigfache) höher als außerhalb der Kliniken.[166] Nach Martelli, Awad und Hardy (2010, 83) geschehen 5 bis 6,5 % aller Suizide in Krankenhäusern, wobei davon 3 bis 5,5 % auf psychiatrische Stationen entfallen.[167] Folgt man den Angaben dieser Statistik, sind Krankenhäuser und Psychiatrien die zweithäufigsten Orte, an denen Suizide begangen werden. An erster Stelle stehen die eigenen Häuser und Wohnungen (mit 75,4 %) und erst danach folgen Orte in der Natur (4,1 %), Straßen oder Autobahnen (3,2 %), Autos (2,3 %), Hotels (1,9 %), Parks, Spiel- und Sportplätze (1,5 %), Gefängnisse (1,3 %) und alle anderen denkbaren Orte (Lester & Stack 2015, 74). Nach dem Kriterium der Quantität kann die Psychiatrie also leicht als Suizid-Hotspot definiert werden.[168]

Gleichwohl gäbe es auch gute Gründe, den Begriff des Hotspots nicht auf Psychiatrien anzuwenden, da es sich einerseits um keinen singulären Ort handelt, Psychiatrien andererseits nicht eigenständig aus suizidaler Absicht aufgesucht werden und sich letztlich auch die Gründe zur Entstehung eines Hotspots von den Gründen für die Häufung der Suizide und Suizidversuche in Psychiatrien unterscheiden.

(1.) In der suizidologischen Konzeption bezeichnet ein Hotspot einen singulären Ort. Es sind nur spezifische Bauwerke oder Schauplätze die sich als Hotspots herausbilden. Wichtig für einen Hotspot scheinen bei Brücken, Türmen oder Klippen noch eine gewisse geschichtliche, natürliche oder architektonische Einzigartigkeit und bei natürlichen Plätzen und Orten eine gewisse kol-

[166] Weiterhin müsste man eigentlich auch viele poststationäre Suizide mit hinzurechnen, da die Suizidrate kurz nach der Entlassung aus der Psychiatrie dabei noch um ein Vielfaches höher liegt. In ihrer internationalen Metaanalyse konnten Chung et al. (2017) eine Inzidenz für einen poststationären Suizid von 484 Suiziden pro 100.000 Personenjahren vorfinden.

[167] Nach Eink und Haltenhof (2017, 33) umfassen Kliniksuizide sogar 5 bis 8 % aller Suizide. Bei den ungefähr 10.000 Menschen, die sich in Deutschland jährlich das Leben nehmen, würde das heißen, dass es jährlich zwischen 500 und 800 Suizide in deutschen Psychiatrien gibt.

[168] Ebenfalls können Gefängnisse als paradoxe Suizid-Hotspots definiert werden. Es sind suizidogene Orte (durch Isolation, Zerfall sozialer Beziehung, Negierung des Subjektstatus sowie Disziplin und Strafe), in denen es eine deutlich höhere Suizidrate gibt als in der Allgemeinbevölkerung. Suizidpräventive Maßnahmen im Gefängnis fordern dabei nochmal verstärkte Überwachung und Sicherung der Insassen (vgl. Tartaro & Lester 2010).

lektive, mythische Narration zu sein (in diesen Orten spukt es, sie sind verwunschen oder sie sind religiös oder rituell bedeutsam; vgl. Schmidtke und Maloney 2015). Obwohl vermutlich jede Psychiatrie von ihren eigenen lokalen Mythen und Sagen umrankt ist, so gibt es allein in Deutschland ungefähr 400 psychiatrische Fachkliniken bzw. Fachabteilungen an Allgemeinkrankenhäusern (Wissenschaftlicher Dienst der DGPPN 2018).

(2.) Während Hotspots von den Betroffenen eigenständig aufgesucht werden, um einen Suizid oder Suizidversuch zu unternehmen, ist dieses Verhältnis für die Psychiatrie oft invertiert. Suizidale Menschen wenden sich entweder freiwillig dem psychiatrischen Versorgungssystem zu, um Hilfe in einer suizidalen Krise zu erhalten oder werden gezwungen, sich einer psychiatrischen Behandlung zu unterziehen, um sich selbst nicht schädigen zu können. Die Klinik wird nicht aufgesucht, um einen Suizid zu vollziehen, sondern im Gegenteil für eine selbst- oder fremdbestimmte Suizidprävention.

(3.) Als Gründe für die Entstehung eines Suizid-Hotspots werden die räumliche Nähe, die leichte Verfügbarkeit und die einfache Zugänglichkeit diskutiert. Außerdem soll besonders auch die häufige und sensationelle Presseberichterstattung oder auch eine literarische und popkulturelle Verarbeitung solcher Orte und Geschehnisse dazu beitragen, dass sich Hotspots herausbilden können. Die mediale Aufmerksamkeit verbreitet dabei nicht nur das Wissen über eine solche Suizidmethode, sondern kann auch zur Nachahmung inspirieren (vgl. Schmidtke und Maloney 2015). Daher ist es auch aus suizidologischer Perspektive wichtig, Hotspots zu identifizieren und Präventionsmaßnahmen zu initiieren, um Nachahmungstaten zu verhindern. Dass die Suizidrate in Psychiatrien hingegen höher ist als in der Allgemeinbevölkerung, ist aus psychiatrischer Sicht nicht weiter erklärungsbedürftig. Die Psychiatrie ist ein institutioneller Raum der Suizidalität, da sich hier suizidale Menschen in Behandlung befinden. In psychiatrischen Kliniken konzentrieren sich alle Risikofaktoren für Suizidalität (psychische Störungen, medizinische und soziale Probleme, Abhängigkeiten, Stigmatisierung, Arbeitslosigkeit, etc.). Psychiatrien sind ein Brennpunkt menschlichen Leids, egal ob die Ursachen für dieses Leid als biologische, soziale oder psychologische ausgewiesen werden. Nur die These der nosokomialen Suizidalität (vgl. Large et al. 2014; s. Kap. 6.2.4) vermutet bei einem Bruchteil der suizidalen Erscheinungsformen eine Reaktion auf institutionelle Strukturen.

Trotz allem trägt die Psychiatrie den Charakter eines eigentümlichen suizidpräventiven Suizid-Hotspots. Dieser Charakter entsteht nicht nur über die phänomenologische Ähnlichkeit einer erhöhten Suizidrate, sondern durch ein gemeinsames, zugrunde liegendes Problem: die kommunikative Ansteckungs-

und Imitationsgefahr der Suizidalität. Wie die Einzelfallanalyse gezeigt hat, besteht bei Suiziden oder Suizidversuchen in psychiatrischen Kliniken das Problem des öffentlichen Umgangs mit diesen Vorfällen. Da sie meist im Ausgang geschehen (vgl. Sakinofsky 2014), weiß oft nur das Personal von diesen Vorfällen und somit stellt sich schnell die Frage, ob es den anderen Patient*innen kommuniziert oder verschwiegen werden soll. Ob es dabei wirklich zu »Suizid-Clustern« oder zu »Suizid-Epidemien« in Psychiatrien kommt oder ob es sich dabei nicht nur um eine stochastische Anomalie handelt, wird in der psychiatrischen Literatur diskutiert (vgl. Bowers, Banda & Nijman 2010, 322), ist aber für das vorliegende Argument unerheblich, da die Angst vor Imitation oder Ansteckung die psychiatrische Praxis bei jedem neuen Kliniksuizid oder Kliniksuizidversuch prägt. Finzen (1997, 149) vertritt daher auch die These, »daß wir auch innerhalb des psychiatrischen Krankenhauses mit einem solchen Werther-Effekt rechnen müssen«. Die Gefahr von Suizid-Hotspots besteht besonders in der Nachahmung und da die Psychiatrie ein institutionell angelegter Raum der Suizidalität ist, hat sie auch mit dem Problem der Ansteckung zu kämpfen.

Doch es ist nicht nur die psychiatrische Klinik, die bei einer genauen Analyse die paradoxen Züge eines suizidpräventiven Suizid-Hotspots trägt. Sondern es ist das gesamte Projekt der Suizidprävention, das immer stets aufs Neue mit den paradoxalen Folgen der eigenen Anstrengungen konfrontiert ist. Dies soll im folgenden Exkurs vertieft werden.

6.2.4 Exkurs: Die suizidpräventive Produktion von Suizidalität[169]

Im Laufe des Kapitels wurden bereits diverse Praktiken beschrieben, die in suizidpräventiver oder -intervenierender Intention durchgeführt werden, aber dann selbst Bedingungen dafür schaffen, die dieser ursprünglichen Intention zuwiderlaufen und zum Teil sogar gegenläufige Effekte hervorrufen. Dies mündete schließlich in die Charakterisierung der psychiatrischen Klinik als einen suizidpräventiven Suizid-Hotspot. Dieser Exkurs folgt der Spur der Herstellung von Suizidalität bzw. der Herstellung von gewissen Risiken und Gefahren durch Suizidprävention weiter. Es geht um die Schattenseiten der psychiatrischen Behandlung und Präventionsbemühung, die auch Gefahr laufen kann, Suizide nicht nur zu verhindern und Suizidalität zu entschärfen und zum Verschwinden zu bringen, sondern selbst Suizidalität zu ermöglichen, zu verstärken oder

[169] Das vorliegende Kapitel basiert auf der Überarbeitung eines Artikels (s. Iltzsche 2020).

zu produzieren. Diese Herstellung von Suizidalität soll als eine weitere Dimension des *doing suicidality* analysiert werden, das überall an den Rändern der Suizidprävention in Form ganz unterschiedlicher Phänomene auftauchen und dann selbst problematisiert und zur Zielscheibe neuer präventiver Bemühungen werden kann.

Diese paradox-wirkenden Rückkopplungen sind keineswegs nur der psychiatrischen Suizidprävention eigen, sondern ein gängiger Bestandteil von Sicherheits- und Präventionsdispositiven (vgl. Bonell et al. 2014; Leanza 2017; Folkers 2018). Die Sozial- und Kulturwissenschaften »haben schon früh auf die Paradoxien von Sicherheitsmaßnahmen hingewiesen und sie als ‚safety risks' (Wildavsky 1988, 48ff.), ‚Risiken zweiter Ordnung' (Bonß 1995) oder ‚Autoimmunität' (Derrida und Habermas 2004, Esposito 2004) beschrieben und kritisiert« (Folkers 2018, 22). Ziel des vorliegenden Exkurses soll nicht sein, einfach nur die »dunkle Logik« (vgl. Bonell et al. 2014) der Suizidprävention aufzuzeigen und nachzuweisen, dass Suizidprävention auch paradoxe Folgen haben kann, sondern vielmehr, Suizidrisiken nicht nur als Zielscheibe, sondern auch als konstitutives Produkt der Suizidprävention zu verstehen. Sie sind nicht nur das Instrument, sondern immer auch ein Effekt der Suizidprävention. Auf der immanenten Ebene der psychiatrischen Suizidprävention wirken diese Effekte wie ein Paradox: Obwohl man das eine zu erreichen versucht, erreicht man letztlich genau das Gegenteil. Doch auf der Ebene der soziologischen Betrachtungen lassen sich diese Effekte als systeminterne Mechanismen beschreiben. Es wird im Folgenden daher auch nicht von Paradoxien, sondern von Rückkopplungen gesprochen. Der Begriff der Rückkopplung betont eine Zeitlichkeit, in der Systeme sowohl aktiv als auch reaktiv aufeinander bezogen sind und sich über diese reziproke Beziehung auch selbst wieder verändern. Auch psychiatrische Akteur*innen müssen trotz der Potentialität dieser Rückkopplungen handlungsfähig bleiben.[170] Es werden daher in diesem Kapitel nicht nur Phänomene der suizidpräventiven Produktion von Suizidalität zusammengetragen, sondern immer auch der Rückbezug zur psychiatrischen Praxis gesucht und die reflexiven Umgangsweisen mit diesen Rückkopplungen dargestellt.

In seiner Genealogie der Prävention hat Leanza (2017) das Präventionsdispositiv als ein Kennzeichen der Moderne ausgewiesen. Er befasste sich dafür ins-

[170] In der psychiatrischen Praxis verzichtet man beispielsweise trotz des Wissens um eine potentielle Erhöhung des Suizidrisikos durch die Vergabe von gewissen Antidepressiva nicht auf Psychopharmaka. Die Einstellung auf ein bestimmtes Medikament erfolgt daher mit einer Aufklärung über die Nebenwirkungen und im besten Fall auch im schützenden Setting der Klinik.

besondere mit medizinischen und gesundheitspolitischen Regierungsweisen, welche sich im Zeitalter der Aufklärung zu entwickeln begannen und sich auch weiterhin im Wandel befinden. Prävention bedeutet nach ihm, »die Dinge in Bewegung zu bringen, um den herannahenden Gefahren ausweichen zu können« (ebd.). Vorbeugende Maßnahmen setzen an einer virtuellen und als gefährlich konzipierten Zukunft an, um gegenwärtiges Handeln zu steuern und zu lenken. Damit wird »eine Gegenwart geschaffen (...), die systematisch mit Abwesendem rechnet« (ebd., 12) und dabei eine Angst und Unsicherheit produziert, die nicht nur medizinpolitische Interventionsmaßnahmen, sondern auch individuelle Präventionsbemühungen aktiviert. Wie einleitend erwähnt wurde, invertiert dies die übliche Kausalitätskette, da nun ein angenommenes und vorhergesagtes Ereignis in der Zukunft zum Auslöser gegenwärtiger Anstrengungen wird. Leanza beschreibt auch, dass Prävention stets die Gefahr in sich birgt, in ihr Gegenteil umzukippen. Die *»Dialektik der medizinischen Aufklärung«* zeigt sich seines Erachtens zuerst im Aufkommen der Hypochondrie (ebd., 56ff.). Die ständige Suche nach Zeichen von Krankheiten und die konsequente Bemühung um Gesundheit werden hier selbst zur Krankheit. Die Hypochondrie wird zur pathologischen Schattenseite der medizinischen Präventionsbemühungen. Doch auch in anderen Bereichen zeigen sich diese Kehrseiten der Prävention: resistente Erreger und Keime, die in Krankenhäusern durch den vorsorglichen Einsatz von Antibiotika entstehen (ebd., 247ff.) oder der »Sorgeschaden«, wenn bspw. aus Gründen der Brustkrebsprävention prophylaktisch die Brust amputiert wird (ebd., 284).

Der Bereich der Suizidprävention kennt solche Rückkopplungen sowohl im Kontext der Klinik als auch in Bereichen öffentlichkeitswirksamer Präventionsarbeit. Zum Abschluss seines berühmten Werkes *Dementia praecox oder Gruppe der Schizophrenien* formulierte der Psychiater Eugen Bleuler (1911, 394), vermutlich als Erster, die These, dass durch die psychiatrische Behandlung auch selbst Suizidalität »geweckt, gesteigert und unterhalten« werden kann:

> Das unangenehmste aller Symptome bei Schizophrenie ist der Selbstmordtrieb. Ich führe das deswegen an, um einmal deutlich zu sagen, daß die jetzige Gesellschaftsordnung in dieser Richtung vom Psychiater eine große und ganz unangebrachte Grausamkeit verlangt. Man zwingt Leute, denen aus guten Gründen das Leben verleidet ist, weiter zu leben; das ist schon schlimm genug. Aber ganz schlimm ist es, wenn man diesen Kranken mit allen Mitteln das Leben noch unerträglicher macht, indem man sie einer peinlichen Bewachung unterwirft. Der größte Teil unserer ärgsten Zwangsmaßregeln wäre unnötig, wenn wir nicht verpflichtet wären, den Kranken ein Leben zu erhalten, das für sie und andere nur negativen Wert hat. Und wenn es noch etwas nützte! Ich bin aber mit Savage überzeugt, daß bei der Schizophrenie

gerade durch die Bewachung der Selbstmordtrieb geweckt, gesteigert und unterhalten wird. Nur ausnahmsweise würde sich einer unserer Kranken das Leben nehmen, wenn wir ihn gewähren ließen. Und wenn es auch ein paar mehr sein sollten, die zugrunde gehen, ist es recht, wegen dieses Resultates hunderte von Kranken zu quälen und ihre Krankheit zu verschlimmern? Vorläufig stehen wir Psychiater unter der traurigen Pflicht, grausamen Anschauungen unserer Gesellschaft zu folgen; aber wir haben auch die Pflicht, unser möglichstes zu tun, daß diese Anschauungen sich bald ändern.

So sehr Bleulers Argument an eine Vorstellung des *unwerten Lebens* erinnert, das in der nationalsozialistischen Rassenhygiene und Euthanasie ihre Radikalisierung erfahren sollte, so sehr findet sich hier schon eine bemerkenswerte Kritik an der psychiatrischen Verarbeitung von Suizidalität. Nicht nur sieht Bleuler in der »peinlichen Bewachung« selbst einen Ursprung für Suizidalität beim betroffenen Subjekt, sondern er versucht auch die Kontrolle und Überwachung von Vielen gegen den potentiellen Erfolg einiger suizidpräventiver Maßnahmen für Einzelne moralisch abzuwägen.[171] Ähnliche nicht-intendierte Folgen der psychiatrischen Behandlung von Suizidalität beschreiben Norman Farberow und David K. Reynolds in ihrem Werk *Suicide – Inside and Out* (1976; vgl. Kap. 3.3). Auch sie kommen zu dem Schluss, dass der psychiatrische Rahmen nicht nur ein schützender ist, sondern dass er im Gegenteil durch Überwachungen, Restriktionen und Abhängigkeiten, denen Patient*innen systematisch und häufig nur aufgrund der Angst des Personals ausgesetzt sind, suizidales Verhalten provozieren kann. Die These einer *nosokomialen Suizidalität* (von griechisch nósos »Krankheit« sowie komein »pflegen«: also eine Krankheit, die durch die medizinische Pflege und Behandlung entsteht) wird auch in aktuelleren Arbeiten wieder aufgegriffen (Large et al. 2014; Coyle, Shaver & Linehan 2018). In Analogie zu nosokomialen Infektionen durch multiresistente Erreger wird hier die Ansicht vertreten, dass gerade das Setting der psychiatrischen Klinik Bedingungen produziert, welche den Ausbruch bestimmter Krankheiten – hier also Suizidalität – befördern können. Patient*innen und Psychiatrieerfahrene beschreiben psychiatrische Behandlungen oft als demütigend und entwürdigend, wobei besonders Unterbringungen, Zwangsmedikationen und Fixierungen als stigmatisierend und traumatisierend erlebt werden (Frajo-Apor et al. 2011; Armgart

[171] Diese Argumentation findet sich auch in gegenwärtigen Debatten um angemessene Suizidprävention. Zum Beispiel schreibt der Psychiater und Bioethiker Jacob Appel (2012, 527): »In reality, such [suicide] liability undermines the interests of psychiatric patients by reducing the care available to high-risk individuals and by restricting unnecessarily the freedom of many individuals who are not acutely suicidal.« Die gegenwärtigen Diskussionen drehen sich dabei oft um die defensivmedizinische und eher restriktive Haltung, die aus Angst vor Klagen im Umgang mit suizidgefährdeten Menschen entsteht (vgl. Blinder 2004; Bleich et al. 2011). In einer etwas verallgemeinerten Form hat schon Wilhelm Griesinger im Jahr 1868 die Meinung vertreten, dass die wenigen »Gefährlichen« nicht rechtfertigen können, die Mehrzahl der »Ungefährlichen« einzusperren (vgl. Brink 2010, 77).

et a. 2013). Die These von Large et al. (2014) ist nun, dass es genau diese Erfahrungen sind, die Suizidalität verstärken oder auch erst provozieren können; sie schlussfolgern daher, dass Suizidalität auch durch die psychiatrische Behandlung hervorgerufen werden kann. Ein Beispiel aus meiner Feldforschung deutet an, wie es zu einer nosokomialen Suizidalität kommen kann:

> Eine im Haus bekannte Patient*in, die vor zwei Jahren wegen einer schweren depressiven Episode, Alkoholabhängigkeit und akuter Suizidalität (mit einem Verdacht auf Borderline Persönlichkeitsstörung) auf einer anderen Station in Behandlung war, wurde vor zwei Tagen auf unsere Station aufgenommen. Da ihr die Wohnung gekündigt wurde und sie wieder vermehrt Suizidgedanken hatte, wurde sie zur freiwilligen Behandlung aufgenommen. Ich begleite die Assistenzärzt*in, die die Patient*in noch nicht kennengelernt hat, auf ihrer Visite. Die Interaktion verläuft ungefähr wie folgt:
>
> Die Ärzt*in (Ä) stellt sich vor und fragt, wie es der Patient*in (P) geht. Sie meint, es ist wechselhaft und auf die Nachfrage, was das heißt, erwidert sie, dass es ihr nicht so gut gehe, da sie ihre Wohnung verloren habe. Ä: Wieso? P: Ich kriege ja nur Krankengeld und das reicht nicht. Ä: Sie hätten ja Unterstützung beantragen können. P: Das habe ich schon gemacht, aber ich kriege das Formular dafür nicht, obwohl ich da auch schon dreimal angerufen habe. Ä: Also alles nicht Ihre Schuld? [Lässt hier aber keinen Raum für eine Antwort und lenkt über:] Sie sind ja jetzt in einem Krankenhaus und daher frage ich mich, was ich denn nun medizinisch für Sie tun kann? P: Ich habe auch Suizidgedanken. Ä: Glauben Sie, dass Ihnen Medikamente helfen können? P: Ja. Es geht mir schon besser. Ä: Dadurch gehen aber Ihre Probleme auch nicht weg. Ist denn der Verlust der Wohnung der Grund für Ihre Suizidgedanken? P: Nein. Die Wohnung ist mir eigentlich egal. Ich wollte eh da weg. Ä: [Im ironischen Tonfall:] Das passt ja. [Da die Patient*in nicht von alleine weiter redet:] Sie wollen, dass ich noch ein wenig nachbohre? P: Nein. Eigentlich nicht. Ä: Wo wollen Sie denn hin? P: Ich weiß es auch nicht. Ich weiß auch nicht, wie ich einen Umzug unter den gegebenen Umständen überhaupt umsetzen soll. Ä: Das ist doch alles Quatsch. Das wissen Sie doch selber. Wir sollen Ihnen helfen, aber Sie wollen nichts erzählen. Das geht so nicht. P: Ich kann auch wieder nach Hause gehen. Ä: Wenn es Ihnen hilft. P: Das wird mir nicht helfen. Ist doch klar. Ä: Sie verhalten sich jetzt wie ein kleines, trotziges Kind. [Die Patient*in zuckt mit den Schultern]. Die Ärzt*in beendet daraufhin die Visite, indem sie sagt, dass sie jetzt mit der Zimmernachbar*in reden wird, die währenddessen schon die ganze Zeit im Bett hinter ihr sitzt.
>
> Vier Tage später habe ich ein längeres Einzelgespräch mit der Patient*in. Nachdem ich noch einmal ausführlich meine Position und mein Forschungsinteresse beschreibe, erzählt sie kurz von ihrem ersten Aufenthalt und kommt dann schnell auf die letzte Visite zu sprechen. Sie hätte in dem Gespräch »so einen Hammer gekriegt« und »wäre glatt wieder rausgegangen«, wenn nicht die andere Ärzt*in noch mit ihr gesprochen hätte, wäre sie gegangen und »weiß nicht, was passiert wäre.« Besonders, da ihr das letzte Mal zugesichert wurde, dass sie jederzeit wiederkommen könnte, wenn es ihr schlechter gehen würde. Wir reden über die Unterschiede zwischen den Stationen, was ihr das letzte Mal geholfen hat, wie sie die Medikamente und die Behandlung bewertet und kommen am Ende noch einmal auf die letzte Visite zu sprechen. Ich fühle mich in einem Loyalitätskonflikt gefangen, da ich nicht schlecht über die behandelnde Ärzt*in sprechen will und nötige mir daher eine Erklärung ab, dass die Ärzt*in eine provokative Art an den Tag legt, um die Patient*in zu eigener Aktivität zu motivieren. Sie nimmt die Erklärung an und sagt, dass es

»vielleicht auch ganz gut so war, da es meine rebellische Art geweckt hat«, aber auch, dass »das nach hinten losgegangen wäre. Definitiv.«

In diesem Fallbeispiel ist es nicht dazu gekommen, dass die betroffene Patientin eine behandlungsinduzierte suizidale Handlung begangen hat. Dennoch wird im Einzelgespräch mit ihr deutlich, dass sie die Interaktion als einen massiven Angriff wahrgenommen hat und dass eine suizidale Krise eine mögliche Reaktion hätte sein können. Aus psychiatrischer Sicht kann diese Reaktion natürlich immer auch selbst wieder pathologisiert werden und als eine unangepasste oder symptomatische Reaktion ihrer zugrunde liegenden Störung gewertet werden. Lässt man die Psychopathologie unbeachtet, bleibt eine Interaktion, die mindestens als beleidigend und entwertend bezeichnet werden kann.[172] Die Patientin befindet sich in einer subjektiv empfundenen Not, begibt sich freiwillig in stationär-psychiatrische Behandlung und trifft dann auf eine ärztliche Position, die nicht nur die Sinnhaftigkeit der Entscheidung für eine psychiatrische Behandlung infrage stellt, sondern auch die sozialen Probleme individualisiert und unter den Verdacht einer abgewehrten Eigenverantwortung stellt. Schließlich wird die Patientin selbst kritisiert und beleidigt. Der Patientin, die vielleicht auch aufgrund ihres habituellen und milieuspezifischen Hintergrunds nicht die gleichen kommunikativen Ressourcen hat wie die Ärzt*in, bleibt am Ende nur noch ein resigniertes Schulterzucken und sie erleidet dann den Gesprächsabbruch, der ihr schließlich jede Möglichkeit nimmt, die erfahrene Demütigung wieder auszugleichen. Diese Interaktion ist kein typisches Beispiel einer psychiatrisch-psychotherapeutischen Gesprächsführung. Dennoch können gerade auch solche extremen Manifestationen, z. B. diese offen verbalisierten Beleidigungen, auf institutionelle Strukturen aufmerksam machen, die solche Interaktionen begünstigen. Spätestens seit Goffmans (1972) Analyse totaler Institutionen weiß man von den Beschränkungen und Beschädigungen des bürgerlichen Selbst, denen Betroffene in Psychiatrien durch eine demütigende und herabsetzende Behandlung ausgesetzt sind.

Doch nicht nur von der Erfahrung von Entrechtung, Zwang und Demütigung geht eine suizidinduzierende Gefahr aus. Auch von der guten therapeutischen Interaktion kann sie ausgehen. Aus verhaltenstherapeutischer Sicht wird so beispielsweise in der einzigen deutschen Leitlinie zum Umgang mit Suizidalität

---

[172] Die zugeschriebene Psychopathologie der Borderline Persönlichkeitsstörung sollte nicht unbeachtet bleiben, da sie vielleicht eine Erklärung für die ungewöhnliche harsche Reaktion der Ärzt*in darstellt. Wie in Kapitel 6.3 ausführlich behandelt wird, wird die Suizidalität der ›typischen‹ Borderline-Patientin oft als eine manipulative Beziehungsstrategie verstanden. Borderline wird somit zum Label und Signalwort, das oft eine reflexhafte Abwehrreaktion beim Personal hervorruft und die Interaktion von vornherein prägt und gestaltet.

(S2k-Leitlinie 028/031: Suizidalität im Kindes- und Jugendalter)[173] als häufiger Fehler genannt, suizidales Verhalten »durch übersteigertes emotionales Engagement (…) ungewollt [zu] verstärken«. Somit bewegt sich auch das therapeutische Engagement auf der Gratwanderung zwischen einer positiven und einer negativen Beeinflussung von psychischen Krankheiten und Leidenszuständen. Kann die therapeutische Rolle, wie im letzten Fallbeispiel, durch eine zu provokante und zu konfrontative (oder gar beleidigende) Art eine suizidale Krise auslösen, so kann anscheinend auch das andere Extrem, einer zu betroffenen und engagierten Art, suizidales Verhalten fördern, wenn es den Betroffenen so scheint, als könnten sie nur darüber diese engagierte Aufmerksamkeit und Zuwendung erhalten.[174] Diese Rationalität ist schließlich auch im Konzept des Werther-Effekts angelegt. Die Aufmerksamkeit, die durch eine sensationelle Berichterstattung oder die Inszenierung einer kollektiven Betroffenheit geschaffen wird, die ethische Legitimation für einen Suizid, die mit einer Narration geschaffen wird, wenn sie die Tat als nachvollziehbar und rational begründbar beschreibt und die damit einhergehende Heroisierung der Suizidalität, kann zu Suizidalität führen. Daher bewegt sich sowohl die klinische Praxis als auch der öffentliche Diskurs auf der Gratwanderung, Suizidalität zwar als Signal zu registrieren und darauf zu reagieren, der Suizidalität dabei aber auch nicht zu viel Aufmerksamkeit oder eine falsche Art der Aufmerksamkeit zu widmen.

In einer verwandten, aber wiederum eigenen Form besteht die Angst, suizidale Gedanken oder Handlungen zu produzieren noch auf einer anderen Ebene. In der psychiatrischen Literatur oder in Fortbildungen zur Suizidprävention begegnet man häufig dem Begriff der »Hundeweisheiten« (vgl. Eink & Haltenhof 2017, 11ff.). Einer dieser Weisheiten lautet: »Schlafende Hunde soll man nicht wecken« und bezeichnet damit eine Haltung, lieber nicht nach Suizidgedanken zu fragen, aus der Angst, dass man »niemanden auf dumme Gedanken bringen« solle, um nicht durch die Fragen erst »suizidale Handlungen zu provozieren« (ebd.). Auch wenn die suizidologische Arbeit darauf ausgerichtet ist, darüber aufzuklären, dass diese Angst unbegründet und gar kontraproduktiv ist, so verweist sie dennoch auf einen relativ weitverbreiteten Glauben, dass Suizidalität durch eine Thematisierung induziert werden könnte. Im klinischen Alltag sind die anamnestischen Fragen nach einer vorhandenen Suizidalität so

---

173 https://www.awmf.org/uploads/tx_szleitlinien/028-031l_S2k_Suizidalitaet_KiJu_2016-07_01.pdf (Zugriff am: 11.12.2018)

174 Diese Sorge, dass psychiatrisch-psychotherapeutische Zuwendung in dieser Form suizidales Verhalten verstärken könnte, grenzt somit an das Phänomen der ›manipulativen‹ Suizidalität (s. Kapitel 6.3). Betroffenen wird in diesem Fall vorgeworfen, Suizidalität als ›Eintrittskarte‹, zur Absicherung der weiteren Behandlung oder der Verhinderung einer (disziplinarischen) Entlassung taktisch zu nutzen.

routiniert und ritualisiert, dass man glauben könnte, dass diese Hundeweisheiten hier keine Rolle spielen. Doch auch Dr. Albers berichtet mir im Gespräch: »Ich würde nie direkt nach Suizidalität fragen, da ich niemanden auf die Idee bringen will. Ich sage daher nicht ›Ich verstehe, Sie sind traurig. Wollen Sie sich nicht umbringen?‹, sondern frage stattdessen indirekt, ob es solche Gedanken schon einmal gab«. Gleichfalls gibt es für den klinischen Bereich viele Studien, die versuchen das iatrogene Risiko der Erhebung des Suizidrisikos zu bestimmen (vgl. Meta-Analyse von DeCou & Schumann 2018). Hier sind es zum Teil nicht nur die einfachen Fragen nach lebensmüden Gedanken oder Suizidphantasien, sondern gerade auch gewisse suizidbezogene Stimuli (wie z. B. Bilder von geritzter Haut oder Wörter wie Tod und Suizid), die in gewissen Assessmentverfahren (z. B. dem Implicit Association Test) genutzt werden, bei denen die Angst besteht, dass sie ansteckend und suizidstimulierend wirken können (vgl. Cha et al. 2016).

In vergleichbarer Manier wurde anfänglich auch mein Forschungsvorhaben als gefährlich kritisiert.[175] Als ich mein Projekt eine Woche vor Beginn der ersten Feldforschungsphase im Rahmen einer wöchentlich stattfindenden, klinikinternen Fortbildung vorstellte, wurden von den Anwesenden Szenarien entworfen, in denen die ethnographische Forschung zur Gefahrenquelle werden kann. Als problematisch wurde gewertet, dass die ethnographische Tätigkeit der Beobachtung und Verschriftlichung von sozialen Praktiken dazu führen könnte, dass paranoide Wahnvorstellungen bestätigt oder verstärkt werden. Wenn dann noch ein Patient aufgrund seiner paranoiden Psychose suizidale Handlungen unternommen hat oder immer noch suizidal ist, wird der ethnographische Blick zum Risiko, da er das Gefühl der Beobachtung, Überwachung und Kontrolle verifizieren oder gar verstärken könnte. Vereinzelt wurde ich auch während der Feldforschung davor gewarnt, bei bestimmten Patient*innen Suizidalität zu thematisieren:

> Nachdem Dr. Abels sich noch einmal vergewissert hat, dass Suizidalität mein Thema ist, meint sie, dass auch Herr XY für mich interessant sein könnte. Der sieht und hört Dämonen, die ihm wahlweise sagen, alle anderen oder sich selbst umzubringen. Ich solle aber lieber nicht mit ihm darüber sprechen, da sie dann eher Angst hätte »die Dämonen wachzurütteln«.

Meine Forschung wurde von Anfang an auf ihr Gefahrenpotential und mögliche schädliche Folgen hinterfragt und auch während der Feldaufenthalte sollte ich

[175] Die Frage, ob die Forschung mit suizidalen Patient*innen nicht generell eine gefährliche Angelegenheit ist, wird auch im suizidologischen Fachdiskurs diskutiert (vgl. Eynan et al. 2014).

aufpassen, keine »Dämonen wachzurütteln« und suizidale Krisen auszulösen. Dies zeigte sich auch noch einmal am Ende der Feldforschung. Für meinen letzten Aufenthalt erklärte ich mich bereit ein »Patientenseminar« zum Thema Suizid zu leiten.[176] Ein erstes Problem kam bezüglich des Ankündigungstitels auf:

> Während ich es schlicht und einfach »Suizidalität« nennen wollte, war die organisierende Therapeut*in anfänglich nicht damit einverstanden. Ihrem Sprachgefühl nach war dies »zu hart« und sie schlug eher Titel vor wie: »Wenn man keine Hoffnung mehr hat« oder »Erschöpft vom Leben sein«.

Ein zweites Problem kam dann bezüglich des Termins auf. Da es kurz vorher zu der Suizidversuchsserie kam, bat mich die organisierende Therapeut*in, den Termin um zwei Wochen zu verschieben, da »etwas zeitlicher Abstand gut wäre«. Auch hier lässt sich eine handlungsleitende Theorie der kommunikativen Ansteckung der Suizidalität vermuten. Ist es zum einen die direkte Konfrontation mit dem Begriff der Suizidalität, dem eine schädliche Gefahr oder zumindest unnötige Härte zugeschrieben wird, ist es zum anderen auch die zeitliche Nähe zu den Ereignissen der Suizidversuche, von der eine pathogene, reaktivierende Gefahr auszugehen scheint.

Ein weiterer Bereich, in dem die Behandlung selbst gefährliche Risiken und ein suizidförderndes Potential zu bergen scheint, umfasst den Bereich der psychopharmakologischen Medikation. Seit den 1990er Jahren gibt es eine noch nicht abgeschlossene Debatte zu dem Thema, welchen Einfluss psychopharmakologische und besonders antidepressive Medikamente auf die Suizidalität haben (vgl. Maris 2015; Pompili, Girardi, & Tatarelli 2011). Einige Studien haben Hinweise dafür gebracht, dass Antidepressiva eine suizidfördernde Wirkung haben können (vgl. Mann et al. 2006; Brent 2016), andere konnten hierfür keine Nachweise finden (vgl. Ludwig, Marcotte & Norberg 2009; Cheung et al. 2015). Die Debatte hat dazu geführt, dass die Arzneimittelverzeichnisse um Warnhinweise ergänzt wurden. Die »Rote Liste« (2012, 71 061), die z. B. im Regal des Stationszimmers der untersuchten Klinik stand, führt so unter dem Antidepressivum *Fluoxetin* die Anwendungsbeschränkung und den Warnhinweis auf, dass das »Risiko von Suizidgedanken oder -versuchen erhöht« sein kann und empfehlen daher »engmaschige Überwachung, insbesondere zu Beginn der Behandlung und nach Dosisanpassung. Metaanalyse zeigt für Patienten über 25 Jahren, die Antidepressiva einnehmen, ein erhöhtes Risiko für suizidales Verhalten im Vergleich zu Placebo«.[177] Im klinischen Alltag wird daher auch über diese kontra-

---

[176] Patientenseminare sind psychoedukative Angebote, die zweiwöchig zu wechselnden Themen angeboten werden und zu denen alle Patient*innen gleichermaßen eingeladen sind.
[177] Für eine bessere Lesbarkeit, wurden die stenographischen Wortkürzel ausgeschrieben.

diktorische Wirkung aufklärt:

> Im Erstgespräch mit einer vermutlich depressiven Patient*in erklärt die Ärzt*in, dass die verschriebenen SSRI zuerst antriebssteigernd wirken, bevor die antidepressive Wirkung beginnt. Dies kann dazu führen, dass auch suizidale Gedanken aufkommen können. Sie versichert, dass dies normal sei und sie es aber ansprechen soll. Die Patient*in sichert zu, dass sie das tun wird, wenn das der Fall sein sollte.

Doch die psychiatrischen Medikamente können nicht nur den Antrieb depressiver, suizidaler Personen steigern, sondern können auch selbst als Mittel zum Suizid verwendet werden. Eine der großen und gesicherten Erkenntnisse der Suizidologie ist, dass die Beschränkung der Suizidmittel einen suizidpräventiven Effekt hat (Florentine & Crane 2010; Schwartz-Lifshitz, Zalsman, Giner & Oquendo 2012). Bringt man Gitter und Netze an Brücken und anderen Suizid-Hotspots an, wird der Schusswaffengebrauch (entweder der allgemeinen Öffentlichkeit oder einer spezifischen Population, z. B. Militärangehöriger) eingeschränkt, reduziert man die Verpackungsgröße von Analgetika oder den Verkauf von spezifischen, besonders toxischen Medikamenten und Pestiziden, ändert man die Toxizität bei Gasherden, tauscht man alle Holzkohle- in Elektrogrills um und führt man bei Autos bessere Katalysatoren ein, scheint das alles einen stabilen Effekt auf die Reduktion der Suizidraten zu haben (für einen Review s. Zalsman et al. 2016). Weltweit sind Erhängen und Vergiften die zwei häufigsten Suizidmethoden. Schusswaffengebrauch scheint die tödlichste und die Vergiftung durch Überdosierung mit Medikamenten die ,erfolgsloseste' Methode zu sein (vgl. Bidaki et al. 2016). In Deutschland liegt die Vergiftung durch Medikamente auf dritter Stelle (nach Erhängen und Sturz in die Tiefe) und umfasst ungefähr 8 % aller Suizide (Rübenach 2007). Auch die WHO (2014) gab in ihrer ersten umfassenden Publikation zur Suizidprävention an, dass in »den meisten europäischen Ländern (...) die Selbstvergiftung mit Medikamenten die zweit- oder dritthäufigste Methode bei Suiziden und Suizidversuchen« ist. Die Überdosierung mit pharmakologischen Wirkstoffen erfolgt bei Menschen mit psychiatrischen Diagnosen in erster Linie durch Analgetika, an zweiter Stelle durch Sedativa, Schlafmittel und Neuroleptika und an dritter Stelle durch Antidepressiva (vgl. Greene, AufDerHeide & French-Rosas 2017). Der Untertitel der letzten Publikation lautet: »When Medications Are No Longer Your Friends« und verweist damit genau auf den ambivalenten Charakter der Psychopharmaka. In der Intention entwickelt und verschrieben, Menschen mit psychischen Problemen eine Hilfe zu bieten, werden diese Mittel janusköpfig, wenn sie nicht nur beim Leben, sondern auch beim Sterben helfen können. In der stationären Versorgung mag dieser letale Effekt der Medikation vernachlässigbar sein, da hier die Vergabe der Medikation nur in kleinen Dosen und relativ streng überwacht erfolgt. Doch für den ambulanten Bereich bergen die ärztlich verschriebenen Psychopharmaka die Gefahr, eine leicht verfügbare Suizidmethode zu sein. Das Problem liegt gerade in der widersprüchlichen Anforderung, psychische Probleme medikamentös zu behandeln – und das bei einem gegenwärtigen biomedizinischen Trend, der zu einer Zunahme der psychopharmakologischen Verschreibungen führt –, aber damit gleichzeitig ein Mittel an die Hand zu geben, das auch eine tödliche Gefahr in sich birgt. Der geläufigen Weisheit von Paracelsus folgend, kann durch eine Veränderung der Dosis jedes Medikament zum Gift werden. Die Suizide und Suizidversuche durch Psychopharmaka liefern dafür einen eindrücklichen Beweis. Der Rückkopplungseffekt der Psychopharmaka liegt also in einer zumindest indirekt intendierten suizidpräventiven Wirkung (nur bei Lithium und Clozapin wird eine direkte antisuizidale Wirkung diskutiert; vgl. Zalsman et al. 2016), die unter Umständen aber auch zum Mittel des Suizids werden kann. Die Historikerin Cornelia Brink (2010, 356) spricht in Bezug auf die Psychiatrie im Nationalsozialismus von einer Dialektik von »Heilen und Vernichten« (s. auch Ebbinghaus & Dörner 2002). Es stellt sich die Frage, ob diese Dialektik nicht schon in den Medikamenten selbst angelegt ist. Die richtige Dosis des richtigen Medikaments verspricht Besserung oder gar Heilung. Die Überdosis aus suizidaler Absicht oder aus den mörderischen Gründen der ›Euthanasie‹ im Nationalsozialismus zeugt von ihrem vernichtenden Potential.

Zusammenfassend lässt sich also festhalten, dass in der psychiatrischen Behandlung von suizidalen Menschen viele Gefahren lauern, indem die auf Prävention ausgerichtete psychiatrische Praxis selbst Suizidalität induzieren, verstärken oder ermöglichen kann. Es ist nicht nur die negative Erfahrung des Zwangs, der Entrechtung und der Demütigung, sondern auch das Zuviel an positiver, engagierter, therapeutischer Aufmerksamkeit, das gravierende Folgen haben kann. Eine unbedachte Thematisierung subjektiver Erfahrungen und Erlebnisse kann, wenn sie Traumata reaktiviert, genauso problematisch sein wie eine antriebssteigernde, aber noch nicht antidepressiv wirkende Medikation. Die verschriebenen Psychopharmaka bergen dabei selbst eine Gefahr in sich, nicht nur zur Behandlung der psychischen Symptome, sondern selbst zur

Suizidmethode missbraucht zu werden. Obwohl die suizidologische Forschung versucht, über diesen Irrtum aufzuklären, existiert eine weitverbreitete Auffassung, dass Fragen nach Suizidalität diese erst induzieren; auch Diagnose- und Assessmentverfahren stehen unter dem Verdacht durch ihre verwandten Fragen und Bilder triggernd wirken zu können. Letztlich kann die Psychiatrie als institutioneller Hotspot verstanden werden, da hier immer auch die Gefahr der suizidalen Ansteckung gegeben ist. Es sind damit sowohl die ‚schlechten' und entwürdigenden als auch die ‚guten' und engagierten therapeutischen Erfahrungen sowie die Medikamente, die verabreicht werden, und der institutionelle Raum als solcher, die Gefahr laufen, genau das Gegenteil von dem zu produzieren, was sie eigentlich intendieren.[178]

Die psychiatrische Suizidprävention ist auf etwas Abwesendes und Zukünftiges gerichtet. Sie bringt Dinge in Bewegung, um eine virtuelle Zukunft zu verhindern. Insofern wird die zukünftige und potentielle Suizidgefahr zur Ursache eines gegenwärtigen Handelns. Doch diese suizidpräventiven Bemühungen können epiphänomenale oder nicht-intendierte Folgen haben, womit der psychiatrische Apparat immer wieder selbst Suizidalität oder zumindest neue Risiken und Gefahren produziert, die dann wieder in die suizidpräventiven Praktiken einbezogen werden müssen. Suizidrisiken sind nicht nur das Ziel, sondern auch konstitutiver Effekt der Suizidprävention. Sie sind systemimmanente Rückkopplungseffekte, welche in einer reziproken Manier wieder in die psychiatrischen Suizidpräventionsbemühungen eingebunden werden müssen. Diese suizidpräventive Produktion von Suizidalität stellt somit nicht nur eine Irritation, Krise oder einen Notstand der psychiatrischen Praxis dar, sondern sie haben einen funktionalen Wert, insofern sie die Präventionsbemühungen erneut mobilisieren. Sie haben eine katalysierende Funktion, indem sie wiederum Strategien und Techniken der Suizidprävention auslösen und beschleunigen.

Vielleicht verweist diese Anfälligkeit der psychiatrischen Suizidprävention für paradox wirkende Rückkopplungen aber auch nicht nur auf diese Dialektik der Sicherheits- und Präventionsdispositive, sondern auch auf etwas für den Gegenstand des Suizids Spezifisches. Die vielfältigen ‚Paradoxien' der Suizidprävention verweisen auf etwas Wesentliches des Suizids: Es sind gerade diese Brüche an unerwarteten und unvorhergesehenen Stellen, die den Suizid auszeichnen und charakterisieren. Trotz des permanenten Versuchs der Suizidprä-

---

[178] Canavescini (2012, 79) ergänzt in Bezug zu den sozialen oder psychiatrischen Deutungsrahmen noch weitere Rückkopplungseffekte. Sowohl soziologistische als auch psychologistische Erklärungen können demnach suizidogen wirken. Eine sozialdeterministische Perspektive, propagiert die Übermacht des Sozialen und schließt damit eine Veränderung auf individueller Ebene aus. Eine psychologistische Perspektive kann hingegen iatrogene Effekte zeitigen, weil sie das Leid individualisiert und somit zur stillen Komplizin der sozialen Ursachen wird.

vention, Suiziden den Ereignischarakter zu nehmen und sie in berechenbare und regulierbare Risiken zu transformieren, entziehen sie sich immer wieder dieser Transformation. Der Suizid behauptet sich immer wieder als ein unberechenbares, schockierendes und nicht gänzlich beherrschbares Ereignis.

Die Psychiatrie ist ein Apparat der suizidogenen Suizidprävention. Eine weitere Facette dieser Verschränkung lässt sich in Form von Suiziddrohungen wiederfinden, die im Zentrum des folgenden Kapitels stehen werden. Es wird sich zeigen, dass der psychiatrische Apparat auch an der Produktion von Suiziddrohungen beteiligt ist, wenn diese von Betroffenen als Eintrittskarte in die Klinik genutzt werden.

6.3 Suiziddrohungen und Eintrittskarten

> Selbstmorddrohungen (...) durchziehen unsere gesamte Sozialstruktur. (...) Die Drohung mit Selbstmord zwingt Menschen zur Heirat, verhindert die Auflösung von Ehen, erzwingt das Zusammenleben von Menschen trotz beiderseitiger Untreue, verhindert Eheschließungen, zwingt Eltern dazu, schandbares Verhalten ihrer Sprößlinge zu dulden, verhindert die Einlieferung in eine Anstalt für Geistesgestörte, wird durch die Freistellung vom Wehrdienst belohnt, wird dazu benützt, eine bevorzugte Behandlung gegenüber Geschwistern zu erlangen, der Einziehung zum Kriegsdienst zu entgehen etc.
>
> L. H. Siegal und J. Friedman – *The threat of suicide* (1955; zit. nach Stengel 1969, 115)

Der Einsatz von Suizidalität als Drohung stellt eine Technik des Zusammenlebens dar, die, wenn man der Schilderung der zwei US-amerikanischen Psychiater folgt, erfolgreich für vielfältige Zwecke eingesetzt werden kann. Währende vollendete Suizide und ernsthafte Suizidversuche schockierende und außerordentlich wirkmächtige Ereignisse sein können,[179] so scheint Suiziddrohungen, sobald sie als Technik eingesetzt werden, eine gewisse Ächtung anzuhaften, die auch schon im obigen Zitat unschwer herauszulesen ist. Die drohende Person »zwingt« Andere zu einem Verhalten, das sie sonst nicht ausüben würden und wird für den Einsatz der Suiziddrohung »belohnt«. Es wird also eine Differenz zwischen ‚ernsthafter' und ‚technisch-strategischer' Suizidalität produziert, die schließlich auch eine eigene psychiatrische Verarbeitung zur Folge hat.

Eine besondere Form der Suiziddrohung betrifft das *Ausspielen der Suizidkarte*. Den Betroffenen wird unterstellt, mit dem gespielten Einsatz ihres Lebens für

---

[179] Cerel et al. (2019) konnten zeigen, dass bis zu 135 Personen von einem Suizid betroffen sind. Doch die Wirkmacht kann sich auch auf makropolitischer Ebene zeigen, indem sie die Funktion sozialer Apparate oder gar gesamte soziale Ordnungssysteme (z. B. durch politische Suizide; s. Kap. 6.2.2) infrage stellen und zu einer Transformation veranlassen können.

eine gewisse Sache einzutreten, die im psychiatrischen Setting oft auf eine Aufnahme bzw. die Verhinderung einer Entlassung zielt. Dabei wird die Ernsthaftigkeit und Glaubwürdigkeit der suizidalen Absichten durch das psychiatrische Personal meist infrage gestellt und diese Form der Suiziddrohung als ,interaktiv', ,appellativ', ,demonstrativ' oder ,manipulativ' charakterisiert. Eine beispielhafte Szene aus einer morgendlichen Klinikkonferenz soll diesen Einsatz der Suizidkarte verdeutlichen:

> Die Dienstärzt*in berichtet, dass ein Patient vom Bahnhof aus die Polizei angerufen und gesagt hat, dass er Suizidabsichten hat. Die Polizei bringt ihn daher in die Klinik. Der Patient ist hier bekannt: »Man hätte Copy-Paste mit der Aufnahme im Mai letzten Jahres machen können«. Im Gespräch mit der Ärzt*in distanzierte er sich sofort wieder von seinen Suizidplänen, sagt aber, dass er es sofort machen würde, wenn sie ihn entlassen würden. Die Oberärzt*in schüttelt ihren Kopf und kommentiert das etwas belustigt mit: »Mhm. Ja. Den müssen wir aufnehmen.«

Der starke Kontrast zwischen einer fehlenden und einer vorhandenen Kontrollfähigkeit lässt den Patienten an Glaubwürdigkeit verlieren und bringt ihm eine psychiatrieinterne Klassifikation von suizidalen Patienten ein, die *Suizidkarte* oder *Suizidalität als Eintrittskarte* genannt wird. Die Ernsthaftigkeit seiner Suizidabsichten wird schließlich dadurch noch weiter infrage gestellt, dass er sich zwar von seinen Suizidplänen distanziert, sie aber gleichzeitig als interaktionelles Druckmittel einsetzt, um nicht wieder entlassen zu werden. Aus dem suizidgefährdeten Patienten wird ein geschickter Stratege, der mit dem getäuschten Einsatz seines Lebens das langwierige psychiatrische Aufnahmeverfahren (in der *Klinik Doppelgipfel* gab es eine nach Dringlichkeit sortierte Warteliste und meist eine Wartezeit von mehreren Wochen) ausspielt, um sich unverzüglich eine psychiatrische Behandlung zu sichern. In der Bestätigung »Mhm. Ja. Den müssen wir aufnehmen« wird auch eine Art nachsichtige Resignation gegenüber dieser Aufnahmestrategie deutlich.

Es ist das übliche psychiatrische Vorgehen, unklare oder gar zweifelhafte suizidale Äußerungen oder Handlungen nicht zu ignorieren oder infrage zu stellen, sondern erst einmal, und sei es nur formal, ernst zu nehmen. Selbst wenn der Verdacht besteht, dass nur die Suizidkarte gespielt wurde, werden Patient*innen daher in den meisten Fällen aufgenommen. Vorläufig sollen hierfür zwei naheliegende Gründe genannt werden: Zum einen entspricht es dem Mantra der suizidologischen Aufklärung, dass alle suizidalen Äußerungen oder Handlungen ernst genommen werden sollen und zum anderen ranken gerade um das Phänomen der Suizidalität neben der moralischen und medizin-ethischen Interventionsverpflichtung auch rechtliche Sorgen und Pflichten. Wenn Suizidalität im psychiatrischen Setting sichtbar wird, so ist es Bestandteil der psychiatrischen Sorgfaltspflicht, dass das zugrunde liegende Suizidrisiko genau eingeschätzt und beobachtet wird. Bei Verletzung dieser Sorgfaltspflicht oder bei Unterlassung einer entsprechenden Sicherheits- und Hilfeleistung können den behandelnden Psychiater*innen sonst berufliche und juristische Konsequenzen drohen. Ein gewisses Suizidrisiko bleibt auch beim offensichtlichen Ausspielen der Suizidkarte immer bestehen. Dies macht psychiatrische Institutionen im Umkehrschluss bis zu einem gewissen Grad erpressbar.

Bevor das Ausspielen der Suizidkarte und das Dilemma dieser Erpressbarkeit näher analysiert werden kann, soll erst einmal begründet werden, weshalb das Ausspielen der Suizidkarte im Speziellen und die Suiziddrohung im Allgemeinen als *Grenzfall der Suizidalität* behandelt wird. Alle anderen Grenzfälle die in diesem Kapitel besprochen werden, gehören im stationären, psychiatrischen Rahmen zu den seltenen Ausnahmefällen. Chronische Suizidalität, Suizidcluster oder gar Suizidhilfe zeichnen sich gerade daher auch als Grenzfälle der psychiatrischen Verarbeitung der Suizidalität aus. Ganz im Gegensatz dazu begegnet man Suiziddrohungen in der psychiatrischen Praxis mit einer gewissen Regelmäßigkeit. Doch auch diese Form wird hier aus drei Gründen als Grenzfall gewertet. Erstens, da mit ihr oftmals der Zugang und somit die Grenzüberschreitung zur und aus der Psychiatrie verhandelt wird, wie es sich in dem spezifischen Phänomen des Ausspielens der Suizidkarte zeigt. Zweitens weil dem Einsatz von Suizidalität als Drohung eine besondere Eigentümlichkeit anhaftet, der sie auf die Grenze der authentischen Suizidalität positioniert. Wie im Weiteren noch ausführlicher analysiert wird, gibt es eine Tendenz der Adressat*innen der Suiziddrohung, die Ernsthaftigkeit der Suizidalität der Betroffenen zu negieren. Suiziddrohungen stehen daher auf der Grenze zwischen Kalkül und Symptom, zwischen manipulativem Einsatz und Ausdruck für ein verdecktes Leiden. Sie stehen damit auch auf der Grenze, an der es gleichzeitig zu einem spezifischen *doing and undoing of suicidality* kommt. Drittens berührt das Themenfeld der Suiziddrohung auch das psychiatrische Konzept der Borderline Persönlichkeitsstörung. Die Borderline-Störung zeichnet sich in mehrfacher Weise als Grenzfall aus. Ihre Namensgebung, welche sie als Grenzlinie ausweist, verdankt sie ihrer ursprünglichen Definition als Krankheitsbild auf der Grenze zwischen Neurose und Psychose. Heutzutage gilt die Metaphorik der Grenze eher als Charakterisierung der Betroffenen in ihrer Unfähigkeit Grenzen zu setzen und dem entgrenzten Schwanken zwischen emotionalen Zuständen sowie zwischen Nähe und Distanz in zwischenmenschlichen Beziehungen.

Im Folgenden sollen anhand einer Einzelfallanalyse, in dem das ›Ausspielen der Suizidkarte‹ in seinen vielen Facetten deutlich wird, die De-/Konstruktion von Ernsthaftigkeit und Authentizität der Suizidalität wie auch die Erpressbarkeit der Psychiatrie zum Gegenstand gemacht werden.

6.3.1 Das Ausspielen der Suizidkarte durch Frau Pars

Frau Pars ist einer Patientin, die sich freiwillig wegen eines Entzugs von Heroin, Kokain und Alkohol sowie wegen Suizidgedanken und einer depressiven Symptomatik in stationäre Behandlung begeben hat. Während der Behandlung wurde zusätzlich noch eine Borderline Persönlichkeitsstörung diagnostiziert. Im Laufe ihrer annähernd zweimonatigen Behandlung wurde ihr mehrfach unterstellt, die Suizidkarte auszuspielen, um aufgenommen zu werden, Entlassungen zu umgehen oder um gewisse Medikamente zu erhalten. Die Patientin wurde vom Personal als sehr fordernd und anstrengend erlebt, die immer wieder die Regeln der Station gebrochen oder unterlaufen hat, um ihre Wünsche und Bedürfnisse zu artikulieren. Die Behandlung wurde so zu einem ständigen Konflikt und einem Kräftemessen zwischen Frau Pars und dem psychiatrischen Team. Suizidale Äußerungen und Handlungen waren dabei zentraler Bestandteil und das obwohl von Seiten des psychiatrischen Personals die Ernsthaftigkeit dieser Suizidalität beständig infrage gestellt wurde.

Bevor ich sie kennengelernt habe, war sie schon einen Monat stationär auf der anliegenden Suchtstation 6.1B in Behandlung. Sie erhielt hier Subutex, ein stark wirksames Schmerzmittel aus der Gruppe der Opioide, das u. a. zur substitutiven Behandlung von Heroinabhängigkeit vergeben wird. Aus der Pflegeverlaufskurve ließ sich rekonstruieren, dass sie auf der Suchtstation immer wieder eine Erhöhung des Subutex gefordert hat und andere Schlaf- und Schmerzmittel (insbesondere das Benzodiazepin Diazepam) sowie eine Erhöhung des Neuroleptikums Dominal (Prothipendyl) verlangte und »sehr ungehalten« reagierte, wenn es ihr verweigert wurde. Nach ungefähr einem Monat fiel auf, dass sie im Ausgang Heroin konsumiert hatte und daher sollte sie disziplinarisch entlassen werden. Da Frau Pars aber im Falle einer Entlassung mit Suizid drohte, wurde sie auf die Akutstation 6.1A verlegt, auf der ich meine teilnehmende Beobachtung durchführte. Es ist davon auszugehen, dass diese Verlegung sowohl eine disziplinarische Maßnahme darstellt, als auch eine suizidpräventive, d. h. eine überwachende und kontrollierende Funktion haben sollte.

In der wöchentlich stattfindenden multiprofessionellen Teamsitzung, erfahre ich das erste Mal etwas über die neue Patientin Frau Pars:

> [30.04.] Über Fr. Pars wird gesagt, dass sie eine starke Tablettenfixierung hat und häufig nach Subutex und Schmerzmitteln fragt. Die Musiktherapeut*in meint daraufhin, indem sie mit ihren Fingern Gänsefüßchen in die Luft macht, dass wir ihre »Dealer« sind. Dr. Abels verneint das aber und sagt, dass sie ja gerade mit allem runtergeht. Die Sozialarbeiter*in ergänzt mit einem spaßig-ironischen Unterton: »Wenn man ihr die Medikamente nimmt, wird sie bestimmt wieder suizidal«.

Schon in dieser kurzen Szene treten viele Aspekte zutage, die auch im weiteren Verlauf eine wichtige Rolle spielen werden. Zum einen existiert eine relativ klare Vorstellung über Frau Pars: Sie ist abhängig und zeigt sich daher sehr auf ihr Substitutionsmittel und andere Schmerzmittel fixiert. Ihre Suchtproblematik wird zu einer »totalen Identität« (Bohnsack 1983, 91ff.), welche sie als Person degradiert und ihr abweichendes Verhalten monokausal erklärt. Zum anderen wird das Personal ungewollt zu »Dealern« dieser Medikamente, die hier einen ambivalenten Status zwischen Therapeutikum und Suchtmittel besitzen.[180] Zu guter Letzt wird der zielgerichtete und manipulative Einsatz ihrer Suizidalität hervorgehoben: Sie wird suizidal, weil sie damit erreichen will, dass man ihr weiterhin diese Medikamente bzw. diese Suchtmittel gibt. Es ist der spaßig-ironische Unterton, der anzeigt, dass ihre Suizidalität nicht ernst genommen, sondern als das Ausspielen der Suizidkarte gewertet wird. Zwei Tage später wird Frau Pars dann auf einer Kurvenvisite mit einer Pfleger*in, den Assistenzärzt*innen Dr. Abels und Dr. Albers und der Chefärzt*in besprochen:

> [02.05.] Die Chefärzt*in wird noch einmal kurz über die Hintergrundgeschichte aufgeklärt, dass Frau Pars von der 6.1B nicht entlassen werden konnte, da sie mit Suizid gedroht hat und daher jetzt auf unserer Station ist. Gestern Abend gab es einen Zwischenfall zwischen ihr und Dr. Abels. Als sie ihr die Erhöhung von Subutex verweigert hat, hat sie sich aufgeregt und Dr. Abels angegriffen und einen langen Kratzer an ihrem Arm hinterlassen. Frau Pars wurde daraufhin fixiert. Nach der Fixierung hat sie gedroht, dass sie sich Steine [Crack] kauft, mit Suizidalität wiederkommt und sich wieder aufnehmen lässt. Dr. Abels will sie wegen dieses »bewusstseinsklaren Vorfalls« entlassen. Wo sie dann substituiert wird, ist dann ihr Problem. Dr. Abels überlegt auch sie zu verklagen und spitzt es spaßhaft zu: »Mein therapeutisches Angebot: Entweder Sie gehen oder ich verklage Sie.« Die Chefärzt*in stimmt zu und sagt, dass sie heute entlassen werden sollte.

---

[180] Für das komplizierte historische Verhältnis (z. B. die herausragende Stellung des Opiums als psychiatrisches Medikament bis in die 1950er Jahre) und die produzierte Trennung zwischen Drogen und Psychopharmaka siehe Balz (2010).

In diesem Gespräch zeigt sich nicht nur die Frustration, die über die Patientin herrscht, sondern auch der Machtkonflikt, in dem sich die Beteiligten befinden. Sie ist eine Patientin, die Forderungen stellt, die man ihr nicht erfüllen will, und die man nicht loswird, da sie sonst mit Suizid droht. Sie bezeugt selbst, dass sie ihre Suizidalität bewusst einzusetzen weiß. Die Eskalation des Konflikts in Form eines körperlichen Angriffs ändert die Dynamik. Voraussetzung dabei ist, dass ihr Angriff als »bewusstseinsklarer Vorfall« gewertet wird, um ihr die Verantwortung für ihr Handeln zuzuschrieben. Durch diesen Vorfall wird es auch legitim, die Konsequenzen einer Entlassung, nämlich die Frage ihrer Substitution, allein auf sie zu verlagern. Besteht normalerweise zumindest der Anspruch, einen begleiteten Übergang zu schaffen und eine Einbettung in poststationäre Versorgungsangebote herzustellen, so ist man hier aufgrund ihrer bewussten und aggressiven Übertretung der Interaktionsregeln von dieser Verantwortung entbunden. Es ist die zynische Zuspitzung des therapeutischen Angebots, das nur aus den zwei Optionen besteht, dass sie entweder juristische Konsequenzen für ihren Übergriff befürchten muss oder ‚freiwillig' die Behandlung beendet – was anders ausgedrückt die Forderung enthält, dass sie sich entlassen lässt, ohne mit ihrem Suizid zu drohen –, in der der Machtkonflikt in dieser Interaktion am deutlichsten wird. Es gibt einen Konflikt auf einer psychiatrischen Ebene, der sich vielleicht in der Beziehungsformel Drogenabhängige vs. unwillige Dealer ausdrücken lässt, der dadurch verschärft wird, dass die Patientin die psychiatrischen Behandlungs- und Interaktionsregeln missachtet (Beikonsum; einfordernde Grundhaltung; Gewalt gegenüber dem Personal). Durch das Ausspielen der Suizidkarte wird dieser Konflikt auf eine juristische Ebene gehoben. Solang ihr die Glaubwürdigkeit ihrer Suiziddrohung nicht wirklich abgesprochen werden kann, sind die Psychiater*innen auf einer formalen und rechtlichen Ebene gezwungen, diese Suiziddrohung ernst zu nehmen und können sie daher auch nicht disziplinarisch entlassen. In dem zynischen therapeutischen Angebot wird dieser festgefahrene Konflikt, zumindest in der Phantasie, auch auf einer juristischen Ebene gelöst. Dieser Registerwechsel, von einem psychiatrischen zu einem juristischen, legt vielleicht auch nahe, dass dieses Dilemma allein auf einer psychiatrischen Ebene gerade nicht lösbar ist.

Die Patientin wurde daraufhin entlassen und nur zwei Tage später wegen eines Suizidversuchs durch den Rettungsdienst wieder über Notaufnahme aufgenommen. In ihrem Aufnahmebericht stehen u. A. folgende Informationen:

> [04.05.] Anamnese: RTW ZNA Mischintox. Überwacht durch internistische Kollegen.

> Am Abend Entzugswunsch – psychiatrischen Dienstarzt kontaktiert. »Bei Erstkontakt mit psych. DA gibt Fr. Pars an in suizidaler Absicht Heroin 3-4 g, Kokain, Lyrica (1500 mg), Diazepam (10 Tbl.) und 1 Fl. Wodka eingenommen zu haben. Sie habe dann den RTW informiert, da sie glaubte, einen epileptischen Anfall gehabt zu haben.«
>
> Psychopathologischer Befund (PPB): »Keine handlungsleitende Suizidalität. Pat. distanziert sich glaubhaft.«

Durch die nüchterne Zitierung ihrer Substanz- und Dosisangaben wirkt der Suizidversuch im ersten Moment drastisch und schockierend. Aus medizinischer Perspektive verliert er aber implizit seine Glaubwürdigkeit. Obwohl Frau Pars als langjährige Heroinnutzerin sicherlich eine höhere Toleranzgrenze hat als eine Nichtnutzer*in, so scheint die Einnahme von 3 bis 4 Gramm übertrieben zu sein, besonders da sie mindestens im letzten Monat der stationären Behandlung zum Großteil clean war.[181] Die folgende Aufzählung mit weiteren überdosierten Stimulanzien, Betäubungsmitteln, Antikonvulsiva und Spirituosen unterstreicht diesen Eindruck einer überspitzten Schilderung des Konsums.[182] Der wirkliche Bruch erfolgt dann erst in der Schilderung ihrer Kontaktierung des Rettungsdienstes. Die Verfasser*in wählt hier eine komplizierte sprachliche Konstruktion und schafft durch die konjunktive, indirekte Rede und die Wortwahl, dass die Patientin »*glaubte*, einen epileptischen Anfall *gehabt zu haben*«, eine Distanzierung, mit der die Aussage der Patientin an Glaubwürdigkeit verliert.[183] Auch Dr. Albers ist der Annahme, dass ihrem Suizidversuch auf der Intensivstation nicht geglaubt wurde:

> In der Kurvenvisite erzählt Dr. Albers noch von den Umständen der erneuten Aufnahme von Fr. Pars: Sie lag 11 Stunden auf der Intensiv und war dabei nicht einmal am Monitor. Sie haben auch kein EKG gemacht. Dr. Abels sagt daraufhin: »Das ist aber mutig von den Internisten.« Erst nachdem Dr. Albers kam und was gesagt hat, kam sie an den Monitor – dabei war sie somnolent.

Dass von Frau Pars keine Vitaldaten gemessen wurden, zeugt davon, dass ihr

---

[181] Der durchschnittliche Tagesbedarf einer Fixer*in liegt bei 0,2 bis 1,5 g – bei stärker Abhängigen liegen die Tagesdosen bis max. etwa 3 oder 4 g am Tag (vgl. Katzung 1994, 187f.).

[182] Die Tageshöchstdosis von Lyrica liegt bei 600 mg. In der Drogenszene scheinen aber auch Dosierungen von 1000-1500 mg durchaus gängig zu sein. Bei Diazepam liegt die Empfehlung für eine Tageshöchstdosis zwischen 10 und 60 mg. Die gängigsten Dosierungen von Diazepam sind dabei 5 oder 10 mg Tabletten. Der Konsum von 50 bis 100 mg Diazepam ist daher nur bei einer Toleranzbildung möglich, wenn ein hoher, langer und regelmäßiger Konsum von Benzodiazepinen vorausgegangen ist.

[183] Sowohl Lyrica als auch Diazepam wird zur Behandlung von Epilepsie eingesetzt. Letzteres findet so beispielsweise als Präventions- und Notfalltherapeutikum zur antikonvulsiven Behandlung epileptischer Grand-mal-Anfälle seine Anwendung. Eine Überdosierung mit beiden Mitteln scheint einen epileptischen Anfall weiterhin unwahrscheinlicher zu machen.

Zustand nicht als überwachungswürdig wahrgenommen wurde. Eine naheliegende Vermutung ist daher, dass den Angaben ihres Suizidversuchs nicht geglaubt wurde, sondern eher die Ansicht bestand, dass sie nach einem Rückfall wieder stationär aufgenommen werden wollte und daher den Notruf gewählt hat und mit dem Notfallvokabular des Suizidversuchs und des epileptischen Anfalls ihren Transport in die Klinik bewerkstelligt hat. Dass psychiatrische Patient*innen stigmatisiert werden und eine schlechtere internistische Behandlung erhalten, könnte aber sicher auch eine Rolle gespielt haben.

Zwei weitere Tage später, auf der zweiwöchentlich stattfindenden Chefarztvisite, lerne ich Frau Pars dann zum ersten Mal persönlich kennen.

> [06.05.] Wir gehen mit unserer Gruppe (drei Ärzt*innen, zwei Psycholog*innen, einer Pfleger*in, ein Ethnograph) von Zimmer zu Zimmer und die Chefärzt*in (CÄ) führt mit allen Patient*innen ein kurzes Gespräch. Dr. Abels sagt, dass Frau Pars nach ihrer Entlassung rückfällig geworden ist und »anscheinend alles genommen hat, was sie finden konnte«. Die CÄ fragt, was sie jetzt für sie tun können – Sie will Hilfe und fragt von sich aus nach einem Paragraphen – Die CÄ erklärt, dass die Kriterien dafür nicht erfüllt sind, wenn es um Suchtdruck geht – Es geht aber auch um ihre Depression und die Gefahr, dass sie sich was antut – Die CÄ erwidert, dass sie da aber versprochen hat, sich nichts anzutun. Danach will die CÄ über ihre Perspektive sprechen. Sie soll hier kein Diazepam erhalten, das wäre wie Heroin oder Crack. Sie kriegt auch kein Ausgang, da die Erfahrung zeigt, dass das nicht klappt. Sie soll schnell in eine andere Versorgung, denn hier kann es nur um die Akutbehandlung und um die Sucht gehen, aber nicht um Therapie in dem Sinne, wie sie sie braucht.

Der Suizidversuch, wegen dem sie vor zwei Tagen aufgenommen wurde, findet in dieser Visite keine Erwähnung. Nur die Assistenzärzt*in kommentiert etwas abschätzig, dass sie »alles genommen hat, was sie finden konnte«. Dass Frau Pars selbst nach einem »Paragraphen«, d. h. nach einem richterlichen Unterbringungsbeschluss, fragt, ist auf juristischer Ebene paradoxal. Eine Unterbringung kann nur ohne oder gegen den Willen einer Betroffenen durchgesetzt werden – denn eine freiwillige und bewusste Entscheidung für eine erzwungene Maßnahme ist juristisch unmöglich.[184] Wieder scheint die Patient*in die Koordinaten der psychiatrischen Behandlung auf den Kopf zu stellen: Sie macht nicht nur aus den Psychopharmaka ihre Drogen und aus den Psychiater*innen ihre Drogenhändler*innen, sondern fordert auch ärztliche Zwangsmaßnahmen. Ihren Wünschen wird aber nicht entsprochen, da die Patientin für sich selbst verantwortlich bleiben und diese Verantwortung nicht an eine andere delegie-

[184] Auf psychologischer Ebene ist diese Bitte nach einer Unterbringung oder auch anderen Zwangsmaßnahmen weniger widersprüchlich. Während man bei Frau Pars beispielsweise annehmen könnte, dass sie einen Teil von sich ‚eingesperrt' wissen will, gibt es auch in anderen Fällen die Annahmen oder Zuschreibungen, dass gewisse Patient*innen (z. B. aus sadomasochistischen Gründen) es einfordern oder gar genießen, fixiert zu werden.

ren soll. In der Begründung wird die Patientin durch sich selbst bzw. mit dem vergangenen Selbst des Non-Suizid-Vertrags ausgespielt. Da sie den Non-Suizid-Vertrag eingegangen ist und versprochen hat, sich selbst nichts anzutun, kann es die Suizidgefahr nicht geben, vor der sie sich sorgt.

Inwieweit Frau Pars Suizidalität nur als interaktives und manipulatives Druckmittel verstanden wird, wird dabei besonders in dem nachfolgenden Ganggespräch zwischen den Ärzt*innen deutlich:

> Die Assistenzärzt*innen fragen, wie sie mit ihr umgehen sollen. Die Chefärzt*in stimmt zu, dass es schon richtig sei, dass sie die Suizidkarte ziehen wird, wenn man sie unter Druck setzt und sie zwingt, Subutex abzusetzen. Dr. Albers fragt, was sie bei Borderline-Patienten eigentlich machen soll. Der DBT-Ansatz [dialektisch-behaviorale Therapie] wäre ja keine stationäre Aufnahme bei Suiziddrohung. Was macht man aber bei ihr? Sie lässt sich entlassen, konsumiert und kommt wieder mit Suiziddrohung: »Da hat sie uns doch am Wickel.« Die CÄ meint erst, dass sie dann auf eine andere Station kommt, sieht aber schnell ein, dass das nur von der offenen zur geschlossenen Station geht und nicht umgekehrt. Sie diskutieren eine Weile weiter und entschließen sich schlussendlich, dass sie Frau Pars hier einfach entgiften und auch Subutex komplett absetzen. Nicht um sie zu bestrafen, sondern weil das nicht wirklich mit der Stabilisierung geholfen hat. Dr. Abels meint, dann kann man sie entlassen und ihr sagen: »Kommen Sie wieder, wenn Sie wieder suizidal sind.«

Neben der schon bekannten Kategorisierung ihres suizidalen Verhaltens als Suizidkarte wird der erpresserische Charakter ihrer Suizidalität deutlich. Kind (1992, 88) beschreibt manipulative Suizidalität als eine *»Geiselnahme des Ich am Selbst«*, in der sich »die Bedrohung zwar gegen das Selbst [richtet], ihr Ziel (...) jedoch nicht innerhalb der Beziehung zwischen Ich und Selbst (beispielsweise im Sinne eines sogenannten primären Todeswunsches) zu finden [ist]. Sie gilt einer dritten, außerhalb der Beziehung stehenden Person«. Um in der Metaphorik der Geiselnahme zu bleiben, zeigt sich in dieser Interaktion aber, dass es sich nicht um die Erpressung einer konkreten Person, sondern auch um die Erpressung einer Institution handeln kann. Mit ihrem Verhalten hat sie die Psychiatrie »am Wickel« und das Repertoire der psychiatrischen Handlungsmöglichkeiten (wie strategische oder disziplinarische Verlegungen und Entlassung) ist beinahe erschöpft. Da man sie nicht verlegen kann, scheint nur die Möglichkeit zu bleiben, ihre Substitutionsmittel abzusetzen. Wenn es dabei nicht um eine Strafe geht, so wahrscheinlich doch um eine Möglichkeit, der Patientin den Anreiz für eine stationäre Behandlung zu nehmen. Den Aufenthalt der Patientin unangenehmer zu machen, bedeutet zwar auch mit ihrer Suizidkarte konfrontiert zu werden, doch die verliert ihre Wirkung, wenn sie dadurch ihr Ziel (die verschriebenen Suchtmittel Subutex und Diazepam) nicht erreicht.

> In der nachmittäglichen Pflegeübergabe erklärt Dr. Abels den fünf anwesenden Pfleger*innen, was mit der Chef*in bezüglich Fr. Pars ausgemacht wurde. Folgende Regeln wurden vereinbart: 1. Kein Ausgang, 2. Wenn sie aggressiv wird, dann wird sie entlassen, 3. Subutex wird abgesetzt, egal ob sie will oder nicht. Und Diazepam soll sie auch nicht kriegen. Dr. Abels kommentiert das mit: »Soll sie sich doch ritzen.«

Für Frau Pars wird somit ein rigides psychiatrisches Behandlungsregime installiert. Nur wenn sie diese klaren Regeln befolgt, kann sie weiterhin eine stationäre Behandlung erhalten. In dem zynischen Kommentar, dass sie »sich doch ritzen« soll, zeigt sich erneut die Aggression, die gegenüber ihrem Verhalten besteht. Um einen potentiellen Beikonsum von ihr zu überwachen, werden mit ihr außerdem Urinkontrollen (UK) durchgeführt. Da diese Kontrollen in den folgenden Tagen »weiterhin sehr auffällig« sind, wird vermutet, dass Frau Pars heimlich Benzodiazepine konsumiert. In der folgenden Woche erlebe ich eine weitere assistenzärztliche Visite von Dr. Abels und einer Pfleger*in mit Frau Pars.

> [12.05.] Dr. Abels: Sie wissen, worum es geht? – Frau Pars: Wegen des Diazepam. Das habe ich aber nicht genommen. – Dr. Abels (liest ihr den ärztlichen Verlaufsbericht vor): »Urinkontrolle weiterhin sehr auffällig. Pat beschwört keinen Konsum. UK-Wiederholung, droht im Falle einer Entlassung mit Suizid« und fragt dann: Wie ist es denn aktuell mit der Suizidalität? – Wenn ich entlassen werde, dann werde ich suizidal – Das müssen wir natürlich ernst nehmen und werden Sie deswegen nicht entlassen. Wir werden aber jetzt mit dem Subutex runtergehen – Das will ich nicht. Ich will eigentlich, dass es hochgesetzt wird. Das hilft als einziges auch gegen Depression, alles andere nicht – Sollen wir dann Venlaflexin [ein Antidepressivum] rausnehmen? – Das können Sie machen – Machen wir [und streicht es aus der Kurve]. Ich werde jetzt gegen Ihren Willen entscheiden, das Subutex abzusetzen. Ab jetzt jeden Tag 1 mg runter, so dass übermorgen nichts mehr drin ist. – So schnell geht das gar nicht. Das ist Körperverletzung. Das können Sie nicht machen. – Sie sind suizidal und darum kümmern wir uns. – Aber ohne Subutex bin ich gerade suizidal. – Sie können jederzeit gehen. Sie sind ja freiwillig hier. Ambulant können Sie sich dann irgendwo Subutex besorgen. – Können Sie mich denn verlegen? – Sie können selber gehen und eine andere Einrichtung aufsuchen. Dr. Abels schreibt daraufhin den ärztlichen Verlaufsbericht, während Frau Pars ihr sauer gegenübersitzt und liest ihn am Ende vor: »Pat beschwört, am Freitag kein Diazepam genommen zu haben. Bestätigt, suizidal zu sein, wenn wir sie entlassen. Venlaflexin würde nicht bei Depression helfen. Weitere Reduktion des Subutex gegen Willen der Pat.« Daraufhin verlässt Fr. Pars den Raum.
>
> Im Nachgespräch mit der Pfleger*in geht es um Verlegungen und die Bettenkapazität. Dr. Abels meint, sie wird sie halt gerade nicht los, »sie ist ja suizidal, also natürlich ist sie nicht suizidal, aber so ist es halt«. Sie können deswegen Patient XY nicht übernehmen. Dr. Abels wird auf der anderen Station anrufen. Sie gehen die Liste durch und überlegen, wen sie stattdessen verlegen können.

Der Patientin wird misstraut. Ihren verbalen Beteuerungen, dass sie keine Benzodiazepine konsumiert hat, wird nicht geglaubt, da ihrem, über Urinabgaben und Laboruntersuchungen, zur Sprache verholfenem Körper anderslautende Zeichen von sich gibt. Ihrer Suizidalität wird nicht geglaubt, da aus der Erfahrung bekannt ist, dass sie sie zu manipulativen Zwecken einsetzt. Es zeigt sich eine strategische Interaktion durch die Ärzt*in. Sie lässt sich vordergründig auf das Spiel der Suizidalität ein und betont, dass sie das »natürlich ernst nehmen müssen«, während sie die Patientin im Grunde »natürlich nicht [als] suizidal« wahrnimmt. Damit wird das Spiel verdoppelt. Auf das strategische Agieren der Patientin wird mit einem strategischen Handeln des Personals geantwortet.

Die Patientin »wird man gerade nicht los«. Nur das zügige Absetzen des Substitutionsmittels verspricht eine baldige Entlassung, damit wieder Platz für ,richtige' Patient*innen vorhanden ist. In dem Medikamentenhandel zeigt sich die Ärzt*in daher unnachgiebig und auch eine Verlegung kann nicht ermöglicht werden. Nur um ihre Suizidalität wird sich gekümmert. Das Vorlesen der ärztlichen Dokumentation ist eine Kommunikationstechnik, die nicht nur den Eindruck gemeinsam ausgehandelter Entscheidungen suggeriert, sondern auch die Autorität des Schriftlichen bemüht. Es sind Fakten, die damit in die Verhandlung eingeführt werden (»Urinkontrolle weiterhin sehr auffällig«) oder geschaffen werden (»Weitere Reduktion des Subutex gegen Willen der Pat.«). Die Dokumentation ihrer Suizidalität führt aber zu weiteren Konsequenzen:

> Dr. Abels kommt in den Stützpunkt und sagt der Pflegerin, dass sie nun leider was Blödes machen muss: Sichtkontrollen für Frau Pars anordnen. – Pflegerin: »Oh nein«. – Sie lacht und meint ironisch: »Wir müssen das doch ernstnehmen« und fragt: »Was ist denn das äußert Aushaltbare?« – »Alle 30 Minuten?« – »Sagen wir alle 60 Minuten. Ich dachte erst an alle 90. Das was wir hier machen ist doch nur Papierpupserei.«

Entgegen dem Willen des Personals müssen aufgrund der dokumentierten Suizidalität Maßnahmen der Überwachung eingeleitet werden. Diese Maßnahmen gelten dabei weniger der Patientin als den Akten. Es muss dokumentiert werden, dass angemessen auf ihre Suiziddrohung reagiert wurde und das nicht, weil wirklich ein Suizidrisiko, sondern eher ein juristisches Risiko besteht. Die sonst üblichen 15-minütigen Sichtkontrollen werden hier auf das »äußerst Aushaltbare« gestreckt.

> Kurz darauf, als Dr. Abels und die Pflegerin gerade mit einer Neuaufnahme beschäftigt sind, verlangt Fr. Pars ihre im Stationszimmer eingeschlossene Tasche. Sie will

> nämlich gehen. Dr. Abels meint, dass sie das nicht darf: »Sie sind ja suizidal«. Sie versucht zu diskutieren und sagt »ich bin nicht mehr suizidal«, woraufhin die Pflegerin antwortet: »Das müssen Sie sich vorher überlegen. Sie wissen doch, wie es läuft.« Frau Pars wiederholt, dass sie halt suizidal ist, wenn sie kein Subutex mehr kriegt. Dr. Abels: »Das ist doch Quatsch«. Gerade kriegt sie es auch noch. Außerdem wird sie das jetzt nicht alleine entscheiden, sondern erst einmal mit der Chef*in reden. Damit ist Frau Pars einverstanden. (...) Wenig später macht Dr. Abels einen §10er und kommentiert das ironisch »Ich kann das überhaupt nicht einschätzen, ob sie suizidal ist oder nicht. Das ändert sich so schnell.« An mich gewandt sagt sie: »Das ist ein Beispiel für einen taktischen Umgang mit Suizidalität. Aber auf beiden Seiten.« Als ich das noch ein wenig zuspitze und sage, dass hier beide Seiten Suizidalität zur Erpressung nutzen, widerspricht mir Dr. Abels. Sie sagt, dass Frau Pars uns zu erpressen versucht und daher die Konsequenzen spüren muss. Wir bestimmen halt gerade die Spielregeln. Die Unterbringung ist dabei auch nur bis zum Folgetag. Dann werden die Karten wieder neu gemischt. Es sei also nicht mit Nachtreten. Dies sei letztlich wirklich in ihrem eigenen Interesse. Dieses Verhalten hat ein Muster bei ihr und damit wird sie sich letztendlich umbringen.

Das Ziel des Personals ist es, diese Patientin zu entlassen. In dem Moment, in dem ihre Suizidkarte nicht mehr wirkt und sie die Einrichtung verlassen will, was ihr wohlgemerkt kurz vorher in der Visite noch in Aussicht gestellt wurde, wird ihrem Entlassungswunsch nicht mehr entsprochen. Dies liegt vermutlich maßgeblich an der Tatsache, dass ihre an die Entlassung gekoppelte Suiziddrohung als solche dokumentiert wurde und damit formal ernst genommen werden muss. Außerdem könnte es sein, dass die Ärzt*in eine impulsive und affektgeladene Entlassung verhindern bzw. eine solche nur in Absprache mit der verantwortlichen Ober- oder Chefärzt*in durchführen möchte.

Bemerkenswert ist die Aussage der Pflegerin, dass sich die Patientin es »vorher überlegen muss«, da sie »doch wisse, wie es läuft«. Obwohl die Suizidalität auf formaler und praktischer Ebene ernst genommen werden muss und es so letztlich sogar zu einem kurzfristigen, amtsgerichtlichen Unterbringungsverfahren kommt, so wird ihre Suizidalität hier auf einer interaktiven und tatsächlichen Ebene als eine bewusste und manipulative Technik behandelt. Die Patientin kann sich überlegen, ob sie suizidal ist oder nicht, und sie muss mit den nötigen Konsequenzen rechnen, da sie weiß, was der taktische Einsatz der Suizidalität bewirken wird. Im Umgang mit der Patientin zeigt sich somit eine gewisse Ambivalenz. Zum einen wird vermieden, sie direkt mit der angenommenen Unglaubwürdigkeit ihrer Suizidalität zu konfrontieren, sondern es wird im Gegenteil eher mitgespielt. Das zeigt sich in der vorangegangenen Visitensituation, in der die Ärzt*in sagt: »Das müssen wir natürlich ernst nehmen und werden Sie deswegen nicht entlassen«. Zum anderen wird implizit – sei es durch die Ignoranz gegenüber den verbalisierten Bedürfnissen der Patientin (der Subutexentzug macht sie suizidal), durch die Streckung der Sichtkontrollen auf das »äußerst Aushaltbare« oder durch Aussagen, die implizieren, dass die Patientin sich bewusst für ihre Suizidalität entscheiden kann – doch auch immer deutlich, dass das psychiatrische Personal ihre Suizidalität im Grunde nicht ernst nimmt.

Nicht weniger bemerkenswert ist die Aussage der Ärzt*in, dass dies ein gutes »Beispiel für den taktischen Umgang mit Suizidalität« sei und zwar »auf beiden Seiten«. Wie schon erwähnt regelte der §10 des HFEG die Kurzzeitunterbringung von bis zu 24 Stunden. Der Antrag für Frau Pars enthielt nur einen Satz: »Pat äußert Suizidgedanken, wünscht gleichzeitig Entlassung« und genügte in diesem Falle, um vom Amtsgericht bestätigt zu werden. Die Suizidalität wird also praktisch und taktisch von Seiten der Psychiater*in eingesetzt, um eine Bewilligung dieses Unterbringungsantrags zu bekommen, obwohl dieser Suizidalität auf einer tatsächlichen Ebene nicht geglaubt wird. Dieser kurzzeitige Freiheitsentzug wird dabei als recht sanfte und harmlose Technik verstanden, welche schon am nächsten Tag eine neue Verhandlungsbasis schafft. Doch obwohl ihre Suizidalität als Manipulation verstanden wird, begründet die Ärzt*in letztlich ihr eigenes Handeln über ein wahrgenommenes selbstschädigendes Verhalten der Patientin, das zum Tode führen wird. Im Grunde wird hinter ihrer manipulativen Suizidalität eine weitere und tatsächliche Suizidalität vermutet und jene genutzt, um die ärztlichen Maßnahmen zu legitimieren. Aus ärztlicher Sicht lässt sich somit das strenge psychiatrische Regime – die Vorgabe der klaren »Spielregeln«, das Nicht-Erpressenlassen bzw. das Absetzen des Substitutionsmittels und schließlich auch die ärztliche Zwangsmaßnahme – dadurch legitimieren, dass es zum Schutz der Patientin installiert wurde. Aus dieser Perspektive hat sich die Patientin ein dysfunktionales Muster aufgebaut, das letzten Endes zu ihrem Tode führen wird. Dem psychiatrischen Behandlungsethos entsprechend versucht das Personal, nicht ihre dysfunktionalen Bedürfnisse nach Suchtmitteln zu befriedigen, sondern dieses grundlegende selbstschädigende Muster zu durchbrechen und zu verändern.

Mit dem Argument der Suizidalität begründen beide Seiten ihre Bedürfnisse bzw. Handlungen. Für Frau Pars ist die Suizidalität eine Folge des erzwungenen Entzugs und in anderen Situationen eine Folge des unerwünschten Behandlungsabbruchs. Für das psychiatrische Personal ist die praktische Suizidalität ein taktisches Mittel, um einen Unterbringungsantrag zu begründen und die tatsächliche Suizidalität die Ausgangsbasis, um die psychiatrischen Praktiken zu legitimieren. Die Suizidalität steht somit im Zentrum dieses Situations- und Interaktionsgefüges, da sie viele andere Elemente, etwa die Handlungen und Inszenierungen der Akteur*innen und die Entscheidungen für oder gegen gewisse Taktiken und Techniken in Beziehung zueinander setzt. In der wiederkehrenden Praxismetapher des Spiels könnte man auch sagen, dass die Suizidalität im Zentrum eines Spiels steht. Die Beteiligten spielen Suizidkarten aus und versuchen damit gewisse Ziele zu erreichen. Es gibt eine stete Verhandlung über die Spielregeln und beide Seiten versuchen hierbei ihre Vorstellungen durchzusetzen. Es ist ein asymmetrisches Spiel, das auf der einen Seite mit dem Einsatz des eigenen Lebens und auf der anderen Seite mit der Macht des psychiatrisch-juristischen Apparats gespielt wird (bei dem das Personal die »Karten neu mischen« und die »Spielregeln« festlegen kann).

Am nächsten Tag begegne ich Frau Pars in der nächsten assistenzärztlichen Visite wieder. Wir sitzen dafür in Dr. Abels Zimmer:

> [13.05.] Dr. Abels fragt: »Haben sich die Wogen wieder geglättet? Wie ist es mit der Suizidalität? Ja, Nein?« – Sie schüttelt verneinend den Kopf und sagt »Mh-Mh«. Die Entgiftungseinrichtung hat Fr. Pars noch nicht erreicht. Dann geht es um Subutex. Sie will mehr. Dr. Abels bleibt aber bei seinem Plan. Sie versucht, sie weiter zu überzeugen: Depression und Rückenschmerzen wären dann auch kein Problem mehr. Sie will nicht 6 mg, nur 4 mg. Als Dr. Abels dem nicht zustimmt, will sie aber, dass zumindest die 2 bleiben. Als sie auch hier ablehnt, fragt sie, ob sie zumindest bei den 1,2 bleiben können, die sie gerade kriegt. Dr. Abels kommentiert das ironisch, dass es jetzt wie ein Basar hier wäre. Dr. Abels wird es komplett absetzen. Unzufrieden verlässt sie die Visite.
>
> Im Gespräch danach klagt Dr. Abels über die Opiatlobby: Den Süchtigen gehe es von allen psychisch Erkrankten am besten. Die sind geistig klar und körperlich nicht eingeschränkt. Substitution sei dabei nur ein legaler Weg, Drogengeschäfte am Laufen zu halten.

Am Tag danach sind die Karten also neu gemischt. Die Suizidalität, wegen der Frau Pars für 24-Stunden untergebracht wurde, wird hier eher nebensächlich neu beurteilt und von ihr ebenso lapidar verneint. Frau Pars versucht erneut, den ungewollten Entzug zu verhindern und sich eine möglichst hohe Dosis ihres Substitutionsmittels zu sichern. Doch dieser Medikamentenhandel, der oft in invertierten Rollen stattfindet, wird hier von der Ärzt*in als »Basar« delegitimiert. Im Nachgespräch taucht auf der einen Seite eine Kritik an der »Opiatlobby« und den »legalen Drogengeschäften« und auf der anderen Seite eine Abwertung süchtiger Menschen auf. Dass Frau Pars so behandelt wird, hat viel damit zu tun, dass sie in die psychiatrische Kategorie der Drogenabhängigen fällt. Suchtkrankheiten sind allgemein mit einem großem Stigma verbunden. Betroffenen wird im Gegensatz zu anderen psychiatrischen Krankheiten oft mehr Verantwortung und Schuld für ihre Probleme zugeschrieben. Die zugrunde liegende Erkrankung, die psychiatrisch gesehen denselben ontologischen Status haben sollte wie jede andere psychische Störung, wird dann mit einer moralischen und normativen Kritik des süchtigen Verhaltens vermischt (vgl. Schomerus et al. 2017). Mit der Kritik an der »Opiatlobby« und den »Drogengeschäften« macht sich die Ärzt*in dabei wieder einmal selbst zu einer Dealer*in und die Psychiatrie zu einem Drogenumschlagplatz. Vielleicht ist die gleichzeitige Abwertung der Pharmaindustrie und der Süchtigen auch durch die damit einhergehende Rollenimplikationen für den psychiatrischen Beruf begründet, da sie Bestandteil des Problems sind, das sie zu lösen versuchen.

Frau Pars wird am darauffolgenden Wochenende entlassen. Ich erfahre von den begleitenden Umständen auf der nächsten Klinikkonferenz.

> [19.05.] In der Klinikkonferenz wird von den Dienstärzt*innen von den Ereignissen des Wochenendes berichtet. Frau Pars wollte von anderen Patient*innen ‚cleanen Urin' und Geld erpressen, war gegenüber Patient*innen und dem Personal aggressiv geworden und sollte dann nach Rücksprache mit der Oberärzt*in disziplinarisch entlassen werden. Sie zeigte sich aber demonstrativ suizidal. Die Dienstärztin hat ihr gesagt, dass wenn sie das so sagt (»Wenn ihr mich entlasst, dann werde ich mich umbringen«), dass dann als einzige Möglichkeit die Fixierung bleibt. Nachdem eine Pflegerin dann doch einen guten Kontakt zu ihr hatte, konnte sie dann aber doch entlassen werden.
>
> Bei der Übergabe im Dienstzimmer erzählt Dr. Abels, dass sie nach der Entlassung Diazepam bei Herrn XY gefunden haben. Da dies überhaupt nicht zu ihm passt [Herr XY ist wegen einer schweren schizophrenen Erkrankung schon seit anderthalb Jahren auf der Station], wird vermutet, dass diese Tabletten Frau Pars gehört haben. Dr. Abels meint, dass sie hier die ganze Zeit ein doppeltes Spiel gespielt hat. Sie sei nicht heroin- sondern benzoabhängig gewesen. Er macht sie nach: »Ich bring mich um, wenn Sie mich entlassen« und sagt dann wütend: »Mach doch! Du machst es doch eh nicht du selbstverliebte, manipulative Süchtige.« Danach entfacht noch kurz ein Gespräch zwischen Dr. Albers und Dr. Abels: »Sie wird sicherlich diese Woche wiederkommen« – »Ja, aber sie ist ja bei ihrer Mutter gemeldet und die lebt in XY, also sind wir hier leider nicht zuständig« – »Sie kommt aber bestimmt wieder vollintoxikiert. Dann müssen wir sie aufnehmen.« – »Dann macht sie hier den Entzug und wird dann sofort nach XY entlassen.«

Ein weiteres Mal musste die Patientin disziplinarisch entlassen werden, nachdem sie sich nicht an die Stationsregeln gehalten hatte. Auf ihren letzten Versuch, eine Entlassung durch das Ausspielen der Suizidkarte zu umgehen, wird mit der Androhung einer Fixierung geantwortet. Es sind somit die größten Kaliber, die beidseitig aufgefahren werden, um die jeweiligen Ziele durchzusetzen. Nur die gute Beziehung zu einer Pflegerin, der vermutlich eine lange Beziehungsarbeit in den letzten Wochen vorausgegangen war, schafft es die Lage zu deeskalieren und die Patientin zu einer friedlichen und suiziddrohungslosen Entlassung zu überzeugen.

In dem sarkastischen Kommentar der Ärzt*in zeigt sich ein letztes Mal die aufgestaute Aggression, die dieser Patientin gegenüber herrscht. Im privaten Rahmen des Teams muss keine professionelle Sorge zur Schau getragen werden, sondern es wird sogar möglich, der Patientin den den Tod zu wünschen. Dies mag von außen betrachtet als unverständlich und unprofessionell erscheinen.[185] Doch diese aggressive Reaktion muss als Reaktion auf eine hochkomplexe und belastende Situation verstanden werden. Das psychiatrische Team und noch einmal mehr die Psychiater*innen, die im Rahmen der stationären Behandlung verantwortlich für das Leben ihrer Patient*innen sind und bei denen die meisten im Laufe ihres Berufslebens schon einmal die einschneidende Erfahrung machen mussten, dass sich eine ihrer Patient*innen das Leben genommen hat, werden hier von einer Patientin mit ihren Suiziddrohungen über einen langen Zeitraum immer wieder unter Druck gesetzt. So sehr die Suiziddrohungen dabei als eine manipulative Taktik verstanden werden, mit denen sich die Patientin nur ihre Bedürfnisse erfüllen will, so sehr herrscht wahrscheinlich doch auch eine Angst vor der Realisierung des Suizids. Die Geiselnahme, mit der die Patientin ihr Leben zur Geisel nimmt, zielt auf das psychiatrische Team und insbesondere auf die auch juristisch verantwortlichen Psychiater*innen. Um mit der psychiatrischen Antwort auf Suizidgedanken zu antworten: Diese starke, negative, emotionale Reaktion scheint in dem vorliegenden Interaktionsgefüge eine normale Reaktion auf außergewöhnliche Umstände zu sein.

Auch Rhodes (1991, 142) beschreibt in ihrem Kapitel *It Is Impossible To Be Good*, die moralischen Verstrickungen, in die sich das Personal im psychiatrischen System unweigerlich begeben muss und plötzlich mit Seiten von sich konfrontiert ist, die ihrem üblichen privaten und professionellen Selbstbild widersprechen. Ein Beispiel ist die sogenannte »VIP-Behandlung«, die Personen erhalten, wenn sie die Klinik nur ausnutzen wollen. Die VIP-Behandlung besteht aus dem Privilegienentzug eines Zimmerarrests, eines Zigarettenentzugs und einer 1200-Kalorien-Diät ohne Salz. Sie wurde eingeführt, um auf alkohol- oder drogenabhängige Patient*innen reagieren zu können, die die Klinik nur als Rück-

[185] In einer Besprechung dieses empirischen Materials auf dem sozialpsychiatrischen Doktorandenkolloquium der *Deutschen Gesellschaft für soziale Psychiatrie* war genau dies die Reaktion der anwesenden Psychiater*innen und Psycholog*innen. Den betreffenden Psychiater*innen der Szene wurde ihre Kompetenz abgesprochen und versichert, dass dies in anderen Kliniken nicht vorkommen würde.

zugsort und Heimersatz nutzen wollen und dabei das Personal mit Suiziddrohungen manipulieren. Die genannte Suiziddrohung: »I'm gonna kill myself if you don't take care of me« (ebd., 145) ist emblematisch für solche Interaktionsgefüge. Patient*innen, die in einer solchen Weise das Personal zu manipulieren scheinen und die Institution am »Wickel« haben, produzieren damit oft eine strafende und aggressive Reaktion. Damit wird das Personal in der Tat mit der Unmöglichkeit konfrontiert, gut zu sein oder nur Gutes zu tun.

Bevor nun weitere Fälle unechter Suizidalität besprochen werden, sollen die wichtigsten Punkte dieses Falls von Frau Pars zusammengefasst werden. Das psychiatrische Team fühlt sich durch die Suiziddrohungen der Patientin erpresst. Frau Pars umgeht, nachdem sie den Stationsfrieden gebrochen hat, damit mehrfach disziplinarische Entlassungen und selbst wenn sie entlassen wird, lässt sie sich durch das Ausspielen der Suizidkarte wieder aufnehmen und schließlich fordert sie damit immer wieder die weitere Vergabe ihrer Substitutions- und Schmerzmittel. Bis zu einem gewissen Grad dreht die Patientin damit die Koordinaten der üblichen psychiatrischen Beziehungen um: Aus ihren Medikamenten werden ihre Suchtmittel, aus den Psychiater*innen ihre Dealer und sie fordert freiwillig eine zwangsweise Unterbringung. Der strategische Einsatz der Suizidalität auf Seiten der Patientin wird mit einem breiten Einsatz an ebenso strategischen Mitteln beantwortet. 1.) Das Team spielt ihr suizidales Spiel mit. Zwar wird ihrer Suizidalität auf einer tatsächlichen Ebene nicht geglaubt, doch auf einer oberflächlichen und praktischen Ebene wird ihrer Suiziddrohung entsprochen. Die Patientin wird nicht entlassen. Wenn sie wegen eines Suizidversuchs kommt, wird sie wiederaufgenommen. Ihre Suiziddrohungen werden dokumentiert, es werden Sichtkontrollen eingeleitet und sogar eine kurzzeitige Unterbringung beantragt. Auch wird sie in den Visiten darin versichert, dass ihre Suizidalität ernst genommen wird. 2.) Der Patientin wird ein doppeltes Spiel unterstellt, auf das mit einem doppelten Spiel geantwortet wird. Zwar wird ihrer Suizidalität auf einer praktischen Ebene entsprochen, doch auf einer tatsächlichen Ebene wird sie immer wieder in Abrede gestellt. Ihre Suizidalität wird als Ausspielen einer Karte gewertet, die die Psychiater*innen im richtigen Moment selbst auch ausspielen können. 3.) Das psychiatrische Team versucht die Spielregeln zu bestimmen oder zumindest zu verändern. Immer wieder versucht das Team die Oberhand zu gewinnen. Der kurzzeitigen Machtlosigkeit gegenüber ihrer Strategie folgt dann die strategische Entscheidung, ihre Substitutionsmittel abzusetzen. Die Begründung dieser Entscheidung bezieht sich dabei auf eine Suizidalität, die sich aber von der, die die Patientin immer wieder verbalisiert, unterscheidet. Sie ist damit doppelt suizidal: auf eine unechte und situative Art, mit der sie das psychiatrische Team beeinflussen will und es letztlich gegen sich aufbringt, und auf eine selbstzerstörerische und langfristige Art, die sie nicht wahrhaben will und über die sich die psychiatrischen Techniken legitimieren. Sie scheint damit aus psychiatrischer Perspektive eine ausagierte und demonstrative Suizidalität zu besitzen, mit der sie ihre wahre, zum Tode führende Selbstzerstörung verdeckt.

Letztlich ist die komplette Interaktion durch Hilflosigkeit und Ambivalenz gekennzeichnet. Die Patientin kämpft mit dem Einsatz ihres Lebens gegen die psychiatrischen Maßnahmen der Entlassungen und des unfreiwilligen Entzugs und schafft es trotz dieses hohen Einsatzes nicht, sich durchzusetzen. Damit droht auch ihre unechte Suizidalität immer wieder in eine echte zu kippen. Das psychiatrische Team will der Patientin vielleicht wirklich helfen, problematische Muster zu durchbrechen, doch es fühlt sich in erster Linie manipuliert und erpresst. Daher reagiert es auf eine teils strategische und teils strafende Art und Weise. Gerade die Aggressionen, die bis zur unausgesprochenen Suizidaufforderung (»Mach doch!«) reichen, zeugen von dem Druck, den eine Suiziddrohung, trotz Negation jeglicher Ernsthaftigkeit, auslösen kann. Der doppelten Suizidalität der Patientin entspricht somit eine gespaltene psychiatrische Haltung und Behandlung: Es wird nicht nur iatrogen die unechte Suizidalität produziert (»Wenn man ihr die Medikamente nimmt, wird sie bestimmt wieder suizidal«), sondern gleichsam gegen die echte Suizidalität angekämpft (mit dem unfreiwilligen Entzug, der einen ambivalenten Status zwischen Therapie und Strafe besitzt) und schließlich der Patientin insgeheim auch der Tod gewünscht.

6.3.2 Das psychiatrische Dilemma der Suiziddrohung

Ein gängiges Diktum in der Suizidologie besagt, dass *jede* suizidale Äußerung ernst genommen werden muss. Diese Lehrmeinung findet sich in den meisten psychiatrischen Werken wieder, die sich mit dem Suizid und seiner Verhütung beschäftigen (vgl. Gerisch 1998, 257; Sonneck, Kapusta, Tomandl & Voracek 2016, 221; Eink & Haltenhof 2017, 12):

> In Anlehnung an das Sprichwort »Hunde, die bellen, beißen nicht«, gibt es das weiterverbreitete Vorurteil, daß Menschen, die von Suizid sprechen, keine Suizidhandlungen begehen. Die klinische Erfahrung zeigt jedoch, daß das Gegenteil zutrifft.

Menschen, die einen Suizid ankündigen, sind höchst gefährdet. Aus diesem Grund ist jede Suizidankündigung ernst zu nehmen. (Giernalczyk 1995, 32)

Auch in der psychiatrischen Praxis wird das medizinische Personal dazu angehalten, keine Anzeichen von Suizidalität zu ignorieren. In einem Gespräch mit der Chefärzt*in über das Ausspielen der Suizidkarte sagte sie mir, dass diese »Eintrittskarten vielleicht 1 % aller Aufnahmen ausmachen. Ich sage auch immer allen Kollegen, dass das ernst genommen werden soll, auch wenn das Wort Suizid nur einmal im betrunkenen Zustand fällt«. Doch trotz dieses verbreiteten Diktums wird in der klinischen Praxis nicht jede Andeutung oder Drohung auf die gleiche Art und Weise behandelt. Die reiche Terminologie, mit der abwechselnd von der interaktiven, vorgetäuschten, erpresserischen, appellativen, demonstrativen, hysterischen, manipulativen oder elektiven Suizidalität[186] gesprochen wird, verweist auf eine besondere psychiatrische Verarbeitung, die sich gerade dadurch auszeichnet, diese Suizidalität weniger oder zumindest anders ernst zu nehmen als beispielsweise die akute Suizidalität einer schwer depressiven Person. Um diese andere psychiatrische Verarbeitung, diese interaktive Aushandlung von ernsthaften und weniger ernst genommenen Drohungen zu verstehen, sollen im Folgenden einige Charakteristika von Suiziddrohungen herausgearbeitet und analysiert werden.

In der suizidologischen Literatur gibt es vereinzelte Bemühungen, begriffliche Klarheit in der reichen und dabei unübersichtlichen Terminologie zu schaffen. Der Soziologe Jean Baechler (1981) unterscheidet in seiner Werk *Tod durch eigene Hand* beispielsweise zwischen den erpresserischen und den appellativen Suiziden. Während seines Erachtens beiden gemein ist, dass sie gegen andere gerichtet sind und daher als aggressive Suizide zu werten sind, unterscheiden sie sich dadurch, dass bei dem Appell »ein Subjekt einen Anschlag auf sein Leben verübt, um den Angehörigen mitzuteilen, daß es in Gefahr ist« (ebd., 126) und bei der Erpressung »ein Subjekt durch einen Anschlag auf sein Leben einen anderen unter Druck setzt, indem es ihm etwas nimmt, an dem er hängt« (ebd., 117). Während die Erpressung auf ein »klar umrissenes materielles oder moralisches Gut« (ebd., 128) zielt, bleibt der Appell wesentlich abstrakter und zielloser und kann nach Baechler am ehesten mit der Suche nach Zuwendung beschrieben werden. Ihm zufolge gibt es auch institutionalisierte Formen, die

---

[186] Gerisch (1998, 68) führt weiterhin aus, dass Suizidversuche früher auch als »Theaterselbstmorde« oder als »komödienhafte Suizidversuche« bezeichnet wurden. Ebenfalls findet sich in vielen Publikationen die Bezeichnung des Parasuizids oder der parasuizidalen Handlung (vgl. Israel, Felber, Winiecki 2001)

er bei der suizidalen Erpressung im Hungerstreik und bei dem suizidalen Appell in der Inanspruchnahme von Telefonseelsorge und vergleichbaren Notruf-Einrichtungen findet (ebd., 295ff.). Dennoch gesteht auch er ein, dass sich beide Formen nicht immer klar voneinander trennen lassen.[187]

In der klinischen Praxis wird hingegen selten eine kategoriale Trennung zwischen diesen Termini vollzogen und daher soll auch im Folgenden auf eine solche verzichtet werden. Das zentrale und einende Moment hinter der Vielfalt an Bezeichnungen liegt im Einsatz der Suizidalität als Drohung. Durch die Drohung wird die Suizidalität, die im psychiatrischen Paradigma erst einmal als ein radikal selbst-gerichtetes Verhalten wirkt, Bestandteil eines interaktiven Geschehens, an dem mehrere Personen oder Institutionen teilhaben. Obwohl im Folgenden der Fokus auf die psychiatrische Verarbeitung von Suiziddrohungen gelegt werden soll, ist der Einsatz des Suizids als Drohmittel natürlich nicht nur ein Phänomen der psychiatrischen Klinik. Suiziddrohungen sind auch außerhalb der Klinik weit verbreitet und funktionieren hier nach einem ähnlichen Prinzip. Sie sind dann oft Bestandteil von Beziehungskonflikten im Modus ‚Ich bringe mich um, wenn du mich verlässt' oder ‚Wenn XY passiert, bringe ich mich um'. Mit diesen Drohungen sollen bei Anderen Schuldgefühle ausgelöst werden und sie emotional zu einem gewissen Verhalten erpresst werden (vgl. ebd., 117ff.; Omer & Dolberger 2015; Velotti & Zavattini 2018). Dieser Einsatz von Suiziddrohungen im privaten Bereich kann schnell zu einer psychiatrischen Vorstellung und weiteren Verarbeitung führen, wie folgende Beispiele zeigen sollen:

> Dr. Ohms erzählt von dem neuen Patienten Herrn Patzig, dass er »auch eher aus Zufall hier ist«. Seine Freundin sei, im Alter von 32 Jahren, erst vor vier Wochen an Krebs gestorben und als er dann seinen Bruder mit einer Suizidankündigung telefonisch konfrontiert hat und er danach nicht mehr an sein Handy gegangen ist, hat der Bruder die Polizei gerufen und nun ist er hier für 24-Stunden untergebracht.

> Frau Pawlik wurde polizeilich mit einem §10 HFEG aufgenommen, nachdem sie auf den Gleisen aufgegriffen wurde. Sie hatte am Vortag eine Abtreibung und nun will sich ihr Freund, entgegen anderweitiger Versprechungen, von ihr trennen. Sie ist zum Bahnhof gefahren, hat ihren Freund angerufen und ihren Suizid angekündigt. Danach ist sie nicht mehr ans Handy gegangen. Sie bezeichnet es in der Visite selbst als »Pokern«. Sie wollte, dass sich ihr Freund Sorgen um sie macht. Dr. Ohms bezeichnet es im Nachgespräch als »maligne, manipulative Suizidalität«.

Ebenso können auch Suizidankündigungen im öffentlichen Bereich schnell zu

[187] Eine andere Unterscheidung wird von Felber (1993) getroffen, der den Parasuizid nach den appellativen, ambivalenten, desperativen und dranghaften Typen unterscheidet. Rachor (1995) unterscheidet eher hinsichtlich der sozialen Bedeutung der Suizidversuche und kommt daher auf die Subtypen Appell-Erpressung, reiner Appell und spielerisch-risikohaftes Verhalten.

einer Aktivierung des polizeilich-psychiatrischen Apparats führen:

> Frau Paulik wurde von der Polizei gebracht und »wegen Suizidalität« aufgenommen. Sie hatte ihren Laden geschlossen und einen Zettel an der Tür befestigt, in dem sie die Schließung erklärte und Todeswünsche artikulierte. Daraufhin kamen erst eine Nachbarin und dann die Polizei vorbei, die ihr mit Handschellen gedroht haben, wenn sie nicht mitkommt. Dr. Abels erzählt davon, dass die Patientin nur zur Krisenintervention da wäre, da sie sich auf Station sofort distanziert und gesagt hätte, dass sie nur Aufmerksamkeit wollte und nicht gewusst hat, »dass das so Wellen schlägt«.
>
> Herr Pashid ist ein syrischer Kriegsflüchtling und spricht kein Deutsch. Als er zwangsgeräumt werden sollte, hat er gedroht, sich zu erhängen. Er wurde von der Polizei eingeliefert.
>
> Frau Paswick, die 1927 geboren ist, wurde am Vortag in ein Pflegeheim eingewiesen. Dort hat sie gedroht, sich aus dem Fenster zu stürzen. Bei der Aufnahme war sie ohne Delir, scheint aber auch keine Erinnerung an den Vorfall zu haben. Außerdem hat sie sich klar von Suizidalität distanziert. Ihr Mann gab an »dass sie es schon mehrfach interaktionell eingesetzt hat«.

Allen Beispielen gemeinsam ist, dass im Laufe einer persönlichen Krise suizidale Äußerungen getätigt wurden, die darauf zielten, Sorgen auszulösen und damit Aufmerksamkeit und Zuwendung zu erhalten oder einen letzten Versuch darstellen, ein negatives Ereignis zu verhindern. Diese Suiziddrohungen führten in fast allen Fällen dazu, dass die exekutive Instanz der Polizei gerufen wurde und eine psychiatrische Einweisung erfolgte. Folgt man der Terminologie von Baechler (1981, 119f.), so könnte man die ersten beiden Fälle als »private Erpressung« und die drei letzten Fälle als »öffentliche Erpressung« bezeichnen. Die privaten Erpressungen werden, trotz der großen strukturellen und sequentiellen Ähnlichkeit, aufgrund der zugeschriebenen Intentionalität von der Oberärzt*in recht unterschiedlich bewertet. Analog sind die Fälle, da es in beiden eine aktuelle Verlust- und Trennungserfahrung, eine krisenhafte, telefonische Suizidankündigung gegenüber einer nahestehenden Person, eine anschließende telefonische Nicht-Erreichbarkeit und eine polizeiliche Einweisung in die Psychiatrie gibt. Frau Pawliks Verhalten wird aber als bösartige Manipulation bewertet, da sie ihren Partner bewusst täuscht und ihn glauben lässt, dass sie sich suizidiert hat. Herrn Patzigs Aufnahme wird hingegen als ein »Zufall« bezeichnet, da die fehlende telefonische Erreichbarkeit nach seiner Suizidankündigung scheinbar nicht bewusst gewählt war und somit keine manipulative Täuschungsabsicht bestand. Mit der Unterbringung durch die Polizei erhielt er daher eine ‚falsch positive' Suizidprävention.[188] Die Suizidankündigungen von Frau Paulik, Herrn Pashid und Frau Paswick sind öffentliche Erpressungen, da sie im öffentlichen Raum stattfanden oder zumindest nicht an Privatpersonen gerichtet waren. Während zwar wahrscheinlich nur ein Bruchteil aller privat und öffentlich geäußerten Suiziddrohungen zu einer psychiatrischen Einweisung führt, so stellen sie doch eine hinreichende Legitimation für letztere dar. Die Suiziddrohung begründet die Eigengefährdung einer Person und erfüllt somit schließlich auch das juristische Kriterium für eine Unterbringung. Als erste naheliegende Charakteristik von Suiziddrohungen kann somit gelten, dass ihre Verwendung, bei entsprechendem Engagement der Adressaten, zu einer Aktivierung der polizeilich-juristisch-psychiatrischen Apparate führen kann.

Eine zweite Charakteristik, die schon durch die vorangegangene Einzelfallanalyse der manipulativen Suizidalität von Frau Pars deutlich wurde, ist, dass Suiziddrohungen oft so verstanden werden, dass die Betroffenen nicht den Tod, sondern ein anderes Ziel anstreben. Diese Ziele können eine relativ abstrakte Beziehungsstrategie sein, wie sich in der Zuschreibung der Hilferufe und Appelle verbirgt, oder sich konkret auf eine bestimmte Handlung oder Maßnahme beziehen. Im klinischen Rahmen handelt es sich, wie sich an den etablierten Phrasen des Ausspielens der Suizidkarte oder der Eintrittskarte leicht verdeutlichen lässt, in vielen Fällen um das Ziel, stationär aufgenommen zu werden. Die Suizidalität liefert dabei nicht nur einen plausiblen Grund, der schwer abzuweisen ist, sondern ermöglicht aufgrund des unmittelbaren Handlungsdrucks auch ein Umgehen der mitunter langen Wartezeiten.[189] Doch im stationären Setting können die Ziele einer Suiziddrohung auch der Verhinderung der Aufnahme[190] oder der Entlassung, der Einforderung gewisser Medikamente oder anderer medizinischer oder sozialer Maßnahmen gelten. Wie individuell und spezifisch ein solches Ziel sein kann, zeigt der folgende Auszug aus einem Arztbrief:

---

[188] Ob es überhaupt ‚falsch positive' Suizidprävention gibt, wird auch im psychiatrischen Fachdiskurs diskutiert. Man könnte sagen, dass sich Lager hier in eine ‚konservativ-paternalistische' und ‚libertär-unverantwortliche' Position spalten. Während Spießl (2015, 357) die Auffassung vertritt, dass eine psychiatrische Behandlung nach einer Suizidankündigung schon allein durch die umfassende Abklärung und Diagnostik notwendig ist, vertritt Steinert (2015) die These, dass nicht jede suizidale Äußerung eine ernsthafte Gefährdung und somit eine psychiatrische Behandlung anzeigt.

[189] Es gibt aber durchaus auch Fälle, in denen Patient*innen aufgrund von Suiziddrohungen nicht stationär aufgenommen werden. In einer Klinikkonferenz wurde so von einem Patienten berichtet der »appellativ suizidal war«, sich im Gespräch aber »beruhigen ließ und ambulant belassen wurde«. Ob es zu einer Aufnahme kommt, hängt hier ebenso sehr an der Performance der Betroffenen, wie an der professionellen Haltung der diensthabenden Ärzt*in.

[190] Patient*innen, die unter keinen Umständen eine stationäre Behandlung wollen und mit dem Suizid drohen, für den Fall, dass sie zwangseingewiesen werden sollten, produzieren mit dieser Drohung aber oft das genaue Gegenteil von dem, was sie eigentlich intendierten.

Des Weiteren berichtet die Patientin über eine Bewegungsstörung und starke Schmerzen, da sie einen Fremdkörper im Arm wahrnehme. Auf diese Symptomatik zeigte sie sich äußert eingegrenzt, und reagierte bei Infragestellung mit impulsiven Durchbrüchen und suizidalen Krisen, so dass schließlich ein MRT des Unterarmes erfolgte. Hier konnten keine Fremdkörper nachgewiesen werden. Dies konnte die Patientin jedoch kaum annehmen.

Im vermutlich paranoiden Wahn, einen Fremdkörper im Arm zu haben, gelingt es der Patientin, sich entgegen der medizinischen Ersteinschätzung durchzusetzen und ein kostspieliges Diagnoseverfahren zu erhalten. Ob dieses Verfahren zu dem Zwecke eingesetzt wurde, die Patientin von der Irrationalität ihrer Ängste zu überzeugen und ihr mittels modernster Medizintechnik die fremdkörperfreie Realität vor Augen zu führen oder ob die behandelnden Ärzt*innen sich selbst unsicher waren und von der Sorge und ihrem Wahn infiziert wurden, lässt sich an dieser Stelle nicht beantworten. Deutlich wird in dem arztbrieflichen Narrativ hingegen, dass ihr nur aufgrund ihrer Einengung auf das Thema sowie ihrer impulsiven und suizidalen Krisen das MRT ermöglicht wurden. Der Patientin gelingt es also, sich mithilfe ihrer Suizidalität eine somatische Behandlung zu erpressen, die ihr ohne diese dramatische Performance wahrscheinlich nicht angediehen worden wäre.[191]

Im gleichen Zuge, in dem Suiziddrohungen so verstanden werden, dass sie nicht auf den Tod, sondern auf andere Ziele ausgerichtet sind, findet häufig eine *Interpolation* (lat. *interpolatio* »Täuschung«, »Veränderung«, »Anpassung«, »Umgestaltung«) oder *Verunechtung* dieser Suizidalität statt. Mit Verunechtung oder Interpolation bezeichne ich den performativen Zuschreibungsprozess, in dessen Zuge der Suizidalität Authentizität, Glaubwürdigkeit und Ernsthaftigkeit entzogen werden. Die Begriffe der Interpolation oder Verunechtung stammen aus der Diplomatik und Literaturwissenschaft und bezeichnen hier eine nachträgliche Veränderung von Urkunden und Texten durch nicht gekennzeichnete Einschübe, Auslassungen oder Zusätze. Auf den psychiatrischen Kontext übertragen, benennt er eine psychiatrische Technik der nachträglichen Infragestellung und einen als solchen nicht gekennzeichneten Glaubwürdigkeitsentzug. Das Narrativ der Betroffenen wird nachträglich und heimlich angepasst, insofern die Betroffenen selbst nicht direkt mit dem Vorwurf der

[191] Lester und Stack (2015) analysieren in ihrem Werk *Suicide as a Dramatic Performance* suizidale Handlungen unter einer dramatisch-theatralischen Perspektive. Die Auswahl des Timings, des Settings, der Methode und des Publikums (z. B. in Form von Abschiedsbriefen) ist zwar immer auch durch kulturelle Skripte (was sich besonders in kulturspezifischen Suizidritualen wie dem japanischen Seppuku zeigt) vorbestimmt, doch die finale Entscheidung hat demnach auch eine individuelle, dramatische und somit ‚lesbare' Note.

Täuschung oder Manipulation konfrontiert werden – vor ihnen gilt es weiterhin gute Miene zum bösen Spiel zu machen. Die Interpolation ist in diesem Sinne eine psychiatrische Täuschung, die auf eine suizidale Täuschung reagiert.

Die Verunechtung stellt damit eine Form des *undoing suicidality* dar. Im Fall von Frau Pars wurde dies sehr deutlich durch die Assistenzärzt*in verbalisiert: ›Wir werden sie halt gerade nicht los. Sie ist ja suizidal, *also natürlich ist sie nicht suizidal*, aber so ist es halt‹. Meist wird den entsprechenden Personen ihre Suizidalität zwar nicht so direkt abgesprochen, aber die Verunechtung lässt sich dennoch in einer anderen Verarbeitung der Suizidalität erkennen. Auch dies lässt sich im Umgang mit Frau Pars zeigen: Auf einer praktischen und formalen Ebene wurde ihr vom psychiatrischen Team zugesichert, dass ihre Suizidalität ernst genommen wird und sie wurde auch genutzt, um einen Unterbringungsantrag zu begründen. Doch gleichzeitig wurde ihre Suizidalität auf einer tatsächlichen und interaktiven Ebene als eine ungefährliche und von der Patientin bewusst eingesetzte Strategie behandelt. Dies zeigt sich deutlich in der Streckung der 15-minütige Sichtkontrollen auf das »äußerst aushaltbare« Maß, in der Ignorierung ihrer Wünsche im Medikamentenhandel und in der Aussage, dass sie sich ihre Suiziddrohungen lieber vorher hätte überlegen sollen, wenn sie entlassen werden will.

Obwohl hier die Verunechtung als Zuschreibungsprozess definiert wurde, bedeutet dies nicht, dass die Suiziddrohungen der Betroffenen in jedem Fall falsch verstanden werden. Es gibt viele Patient*innen, die sich der Macht der Suizidankündigung durchaus bewusst sind und sie auch strategisch einzusetzen wissen. Neben der Einzelfallanalyse mit Frau Pars kann das auch folgende Episode verdeutlichen:

> Ich suche ein persönliches Gespräch mit Herrn Pauer, da er wegen Suizidalität aufgenommen wurde. Ich stelle mich vor, erkläre meine spezielle Rolle und mein Forschungsinteresse und sage, dass ich gehört habe, dass er auch mit Suizidalität zu tun hat. Er stimmt zu und sagt, dass er den Zustand »sich selbst aufgeben zu wollen« kennt. Mit mich etwas überraschender Begeisterung erzählt er: Es ist toll, dass man immer sofort aufgenommen und behandelt wird, wenn man sagt, dass man Suizidgedanken hat. Man kriegt dann viele Gespräche und es wird einem gesagt, dass das Leben doch lebenswert sei.‹

Nach einem zweiwöchigen Aufenthalt wird Herr Pauer kurze Zeit später wieder aufgenommen:

> Die Dienstärzt*in berichtet in der morgendlichen Klinikkonferenz: Seit der Entlassung letzte Woche hat Herr Pauer wieder Heroin und Cannabis konsumiert. Die Dienst-

> ärzt*in wollte ihn erst nicht aufnehmen, dann hat er aber von Suizidgedanken und Suizidplänen erzählt (er wollte sich erhängen). Die Dienstärzt*in atmet deutlich aus: »Dann musste ich ihn aufnehmen.«

Hier sieht man, dass allem Anschein nach kein Zuschreibungsprozess stattfindet, der an der Realität vorbeigeht. Der Patient ist sich der Folgen seiner Suizidankündigung durchaus bewusst und weiß sie im richtigen Moment und in der richtigen Form einzusetzen, um eine stationäre Aufnahme zu erhalten, die ihm sonst vermutlich verwehrt gewesen wäre. Die Resignation der Ärzt*in kennzeichnet sein Verhalten als strategisches Ausspielen der Suizidkarte. Sie zeigt deutlich, dass seine Suizidalität nur praktisch (durch die Aufnahme), aber nicht tatsächlich (beispielsweise durch eine erhöhte Sorge um das Leben des Patienten) ernst genommen – somit also verunechtet – wird.

Dieses *Undoing* der Suizidabsicht rückt die Suiziddrohung in die Nähe eines gespielten und simulierten Verhaltens.[192] Wenn die Suizidalität als Mittel zu einem Zweck wahrgenommen wird, wird dem Subjekt ein strategisches Handeln unterstellt, das auf einen sekundären Gewinn und nicht einen vollendeten Suizid zielt. Doch die Drohung kann nur wirken, wenn die Absicht als echte und ernsthafte gilt. Hier entsteht ein gewisses Dilemma, das schon Baechler (1981, 121) formulierte: Es »ist klar, daß die Drohung, um als solche zu gelten, vom Adressaten ernst genommen werden muß, was voraussetzt, daß sie ernsthaft präsentiert wird« und es »ist demnach anzunehmen, daß die Erpressung umso ernsthafter und entschlossener verfolgt wird, je skeptischer der Adressat ist, je mehr dieser dazu neigt, die Drohung nicht ernst zu nehmen«. Daher rät auch er dazu, Suiziddrohungen *immer* ernst zu nehmen, da das Subjekt sich sonst gezwungen fühlt, seine Drohungen wahrzumachen. Falls solche Suiziddrohungen nicht ernst genommen werden, könnte sonst ein Konflikt mit den Betroffenen entstehen und sie in dieser Eskalation zu impulsiven Handlungen verleitet werden, da sie sich aus Rache dazu herausgefordert oder sich in ihrer misslichen Lage nur noch mehr bestätigt fühlen.

Durch diese Maxime erklärt sich im Fall von Frau Pars, weshalb ihr zugesichert wird, dass ihre Suizidalität »natürlich ernst genommen wird« (und nicht

[192] Die manipulative Suizidalität steht in einer Verwandtschaft zur Hypochondrie. Sie könnte in auch als eine hypochondrische Suizidalität bezeichnet werden. Ähnlich wie bei der Hypochondrie suchen Betroffene fortwährend die Nähe zu den medizinischen Institutionen und ähnlich strategisch wird die Interaktion zwischen Betroffenen und Behandelnden. Bei der Hypochondrie muss sich der Arzt »vordergründig auf das Spiel einlassen, um das Vertrauen seines hypochondrischen Patienten zu gewinnen. Erst mit der Zeit, wenn das Vertrauensverhältnis gewachsen sei, könne die wahre Diagnose mitgeteilt werden« (Leanza 2017, 65). Auch bei der manipulativen Suizidalität muss vordergründig auf das Spiel eingegangen und erst nach dem Aufbau einer vertrauensvollen Beziehung kann an den wahren Problemen gearbeitet werden.

beispielsweise direkt gesagt wurde: »Wir wissen, dass sie nicht suizidal sind, sondern uns damit nur erpressen wollen«). Allgemein plausibilisiert sich hiermit auch das übliche psychiatrische Verarbeitungsmuster des Ausspielens der Suizidkarte. Die meisten Patient*innen, denen zugeschrieben wird, Suizidalität nur als Eintrittskarte zu verwenden, werden trotz dieser Strategie aufgenommen und zumindest auf dieser praktischen und formalen Ebene als suizidale Patient*innen behandelt. Dies geschieht nicht nur aus Gründen einer juristischen Absicherung (wegen all der potentiell schädlichen Konsequenzen für das sozial-politische Leben der Psychiater*innen, falls sich doch eine abgewiesene Patient*in, die vorher mit Suizid gedroht hat, das Leben nehmen sollte), sondern auch um die Suiziddrohung durch eine Ablehnung – und das heißt eine offensichtliche Infragestellung der Suizidalität – nicht noch weiter zu verstärken.

Wenn der Suizid der Tod der Psychiatrie ist (vgl. Gerisch 2012, 10), so ist die manipulative Suizidalität sein Dilemma. Die Psychiatrie ist das letzte Fallnetz für suizidale Personen und die Psychiatrie hat sogar den sozialen und gesetzlichen Auftrag, die Selbstbestimmungsfähigkeit und Autonomie suizidaler Subjekte zu beschneiden. Mit diesem Recht kommt aber nicht nur die Pflicht, suizidalen Andeutungen nachzuspüren oder bei suizidalen Handlungen zu intervenieren, sondern auch auf suizidale Drohungen praktisch zu reagieren, selbst wenn jenen die Glaubwürdigkeit tatsächlich abgesprochen wird. Wie es die Oberärzt*in Dr. Ohms im Gespräch über mein Dissertationsthema ausdrückte:

> Jeder Assistenzarzt muss lernen, dass es nicht *eine* Suizidalität gibt. So gibt es selbstverletzendes Verhalten, das nicht suizidal motiviert ist. Bei Psychosen und imperativen Stimmen gibt es zum Teil die schwersten Selbstverletzungen und bei Depressiven eher ein Abwägen und Entscheiden. Bei Borderlinern wird es hingegen eher interaktionell eingesetzt. Daher gibt es auch die Erpressung der Institution. Genauso wie bei Polizei und Feuerwehr. Das gefällt den Kollegen nicht, aber man ist in solchen Situationen erpressbar. Wenn eine Borderlinerin z. B. bei nichts mitmacht und sie entlassen werden soll, es aber immer wieder Suizidversuche kurz vor der Entlassung gibt, dann muss man da reagieren.

Das Personal sieht eine Erpressbarkeit des psychiatrischen Apparats. Selbst wenn das psychiatrische Team sicher sein sollte, dass die Suizidabsichten einer Patient*in nicht ›echt‹ sind, sondern instrumentell eingesetzt werden, muss es auf diese Drohungen zumindest vordergründig eingehen, da es sonst Gefahr läuft, die unechten Drohungen zu echten Taten werden zu lassen. Eine dritte Charakteristik von Suiziddrohungen liegt somit in einem nie gänzlich auszuschließenden Restrisiko, das auch bei unechten Suiziddrohungen immer bestehen bleibt. Dieses Risiko steht in einem dynamischen Verhältnis zur apparativen Verarbeitung der Suizidalität. Insofern gerade der Einsatz von Suizidalität als Drohung eine interaktive Suizidalität darstellt, ist die psychiatrische Reaktion auf Suiziddrohung immer auch konstitutiv für das verbleibende bzw. verstärkte Suizidrisiko. Doch es bedarf nicht einmal einer fehlenden, zurückweisenden oder falschen Reaktion des psychiatrischen Apparats, um ein Restrisiko zu produzieren. Es liegt in der Natur des appellativen Suizidversuchs, dass dieser immer auch zu weit gehen kann (Baecheler 1981, 126ff., gibt hierfür einige eindrückliche Beispiele).

Die Suiziddrohung ist ein interdependentes Phänomen, dass durch den psychiatrischen Apparat koproduziert wird. Wie in Kapitel 6.2 ausführlich besprochen wurde, kann die klinische Praxis unter Umständen selbst dazu führen, dass die Suizidalität der Betroffenen ermöglicht, verstärkt oder produziert wird. Dieses Problem ist besonders dann vorhanden, wenn es den Betroffenen so scheint, als könnten sie nur über suizidale Äußerungen oder Handlungen in ihrem Leiden wahrgenommen werden oder zumindest erst dann die erhoffte oder benötigte Aufmerksamkeit und Zuwendung erhalten. Das therapeutische Engagement kann also unter Umständen zum symptomverstärkenden Faktor werden. In einer extremen Form kann dies dazu führen, dass sich ein suizidales Verhaltensmuster sozialisiert und chronifiziert. Baecheler (1981, 126ff.) beschreibt beispielsweise einen Fall, in der eine Betroffene jeweils unter den gleichen Umständen in Beziehungskonflikten und Trennungssituationen über Jahre hinweg mehr als ein Dutzend Suizidversuche unternahm, bis sie eines Tages »aufgrund eines dummen Zufalls« nicht mehr rechtzeitig aufgefunden wurde. Ihre Suizidversuche waren seines Erachtens durch die »große Genugtuung« motiviert, die sie »durch die deutliche Besorgnis des Freundes« erhielt. Solche appellativen Suizidversuche sind dabei immer widersprüchlich, da »die Umstände, die zum Appell führen, [es] verbieten (...), daß dieser erhört wird« (ebd., 128). Da der Appell eine Suche nach Zuwendung darstellt, der an Personen adressiert wird, die diese Zuwendung entweder nicht geben wollen oder können oder sie zumindest nie in dem Maße ausreicht, wie es das suizidale Subjekt benötigt, ist der Appell meist im Vorfeld schon zum Scheitern verurteilt:

> Denn der Appell hat wenig Aussichten, gehört zu werden oder zumindest auf ein den emotionalen Bedürfnissen, die ihn ausgelöst haben, angemessenes Echo zu treffen. Dieser Umstand führt zu zwei Konsequenzen. Als erste Konsequenz sieht sich das Subjekt geradezu vor die Notwendigkeit gestellt, seinen Appell zu wiederholen. Da es keine adäquate Antwort erhält, tatsächlich aber leben will, ist das

> Subjekt gezwungen immer neue Appelle zu inszenieren, also eine ganze Folge von Selbstmordversuchen zu verüben (...). So erklärt sich also das von allen Analytikern beobachtete Phänomen, daß zahlreiche Subjekte hartnäckige Wiederholungstäter in Sachen Selbstmordversuch sind, ohne daß man diese Hartnäckigkeit des Versuchs und des Scheiterns ihrer Ungeschicklichkeit oder einem gehemmten Todeswunsch zuschreiben könnte. (...) Eine zweite Konsequenz verdüstert das Bild noch mehr. Die Tatsache, daß sich hinter den wiederholten Selbstmordversuchen ebenso viele ungehörte Appelle verbergen, kann dazu führen, daß sich das Subjekt schließlich von der Vergeblichkeit seiner Bemühungen überzeugt. Es ist gut möglich, daß sich der Appell zunehmend in eine Flucht [d. h. einen Suizid; R.I.] verwandelt. (ebd., 129f.)

Wenn die Suizidalität in einer appellativen Funktion steht, kann es also dazu kommen, dass sich ein suizidales Verhaltensschema entwickelt, das sich dann fast zwangsläufig wiederholt. Im Gegensatz zu Baecheler, der den institutionalisierten Adressaten der appellativen Suizidalität in der Telefonseelsorge identifiziert, ergibt sich aus der vorliegenden Analyse, dass die institutionalisierte Form der Suiziddrohung im psychiatrischen Apparat zu finden ist, als dessen Bestandteil die Telefonseelsorge verstanden werden kann. Der psychiatrische Apparat ist der institutionalisierte Adressat für appellative Suiziddrohungen und Suizidversuche.

Eine weitere Charakteristik, die ebenfalls schon durch die Einzelfallanalyse deutlich wurde, ist, dass auch unechte Suiziddrohungen meist als Markierung für ein echtes Leiden verstanden werden. Dieser Punkt ist weniger trivial, als er zunächst scheinen mag. Erst die Rahmung von Suiziddrohungen als oberflächliches Anzeichen für ein tieferes Leiden ermöglicht die Psychiatrisierung dieses Verhaltens. Wenn eine Suiziddrohung als bewusster und strategischer Einsatz eines Subjekts verstanden wird, dann verschwindet in diesem Zuge nicht nur die Suizidalität (immerhin ist dieser Einsatz nunmehr nicht auf den Tod, sondern auf ein anderes Ziel, wie z. B. die stationäre Aufnahme, ausgerichtet und folglich keine wahre Suizidalität), sondern auch die Pathologie des Subjekts. In der psychiatrischen Theorie ist Suizidalität fast immer ein Ausdruck einer zugrunde liegenden psychiatrischen Störung und in der psychiatrischen Praxis wird fast jedes Anzeichen für Suizidalität als Hinweis auf eine zugrunde liegende psychiatrische Störung gewertet. Die Schätzungen sind unterschiedlich, doch es wird oft angenommen, dass »in mehr als 90 % der Suizide wie Suizidversuche zuvor eine psychiatrische Erkrankung vorgelegen hat« (Deisenhammer 2012, 395). Suizidalität ist somit fast immer ein Symptom einer psychischen Störung bzw. einer psychiatrischen Krankheit. Manipulativer Suizidalität haftet hingegen ein rationales Kalkül an, das sie von der Irrationalität des Symptoms enthebt. Erst die Konzeption eines verdeckten, tieferen Leidens, das damit seinen Ausdruck findet, ermöglicht wieder ein symptomatisches Verständnis dieses Verhaltens. Die Suiziddrohung erhält nunmehr einen Doppelcharakter: Unter der rationalen, manipulativen Oberfläche schlummert dann das wahre Leiden. Bei Frau Pars schlummert in diesem Sinne eine tatsächlich suizidale Drogenabhängigkeit unter der von ihr praktisch genutzten manipulativen Suizidalität. Erst dieser Doppelcharakter der Suiziddrohung ermöglicht die Legitimation der psychiatrischen Entscheidungen, die selbst wiederum im Zeichen dieser Ambivalenz stehen: Auf der einen Seite ist das Absetzen ihres Substitutionsmittels ein gewaltsamer Versuch, ein Muster zu durchbrechen, das sonst zwangsläufig zum Tode führen wird. Auf der anderen Seite ist es eine ebenso strategische und in diesem Sinne manipulative Technik, um die Patientin loszuwerden.

Während der Suizid im rationalen Referenzrahmen (vgl. Canevascini 2012, 118ff.) Ausdruck einer genuin menschlichen Freiheit ist, ist der Suizid aus psychiatrischer Perspektive der Ausdruck eines Freiheitsverlusts. Suizidale Menschen sind demzufolge von ihrer zugrunde liegenden Krankheit getrieben und ihre Perspektive engt sich in einer pathologischen Weise immer weiter auf den Suizid ein. Daher verbietet es sich aus psychiatrischer Perspektive von ‚Freitod' zu sprechen, da sich »der Betroffene (...) nicht frei für die Tat entschieden [hat], sondern (...) Opfer seiner Erkrankung geworden [ist]« (Hegerl & Fichter 2005, 4). Menschen, die Suiziddrohungen instrumentell einsetzen, werden hingegen sehr ambivalent wahrgenommen: Während ihnen in einem Moment zugeschrieben wird, auf eine autonome und selbstbestimmte Art und Weise zu handeln, wird ihr Verhalten im nächsten Moment als Symptom ihrer psychischen Störung (ihrer Abhängigkeit, Persönlichkeitsstörung, etc.) bewertet. Indem die Suiziddrohungen als autonomes Handeln verstanden werden, kann ihr manipulatives Verhalten auch verurteilt werden (wie das beispielsweise bei Frau Pawlik der Fall war, deren Verhalten als bösartige Manipulation bewertet wurde). In dem Maße, wie es als Symptom ihrer Erkrankung gewertet wird, wird das Subjekt von der Verantwortung respektive Schuld wiederum freigesprochen. Eine weitere Konsequenz der als rational und autonom konzipierten Suiziddrohung ist folglich, dass der Einsatz von Suizidalität als Drohung im Rahmen der psychiatrischen Rationalität eine der wenigen Ausnahmen darstellt, in der Suizidalität nicht nur die Folge einer Erkrankung, sondern die Folge einer freien Willensentscheidung ist. Suizidalität als Mittel zu nutzen, um einen anderen Zweck als den Tod zu erzielen, ist somit aus psychiatrischer Sicht – neben dem

Bilanzsuizid unerträglich leidender, alter und kranker Menschen (vgl. Kap. 6.4) – die einzige rationale und nicht-pathologische Form der Suizidalität. Natürlich nur insoweit dieses Verhalten im nächsten Schritt nicht sofort wieder in andere psychiatrische Pathologien subsumiert und die manipulative Suizidalität wieder zum Symptom wird. Hier kristallisiert sich also ein Widerspruch, der ein zentraler Widerspruch der psychiatrischen Praxis ist, der auf der einen Seite eine Zuschreibung und auf der anderen Seite ein Absprechen von Verantwortlichkeit für das eigene Handeln und Erleben beinhaltet. Solange die Betroffenen für ihr Verhalten verantwortlich gemacht werden, bleiben sie normativ und moralisch kritisierbar; sobald ihr Verhalten nicht durch sie, sondern durch eine Krankheit motiviert wird, erwächst ein karitativer Sorgeauftrag, die zugrunde liegende Krankheit zu behandeln. In der klinischen Praxis erfolgt daher oft ein Changieren zwischen diesen Polen, wobei das herrschende psychiatrische Ideal dabei klar auf der Seite des ‚nicht-normativen' Sorgeauftrags zu verorten ist und die moralische Verurteilung daher oft nur in seinen subtilen Effekten – aber sicherlich ebenso für die Betroffenen spürbar – vorhanden ist.

Statt dem psychiatrischen Diktum zu folgen und *jede* Suizidankündigung ernst zu nehmen, scheint es (zumindest wenn das psychiatrische Personal keine konservativ-paternalistische, sondern eine libertär-unverantwortliche Haltung hat) eine psychiatrische Präferenz zu geben, immer wo dies möglich ist, Suizidalität zu verunechten. Sobald es Anzeichen dafür gibt, die oft im Timing und der Präsentation der Suizidalität gefunden werden, wird der Suizidalität methodisch Glaubwürdigkeit abgesprochen. Bisher wurde dieser Prozess der Verunechtung dadurch begründet, dass die Suizidalität als eine interaktive Technik verstanden wird, mit der das betroffene Subjekt ein Ziel erreichen will, das nicht der Tod ist. Doch analog zu der Technik der Non-Suizid-Verträge, die auch eine temporäre Nicht-Suizidalität produzieren, gibt es auch hier noch einen weiteren Grund für diesen Prozess der Verunechtung der Suizidalität. Indem dem Subjekt ein strategisches Handeln unterstellt wird, kann es als Person erhalten bleiben. In diesem Sinne bleibt eine weitere psychiatrische Verarbeitung mit ihm möglich. Man kann sauer auf dieses strategische Handeln sein und mit Gegenstrategien antworten oder man kann sich auf das Spiel einlassen und ihr Aufmerksamkeit und Hilfe angedeihen lassen. Würden die Suiziddrohungen stets als Zeichen für eine *echte* Suizidalität gelesen werden, würde die Person, mit der gearbeitet werden kann, verschwinden. Mit dem vollkommen entschlossenen suizidalen Subjekt kann innerhalb des psychiatrischen Apparats nur noch eine Karenzzeit eingelegt werden, indem ein rigides Sicherheits- und Kontrollsystem installiert wird. Damit ist auch der Personenstatus, als einem Subjekt mit dem gearbeitet werden kann, suspendiert. Aus dieser Perspektive erscheint der methodische Entzug der Glaubwürdigkeit als eine Technik des *undoing suicidality*, welches eine strategisch und rational handelnde Person produziert und so eine weitere psychiatrische Verarbeitung dieser Fälle ermöglicht.

Suiziddrohungen gehen aber auch von nicht manipulativ-suizidalen Subjekten aus. Suizidalität wird zum Teil auch von professionellen Akteur*innen, von Mitgliedern des psychiatrischen Teams, angrenzender Heil- und Pflegeberufe oder auch von Einsatz- und Rettungskräften als Drohung eingesetzt. Zum Teil nutzen auch sie das Mittel der Suiziddrohung, um gewisse Ziele zu erreichen. In der Einzelfallanalyse von Frau Pars wurde dies durch den kurzzeitigen Unterbringungsantrag deutlich, der über ihre Suizidalität begründet wurde, obwohl sich die Antragssteller*in in ihrer Einschätzung sicher war, dass die Patientin nicht suizidal war. Hier wurde die Patientin mit ihren eigenen Waffen geschlagen. Ihre instrumentelle Suiziddrohung wurde selbst gegenüber dem Amtsgericht instrumentalisiert, um eine Bewilligung des Unterbringungsantrags zu erhalten.

Der psychiatrische Apparat ist außerdem mit Suiziddrohungen konfrontiert, die andere Institutionen einsetzen, um problematische Klientel abzuschieben. Diese Abschiebungen können im Inneren des psychiatrischen Apparats vorkommen, wie folgendes Beispiel zeigt:

> In der Übergabe wird ein Patient besprochen, der von der Suchtstation auf unsere verlegt werden soll, da er dort konsumiert und dann mit Suizid gedroht hat, als er disziplinarisch entlassen werden sollte. Dr. Albers meint, dass die von drüben einfach Angst haben und immer sofort Problempatienten zu uns verlegen. Eine Pfleger*in stimmt zu: »Die finden immer irgendwelche Argumente.«

Akutstationen sind (in der Metaphorik von Strauss et al. 1964) im »Fahrstuhlsystem« des psychiatrischen Apparats die unterste Station. Nach ihr kommen im deutschen Psychiatriesystem nur noch die forensischen Kliniken, zu denen ein Transfer aber schwierig ist und eher selten passiert. Zum Teil wird auch intern das Argument bzw. die Drohung der Suizidalität genutzt, um unliebsame und schwer führbare Patient*innen auf die geschlossene Akutstation verlegen zu können. Häufiger kommen Abschiebungen hingegen aber von fremden Institutionen. Im Laufe der Feldforschung gab es die wiederkehrende Klage des psychiatrischen Teams, dass die Polizei, (Alters-)Heime und in einem Fall auch eine Justizvollzugsanstalt die vermeintliche Suizidalität ihrer Klientel nutzen, um jene in die psychiatrische Versorgung abschieben zu können. Eine weiterer Fall soll dies verdeutlichen:

> Eine Pfleger*in berichtet mir von der Neuaufnahme: Frau Paveley wurde gestern von der Polizei in die Klinik gebracht, nachdem sie unter Drogeneinfluss in einem Keller randaliert hat. Ich schaue mir ihre Akte an. In der »Anordnung zur sofortigen Ingewahrsamnahme« steht: »An beiden Handgelenken von Frau Paveley wurden Schnittwunden festgestellt, was auf einen vergangenen Suizidversuch hindeutete. Die Betroffene äußerte mehrfach gegenüber den Beamt*innen, dass ihr Leben nicht lebenswert sei und eigentlich gar kein Sinn mehr hätte. Eine Ingewahrsamnahme nach §10 HFEG war aufgrund des geistigen Zustands sowie zum Schutze ihrer Selbst unumgänglich.« In dem ärztlichen Aufnahmebefund steht unter Aktueller Anamnese: »Sie habe in dem Keller der Mutter nach Sachen gesucht. Gegenüber der Polizei habe sie geäußert, dass das Leben nicht mehr sinnvoll sei« und unter Psychopathologischen Befund: »Suizidalität nicht sicher auszuschließen«.

Bis hierhin wirkt die Aufnahme wie viele andere auch. Eine intoxikierte und lebensüberdrüssige Person, welche noch körperliche Zeichen eines vorangegangenen Suizidversuchs trägt, wird zu ihrem eigenen Schutz von der Polizei in die Psychiatrie eingeliefert. Die kurzzeitige Zwangseinweisung schien den Polizeibeamt*innen dabei »unumgänglich«. Verwundern kann an dieser Stelle vielleicht nur, dass die Pfleger*in die Aufnahme nur über die intoxikierte Randale begründet und die Suizidalität nicht erwähnt. Etwas spitzfindiger könnte auch die konjunktive Formulierung, dass sie »*geäußert habe*, dass das Leben nicht mehr sinnvoll *sei*« als Hinweis darauf gelesen werden, dass die Ärzt*in sich schon hier von der Einschätzung der Polizeibeamt*innen distanziert. Auch die Formulierung, dass »Suizidalität nicht sicher auszuschließen« sei, lässt größtmöglichen Spielraum offen. Die Suizidalität ist damit weder wirklich vorhanden noch wirklich abwesend, sie ist weder eine Gefahr noch eine Unmöglichkeit.

> Dr. Abels sagt zu mir, dass die Polizist*innen bei Frau Paveley wieder mal nur das »Suizidlabel ausgenutzt haben«, um eine »drogenabhängige, wirre Dame loszuwerden«. Wir werden von denen halt als »Außenstelle des 2. Polizeireviers« behandelt. Auch wenn Dr. Abels sie gerne hierbehalten würde, wird Frau Paveley heute sicherlich wieder gehen. Darauf erzählt Dr. Abels gleich noch von einem Fall, wo ein vermeintlich suizidaler 88-jähriger Mann zwei Stunden auf sie in der Notaufnahme warten musste, als sie Dienst hatte und dann im Gespräch rauskam, dass er einfach nur starke Rückenschmerzen hatte (er hat gesagt: »Wenn diese Schmerzen nicht aufhören, dann bringe ich mich um«). Ihr tat das so leid, dass sie sich auch 1000-mal entschuldigt hat. Der Rettungsdienst hat ihn nur deswegen psychiatrisch vorgestellt, da es in der Neurologie gerade einen Aufnahmestopp gab und sie einen Weg gesucht haben, wie sie ihn trotzdem ins Krankenhaus bringen können. Denn wenn er erstmal hier ist, wird er auch nicht mehr in eine andere Klinik verlegt.

Durch die Einschätzung der Assistenzärzt*in zeichnet sich hingegen ein anderes Bild: Die Polizei hat demnach selbst eine Suiziddrohung instrumentalisiert, um eine Klientin in die Psychiatrie abschieben zu können. Das heißt nicht, dass für die Patientin aus Sicht der Ärzt*in keine stationäre, psychiatrische Behandlung indiziert wäre. Doch die erzwungene Aufnahme geschah auf einer falschen Grundlage. In einem vergleichbaren Fall wurde eine rhetorische Suiziddrohung vom Rettungsdienst instrumentalisiert, um das blockierte Aufnahmeverfahren in die Klinik zu umgehen. Der Schmerzpatient wurde so von den Rettungskräften zu einem suizidalen, psychiatrischen Patienten transformiert. Analog zum Ausspielen der Suizidkarte einiger Patient*innen, ziehen hier die Einsatz- und Rettungskräfte die Suizidkarte.

> Kurz darauf erfolgt die oberärztliche Visite mit Frau Paveley: Dr. Ohms fragt, wie es ihr geht und sagt, dass sie ruhiger wirkt und fragt, ob sie das auch merkt. Frau Paveley stimmt zu. Sie weiß, dass das am Speed liegt. Dr. Ohms gibt einen längeren Appell, dass ihre Probleme mit ihrem Drogenkonsum zusammenhängen und sie an einen Entzug denken sollte. Ich verbleibe danach im Zimmer, stelle mich vor und frage nach ihrem Einverständnis für meine Aufzeichnungen. Ich erkläre ihr meine Fragestellung und sage, dass sie ja auch wegen Suizidalität gestern hierhergekommen sei. Sie fällt mir ins Wort und sagt, dass das nicht stimme und erzählt von der Suchaktion im Keller ihrer Mutter. Als die Polizist*innen bei ihr dann Gras gefunden haben und dann in ihrer Wohnung noch mehr Drogen, dann haben sie sie halt hierher gebracht. Mit Suizidalität habe das nichts zu tun. Das habe sie halt auch nie gesagt. Sie nuschelt halt [sie ist tatsächlich recht schwer zu verstehen] und da haben sie dann gehört, was sie hören wollten. Sie haben nach vorherigen Krankenhausaufenthalten gefragt und da hat sie erzählt, dass sie als Kind häufiger hier war – auch wegen Schnittverletzungen, die sie sich als 13-Jährige zugefügt hat. Sie war gestern sehr aufgebracht, so entmündigt zu werden. Dennoch will sie sich das mit dem Entzug und der Therapie jetzt wirklich überlegen.

Es besteht ein krasser Gegensatz zwischen der offiziellen und dokumentierten Darstellung der Aufnahme durch die Polizei und der diensthabenden Psychiater*innen auf der einen Seite und der Einschätzung der behandelnden Psychiater*in und der Patientin auf der anderen. Ist die Suizidalität für die Polizei der »unumgängliche« Grund und die gleichzeitige Legitimation für die psychiatrische Einweisung, wird dies von der behandelnden Ärzt*in als Ausnutzen eines Labels kritisiert und von der Betroffenen rundweg abgestritten. In ihrer Darstellung scheint die psychiatrische Aufnahme eher die Folge einer polizeilichen Willkür und einer unglücklichen Verkettung von Zufällen zu sein. Die Patientin fühlt sich daher durch den polizeilich-psychiatrischen Apparat entmündigt. Dass die ungefähr 20 Jahre alten Narben auf ihren Armen in dem Unterbringungsbeschluss als Hinweis auf ihre akute Suizidalität gewertet und somit als weiterer Grund für die Unterbringung behandelt werden, unterstreicht dabei, dass die Polizei die Suizidalität nur als Mittel zum Zweck benutzt hat. Die Metapher der Ärzt*in, dass die Psychiatrie als »Außenstelle des 2. Polizeireviers« behandelt wird, verweist auf die Regelmäßigkeit mit der solcherlei polizeilich-psychiatrische Abschiebungen geschehen.[193]

Suizidalität wird also nicht nur von Betroffenen, sondern unter Umständen auch von anderen Institutionen als Drohung eingesetzt, um bestimmte Ziele zu erreichen. Wenn es zu einem Ausspielen der Suizidkarte kommt, beläuft sich dieses Ziel auch von anderen Institutionen meist auf die Abschiebung respektive Aufnahme auf eine psychiatrische Station. Im Unterschied zu den subjektiven Suiziddrohungen müssen diese institutionalisierten Suiziddrohungen nicht mit einer besonderen Ernsthaftigkeit vermittelt werden. Sie müssen nur für den kurzen Moment der Zweckerfüllung den Schein der Ernsthaftigkeit erfüllen. Das heißt, die Drohung muss nur für den kurzen Moment glaubhaft sein, in dem die Station oder die Klinik mit der Drohung überzeugt wird, die Person aufzunehmen. Sobald das Ziel erreicht ist und die entsprechende Person erfolgreich vermittelt wurde, kann sie dann auch als leere Drohung erscheinen und das wirkliche Verarbeitungsziel angestrebt werden (in den drei angeführten Beispielen wäre das die weitere Behandlung, die kurze psychiatrische Internierung oder die Verlegung auf die neurologische oder internistische Station).

Zusammenfassend kann also festgehalten werden, dass Suiziddrohungen im öffentlichen und privaten Bereich schnell zu einer Aktivierung des psychiatrischen Apparats führen können. Wenn der Suizid als Drohung eingesetzt wird, entsteht dabei oftmals ein Spannungsverhältnis zwischen der manifesten suizidalen Performance, in der das mit Suizid drohende Subjekt im doppelten Wortsinn auf Messers Schneide stehen muss (denn es ist sowohl im sprichwörtlichen Sinn immer in großer Gefahr, mit der Drohung zu scheitern, als es auch im wörtlichen Sinne wirklich seine Existenz bedrohen muss, um eine glaubwürdige Drohung zu vermitteln) und einem latenten Prozess der Verunechtung oder Interpolation, der diese Suizidalität zum Verschwinden bringt. Diese Verunechtung bleibt latent, da der psychiatrische Apparat gezwungen ist auf Suiziddrohungen einzugehen. Nicht nur wegen des suizidologischen Diktums, alle Dro-

[193] Die Ablösung des §10 HFEG (Gesetz über die Entziehung der Freiheit geisteskranker, geistesschwacher, rauschgift- oder alkoholsüchtiger Personen), als der noch auf preußisches Polizeigesetz aufbauenden Norm (vgl. Brink 2010), durch das hessische PsychKHG (Hessisches Gesetz über Hilfen bei psychischen Krankheiten) hat diese Abschiebepraxis sicherlich verändert. Nunmehr ist nicht mehr die Polizei, sondern sind nur noch die vom Amtsgericht bestellten und berechtigten Psychiater*innen einer psychiatrischen Klinik dazu befugt, Unterbringungen durchzuführen. Die Verschiebung der juristischen Hoheit von der Polizei auf die Psychiatrie hat vermutlich auch dazu geführt, dass ein solcher Gebrauch bzw. Missbrauch der Zwangseinweisung durch die Polizei nunmehr erschwert ist.

hungen ernst zu nehmen oder der potentiellen juristischen Konsequenzen, falls doch etwas passieren sollte, sondern auch aufgrund der Eskalationsgefahr, die ein offenes Infragestellen der Suizidabsicht mit sich bringen würde. Aufgrund dieses Zwangs zur Verarbeitung von Suiziddrohungen bleibt der psychiatrische Apparat daher zu einem gewissen Grad erpressbar oder wie Rachor (1995, 23) es beschreibt: Der psychiatrische »Auftrag, zu schützen und zu helfen, [führt] zu einer Institutionalisierung des Appell-Suizidversuchs (...). Die Psychiatrie steht hier exemplarisch für ein helfendes Antwortverhalten.« Suiziddrohungen tragen dabei oft den ambivalenten Charakter einer Inversionsfigur – also einem Bild, das die Verarbeitung in zwei ungleichzeitige Modi spaltet. Zum einen droht die Verunechtung die Suizidalität zum Verschwinden zu bringen, da ihr Authentizität und Ernsthaftigkeit abgesprochen wird. Gleichzeitig erscheint sie als eine autonome und selbstbestimmte Form der Suizidalität – sie ist weniger Symptom einer Krankheit als eine mehr oder weniger bewusste Entscheidung in der Kommunikation und Beziehungsgestaltung. Zum anderen wird dieses Verhalten dennoch als symptomatischer Ausdruck für ein wahres Leiden oder eine zugrunde liegende Störung gewertet. Der Zuschreibungsprozess, der diese Drohungen als einen bewussten und strategischen (manipulativen, erpresserischen, etc.) Einsatz, als ein Kalkül, kennzeichnet, macht aus einer Suiziddrohung eine Form von selbstbestimmter und autonomer Handlung. Gleichzeitig wird dieses Verhalten als Ausdruck für ein wahres Leiden verstanden und somit rückwirkend pathologisiert. Damit stehen Suiziddrohungen immer zwischen einem moralisch kritisierbaren Kalkül und einem psychiatrisch zu behandelndem Symptom und begünstigen damit, dass die psychiatrische Verarbeitung von Suiziddrohungen oft durch ein strategisches Verhältnis zu den Betroffenen geprägt ist. Oberflächlich muss sich auf das Spiel der Suizidkarte eingelassen werden, um subtil auf anderen Ebenen zu arbeiten, und zwar im besten Falle an den wahren Problemen der Betroffenen. Suiziddrohungen können somit als ein zentrales Dilemma der Psychiatrie gewertet werden.

Ein wesentlicher Aspekt der Suiziddrohung wurde bisher ausgespart und war nur ein impliziter Bestandteil der Einzelfallanalyse sowie des soeben geführten Arguments: die Rolle des Geschlechts und die Verdichtung von Weiblichkeit und appellativer Suizidalität im Konzept der Borderline-Diagnose. Mit dem Suizid zu drohen und ihn zu versuchen, aber nicht bis zur tödlichen Endkonsequenz zu betreiben, gilt dabei aber geradezu als stereotypes Kennzeichen weiblicher wie ‚emotional-instabiler' Suizidalität. Im folgenden kurzen Exkurs soll daher gezeigt werden, dass die Trennung entlang der Skala der Ernsthaftigkeit oft auch eine geschlechtlich kodierte Trennung der Suizidalität beinhaltet.

6.3.3 Exkurs: Das tödliche Dilemma der Borderlinerin

Ich möchte in dem folgenden Exkurs in aller Kürze ein Argument entfalten, dass (1.) auf die Konsequenzen der Zuschreibung einer männlich oder weiblich verstandenen Suizidalität eingeht, dass (2.) die Diagnose der Borderline bzw. emotional-instabile Persönlichkeitsstörung als Zuspitzung dieser Zuschreibung, als Radikalisierung der manipulativ, interaktionellen und weiblichen Suizidalität analysiert und schließlich (3.) das Dilemma skizziert, dass für die Betroffenen mit dieser Etikettierung einhergeht.

(1.) Es gibt eine Geschlechterdifferenz in der Suizidalität. Während Frauen häufiger Suizidgedanken haben und ungefähr dreimal häufiger Suizidversuche begehen, suizidieren sich Männer dreimal häufiger als Frauen (vgl. Gerisch 1998, 33; laut den Daten des Statistischen Bundesamts nahmen sich im Jahr 2016 ca. 7400 Männer im Gegensatz zu ca. 2500 Frauen das Leben). Es wird dabei geschätzt, dass es auf jeden Suizid bei Männern zwischen 5 und 10 und auf jeden Suizid bei Frauen zwischen 20 und 30 Suizidversuche gibt (Giernalczyk 1995, 160; Gerisch 1998, 37; Gerisch 2003, 8; WHO 2014, 9). Daher konstatieren Freytag und Giernalczyk (2001, 7) auch: »Offenbar gibt es nicht den suizidalen Menschen schlechthin, sondern er ist suizidal als Frau oder als Mann«. Dies zeigt sich auch bei der Wahl der Suizidmethoden. Frauen wählen demnach häufiger weiche Suizidmethoden, wie die Vergiftung durch Drogen oder Medikamente, und Männer eher härtere Suizidmethoden, wie die Öffnung der Pulsadern, den Sprung aus großer Höhe oder die Strangulation. Israel, Felber und Winiecki (2001) berichten in ihrer Analyse von 1835 Suizidversuchen, dass Frauen im Vergleich zu Männern eher dazu tendieren, Suizidmethoden zu wählen, die weniger destruktiv sind, ihre körperliche Integrität wahren und häufiger Arrangements wählen, die als ungefährlicher eingeschätzt werden können und mit einer höheren Wahrscheinlichkeit dazu führen, dass sie aufgefunden werden. Besonders weibliche Jugendliche und junge Frauen sind dabei gefährdet, nicht-tödliche Suizidhandlungen zu begehen. Israel, Felber und Winecki (2001, 39f.) kommen daher zu dem Schluss, dass »sich die parasuizidale Handlung des Mannes als ernsthafter [erweist]« und dass »sich im Arrangement der suizidalen Handlung bei Frauen deutlicher eine strategische Funktion im Beziehungskontext abbilden [lässt]. (...) Frauen erwarten eher Rettung, während Männer den Tod kompromißloser suchen.«

Selten werden diese geschlechtsstereotypen Beobachtungen und Erkenntnisse der Suizidologie auf eigene implizite Vorannahmen hinterfragt. Die Arbeiten der Soziologin Christina Rachor (1995; 2001) und der Psychoanalytikerin Benigna Gerisch (1998; 2003; 2012) bilden hierzu eine Ausnahme. Gerisch kritisiert, dass in der Suizidologie:

> »lebenspraktische Annahmen, Mythen und Klischees über das Verhältnis der Geschlechter im Gewand einer Theoriebildung als Wirklichkeitskonstruktion perpetuiert und festgeschrieben [werden]. Der zufolge wird die Frau noch immer auf das ‚schwache' Geschlecht reduziert, gilt der Suizidversuch der Frauen als ‚nicht ernst gemeint' und appellativ und die Persönlichkeit suizidaler Frauen gemeinhin als narzisstisch-demonstrativ, hysterisch, passiv und abhängig.« (ebd. 2003, 9)

Auf eine Formel kondensiert, formuliert sie das stereotype Geschlechterverhältnis der Suizidalität folgendermaßen:

> »Verkürzt formuliert, braucht der Suizid, so wie der als autonom, stark und unabhängig gedachte Mann, nicht die Hilfe des anderen, während die Frau mit dem als appellativ und beziehungsorientiert eingesetzten Suizidversuch das Stereotyp weiblicher Bindungsorientiertheit reproduziert.« (ebd. 2012, 80)

Das Geschlechterverhältnis der Suizidalität ließe sich daher auch wie folgt formulieren: Während vollendete Suizide besonders ein Phänomen alter und beziehungsloser Männer sind, scheinen Suizidversuche besonders ein Phänomen der Beziehungsgestaltung junger Frauen zu sein. Diese Charakterisierungen sind immer auch mit einer problematischen Zuschreibung oder einem Absprechen von Ernsthaftigkeit verbunden, deren heruntergebrochene Aussage lautete: Suizidalität ist bei (heterosexuellen Cis-) Männern ernster zu nehmen als bei allen anderen.[194]

(2.) Es gibt in der klinischen Praxis einen auffallenden Typ, in dem sich diese Kategorien der Weiblichkeit und Suizidalität in einer Diagnose verdichtet und zwar in der Borderline-Persönlichkeitsstörung (BPS). Die Diagnose Borderline ist klar geschlechtlich kodiert: Historisch hat sie sich aus der Diagnose der Hysterie entwickelt, in der vormals extreme weibliche Sexualität und Emotionalität pathologisiert wurde (vgl. Wirth-Cauchon 2001, 87ff.; Becker 2019). Epidemologisch zeigt sich ebenfalls, dass Frauen im Vergleich zu Männern in einem Ver-

[194] Personen aus dem Spektrum der LGBTQI* gibt es im Vergleich mit der Allgemeinbevölkerung ein deutlich erhöhtes Risiko für Suizidgedanken, Suizidversuche und Suizide (für Reviews s. Haas et al. 2011; Marshal et al. 2011; für Überblicksarbeiten im Bereich der LGBTQI*-Jugendforschung s. Malley, Posner & Potter 2008; McDermott & Roen 2016).

hältnis von 3 zu 1 die Diagnose der BPS erhalten (Johnson et al. 2003). Diese Kodierung ist in den Kriterien der Diagnosemanuale selbst angelegt, in denen die BPS als eine extreme Manifestation von weiblichen Stereotypen erscheint.[195] Die Borderline Persönlichkeitsstörung (BPS) steht dabei in einem sehr starken Zusammenhang mit der Suizidalität. Die BPS wird so auch als die *suizidale Persönlichkeitsstörung* bezeichnet, da Suizidalität für sie in mehrfacher Hinsicht kennzeichnend ist (Pompili et al. 2005, 319). Es besteht zum einen eine definitorische Abhängigkeit: «[W]iederholte suizidale Handlungen, Selbstmordandeutungen oder -drohungen oder Selbstverletzungsverhalten« (Falkai & Döpfner 2018, 909) sind im DSM-5 eines der neun möglichen diagnostischen Kriterien für eine BPS (von denen mindestens fünf für eine Diagnose erfüllt sein müssen). Zum anderen zeigt sich dies auch in epidemiologischen Studien, in denen die BPS relativ betrachtet die mit Abstand höchste Suizidalitätsrate aufweist: Nach dem Meta-Review von Chesney, Goodwin und Fazel (2014, 155), in dem sie die Mortalitäts- und Suizidraten von ca. 1,7 Millionen psychiatrisch diagnostizierten Menschen untersucht haben, hat nicht die Depression, sondern die Borderline-Störung die größte inhärente Verbindung zur Suizidalität. Die standardisierte Suizidmortalitätsrate (welche die alters- und geschlechtsspezifischen Unterschiede im Verhältnis zur Bevölkerung kontrolliert) ist bei Personen mit einer diagnostizierten Borderline Persönlichkeitsstörung 45-mal höher als in der Allgemeinbevölkerung. Die Depression kommt hingegen mit einer 20-fachen Rate auf dem dritten Platz noch nach der Anorexie.[196] In ihrer Metaanalyse ermittelten Pompili et al. (2005) eine Suizidrate der BPS, die im Vergleich mit der Allgemeinbevölkerung eine geradezu astronomische Höhe aufweist: Liegt die allgemeine Suizidrate bei ungefähr 13 auf 100.000 Einwohner*innen, so liegt die extrapolierte Suizidrate bei der BPS bei ungefähr 6900 auf 100.000.

Im typischen Fall ist die Borderline-Patientin also eine junge Frau, die selbstverletzendes oder suizidales Verhalten zeigt.[197] Dieser Suizidalität wird meist ein

[195] Im DSM-V (Falkai et al. 2018, 908) ist die BPS definiert durch ein »tiefgreifende[s] Muster von Instabilität in zwischenmenschlichen Beziehungen, im Selbstbildnis und in den Affekten sowie von deutlicher Impulsivität« und steht somit im Gegensatz zu den ,männlichen' Eigenschaften der gefestigten und konstanten Identität, des stabilen Beziehungsverhaltens, der emotionalen Gleichmütigkeit und Rationalität. Weiterhin zeigt sich diese weibliche Kodierung in der Zuordnung zum B-Cluster der Persönlichkeitsstörungen, deren Störungsgruppe unter den Begriffen »dramatisch, emotional oder launisch« (ebd., 884) zusammengefasst werden.

[196] Auch die eigene statistische Analyse der Suizid- und Suizidversuchsraten der Klinik Doppelgipfel legt ein solches Verhältnis nahe. Immerhin wurden auch hier 45 % der Betroffenen mit einer diagnostizierten BPS im Gegensatz zu 36 % der Betroffenen mit einer diagnostizierten Depression vor oder während der Behandlung als suizidal eingeschätzt (s. Kapitel 4.2).

[197] Im Jahr 2016 waren in der *Klinik Doppelgipfel* von den Personen, die eine emotional-instabile Persönlichkeitsstörung diagnostiziert bekommen haben, 77 % weiblich (N = 44) und 23 % männlich (N = 13). Dies entspricht ungefähr dem in der psychiatrischen Literatur angenommenen

demonstrativer, manipulativer und appellativer Charakter zugeschrieben. Sie wird als Hilferuf, interaktives Druckmittel oder als Mittel der Aufmerksamkeitszuwendung verstanden. Es findet also regelmäßig eine Verunechtung der Suizidalität statt. Indem der Suizidalität Glaubwürdigkeit und Ernsthaftigkeit abgesprochen wird, kommen die Betroffenen in ein unauflösliches Dilemma: Umso mehr ihre Suizidalität verunechtet wird, umso echter müssen sie ihre Appelle sprachlich oder handelnd formulieren.

(3.) Wenn es zu einer Anmeldung einer neuen Patientin kam, die mit einer Borderline-Persönlichkeitsstörung diagnostiziert war, rief dies beim psychiatrischen Personal regelmäßig eine reflexhafte Distanzierung und Abwertung hervor. Borderline-Patientinnen gelten als eine schwierige und herausfordernde Gruppe, vor deren sogleich intensiven wie instabilen Beziehungsgestaltung, vor deren Spaltungen, Verwicklungen und Manipulationen sich das pflegerische wie therapeutische Personal proaktiv zu schützen versuchte. Die Wahrnehmung ihrer suizidalen Äußerungen oder Suiziddrohungen schwankt dabei stets zwischen einer Psychopathologisierung und einer Intentionalitätszuschreibung: Mal wird sie als Ausdruck einer zugrunde liegenden psychischen Störung und mal als bewusst gesteuertes Verhalten eingestuft. Sobald die Suizidalität aber als kontrolliertes und gesteuertes Verhalten gewertet wird, sind die Betroffenen auch für ihr Handeln verantwortlich und rechenschaftspflichtig. Da die manipulative Suiziddrohung eine moralisch geächtete Tat ist, werden die Betroffenen dann auch für ihr Handeln kritisiert. Das Mitleid und Einfühlungsverständnis, das anderen Patient*innen gegenüber erbracht wird, wird hier in dem Maße ausgesetzt, in dem die Betroffenen trotz psychiatrischer Diagnose als für ihr Handeln verantwortlich angesehen werden. Was für appellative Suizidalität nach Baechler (1981, 121ff.) im Allgemeinen gilt, gilt für Borderlinerin noch einmal im Besonderen: Da sie von vornherein auf Abstand gehalten und ihr Leiden und ihre Suizidalität verunechtet wird, wird sie in das Dilemma gebracht, dass sie ihre Appelle umso dramatischer hervorbringen muss, um ihrem Leiden Ausdruck zu verleihen. Da ihre Appelle verunechtet und nicht erhört werden, wird sie sich gezwungen sehen, diese zu wiederholen. Diese selbsterhaltenden und verstärkenden Rückkopplungseffekte tragen vermutlich auch dazu bei, dass die Suizidrate bei der BPS in einer solch astronomischen Höhe liegt – der unerfüllbare Appell wird bis zum Tode wiederholt.

Die Analyse der Suiziddrohung hat zum einen gezeigt, dass hier sowohl eine

---

Geschlechterverhältnis in dieser Störungskategorie von 3 zu 1. Während das Durchschnittsalter aller Patient*innen bei 45 Jahren lag, waren Patient*innen mit einer Borderlinediagnose im Durchschnitt gerade einmal 31 Jahre alt.

spezifische, dabei oft geschlechtlich kodierte, performative Herstellung von Suizidalität als auch ein Absprechen von Ernsthaftigkeit und Authentizität, also auch eine Herstellung einer Nicht-Suizidalität erfolgt. Die Suiziddrohung ist somit als ein Phänomen zu verstehen, das zwischen den Polen des *doings* und des *undoings of suicidality* changiert. Im nächsten Kapitel soll mit der Sterbehilfe eine soziale Praxis analysiert werden, in der die Suizidalität auch vollends verschwinden kann.

6.4 Suizidalität am Lebensende[198]

Wie Hirschauer und Boll (2017, 11) konstatieren, impliziert die Vorstellung »eines praktischen Vollzugs von Unterscheidungen und Zugehörigkeiten (*doing X*) (...) nun aber auch, dass sie auch *nicht* getan werden oder *zurückgenommen* werden können«. Wurde im vorigen Kapitel schon von einem Prozess der Verunechtung der Suizidalität gesprochen, so soll nun abschließend die Radikalisierung des *undoing suicidality* untersucht werden. Es gilt also, die Grenzen der psychiatrischen Verarbeitung der Suizidalität auszuloten und den Moment des Umschlagens in den Blick zu bekommen, in dem die Suizidalität oder auch die Suizidprävention aufhört und stattdessen eine Art nachvollziehbare Lebensmüdigkeit erscheint und anstelle der Suizidverhinderung gar eine Suizidhilfe möglich wird. Schon bei der Suiziddrohung wurde der ambivalente Status der Suizidalität in der Metapher der Inversionsfigur beschrieben, die zwischen rationalem Handeln und psychopathologischer Motivation changiert. Während für die Suiziddrohung aber gerade die Ambivalenz und Uneindeutigkeit kennzeichnend ist, soll im folgenden Kapitel ein Prozess beschrieben werden, an dessen Endpunkt keine Uneindeutigkeit mehr besteht.

In psychiatrischen Kliniken und auf der untersuchten Station begegnet man dem Thema oder gar dem Prozess der Sterbehilfe sehr selten. Die Sterbehilfe ist ein Grenzfall der Suizidalität, der aber im fachlichen und öffentlichen Diskurs hingegen sehr prominent diskutiert wird. Immer wieder werden die medizinethischen Fragen diskutiert, wer über den Erhalt und die Beendigung des eigenen oder fremden Lebens bestimmen darf, wann die Grenzen des tolerierbaren Leidens im Namen der Lebenserhaltung erreicht werden, also wann und wie gestorben werden soll und welche Rolle der medizinische und psychiatrische Apparat dabei einnehmen und einnehmen sollen. Im folgenden Kapitel

[198] Dieses Kapitel wurde in abgeänderter Form an anderer Stelle publiziert (Iltzsche 2023).

soll die entsuizidalisierende Rekodierung eines besonderen Einzelfalls analysiert werden, der in kürzester Zeit von einem Fall der psychiatrischen Suizidprävention zu einem Fall der Sterbehilfe transformiert wurde. Dieser Moment des Umschlagens wird anschließend als ein Charakteristikum des Verhältnisses von Suizidprävention und Sterbehilfe ausgewiesen und diskutiert. Abschließend für diese Grenzfallanalyse der Suizidprävention soll für den Begriff der Pathologisierung ein Antonym vorgeschlagen werden, welcher dazu dienen soll, die grundlegende Rationalität der Sterbehilfe zu beschreiben.

6.4.1 Die nicht-suizidale Suizidalität von Herrn Pascal

Herrn Pascal ist ein Patient, der wegen eines Suizidversuchs, bei dem er sich die Pulsadern geöffnet hat, gegen seinen Willen stationär untergebracht wurde. Im Einverständnis des psychiatrischen Teams und seiner Angehörigen hat er dann im Verlauf der sehr kurzen Behandlung jegliche Nahrungs- und Flüssigkeitsaufnahme verweigert und ist daraufhin fünf Tage später verstorben. Es handelt sich um einen Grenzfall, bei dem die polizeilich-juristisch-psychiatrischen Apparate der Suizidprävention normal angelaufen sind (notdienstliche Einweisung; Unterbringungsbeschluss aufgrund von Eigengefährdung und akuter Suizidalität; Aufnahme auf eine geschlossene psychiatrische Station), bei dem dann aber in kürzester Zeit eine Rekodierung der Ereignisse stattgefunden hat und ein einvernehmlicher Prozess der Sterbehilfe eingeleitet wurde. Dieser Fall ist aufschlussreich, da er darauf verweist, für welche Form der Suizidalität der psychiatrische Apparat eine Zuständigkeit beansprucht bzw. welche Suizidalität der psychiatrische Apparat prozessiert und produziert.

Schon bevor der Patient stationär aufgenommen ist, erfahre ich etwas von ihm:

> [08.01.] Im Dienstzimmer unterhalten sich zwei Pfleger*innen über die Neuaufnahme: Es kommt gleich ein 93-jähriger Patient mit Prostatakrebs, der eventuell auch eine 1-zu-1-Betreuung braucht oder zumindest 15-minütige Sichtkontrollen. Es sei doch klar, dass der nicht mehr leben will: »Würde der reanimationspflichtig werden, würde ich mir aber auch schön Zeit lassen. Was soll das denn? Soll der noch drei Monate weiter leiden mit seinem Krebs?«

Schon in dieser ersten Interaktion des Pflegepersonals wird deutlich, dass dieser Patient anders wahrgenommen wird als andere suizidale Patient*innen. Das hohe Alter und die Krebserkrankung sind genug Hinweise, um zu wissen, dass der Patient wahrscheinlich nicht psychisch erkrankt ist und eine psychiatrische Behandlung damit nicht angebracht ist. Er wird als Eindringling oder Fremdkörper wahrgenommen, der aus den falschen Gründen auf eine psychiatrische Station aufgenommen wird. Da er wegen akuter Suizidalität kommt, befürchtet das Pflegepersonal außerdem eine unnötige Arbeitsbelastung, die durch die damit notwendige, direkte Überwachung entsteht. Der neue Patient ist noch nicht da, dafür aber seine Akte. Auszüge daraus lauten:

> Einsatzprotokoll RTW: Notfallgeschehen/Anamnese: »Pat., männl., 93 J., wach und bedingt orientiert, versuchte Suizid durch Eröffnung der Pulsadern, ca. 2-3 cm klaffende Wunde Arm Li, Pat gibt an, einschlafen zu wollen, laut Tochter verlor der Pat vor ca. 3 Wochen seinen Lebensmut nachdem er körperlich stark abbaute und sich selbst nicht versorgen konnte.« (...) Erstdiagnosen: akute Suizidalität
>
> Vorläufiger Arztbrief: »Der Pat selbst berichtete, er habe Prostata Carzinom und starke Schmerzen, diese kann er nicht aushalten, deswegen wolle er einschlafen. Laut Tochter habe der Pat seit 2 Wochen Antriebslosigkeit und Suizidgedanken geäußert«. Der Patient wohnt allein, die Ehefrau ist 2008 verstorben. (...) Psychopathologischer Befund: »Aktuell von Suizidalität nicht klar distanziert.«

Im Gegensatz zu den Einschätzungen des Pflegepersonals liest sich das Einsatzprotokoll sowie der vorläufige Arztbrief als eine normale anamnestische Beschreibung, mit Informationen zum Suizidversuch und ersten angenommenen Gründen. Der vielleicht einzige Hinweis auf eine besondere Einschätzung der Suizidalität findet sich im Wunsch des Patienten »einschlafen« zu wollen. Doch schon zwischen diesen zwei Typen von Erstdokumentationen finden sich kleinere semantische Unterschiede, die den Verdacht nahelegen, dass die Suizidalität auf dem Weg in die Klinik an Bedeutung verliert. Wird im notärztlichen Einsatzprotokoll noch klar von einem Suizidversuch gesprochen und jener auch in der notwendigen Kürze (Methode und Verletzungen) beschrieben, so findet sich im vorläufigen Arztbrief nur noch die romantische Formulierung des Wunsches einzuschlafen. Auch die Begründungsstruktur scheint sich etwas zu verändern: Wird erst von einem schnellen, körperlichen Abbauprozess und einer Unfähigkeit der Selbstversorgung gesprochen, findet die Begründung durch die »starken Schmerzen«, die nicht mehr auszuhalten seien, erst im Arztbrief eine Erwähnung.[199] Es scheint außerdem eine Verschiebung in der Diagnostik stattzufinden, wenn im Einsatzprotokoll noch von einer »akuten Suizidalität« und im Arztbrief nur noch von einer »unklaren Distanzierung von Suizidalität« gesprochen wird. Diese feinen Unterschiede verweisen schon auf einen Prozess

[199] In fast allen Ländern, in denen aktive Sterbehilfe oder assistierte Suizide erlaubt sind, findet sich in der gesetzlichen Regelung das zentrale Kriterium des »unerträglichen Leidens«, welches meist durch körperliche Schmerzen und Beschwerden legitimierbar ist.

der Rekodierung und Umschreibung dieses psychiatrischen Falles vom ambulanten Erstkontakt zur ersten stationären Beurteilung: Von einem bedrohlichen und zu verhindernden Suizidfall, hin zu einem Fall von einer nachvollziehbaren Lebensmüdigkeit am Ende eines langen sowie aktuell sehr leidvollen Lebens. Ich begleite Dr. Abels zur Visite von Herrn Pascal:

> Herr Pascal, ein alter, weißhaariger, etwas eingefallener Mann, der nur noch Flüssignahrung zu sich nehmen kann, liegt im Bett und seine vielleicht 65-jährige Tochter sitzt vor dem Bett auf einem Stuhl. Dr. Abels fragt ihn betont laut und deutlich nach Schmerzen und wie lange sie schon bestehen. Er meint seit mehreren Monaten. Dr. Abels fragt ihn, was er für Medikamente nimmt. Er nimmt nur Paracetamol und Ibuprofen, hat aber starke Rückenschmerzen. Medikamente helfen schon dagegen, aber nicht immer. Dr. Abels fragt nach dem Grund für die Rückenschmerzen, ob Bewegungslosigkeit der Grund ist oder der Prostatakrebs. Die nächste Frage betrifft den gegenwärtigen Zustand. Herr Pascal meint, er hat gerade wenige Schmerzen. Dann leitet Dr. Abels über zur Suizidalität. A: »Jetzt sind Sie ja noch am Leben. Ist das gut oder ist das blöd?« Herr Pascal antwortet nicht direkt, sondern spricht von Freunden, die mit 80 gestorben sind. A: »Die haben Sie ja zumindest 10 Jahre überlebt.« Sie reden weiter über sein Leben, wie lang es angenehm war. Er meint, dass er erst seitdem er nicht mehr laufen kann, »ein bisschen meinen Lebensmut verloren hab«. Er kann auch nicht mehr in seinen Fernsehraum. A: »Das war nicht nur ein bisschen, anscheinend haben Sie ja heute einen Suizidversuch unternommen. Das war doch ein Suizidversuch?« – P: »Ja. Ja.« – A: »Und wenn wir das mit den Schmerzen hinkriegen und mit dem Laufen, ist das Leben dann wieder lebenswert?« – P: »Ja. Wenn ich meine Familie jeden Tag mal sehe und mit ihnen reden kann, dann schon«. Er hätte halt gedacht, dass er irgendwo hingeht, wo er nichts essen und nichts trinken muss und dann sterben kann. Dr. Abels meint, dass er das aber auch zuhause machen könnte. Dies hätten seine Kinder aber immer verhindert. Dr. Abels erwidert, dass man mit 93 aber sterben darf und die Kinder erstmal so alt werden sollen wie er, um da mitzureden, worauf Herr Pascal auflachend zustimmt. Die Tochter scheint Tränen zu unterdrücken und wirkt sehr berührt von dem Gespräch und dem Zustand ihres Vaters. Dr. Abels schlägt vor, dass sie auch noch mal gemeinsam mit den Kindern reden können, jetzt muss sie leider los, da sie zu einem Gespräch muss. Sie will aber mit dem Chef wiederkommen. Draußen auf dem Gang sagt sie zu mir, dass der »ja nun nicht wirklich suizidal«, eher einfach »lebensmüde« wäre.

In diesem Erstgespräch erfolgt am Anfang die übliche Anamnese. Doch schon in der Wahl der Formulierung »Ist das gut oder ist das blöd?« zeigt sich eine andere Art des Sprechens über den Suizidversuch. Es mag nur eine Anpassung an die zu erwartende Aufnahmefähigkeit des Patienten sein, doch haftet dieser Sprache eine infantilisierende Konnotation an, die das Thema der Suizidalität, im Gegensatz zu der sonst inszenierten Pietät und Seriosität, harmloser erscheinen lässt. Es wird im Gespräch deutlich, dass der Patient eine ambivalente Einstellung zum Sterben hat, da er mit nur wenigen Verbesserungen seines körperlichen Zustands und seiner familiären Einbindung durchaus das Leben wieder als lebenswert betrachten würde. Nach Canevascini (2012, 395ff.) stützt die Psychiatrie die Legitimität ihrer Intervention auf die angenommene und vorausgesetzte Ambivalenz in jedem Suizidwunsch. Diese Ambivalenz sichtbar zu machen und zu stärken, ist in der Praxis auch eine der primären Techniken in der psychiatrischen Verarbeitung der Suizidalität. In der Visite mit Herrn Pascal fällt aber auf, dass die Ambivalenz in seinem Suizidwunsch nicht weiter elaboriert und vertieft wird. Jener Ambivalenz wird kein großer Raum gegeben, sie wird nicht taktisch ins Visier genommen und der Patient in seinen Zweifeln bestärkt, sondern er wird stattdessen mit geschlossenen Fragen dazu angehalten, sich kurz zu halten. Zwischen ihm und der Ärzt*in scheint hier eine stillschweigende Einigkeit zu bestehen, dass seine Wünsche des schmerzfreien und sozial eingebundenen Lebens nicht mehr umsetzbar sind. Daher kommen sie auf den »Freiwilligen Verzicht auf Nahrung und Flüssigkeit« (FVNF), wie er im Fachjargon genannt wird, zu sprechen. Deutlich wird, dass die Familie hier lange eine suizidpräventive Funktion übernommen hat, indem sie dem Vater keinen FVNF gewährt hat. Außerdem bildet sich hier ein Bündnis zwischen dem Patienten und der Psychiater*in, indem Letztere die moralische Entscheidung, in einem solchen Alter »sterben zu dürfen«, unterstützt und sich in eine ironisch-allwissende Position begibt, indem sie den Kindern und der anwesenden Tochter die Fähigkeit abspricht, über den Todeswunsch urteilen zu können, da sie aufgrund ihres geringen Alters die Wünsche und Bedürfnisse eines 93-Jährigen nicht nachvollziehen können (und das obwohl die Tochter wahrscheinlich drei Jahrzehnte mehr Lebenserfahrung hat als die Psychiater*in). Das Bündnis wird abschließend damit besiegelt, dass die Ärzt*in ein gemeinsames Gespräch mit den Angehörigen anbietet, wobei durch die vorherige Interaktion klar zu sein scheint, dass die Ärzt*in dann als Anwält*in des Patienten und nicht der Familie agieren wird. Ganz im Gegensatz zu Uexküll (1973, XIV), nachdem »sich der Arzt vor allem als ›Anwalt des Lebens‹ [versteht]«, wird er hier eher zum Anwalt des Sterbens. Im klinischen Setting können die Dinge anders verbalisiert und kommuniziert werden als beispielsweise im privaten oder familiären Rahmen. Der Wunsch nach dem Sterbefasten wurde vorher vielleicht nicht einmal als möglicher Handlungsspielraum wahrgenommen, vermutlich, weil es nicht der romantischen Vorstellung eines sanften Todes entspricht, den Vater verhungern und verdursten zu lassen. Das klinische Setting ermöglicht hier eine nüchterne und objektive Position der Ärzt*in. Es ist vielleicht nicht nur die Trauer um den nahenden Tod, sondern auch die Erleichterung und die durch die ärztliche Erlaubnis »sterben zu dürfen« erteilte Erlösung von der schweren Verantwortung respektive Schuld, die zu den Tränen der beistehenden Tochter führt.[200]

Die Rekodierung dieses Falles durch die behandelnde Ärzt*in findet auf dem Gang seinen Fortgang, indem sie bekräftigt, dass dieser Patient »nun nicht wirklich suizidal« wäre. Herr Pascal ist in der Logik der psychiatrischen Akutversorgung nicht suizidal, da Suizidalität als Symptom einer psychischen Krankheit verstanden wird, die der Patient nicht zu haben scheint bzw. nicht zugeschrieben bekommt. Er ist nicht suizidal, sondern er ist einfach seines Lebens müde und das aus intuitiv nachvollziehbaren, da rationalen und objektiven, d. h. gesellschaftlich anerkannten Gründen. Wer so alt und so krank ist, hat keinen pathologischen, sondern einen physiologischen Wunsch zu sterben.

> [12.01.] Bei der Übergabe am Montag erfahre ich, dass die Familie von Herrn Pascal ihn einen Tag nach seiner Aufnahme mit nach Hause nehmen wollte. Die Chefärzt*in war aber dagegen. Die Pfleger*in regt sich darüber auf, dass da der Suizidversuch als Grund genannt wurde, obwohl es sicher nur um die Betten ging. Es macht keinen Sinn, dass ein 93-Jähriger wegen Armritzen hierbleiben muss und nicht zu Hause sterben darf. Dr. Abels erwidert ironisch-überbetont: »Die Suizidalität muss ja behandelt werden«. Dr. Abels und die Sozialarbeiter*in reden dann darüber, ob sich spontan eine Pflegekraft für zu Hause organisieren ließe. Nur sind die rumänischen Ganztagspflegekräfte dafür ungeeignet, da sie eher für längere Zeiträume eingestellt werden und für alles andere mahlen die Mühlen der Bürokratie zu langsam.

Das Stationspersonal teilt die Überzeugung, dass Herr Pascal keine stationäre psychiatrische Behandlung benötigt, sondern lieber entlassen werden sollte. Der Chefärzt*in wird unterstellt, dass sie selbst die Suizidkarte ausspielt (s. Kap. 6.3), um eine Entlassung zu verhindern, da für sie letztlich ökonomische und nicht psychiatrisch-suizidpräventive Motive entscheidend waren. Der ironische Kommentar, dass »die Suizidalität ja behandelt werden muss«, unterstreicht die herrschende Einigkeit, dass bei Herrn Pascal letztlich keine Suizidalität vorhanden ist. Auch der Suizidversuch wird nur noch zu einem »Armritzen« herabgewürdigt. Etwas später am Tag finden im Stationszimmer die Vorbereitungen für die Oberarztvisite statt. Dafür tauschen sich die Assistenzärzt*in und die Oberärzt*in über die zu visitierenden Patient*innen aus:

> Dr. Abels berichtet über Herrn Pascal: Der Patient habe sich tief geritzt und sei moribund. Vielleicht soll er keine Flüssigkeit mehr erhalten. Die OÄ fragt, warum er denn sterben soll, rein körperlich betrachtet. An den Folgen des Suizidversuchs stirbt er

[200] Eine Erklärung für die Tränen anzugeben, bleibt notwendigerweise spekulativ. Genauso gut könnte sie auch weinen, weil sie realisiert, dass sie Schuld an seinem Leid hat (da sie ihn nicht sterben ließen, als er es wollte) oder weil ihre Wünsche und Bedürfnisse (dass der Vater weiterlebt) so einfach übergangen werden. Wichtiger ist vielmehr, dass hier die Angehörigen mehr als der Patient zum Ziel der psychiatrischen Überzeugungsarbeit werden, dass der Suizid nicht verhindert werden muss.

> wohl nicht. Dr. Abels kann es nicht beantworten. Ihn scheint der Lebensmut verlassen zu haben. Sein Suizidversuch war auch bilanzierend und nicht affektgeladen. Dr. Abels wünschte eigentlich, dass er heute entlassen wird. Vielleicht kriegt man doch eine Kurzzeitpflege installiert.

Der Suizidversuch erscheint in diesem Gespräch schon wieder in einem anderen Licht: Wurde er in der letzten Interaktion noch als »Armritzen« klassifiziert und damit auf eine Stufe mit demonstrativen Suizidversuchen gestellt, die nicht den Tod, sondern die darüber erhaltende Aufmerksamkeit zum Ziel haben, berichtet die Assistenzärzt*in hier davon, dass der Patient »sich tief geritzt« hat und stellt damit die ernsthafte Suizidabsicht in den Vordergrund. Dass der Patient moribund sei, also im Sterben liegt, wurde zwar in einem Atemzug mit dem Suizidversuch erwähnt, steht aber in keinem engeren Zusammenhang, wie das weitergehende Gespräch zeigt. Er ist dem Tode nahe, weil ihn der »Lebensmut verlassen« hat, das zeigt auch sein Suizidversuch, der nicht »affektgeladen« sondern »bilanzierend« war.[201] Vermutlich ist die wahrgenommene und zugeschriebene Präfinalität ein weiterer Grund dafür, dass der Patient trotz seines Suizidversuchs und seines Sterbewunsches nicht als »wirklich suizidal« wahrgenommen wird. Ihm fehlt nicht nur die zugrunde liegende psychische Störung, um suizidal zu sein, sondern als Todgeweihten fehlt es ihm auch an Leben, das er sich nehmen kann.

> Kurz darauf gehen wir gemeinsam zu Herrn Pascal, um die Oberarztvisite durchzuführen: Die OÄ stellt sich vor und fragt, wie es ihm geht und ob sie was für ihn tun können. Als er nicht (schnell genug) reagiert, fragt Dr. Abels, ob er seinen Lebensmut verloren hat. Er sagt »Ja«. Als Dr. Abels nachfragt, ob er lebensverlängernde Maßnahmen haben will, berichtet die Tochter davon, dass sie am Wochenende eine Patientenverfügung gemacht haben. Sie will, dass er auf die Palliativstation kommt. Dr. Abels meint, dass das nicht gehen würde. Am besten sollte er nach Hause, mit einer Kurzzeitpflege. Dieser Teil des Gesprächs wird halb geflüstert.
>
> Dann kommt die Sozialarbeiter*in in den Raum und die Oberärzt*in fragt nochmal laut und deutlich Herrn Pascal, ob sie was für ihn tun können. Er mein »Ja. Ja.« OA: »Was denn?« »Mir helfen [erst unverständlich]« und als es die OÄ fragend wiederholt »Mir helfen ...«, wiederholt und ergänzt die Tochter »zu sterben«.

In dieser oberärztlichen Visite wird deutlich, dass nunmehr auch die Angehörigen den Sterbewunsch ihres Vaters akzeptieren und unterstützen. Sie haben dafür eine Patientenverfügung aufgesetzt, die Herrn Pascal auch in einer Situation der Entscheidungsunfähigkeit, z. B. wenn er aufgrund seines dehydrierten Zustands nicht mehr klar bei Bewusstsein ist, weiterhin das vermittelte Ent-

---

[201] Die Gültigkeit des Konzepts des »Bilanzsuizids« wird in der Suizidologie infrage gestellt (vgl. Fenner 2008, 111ff.) und meist nur für die subjektive Sichtweise der Suizident*in akzeptiert.

scheidungssubjekt sein lässt.[202] Sein Wille, dass ihm keine Nahrung oder Flüssigkeit zugeführt werden soll, wird durch die Patientenverfügung schriftlich fixiert und stabilisiert. Mit einer Patientenverfügung wird nicht einfach der Wille einer Person festgehalten, sondern gleichzeitig eine ganz bestimmte Form des Willens produziert: »Patientenverfügungen als Ausdruck des jeweils *aktuellen gültigen* Willens zu verstehen setzt (...) voraus, dass dieser als *kohärent* (eindeutig, nicht widersprüchlich), *kontinuierlich* (nicht veränderbar durch existenzielle Erfahrungen wie Sterben oder Koma) und damit der jeweiligen konkreten Situation gegenüber *geschlossen* konzipiert wird« (Graefe 2008, 248). Die nur im juristischen schwarz-weiß gekleideten Möglichkeiten der Patientenverfügung (Zustimmung oder Ablehnung von lebensverlängernden Maßnahmen) können so beispielsweise Herrn Pascals graue, ambivalente Grundhaltung gegenüber dem Sterben nicht wiedergeben. Durch die Patientenverfügung trägt er auch im Moment der Entscheidungsunfähigkeit die vereindeutigte Entscheidungsverantwortung und es herrscht somit (Rechts-)Sicherheit für die Behandelnden und Angehörigen. Bezeichnenderweise unterstützte die Tochter ihren Vater dabei nicht nur in der Verschriftlichung der Patientenverfügung, sondern auch in der Artikulation dieses Wunsches (»zu sterben«) gegenüber der Oberärzt*in.

> Ich frage Dr. Abels später nochmal, was jetzt eigentlich mit Herrn Pascal geplant ist. Sie meint, ihm wird jetzt immer Trinken angeboten, mit Strohhalm und wenn er es nicht kann oder verweigert, dann wird ihm keine IV-Flüssigkeit zugeführt. Als ich das als Sterbehilfe deklariere, korrigiert sie mich, dass das keine Sterbehilfe sei – wenn dann passive Sterbehilfe. So sterben halt Leute, wenn der Lebenswillen weg ist. Verdursten sei auch nicht so schlimm, wie man sich das vorstellt. Der Mund wird ja benetzt und ansonsten döst man irgendwann weg. Sterbebegleitung machen sie hier ja selten, aber in der Somatik sei das gang und gäbe.

Ich habe nach dieser Visite noch einige offene Fragen. Der ganze Prozess des FVNF ist mir unbekannt. Ich stelle es mir außerdem als sehr unangenehmen Sterbeprozess vor und bin überrascht mit welcher Schnelligkeit und Leichtigkeit der Suizid eines Menschen einvernehmlich auf einer psychiatrischen Station verabschiedet werden kann. Die Assistenzärzt*in kommt in eine Verteidigungshaltung als ich diesen Vorgang als Sterbehilfe deklariere: Es sei *passive* Sterbehilfe. Sie antizipiert meine Vorurteile gegenüber dieser Weise des Ster-

[202] Die Patientenverfügung ist eine vertragsartige Willenserklärung, in der festgelegt wird, welchen medizinischen Maßnahmen man unter gewissen Umständen verweigert. Ihre Einführung wurde seit den 1990er von juristischen und medizinischen Verbänden sowie durch die Enquêtekommission »Ethik und Recht in der Medizin« gefordert (vgl. Graefe 2010, 236ff.). Durch das Patientenverfügungsgesetz ist ihr Einsatz seit dem 01.09.2009 gesetzlich geregelt.

bens und versucht mich (wieder aus einer vermeintlich allwissenden Position heraus) gleichzeitig darüber aufzuklären, dass Verdursten »nicht so schlimm« sei, als auch mich von der Alltäglichkeit und Normalität dieser Vorgänge zu überzeugen.[203]

> [13.01.] Als ich morgens ins Stationszimmer gehe, erfahre ich, dass Herr Pascal in der Nacht gestorben ist. Dr. Abels erzählt es gerade am Telefon (ich vermute an das Personal der klinischen Kodierung und des Medizincontrollings): »Diagnose? Tod«. Grund sei »Erlöschen des Lebenswillens« gewesen. Er hat zwar einen Suizidversuch gemacht, aber daran ist er nicht gestorben. Er hat nicht mehr gegessen und nicht mehr getrunken.
>
> In seiner ausrangierten Akte, befindet sich der Leichenschauschein auf dem vermerkt ist: »Diagnose/Todesart: Fortgeschrittenes Prostatakarzinom.« In dem Extrabrief, dem »Vertraulichen Teil«, lese ich hingegen: »Nähere Angaben zur Todesursache und zu Begleiterkrankungen: Aufn. 08.01. wg Suizidversuch (Schnittv. U-Arm); lehnte weitere med. Behandl. ab, PatVerfü, trank nicht mehr«.

Herr Pascal ist nur wenige Tage nach der Aufnahme wegen »akuter Suizidalität« verstorben. Inwieweit für den Tod der Verzicht auf Nahrung und Flüssigkeit ausschlaggebend war, der nur einen Tag vorher beschlossen wurde, lässt sich nicht mit Sicherheit bestimmen. Die ärztliche Einschätzung der Präfinalität findet hier zumindest nachträglich ihre Bestätigung. Sein Tod löst dabei kaum Betroffenheit aus. Während besondere Ereignisse, wie Suizidversuche oder gewalttätige Übergriffe sehr schnell zum Gossip werden, über das sich in vielen offiziellen und inoffiziellen Sitzungen ausgetauscht wird, so wurde ich von keinem weiteren Gespräch über den Tod von Herrn Pascal Zeuge. Einen Tag später beginnt der Fall damit auch schon Geschichte zu werden. Es werden die letzten Übersetzungsversuche dieser Vorgänge in die klinischen und krankenkassenrelevanten Kategorien vollzogen und seine Patientenakte ist auch schon ausrangiert worden. Die Antwort von Dr. Abels, die auf die Frage nach der Diagnose nur die Antwort »Tod« liefert, verweist dabei noch einmal auf die besondere Bewertung dieses Falles. Die Ärzt*in verweigert an dieser Stelle die psychiatrische Diagnostik des Patienten, welche aber die Voraussetzung für die Abrechnung einer stationären Behandlung darstellt. Damit betont sie, dass es sich hierbei um keinen psychiatrischen Fall gehandelt hat. Im Leichenschauschein findet sich noch eine letzte, bemerkenswerte Unterscheidung, welche diese Katego-

[203] Die Bundesärztekammer unterstützt, in ihren *Grundsätzen zur ärztlichen Sterbebegleitung*, die Perspektive, dass die »Nahrungs- und Flüssigkeitszufuhr für Sterbende eine schwere Belastung darstellen können« (BÄK 2004, 277; zit. nach Graefe 2008, 238). In diesem Sinne dient das Verdursten und Verhungern durch den FVNF damit nicht nur dem Ziel des Sterbens, sondern es ist selbst ein humanitärer Akt, der die Qual der Sterbenden verringern kann.

risierung stützt: Der nicht-vertrauliche Brief des Totenscheins bestimmt die Ursache des Todes durch den fortgeschrittenen Prostatakrebs und erwähnt weder den Suizidversuch, noch den FVNF. Der vertrauliche Teil hingegen erwähnt die Vorgänge in aller Kürze. Für die Hinterbliebenen und auch für das Statistische Bundesamt, welche über die Standesämter die Informationen des nicht-vertraulichen Teils für die Bevölkerungsstatistik erhalten, wird hiermit der Tod urkundlich als Folge einer Krebserkrankung dokumentiert. Öffentlich ist dieser psychiatrische Fall, der mit einem Suizidversuch angefangen hat und mit passiver Sterbehilfe geendet hat, damit letzten Endes zu einem Fall eines Krebstoten umgeschrieben worden. Nur in dem vertraulichen Teil, der an das Gesundheitsamt geschickt wird, finden sich noch »nähere Angaben zur Todesursache«, welche den Suizidversuch und die passive Sterbehilfe dokumentieren.

Die Bereiche der Suizidalität, der Suizidprävention und der Sterbehilfe liegen wie die drei Primärfarben bei der additiven Farbmischung übereinander, was im Zentrum zu einem Verlöschen der Farben führt. Der Fall von Herrn Pascal lässt sich durch die Kombination aller drei Bereiche beschreiben. Sein Sterbewunsch führte zu einem Suizidversuch und markierte damit eine Suizidalität, die zu einer psychiatrischen Aufnahme führte. In der suizidpräventiven und psychiatrischen Verarbeitung wurde dieser Fall rekodiert und nach den nötigen Vorkehrungen (wie der Einverständnisproduktion der Familie sowie der vertraglichen Fixierung des Patientenwillens) ein kollektiver Prozess der Sterbehilfe eingeleitet. Der Fall von Herrn Pascal besetzt dabei, in der Metapher der additiven Farbmischung, das Zentrum dieser drei Bereiche, nämlich den Bereich, in dem sich die drei Primärfarben gegenseitig aufheben und in einem weißen Licht verschwinden. Der Patient befindet sich nun im symbolischen weißen Licht am Ende des Tunnels und die drei Farben, die drei Komponenten der Suizidalität, der Suizidprävention und der Sterbehilfe, bringen sich wechselseitig zum Verschwinden. Die anfängliche Suizidalität des Patienten verschwindet in einem natürlichen und vernünftigen Sterbewunsch, die anfänglichen Maßnahmen der Suizidprävention verschwinden in einem Prozess der Sterbebegleitung und schließlich verschwindet auch die Sterbehilfe in ihrer eigenen Passivität sowie der Hervorhebung der karzinomen Verursachung. Es ist das Besondere an diesem Fall, dass er sich in seinem Verlauf durch eine umgreifende Negation kennzeichnet. Der suizidpräventive Auftrag der Psychiatrie wird durch die passive Sterbehilfe genauso negiert wie die Suizidalität des Patienten. Schließlich wird selbst der Prozess der Sterbehilfe negiert, sowohl im Gespräch mit mir, als auch in der Dokumentation. Durch diese umgreifende Negation zeigt sich das *Undo-*

ing der Suizidalität in seinem wahrsten Sinne. Als eine Differenzkategorie kann Suizidalität nicht nur gemacht, sondern auch ungeschehen gemacht werden. Die temporäre Aktualisierung der Suizidalität, die zur Aufnahme geführt hat, konnte durch einen Prozess der Negation zurückgezogen und unterlaufen werden. Wie Hirschauer und Boll (2017, 12) aber treffend feststellen, trägt »[j]edes *doing* einer Unterscheidung (…) das *undoing* – die Verdrängung und Negation – anderer Unterscheidung schon in sich«. Das *undoing suicidality* beinhaltete hier daher das *doing dying* oder das *doing euthanasia*.[204]

Als ich eine Woche später ein längeres Abschlussgespräch mit der Chefärzt*in habe, reden wir lange über die drei schweren Suizidversuche, die im Vorfeld stattgefunden haben (s. Kapitel 6.2.1.). Doch als ich den Fall von Herrn Pascal anspreche, kann sich die Chefärzt*in nicht erinnern, obwohl sie mich sonst mit ihrer Merkfähigkeit und ihrem Wissen über fast jede Patient*in ihrer Klinik wiederholt beeindrucken konnte. Erst als ich den Fall länger schildere, kommt er ihr doch bekannt vor. Doch wir verallgemeinern schnell das Thema, reden über die ethischen und sozialen Probleme bei der gesetzlichen Regelung zur Sterbehilfe, über die palliative Sedierung in der Somatik und das fragwürdige Konzept des Bilanzsuizids. Auch hier scheint der Tod von Herrn Pascal keine Farbe und keine Spuren hinterlassen zu haben. Es scheint ein fast unsichtbarer Vorgang gewesen zu sein, der im Gegensatz zu der ungewöhnlichen Häufung der Suizidversuche, die sehr viel Aufmerksamkeit auf sich gezogen und viele Dinge in den Gang gesetzt haben (Konflikte im Team, Gespräche mit Patient*innen, gesonderte Besprechungen in den Berufsgruppen, eine Morbiditäts- und Mortalitätskonferenz, etc.), ganz still und unbemerkt vonstatten ging. Dabei ist weder das Sterben einer Patient*in, noch die Sterbebegleitung oder passive Sterbehilfe ein normaler Vorgang für eine Station der psychiatrischen Akutversorgung. Es ist also nicht die alltägliche und routinierte Arbeitsnormalität, sondern vielleicht eher eine kollektiv geteilte, normative Auffassung des Sterbens alter und kranker Menschen (»so sterben halt Leute, wenn der Lebenswillen weg ist«), die hier zum Verschwinden dieses Falls beiträgt. In gewisser Weise erlitt der Patient schon vor der Aufnahme seinen sozialen Tod, da er von vornherein in einem terminalen Status wahrgenommen wurde. Im Gegensatz zu der Betroffenheit, die durch die Suizidversuche ausgelöst wurde, besteht hier vielleicht

---

[204] In den meisten indoeuropäischen Sprachen wird nicht streng zwischen den Begrifflichkeiten der Euthanasie und Sterbehilfe unterschieden. Im Deutschen steht der Begriff der Euthanasie in Bezug zu der euphemistischen und zynischen Verwendung im Nationalsozialismus, der die systematische Ermordung psychiatrisch verwalteter Menschen als ›gutes Sterben‹ oder ›guten Tod‹ kaschierte und rationalisierte.

eher Erleichterung und sogar Dankbarkeit, dass dieser Mensch nicht noch weiter leiden musste. Der Suizid wird hier zur willkommenen Erlösung. Erlöst wurde in diesem Prozess dabei nicht nur der Patient von seinem Leid, sondern in gewisser Weise auch die Familie und das psychiatrische Team von ihrer suizidpräventiven und später dann sterbehelfenden Verantwortung.

Anfänglich glich der Fall von Herr Pascal sehr vielen weiteren: Aufgrund einer Selbstverletzung, die in suizidaler Absicht durchgeführt wurde, kommt eine Person durch den Einsatz von Rettungskräften in die stationäre psychiatrische Versorgung. Doch innerhalb kürzester Zeit wurde sein Todeswunsch, durch eine interaktive und performative Herstellungsleistung aller beteiligter Akteur*innen, von einer psychiatrisch behandelbaren Suizidalität zu einer rationalen und physiologischen Lebensmüdigkeit transformiert. Aufgrund seines Alters und seiner körperlichen Erkrankung wurde dieser Patient gänzlich anders behandelt als die normale Suizidpatient*in: Sein Suizid wurde nicht verhindert, sondern ermöglicht und unterstützt. Hier wurde also eine spezifische Form des *un-/doing suicidality* vollzogen, in der nicht die pathologischen und ambivalenten, sondern die rationalen Elemente des Sterbewunsches hervorgehoben wurden. Der psychiatrische Apparat hat sich für diesen singulären Fall rekonfiguriert und seine suizidpräventive Funktion zugunsten einer sterbehelfenden Funktion temporär suspendiert. Im Folgenden soll dieser Einzelfall in einen größeren Rahmen gestellt werden und die konfligierenden Diskurse der *Suizidprävention* und *Sterbehilfe* gegenübergestellt werden. Da die Literatur zum Thema der Sterbehilfe mittlerweile ganze Bibliotheken füllt und diese Debatten die psychiatrische Praxis im Allgemeinen nur vereinzelt tangieren, soll sich im folgenden Abschnitt mit einigen ausgewählten Facetten des Themas begnügt werden, nämlich mit den dialektischen Verschränkungen dieser zwei meist separaten Diskurse.

6.4.2 Die Dialektik von Suizidprävention und Sterbehilfe

> Könnte es nicht sein, dass Sterbehilfe und Beihilfe zum Suizid in Zukunft deshalb zunehmend mehr Akzeptanz und Normalität gewinnen, weil man sich dadurch einen Kosteneinspareffekt im Gesundheitshaushalt verspricht (...)? Oder anders gefragt: 'Lohnt' es sich, in Suizidprävention und Krisenhilfe bei suizidgefährdeten, insbesondere alten Menschen, Mittel zu investieren, die in der Akutmedizin und medizinischen Forschung dringlicher gebraucht werden?
>
> Norbert Erlemeier – *Suizidalität und Suizidprävention im Alter* (2002, 153)

Mit dem Thema der Suizidalität am Lebensende und der Sterbehilfe werden diverse sozialpolitische sowie medizinethische Fragen verhandelt. Es geht um die Rolle der Medizin und Politik in der Gestaltung des Lebens und Sterbens von alten und kranken Menschen, es geht um die Möglichkeiten und Grenzen der Entscheidungs- und Selbstbestimmungsfähigkeit und es geht um die Aushandlung der Differenzen von psychischen und körperlichen Krankheiten. Wie sich mit dem einleitenden Zitat des Psychiaters Norbert Erlemeier zeigen lässt, steht die Sterbehilfe und die Suizidprävention in einem gewissen Spannungsverhältnis zueinander. Erlemeier nutzt hier die Vermittlungsebene der Ökonomie und setzt die jeweiligen Maßnahmen mit der Triage, also durch Kosten-Nutzen-Überlegung in ein Verhältnis. Dabei erscheinen Sterbehilfe und Suizidprävention als zwei Seiten der gleichen Medaille, was auf den ersten Blick alles andere als selbstverständlich ist. Immerhin behandelt die Suizidprävention Maßnahmen zur Verhinderung und die Sterbehilfe Maßnahmen zur Ermöglichung des Suizids. Im Folgenden soll das Verhältnis von Suizidprävention und Sterbehilfe weiter ausgelotet werden.

Betrachtet man die zwei Diskurse der Suizidprävention und der Sterbehilfe, so fällt schnell auf, dass Letzterer wesentlich stärker in der Öffentlichkeit präsent ist (vgl. Woellert 2008, 68).[205] Dies mag zum einen an der einfacheren Identifikationsmöglichkeit mit dem Thema liegen, da ein Szenario, in dem man selbst oder eine Person aus dem sozialen Umfeld Sterbehilfe fordert, vielleicht leichter zu imaginieren ist, als der Fall, dass man selbst oder eine nahestehende Person Suizid begeht. Zum anderen ist Sterbehilfe das ethisch und politisch brisantere Thema, zumindest wird nicht die Suizidprävention, sondern die Sterbehilfe als ethisches und politisches Problem verhandelt. Suizidprävention wird oft als eine ethische Selbstverständlichkeit oder Verpflichtung gewertet (vgl. Wolfersdorfer, Schneider & Schmidtke 2015). Nur an der erzwungenen Suizidprävention, durch Hospitalisierung oder Zwangsbehandlung, gibt es vereinzelte Kritik (Szasz 1986; 2002; 2011; Large et al. 2014). Bezüglich der Sterbehilfe stehen sich hingegen mehrere unvereinbare Positionen gegenüber. Wird Sterbehilfe von der einen Seite als eine medizinisch angeleitete und mit Mitleid rationalisierte Tötung betrachtet, wertet die andere Seite sie als eine humane Form des Sterbens, die die Autonomie und Würde des Einzelnen respektiert (Finzen 2009a,

[205] Als Hinweis darauf kann die Anzahl der Publikationen in wissenschaftlichen Datenbanken, Suchmaschinen und öffentlichen Medien bei den Schlagworten »Sterbehilfe« vs. »Suizidprävention OR Suizid Prävention« gelten. Es gibt in der soziologischen Datenbank GESIS (183 zu 34) und bei der Suchmaschine GOOGLE (1.600.000 zu 255.000) fünf bis siebenmal mehr Einträge für Sterbehilfe als für Suizidprävention. Nur die psychologische Datenbank PSYNDEX (193 zu 1446) zeigt ein umgekehrtes Verhältnis. Für den Bereich der öffentlichen Medien findet man bei der Online-Suchoption der Tagesschau (230 zu 15) oder der FAZ (588 zu 35) verhältnismäßig für jeden Beitrag der Suizidprävention 15 bis 17-mal so viele Einträge für das Thema Sterbehilfe.

38ff.; Wittwer 2020). Diese entgegengesetzten Positionen führen dazu, dass die Debatten rund um Sterbehilfe oft sehr emotional geführt werden.

Bevor sich diesen Debatten genähert werden kann, müssen einige gängige terminologische Unterscheidungen vorgestellt werden: 1. Die *aktive Sterbehilfe* bezeichnet ein zielgerichtetes Handeln von anderen, das auf die Herbeiführung des Todes ausgerichtet ist. Es gibt hierbei Akteur*innen, wie Ärzt*innen oder Sterbehilfevereine, die beispielsweise an der Beschaffung, Bereitstellung und der Vergabe hochdosierter Medikamente beteiligt sind. 2. Die *passive Sterbehilfe* ist hingegen als die Unterlassung oder Reduktion einer Hilfeleistung oder medizinischen Maßnahme definiert, die zum Tode führen wird. Als passive Sterbehilfe gilt beispielsweise der freiwillige Verzicht auf Nahrung und Flüssigkeit (FVNF) oder auch der assistierte Suizid, bei dem z. B. durch Andere ein Medikament bereitgestellt wird, die Einnahme jedoch durch die betroffene Person selbst geschieht. 3. Die *indirekte Sterbehilfe* bezeichnet eine medizinische Linderung der Beschwerden bei gleichzeitiger Inkaufnahme einer potentiellen Lebensverkürzung durch die entsprechende Maßnahme. Die sogenannte palliative oder terminale Sedierung, bei der stark sedierende Medikamente bis zur Bewusstlosigkeit der Betroffenen verabreichet werden, gilt als eine Form der indirekten Sterbehilfe. Doch je nach Intention ist hier eine Abgrenzung zur aktiven Sterbehilfe problematisch (vgl. Rietjens et al. 2008). Vereinzelt wird auch die Frage gestellt, ob es sich bei der palliativen Sedierung nicht um eine versteckte und moderne Form der ,Euthanasie' handelt (vgl. Tännsjö 2004).

Was sich historisch und international abzeichnet, ist eine fortschreitende Liberalisierung der Sterbehilfe. Während im nordamerikanischen und europäischen Raum oft passive und indirekte Formen der Sterbehilfe erlaubt sind, gibt es seit den 1980er und verstärkt ab den 2000er Jahren nunmehr immer mehr Länder, wie die Niederlande, Belgien, Luxemburg, Kanada und Spanien, in denen auch aktive Sterbehilfe durchgeführt wird. Welche Formen in Deutschland erlaubt sind, ist seit Jahren in legislativer und judikativer Verhandlung.

Das Bild des Todes als unberechenbarer und natürlicher Tatsache, die einer eigenen und inneren Gesetzlichkeit folgt, wird durch die Medikalisierung des Sterbens zunehmend infrage gestellt: »Durch die Möglichkeiten der künstlichen Ernährung und Beatmung, der Aufrechterhaltung von Organfunktionen bis zum Ersatz lebenswichtiger Organe werden Zeitdauer und Art des Sterbens weitgehend von medizinischen Entscheidungen bestimmt« (Müller-Busch 2006, 125). Die medizinische Beherrschbarkeit lässt zwar auf der einen Seite Ängste einer unnötigen Herauszögerung und Verlängerung eines qual- und leidvollen Sterbeprozesses aufkommen, weckt auf der anderen Seite Aspirationen einer medizinischen Regulation des Sterbens und eines ‚humanen' und selbstbestimmten Todes. Man könnte sagen, dass gegenwärtig eine Bewegung stattfindet, in der die Vorstellung einer Autonomie des Todes zugunsten eines autonomen Todes abgelöst wird.

Obwohl die Themen der psychiatrischen Suizidprävention und der Sterbehilfe meist separat verhandelt werden, bestehen doch mehrere grundsätzliche Berührungspunkte zwischen diesen Praktiken und Diskursen, von denen im Folgenden drei näher betrachtet werden sollen. (1.) Der erste offensichtliche Berührungspunkt liegt zwischen den Debatten um Sterbehilfe und dem spezifischen Strang der Suizidprävention im Alter. Da alte Menschen als besonders suizidgefährdet gelten, sind sie eine der ausgewiesenen Ziel- und Risikogruppen für suizidpräventive Maßnahmen. Gleichzeitig betrifft der Bereich der Sterbehilfe im Kern gerade die Alterssuizidalität, die nur je nach Position und Bewertung des Einzelfalls verhindert oder als nachvollziehbarer Ausdruck der individuellen Lage der Betroffenen gewertet wird. (2.) Der zweite Berührungspunkt betrifft die psychiatrische Macht in der Entscheidung über die Entscheidungsfähigkeit einer Person. Schließlich fällt der Psychiatrie oft die Aufgabe zu, darüber zu richten, ob der Suizidwunsch irrationalen und psychopathologischen oder rationalen und physiologischen Gründen entspringt. Wird die Suizidalität als Folge einer psychischen Störung verstanden, müsste der Suizid im Prinzip verhindert werden. Wird die Suizidalität hingegen als legitime Lebensmüdigkeit verstanden, kann mit psychiatrischer Autorität eine Art Sterbehilfegenehmigung erteilt werden. (3.) Drittens gibt es eine Begegnung der Diskurse in der argumentativen Gestalt des Widerspruchs. Die Sterbehilfe kann demnach, indem sie die Suizidalität der Betroffenen ernst nimmt, eine wichtige suizidpräventive Funktion übernehmen. Gleichzeitig befürchten andere, dass eine Liberalisierung der Sterbehilfe auch zu einem Anstieg der Suizidraten führen wird.

(1.) Ein sicheres Ergebnis der demographischen Suizidanalysen besteht in dem fast linearen Zusammenhang zwischen dem Alter und der Suizidrate, das auch ungarisches Muster genannt wird. Davon sind Männer in einem besonders starken Maße betroffen. Während die durchschnittliche Suizidrate in der Allgemeinbevölkerung im Jahr 2013 bei 12,5 pro 100.000 Einwohner lag, so lag sie bei Männern bis zum Alter von 70 Jahren unter 25 pro 100.000 Einwohner und von hieran explodiert sie förmlich von 30 (70-75 Jahren), auf 35 (75-80 J.), zu 52 (80-85 J.) und bei über 90-Jährigen auf 81 pro 100.000 Einwohner (während sie bei Frauen im Alter von über 90 Jahren den Höchstwert von 17 pro 100.000 Einwohnerinnen erreicht; vgl. Wolfersdorfer, Schneider & Schmidtke 2015, 1126).

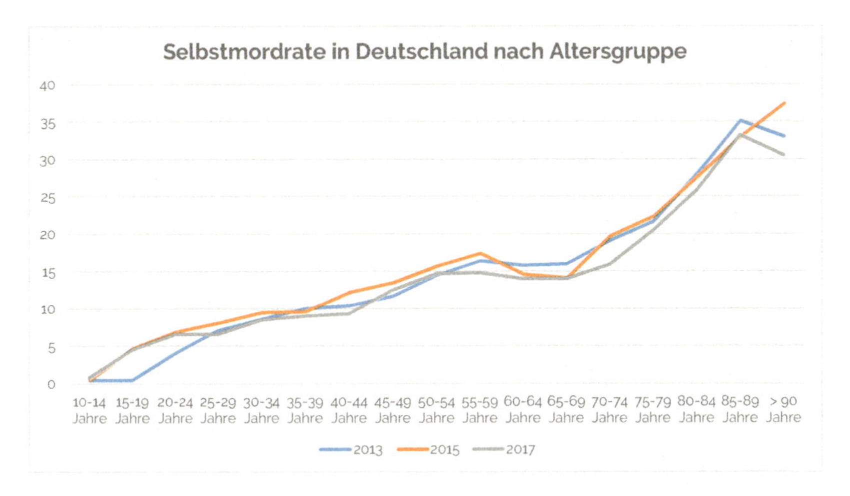

DIAGRAMM 4: SUIZIDRATE IN DEUTSCHLAND NACH ALTERSGRUPPE IN DEN JAHREN 2013 BIS 2017 (SUIZIDE JE 100.000 EINWOHNER*INNEN)[206]

Aus der drastischen Zunahme kann für die psychiatrische Suizidprävention leicht abgeleitet werden, dass alte Menschen und insbesondere alte Männer im Fokus von suizidpräventiven Maßnahmen stehen müssten. Dennoch wird immer wieder bemängelt, dass die Suizidprävention im Alter eine »vernachlässigte Randerscheinung der Gesundheits- und Versorgungspolitik in Deutschland« (Erlemeier & Wirtz 2002, 279; vgl. Lindner et al. 2014, 171ff.) darstellt. Auch auf internationaler Ebene wird dieses Missverhältnis problematisiert: »[S]uicide in old age is a much neglected area. In fact, there is a lack of basic knowledge and training about elderly suicide among clinicians (…), as well as in suicide prevention centers« (Lapierre et al. 2011, 2). Doch es sind nicht nur Suizidpräventionskampagnen oder ambulante Krisendienste, die selten für ältere Menschen ausgelegt sind, sondern es zeigt sich zudem, dass alte Menschen in suizidalen Krisen weniger oft professionelle Hilfe suchen als junge Menschen (Erlemeier & Wirtz 2002, 277).

Doch wo berühren und überlagen sich nun die beiden Diskurs- und Praxisfelder der Suizidprävention im Alter und der Sterbehilfe? So offensichtlich die

[206] Das Diagramm wurde auf Basis der Daten des Statistischen Bundesamtes erstellt. Siehe: Statistisches Bundesamt (2019). Statista-Dossier zum Thema Suizid. https://de.statista.com/statistik/studie/id/23458/dokument/suizid-statista-dossier/ (Zugriff am 09.11.2019).

Nähe zwischen den Bereichen auch scheint, so sehr könnte doch erst einmal eine klare Trennlinie gezeichnet werden. Suizide und der Tod durch Sterbehilfe unterscheiden sich (I.) in der Motivation sowie (II.) in der Wahl der Methode.

(I.) Der Suizid älterer Menschen ist demnach durch psychische Störungen bedingt, die immerhin bei 70-95 % der Betroffenen vermutet werden (vgl. OConnell et al. 2004). Außerdem können viele weitere Faktoren, wie ein niedriger sozioökonomischer Status, ein Gefühl der Unverbundenheit und der sozialen Isolation, Verwitwung und Verlust von Angehörigen, chronische Erkrankungen und Schmerzen, den Entschluss zum Suizid verstärken (vgl. Eisenwort et al. 2007; Conejero et al. 2018). Menschen die Sterbehilfe bekommen, weisen zwar auch oft depressive Zustände auf, doch sie sind meist schwer, chronisch und unheilbar körperlich erkrankt, ihnen wird nur noch eine sehr geringe Lebensdauer prognostiziert und sie leiden an starken körperlichen Schmerzen (vgl. Meier et al. 2003). Daher wird diese Form des Sterbens auch als *rationaler Suizid* bezeichnet (vgl. Gramaglia, Calati & Zeppegno 2019).

(II.) Ist vom Suizid älterer Menschen die Rede oder werden Suizidraten, wie in Diagramm 4, dargestellt, so ist der Tod durch Erhängen, Medikamente, Eröffnung der Pulsadern oder Ähnliches gemeint. Suizidpräventive Maßnahmen im Alter zielen auch in erster Linie auf diese drastischen Formen des Suizids und nicht auf den rationalen Suizid in Gestalt der Sterbehilfe.[207] Andere Methoden des selbstbestimmten Sterbens, wie das Sterben durch private Unterlassungshandlungen (z. B. keine ärztliche Hilfe aufsuchen, Medikamente nicht mehr nehmen, Sterbefasten etc.), terminale Sedierung oder das Abstellen von Beatmungsgeräten, gelten nicht in gleicher Weise als Suizidmethode. Hier werden die Fragen nach der Wesensverwandtschaft oder nach der Differenz zum Suizid (bzw. bei aktiven oder indirekten Formen der Sterbehilfe auch die Verwandtschaft oder Differenz zum Mord) geradezu explizit aufgeworfen (vgl. Broeckaert 2011; Birnbacher 2015; Lipuma 2013).

Doch so klar diese Trennlinie zwischen der Alterssuizidalität und der Sterbehilfe auf den ersten Blick scheint, so sehr löst sie sich bei näherer Betrachtung wieder auf. Wie sich in der Einzelfallanalyse zeigen ließ, ist eine Kategorisierung der Suizidalität alter Menschen auch ein performatives Produkt der Beteiligten und kann so zwischen einer krankheitsbedingt-irrationalen und einer altersbedingt-rationalen Bewertung changieren. Anfänglich wird der Unterarmschnitt von Herrn Pascal von seinen Angehörigen, dem Rettungsdienstpersonal und der aufnehmenden Psychiater*in klar als Suizidversuch kategorisiert und als Symptom einer psychischen Störung verstanden. Doch durch die Überzeugungs-/Arbeit des psychiatrischen Teams verschwindet innerhalb kürzester Zeit diese Kategorie der Suizidalität und wird durch den Ausdruck eines nachvollziehbaren und kollektiv unterstützten Sterbewunschs ersetzt.

Auch eine Trennung anhand der Suizidmethoden lässt sich nicht in letzter Konsequenz aufrechterhalten. Bei einigen Methoden der Sterbehilfe, wie der

[207] Was sich auch daran zeigen lässt, dass auch in den psychiatrischen Werken zur Suizidprävention im Alter über Sterbehilfe aufgeklärt wird und die (ethischen) Grenzen der Suizidprävention diskutiert werden (vgl. Lindner 2014).

selbstständigen Einnahme einer letalen Dosis an Medikamenten, ist die Unmöglichkeit einer Unterscheidung zu klassischen Suizidmethoden offensichtlich, da die gleichen Methoden auch für den pathologisch motivierten Suizid verwandt werden. Der Tod durch Abstellen medizinischer Technologien, durch die Reduktion einer medizinisch-pflegerischen Behandlung oder eine potentielle Verkürzung des Lebens durch eine palliative Sedierung im Allgemeinen und bei nicht mehr geschäfts- und einwilligungsfähigen Personen im Besonderen ist hingegen sicherlich ein rechtlicher und ethischer Spezialfall. Doch solange dieses Sterben durch eine Freiwilligkeitskonstruktion (z. B. durch Verweis auf den vorab schriftlich fixierten Willen der Betroffenen) getragen wird – in dem Sinne, dass das Geschehen als selbstbestimmte Handlung der Betroffenen gewertet wird, die das Ziel hat, den Tod herbeizuführen – muss auch dieser Tod als Suizid gewertet werden und das unabhängig davon, wem die Tatherrschaft zugeschrieben wird. Für die Praktiken und Diskurse der Suizidprävention und der Sterbehilfe folgt daraus, dass ein kompliziertes und nicht gänzlich auflösbares Spannungsverhältnis besteht. Engagieren sich einige psychiatrische Gesellschaften, wie die »Arbeitsgruppe Alte Menschen« der *Deutschen Gesellschaft für Suizidprävention* (vgl. Lindner et al. 2014) oder die »Special Interest Group - Suicide Among Older Adults« der *International Association for Suicide Prevention* (vgl. Erlangsen et al. 2011; Lapierre et al. 2011), gerade für die Prävention von Suiziden im Alter, so gibt es andere öffentliche und zivilgesellschaftliche Akteure, wie die *Deutsche Gesellschaft für Humanes Sterben*, *DIGNITAS-Deutschland e.V.*, *Exit International* oder die *World Federation of Right to Die Societies*, die für eine Liberalisierung der Sterbehilfe eintreten.

Den Nexus zwischen der Suizidprävention und der Sterbehilfe bildet das Konzept der *rationalen Suizidalität*, das selbst im striktesten psychiatrischen Verständnis gegeben ist. So wird zwar in jeglicher psychiatrisch-suizidologischer Literatur die hohe Prävalenz psychischer Störungen in der Suizidalität hervorgehoben, doch stellt eine psychische Störung erstens keine ausreichende Bedingung dar, um einer Person gänzlich jede autonome Entscheidungsfähigkeit abzusprechen und zweitens bleibt in allen statistischen Angaben ein nicht-psychopathologisch begründbarer Rest bestehen. Die gängigste Schätzung, dass 80-90 % aller Suizide durch psychische Störungen bedingt sind, lässt immerhin 10-20 % übrig, in denen der Suizid sich folglich nicht psychiatrisch begründen lässt. Dieser Rest wird in der psychiatrischen Literatur selten überhaupt thematisiert. Diese Sprachlosigkeit verweist auf das Andere des psychiatrischen Verständnisses der Suizidalität, das im Bereich der Sterbehilfe in Form der rationalen Suizidalität eine Gestalt erhält. Weiterhin stellen die Belastungsstörungen (also besonders die akute Belastungsreaktion und die Anpassungsstörung), welche in der *Klinik Doppelgipfel* immerhin an dritter Stelle aller Diagnosen stand, die mit Suizidalität in Verbindung standen (nach Depression und Alkoholismus; vgl. Kapitel 4.2), auch nach psychiatrischer Auffassung eine normale Reaktion auf außergewöhnliche Umstände dar. Da die Belastungsstörungen keine psychischen Störungen darstellen, erscheint die Suizidalität hier hinter der psychiatrischen ICD-Kodifizierung ebenfalls in einer ‚rationalen' Gestalt.

(2.) Suizidprävention gilt als geboten, wenn die Selbstbestimmungsfähigkeit des Menschen krankheitsbedingt eingeschränkt ist (vgl. Lindner et al. 2014, 133ff.). Es obliegt der medizinischen und gerade an den Schnittstellen auch der psychiatrischen Verantwortung zu entscheiden, ob diese Fähigkeit eingeschränkt ist oder nicht. In den Ländern, in denen aktive Sterbehilfe erlaubt ist, zeigt sich das in den formalen Richtlinien der Verfahren, in denen psychiatrische Gutachten die grundlegende Bedingung für die Durchführung einer aktiven Sterbehilfe sind, wenn ein Verdacht auf eine psychische Störung besteht (vgl. McCormack & Fléchais 2012). Doch tatsächlich wird nur ein Bruchteil der Menschen (abhängig von der Region betrifft es ca. 3-5 %), die aktive Sterbehilfe beantragen und bewilligt bekommen, psychiatrisch beurteilt (vgl. ebd.; Kelly & McLoughlin 2002). Daher wird aus psychiatrischer Perspektive gefordert, dass die Psychiatrie eine größere Rolle im Prozess der aktiven Sterbehilfe einnehmen sollte (vgl. Ryan 1995; Macleod 2012; Rave 2011, 177). In einem besonderen Fall zeigt sich die Problematik aber in Ländern wie der Schweiz, Belgien oder den Niederlanden, in denen mittlerweile auch Sterbehilfe bei Menschen durchgeführt wird, die ausschließlich an psychischen Erkrankungen leiden. Zwar wird den Anträgen aufgrund von psychischen zu körperlichen Erkrankungen im Verhältnis wesentlich seltener stattgegeben (in den Niederlanden bspw. im Verhältnis von 2 % zu 34 % aller Anträge; vgl. Groenewoud et al. 1997), doch steigt die Anzahl der Fälle in den letzten Jahren kontinuierlich an (vgl. Kim et al. 2016; Dierickx et al. 2017). Hier tauchen dann Fragen auf, inwieweit sich chronische Depressionen, schwere Traumata, Schizophrenien oder ähnliches auf die Entscheidungsfähigkeit der Betroffenen auswirken und wo die Grenzen zu ziehen sind, wem die Möglichkeit einer Strebehilfe gewährt wird und wem nicht. Besonders Sterbehilfe für Kinder, Jugendliche und junge Erwachsene sorgt immer wieder für fachinterne und öffentliche Debatten (vgl. Siegel, Sisti & Caplan 2014;

Kaczor 2016).[208] Menschen mit psychiatrischen Diagnosen, die eine aktive Sterbehilfe beantragen, müssen durch speziell ausgebildete Ärzt*innen oder Psychiater*innen begutachtet werden. Nach den Richtlinien der *Niederländischen Psychiatrischen Vereinigung* (Nederlandse Vereniging voor Psychiatrie) wird in jedem Fall unabhängige psychiatrische Konsultation empfohlen. Psychiater*innen tragen nur dann die alleinige Verantwortung, wenn eine Patient*in während einer Behandlung nach aktiver Sterbehilfe verlangt – in allen anderen Fällen, in denen sie nur zur Konsultation hinzugezogen werden, liegt die Endverantwortung in den Händen der Behandler*innen (Tholen et al. 2009, 23). Den Richtlinien zufolge ist die Sterbehilfe bei Menschen mit psychischen Störungen dann angemessen, wenn (I.) der Entschluss freiwillig und wohlüberlegt ist, (II.) ein unerträgliches und aussichtsloses Leiden vorliegt und (III.) es keine anderen Handlungsoptionen mehr gibt (ebd., 67). Viele derjenigen Menschen, die an psychischen Störungen litten und bei denen aktive Sterbehilfe durchgeführt wurde, waren in ihrem Leben schon einmal oder mehrfach in stationärer psychiatrischer Behandlung (ca. 80 % der Betroffenen in Belgien) und haben einen oder mehrere Suizidversuche in der Vergangenheit unternommen (52 % der Betroffenen in Belgien; vgl. Kim et al. 2016, 364). Die tatsächliche Begutachtungspraxis kann dabei im Einzelfall zu gravierenden Problemen führen, da auch hier das Patientenrecht der freien Arztwahl bestehen bleibt und es kein allgemeines Register für die Sterbehilfeanträge gibt.[209]

Auch in Deutschland liegt es in medizinischer Verantwortung, nicht nur den Willen, sondern auch die Entscheidungsfähigkeit der Betroffenen zu ermitteln, die sich für eine passive oder indirekte Form der Sterbehilfe aussprechen. Wenn der Wille nicht klar festgelegt wurde, ist die Ärzt*in in der Verpflichtung,

[208] Bei Kindern und Jugendlichen bezieht sich die Sterbehilfedebatte derzeit ausschließlich auf schwerste körperliche Erkrankungen. Doch die zentrale Frage, ob sie über einen emotionalen und kognitiven Entwicklungsstand verfügen, um eine solche Entscheidung treffen zu können, ist eine andere Variation der Frage, ob psychische Erkrankungen die Entscheidungsfähigkeit einer Person einschränken.

[209] Auf einem Symposium zu »Suicide prevention and assisted suicide in the elderly« auf dem *Weltkongress für Psychiatrie* in Berlin 2017 stellte der Schweizer Psychiater Florian Riese beispielsweise den Fall einer 45-jährige Frau mit einer diagnostizierten Borderline Persönlichkeitsstörung vor. Während eines stationären psychiatrischen Aufenthalts musste die Patientin von der Station, auf der sie behandelt wurde, auf eine andere verlegt werden. Obwohl es dafür triftige klinikinterne Gründe gab, fasste sie es als persönlichen Angriff auf und reagiert nach dem Muster: »Sie wollen mich nicht, also will ich sie auch nicht mehr.« Nach ihrer Entlassung unternahm sie ein »Ärzt*innenhopping«, um die zwei notwendigen Gutachten für eine direkte Sterbehilfe zu erhalten. Bevor sie sich dann drei Monate später das Leben nahm, nutzte sie ihre psychiatrische Sterbehilfebewilligung zur »dysfunktionalen Kommunikation« mit der Klinik und kündigte ihren Suizid weiterherum nach dem Motto an: »Schaut, wozu ihr mich getrieben habt«. Nachträglich ließ sich rekonstruieren, dass sie mindestens 15 verschiedene Psychiater*innen gesehen hat, bis sie die zwei ‚positiven' psychiatrischen Gutachten für die aktive Sterbehilfe zusammenbekommen hat.

diesen Willen soweit möglich zu ermitteln und dementsprechend zu handeln. Selbst wenn der Wille durch eine Patientenverfügung festgelegt wurde, liegt es letztlich dennoch im Ermessen der Ärzt*in, bei gewichtigen Gründen, z. B. bei hinreichendem Verdacht auf eine eingeschränkte Entscheidungsfähigkeit beim Verfassen der Patientenverfügung, von diesem fixierten Willen abzuweichen. Darüber hinaus hat die Ärzt*in zum einen die Pflicht zu überprüfen, ob der festgelegte Wille der Patientenverfügung weiterhin dem aktuellen Willen der Patient*in entspricht und zum anderen die abstrakte Erklärung der Patientenverfügung in Bezug auf die jeweilige konkrete Situation zu übersetzen. Je größer der Abstand zwischen der spezifischen medizinischen Situation und des ‚versteinerten' Willens ist, desto größer ist auch der Spielraum für die ärztliche Entscheidung. Schließlich darf man beim Verfassen der Patientenverfügung nicht in seiner Entscheidungsfähigkeit beeinträchtigt sein. Bei psychischen Störungen rät Finzen (2009b, 3) daher dazu, dass man sich ärztlich bescheinigen lässt, »dass man beim Abfassen der Verfügung bei ‚klarem Verstand' ist«. Auch hier bleibt es letztlich im Ermessen der Ärzt*in, zu entscheiden, ob die Selbstbestimmungsfähigkeit zum Zeitpunkt des Verfassens vorhanden war. Diese beinhaltet nach Vollmann (2012, 27) folgende Kriterien: »Informationsverständnis; Urteilsvermögen; Einsicht einer psychischen Störung; Einsicht einer Behandlungsmöglichkeit; Fähigkeit, eine Entscheidung zu treffen und zum Ausdruck zu bringen«. Die Patientenverfügung wurde für eine gesetzlich abgesicherte Reglementierung des Sterbens bei entscheidungsunfähigen Personen eingeführt. Doch ihr Geltungsbereich erstreckt sich auch auf den psychiatrischen Bereich und das nicht nur für den Fall der Sterbehilfe. Die Einführung der Patientenverfügung hat auch zu einer erneuten Verhandlung über Zwang und Autonomie in der Psychiatrie geführt (vgl. Meier-Allmendinger 2009; Borasio 2012). Betroffenenverbände haben sich im Zuge der gesetzlichen Neuregelung zusammengeschlossen (unter der Schirmherrschaft der *Bundesarbeitsgemeinschaft Psychiatrie-Erfahrener e.V.*) und eine eigene Version der Patientenverfügung unter dem Namen der *PatVerfü* herausgegeben.[210] Die PatVerfü können psychisch erkrankte Personen in gesunden und somit ‚rationalen' Phasen aufsetzen, um sich vor etwaigen zukünftigen Zwangsbehandlungen zu schützen. Zusätzlich sollen in der PatVerfü noch Vorsorgebevollmächtigte ernannt werden, welche als rechtliche Stellvertretung im Namen der Betroffenen sprechen und entscheiden können. Dies führt in der Praxis »zu klinisch und ethisch schwieri-

[210] Nähere Informationen unter https://www.patverfue.de/ (Zugriff am 17.07.2021)

gen Situationen«, in denen »Patienten zunächst weder aus dem psychiatrischen Krankenhaus entlassen noch psychiatrisch behandelt werden [können]« (Gather et al. 2016, 207). Doch der Geltungsbereich der PatVerfü hat gewisse Grenzen. Die Psychisch-Kranken-Gesetze sind, wie Finzen (2009b, 2) darlegt:

> in ihren Unterbringungsbestimmungen in Wirklichkeit Sicherheits- und Ordnungsgesetze (...). Sie mögen auch dem [sic] Schutz der Betroffenen zum Ziel haben, sie dienen zugleich aber – ähnlich den alten Polizeigesetzen – der Aufrechterhaltung von Sicherheit und Ordnung. Bei vorhandener oder amtlich bestätigter ‚Fremdgefährdung' greifen diese Bestimmungen – Patientenverfügung hin oder her – nach wie vor.

Auch bei vorhandener akuter Selbstgefährdung stehen die Psychisch-Kranken-Gesetze über dem schriftlich verfügten Willen der Patient*in.[211] Doch in den entsprechenden Gesetzestexten wird nicht zwischen rationaler und irrationaler Suizidalität unterschieden (vgl. Pollmächer et al. 2015). In einem Grenzbereich, beispielsweise bei körperlich erkrankten Menschen in einem präfinalen Zustand, die ebenso an einer Depression leiden, stehen die rechtlichen Anforderungen im Konflikt. Hier verdoppelt sich auf gesetzlicher Ebene der Konflikt der zwei medizinischen Maximen, die am Lebensende aufeinandertreffen: Das Mandat, Leben zu schützen und zu erhalten, kann hier im Widerspruch zu dem Prinzip stehen, nicht entgegen dem Willen der Betroffenen zu handeln. Im Einzelfall – und das zeigt sich auch im Fall von Herrn Pascal – liegt es auch in der Macht der Medizin oder Psychiatrie zu entscheiden, welcher Maxime und welchem Gesetz gefolgt wird.

(3.) Ein letzter Berührungspunkt der Praktiken und Diskurse der Suizidprävention und Sterbehilfe findet sich in dem Paradox, dass die Sterbehilfe eine suizidpräventive Funktion erfüllen kann. In Fallbeschreibungen und Psychiatrie-Ethnographien finden sich vereinzelt Beispiele von paradoxen Interventionen mit suizidalen Patient*innen. Rhodes (1991, 161ff.) beschreibt beispielsweise die Behandlung eines obdachlosen, psychotischen und suizidalen Patienten, der von seinem Psychiater fordert, dass er ihn mit einer Spritze umbringen soll. Da das psychiatrische Team sich auf das Spiel einlässt, mobilisiert das einige ‚letzte' Taten des Patienten (so z. B. die Kontaktaufnahme mit der Familie, um sich bei ihnen zu entschuldigen), die den Patienten letztlich dazu bringen sich doch nicht das Leben nehmen zu wollen. Auch im Werk von Nicholas Cummings, der im Jahr 1979 Präsident der *American Psychiatric Association* war, finden sich

[211] Bezogen auf einen Fall schreibt Roßbruch (2006, 4): »Auch einem psychisch Kranken muss allerdings in gewissen Grenzen die ‚Freiheit zur Krankheit' belassen bleiben. Soweit aber – wie hier – die gegenwärtige Gefahr einer Selbsttötung besteht, sind diese Grenzen offensichtlich überschritten und der Staat befugt, den kranken Menschen vor sich selbst zu schützen.«

mehrere Fallbeispiele, in denen er Patient*innen eine Zyankalikapsel zur Verfügung stellte, um ihre suizidale, nach innen gerichtete Aggression zu externalisieren und sie damit vom Leben zu überzeugen (vgl. Thomason 2012). Solche paradoxen Interventionen werden in der klinischen Praxis sicherlich extrem selten angewandt, da sie erhebliche Risiken bergen.[212] Doch sie offenbaren eine praktische Relevanz der Möglichkeit der Sterbehilfe: Wenn die Suizidalität als solche ernst genommen wird und tatsächlich die Möglichkeit für einen Suizid bereitgestellt wird, so kann dies dazu führen, dass für die Betroffenen der Suizid als Möglichkeit verschwindet.

Im medizinischen und psychiatrischen Diskurs begegnet man diesem Argument immer wieder (vgl. Erlemeier 2002, 153; Naudts et al. 2006, 408; Verhofstadt el al. 2019, 155). In den Ländern, in denen aktive Sterbehilfe legalisiert ist, müssen sich die Betroffenen einem aufwendigen medizinisch-psychiatrischen Begutachtungsprozess aussetzen, an dessen Ende entschieden wird, ob sie einen ärztlich assistierten Suizid erhalten oder nicht. Selbst wenn der Antrag in erster Instanz abgelehnt wird, ist das nicht überall das letzte Ergebnis des Prozesses. In den Niederlanden gibt es beispielsweise seit 2012 die sogenannte *End Of Life Clinic* (Levenseindekliniek), welche die Sterbehilfeanträge von denjenigen bearbeitet, deren Hausarzt den Antrag abgelehnt hat. Hier wird ungefähr ein weiteres Viertel aller Anträge schließlich dennoch bewilligt (vgl. Snijdewind et al. 2015). Das Argument für die aktive Sterbehilfe ist dann, dass für diejenigen, deren Antrag abgelehnt wird, der ganze Prozess dennoch suizidverhindernd wirken kann. Denn der Wunsch zu sterben wird als solcher ernst genommen, intensiv und professionell überprüft, mit medizinischer Autorität abgelehnt und den Betroffenen schließlich Alternativen, wie eine psychiatrisch-psychotherapeutische Behandlung, aufgezeigt.[213] Demnach stellt die Suizidprävention sogar das hauptsächliche Argument für eine aktive Sterbehilfe mit psychiatrischen Patient*innen dar: »A liberal approach to assisted suicide may thus prevent irrational suicide« (Kerkhof 2000, 452). Von ähnlichen Erfahrungen berichten auch Palliativmediziner*innen: Viele Menschen fürchten einen langwierigen und schmerzhaften Sterbeprozess und bitten daher ihre Ärzt*innen um ein Mittel zum Sterben oder machen Pläne, in die Schweiz zu fahren und sich

[212] Bei Rhodes (1991, 163) wird die Frage gestellt, ob sich der Patient aus Angst vor der aktiven Sterbehilfe nicht suizidieren könnte und bei Cummings bestand natürlich die Gefahr, dass die Patient*innen tatsächlich die Zyankalikapsel schluckten (vgl. Thomason 2012, 13).

[213] Dass die meisten Betroffene den Suizidwunsch nach einer Ablehnung nicht aufgeben und sich einige auch suizidieren, wäre ein Gegenargument für die suizidpräventive Wirkung der Sterbehilfe (vgl. Pasman, Willems & Onwuteaka-Philipsen 2013).

dort von einem Sterbehilfeverein helfen zu lassen. Werden diese Patient*innen nun aber über die Möglichkeit einer palliativen Sedierung aufgeklärt, können die Suizidwünsche und Suizidtourismuspläne verschwinden. So schreibt etwa Sitte (2015, 153): »[A]us meiner eigenen Erfahrung heraus scheint es im ehrlichen, intensiven, verlässlichen Austausch mit dem Patienten suizidpräventiv zu sein, ihm Wege offen zu lassen und gegebenenfalls auch aufzuzeigen, wie er sich denn wirklich das Leben selbst nehmen könnte, wenn er es denn wirklich selbst wollte.« Auch Advokaten der Sterbehilfe, wie Phillip Nietschke, vertreten die Ansicht, dass eine Suizidmaschine wie der Exit-Bag[214] das Leben von terminalen Kranken verlängern wird, da sie damit ein Gefühl der Kontrolle über ihre Zukunft zurückerhalten: »That idea of giving people access to a means of feeling that they're back in control of this issue is actually a way of prolonging life (...) It may seem paradoxical, but what we find is when people feel that they're back in control, they're less likely to do desperate things in desperate ways«.[215] Doch so weit verbreitet diese Argumentationsstruktur auch ist, bleibt sie doch umstritten. Gerade der korrelative Zusammenhang zwischen der allgemeinen Suizidrate und der Sterbehilferate wird als Beleg für oder gegen einen suizidpräventiven Effekt der Sterbehilfe angeführt. Während die Suizidraten in einigen US-amerikanischen Staaten und in den Niederlanden seit der Einführung der aktiven und assistierten Sterbehilfe angestiegen zu sein scheinen (vgl. Jones & Paton 2015; Boer & Lic 2017), so scheint die Suizidrate in Belgien, der Schweiz und Luxemburg hingegen eher zu fallen (vgl. Lowe 2017). Wie in Kapitel 6.2.2. zur Ansteckung der Suizidalität besprochen wurde, gibt es auch das diametrale Argument: Durch die Enttabuisierung des Suizids, die mit einer Liberalisierung der Sterbehilfe einhergeht, entfallen auch die protektiven Aspekte des Tabus. Der Suizid kommt damit eher in ein Feld des Sag- und Machbaren und durch die Mechanismen der sozialen Ansteckung der Suizidalität führt die Sterbehilfe

[214] Suizidmaschinen sind nicht nur ein wiederkehrendes Thema in der Popkultur (und werden so in Serien wie *Futurama*, *The Simpsons* oder *Star Trek* aufgegriffen), sondern ihre tatsächliche Entwicklung und Vermarktung ist seit den 1990er Jahren ein Bestandteil der Arbeit von Sterbehilfeaktivisten wie Jack Kevorkian, John Hofsess und Philip Nitschke. Entscheidend an Suizidmaschinen ist nicht, dass sie einen schnellen und schmerzfreien Tod ermöglichen, sondern dass die Betroffenen die Tatherrschaft über den Sterbeprozess erlangen. Indem nur noch ein Knopf gedrückt oder eine Tüte über den Kopf gezogen werden muss, werden die juristischen und ethischen Probleme der aktiven Sterbehilfe umgangen. Da Suizidmaschinen sozialwissenschaftlich bisher unerforscht sind und sich die medizinischen Diskussionen primär auf die körperlichen Folgen und möglichen Komplikationen solcher Suizidmethoden konzentrieren, bildet Wikipedia die zur Zeit beste Quelle zu dem Themenkomplex (https://en.wikipedia.org/wiki/Euthanasia_device sowie https://en.wikipedia.org/wiki/Suicide_bag; Zugriff am: 26.11.2019).
[215] Aus einem Interview Nietschkes mit ABC News. Zu finden unter: https://www.abc.net.au/news/2008-12-18/nitschkes-suicide-machine-slammed/243744 (Zugriff am: 11.01.2019).

dann nicht zu einer Suizidprävention, sondern zu einer Suizidpromotion (vgl. Kheriaty 2015). Das sogenannte Argument der schiefen Ebene, das besagt, dass eine Liberalisierung der Sterbehilfe zu vielen weiteren negativen Folgen führen wird, beinhaltet eben auch das Argument einer verstärkenden Interferenz der Sterbehilfe auf die allgemeine Suizidalität (vgl. Daub 1994, Guckes 1997).

Zusammenfassend kann also konstatiert werden, dass zwischen den Praktiken und Diskursen der Suizidprävention und der Sterbehilfe mannigfaltige und komplexe Berührungspunkte bestehen. Sie stehen sich nicht nur in Form eines Widerspruchs gegenüber, wenn es darum geht den ›selbstbestimmten‹ Tod alter Menschen zu verhindern oder zu ermöglichen, sondern interferieren auch miteinander. Sie sind dialektisch ineinander verschränkt: Sie widersprechen sich und scheinen sich in gewissen Punkten gegenseitig aufzuheben. Gerade im letzten Punkt konnte gezeigt werden, inwieweit der Sterbehilfe eine suizidpräventive oder aber auch eine suizidverstärkende Funktion zugeschrieben wird. Hier erscheinen die sonst so disparaten und antagonistischen Bereiche in einer produktiven und wesentlichen Weise aneinandergekoppelt. Suizidprävention im Alter beinhaltet stets ein diskursives Element, das bei der ›normalen‹ Suizidprävention ausgespart bleibt, nämlich das Sterben. Ist der Diskurs der Suizidprävention auf das Leben ausgerichtet, so muss er bei den Todeswünschen alter und kranker Menschen ebenso die Themen des Sterbens und des unvermeidlichen Todes integrieren. Sobald das Sterben als natürliche Unvermeidlichkeit einbezogen wird, kann die Bewertung und Verarbeitung der Suizidalität von Suizidprävention in Suizidassistenz umschlagen und zwar durch einen Prozess, den ich im folgenden Kapitel als Physiologisierung der Suizidalität definieren möchte.

6.4.3 Die Physiologisierung der Suizidalität

Der Begriff der Pathologisierung ist in der zweiten Hälfte des 20. Jahrhunderts aufgekommen und hat sich seit den 1980er Jahren besonders in den Bereichen der Geschlechtlichkeit und Sexualität (z. B. die Pathologisierung von Homosexualität, Weiblichkeit, Transsexualität etc.) aber auch im Bereich der allgemeinen Medizin- und Psychiatriekritik (z. B. Pathologisierung atypischer Lebensweisen, Handlungen und Erfahrungen, wie Fettleibigkeit, Stimmenhören) zu einem Kampfbegriff entwickelt, der die diagnostische Kultur kritisiert und die medizinische Deutungshegemonie infrage stellt (vgl. Conrad 2007; Tosh 2014; Groß et al. 2015; Brinkmann 2020).

Ich möchte auf den gegenteiligen Prozess aufmerksam machen und hierfür den Begriff der *Physiologisierung* (physiologisch im Sinne der altgriechischen Etymologie *phýsis* »Natur« im Sinne von »natürlich«, »natürliche körperliche Beschaffenheit« oder »den natürlichen Lebensvorgängen entsprechend«) einführen, der als Antonym im Konzept der Pathologisierung schon impliziert angelegt ist. Unter Physiologisierung verstehe ich die Re-/Interpretation von Verhältnissen, Handlungen, Erlebnissen, Gefühlen und Denkweisen als ‚natürliche' körperliche Gegebenheiten oder Vorgänge. Sie ist also eine spezifische Form der Entpathologisierung, in der jene durch eine Betonung der körperlichen Natürlichkeit bzw. der körperlichen Bedingtheit vollzogen wird. Die Physiologisierung weist Verhältnisse und Prozesse nicht als gesund aus, wie die Pathologisierung sie als krank ausweist, sondern sie schreibt ihr eine körperliche Normalität zu, wie die Pathologisierung eine Normabweichung markiert. Die Physiologisierung verstehe ich somit als einen Prozess der dezidiert körperbezogenen Normalisierung und Rationalisierung.[216]

Der Prozess der Physiologisierung der Suizidalität konnte in der psychiatrischen Behandlung und Verarbeitung der Suizidalität von Herrn Pascal beobachtet werden. Hier kam der Moment des Umschlagens in den Blick, in der die Beurteilung von einer psychopathologisch motivierten und somit behandlungswürdigen Suizidalität in eine, seinem präfinalen körperlichen Alters- und Leidenszustand entsprechende, nachvollziehbare, rationale und in diesem Sinne physiologische Suizidalität wechselte. Die Physiologisierung der Suizidalität ist somit eine spezifische Unterform des *Undoing* der Suizidalität. Hier verschwindet die Suizidalität der Betroffenen in einem ‚normalen' körperlichen Sterbeprozess, zu dem nicht nur die Wünsche nach dem eigenen Tod gehören können, sondern auch passive Unterlassungen oder aktive Handlungen, die

[216] Ob dieses Konzept der Physiologisierung auch auf andere Bereiche übertragen werden kann, müsste in weiteren Arbeiten untersucht werden. Vorstellbar scheint mir beispielsweise es im Bereich der Abhängigkeit anzuwenden. Beim alleinigen Fokus auf körperlich süchtig machende Inhaltsstoffe, wie dem Nikotin beim Tabakkonsum, könnte vielleicht auch von einer *Physiologisierung der Sucht* gesprochen werden. Dabei sollte schon allein der mangelnde Erfolg von alternativen Nikotinapplikationsformen (wie Pflastern, Kaugummis, Sprays, etc.) in der Rauchentwöhnung ein Hinweis darauf sein, dass nicht dieser Stoff allein die Sucht ausmacht, sondern komplexe psychologische und soziale Gründe die Sucht bedingen (vgl. Heishman 1999). Anderweitig könnten vielleicht auch die Stimmungsschwankungen, die im Rahmen des Prämenstruelles Syndroms (PMS) auftreten und die ausschließlich biologisch über hormonelle Veränderungen erklärt werden, als eine Form der *Physiologisierung der Weiblichkeit* beschrieben werden, welche z. B. habituell- und sozialisationsbedingte Faktoren der emotionalen Sensibilität und des emotionalen Ausdrucks oder auch eine gewisse soziale Reziprozität vernachlässigt. Es wird z. B. angenommen, dass die psychologischen Symptome der PMS durch das Tabu der Menstruation verstärkt werden, da es allgemein an Aufklärung und sozialer Akzeptanz mangelt (vgl. Zendehdel & Elyasi 2018).

diesen Prozess beschleunigen. Die Pathologisierung der Suizidalität geht mit einem Absprechen der Handlungs- und Entscheidungssouveränität einher. Die Suizidalität ist im psychiatrischen Sinne zumeist durch eine gewisse Grunderkrankung motiviert und kein Ergebnis einer wohlüberlegten und freien Entscheidung. Wieder die vielzitierte Formel von Ringel (1953) aufgreifend, stellt der Suizid den Abschluss einer krankhaften psychischen Entwicklung dar, was die Suizidalität klar als Symptom einer psychischen Erkrankung ausweist. Die Physiologisierung der Suizidalität geht hingegen mit einer Zuschreibung der Handlungs- und Entscheidungssouveränität einher. Die Lebensüberdrüssigkeit und die Suizidwünsche der Betroffenen gelten hier als rational nachvollziehbare Konsequenz ihrer körperlichen Verfassung. Der Entschluss Sterben zu wollen, ist an dieser Stelle nicht mehr Resultat einer krankhaften psychischen Entwicklung, sondern Resultat einer freiwilligen, bilanzierenden und ausgewogenen Entscheidung, welche durch einen perspektivlosen und unerträglichen körperlichen Zustand motiviert ist.

Wie sich auch in der Einzelfallanalyse gezeigt hat, ist die sogenannte Patientenverfügung ein wichtiges Werkzeug, um diese Entscheidung der Betroffenen zu artikulieren, zu fixieren und zu entambiguisieren. Mit der Patientenverfügung wird Betroffenen auch im Zustand der Handlungs- und Entscheidungsunfähigkeit eine gewisse Handlungs- und Entscheidungssouveränität zugeschrieben respektive die Betroffenen schreiben diese sich wortwörtlich selber zu. In seiner klinischen Bedeutung ähnelt die Patientenverfügung in mancher Hinsicht dem Non-Suizid-Vertrag (NSV; s. Kap. 6.1.3) und daher soll es an dieser Stelle genügen, die Gemeinsamkeiten und Unterschiede hervorzuheben.

(1.) Patientenverfügungen haben in erster Linie einen dokumentarischen und im Gegensatz zum NSV auch eine direkte juristische Funktion. Sie schafft eine Rechtssicherheit für die behandelnden Ärzt*innen, die sich zwar in gewissen Fällen auch über diese Verfügung hinwegsetzen können, doch im Allgemeinen damit eine Referenz haben, mit der sie die (fehlenden) medizinischen Maßnahmen rechtfertigen können.

(2.) Mit Patientenverfügungen schreiben sich die Betroffenen eine autonome Entscheidungsfähigkeit zu. Der Vertrag setzt freie, mündige und rational handelnde Vertragspartner*innen voraus. Mit ihm wird der Entschluss sterben zu wollen entirrationalisiert. Bei Vorliegen einer psychischen Erkrankung ist dies vorausetzungsvoller und nicht im gleichen Maße zu bewerkstelligen. Hier obliegt die Entscheidung, ob die Suizidalität psychopathologisch oder physiologisch motiviert ist, der medizinischen Autorität. Die Patientenverfügung konstruiert somit eine spezifische Form der Patientenautonomie. Autonomie ist hier die Fähigkeit, vertraglich eine rationale Entscheidung zu produzieren, zumindest solang sie nicht unter Verweis auf eine zugrunde liegende psychische Erkrankung wieder abgesprochen werden kann. Autonomie bedeutet weiterhin sich den sozialen Erwartungen, Normen und Verhältnissen zu entheben und eine individuelle Erklärung abzugeben. Soziale Erwartungen, z. B. als alte Personen nicht mehr zu Last fallen zu wollen, Normen, z. B. einem guten und würdevollen Tod zu haben, und soziale Verhältnisse, wie eine gesellschaftliche Vernachlässigung und Stigmatisierung des Alters (Vereinsamung, Verarmung, Verantwortungsdelegation zu Pflegeeinrichtungen, etc.) werden mit der Patientenverfügung ausgeklammert, die nur noch als vertragliche Vereinbarung zweier autonomer Instanzen (betroffenes Individuum und medizinischer Apparat) gilt. Die Autonomie ist außerdem negativ bestimmt: Es gilt zu artikulieren, was *nicht* dem eigenen Willen entspricht und was in gewissen Situationen an Behandlungen und Maßnahmen abgelehnt wird (vgl. Graefe 2007, 272).

(3.) Patientenverfügungen dienen der Responsibilisierung der Betroffenen und vielleicht im Gegensatz zum NSV damit auch zu einer noch stärkeren Deresponsibilisierung der Behandelnden. Indem der Wille des Individuums vereindeutigt und fixiert wird, spricht es die Behandelnden von der Entscheidungsverantwortung und schließlich auch der entsprechenden Schuld frei. Indem die Betroffenen vertraglich festgelegt haben, dass sie unter gewissen Umständen ihren eigenen Tod gegenüber weiterer medizinischer Behandlung oder der Erhaltung ihres physisch-biologischen Lebens vorziehen, kommt es zu einer wesentlichen Verantwortungs- und Schuldentlastung auf Seiten der Behandelnden.[217]

[217] Das Konzept der Biolegitmität von Fassin wäre an dieser Stelle zu modifizieren. Der physisch-biologische Zustand wird zwar genutzt, um die Suizidalität zu physiologisieren, dennoch geschieht dies zur Wahrung des sozial-politischen Lebens (solang zumindest das sozial-politisch anerkannte Sterben als ein Teil davon gewertet wird). Im Bereich der Sterbehilfe wird für die sozial-politische Menschenwürde gekämpft, welche nur durch die Aufgabe des physisch-biologischen Lebens erhalten werden kann. Im Bereich der Sterbehilfe wird also konträr zu Fassins Analyse gerade das sozial-politische gegenüber dem physisch-biologischen Leben und Sterben priorisiert.

(4.) Vergleichbar mit dem NSV ist auch die Patientenverfügung als eine kontraktuelle medizinpolitische Technologie zu werten, welches dem *Undoing* der Suizidalität dient. Die Patientenverfügung ermöglicht somit eine medizinische Verarbeitung der Suizidalität am Lebensende, die sonst in einem paradigmatischen Konflikt zwischen Suizidprävention und Suizidassistenz gefangen wäre.

Zusammenfassend lässt sich die Physiologisierung der Suizidalität als eine Form der Entpathologisierung bezeichnen, die sich dadurch auszeichnet, dass durch eine körperliche Normalisierung und eine Entirrationalisierung der Suizidalität eine moralische Transformation möglich wird, in der die Suizidakzeptanz und Suizidassistenz gegenüber der unbedingten Lebenserhaltung an Legitimation gewinnt. Die Physiologisierung der Suizidalität geht dabei nicht zwangsläufig mit einer Entmedikalisierung oder Entpsychiatrisierung einher. Die Rolle der Medizin und Psychiatrie bleibt schließlich auch im Bereich der Sterbehilfe bedeutsam. Die Psychiatrie ist daran beteiligt, die Grenzen der psychopathologischen Suizidalität und damit zugleich die Grenzen der Prävention zu ziehen. Engagiert sie sich in erster Linie zwar für die Prävention der Suizidalität im Alter, so ist sie doch auch an der Sterbehilfe beteiligt und versucht auch hier ihre Autorität in dem Gebiet zu wahren, wenn es um die Beurteilung der Entscheidungsfähigkeit der Betroffenen geht. Diese Positionierung, Entscheidungsautorität über die Entscheidungsfähigkeit der Betroffenen zu haben, zeigt, dass eine Physiologisierung der Suizidalität auch mit einer Psychiatrisierung der Sterbehilfe einhergehen kann.

6.5 Zwischenfazit

Das *Un-/Doing* der Suizidalität dient der Ermöglichung der psychiatrischen Verarbeitung und Veränderung der Suizidalität. Hiermit werden Unterscheidungen hergestellt, die im psychiatrischen Alltag nicht nur die dichotome Differenzierung zwischen ‚suizidalen' und ‚nicht suizidalen' Patient*innen erlaubt, sondern eine weitere Unterdifferenzierung der ‚suizidalen' Gruppe (z. B. in hochakute, chronische, manipulative oder rationale Suizidalität) sowie auch eine temporäre Entsuizidalisierung der Betroffenen.

Die Suizidalität ist in erster Linie ein privates Geheimnis der Betroffenen. Da sie einer interaktiven und psychischen Dynamik unterliegt, muss sie weder stabil noch konsistent gegeben und kann selbst den Betroffenen verborgen sein (z. B. in Form latenter Suizidalität, die in Impulshandlungen oder im Wahn ausagiert werden). Diese geheime Suizidalität muss verfügbar gemacht werden und das *Doing* der Suizidalität dient dieser Verfügbarmachung und Differenzierung. Damit wird die Entscheidung ermöglicht, wie mit der (z. B. akut-, chronisch-, manipulativ-, rational-) suizidalen Person verfahren werden soll. Damit kann sie nach den Kriterien des Risikos, der Dringlichkeit und der Gefahr eingeschätzt und es können entsprechende Maßnahmen zur Sicherung, Überwachung und Veränderung initiiert werden. Das *Undoing* der Suizidalität ist hingegen sowohl ein allgemeines Ziel der Suizidprävention, als auch eine spezifische Technik, die der Verarbeitung und Veränderung der suizidalen Person dient. Mittels der Techniken der Non-Suizid-Verträge, der Verunechtung oder der Patientenverfügungen kommt es auf jeweils eigene Art und Weise zu einer Entsuizidalisierung, welche unter gewissen Umständen Voraussetzung für eine weitere psychiatrische Verarbeitung darstellt.

Durch die Grenzfallanalysen kann eine Matrix aufgestellt werden, welche die Ränder der psychiatrischen Suizidprävention, geläufige psychiatrische Techniken und die jeweils anleitende Rationalität abbildet (s. Tabelle 3). Vier Fälle wurden ausgewählt, um die psychiatrische Verarbeitung der Suizidalität zu analysieren. Sie stehen jeweils in einem eigenen Kontrast zu den klassischen psychiatrischen Modellen und Skripten der Suizidalität. Die Fälle der (1.) chronischen Suizidalität, der (2.) Suizidcluster, der (3.) Suiziddrohungen und der (4.) Sterbehilfe bringen die normale psychiatrische Verarbeitungs- und Veränderungsanstrengungen in eine Krise und fordern dementsprechend eine jeweils eigene Anpassungs- und Verarbeitungsleistung. Diese Grenzfälle können auf einem Kontinuum angeordnet werden. Auf der einen Seite des Kontinuums stehen die chronische Suizidalität und die Suizidcluster, welche einen *Überschuss* an Suizidalität produzieren, der die psychiatrische Verarbeitung vor schwere Herausforderungen stellt. Der Überschuss der chronischen Suizidalität liegt auf der Ebene der qualitativen und zeitlichen Ausprägung. Beim Suizidcluster liegt der Überschuss hingegen auf der quantitativen Ebene des Verbreitungspotentials auf ein Kollektiv. Auf der anderen Seite des Kontinuums der Grenzfälle stehen die Suiziddrohungen und die Suizidalität am Lebensende. Hier gibt es keinen Überschuss an Suizidalität, die eingedämmt und reduziert werden muss, sondern hier wird ein *Mangel* an Suizidalität wahrgenommen und produziert, insofern die Suizidalität in beiden Fällen teilweise oder gänzlich negiert wird und schlussendlich auch zum Verschwinden gebracht werden kann. Wenn die

Suizidprävention durch Suizidassistenz abgelöst wird, kommt es zu einer *Umkehrung* der pathologisierten Suizidalität in physiologisierte Lebensmüdigkeit.

	Qualitativer Überschuss	**Quantitativer Überschuss**	**Mangel**	**Umkehr**
Beispiel	Chronische Suizidalität	Suizidcluster	Suiziddrohung	Suizidalität am Lebensende / Sterbehilfe
Kontrast	Akuität	Singularität	Seriosität	Irrationalität
Techniken	Non-Suizid-Vertrag	Informations- und Diskurs-politik	Verunechtung	Patienten-verfügung
Rationalität	Pathologisierung		Spaltung	Physiologisierung

TABELLE 3: GRENZFÄLLE DER PSYCHIATRISCHEN SUIZIDPRÄVENTION

Die standardisierte psychiatrische Suizidalität zeichnet sich durch Akuität, Singularität, Seriosität und Irrationalität aus. Diese Konzeption ist in den psychiatrischen Apparat und die psychiatrische Suizidprävention eingeschrieben. Die Grenzfälle, die zu diesem Standard im Kontrast stehen, haben eine strukturierende Funktion für den psychiatrischen Apparat. Sie generieren Strategien und Techniken, die auch in anderen Fällen angewendet werden. Außerdem stellen sie eine negative Kontrastfolie dar, vor denen auch andere Fälle bewahrt werden sollen. Im Folgenden sollen nun die Ergebnisse der jeweiligen Fallanalysen kurz zusammengefasst werden.

(1.) Die Herstellung der chronischen Suizidalität durch Betroffene und Behandelnde steht im Kontrast zu der psychiatrischen Konzeptualisierung der *Akuität der Suizidalität*. Suizidalität ist hier nicht mehr die kurze, akute und krisenhafte Zuspitzung einer krankhaften Entwicklung, sondern ein therapie- und verarbeitungsresistenter Dauerzustand. Wird Suizidalität zum *pathologischen Lebensstil*, kommt das übliche psychiatrische Repertoire an seine Grenzen. Die psychiatrische Verarbeitung ist auf eine

Entdramatisierung einer temporären, dramatischen Zuspitzung ausgerichtet. Die normale psychiatrische Verarbeitung beinhaltet unter anderem eine Extraktion der Betroffenen aus ihrem sozialen Umfeld, eine Einschränkung der (suizidalen) Handlungsmöglichkeiten, eine damit einhergehende Entschleunigung der krisenhaften Situation, eine sedierende oder anderweitig wirkende psychopharmakologische Medikation und viele neue Beziehungen mit anderen Betroffenen und den diversen Mitgliedern des multiprofessionellen Teams. Bei der chronischen Form wird dieses Arsenal an Techniken zwar ebenso angewendet, ohne jedoch zu einer langfristigen Entaktualisierung der Suizidalität zu führen. Bei einer chronischakuten Suizidalität bleiben als Maßnahmen noch die Erhöhung der Sicherheitsvorkehrungen und Kontrollmaßnahmen sowie der wiederholte Abschluss von Non-Suizid-Verträgen, doch schlussendlich ist die psychiatrische Verarbeitung der chronischen Suizidalität ein gemeinsames Spiel auf Zeit. Auf eine akut-chronische Suizidgefahr kann mit rigiden Sicherheits- und Kontrollmaßnahmen geantwortet werden. Da dies im gegenwärtigen psychiatrischen Regime aber keine Dauerlösung darstellen kann, auch weil dies die Ressourcengrenzen des Apparats zu sprengen droht, müssen Wege des zumindest temporär gültigen *Undoing* gefunden werden. Gerade die Non-Suizid-Verträge dienen dieser temporären Entsuizidalisierung der Betroffenen. Durch den NSV werden sie kurzfristig zu mündigen und rational-handelnden Vertragspartner*innen und somit wird performativ ein Personenstatus hergestellt, der eine weitere Behandlung ermöglicht. Dieses *undoing suicidality* restituiert das suizidale Subjekt als Person, mit der gearbeitet, die behandelt und therapiert werden kann. Aus psychiatrischer Perspektive scheint die chronische Suizidalität immer wieder die Ressourcen-, Verstehens-, Verarbeitungs- und Veränderungskapazität des psychiatrischen Apparats zu strapazieren. Suizidprävention erscheint dann als eine prekäre Tätigkeit, die auch scheitern und machtlos sein kann. Konfrontiert mit einer chronisch überzeugten suizidalen Person, können alle Maßnahmen der Überzeugungsarbeit nur ebenso chronisch wiederholt werden. Wenn sich keine Veränderung einstellt, bleibt nur die Wahl zwischen dem *Moratorium*, dem Stillhalten und Abwarten auf Zeichen der Besserung, und der *Präzedenz*, des kalkulierten Vorzugs von riskanten Maßnahmen, was letzten Endes auch die Beendigung der Behandlung und Entlassung beinhaltet. Durch die hiesige Analyse erscheint diese Grenzziehung hingegen selbst als eine produktive Strategie, welche neue Techniken, wie den NSV, oder auch eine Veränderung der psychiatrischen Verarbeitung ermöglicht. Die Produktion von personellen, ökonomischen oder transformativen Grenzen mobilisiert selbst wieder Verarbeitungsmöglichkeiten, welche anstelle einer stetigen, engmaschigen Überwachung auch eine Inkaufnahme von Suizidrisiken beinhalten kann.

(2.) Der Suizidcluster, also die räumliche oder zeitliche Häufung von suizidalen Ereignissen, steht im Kontrast zur psychiatrischen Konzeptualisierung der *Singularität der Suizidalität*. Im Gegensatz zu allen anderen Grenzfällen geht es beim Suizidcluster nicht um eine Behandlung eines suizidalen Individuums, sondern hier motivieren abgeschlossene suizidale Ereignisse und Ereignisverkettungen die Anstrengungen zur prospektiven Verhinderung weiterer suizidaler Ereignisse. Dies führt auch dazu, dass im Gegensatz zu den anderen beschriebenen Techniken keine Entsuizidalisierung (kein *Undoing*), welche eine weitere Verarbeitung und Veränderung ermöglichen soll, sondern eine Suizidalisierung (ein *Doing*) im Rahmen des Ansteckungsparadigmas stattfindet. Suizidale Risiken und Gefahren werden durch suizidale Ereignisse hergestellt. Gerade Ereignisketten von Suiziden oder Suizidversuchen produzieren, ob sie nun Zufallsprodukt sind oder nicht, Fragen nach einem inneren Zusammenhang zwischen den Ereignissen und schüren Angst vor weiterer Verbreitung in Form von Nachahmung und Übertragung. Die Suizidserie bedroht in der Klinik dabei nicht nur andere Patient*innen, sondern auch das Personal sowie die Angehörigen. Daher werden auch jene zur Zielgruppe der Postvention, die oft durch eine Deresponsibilisierung gekennzeichnet ist. Über das Konzept der Ansteckung wird das suizidale Subjekt mit einer potentiell ebenfalls suizidalen Gruppe, also der singuläre Einzelfall mit einem Kollektiv verzahnt. Das Modell der Ansteckung offenbart die medizinpolitische Vernunft der *Pathologisierung*. Die Ansteckung konstruiert eine medizinische Ordnung, welche eine medizinische Autorität und Verantwortung in der Bekämpfung potentieller Suizidcluster ausweist. Entscheidend für die psychiatrische Verarbeitung ist auf klinischer wie auch auf öffentlicher Ebene eine Regulation der *Informations- und Diskurspolitik*. Es gibt hier sich widersprechende und in sich widersprüchliche Präventionsansätze, die sich als defensive und offensive Stile charakterisieren lassen. Beide müssen mit der Befürchtung arbeiten auch gegenläufige Effekte hervorrufen zu können.

Auf klinischer Ebene kann das Verschweigen eines Suizids oder Suizidversuchs nicht vor einer unkontrollierten, unterschwelligen Ausbreitung der Information und potentiellen Krisen schützen. Doch auch eine proaktive Thematisierung kann ihre eigenen Probleme und letztlich auch suizidale Krisen produzieren. Auf öffentlicher Ebene zeigt sich das gleiche Dilemma an den unterschiedlichen Herangehensweisen der Suizidpräventionskampagnen. Einerseits können sie auf eine verschwiegene Art und Weise, also z. B. über den ‚Umweg' der Depression, versuchen, auf die Suizidalität subtil und indirekt einzuwirken. Sie laufen dabei aber immer auch Gefahr an ihrem Ziel vorbeizuarbeiten. Andererseits können sie Suizidalität direkt anvisieren und offen thematisieren, doch auch dieser Tabubruch kann schädliche Konsequenzen haben. Der Bereich des Suizidclusters eröffnet damit einen Blick auf die dunkle Logik der Prävention, auf die *Paradoxität der Suizidprävention*. Die Suizidserie gefährdet nicht nur das Kollektiv der Behandelten und Behandelnden, sondern auch den psychiatrischen Apparat als solchen. Die Suizidserie bedroht letzten Endes die Legitimation der Klinik, da sie hier in ihrer suizidpräventiven Funktion versagt. Wenn dann noch der Verdacht auf eine anteilige Verursachung und Mitschuld besteht, wird der Apparat fundamental in seinen Abläufen und Routinen infrage gestellt. Das Konzept der *nosokomialen Suizidalität* wendet das Modell der Ansteckung auf die psychiatrische Klinik an und weist sie als einen suizidogenen Ort aus. Durch die Verdichtung der Suizidalität innerhalb des psychiatrischen Apparats wird die Klinik selbst unweigerlich zu einem *suizidpräventiven Suizid-Hotspot*. Dieser paradoxale Charakter der Prävention zeigt sich im Zusammenhang mit Suizidalität immer wieder. Suizidprävention läuft immer auch Gefahr, selbst Suizidalität zu induzieren, zu verstärken oder zu ermöglichen. Diese systemimmanenten Rückkopplungseffekte haben dabei eine katalysierende Funktion, indem sie die Präventions- und Interventionsbemühungen erneut mobilisieren.

(3.) Die Suiziddrohung steht im Kontrast zur psychiatrischen Konzeptualisierung der *Seriosität der Suizidalität*. Die Suiziddrohung steht auf der Schwelle zwischen Mittel und Ziel, zwischen Kalkül und Symptom, zwischen Wahrhaftigkeit und Manipulation und zwischen tödlicher Gefahr und strategischem Spiel. Im manipulativen Einsatz der Suiziddrohung zeigt sich das psychiatrische Dilemma, strategisch auf ein strategisches Verhalten bzw. mit einer Täuschung auf eine Täuschung antworten zu müssen. Die Metapher der ‚Suizidalität als Eintrittskarte' steht emblematisch für eine gleichzeitige Negation wie auch Affirmation der Suizidalität. Auf der einen Seite wird sie als eine zielgerichtete und intentionale Handlung markiert, deren Ziel außerhalb des Todes liegt und ihr damit Ernsthaftigkeit, Glaubwürdigkeit und Authentizität abgesprochen. Auf der anderen Seite behält sie aber auch einen Gefahrencharakter, der ausreicht, um gewisse Effekte, wie eine Aufnahme in eine Klinik, zu erreichen. Die zugrunde liegende Rationalität in der Verarbeitung der Suiziddrohung lässt sich als dilemmatische *Spaltung* charakterisieren: Die Suiziddrohung spaltet das Subjekt in ein passiv-betroffenes Subjekt, das eine empathische und fürsorgliche Verarbeitung erfordert, und in ein aktiv-täuschendes Subjekt, dessen Manipulationen den Apparat erpresst. Die Suiziddrohung spaltet auch die psychiatrische Verarbeitung von Suiziddrohungen, die sich gleichzeitig auf zwei Ebenen bewegt. Muss auf einer praktischen Ebene die Drohung ernst genommen und Aufnahmen bewilligt oder Entlassungen verschoben werden, wird ihr zugleich die Ernsthaftigkeit abgesprochen. Kennzeichnend für diese ambivalente Verarbeitung ist der Wechsel zwischen einer Zuschreibung einer pathologischen Motivation und Entschuldigung des Verhaltens auf der einen Seite und der Zuschreibung eines bewussten und strategischen Einsatzes der Suiziddrohung und einer moralischen Kritik des Verhaltens auf der anderen Seite. Zwischen dem manipulativ wahrgenommenen, suizidalen Subjekt und dem psychiatrischen Personal kann sich daher ein aggressives Machtspiel entwickeln, das auf beiden Seiten strategisch, täuschend und auch mit hohen Einsätzen gespielt wird. Die Psychiatrie ist mit Suizidalität erpressbar und muss auf sie reagieren und ihre Reaktion hat wiederum Auswirkungen auf die Suizidalität der betroffenen Person. Die psychiatrische Technik der *Verunechtung* bzw. Interpolation der Suizidalität, welche dadurch gekennzeichnet ist, dass sie dem suizidalen Subjekt nie tatsächlich die Seriosität abspricht, da sie sonst Gefahr läuft, eine tatsächlich ernsthafte Suizidalität zu produzieren, dient der temporären Entsuizidalisierung der Betroffenen. Gerade wiederkehrende Suiziddrohungen können nur prozessiert werden, wenn sie als Strategie und nicht als ernsthafte Gefahr konzipiert werden. Die Suiziddrohung und der Suizidversuch sind dabei stereotypes Charakteristikum weiblicher Suizidalität. Das *Gender Paradox* der Suizidalität schreibt Geschlechterklischees weiter fort, indem es die Komplexität und Widersprüchlichkeit der geschlechtsspezifischen Ausprägungsformen auf die Dichotomie eines appellativ-weiblichen Suizidversuchs und eines ernsthaft-männlichen Suizids reduziert. In einem besonderen Maße vereint die Borderline-Persönlichkeitsstörung (BPS) dieses Konzept einer spaltenden, appellativ-weiblichen Suizidalität. Die eklatante BPS-Suizidrate verweist damit nicht nur auf die Grenzen und Leerstellen dieses Konzepts, sondern auch auf die tödlichen Konsequenzen dieser beidseitigen Beziehungsstörung.

(4.) Die Suizidalität am Lebensende bildet die letzte Grenze der psychiatrischen Suizidprävention. Die prototypische Suizidalität einer älteren, sterbenskranken Person und die diversen Formen der Sterbehilfe stehen im Kontrast zur psychiatrischen Konzeptualisierung der *Irrationalität der Suizidalität*. Suizidalität erscheint hier nicht mehr als irrationaler Ausdruck, als Symptom einer psychischen Erkrankung oder Zuspitzung einer krankhaften Entwicklung, sondern als nachvollziehbarer und legitimer Wunsch der Leidensverkürzung. Die medizinpolitische Rationalität wurde als *Physiologisierung* der Suizidalität ausgewiesen. Durch einen Prozess der körperbezogenen Naturalisierung und Normalisierung erscheint der Suizid hier als Mittel, den unvermeidlichen Sterbeprozess selbst zu regulieren. Die Ambivalenz, die in der Suizidprävention normalerweise den zu verstärkenden Ansatzpunkt in der Überzeugung zum Leben darstellt, wird im Kontext der Sterbehilfe negativ vereindeutigt. Nicht mehr die pathologische, irrationale und ambivalente ‚Natur' der Suizidalität, sondern die physiologische und rationale ‚Natur' der Sterbewünsche wird hervorgehoben. Die Technik der *Patientenverfügung* wird für diese Entambiguisierung und Fixierung der rationalen Sterbewünsche eingesetzt. Die Sterbehilfe ist schließlich von einer besonderen Negation gekennzeichnet, die als eine spezifische Form des *Undoing* der Suizidalität beschrieben werden kann. In der Einzelfallanalyse ließ sich zeigen, wie sich die Bereiche der Suizidalität, Suizidprävention und Sterbehilfe gegenseitig zum Verschwinden bringen. Dieses dialektische Moment eines sich gegenseitig aufhebenden Widerspruchs wiederholt sich auch auf der Ebene der diskursiven Berührungspunkte der Sterbehilfe mit der Suizidprävention. Die so disparaten und widersprüchlichen Bereiche, die mit ganz unterschiedlichen Setzungen und Ansprüchen die gleiche ‚Zielgruppe' anvisieren, scheinen selbst in einem dialektischen Zusammenhang zu stehen. Das Motiv der Paradoxität der Suizidprävention spiegelt sich hier in der Paradoxität der Sterbehilfe. Sterbehilfe kann demnach eine suizidpräventive Funktion übernehmen, indem sie die Sterbewünsche der Betroffenen tatsächlich anerkennt und nicht von vornherein pathologisiert. Im Gegensatz besagt das Dammbruchargument, dass eine Entpathologisierung der Suizidalität durch eine Liberalisierung der Sterbehilfe auf die sogenannte schiefe Ebene und zu einem Anstieg der allgemeinen Suizidrate führen wird. Der psychiatrische Apparat ist in erster Linie auf Suizidprävention ausgerichtet und nur an seinen Grenzen mit dem Komplex der Sterbehilfe konfrontiert. Doch die Transition von Suizidprävention zu Sterbehilfe wirft viele schwerwiegende Fragen danach auf, wer die Macht hat oder haben sollte, über Leben und Tod zu entscheiden. Die disparaten Diskurse um Suizidprävention im Alter und Sterbehilfe können als spezifische Problematisierungsstrategien verstanden werden, welche der medizinpolitischen Regulation und Regierung des Lebensendes dienen.

Anhand der Grenzfälle der chronischen Suizidalität, der Suizidcluster, der Suiziddrohung und der Sterbehilfe sollte die spezifische performative Gemachtheit (*Doing*) der Suizidalität sowie die spezifischen Strategien der kurzfristigen und längerfristigen Entsuizidalisierung (*Undoing*) nachgezeichnet werden. Mit den ausgewählten Fällen sind entlang ihrer Ränder die Grundzüge einer Praxistheorie der Suizidprävention skizziert worden. Die Grenzfälle stehen im klaren Kontrast zur standardisierten psychiatrischen Konzeptualisierung der Suizidalität und konturieren damit auch den Innenraum des psychiatrischen Apparats. Sie generieren verallgemeinerbare Verarbeitungs- und Überzeugungsstrategien und bestimmen als Negativfolie die Praxislogik der Suizidprävention.

Abschließend sollen mit dem Konzept der Autonomie die unterschiedlichen Kapitel in Beziehung zueinander gesetzt werden. Das Spannungsfeld von Autonomie und Heteronomie ist in der Geschichte der Psychiatrie ebenso wie in der Tätigkeit der Überzeugungsarbeit oder in der Verarbeitung, Veränderung und dem praktischen Vollzug – also in dem *Doing* – von Suizidalität und somit schließlich im gesamten Projekt der psychiatrischen Suizidprävention angelegt.

7. Das neoliberale psychiatrische Regime der Suizidprävention

7.1 Leidenschaftlicher Einsatz für kontroverse Freiheiten

Es waren merkwürdige Szenen, die sich in Berlin anlässlich des nur alle drei Jahre stattfindenden *Weltkongresses für Psychiatrie* unter dem Titel »Psychiatry of the 21th Century: Context, Controversies and Commitment« abspielten, welcher im Jahr 2017 von der *World Psychiatric Association* (WPA) und der *Deutschen Gesellschaft für Psychiatrie und Psychotherapie, Psychosomatik und Nervenheilkunde* (DGPPN) organisiert wurde. Während sich über 10.000 Teilnehmer*innen am ersten Morgen in das Kongresszentrum der Messe begaben und sich dort auf die unzähligen Räume verteilten, um Vorträgen zu lauschen, sich mit ihren internationalen Kolleg*innen zu treffen oder sich über neueste Studien, Publikationen oder technologische und psychopharmakologische Entwicklungen zu informieren, gab es vor dem Kongresszentrum und in der Stadt verteilt diverse Protestveranstaltungen von unterschiedlichen Akteur*innen. Während drinnen nach Aussage des WPA-Präsidenten Dinesh Bhugra unter den Stichworten »soziale Gerechtigkeit, Teilhabe und Menschenrechte (...) gesundheitspolitische, gesellschaftliche und kulturelle Themen in den Vordergrund«[218] gerückt wurden und beispielsweise dutzende Symposien zu den Themen der Zwangsmaßnahmen, Diskriminierung, Suizidprävention und Sterbehilfe abgehalten wurden, schienen sich draußen auf eine andere Art »Kontext, Kontroversen und Engagement« im psychiatrischen Diskurs zu zeigen.

Schon auf dem Hinweg zum Kongresszentrum sammelten sich direkt am U-Bahn-Ausgang Psychiatriegegner*innen der *Irren-Offensive* und der *Initiative Zwangsbefreit* mit ihren Schildern, auf denen die Aufschrift »Psychiatrists: State Protected Criminals« prangerte. Sie hatten außerdem einen bedruckten Holzsarg dabei, mit dem sie darauf aufmerksam machen wollten, dass das »Recht auf Selbstbestimmung« im Zuge dieser Veranstaltung symbolisch zu Grabe getragen wurde. Ein paar Meter weiter wurde man dann von einem großen Banner der *Bundesarbeitsgemeinschaft Psychiatrie-Erfahrener* begrüßt, das am Ge-

[218] https://www.dgppn.de/presse/pressemitteilungen/pressemitteilungen-2017/weltkongress-der-psychiatrie-1.html (Zugriff am 15.11.2021).

länder einer den Weg überspannenden Brücke hing, auf dem zu lesen war: »Psychiatry: Fake science. Real harm – German psychiatry: Murdering back than, still torturing now«.[219] Es waren nur kleine Gruppen, die es geschafft hatten, zu ihrem Protest zu mobilisieren, dennoch war einigen Besucher*innen Ärger und Beschämung über diese Form des Protestes deutlich anzumerken. Doch auch innerhalb des Kongresses fanden sich viele kritische Positionen. Betroffene waren hier durch Trialogformate eingebunden (die einen Austausch zwischen Behandelnden, Behandelten und deren Angehörigen ermöglichen sollten), es gab diverse Stände kritischer Vereine und Bündnisse (wie dem *Antipsychiatrieverlag*, Ländervertretungen der *Psychiatrie-Erfahrenen und Psychiatrie-Betroffenen* oder der *European Network of (Ex-)Users and Survivors of Psychiatry*) und immer wieder auch sehr selbstkritische Positionen von Psychiater*innen auf den diversen Vortragsformaten. Die räumliche Trennung während des Weltkongresses zwischen einem ›Inneren‹ und ›Äußeren‹ der Kritik markierte somit eher eine Grenze, welche Form von Psychiatriekritik aufgenommen und integriert und welche ausgeschlossen ist und teilweise auch außerhalb bleiben möchte.

Besonders auffällig schien mir ein weiterer Demonstrationszug, den ich am Nachmittag erblickte, als ich gerade passenderweise in einem Symposium mit dem Titel »Involuntary hospitalization and coercion in psychiatry: New legal and clinical developments and current ethical challenges« saß. Die Demonstration wurde von sechs historischen Leichenwägen angeführt, auf denen diverse großformatige Aufschriften wie »Psychiatry Kills« oder »Damals: Sie sagten, es waren die Nazis – Heute: Sie wissen, es waren Psychiater« angebracht wurden. Nach einer Kundgebung, musikalischen Beiträgen und einem Hupkonzert führte diese Demonstration einmal quer durch die Stadt und endete an einem großen Zelt am Potsdamer Platz, welche die internationale Wanderausstellung »Psychiatrie: Tod statt Hilfe« beherbergte. Veranstalter der Demonstration und der Ausstellung war die *Kommission für Verstöße der Psychiatrie gegen Menschenrechte*, welche 1969 vom Psychiater und Psychiatriekritiker Thomas Szasz gegründet wurde und der Scientology-Kirche zuzurechnen ist.[220] Thomas Szasz

[219] https://www.die-bpe.de/wpa_protest.htm oder https://www.zwangspsychiatrie.de/pictures-of-the-protest-against-the-berlin-world-congress-of-psychiatry-8-12-october-2017/ (Zugriff am: 24.11.2021).

[220] Die *Kommission für Verstöße der Psychiatrie gegen Menschenrechte* ist der deutsche Ableger der *Citizens Commission on Human Rights*, welche als Organisation zu verstehen ist, die Verschwörungsmythen über die Psychiatrie systematisiert, diese sensationsheischend aufbereitet, ein vulnerables bzw. psychiatrisch geschädigtes Publikum adressiert und diese international, z. B. durch ihre Wanderausstellung, zu verbreiten trachtet. Caberta (2002) bezeichnet die Kommission daher als einen »radikale[n] Arm von Scientology, der vordergründig Missstände anprangere, auf diese Weise aber Menschen in die Organisation hineinzuziehen versuche«.

zählte wahrscheinlich zu einem der schärfsten Kritiker der Psychiatrie, der im Namen der Kritik auch nicht vor solchen Querfront-Bündnissen zurückschreckte. In zahlreichen Werken stellte er die Existenz psychischer Krankheiten infrage, kritisierte Zwangsmaßnahmen und die Verflechtungen von Staat und Psychiatrie (vgl. Szasz 1974; 1996; 1998). Seiner Ansicht nach darf das Selbstbestimmungsrecht unter keinen Umständen eingeschränkt werden, weshalb er sich auch vehement gegen die psychiatrische Suizidprävention ausspricht (vgl. Szasz 1986; 2002; 2011). Da das Recht auf einen selbstbestimmten Tod seines Erachtens zu den fatalen, aber doch genuin menschlichen Freiheiten gehört, ist die erzwungene Suizidprävention »die Schande der Medizin« und nur eine verschleierte Form moderner Folter (ebd. 2011, 98). Die Position der *Kommission für Verstöße der Psychiatrie gegen Menschenrechte* kann als polemischer und propagandistischer Ausläufer der psychiatriekritischen Bewegung verstanden werden, welche sich im angloamerikanischen Sprachraum als *Psychiatric Survivor Movement* bezeichnet (vgl. Everett 1994; Burstow 2019). Das *Überleben* wurde in dieser Bewegung zum politischen Kampfbegriff, indem er die psychiatrische Behandlung als etwas auswies, das insbesondere das sozial-politische Leben der Betroffenen gefährde.[221]

Was im Kontext des *Weltkongresses für Psychiatrie* somit auch kontrovers verhandelt wurde, ist die psychiatrische Macht über Leben und Tod. Während sich die Psychiatrie positiv auf das Leben bezieht und auf die Erlangung und den Erhalt des körperlichen, psychischen und sozialen Wohlergehens ausgerichtet ist, dabei aber im Fall von akuter Eigen- oder Fremdgefährdung auch auf Zwangsmaßnahmen zurückgreifen und sich daher immer wieder mit komplexen ethischen, moralischen und rechtlichen Fragen auseinandersetzen muss, sehen sich einige Betroffene gerade durch die psychiatrische Behandlung in ihrem sozial-politischen und teilweise sogar in ihrem physisch-biologischen Leben gefährdet. Kritisiert wird hier nicht nur die Anwendung von Zwangsmaßnahmen, sondern auch die Stigmatisierung und Diskriminierung der Betroffenen sowie der psychische und körperliche Schaden, der mit psychiatrischen Be-

[221] Der Begriff der *Psychiatric Survivors* kam vermutlich in den 1980er Jahren auf. Der Bezug, der mit diesem Begriff zum Leben hergestellt wird, ist ein doppelter: Einmal als historische Referenz zur Euthanasie und in Bezug zur psychiatrischen Gefährdung und Vernichtung des physisch-biologischen Lebens. Zum anderen zielt er aber gerade auf ein sozial-politisches Überleben. Die Betroffenen »call themselves psychiatric survivors because they contend that psychiatric treatment is not only unhelpful, but ›inhumane, hurtful, degrading and judgemental‹« (Everett 1994, 55). Wie sich in dem antipsychiatrischen Protest zum Weltkongress zeigt: Sie kämpfen um Deutungshoheit, Selbstbestimmung und eine Abschaffung der psychiatrischen Zwangsmaßnahmen, da diese ihr Leben in seiner sozialen und politischen Form gefährden.

handlungsmaßnahmen, wie Fixierungen, Elektroschocktherapien und Psychopharmaka, einhergehen können. Dabei wird immer wieder auf die Geschichte der deutschen Psychiatrie im Nationalsozialismus Bezug genommen und die Psychiatrie mit dem historischen Erbe der Euthanasie konfrontiert.[222]

Es zeigt sich, ähnlich zu den Konfliktlinien auf der Akutstation 6.1A (vgl. Kap. 4.3), dass hier zwei Freiheitsverständnisse aufeinandertreffen: Neben der Freiheit *zur* psychiatrischen Hilfe, welche darauf ausgerichtet ist, einen krankheitsbedingten Autonomieverlust zu beheben, gibt es auch die Freiheit *von* psychiatrischen Einschränkungen und Beschädigungen, welche auf ein autonomes Selbstbestimmungsrecht trotz Krankheit oder zumindest trotz zugeschriebener Nonkonformität besteht. Es stehen sich also positive und negative Freiheitskonzeptionen gegenüber, in denen aber jeweils ein spezifisches Verständnis von Autonomie produziert und für die jeweilige Form der Autonomie leidenschaftlich eingesetzt wird. Diese kurze ethnographische Skizze des Weltkongresses sollte zeigen, wie umkämpft der psychiatrische Apparat ist. In ihm werden um spezifische Konzeptionen von Freiheit und Autonomie gerungen und gestritten, sowie um psychiatrische Hilfsmöglichkeiten und Schadenspotentiale, um ethische, moralische und rechtliche Grundlagen und Handlungsbegründungen, um Anerkennung und Inklusion der Betroffenen, um die Interpretation und Verarbeitung der eigenen Geschichte, die Zukunft der Psychiatrie und schließlich auch um die psychiatrische Macht über Leben und Sterben. Die Suizidalität und die psychiatrische Suizidprävention bilden einen der zentralen Knotenpunkte, an dem sich diese Konflikte entfachen und verdichten.

Zum Abschluss sollen die bisherige Auseinandersetzung mit der Psychiatriegeschichte, der psychiatrischen Überzeugungsarbeit und der Herstellungs- und Auflösungspraxis von Suizidalität zusammenfassend auf ihr Verhältnis zur Autonomie diskutiert werden. Das neoliberale psychiatrische Regime der Suizidprävention stellt sich der Herausforderung der Autonomie und stellt dabei selbst immer wieder eine Infragestellung und Herausforderung dieser Autonomie dar.

---

[222] In diese Auseinandersetzung mit der Psychiatrie im Nationalsozialismus begibt sich die DGPPN auch selbst – zumindest seit sie sich im Jahr 2009 offiziell eine besondere Verantwortung in der Aufarbeitung der eigenen Geschichte zugesprochen hat: Ein Bestandteil des Weltkongresses waren auch mehrere Vorträge zum Thema, geführte Stadtrundfahrten, die zum Museum *Topographie des Terrors* und zum Euthanasie-Denkmal führten, sowie Ausstellungen im Kongressgebäude, wie z. B. die von der DGPPN organisierte Wanderausstellung »erfasst, verfolgt, vernichtet«.

7.2 Die Herausforderung der Autonomie

> Wenn sie so wollen, ist das die Zweischneidigkeit aller Dispositive, die man ,freiheitserzeugend' nennen könnte, aller Dispositive, die die Freiheit erzeugen sollen und die gegebenenfalls die Gefahr mit sich bringen, genau das Gegenteil hervorzubringen.
>
> Michel Foucault – *Die Geburt der Biopolitik* (2006, 104f.)

Das Thema Autonomie und Kontrolle durchzieht die vorliegende ethnographische Analyse der psychiatrischen Suizidprävention. Das liegt im Gegenstand begründet, da die Suizidalität zwischen den Polen einer spezifischen Autonomie (z. B. dem romantisierten Freitod oder dem selbstbestimmten Sterben am Lebensende) und eines spezifischen Freiheitsverlusts (insbesondere als Produkt einer krankheitsbedingten Einschränkung) verortet ist. Gleichermaßen operiert auch die Suizidprävention mittels einer Hervorbringung oder Zurückweisung von Autonomie. Die psychiatrische Suizidprävention zielt auf die Verhinderung oder Milderung von Suizidalität, die sie in den meisten Fällen als Konsequenz eines krankheitsbedingten Autonomieverlusts versteht. Während die psychiatrische Verarbeitung zwar darauf ausgelegt ist, eine autonome Lebensführung wieder-/herzustellen, muss sie genau diese im Falle von akuter Suizidalität auch mit Zwang und Gewalt einschränken. Das neoliberale psychiatrische Regime der Suizidprävention zeichnet sich durch ein spannungsgeladenes Verhältnis aus, in dem Freiheit und Autonomie eingefordert, hergestellt und hervorgebracht oder auch zurückgewiesen, abgesprochen und eingeschränkt werden. Autonomie ist dabei im psychiatrischen Regime der Gegenwart zu einem normativen Leitkonzept geworden, an dem es sich immer wieder auszurichten versucht. Die Psychiatrie gehört damit nach Ehrenberg (2011, 61) zu einem bei ihm als »unmöglich« deklarierten Berufsfeld, bei dem »Autonomie Mittel und Ziel der Praxis ist«.

Der Suizid kann wahrscheinlich ohne Übertreibung als eine der herausforderndsten menschlichen Freiheiten bezeichnet werden. Die Suizidalität sagt dem Leben *den Kampf an* und fordert das Leben und damit die Grenzen der Autonomie heraus.[223] Sie kann als dialektische Grenzfigur der Freiheit verstanden werden, die eben diese Freiheit herausfordert, zu gefährden und gar zu

[223] Ich folge hier den Bedeutungsebenen, die der Duden für den Begriff der Herausforderung bereithält: Sie ist eine »Aufforderung zum Kampf« oder (sportlichen) Spiel, eine »Provokation«, ein »Anlass, tätig zu werden« oder eine »Aufgabe, die einen fordert« (vgl. https://www.duden.de/rechtschreibung/Herausforderung; Zugriff am: 11.02.2022).

vernichten droht. Die Suizidalität ist in diesem Sinne eine sich selbst negierende Selbstbestimmung. Bezogen auf das Individuum ist die Suizidalität als latenter, ambivalenter oder intrusiver Gedanke sowie auch als tätlicher Entschluss nicht nur eine Herausforderung der eigenen Existenz, sondern auch eine existenzielle Herausforderung, unter der die Betroffenen oft schwer leiden. Obwohl die Suizidalität als radikal selbstgerichtetes Verhalten verstanden werden könnte, ist sie doch zugleich immer auch auf oder an Andere gerichtet. Die konkreten Anderen, die in einer persönlichen oder beruflichen Beziehung zu den Betroffenen stehen, wie auch die abstrakten Anderen, als gesellschaftliche Einrichtungen und Apparate, stehen zumindest immer auch in einer imaginären oder symbolischen Beziehung zu dieser Suizidalität. Indem sie gleichermaßen auto- wie auch heteroaggressiv ist, ist die Suizidalität auch eine Herausforderung in Form einer *Provokation*. In ihrer Ausrichtung auf Andere, in der sie als kommunikatives Mittel, eine Form des Ausdrucks oder gar der Sprache verstanden werden kann, wird sie, wie ich in Kapitel 1 einleitend mit Ringel (1969, 66) dargelegt habe, zu einem wirkmächtigen *Movens*. Sie liefert einen besonderen Beweggrund, der große Gefühle, Interessen und Tatendrang mobilisieren und die Dinge in Bewegung setzen kann. Können viele andere Zeichen des Leidens ignoriert werden, entsteht bei der Suizidalität geradezu eine moralische oder auch psychiatrische Verpflichtung aktiv zu werden. Damit produziert die Suizidalität zu guter Letzt eine Herausforderung im Sinne einer *anspruchsvollen Aufgabe*. Es ist eine anspruchsvolle Aufgabe, mit suizidalen Menschen in einer Beziehung zu sein und dies nicht zuletzt daher, weil diese Beziehung es notwendig machen kann, sich innerhalb des Widerspruchs von Fürsorge und Zwang zu positionieren. Die emotional involvierten Anderen, die sich um das Wohlergehen oder die Zukunft der Betroffenen sorgen, werden im Umgang mit suizidalen Menschen vor das Dilemma gestellt, möglichst wenige Grenzen zu setzen und damit auch Suizidrisiken einzugehen oder durch die Anordnung und Anwendung von Zwang zwar die akuten Suizidrisiken zu minimieren, aber dabei das Risiko spezifischer Beziehungs- und Sorgeschäden zu erhöhen. Die Androhung oder Anwendung von Gewalt können Gefühle von Ohnmacht, Isolation, Verzweiflung und somit im schlimmsten Fall selbst wieder Suizidalität auslösen, verstärken oder produzieren. Für die Anderen kann der vollzogene Suizid schließlich auch zu einer eigenen Infragestellung, zu Verantwortungs- und Schuldfragen und im äußersten Falle sogar zu einer eigenen Bedrohung führen. Er kann zur Legimitationsbedrohung der Apparate wie auch zur individuellen Ansteckungsgefahr werden, welche diejenigen betreffen kann, die in einer persönlichen oder auch nur beruflichen Beziehung zu den Betroffenen standen (diese komplexen Rückkopplungseffekte der Suizidprävention habe ich besonders in Kapitel 6.2 nachzeichnen können). Auf all diesen Ebenen scheint die Suizidalität wie auch die Suizidprävention eine Herausforderung darzustellen, die sich an den Grenzen der Autonomie herausbildet und im Zuge derer zugleich die Grenzen der Autonomie gezogen werden.

Neben dieser semantischen Polyvalenz, in der die Suizidalität eine Herausforderung der Autonomie darstellt, ist sie in einem besonderen Maße zum Problem einer Gesellschaft geworden, in der das Leben und die Gesundheit zum zentralen Bezugspunkt der politischen Vernunft geworden ist *und* in der die Funktionsweise der Macht maßgeblich auf Autonomie basiert. Wie ich in Kapitel 2 mit Bezug zu den Arbeiten von Michel Foucault (2004, 283) herausgearbeitet habe, hat sich das souveräne Recht »sterben zu machen oder leben zu lassen« in ihr biopolitisches Gegenteil »leben zu machen und sterben zu lassen« verkehrt. Dies zeigt sich auch im Umgang mit Suiziden und Suizidversuchen. Wurde die Suizidalität noch vor wenigen Jahrhunderten tabuisiert, kriminalisiert und bestraft, so dass im äußersten Fall Menschen, die einen Suizidversuch unternommen haben, sogar zum Tode verurteilt werden konnten, so wurde sie mit der Entwicklung der Humanwissenschaften zunehmend zum Objekt soziologischer und psychiatrischer Wissensproduktion und medizin-politischer Interventionen. Heutzutage werden suizidale Menschen mit allen Mitteln der psychiatrischen Macht am Leben gehalten, zum Leben überzeugt und somit in gewisser Weise auch zum Leben verurteilt. Es lässt sich also eine Entwicklung nachzeichnen, durch die ein Register der Verurteilung und Strafe (*conviction*) – einschließlich des äußersten Falles der Todesstrafe (*conviction to death*) – durch ein Register der Überzeugung, Überführung und Verurteilung zum Leben (*conviction to life*) abgelöst wurde.

In Kapitel 3 habe ich darstellen können, dass sich die Ausrichtung auf Autonomie ab Mitte des 20. Jahrhunderts auch innerhalb des psychiatrischen Apparats abzuzeichnen begann und zeitlich mit der Entstehung der Suizidologie und dem Projekt der psychiatrischen Suizidprävention zusammenfiel. Gab es vorher ein System großer psychiatrischer Anstalten, in denen der Auftrag eher in der Segregation, Separation, Einschließung und Verwahrung der Insassen und der Organisation von anstaltsinterner Arbeit lag und somit der Typ der *eingesperrten Irren* dominierte, so ändert sich das Bild bis zum Ende des Jahrhunderts deutlich. Das Modell der psychiatrischen Klinik begann sich durchzusetzen, deren

Funktionsweise sich als ein mobilisierendes, integrierendes und responsibilisierendes (Selbst-)Management der Betroffenen charakterisieren lässt. Indem die psychiatrische Klinik zu einem Übergangsraum wurde, mit dem der Kontakt potentiell nie gänzlich abgeschlossen ist, entstand der Typ der *Drehtürpatient*in*. In der Symbolik der Drehtür zeigt sich ein psychiatrischer Apparat, der gleichzeitig geöffnet wie geschlossen ist und sich durch eine parallele und individuelle Mobilisierung und Verarbeitung sowie durch einen Modus operandi der steten Wiederholung auszeichnet. In gleichem Maße, wie sich das psychiatrische Regime immer mehr auf Autonomie ausgerichtet hat, war es umso mehr auf die Kontakt- und Beziehungsherstellung mit den Betroffenen angewiesen. Mit dem Ende der psychiatrischen Anstalten begann sich langsam ein Projekt der psychiatrischen Suizidprävention herauszubilden, dessen Funktion nicht mehr nur in der ätiologischen Bestimmung und therapeutischen Behandlung der Betroffenen lag, sondern in einer extramuralen Ausdehnung des psychiatrischen Wirkungsbereichs. Mitte des 20. Jahrhunderts gründeten sich erste Forschungszentren, Fachzeitschriften und Fachgesellschaften, welche zur disziplinären Verortung beitrugen und unter der Schirmherrschaft der Psychiatrie entwickelte sich ein eigener Wissenschaftszweig namens Suizidologie.[224] Ein paar Jahrzehnte später kamen auch auf anderer Ebene langsam Dinge in Bewegung: Kirchliche, kommunale und zivilgesellschaftliche Akteur*innen begannen sich ab den 1990er Jahren vermehrt auch auf Suizidprävention auszurichten.[225] Nicht alle dieser Vereine, Selbsthilfegruppen oder Bündnisse sind dabei dezidiert medizinisch ausgerichtet, doch alle gehören zur psychiatrischen Suizidprävention, auch wenn sie sich bisweilen eher sozialen als psychiatrischen Deutungsrahmen bedienen.[226] Die vielfältigen Bemühungen und Bestrebungen, welche sich dadurch auszeichnen, mit potentiell Betroffenen Kontakt her-

---

[224] Dass es dabei keine andere psychiatrische Erscheinungsform gibt, welche mit vergleichbarer Mobilisationskraft zur Bildung einer ‚Depressiologie' oder ‚Schizologie' gesorgt hat, unterstreicht den besonderen Stellenwert der Suizidalität innerhalb des psychiatrischen Regimes.

[225] Die Telefonseelsorge, die sich ab den 1950er Jahren als »Lebensmüdenberatung« zu etablieren begann, kann als Vorläufer dieser Form der Suizidprävention gelten. Eine erste Beratungsstelle wurde 1969 in München mit dem Verein *Die Arche* als »Zentrale für Selbstmordverhütung und Lebenshilfe e.V.« gegründet. Eine erste Beratungsstelle für betroffene Angehörige stellte der 1995 in Bayreuth gegründete Verein *AGUS* (Angehörige um Suizid) dar. Das *Kompetenznetz Depression und Suizidalität*, aus dem später die *Stiftung Deutsche Depressionshilfe* werden sollte, wurde 2008 gegründet und das Frankfurter Projekt *FRANS* existiert beispielsweise erst seit 2014.

[226] Hierin liegt eine zentrale Differenz zwischen meiner Analyse und der von Canevascini (2012), die den sozialen gegenüber dem medizinischen Referenzrahmen stark machen will und gerade daher den *Suizid als Sprache der Unterdrückung* kennzeichnet. Dabei missachtet sie aber, dass beide Referenzrahmen zur psychiatrischen Suizidprävention gehören und auch ihre eigene Position nicht außerhalb des psychiatrischen Diskurses liegt.

zustellen und sie von den diversen Hilfsangeboten zu überzeugen, sind die Folge eines psychiatrischen Regimes, das sich immer weiter auf Autonomie und Selbstbestimmung ausrichtet.

In Kapitel 4 wurde anhand einer deskriptiv-statistischen Auswertung der Basisdatendokumentation der *Klinik Doppelgipfel* deutlich, dass mehr als die Hälfte aller Diagnosen im stationären, psychiatrischen Bereich auf Suchtstörungen und Depressionen fallen. Ergänzt man an dieser Stelle die Störungen aus dem schizophrenen Formenkreis, der Belastungs- und Persönlichkeitsstörungen, kann man mit fünf Diagnosen knapp 90 % der klinischen Population umschreiben. Jede vierte Person, die sich in der Klinik Doppelgipfel in psychiatrischer Behandlung befindet, scheint dabei auch an Suizidalität zu leiden. Die Patient*innen zeichnen sich im Vergleich zur Allgemeinbevölkerung weiterhin besonders durch Arbeits- und Beziehungslosigkeit aus: Sind sie achtmal so oft arbeitslos und nur halb so oft verheiratet oder in festen Partner*innenschaften (stattdessen sind sie häufiger alleinstehend, geschieden oder verwitwet). Obwohl dies aus psychiatrischer Perspektive als eine Folge der psychiatrischen Erkrankung zu werten ist, zeigt dies dennoch wie psychiatrische Krankheiten mit Armut, Isolation und sozialer Klassenstruktur verstrickt sind (Luhrmann 2000, 157; vgl. Muntaner, Eaton & Diala 2000).[227] In Rückgriff auf Ehrenberg (2008) und Bröckling (2007) lässt sich diese Prävalenz von Depression, Sucht und Suizidalität auch in ein Verhältnis zur Autonomie stellen. Nach Ehrenberg (2008) steht das Aufkommen und die schier universelle Verbreitung der heterogenen Krankheit der Depression in einem Zusammenhang mit gesellschaftlichen Veränderungen. In aller Kürze lautet sein analytisches Ergebnis, dass die neoliberale Freiheit depressive Leiden koproduziert. Das moderne Subjekt leidet demnach an einer sozialisationsbedingten und sozial vermittelten Insuffizienz seiner eigenen Identität. Die neoliberalen Normen, die sich ab der zweiten Hälfte des 20. Jahrhunderts durchzusetzen begannen und auch als Emanzipation erkämpft wurden, forderten dazu auf, sich selbst zu finden, sich selbst zu verwirklichen und autonom zu sein. Das zeitgenössische Subjekt steht weniger im Konflikt mit den repressiven Normen einer Disziplinargesellschaft, als dass es aufgefordert ist, sich selbst Regeln und Gesetze aufzuerlegen. Das neoliberale Subjekt ist

[227] Bezogen auf die psychiatrische Klinik, die sie *San Juan County Hospital* nennt, schreibt auch Luhrmann (2000, 144): »San Juan's patients are often uneducated, unemployed and unemployable, and older. Their prognosis is poor. It would be poor no matter where they were treated. They struggle with substance abuse, and are treated and then discharged into a community where crack and heroin are rampant. They struggle with depression, and are treated and then discharged into the realistically depressing world of the underclass. They struggle with schizophrenia, and though medication will stabilize them it will not make them self-sufficient«.

angehalten, sich von innen heraus selbst zu bilden und zu verwirklichen, wofür es sich stetig psychisch entschlüsseln, verstehen und verbessern soll. Es soll in ständiger Bewegung sein und durch persönliche Initiative nach sozialer Anerkennung streben. Diese neue fordernde Autonomie produziert dabei ein unstillbares Gefühl der Unzulänglichkeit, da eine unüberbrückbare Kluft zwischen den realen und imaginären Möglichkeiten liegt. Die neoliberale Freiheit, in der Selbstverwirklichung, projektorientiertes Unternehmertum und Eigeninitiative zur Maxime geworden sind, erzeugen nach Ehrenberg Verwirrung, Leere und Erschöpfung. Damit sind Depression und Sucht – und in ihrer Konsequenz auch Suizidalität – zum sozialpathologischen Symptom der neoliberalen Emanzipation geworden. Ehrenberg erweitert damit das Verhältnis von psychischen Erkrankungen und Freiheit: Depression bedroht nicht nur die Freiheit eines Subjekts, indem sie ihm die Möglichkeit der Selbstverwirklichung, Handlungssouveränität und selbstbestimmten Lebensgestaltung nimmt, sondern sie ist gerade durch eine gewisse Form der Freiheit bedingt. Depression ist die »Krankheit einer Freiheit«(2008, 40), weil sie die Negativfolie der auf Autonomie und Verantwortung ausgerichteten, unternehmerischen Subjektivierungsform bildet (vgl. Bröckling 2007, 289ff.).

Ausgehend von gewissen Konfliktlinien und divergenten Überzeugungen, welche die Beziehung zwischen Betroffenen und Personal bestimmen, habe ich schließlich in Kapitel 5 dargelegt, weshalb die psychiatrische Arbeit im Wesentlichen als Überzeugungsarbeit zu charakterisieren ist. Die psychiatrische Arbeit versucht die Überzeugungen der Betroffenen, verstanden als eine komplexe Ansammlung von Gedanken, Meinungen, Interessen, Wünschen, Haltungen, Handlungen sowie in Dingen und Lebensweisen eingeschriebene Praxis, zu verarbeiten und zu verändern. Die Überzeugungen der Betroffenen sind im psychiatrischen Regime der Gegenwart die Grundlage *und* Zielscheibe der psychiatrischen Arbeit. Mit der Ausrichtung auf Autonomie und Selbstbestimmung obliegt die Entscheidung zur psychiatrischen oder psychotherapeutischen Behandlung oder zu einer spezifischen Behandlungsform (ob nun Selbsthilfegruppe, Psychopharmaka oder eines der mannigfaltigen stationären wie ambulanten Therapieangebote) zum größten Maße den Betroffenen. Dabei motiviert, beeinflusst und lenkt der psychiatrische Apparat genau diese Interessen, Entscheidungen und Überzeugungen. Die Choreographie der psychiatrischen Praxis ist darauf ausgerichtet, vorhandene Überzeugungen zu destabilisieren, neue zu verankern und damit zu einer Ausrichtung und Veränderung der Person beizutragen. Wenn man dabei das Überzeugen »von der Idee freier, selbstverantworteter Einsicht, von der Idee der zu bewahrenden, ja sogar zu vergrößernden Autonomie des Adressaten her [denkt]« (Kuhlmann 1992, 78), so liegt gerade in der Überzeugungsarbeit eine dialektische Verschränkung von Fremd- und Selbstbestimmung oder von Einflussnahme und Autonomie vor.[228] Letztendlich zielt die Überzeugung anderer darauf, dass sie diese Überzeugungen übernehmen, auch wenn dies unbenommen nie gleichförmig, sondern auf eine spezifische und eigentümliche Art und Weise geschieht. Das gegenwärtige psychiatrische Regime basiert maßgeblich auf den freien Entscheidungen und Überzeugungen der Betroffenen und operiert nach dem Prinzip der Einflussgewinnung und Lenkung ebendieser. Nach den Daten des RKI nehmen fast 10 % der Bevölkerung innerhalb eines Jahres in Deutschland psychotherapeutische oder psychiatrische Hilfe in Anspruch (Rommel et al. 2019). Der kleinste Bruchteil dieser ungefähr acht Millionen Menschen, der zwischen 1 und 2 % geschätzt werden kann (vgl. Müller, Dressing & Salize 2006; Bruns & Henking 2015), wird auf Basis der Psychisch-Kranken-Gesetze, des Betreuungsgesetzes oder im Rahmen der forensischen Behandlung mittels des Strafgesetzes einer psychiatrischen Behandlung zugeführt. Auch wenn, wie in Kapitel 5 ausführlich dargelegt wurde, das Verhältnis von Freiheit und Zwang sich nicht auf die juristische Dichotomie von »freiwillig in Behandlung« und »in Behandlung durch Unterbringung« reduzieren lässt, so zeigt dieses Verhältnis, wie stark das psychiatrische Regime auf der (juristischen) Freiheit der Betroffenen basiert.[229] Gleichwohl operiert das psychiatrische Regime an seinen Grenzen auch nach dem Prinzip der Drohung und Anwendung von Zwang und Gewalt. Die akute Gefährdung des eigenen oder fremden biologisch-physischen Lebens markiert diese Grenze, in der die Selbstbestimmung der Betroffenen eingeschränkt und aufgehoben werden kann. Gleichwohl bedarf es mehr als Eigengefährdung, um innerhalb der neoliberalen Vernunft ein staatliches oder psychiatrisches

---

[228] Dies führt Kuhlmann (ebd., 81) auch zu weiterführenden Behauptungen: »Die Explikation des Überzeugens, die Erläuterung dessen, was wir tun, wenn wir im Diskurs anderen gegenüber etwas behaupten, erlaubt einen tiefen Blick in die *Struktur menschlicher Vernunft*. Es wird hier – wie an keiner Stelle sonst – auf einen Schlag klar, daß und wie theoretische und praktische Vernunft zusammenhängen, daß und wie im Grunde Wahrheitsfindung, Wissenschaft im weitesten Sinne, Humanität und Freiheit aufeinander verweisen, wechselseitig einander bedingen. Rationalität und Freiheit, Anerkennung der Autonomie, Anerkennung des anderen als Person im emphatischen Sinne des Wortes gehören ganz eng zusammen.«

[229] Dass es in den letzten Jahrzehnten zu einer Aufwertung der Selbstbestimmung kam, lässt sich auch am Beispiel der Zwangsunterbringung zeigen: Begaben sich noch bis in die 1960er Jahre nur 20 % der Patient*innen freiwillig in eine stationäre psychiatrische Behandlung (vgl. Castel, Castel & Lovell 1982, 29), so sind es gegenwärtig um die 85 % aller Patient*innen (Salize, Rössler & Becker 2007, 100).

Eingreifen in die grundlegenden bürgerlichen Freiheiten zu legitimieren.[230] Für diese Eingriffe muss neben der potentiellen Gefährdung des eigenen Lebens auch die Selbstbestimmung und Autonomie der Betroffenen infrage stehen. Die Betroffenen müssen nicht nur ihr körperliches Wohlergehen und Überleben bedrohen, sondern ihre Wünsche und Interessen, ihr Wille und Handeln müssen einer krankheitsbedingten Einschränkung unterworfen sein. Nur eine akute Gefährdung, welche einer unfreien und beeinträchtigten Willensentscheidung entsprungen ist, kann die schweren Eingriffe in die persönliche Freiheit begründen und dies auch nur, weil jene wiederum im Namen der Autonomie bzw. Autonomisierung vollzogen wird. Die freiheitsentziehenden Maßnahmen sind nämlich durch eine Befreiung motiviert: Der psychiatrische Apparat strebt die Wiederherstellung einer autonomen Lebensführung an und zielt auf eine Befreiung von der Suizidalität und der sie motivierenden psychischen Gründe.

Der psychiatrische Apparat ist nun mit einer Vielzahl von Formen der Suizidalität konfrontiert und verarbeitet diese Formen unterschiedlich. Doch es können sich nicht nur die Fallverarbeitungen grundlegend unterscheiden, sondern der psychiatrische Apparat ist an der Produktion dieser Fälle und Formen konstitutiv beteiligt – ein Prozess, den ich in Kapitel 6 als *un/doing of suicidality* bezeichnet habe. Der psychiatrische Apparat ist daran beteiligt, ob die Suizidalität als glaubwürdige und ernstzunehmende Gefahr oder als manipulativer Einsatz in der Beziehungsgestaltung behandelt wird. Seine Verarbeitung ist mitbestimmend dabei, ob eine suizidale Äußerung oder Handlung als nachvollziehbare Reaktion auf außergewöhnliche Umstände, als Symptom einer psychischen Erkrankung oder als rationaler Befreiungsversuch aus einem Zustand unerträglichen und unveränderbaren Leidens chiffriert wird. Die spezifische psychiatrische Verarbeitung bestimmt, ob die Suizidalität normalisiert, pathologisiert oder physiologisiert wird. Wie in der Analyse einzelner Grenzfälle in Kapitel 6 kleinschrittig nachgezeichnet wurde, geht die Suizidalisierung und Entsuizidalisierung auch mit einer Herstellung oder Zurückweisung von Autonomie einher.

So zeigte sich in der Analyse einer lokalen Suizidpräventionskampagne des *Frankfurter Netzwerks für Suizidprävention* (erörtert in Kapitel 5.2) eine konzeptionelle Rahmung der Suizidalität als einer normalen und nachvollziehbaren Reaktion auf außergewöhnliche Umstände. In der primären Suizidprävention,

---

[230] Eigengefährdungspotentiale – sei es z. B. im Verkehr, Extremsport oder Suchtmittelkonsum – unterliegen zwar auch einer gewissen (Eigen-)Steuerung und (Selbst-)Regierung, doch sie können nicht im gleichen Maß zur Suspendierung individueller, bürgerlicher Freiheiten führen. Nur bei der Suizidalität reicht allein das Potential der Eigengefährdung zur Mobilisierung polizeilicher, administrativ-juristischer und psychiatrischer Apparate.

also im Versuch der Kontaktaufnahme mit potentiell Betroffenen, wird die Suizidalität normalisiert, indem bewusst auf einen psychiatrischen oder pathologisierenden Deutungsrahmen verzichtet wird. Innerhalb dieser *Normalisierung* bleibt die Frage nach der autonomen Entscheidungsfähigkeit auf eine strategische Art und Weise unbestimmt. Es bleibt unbestimmt, ob die Suizidalität das Produkt eines freien Willens oder Resultat einer pathologischen Entwicklung darstellt. Durch diese Interpretationsoffenheit kann der Befürchtung einer psychiatrischen Stigmatisierung entgegengearbeitet und dabei gleichzeitig behutsam auf die offenen Türen des psychiatrischen Apparats verwiesen werden.

Doch in aller Regel ist die Rationalität der *Pathologisierung* vorherrschend. Die Suizidalität gilt als Hinweis oder Symptom von psychischen Störungen. Sie hat dabei zwar eine definitorisch inhärente Verbindung zur Depression, taucht aber im Zusammenhang mit allen möglichen psychischen Störungen auf (was auch an der »extreme[n] Heterogenität« und »maximale[n] Universalität« des depressiven Störungsbildes liegt, nachdem es auch affektiver Bestandteil jeder anderen Störung ist; vgl. Ehrenberg 2008, 104). Indem die Suizidalität als Symptom einer psychischen Störung konzeptualisiert wird, ist sie nicht mehr Resultat einer rationalen und selbstbestimmten Entscheidung, sondern einer pathologischen Willensverzerrung. Wie gesagt, ist der psychiatrische Apparat darauf ausgerichtet, die Autonomie und Selbstbestimmung der Betroffenen wiederherzustellen. In erster Linie steht hier eine ganze Batterie an psychiatrischen und therapeutischen Überzeugungstechniken, die darauf zielen die Betroffenen wieder zu einer autonomen Lebensführung zu befähigen und sie (wieder) vom Leben zu überzeugen. Demgegenüber stehen sehr spezifische Techniken wie Non-Suizid-Verträge, welche im ambulanten oder klinischen Kontext zumindest temporär eine rationale Vertragsfähigkeit, Handlungsverantwortung und damit ein autonomes sowie be-/handlungsfähiges Subjekt wiederherstellen. Eine weitere Technik, die ich *Verunechtung* genannt habe, bezeichnet eine Strategie, die auf das Dilemma reagiert, das Suiziddrohungen unweigerlich produzieren. Suiziddrohungen können für Betroffene zu einer wirkmächtigen Technik der Beziehungsgestaltung werden. Die Verunechtung beschreibt nun eine Technik, in der die Glaubwürdigkeit infrage gestellt und gleichzeitig auf die Drohung reagiert werden kann. Sie dient also einer Herstellung eines strategischen Kalküls im Kontext einer pathologischen Struktur und schafft damit eine gespaltene Zuschreibung von autonomer Handlungsverantwortung und pathologischer Handlungsbegründung.

Den größten Gegensatz zur Pathologisierung stellt die *Physiologisierung* dar, welche ich als körperbezogene Normalisierung definiert habe, welche die Rationalität und Legitimität der Suizidalität hervorhebt. Die akute Selbstgefährdung führt hier durch eine Zuschreibung und z. T. auch mittels einer vertraglichen Fixierung eines unbeeinträchtigten und ,autonomen' Willens nicht nur zu einem Aussetzen der Suizidprävention, sondern ganz im Gegenteil zu aktiven und passiven Formen der Suizidhilfe. Wie Graefe (2007, 272) gezeigt hat, wird innerhalb des Sterbehilfediskurses und speziell auch mittels der Patientenverfügung eine spezifische Form der Autonomie produziert:

> Autonom ist, wer einen in der eigenen Biographie zum Ausdruck gebrachten, zeitlich relativ unveränderlichen und sozial dekontextualisierten individuellen ,Willen' ausagiert und sich dabei an den vorgegebenen standardisierten Formen orientiert. Autonom ist außerdem, wer vor allem artikuliert, was er *nicht* will und Zumutungen abwehrt.

Indem die Suizidalität durch die Physiologisierung und die Technik der Patientenverfügung zum Ausdruck einer autonomen Willensbildung wird, kann sie sich in einen nachvollziehbaren Wunsch der Leidensverkürzung auflösen und fast gänzlich in normalisierten Sterbeprozessen verschwinden. Die Suizidprävention findet in der Sterbehilfe ihre Inversion. Der große Fragenkomplex, der pointiert von Ekland-Olsen (2018) als »Who lives, who dies [and] who decides?« formuliert wurde, wird in dieser spezifischen Konfrontation mit Suizidalität immer wieder aufs Neue aufgeworfen.

Das psychiatrische Regime der Suizidprävention stellt eine Ordnungsstrategie dar, welche auf Sicherung und Erhalt des Lebens ausgerichtet ist. Es koordiniert Wissensordnungen und vielfältige Maßnahmen und Techniken zur Steuerung und Kontrolle, durch die potentielle suizidale Ereignisse in einschätzbare, verarbeitbare und regierbare Risiken transformiert werden. Es stellt sich der Herausforderung der Autonomie und stellt dabei selbst eine Infragestellung und Herausforderung dieser Autonomie dar. In der unauflöslichen Dialektik, in der Autonomie und Sicherheit gleichzeitig hergestellt werden, verkehren diese immer wieder in ihr Gegenteil. Indem Autonomie gefördert, beschnitten oder infrage gestellt wird, wird Suizidalität nicht nur verhindert, sondern immer auch wieder selbst verstärkt, ermöglicht oder erst hergestellt. Das psychiatrische Regime der Suizidprävention schafft somit eigene Unsicherheiten, Risiken und Probleme, die wiederum präventive Bemühungen auslösen und mobilisieren. Diese zirkuläre Bewegung ist ein konstitutiver Bestandteil der Prävention, welche im Versuch eine Zukunft zu verhindern, die Gegenwart gestaltet und dadurch eigene Effekte produziert, welche ihrerseits zum Gegenstand präventiver Maßnahmen werden. Der Suizid steht im Zentrum dieser Zirkularität, in der sich die psychiatrischen Praktiken selbst mobilisieren. Dies liegt nicht nur am Wesen der Prävention, sondern auch am mythischen Stellenwert des Todes. Ob er nun selbstgewählt, fremdbestimmt oder sich aus einer körperlichen Unvermeidbarkeit ergibt, ob er nun abgewehrt, angenommen oder mit aller persönlichen und medizinpolitischen Macht regiert, reguliert und kontrolliert werden soll, er bleibt *an sich* nicht-symbolisierbar und entzieht sich jeglicher direkten Erfahrung und jeglichem unmittelbaren Zugriff – er ist für uns ein Mythos. Der Suizid ist für die Psychiatrie das, was der Tod für die Medizin ist. Er ist der zentrale Mythos, der etwas repräsentiert, was selbst nicht symbolisierbar ist, aber als Motor der Symbolisierung und als katalysierender Antrieb der Rituale und Praktiken fungiert. Um die astronomische Metaphorik aus der Einleitung aufzugreifen, ließe sich behaupten: Der Suizid ist das schwarze Loch, um das sich das psychiatrische Universum dreht. Mit seiner eigentümlichen Anziehung birgt er in sich eine dynamische Kraft, mittels der er die Dinge in Bewegung bringt und in Bewegung hält. Letzten Endes ist auch das vorliegende Werk ein Produkt dieser Sog- und Fliehkräfte des Suizids.

8. Danksagung

Ich möchte mich bei den vielen Menschen und Institutionen bedanken, die meine Forschung ermöglicht, meine teilnehmende Beobachtung unterstützt und mir im Laufe der Jahre in vielen Diskussionen und mit vielen kleineren oder ausführlicheren Rückmeldungen geholfen haben, meine Interpretation und Argumentation zu überdenken, auszubauen und zu stärken.

Allen voran möchte ich mich bei den Patient*innen und dem Personal der *Klinik Doppelgipfel* bedanken. Trotz der persönlichen und oft auch schamhaft besetzen Krisensituationen haben mich fast alle Patient*innen an ihren Erfahrungen, Geschichten und Erlebnissen teilhaben lassen und mich und meine Analyse durch ihre Perspektive bereichert. Das psychiatrische Personal hat mich in ihre schwierige und herausfordernde Arbeitswelt eingelassen und ich bin ihnen zu großem Dank verpflichtet, dass ich ihren Alltag forschend begleiten durfte.

Ich will mich weiterhin bei der *Rosa-Luxemburg-Stiftung* bedanken, welche mich über viele Jahre finanziell und ideell gefördert hat. Besonders den Mitgliedern des *Arbeitskreises kritische Psychologie* sowie der *Forschungswerkstatt Qualitative Methoden* danke ich für viele wertvolle inhaltliche, methodische und interpretative Hinweise.

Jonas Rüppel gilt mein größter Dank für die inoffizielle Betreuung und langjährige Begleitung meiner Forschungs- und Abschlussarbeiten. Von unschätzbarem Wert war Alexandra Jugelt, welche mir in allem beistand, wertvolle inhaltliche Hinweise gab und mir immer wieder geholfen hat, mich zu sortieren. Für die zahlreichen Kommentare und Korrekturvorschläge danke ich weiterhin insbesondere: Thomas Scheffer, Marc Strotmann, Katharina Hoppe, Moritz Herrmann, Lucas Pohl, Lucyna Kühnemann, Jens Hübertz, Simon Duncker und Leif Wolters. Ohne sie wäre diese Arbeit analytisch ärmer geworden.

Für das mühsame grammatikalische und orthographische Lektorat danke ich von Herzen Tabea Hombach und Jacob Schmidkunz sowie meinem Opa Johannes Rentsch.

Die Publikation wäre ohne die freundliche und kompetente Unterstützung von Herrn York Bieger nicht möglich geworden. Für die aufwendige Drucklegung gilt mein Dank Jan Philipp Weise und für die Gestaltung des Umschlagscovers Michael Schmitz.

9. Literaturverzeichnis

Agamben, G. (2008). *Was ist ein Dispositiv?* Zürich: Diaphanes.

Albrecht, G. & Groenemeyer, A. (2012). *Handbuch soziale Probleme*. Wiesbaden: Springer VS.

Allbutt, H. & Masters, H. (2010). Ethnography and the ethics of undertaking research in different mental healthcare settings. *Journal of Psychiatric and Mental Health Nursing*, *17*(3), 210–215.

Althusser, L. & Wolf, F. O. (2016). *Ideologie und ideologische Staatsapparate*. Hamburg: VSA-Verl.

Amelung, V. E. (2007). *Managed care. Neue Wege im Gesundheitsmanagement*. Wiesbaden: Gabler.

Antretter, E. (2004). *Die Erzeugung des Selbstverletzungsdiskurses in der Psychiatrie - Eine historisch-komparative diskursanalytische Untersuchung*. Leopold-Franzens-Universität Innsbruck: Unveröffentlichte Dissertation.

Appel, J. M. (2012). »How hard it is that we have to die«: rethinking suicide liability for psychiatrists. *The International Journal of Healthcare Ethics Committees*, *21*(4), 527-536.

Arboleda-Florez, J. (2009). Mental patients in prisons. *World Psychiatry*, *8*(3), 187-189.

Arendt, F. & Romer, D. (2020). Problems posed by the Werther effect as a ‚net effect': a comment on recent scholarly work on the effects of 13 Reasons Why. *The British Journal of Psychiatry: the Journal of Mental Science*, *217*(6), 665-666.

Arkowitz, H. (2010). *Motivierende Gesprächsführung bei der Behandlung psychischer Störungen*. Weinheim: Beltz.

Armgart, C., Schaub, M., Hoffmann, K., Illes, F., Emons, B. & Jendreyschak, J. (2013). Negative Emotionen und Verständnis – Zwangsmaßnahmen aus Patientensicht. *Psychiatrische Praxis*, *40*(5), 278-284.

Badiou, A. (2005). *Das Sein und das Ereignis*. Berlin: Diaphanes.

Baechler, J. (1981). *Tod durch eigene Hand*. Frankfurt: Ullstein.

Balz, V. (2010). *Zwischen Wirkung und Erfahrung - eine Geschichte der Psychopharmaka. Neuroleptika in der Bundesrepublik Deutschland, 1950-1980*. Bielefeld: transcript.

Banerjee, D., Kosagisharaf, J. R. & Sathyanarayana Rao, T. S. (2021). ‚The dual pandemic' of suicide and COVID-19: A biopsychosocial narrative of risks and prevention. *Psychiatry Research*, 113577.

Barad, K. (2017). *Agentieller Realismus. Über die Bedeutung materiell-diskursiver Praktiken*. Berlin: Suhrkamp.

Barth, J. & Bengel, J. (2001). *Prävention durch Angst? Stand der Furchtappellforschung*. Köln: Bundeszentrale für Gesundheitliche Aufklärung.

Baudelot, C. & Establet, R. (2008). *Suicide. The hidden side of modernity*. Cambridge: Polity Press.

Baumann, U. (2001). *Vom Recht auf den eigenen Tod. Die Geschichte des Suizids vom 18. bis zum 20. Jahrhundert*. Weimar: Böhlau Verlag.

Bäuml, J., Behrendt, B., Henningsen, P. & Pitschel-Walz, G. (2016). *Handbuch der Psychoedukation für Psychiatrie, Psychotherapie und Psychosomatische Medizin*. Stuttgart: Schattauer.

Becker, D. (2019). *Through the looking glass. Women and borderline personality disorder*. New York: Routledge.

Becker, K., Manthey, T., Kaess, M., Brockmann, E., Zimmermann, F. & Plener, P. L. (2017). Postvention bei Suizid: Was man als Kinder- und Jugendpsychiater und -therapeut wissen sollte. *Zeitschrift fur Kinder- und Jugendpsychiatrie und Psychotherapie*, *45*(6), 475-482.

Bidaki, R., Shirani, S., Shamsian, M., Tezerjani, E. P., Heidari, F., Shirani, B. et al. (2016). A Review of the Various Suicide Methods Used Around the World. *International Journal of Medical Reviews*, 3(4), 504-507.

Birnbacher, D. (2015). Ist Sterbefasten eine Form von Suizid? *Ethik in der Medizin, 27*(4), 315-324.

Bister, M. D. & Niewöhner, J. (Hrsg.). (2014). *Alltag in der Psychiatrie im Wandel. Ethnographische Perspektiven auf Wissen, Technologie und Autonomie*. Berlin: Panama-Verlag.

Bleich, A., Baruch, Y., Hirschmann, S., Lubin, G., Melamed, Y. & Zemishlany, Z. (2011). Management of the suicidal patient in the era of defensive medicine: focus on suicide risk assessment and boundaries of responsibility. *The Israel Medical Association Journal, 13*(11), 653-656.

Bleuler, E. (1911). *Dementia praecox oder Gruppe der Schizophrenien*. Leipzig: Franz Deuticke.

Blinder, M. (2004). Suicide, psychiatric malpractice, and the bell curve. *The Journal of the American Academy of Psychiatry and the Law, 32*(3), 319-323.

Bloom, J. D. (2010). »The Incarceration Revolution«: The Abandonment of the Seriously Mentally Ill to Our Jails and Prisons. *Journal of Law Medicine and Ethics, 38*(4), 727-734.

Boer, T. A. & Lic, T. (2017). Does Euthanasia Have a Dampening Effect on Suicide Rates? Recent Experiences from the Netherlands. *Journal of Ethics in Mental Health, 10*, 1-9.

Böhme, K. (1982). Selbstmordverhütung: Wissenschaft oder Caritas? In C. Reimer (Hrsg.), *Suizid. Ergebnisse und Therapie* (S. 3–11). Berlin, Heidelberg: Springer.

Bohnsack, R. (1983). *Alltagsinterpretation und soziologische Rekonstruktion*. Wiesbaden: VS Verlag für Sozialwissenschaften.

Boltanski, L. (1999). *Distant suffering. Morality, media and politics*. Cambridge: Univ. Press.

Bonell, C., Jamal, F., Melendez-Torres, G. J. & Cummins, S. (2015). ‚Dark logic': theorising the harmful consequences of public health interventions. *Journal of Epidemiology and Community Health, 69*(1), 95-98.

Borasio, G. D. (2012). *Patientenverfügung. Das neue Gesetz in der Praxis*. Stuttgart: Kohlhammer.

Borst, U. & Leherr, H. (2008). Zwangsbehandlung und Verhandlungskultur in der Psychiatrie. *Familiendynamik*, 33(2), 161-176.

Bowers, L., Banda, T. & Nijman, H. (2010). Suicide inside: a systematic review of inpatient suicides. *The Journal of Nervous and Mental Disease, 198*(5), 315-328.

Brady, M. (2014). Ethnographies of Neoliberal Governmentalities: from the neoliberal apparatus to neoliberalism and governmental assemblages. *Foucault Studies*, 11-33.

Brady, M. & Lippert, R. K. (Hrsg.). (2016). *Governing practices. Neoliberalism, governmentality, and the ethnographic imaginary*. Toronto: University of Toronto Press.

Breidenstein, G., Hirschauer, S., Kalthoff, H. & Nieswand, B. (2013). *Ethnografie. Die Praxis der Feldforschung*. Konstanz: UTB.

Brent, D. A. (2016). Antidepressants and Suicidality. *The Psychiatric Clinics of North America, 39*(3), 503-512.

Brieger, P. & Menzel, S. (2020). Sind Menschen, die sich das Leben nehmen, psychisch krank? – Kontra. *Psychiatrische Praxis, 47*(04), 177-178.

Brink, C. (2010). *Grenzen der Anstalt. Psychiatrie und Gesellschaft in Deutschland 1860 - 1980*. Göttingen: Wallstein Verlag.

Brinkmann, S. (2020). *Diagnostic cultures. A cultural approach to the pathologization of modern life*. London: Routledge.

Bröckling, U. (2007). *Das unternehmerische Selbst. Soziologie einer Subjektivierungsform*. Frankfurt: Suhrkamp.

Brodwin, P. (2013). *Everyday ethics. Voices from the front line of community psychiatry*. Berkeley: University of California Press.

Broeckaert, B. (2011). Palliative sedation, physician-assisted suicide, and euthanasia: »same, same but different«? *The American Journal of Bioethics, 11*(6), 62-64.

Bron, B. (1986). Ethische und juristische Aspekte des Suizidproblems. *Fortschritte der Neurologie-Psychiatrie, 54*(7), 232-240.

Bronisch, T. (2004). Krisenintervention bei Suizidalität. In A. Riecher-Rössler & C. Kunz (Hrsg.), *Psychiatrisch-psychotherapeutische Krisenintervention. Grundlagen, Techniken und Anwendungsgebiete* (S. 80-90). Göttingen: Hogrefe.

Bronisch, T. (2014). *Der Suizid: Ursachen, Warnsignale, Prävention.* München: C.H. Beck.

Bruns, H. & Henking, T. (2015). Unterbringungen und Zwangsbehandlungen in Zahlen. In T. Henking & J. Vollmann (Hrsg.), *Zwangsbehandlung psychisch kranker Menschen. Ein Leitfaden für die Praxis* (S. 19-28). Berlin: Springer.

Bryan, C. J., Mintz, J., Clemans, T. A., Leeson, B., Burch, T. S. & Williams, S. R. (2017). Effect of crisis response planning vs. contracts for safety on suicide risk in U.S. Army Soldiers: A randomized clinical trial. *Journal of Affective Disorders*, *212*, 64-72.

Bührmann, A. D. & Schneider, W. (2010). Die Dispositivanalyse als Forschungsperspektive. Begrifflich-konzeptionelle Überlegungen zur Analyse gouvernementaler Taktiken und Technologien. In J. Angermüller & S. van Dyk (Hrsg.), *Diskursanalyse meets Gouvernementalitätsforschung. Perspektiven auf das Verhältnis von Subjekt, Sprache, Macht und Wissen* (S. 261-288). Frankfurt: Campus-Verlag.

Bundesärztekammer (2016). *Methodischer Leitfaden - Morbiditäts- und Mortalitätskonferenzen. Texte und Materialien der Bundesärztekammer zur Fortbildung und Weiterbildung*. Zugriff am 10.04.2019. Verfügbar unter: https://www.bundesaerztekammer.de/fileadmin/user_upload/downloads/pdf-Ordner/QS/M_Mk.pdf

Burnham, J. C. (2012). *After Freud left. A century of psychoanalysis in America*. Chicago: University of Chicago Press.

Burstow, B. (2019). *The Revolt Against Psychiatry. A Counterhegemonic Dialogue*. Cham: Springer International Publishing AG.

Bussolini, J. (2010). What is a Dispositive? *Foucault Studies*, (10), 85-107.

Butterwegge, C. (2017). Rechtfertigung, Maßnahmen und Folgen einer neoliberalen (Sozial-) Politik. In C. Butterwegge, B. Lösch & R. Ptak (Hrsg.), *Kritik des Neoliberalismus*. Wiesbaden: Springer VS.

Caberta, U. (2002, 29. Oktober). Das Konzept ist aufgegangen. *Die Welt*. Verfügbar unter: https://www.welt.de/print-welt/article418757/Das-Konzept-ist-aufgegangen.html

Campagna, N. (2007). *Strafrecht und unbestrafte Straftaten. Philosophische Überlegungen zur strafenden Gerechtigkeit und ihren Grenzen*. Stuttgart: Steiner.

Canevascini, M. (2012). *Le suicide comme langage de l'oppression. Ethnographie d'un service d'urgences psychiatriques*. L'Université de Lausanne: Dissertation.

Castel, F., Castel, R. & Lovell, A. (1982). *Psychiatrisierung des Alltags. Produktion und Vermarktung der Psychowaren in den USA*. Frankfurt: Suhrkamp.

Castel, R. & Raulff, U. (1983). *Die psychiatrische Ordnung. Das goldene Zeitalter des Irrenwesens*. Frankfurt: Suhrkamp.

Caudill, W. (1958). *The psychiatric hospital as a small society.* Cambridge: Harvard University Press.

Caudill, W., Redlich, F. C., Gilmore, H. R. & Brody, E. B. (1952). Social Structure and Interaction Processes on a Psychiatric Ward. *American Journal of Orthopsychiatry*, (22), 314-334.

Cavanagh, J. T. O., Carson, A. J., Sharpe, M. & Lawrie, S. M. (2003). Psychological autopsy studies of suicide: a systematic review. *Psychological Medicine*, *33*(3), 395-405.

Cerel, J., Brown, M. M., Maple, M., Singleton, M., van de Venne, J. & Moore, M. (2019). How Many People Are Exposed to Suicide? Not Six. *Suicide & Life-Threatening Behavior*, 529-534.

Cha, C. B., Glenn, J. J., Deming, C. A., D'Angelo, E. J., Hooley, J. M. & Teachman, B. A. (2016). Examining potential iatrogenic effects of viewing suicide and self-injury stimuli. *Psychological Assessment*, *28*(11), 1510-1515.

Chehil, S. & Kutcher, S. P. (2011). *Suicide risk management. A manual for health professionals*. Chichester, West Sussex: John Wiley & Sons.

Chesney, E., Goodwin, G. M. & Fazel, S. (2014). Risks of all-cause and suicide mortality in mental disorders: a meta-review. *World Psychiatry*, *13*(2), 153-160.

Cheung, K., Aarts, N., Noordam, R., van Blijderveen, J. C., Sturkenboom, M. C. & Ruiter, R. (2015). Antidepressant use and the risk of suicide: a population-based cohort study. *Journal of Affective Disorders*, *174*, 479-484.

Chung, D. T., Ryan, C. J., Hadzi-Pavlovic, D., Singh, S. P., Stanton, C. & Large, M. M. (2017). Suicide Rates After Discharge From Psychiatric Facilities: A Systematic Review and Meta-analysis. *JAMA Psychiatry*, *74*(7), 694-702.

Clifford, J. & Marcus, G. E. (1986). *Writing culture. The poetics and politics of ethnography: a School of American Research advanced seminar*. Berkeley: University of California Press.

Conejero, I., Olié, E., Courtet, P. & Calati, R. (2018). Suicide in older adults: current perspectives. *Clinical Interventions in Aging*, *13*, 691-699.

Conrad, P. (2007). *The medicalization of society. On the transformation of human conditions into treatable disorders*. Baltimore: Johns Hopkins University Press.

Coyle, T. N., Shaver, J. A. & Linehan, M. M. (2018). On the potential for iatrogenic effects of psychiatric crisis services: The example of dialectical behavior therapy for adult women with borderline personality disorder. *Journal of Consulting and Clinical Psychology*, *86*(2), 116-124.

Daub, U. (1994). *Des Lebens Wert. Zur Diskussion über Euthanasie und Menschenwürde*. Freiburg im Breisgau: Lambertus.

Davis, S. E., Williams, I. S. & Hays, L. W. (2002). Psychiatric Inpatients' Perceptions of Written No-Suicide Agreements. *Suicide and Life-Threatening Behavior*, *32*(1), 51-66.

DeCou, C. R. & Schumann, M. E. (2018). On the Iatrogenic Risk of Assessing Suicidality: A Meta-Analysis. *Suicide & Life-Threatening Behavior*, *48*(5), 531-543.

Deisenhammer, E. A. (2012). Suizid und Suizidalität. In W. W. Fleischhacker & H. Hinterhuber (Hrsg.), *Lehrbuch Psychiatrie* (S. 395-404). Wien: Springer.

Deppe, H.-U. (2000). *Zur sozialen Anatomie des Gesundheitssystems. Neoliberalismus und Gesundheitspolitik in Deutschland*. Frankfurt: VAS, Verlag für akademische Schriften.

Deutsche Ethikrat (2018). *Hilfe durch Zwang? Professionelle Sorgebeziehungen im Spannungsfeld von Wohl und Selbstbestimmung. Stellungnahme*. Berlin: Deutsche Ethikrat.

Dierickx, S., Deliens, L., Cohen, J. & Chambaere, K. (2017). Euthanasia for people with psychiatric disorders or dementia in Belgium. *BMC Psychiatry*, *17*(1), 203.

Donald, A. (2001). The Wal-Marting of American psychiatry: an ethnography of psychiatric practice in the late 20th century. *Culture, Medicine and Psychiatry*, *25*(4), 427.

Dörner, K. (1999). *Bürger und Irre. Zur Sozialgeschichte und Wissenschaftssoziologie der Psychiatrie*. Hamburg: Europäische Verlagsanstalt.

Dorrmann, W. (2005). Pro und Contra von Verträgen bei Patienten in akuten suizidalen Krisen. *Verhaltenstherapie*, *15*(1), 39-46.

Douglas, J. D. (1973). *The social meanings of suicide*. Princeton, N.J.: Princeton University Press.

Dross, M. (2001). *Krisenintervention*. Göttingen: Hogrefe Verlag für Psychologie.

Drye, R. C., Goulding, R. L. & Goulding, M. E. (1973). No-suicide decisions: patient monitoring of suicidal risk. *The American Journal of Psychiatry*, *130*(2), 171-174.

Durkheim, É. (1983). *Der Selbstmord*. Frankfurt: Suhrkamp.

Durkheim, É. (1992). *Über soziale Arbeitsteilung. Studie über die Organisation höherer Gesellschaften*. Frankfurt: Suhrkamp.

Dutheil, F., Aubert, C., Pereira, B., Dambrun, M., Moustafa, F., Mermillod, M., Baker, J. S., Trousselard, M., Lesage, F. X., & Navel, V. (2019). Suicide among physicians and health-care workers: A systematic review and meta-analysis. *PloS one*, *14*(12), 1-28.

Ebbinghaus, A. & Dörner, K. (Hrsg.). (2002). *Vernichten und Heilen. Der Nürnberger Ärzteprozeß und seine Folgen*. Berlin: Aufbau-Taschenbuch-Verlag.

Edward, K.-L., Hercelinskyj, G. & Giandinoto, J.-A. (2017). Emotional labour in mental health nursing: An integrative systematic review. *International Journal of Mental Health Nursing, 26*(3), 215-225.

Edwards, S. J. & Sachmann, M. D. (2010). No-suicide contracts, no-suicide agreements, and no-suicide assurances: a study of their nature, utilization, perceived effectiveness, and potential to cause harm. *Crisis, 31*(6), 290-302.

Ehrenberg, A. (2008). *Das erschöpfte Selbst. Depression und Gesellschaft in der Gegenwart*. Frankfurt: Suhrkamp.

Ehrenberg, A. (2011). Depression: Unbehagen in der Kultur oder neue Form der Sozialität. In C. Menke & J. Rebentisch (Hrsg.), *Kreation und Depression. Freiheit im gegenwärtigen Kapitalismus* (S. 52-62). Berlin: Kulturverlag Kadmos Berlin.

Eichinger, E. (2010). *Suizidär, suizidal, suizidant. Suizid als pathologisches Phänomen? Diskurs. Genealogie. Analyse*. Wien: Löcker.

Eigenmann, P. & Rieger-Ladich, M. (2010). Michel Foucault: Überwachen und Strafen. Die Geburt des Gefängnisses. In B. Jörissen & J. Zirfas (Hrsg.), *Schlüsselwerke der Identitätsforschung* (S. 223-239). Wiesbaden: VS Verlag für Sozialwissenschaft.

Eink, M. & Haltenhof, H. (2017). *Umgang mit suizidgefährdeten Menschen*. Köln: Psychiatrie Verlag.

Eisenwort, B., Heinrich, M., Schuster, A., Willinger, U. & Berzlanovich, A. (2007). Suizide im Alter. *Rechtsmedizin, 17*(6), 359-362.

Ekeberg, Ø. & Hem, E. (2017). Kronisk suicidal? *Tidsskrift for den Norske laegeforening: tidsskrift for praktisk medicin, ny raekke, 137*(21).

Ekland-Olson, S. (2018). *Who lives, who dies, who decides? Abortion, assisted dying, capital punishment, and torture*. New York: Routledge.

Emerson, R. M., Fretz, R. I. & Shaw, L. L. (2011). *Writing ethnographic fieldnotes*. Chicago, Ill.: University of Chicago Press.

Erlangsen, A., Nordentoft, M., Conwell, Y., Waern, M., Leo, D. de & Lindner, R. (2011). Key considerations for preventing suicide in older adults: consensus opinions of an expert panel. *Crisis, 32*(2), 106-109.

Erlemeier, N. & Wirtz, M. A. (2002). *Suizidalität und Suizidprävention im Alter*. Stuttgart: Kohlhammer.

Ernst, K. (1998). Freiwilligkeit und Zwang in der psychiatrischen Behandlung. *Deutsches Ärzteblatt*, (47), 2990-2997.

Evangelisch und Katholische Konferenz für TelefonSeelsorge und Offene Tür (2009). *Handbuch Suizidprävention. Niemand bringt sich gerne um - Handbuch für die Suizidprävention in der TelefonSeelsorge*. Ahrweiler: Warlich Druck.

Everett, B. (1994). Something is Happening: The Contemporary Consumer and Psychiatric Survivor Movement in Historical Context. *The Journal of Mind and Behavior*, (15), 55-70.

Eynan, R., Bergmans, Y., Antony, J., Cutcliffe, J.R., Harder, H. G., Ambreen, M. & Balderson, K. (2014). Is Research With Suicidal Participants Risky Business? In J. R. Cutcliffe et al. (Hrsg.), *Routledge international handbook of clinical suicide research*. New York: Routledge.

Falkai, P., Wittchen, H.-U., Döpfner, M., Gaebel, W., Maier, W. & Rief, W. (2018). *Diagnostisches und statistisches Manual psychischer Störungen DSM-5*. Göttingen: Hogrefe.

Farrow, T. L. (2002). Owning their expertise: Why nurses use 'no suicide contracts' rather than their own assessments. *International journal of mental health nursing, 11*(4), 214-219.

Fassin, D. (2017). *Das Leben. Eine kritische Gebrauchsanweisung*. Berlin: Suhrkamp.

Faust, D. & Miner, R. A. (1986). The empiricist and his new clothes: DSM-III in perspective. *The American Journal of Psychiatry, 143*(8), 962-967.

Felber, W. (1993). *Typologie des Parasuizids. Suizidale Gefährdung, taxonomische Auswirkung, katamnestisches Ergebnis*. Regensburg: Roderer.

Fengler, C. & Fengler, T. (1980). *Alltag in der Anstalt. Wenn Sozialpsychiatrie praktisch wird: eine ethnomethodologische Untersuchung*. Rehburg-Loccum: Psychiatrie-Verlag.

Fenner, D. (2008). *Suizid - Krankheitssymptom oder Signatur der Freiheit? Eine medizinisch-ethische Untersuchung*. Freiburg: Alber.

Fine, G. A. & Manning, P. (2007). Erving Goffman. In G. Ritzer (Hrsg.), *The Blackwell companion to major contemporary social theorists* (S. 34-62). Malden, Mass.: Blackwell.

Fink, D. S., Santaella-Tenorio, J. & Keyes, K. M. (2018). Increase in suicides the months after the death of Robin Williams in the US. *PloS One*, *13*(2).

Finzen, A. (1997). *Suizidprophylaxe bei psychischen Störungen. Prävention, Behandlung, Bewältigung*. Bonn: Psychiatrie-Verlag.

Finzen, A. (2009a). *Das Sterben der Anderen. Sterbehilfe in der Diskussion*. Bonn: Balance Buch + Medien-Verlag.

Finzen, A. (2009b). *Patientenverfügungen bei psychischen Krankheiten*. Verfügbar unter: https://www.finzen.de/pdf-dateien/patientenverfuegungen.pdf

Florentine, J. B. & Crane, C. (2010). Suicide prevention by limiting access to methods: a review of theory and practice. *Social Science & Medicine (1982)*, *70*(10), 1626-1632.

Folkers, A. (2018). *Das Sicherheitsdispositiv der Resilienz*. Frankfurt: Campus Verlag.

Foucault, M. (1973). *Wahnsinn und Gesellschaft. Eine Geschichte des Wahns im Zeitalter der Vernunft*. Frankfurt: Suhrkamp.

Foucault, M. (1976). *Überwachen und Strafen. Die Geburt des Gefängnisses*. Frankfurt: Suhrkamp.

Foucault, M. (1977). *Der Wille zum Wissen*. Frankfurt: Suhrkamp.

Foucault, M. (1987). Das Subjekt und die Macht. In H. L. Dreyfus, P. Rabinow & M. Foucault (Hrsg.), *Michel Foucault. Jenseits von Strukturalismus und Hermeneutik* (S. 241-261). Weinheim: Beltz-Athenäum.

Foucault, M. (2004). *In Verteidigung der Gesellschaft. Vorlesungen am Collège de France 1975-76*. Frankfurt: Suhrkamp.

Foucault, M. (2005). *Die Macht der Psychiatrie. Vorlesung am Collège de France: 1973-74*. Frankfurt: Suhrkamp.

Foucault, M. (2014). *Die Regierung der Lebenden. Vorlesung am Collège de France 1979-80*. Frankfurt: Suhrkamp.

Frajo-Apor, B., Stippler, M. & Meise, U. (2011). »Etwas Erniedrigenderes kann dir eigentlich in der Psychiatrie nicht passieren«. *Psychiatrische Praxis*, *38*(6), 293-299.

Franklin, J. C., Ribeiro, J. D., Fox, K. R., Bentley, K. H., Kleiman, E. M. & Huang, X. (2017). Risk factors for suicidal thoughts and behaviors: A meta-analysis of 50 years of research. *Psychological Bulletin*, *143*(2), 187-232.

Fraser, N. (1994). *Widerspenstige Praktiken. Macht, Diskurs, Geschlecht*. Frankfurt: Suhrkamp.

Freeman, A., Mergl, R., Kohls, E., Székely, A., Gusmao, R. & Arensman, E. (2017). A cross-national study on gender differences in suicide intent. *BMC Psychiatry*, *17*(1), 234.

Gardner, W., Hoge, S. K., Bennett, N., Roth, L. H., Lidz, C. W. & Monahan, J. (1993). Two scales for measuring patients' perceptions for coercion during mental hospital admission. *Behavioral Sciences & the Law*, *11*(3), 307-321.

Garfinkel, H. (1967). *Studies in ethnomethodology*. Englewood Cliffs, NJ: Prentice Hall.

Garfinkel, H. (2000). »Gute« organisatorische Gründe für »schlechte« Krankenakten. *System Familie*, *13*(3), 111-122.

Gaschke, S. (2005, 24. November). Königinnen der Finsternis. *Die Zeit*, 48. Verfügbar unter: https://www.zeit.de/2005/48/M-Borderline

Gather, J., Henking, T., Juckel, G. & Vollmann, J. (2016). Vorausverfügte Therapieablehnungen in Situationen von Eigen- oder Fremdgefährdung. Ethische und rechtliche Überlegungen zur

Umsetzung von Patientenverfügungen in der Psychiatrie. *Ethik in der Medizin, 28*(3), 207-222.

Gerisch, B. (1998). *Suizidalität bei Frauen. Mythos und Realität – eine kritische Analyse*. Tübingen: Ed. Diskord.

Gerisch, B. (2003). *Die suizidale Frau. Psychoanalytische Hypothesen zur Genese*. Göttingen: Vandenhoeck & Ruprecht.

Gerisch, B. (2012). *Suizidalität*. Gießen: Psychosozial-Verlag.

Gerstl, L. (2019). Der Non-Suizid-Vertrag auf dem Prüfstand. *Psychotherapie Forum, 23*(3), 87-94.

Giddens, A. (1971). *The sociology of suicide. A selection of readings*. London: Cass.

Giernalczyk, T. (1995). *Lebensmüde. Hilfe bei Selbstmordgefährdung*. München: Kösel.

Giernalczyk, T. & Kind, J. (1999). Chronische Suizidalität: Übertragung und Gegenübertragung als Spiegel der psychischen Funktion. *Psychotherapie*, (4), 172-177.

Giernalczyk, T. & Kind, J. (2002). Psychische Funktionen chronischer Suizidalität. In T. Bronisch, M. Dobmeier und E. Etzersdorfer (Hrsg.), *Psychotherapie der Suizidalität*. Stuttgart: Thieme.

Glasow, N. (2011). *Bauliche Suizidprävention in stationären psychiatrischen Einrichtungen*. Berlin: Logos.

Goetz, R. (2015). *Irre*. Frankfurt: Suhrkamp.

Goffman, E. (1972). *Asyle. Über die soziale Situation psychiatrischer Patienten und anderer Insassen*. Frankfurt: Suhrkamp.

Goffman, E. (2011). *Wir alle spielen Theater. Die Selbstdarstellung im Alltag*. München: Piper.

Goin, M. (2003). The »Suicide-Prevention Contract«: A Dangerous Myth. *Psychiatric News, 38*(14), 3-38.

Gostmann, P. & Ivanova, A. (2021). Das Konzept der Regimes. In P. Gostmann & P.-U. Merz-Benz (Hrsg.), *Macht und Herrschaft. Zur Revision zweier soziologischer Grundbegriffe* (S. 269-321). Wiesbaden: Springer VS.

Gouzoulis-Mayfrank, E. (2008). Komorbidität von Sucht und anderen psychischen Störungen – Grundlagen und evidenzbasierte Therapie. *Fortschritte der Neurologie-Psychiatrie, 76*(5), 263-271.

Graefe, S. (2008). *Autonomie am Lebensende? Biopolitik, Ökonomisierung und die Debatte um Sterbehilfe*. Frankfurt: Campus-Verlag.

Gramaglia, C., Calati, R. & Zeppegno, P. (2019). Rational Suicide in Late Life: A Systematic Review of the Literature. *Medicina, 55*(10).

Grandey, A., Diefendorff, J. & Rupp, D. E. (2013). *Emotional Labor in the 21st Century. Diverse Perspectives on Emotion Regulation at Work*. Hoboken: Taylor and Francis.

Greene, S., AufderHeide, E. & French-Rosas, L. (2017). Toxicologic Emergencies in Patients with Mental Illness: When Medications Are No Longer Your Friends. *The Psychiatric Clinics of North America, 40*(3), 519-532.

Groenewoud, J. H., van der Maas, P. J., van der Wal, G., Hengeveld, M. W., Tholen, A. J. & Schudel, W. J. (1997). Physician-assisted death in psychiatric practice in the Netherlands. *The New England Journal of Medicine, 336*(25), 1795-1801.

Groß, D., Müller, S. & Steinmetzer, J. (2015). *Normal - anders - krank? Akzeptanz, Stigmatisierung und Pathologisierung im Kontext der Medizin*. Berlin: MWV Medizinisch Wissenschaftliche Verlagsgesellschaft.

Guckes, B. (1997). *Das Argument der schiefen Ebene. Schwangerschaftsabbruch, die Tötung Neugeborener und Sterbehilfe in der medizinethischen Diskussion*. Stuttgart: Fischer.

Guintivano, J., Brown, T., Newcomer, A., Jones, M., Cox, O. & Maher, B. S. (2014). Identification and replication of a combined epigenetic and genetic biomarker predicting suicide and suicidal behaviors. *The American Journal of Psychiatry, 171*(12), 1287-1296.

Guski, C. (2018, 22. November). *Wer die Quelle kennt. Wie so mancher Spruch im Laufe der Zeit dem Talmud zugeschrieben wurde*, Jüdische Allgemeine. Verfügbar unter: https://www.juedische-allgemeine.de/religion/wer-die-quelle-kennt/

Haas, A. P., Eliason, M., Mays, V. M., Mathy, R. M., Cochran, S. D. & D'Augelli, A. R. (2011). Suicide and suicide risk in lesbian, gay, bisexual, and transgender populations: review and recommendations. *Journal of Homosexuality, 58*(1), 10-51.

Habermas, J. (1981). *Handlungsrationalität und gesellschaftliche Rationalisierung*. Frankfurt: Suhrkamp.

Hacking, I. (2000). *Leute (zurecht) machen. Ein Essay*. Frankfurt: Dielmann.

Hacking, I. (2012). *Menschenarten. The looping effect of human kinds*. Zürich: Verlag Sphères.

Haenel, T. & Pöldinger, W. (1986). Erkennen und Beurteilen von Suizidalität. In K. P. Kisker, H. Lauter, J.-E. Meyer, C. Müller & E. Strömgren (Hrsg.), *Krisenintervention, Suizid, Konsiliarpsychiatrie* (S. 107-132). Berlin: Springer.

Hale, N. G. (1995). *The rise and crisis of psychoanalysis in the United States. Freud and the Americans 1917-1985*. New York: Oxford University Press.

Han, D.-G., Kang, S.-G., Cho, S.-J., Cho, S.-E. & Na, K.-S. (2018). Suicide Methods According to Age and Sex: An Analysis of Data of 239.565 Suicide Victims in the Republic of Korea From 1991 to 2015. *The Journal of Nervous and Mental Disease, 206*(10), 770-775.

Händel, D., Kresimon, A. & Schneider, J. (2015). *Schlüsselkompetenzen. Reden - Argumentieren - Überzeugen*. Stuttgart: J.B. Metzler.

Hankoff, L. D. & Einsidler, B. (1979). *Suicide. Theory and clinical aspects*. Littleton, Mass.: PSG Publ.

Hasenfeld, Y. (1972). People Processing Organizations: An Exchange Approach. *American Sociological Review*, (37, 3), 256-263.

Haubl, R. (2008). Die Angst, persönlich zu versagen oder sogar nutzlos zu sein. *Forum der Psychoanalyse, 24*(4), 317-329.

Hegerl, U., Althaus, D., Schmidtke, A. & Niklewski, G. (2006). The alliance against depression: 2-year evaluation of a community-based intervention to reduce suicidality. *Psychological Medicine, 36*(9), 1225-1233.

Hegerl, U. & Fichter, M. M. (2005). Suizidales Verhalten und Suizid. *Verhaltenstherapie, 15*(1), 4-5.

Hegerl, U., Maxwell, M., Harris, F., Koburger, N., Mergl, R. & Székely, A. (2019). Prevention of suicidal behaviour: Results of a controlled community-based intervention study in four European countries. *PloS One, 14*(11).

Heishman, S. J. (1999). Behavioral and cognitive effects of smoking: relationship to nicotine addiction. *Nicotine & Tobacco Research*. 143-147.

Hejtmanek, K. (2010). Caring through restraint: violence, intimacy and identity in mental health practice. *Culture, Medicine and Psychiatry, 34*(4), 668-674.

Hejtmanek, K. R. (2015). *Friendship, Love, and Hip Hop. An Ethnography of African American Men in Psychiatric Custody*. Basingstoke, Hampshire: Palgrave Macmillan.

Helmreich, I. & Tadić, A. (2012). Werther-Effekt nach dem Tod von Robert Enke. *InFo Neurologie & Psychiatrie, 14*(7-8), 10-12.

Herberth, A. (2008). *Suizidalität in den Medien. Interdisziplinäre Betrachtungen*. Wien: Lit-Verlag.

Hillebrandt, F. (2014). *Soziologische Praxistheorien*. Wiesbaden: Springer Fachmedien.

Hirschauer, S. (2001). Ethnographisches Schreiben und die Schweigsamkeit des Sozialen. Zu einer Methodologie der Beschreibung. *Zeitschrift für Soziologie, 30*(6), 429-451.

Hirschauer, S. & Amann, K. (Hrsg.). (1997). *Die Befremdung der eigenen Kultur. Zur ethnographischen Herausforderung soziologischer Empirie*. Frankfurt: Suhrkamp.

Hirschauer, S. & Boll, T. (2017). Un/doing Differences. Zur Theorie und Empirie eines Forschungsprogramms. In S. Hirschauer (Hrsg.), *Un/doing differences. Praktiken der Humandifferenzierung* (S. 7-28). Weilerswist: Velbrück Wissenschaft.

Hjelmeland, H., Dieserud, G., Dyregrov, K., Knizek, B. L. & Leenaars, A. A. (2012). Psychological Autopsy Studies as Diagnostic Tools: Are They Methodologically Flawed? *Death studies, 36*(7), 605-626.

Hochschild, A. R., Kardorff, E. v. & Neckel, S. (2006). *Das gekaufte Herz. Die Kommerzialisierung der Gefühle*. Frankfurt: Campus-Verlag.

Hook, D. (2010). *Foucault, psychology and the analytics of power*. Basingstoke: Palgrave Macmillan.

Hörning, K. H. & Reuter, J. (2004). *Doing Culture. Neue Positionen zum Verhältnis von Kultur und sozialer Praxis*. Bielefeld: Transcript-Verlag.

Hoyer, J. & Wittchen, H. J. (2011). *Klinische Psychologie & Psychotherapie*. Heidelberg: Springer-Medizin.

Illouz, E. (2016). *Gefühle in Zeiten des Kapitalismus*. Frankfurt: Suhrkamp.

Iltzsche, R. (2015). *Psychiatrische Regime im Wandel. Eine Meta-Ethnographie zum Alltag in psychiatrischen Krankenhäusern im Zeitraum von 1960 bis 2015 in der Bundesrepublik Deutschland und den Vereinigten Staaten von Amerika*. Unveröffentlichte Masterarbeit. Goethe-Universität Frankfurt.

Iltzsche, R. (2020). Paradoxien der Suizidprävention. In M. Hawel (Hrsg.), *Work In Progress. Work On Progress. Doktorand_innen-Jahrbuch 2019 der Rosa-Luxemburg-Stiftung* (S. 199-210). Hamburg: VSA.

Iltzsche, R. (2023). Die Inversion von Suizidprävention in Sterbehilfe. In: Simon Duncker und Almuth-Maria Schmidt (Hrsg.), *Sterben mit Anspruch? Sterbehilfe aus gesellschaftstheoretischer und historischer Sicht*. Nomos Verlag: Baden-Baden.

Ingenkamp, K. (2012). *Depression und Gesellschaft. Zur Erfindung einer Volkskrankheit*. Bielefeld: transcript.

Isometsä, E. T. (2001). Psychological autopsy studies – a review. *European Psychiatry, 16*(7), 379-385.

Israel, M., Felber, W. & Winiecki, P. (2001). Geschlechtsunterschiede in der parasuizidalen Handlung. In R. Freytag & T. Giernalczyk (Hrsg.), *Geschlecht und Suizidalität* (S. 28-42). Göttingen: Vandenhoeck & Ruprecht.

Jahn, R. & Nolten, A. (2018). *Berufe machen Kleider. Dem Geheimnis berufsspezifischen Anziehens auf der Spur*. Göttingen: Vandenhoeck & Ruprecht.

Jensen, M. (2014). *Diagnosenübergreifende Psychoedukation. Ein Manual für Patienten- und Angehörigengruppen*. Bonn: Psychiatrie-Verlag.

Jervis, G. (1983). *Kritisches Handbuch der Psychiatrie*. Frankfurt: Syndikat/EVA.

Jobes, D. A. (2006). *Managing suicidal risk. A collaborative approach*. New York: Guilford Press.

Johnson, D. M., Shea, M.T., Yen, S., Battle, C. L., Zlotnick, C. & Sanislow, C. A. (2003). Gender differences in borderline personality disorder: findings from the collaborative longitudinal personality disorders study. *Comprehensive Psychiatry, 44*(4), 284-292.

Jones, D. A. & Paton, D. (2015). How Does Legalization of Physician-Assisted Suicide Affect Rates of Suicide? *Southern Medical Journal, 108*(10), 599-604.

Juckel, G. & Mavrogiorgou, P. (2018). Die Angst vor dem Tod und ihre Bedeutung für die Psychiatrie. *Fortschritte der Neurologie-Psychiatrie, 86*(4), 226-232.

Kaczor, C. (2016). Against euthanasia for children: a response to Bovens. *Journal of Medical Ethics, 42*(1), 57-58.

Kapur, N., Hunt, I. M., Webb, R., Bickley, H., Windfuhr, K., Shaw, J. et al. (2006). Suicide in psychiatric in-patients in England, 1997 to 2003. *Psychological Medicine, 36*(10), 1485-1492.

Kasper, S., Psota, G., Erfurth, A., Geretsegger, C., Haring, C., Hausmann, A. & Hofer, A. (2014). Depot-Antipsychotika/-Neuroleptika. Konsensus Statement - State of the art 2014. *CliniCum*

Neuropsy Sonderausgabe, 1-16.

Katzung, W. (1994). *Drogen in Stichworten. Daten, Begriffe, Substanzen*. Landsberg: ecomed.

Kelly, B. D. & McLoughlin, D. M. (2002). Euthanasia, assisted suicide and psychiatry: a Pandora's box. *The British Journal of Psychiatry: the Journal of Mental Science*, *181*, 278-279.

Kerkhof, A. J. F. M. (2000). How to deal with requests for assisted suicide: Some experiences and practical guidelines from the Netherlands. *Psychology, Public Policy, and Law*, *6*(2), 452-466.

Kesey, K. (2010). *Einer flog über das Kuckucksnest. Roman*. Reinbek bei Hamburg: Rowohlt.

Kheriaty, A. (2015). Social Contagion Effects of Physician-Assisted Suicide: Commentary on »How Does Legalization of Physician-Assisted Suicide Affect Rates of Suicide?«. *Southern Medical Journal*, *108*(10), 605-606.

Kiefl, W. & Lamnek, S. (1986). *Soziologie des Opfers. Theorie, Methoden und Empirie der Viktimologie*. München: Fink.

Kim, S. Y. H., Vries, R. G. de & Peteet, J. R. (2016). Euthanasia and Assisted Suicide of Patients With Psychiatric Disorders in the Netherlands 2011 to 2014. *JAMA Psychiatry*, *73*(4), 362-368.

Kind, J. (1992). *Suizidal. Die Psychoökonomie einer Suche*. Göttingen: Vandenhoeck & Ruprecht.

Kirschner, S. R. & Lachicotte, W. S. (2001). Managing managed care: habitus, hysteresis and the end(s) of psychotherapy. *Culture, Medicine and Psychiatry*, *25*(4), 441.

Kitanaka, J. (2011). *Depression in Japan*. Princeton University Press.

Klausner, M. (2015). *Choreografien psychiatrischer Praxis. Eine ethnografische Studie zum Alltag in der Psychiatrie*. Bielefeld: transcript.

Kleemann, A. (2004). *Haftungsrechtliche Problematik beim Patientensuizid*. Universität Tübingen: Dissertation.

Koentges, C. (2016). *Sokratischer Dialog*. Dorsch Lexikon der Psychologie. Verfügbar unter: https://dorsch.hogrefe.com/stichwort/sokratischer-dialog

Kohl, K.-H. (1987). *Abwehr und Verlangen. Zur Geschichte der Ethnologie*. Frankfurt: Campus-Verlag.

Kohnert, A. (1996). *Grenzen des Rückschaufehlers. Die Verzerrung von Erinnerungen an früheres Wissen durch neue Information*. Bonn: Holos-Verlag.

Kroll, J. (2000). Use of no-suicide contracts by psychiatrists in Minnesota. *The American Journal of Psychiatry*, *157*(10), 1684-1686.

Kuhlmann, W. (1992). *Sprachphilosophie - Hermeneutik - Ethik. Studien zur Transzendentalpragmatik*. Würzburg: Königshausen & Neumann.

Kutter-Vogt, C. (2006). *Die Effektivität von Nicht-Suizid-Verträgen*. Dissertation: Würzburg.

Lake, A. M. & Gould, M. S. (2014). Suicide clusters and suicide contagion. In S. H. Koslow (Hrsg.), *A concise guide to understanding suicide. Epidemiology, pathophysiology, and prevention* (S. 52-61). Cambridge: Cambridge University Press.

Lamb, H. R. & Weinberger, L. E. (2005). The shift of psychiatric inpatient care from hospitals to jails and prisons. *The Journal of the American Academy of Psychiatry and the Law*, *33*(4), 529-534.

Lapierre, S., Erlangsen, A., Waern, M., Leo, D. de, Oyama, H. & Scocco, P. (2011). A systematic review of elderly suicide prevention programs. *Crisis*, *32*(2), 88-98.

Large, M., Ryan, C., Walsh, G., Stein-Parbury, J. & Patfield, M. (2014). Nosocomial suicide. *Australasian Psychiatry: Bulletin of Royal Australian and New Zealand College of Psychiatrists*, *22*(2), 118-121.

Large, M. (2018). The role of prediction in suicide prevention. *Dialogues in Clinical Neuroscience*, *20*(3), 197-205.

Larson, E. B. & Yao, X. (2005). Clinical empathy as emotional labor in the patient-physician relationship. *JAMA*, *293*(9), 1100-1106.

Leanza, M. (2017). *Die Zeit der Prävention.* Weilerswist: Velbrück Wissenschaft.

Lee, E. S. (1990). Current issues in the U.S. mental health services system - A community health perspective. *Journal of Korean Medical Science, 5*(2), 65-74.

Lee, G. & Cohen, D. (2021). Incidences of Involuntary Psychiatric Detentions in 25 U.S. States. *Psychiatric Services, 72*(1), 61-68.

Lee, J. B. & Bartlett, M. L. (2005). Suicide prevention: critical elements for managing suicidal clients and counselor liability without the use of a no-suicide contract. *Death Studies, 29*(9), 847-865.

Leiberich, P., Nedoschill, J., Nickel, M., Loew, T. & Tritt, K. (2004). Selbsthilfe und Beratung im Internet. Mündige Benutzer können die Arzt-Patienten-Beziehung neu gestalten. *Medizinische Klinik, 99*(5), 263-268.

Lemke, T. (1997). *Eine Kritik der politischen Vernunft. Foucaults Analyse der modernen Gouvernementalität.* Hamburg: Argument-Verlag.

Lemke, T. (2000). Neoliberalismus, Staat und Selbsttechnologien. Ein kritischer Überblick über die governmentality studies. *Politische Vierteljahresschrift, 41*(1), 31-47.

Lemke, T. (2001). »Freiheit ist die Garantie der Freiheit«. Michel Foucault und die Menschenrechte. *Zeitschrift für Bürgerrechte und Gesellschaftspolitik, 40*(3), 270-276.

Lemke, T. (2007). *Gouvernementalität und Biopolitik.* Wiesbaden: VS Verlag für Sozialwissenschaften.

Lemke, T. (2021). *The Government of Things - Foucault and the New Materialisms.* New York: NYU Press.

Lemke, T., Krasmann, S. & Bröckling, U. (2000). Gouvernementalität, Neoliberalismus und Selbsttechnologien. Eine Einleitung. In U. Bröckling, S. Krasmann, T. Lemke & M. Foucault (Hrsg.), *Gouvernementalität der Gegenwart. Studien zur Ökonomisierung des Sozialen* (S. 7-40). Frankfurt: Suhrkamp.

Lester, D. (2000). The end of suicidology. *Crisis, 21*(4), 158-159.

Lester, D. & Stack, S. (2015). *Suicide as a Dramatic Performance.* Somerset: Taylor and Francis.

Levi, L., Werbeloff, N., Pugachova, I., Yoffe, R., Large M. & Davidson, M. (2016). Has deinstitutionalization affected inpatient suicide? Psychiatric inpatient suicide rates between 1990 and 2013 in Israel. *Schizophrenia Research, 173*(1-2), 75-78.

Lindner, R., Hery, D., Schaller, S., Schneider, B. & Sperling, U. (2014). *Suizidgefährdung und Suizidprävention bei älteren Menschen. Eine Publikation der Arbeitsgruppe »Alte Menschen« im Nationalen Suizidpräventionsprogramm für Deutschland.* Berlin: Springer.

Lipuma, S. H. (2013). Continuous sedation until death as physician-assisted suicide/euthanasia: a conceptual analysis. *The Journal of Medicine and Philosophy, 38*(2), 190-204.

Lowe, M. L. (2017). Does Legalization of Medical Assistance in Dying Affect Rates of Non-assisted Suicide? *Journal of Ethics in Mental Health, 10*, 1-9.

Ludwig, J., Marcotte, D. E. & Norberg, K. (2009). Anti-depressants and suicide. *Journal of Health Economics, 28*(3), 659-676.

Luhrmann, T. M. (2001). *Of two minds. An anthropologist looks at American psychiatry.* New York: Vintage Books.

Maasen, S. (2011). Das beratene Selbst. In S. Maasen (Hrsg.), *Das beratene Selbst. Zur Genealogie der Therapeutisierung in den ,langen' Siebzigern* (S. 7-34). Bielefeld: transcript Verlag.

Macho, T. (2017). *Das Leben nehmen. Suizid in der Moderne.* Berlin: Suhrkamp.

Macleod, S. (2012). Assisted dying in liberalised jurisdictions and the role of psychiatry: a clinician's view. *The Australian and New Zealand Journal of Psychiatry, 46*(10), 936-945.

Madsen, T., Agerbo, E., Mortensen, P. B. & Nordentoft, M. (2012). Predictors of psychiatric inpatient suicide: a national prospective register-based study. *The Journal of Clinical Psychiatry, 73*(2), 144-151.

Malley, E., Posner, M. & Potter, L. (2008). *Suicide Risk and Prevention for Lesbian, Gay, Bisexual, and Transgender Youth*. Newton, MA: Education Development Center.

Mann, J. J., Emslie, G., Baldessarini, R. J., Beardslee, W., Fawcett, J. A. & Goodwin, F. K. (2006). ACNP Task Force report on SSRIs and suicidal behavior in youth. *Neuropsychopharmacology, 31*(3), 473-492.

Maranhão, T. (1986). *Therapeutic discourse and Socratic dialogue*. Madison: University of Wisconsin Press.

Maris, R. W. (2015). *Pillaged. Psychiatric medications and suicide risk*. Columbia: University of South Carolina Press.

Marsh, I. (2010). *Suicide. Foucault, history and truth*. Cambridge: Cambridge University Press.

Marshal, M. P., Dietz, L. J., Friedman, M. S., Stall, R., Smith, H. A. & McGinley, J. (2011). Suicidality and depression disparities between sexual minority and heterosexual youth: a meta-analytic review. *The Journal of Adolescent Health, 49*(2), 115-123.

Martelli, C., Awad, H. & Hardy, P. (2010). Le suicide dans les établissements de santé: données épidémiologiques et prévention. *L'Encephale, 36*(2), 91.

Marx, K. (2001). *Karl Marx, vom Selbstmord*. Köln: Neuer ISP Verlag.

McCormack, R. & Fléchais, R. (2012). The role of psychiatrists and mental disorder in assisted dying practices around the world: a review of the legislation and official reports. *Psychosomatics, 53*(4), 319-326.

McDermott, E. & Roen, K. (2016). *Queer Youth, Suicide and Self-Harm*. London: Palgrave Macmillan UK.

McMyler, C. & Pryjmachuk, S. (2008). Do ‚no-suicide' contracts work? *Journal of Psychiatric and Mental Health Nursing, 15*(6), 512-522.

Meier, D. E., Emmons, C.-A., Litke, A., Wallenstein, S. & Morrison, R. S. (2003). Characteristics of patients requesting and receiving physician-assisted death. *Archives of Internal Medicine, 163*(13), 1537-1542.

Meier-Allmendinger, D. (2009). *Der selbstbestimmte Patient*. Basel: Schwabe.

Menninger, K. (1974). *Selbstzerstörung. Psychoanalyse des Selbstmords*. Frankfurt: Suhrkamp.

Mentzos, S. (2006). Geleitwort. In H. Böker (Hrsg.), *Psychoanalyse und Psychiatrie. Geschichte, Krankheitsmodelle und Therapiepraxis*. Berlin: Springer.

Miller, M. C., Jacobs, D. G. & Gutheil, T. G. (1998). Talisman or Taboo: The Controversy of the Suicide-Prevention Contract. *Harvard Review of Psychiatry, 6*(2), 78-87.

Miller, W. R. & Rollnick, S. (2002). *Motivational interviewing. Preparing people for change*. New York: Guilford Press.

Minois, G. (1996). *Geschichte des Selbstmords*. Düsseldorf: Artemis und Winkler.

Müller, C. (2001). *»Sie müssen an Ihre Heilung glauben!«. Paul Dubois (1848 - 1918), ein vergessener Pionier der Psychotherapie*. Basel: Schwabe.

Müller, M. (2018). *Zur Soziologie Früher Demenz. Doing Dementia*. Leverkusen-Opladen: Verlag Barbara Budrich.

Müller, P., Dressing, H. & Salize, H. J. (2006). Pro und Kontra: Zunahme von Zwangseinweisungen psychisch Kranker. *Psychiatrische Praxis, 33*(4), 157-159.

Müller, T. (2015). Patientenarbeit in ländlichen psychiatrischen Anstalten im Spannungsfeld zwischen therapeutischem Zweck und ökonomischem Nutzen. In M. Ankele & E. Brinkschulte (Hrsg.), *Arbeitsrhythmus und Anstaltsalltag. Arbeit in der Psychiatrie vom frühen 19. Jahrhundert bis in die NS-Zeit* (S. 51-70). Stuttgart: Steiner, Franz.

Müller-Busch, C. (2006). »Terminale Sedierung« – Ausweg im Einzelfall, Mittelweg oder schiefe Ebene? In D. Kettler (Hrsg.), *Selbstbestimmung am Lebensende* (S. 124–135). Göttingen: Universitätsverlag Göttingen.

Muntaner, C., Eaton, W. W. & Diala, C. C. (2000). Social Inequalities in Mental Health: A Review of Concepts and Underlying Assumptions. *Health, 4*(1), 89-113.

Murphy, J. W. & Rigg, K. K. (2014). Clarifying the philosophy behind the Community Mental Health Act and community-based interventions. *Journal of Community Psychology*, *42*(3), 285-298.

Musil, R. (2008). *Der Mann ohne Eigenschaften*. Hamburg: Rowohlt.

Narr, X., Kozel, B. & Abderhalden, C. (2010). Der Einsatz von Non-Suizidverträgen in der psychiatrischen Pflege. In S. Hahn (Hrsg.), *»Depressivität und Suizidalität«. Prävention - Früherkennung - Pflegeinterventionen - Selbsthilfe* (S. 204-210). Unterostendorf: ibicura.

Naudts, K., Ducatelle, C., Kovacs, J., Laurens, K., van den Eynde, F. & van Heeringen, C. (2006). Euthanasia: the role of the psychiatrist. *The British Journal of Psychiatry*, *188*, 405-409.

Naumovska, K. (2015). *Suizid von Ärztinnen/Ärzten und von Gesundheits- und Krankenpflegerinnen/Gesundheits- und Krankenpflegern in Hamburg von Januar 2007 bis Juni 2014*. Dissertation. Universität Hamburg, Hamburg.

Neiterman, E. (2012). Doing pregnancy: pregnant embodiment as performance. *Women's Studies International Forum*, *35*(5), 372-383.

Niederkrotenthaler, T., Voracek, M., Herberth, A., Till, B., Strauss, M. & Etzersdorfer, E. (2010). Role of media reports in completed and prevented suicide: Werther vs. Papageno effects. *The British Journal of Psychiatry*, *197*(3), 234-243.

Niemann, P. J. (2008). *Psychiatrische Transformationsprozesse und die Enthospitalisierung im Kontext der Einführung der Neuroleptika in der Bundesrepublik Deutschland*. Hamburg: Dissertation.

Nietzsche, F. (2010). *Jenseits von Gut und Böse. Vorspiel einer Philosophie der Zukunft*. Stuttgart: Reclam.

Nigro, R. (2020). *Wahrheitsregime*. Berlin: Diaphanes.

Noblit, G. W. & Hare, R. D. (1988). *Meta-ethnography. Synthesizing qualitative studies*. Newbury Park, Calif.: Sage Publications.

O'Donoghue, B., Roche, E., Shannon, S., Lyne, J., Madigan, K. & Feeney, L. (2014). Perceived coercion in voluntary hospital admission. *Psychiatry Research*, *215*(1), 120-126.

Oeye, C., Bjelland, A. K. & Skorpen, A. (2007). Doing participant observation in a psychiatric hospital - research ethics resumed. *Social Science & Medicine (1982)*, *65*(11), 2296-2306.

Omer, H. & Dolberger, D. I. (2015). Helping Parents Cope with Suicide Threats: An Approach Based on Nonviolent Resistance. *Family Process*, *54*(3), 559-575.

Otto, T. (2013). *St. Elizabeths: A History*. Washington, D.C.: U.S. General Services Administration.

Page, S. A. & King, M. C. (2008). No-suicide agreements: current practices and opinions in a Canadian urban health region. *Canadian Journal of Psychiatry*, *53*(3), 169-176.

Palmieri, G. (1994). *Schmitz, Svevo, Zeno. Storia di due »biblioteche«*. Milano: Bompiani.

Paris, J. (2006). *Half in Love With Death. Managing the Chronically Suicidal Patient*. Mahwah: Taylor and Francis.

Pasman, H. R. W., Willems, D. L. & Onwuteaka-Philipsen, B. D. (2013). What happens after a request for euthanasia is refused? Qualitative interviews with patients, relatives and physicians. *Patient Education and Counseling*, *92*(3), 313-318.

Phillips, D. P. (1974). The Influence of Suggestion on Suicide: Substantive and Theoretical Implications of the Werther Effect. *American Sociological Review*, *39*(3), 340-354.

Poehlke, T., Flenker, I., Reker, M., Reker, T., Kremer, G. & Batra, A. (2000). *Alkohol - Tabak - Medikamente*. Berlin: Springer.

Pöldinger, W. (1968). *Die Abschätzung der Suizidalität: eine medizinisch-psychologische und medizinisch-soziologische Studie*. Bern: Huber.

Pollmächer, T., Driessen, M., Gouzoulis-Mayfrank, E., Hohl-Radke, F. & Längle, G. (2015). Der assistierte Suizid – (k)ein Thema für die Psychiatrie? *Psychiatrische Praxis*, *42*(4), 221-222.

Pompili, M., Girardi, P., Ruberto, A. & Tatarelli, R. (2005). Suicide in borderline personality disorder: a meta-analysis. *Nordic Journal of Psychiatry*, *59*(5), 319-324.

Pompili, Maurizio, Girardi, Paolo & Lester, David. (2011). *Antidepressants therapy and risk of suicide among patients with major depressive disorders*. Hauppauge, N.Y.: Nova Biomedical Books.

Porter, R. (2003). Introduction. In D. Wright & R. Porter (Hrsg.), *The confinement of the insane. International perspectives, 1800-1965* (S. 1-19). Cambridge: Cambridge University Press.

Priebe, S., Badesconyi, A., Fioritti, A., Hansson, L., Kilian, R. & Torres-Gonzales, F. (2005). Reinstitutionalisation in mental health care: comparison of data on service provision from six European countries. *BMJ*, *330*(7483), 123-126.

Rachor, C. (1995). *Selbstmordversuche von Frauen. Ursachen und soziale Bedeutung*. Frankfurt: Campus-Verlag.

Rachor, C. (2001). Der ‚weibliche' Suizidversuch. Geschlechterstereotypen und suizidales Verhalten von Mann und Frau. In R. Freytag & T. Giernalczyk (Hrsg.), *Geschlecht und Suizidalität*. Göttingen: Vandenhoeck & Ruprecht.

Rave, F. (2011). *Todesverlangen bei Sterbenden - Implikationen für Palliative Care*. Dissertation. Justus-Liebig-Universität, Gießen.

Reckwitz, A. (2003). Grundelemente einer Theorie sozialer Praktiken: Eine sozialtheoretische Perspektive. *Zeitschrift für Soziologie*, *32*(4), 282-301.

Reckwitz, A. (2017). Subjektivierung. In R. Gugutzer, G. Klein & M. Meuser (Hrsg.), *Handbuch Körpersoziologie* (S. 125-130). Wiesbaden: Springer Fachmedien.

Reynolds, D. K. & Farberow, N. L. (1976). *Suicide. Inside and out*. Berkeley: University of California Press.

Rhodes, L. A. (1991). *Emptying beds. The work of an emergency psychiatric unit*. Berkeley: University of California Press.

Rietjens, J., van Delden, J., Onwuteaka-Philipsen, B., Buiting, H., van der Maas, P. & van der Heide, A. (2008). Continuous deep sedation for patients nearing death in the Netherlands: descriptive study. *BMJ*, *336*(7648), 810-813.

Ringel, E. (1953). *Der Selbstmord. Abschluss einer krankhaften psychischen Entwicklung: eine Untersuchung an 745 geretteten Selbstmördern*. Wien: Maudrich.

Rogers, C. R. (1981). *Der neue Mensch*. Stuttgart: Klett-Cotta.

Rogers, J. R. & Lester, D. (2010). *Understanding Suicide. Why we don't and how we might*. Ashland: Hogrefe Publishing.

Rohnert-Koch, F. (2009). *Hydrotherapie in der Psychiatrie des 19. Jahrhunderts*. Universität Gießen: Dissertation.

Rommel, A., Bretschneider, J., Kroll, L. E., Prütz, F. & Thom, J. (2019). Inanspruchnahme psychiatrischer und psychotherapeutischer Leistungen – Individuelle Determinanten und regionale Unterschiede. *Journal of Health Monitoring*, S. 3-23.

Roose, S. P., Glassman, A. H. & Seidman, S. N. (2001). Relationship between depression and other medical illnesses. *JAMA*, *286*(14), 1687-1690.

Rosenberg, M. B. (2016). *Gewaltfreie Kommunikation. Eine Sprache des Lebens*. Paderborn: Junfermann Verlag.

Roßbruch, R. (2006). *Entgegenstehende Patientenverfügung schließt einstweilige Unterbringung des Betroffenen nicht aus*. Saarbrücken: HTW Saar.

Rotthaus, W. (2017). *Suizidhandlungen von Kindern und Jugendlichen*. Heidelberg: Carl-Auer Verlag GmbH.

Rübenach, S. P. (2007). Todesursache Suizid. *Statistisches Bundesamt – Wirtschaft und Statistik*, (10), 960-971.

Rudd, M. D., Mandrusiak, M. & Joiner, T. E. (2006). The case against no-suicide contracts: the commitment to treatment statement as a practice alternative. *Journal of Clinical Psychology*, *62*(2), 243-251.

Rüppel, J. (2022). *Die Biomarkerisierung der Depression. Eine Soziologie psychischer Wissensproduktion*. Frankfurt: Campus Verlag.

Rüppel, J. & Voigt, T. H. (2019). The Death of the Clinic? Emerging Biotechnologies and the Reconfiguration of Mental Health. *Science, Technology, & Human Values*, *44*(4), 567-580.

Ryan, C. J. (1995). Velcro on the slippery slope: the role of psychiatry in active voluntary euthanasia. *The Australian and New Zealand Journal of Psychiatry*, *29*(4), 580-585.

Sacks, H. (2003). On doing »being ordinary«. In J. M. Atkinson (Hrsg.), *Structures of social action. Studies in conversational analysis* (S. 413-429). Cambridge: Cambridge University Press.

Sacks, H. & Jefferson, G. (1996). *Lectures on conversation. Volumes I & II*. Oxford: Blackwell.

Sakinofsky, I. (2014). Preventing suicide among inpatients. *Canadian Journal of Psychiatry*, *59*(3), 131-140.

Salize, H. J., Rössler, W. & Becker, T. (2007). Mental health care in Germany: current state and trends. *European Archives of Psychiatry and Clinical Neuroscience*, *257*(2), 92-103.

Sayre, J. (2001). The use of aberrant medical humor by psychiatric unit staff. *Issues in Mental Health Nursing*, *22*(7), 669-689.

Schäfer, C. (2017). *Patientencompliance. Adhärenz als Schlüssel für den Therapieerfolg im Versorgungsalltag*. Wiesbaden: Springer Gabler.

Scheffer, T. (2021). Apparate/Apparaturen. Macht und Herrschaft angesichts der Bearbeitung existentieller Probleme. In P. Gostmann & P.-U. Merz-Benz (Hrsg.), *Macht und Herrschaft. Zur Revision zweier soziologischer Grundbegriffe* (S. 363-396). Wiesbaden: Springer VS.

Scherr, S. (2016). *Depression - Medien - Suizid*. Wiesbaden: Springer VS.

Schinnar, A. P., Rothbard, A. B., Kanter, R. & Jung, Y. S. (1990). An empirical literature review of definitions of severe and persistent mental illness. *The American Journal of Psychiatry*, *147*(12), 1602-1608.

Schirmer, H. D. & Hübner, M. (2009). Ärztliche Dokumentationspflichten: Das Ende der Fahnenstange. *Deutsches Ärzteblatt International*, 106(48), 2408-2411.

Schmidt, R. (2012). *Soziologie der Praktiken. Konzeptionelle Studien und empirische Analysen*. Berlin: Suhrkamp.

Schmidtke, A. & Maloney, J. (2015). Was ist und wie entsteht ein Suizidhotspot? *Suizidprophylaxe*, (161), 53-61.

Schomerus, G., Bauch, A., Elger, B., Evans-Lacko, S., Frischknecht, U. & Klingemann, H. (2017). Das Stigma von Suchterkrankungen verstehen und überwinden. *Sucht*, *63*(5), 253-259.

Schwartz-Lifshitz, M., Zalsman, G., Giner, L. & Oquendo, M. A. (2012). Can we really prevent suicide? *Current Psychiatry Reports*, *14*(6), 624-633.

Schweickhardt, A. & Fritzsche, K. (2007). *Kursbuch ärztliche Kommunikation. Grundlagen und Fallbeispiele aus Klinik und Praxis*. Köln: Deutscher Ärzteverlag.

Sheehan, K. A. & Burns, T. (2011). Perceived coercion and the therapeutic relationship: a neglected association? *Psychiatric Services*, *62*(5), 471-476.

Shorter, E. (1999). *Geschichte der Psychiatrie*. Berlin: Alexander Fest Verlag.

Siegel, A. M., Sisti, D. A. & Caplan, A. L. (2014). Pediatric euthanasia in Belgium: disturbing developments. *JAMA*, *311*(19), 1963-1964.

Simon, R. I. (1999). The suicide prevention contract: clinical, legal, and risk management issues. *The Journal of the American Academy of Psychiatry and the Law*, *27*(3), 445-450.

Sitte, T. (2015). *Palliative Versorgung statt Beihilfe zum Suizid und Tötung auf Verlangen? Über eine mögliche Notwendigkeit lebensverkürzender Maßnahmen*. Dissertation. Universität des Saarlandes.

Skultans, V. (2005). Varieties of deception and distrust: moral dilemmas in the ethnography of psychiatry. *Health*, *9*(4), 491-512.

Slesina, W. (2007). Primordiale, primäre, sekundäre und tertiäre Prävention. Eine Begriffsbestimmung. *Deutsche medizinische Wochenschrift*, *132*(42), 2196-2198.

Smolka, M., Klimitz, H., Scheuring, B. & Fähndrich, E. (1997). Zwangsmaßnahmen in der Psychiatrie aus der Sicht der Patienten. *Der Nervenarzt*, *68*(11), 888-895.

Snijdewind, M. C., Willems, D. L., Deliens, L., Onwuteaka-Philipsen, B. D. & Chambaere, K. (2015). A Study of the First Year of the End-of-Life Clinic for Physician-Assisted Dying in the Netherlands. *JAMA Internal Medicine*, *175*(10), 1633-1640.

Sonneck, G., Kapusta, N., Tomandl, G. & Voracek, M. (2016). *Krisenintervention und Suizidverhütung*. Wien: UTB.

Spießl, H. (2015). Entlassung am nächsten Tag bei Einweisung nach Suizidankündigung - Kontra. *Psychiatrische Praxis*, *42*(7), 357-358.

Stanford, E. J., Goetz, R. R. & Bloom, J. D. (1994). The No Harm Contract in the emergency assessment of suicidal risk. *The Journal of Clinical Psychiatry*, *55*(8), 344-348.

Staples, J. & Widger, T. (2012). Situating suicide as an anthropological problem: ethnographic approaches to understanding self-harm and self-inflicted death. *Culture, Medicine and Psychiatry*, *36*(2), 183-203.

Starr, M. (2013, 25. Juni). ‚Bridge of Life' projects messages to prevent suicides. *C-NET*. Accessed 07.01.2019. Retrieved from https://www.cnet.com/news/bridge-of-life-projects-messages-to-prevent-suicides/

Stavemann, H. H. (2015). *Sokratische Gesprächsführung in Therapie und Beratung. Eine Anleitung für Psychotherapeuten, Berater und Seelsorger*. Weinheim, Basel: Beltz.

Steinert, T. (2015). Entlassung am nächsten Tag bei Einweisung nach Suizidankündigung - Pro. *Psychiatrische Praxis*, *42*(7), 356-357.

Stengel, E. (1969). *Selbstmord und Selbstmordversuch*. Frankfurt am Main: Fischer.

Stielike, L. (2017). *Entwicklung durch Migration? Eine postkoloniale Dispositivanalyse am Beispiel Kamerun-Deutschland*. Bielefeld: transcipt.

Strauss, Anselm L., Schatzmann, L., Bucker, R., Ehrlich, D. & Sabshin, M. (1964). *Psychiatric ideologies and institutions*. New Brunswick, N.J.: Transaction Books.

Svevo, I. (2003). *Zenos Gewissen*. Frankfurt am Main: Zweitausendeins.

Szasz, T. (1974). *The myth of mental illness. Foundations of a theory of personal conduct*. New York: Harper & Row.

Szasz, T. (1986). The case against suicide prevention. *The American Psychologist*, *41*(7), 806-812.

Szasz, T. (1996). *Our right to drugs. The case for a free market*. Syracuse, NY: Syracuse University Press.

Szasz, T. (1998). *Psychiatric slavery*. Syracuse, N.Y: Syracuse University Press.

Szasz, T. (2002). *Fatal freedom. The ethics and politics of suicide*. Westport, Conn.: Praeger.

Szasz, T. (2011). *Suicide prohibition. The shame of medicine*. Syracuse, N.Y: Syracuse University Press.

Tanner, J. (2007). Ordnungsstörungen: Konjunkturen und Zäsuren in der Geschichte der Psychiatrie. In M. Meier, G. Hürlimann & J. Tanner (Hrsg.), *Zwang zur Ordnung. Psychiatrie im Kanton Zürich, 1870 - 1970* (S. 271-307). Zürich: Chronos.

Tännsjö, T. (2004). *Terminal Sedation: Euthanasia in Disguise?* Dordrecht: Springer Netherlands.

Tartaro, C. & Lester, D. (2010). *Suicide and self-harm in prisons and jails*. Lanham, MD: Lexington Books.

Teismann, T. & Dorrmann, W. (2014). *Suizidalität*. Göttingen: Hogrefe.

Teuber, N. (2011). *Das Geschlecht der Depression. »Weiblichkeit« und »Männlichkeit« in der Konzeptualisierung depressiver Störungen*. Bielefeld: Transcript-Verl.

Tholen, A. J., Berghmans, R. & Huisman, J. (2009). *Richtlijn omgaan met het verzoek om hulp bij zelfdoding door patiënten met een psychiatrische stoornis*. Utrecht: De Tijdstroom.

Thomas, S. (2010). Ethnografie. In G. Mey & K. Mruck (Hrsg.), *Handbuch Qualitative Forschung in der Psychologie* (S. 462-475). Wiesbaden: VS Verlag.

Thomason, T. C. (2012). Paradoxical treatment of severe depression: An unconventional therapy. *Scientific Review of Mental Health Practice*, *9*(1), 41-52.

Timmermans, S. & Berg, M. (1997). Standardization in Action: Achieving Local Universality through Medical Protocols. *Social Studies of Science*, *27*(2), 273-305.

Tosh, J. (2014). *Perverse psychology. The pathologization of sexual violence and transgenderism*. New York: Routledge.

Uexküll, T. v. (1973). Das Verhältnis der Heilkunde zum Tode - Einleitung zur deutschen Ausgabe. In D. Sudnow (Hrsg.), *Organisiertes Sterben. Eine soziologische Untersuchung*. Frankfurt: Fischer.

Ulsenheimer, K. (2015). Fehlentwicklungen in der Medizin: Verrechtlichung und Ökonomisierung. *Medizinrecht*, *33*(11), 757-762.

Utschakowski, J. (2012). EX-IN-Ausbildungen: Experienced involvement - Pro. *Psychiatrische Praxis*, *39*(5), 202.

Van Praag, H. M. (1990). The DSM-IV (depression) classification: to be or not to be? *The Journal of Nervous and Mental Disease*, *178*(3), 147-149.

Velotti, P. & Zavattini, G. C. (2018). Emotional Dysregulation and Suicide Risk: If You'll Leave Me, I'll Kill Myself! In M. Pompili (Ed.), *Phenomenology of Suicide. Unlocking the Suicidal Mind* (S. 131-145). Basel: Springer International Publishing.

Ventriglio, A., Gentile, A., Bonfitto, I., Stella, E., Mari, M. & Steardo, L. (2016). Suicide in the Early Stage of Schizophrenia. *Frontiers in Psychiatry*, *7*, 116.

Verhofstadt, M., van Assche, K., Sterckx, S., Audenaert, K. & Chambaere, K. (2019). Psychiatric patients requesting euthanasia: Guidelines for sound clinical and ethical decision making. *International Journal of Law and Psychiatry*, *64*, 150-161.

Vollmann, J. (2012). Patientenverfügungen von Menschen mit psychischen Störungen. Gültigkeit, Reichweite, Wirksamkeitsvoraussetzung und klinische Umsetzung. *Der Nervenarzt*, *83*(1), 25-30.

Weiss, A. (2001). The no-suicide contract: possibilities and pitfalls. *American Journal of Psychotherapy*, *55*(3), 414-419.

West, C. & Zimmerman, D. H. (1987). Doing Gender. *Gender and Society*, *1*(2), 125-151.

West, C. & Fenstermaker, S. (2002). *Doing gender, doing difference. Inequality, power, and institutional change*. New York: Routledge.

Wettreck, R. (1999). *»Arzt sein - Mensch bleiben«. Eine qualitative Psychologie des Handelns und Erlebens in der modernen Medizin*. Münster: Lit Verlag.

Wewetzer, C. & Quaschner, K. (2019). *Suizidalität*. Göttingen: Hogrefe.

WHO (2005). *Mental health atlas 2005*. Geneva: World Health Organization.

WHO (2014). *Preventing suicide. A global imperative*. Geneva: World Health Organization.

Widulle, W. (2011). *Gesprächsführung in der Sozialen Arbeit. Grundlagen und Gestaltungshilfen*. Wiesbaden: VS Verlag für Sozialwissenschaften.

Williams, T. (2017). *Teenage Suicide Notes. An Ethnography of Self-Harm*. New York: Columbia University Press.

Wirth-Cauchon, J. (2001). *Women and borderline personality disorder. Symptoms and stories*. New Brunswick, NJ: Rutgers University Press.

Wittke, F. (2014). Ohne Argumente überzeugen. *Der Freie Zahnarzt*, *58*(12), 61.

Wittwer, H. (2020). *Sterbehilfe und ärztliche Beihilfe zum Suizid. Grundlagen zur ethischen Debatte*. Baden-Baden: Verlag Karl Alber.

Woellert, K. & Schmiedebach, H.-P. (2008). *Sterbehilfe*. Stuttgart: UTB.

Wolfersdorf, M. (2008). Suizidalität. *Der Nervenarzt, 79*(11), 1319-34.

Wolfersdorf, M. & Franke, C. (2006). Suizidalität - Suizid und Suizidprävention. *Fortschritte der Neurologie-Psychiatrie, 74*(7), 400-14.

Wolfersdorf, M., Schneider, B. & Schmidtke, A. (2015). Suizidalität: ein psychiatrischer Notfall, Suizidprävention: eine psychiatrische Verpflichtung. *Der Nervenarzt, 86*(9), 1120-1129.

Wolfersdorf, M. (2020). Sind Menschen, die sich das Leben nehmen, psychisch krank? – Pro. *Psychiatrische Praxis, 47*(04), 176-177.

Wolfersdorf, M. & Etzersdorfer, E. (2011). *Suizid und Suizidprävention*. Stuttgart: Kohlhammer.

Wolfersdorf, M., Vogel, R., Vogl, R., Keller, F., Spießl, H. & Wurst, F. M. (2014). 40 Jahre Kliniksuizidverbundstudie der AG »Suizidalität und Psychiatrisches Krankenhaus«. *Psychiatrische Praxis, 41*(6), 331-335.

Zalsman, G., Hawton, K., Wasserman, D., van Heeringen, K., Arensman, E. & Sarchiapone, M. (2016). Suicide prevention strategies revisited. 10-year systematic review. *The Lancet Psychiatry, 3*(7), 646-659.

Zarghami, M. (2012). Selection of Person of the Year from Public Health Perspective: Promotion of Mass Clusters of Copycat Self-immolation. *Iranian Journal of Psychiatry and Behavioral Sciences, 6*(1), 1-11.

Zendehdel, M. & Elyasi, F. (2018). Biopsychosocial etiology of premenstrual syndrome: A narrative review. *Journal of Family Medicine and Primary Care, 7*(2), 346-356.

Zerubavel, E. (1979). *Patterns of time in hospital life. A sociological perspective*. Chicago: University of Chicago Press.

Ziegler, W. & Hegerl, U. (2002). Der Werther-Effekt. Bedeutung, Mechanismen, Konsequenzen. *Der Nervenarzt, 73*(1), 41-49.

Žižek, S. (2002). *The sublime object of ideology*. London: Verso.

Zogg, H. (2007). *Wandel der psychiatrischen Nosologie von 1950 bis Heute*. Dissertation. Universität Zürich.

Zürn, M. (2010). Regime/Regimeanalyse. In D. Nohlen (Hrsg.), *Lexikon der Politikwissenschaft. Theorien, Methoden, Begriffe*. München: Beck.